HOROSCOPE
2007

LES ÉDITIONS QUEBECOR
Une division de Éditions Quebecor Média inc.
7, chemin Bates
Outremont (Québec)
H2V 4V7
Tél.: 514 270-1746
www.quebecoreditions.com

ISBN: 2-7640-1067-2

©2006, Les Éditions Quebecor
Bibliothèque et Archives Canada

Éditeur: Jacques Simard
Conception de la couverture: Bernard Langlois
Photo de l'auteure: Pierre Dionne
Maquillage: Nancy Ferlatte
Infographie: Claude Bergeron

Nous reconnaissons l'aide financière du gouvernement du Canada par l'entremise du Programme d'aide au développement de l'industrie de l'édition (PADIÉ) pour nos activités d'édition.

Gouvernement du Québec – Programme de crédit d'impôt pour l'édition de livres – Gestion
SODEC.

JACQUELINE
AUBRY

HOROSCOPE
2007

LES ÉDITIONS
Quebecor
QUEBECOR MEDIA

Sommaire

Prévisions générales 2007

Nous sommes tous sous l'influence de Jupiter en Sagittaire. Ce que vous êtes déjà sera magnifié, comme si on pouvait vous voir sous une loupe grossissante. Si vous êtes un être généreux, vous serez encore meilleur ; si vous êtes méchant, quel que soit votre vice et ce que vous faites pour abuser des autres, si vous n'êtes pas un bon citoyen, alors vous serez pire que maintenant. Pendant que les gentils voient les choses s'améliorer pour eux, et ce, dans tous les sens, les vilains, quelque part en cours de route, subissent un revers parce que c'est ainsi que fonctionne la loi de Jupiter.

Jupiter est en Sagittaire jusqu'au 19 décembre 2007 ; il y est entré le 25 novembre 2006. Astrologiquement, cette planète occupe son domicile ; elle y est parfaitement à son aise, elle est enfin dans son salon à elle. Mais c'est Jupiter en Sagittaire qui incitera la quasi-totalité des signes du zodiaque à faire des excès de toutes sortes. C'est un joyeux luron, il aime tant les plaisirs intellectuels que les plaisirs charnels. Jupiter en Sagittaire est un sage, un justicier mais en même temps un fou furieux et le plus habile des gangsters. Ce n'est pas simple de décrire les déroulements possibles de l'année à venir : les scénarios seront nombreux et diversifiés.

Jupiter dans un signe double

En 2007, Jupiter en Sagittaire poussera certaines personnes à une extrême générosité. En revanche, comme il s'agit d'un signe double, d'autres deviendront égoïstes et se considéreront comme le nombril du monde. Ces derniers détourneront sans vergogne les biens des personnes naïves qui oseront se placer sur leur route. On ne devient pas filou ni égocentrique du jour au lendemain, ou très rarement : il y aura d'abord des signes précurseurs. Le premier sera la position de Jupiter dans votre thème natal, qui indique le degré de bonté hérité à votre naissance et comment accroître ce potentiel.

Dès votre naissance, vous avez été honoré d'un Jupiter dans une partie de votre thème natal. Cette planète, où qu'elle soit sur le zodiaque, a un lien direct avec la spiritualité, la philosophie, les religions, les frontières, l'environnement, l'immigration, le devenir de vos enfants, les connaissances acquises et intuitives, etc. Si Jupiter était une personne, on dirait qu'elle est extrêmement intelligente. Où que soit Jupiter dans votre thème natal, étant donné sa position dans le Sagittaire, son rôle devient plus important qu'auparavant. Vous aimez apprendre ? Vous voudrez en savoir davantage sur le domaine qui vous passionne. Cet ajout de connaissances aura pour but de vous améliorer sur le plan professionnel ou encore de mieux servir un groupe ou une personne moins chanceuse que vous depuis son arrivée sur terre. Si votre Jupiter reçoit de bons aspects, même si vous êtes peu choyé matériellement, vous pourriez devenir un guide, un humaniste. Vous ne vous contenterez pas de parler de ce qui ne va pas, vous agirez.

Même si Jupiter occupe une position favorable en 2007, votre vie ne deviendra pas soudainement facile, surtout si votre Jupiter natal a été mal vécu. Le vieux proverbe qui dit : « Aide toi, le ciel t'aidera » est toujours aussi vrai. Si vous vous entêtez à ne recevoir que des miettes, il est possible que ce soit par paresse, par manque de courage, de ténacité. Peut-être aussi attendez-vous que d'autres fassent tout à votre place ? L'astrologie prévisionnelle vous annonce le meilleur, mais à condition que vous fassiez des efforts pour l'obtenir. Si vous n'êtes jamais aimé comme vous le souhaitez, la seule présence de Jupiter en Sagittaire ne vous conduira pas nécessairement sur un chemin agréable. Il faudra vous accomplir avec la force de Jupiter qui est en vous, faire des choix et aller jusqu'au bout de vos objectifs. Celui dont le Jupiter était en position difficile dès son premier jour sur terre a généralement été mal aimé dès sa naissance. Il n'a reçu ni amour ni affection de la part de ses proches. Ceux dont le Jupiter est mal aspecté ont fréquemment peu d'estime d'eux-mêmes. Mais où que soit cette planète dans un thème natal, elle offre un côté presque magique. Si le natif qui a hérité d'un Jupiter moins favorable prend conscience de son rôle, de ses responsabilités, s'il donne le maximum de lui à sa propre famille, s'il croit en l'amour, s'il reste lié aux gens qui l'entourent et qu'il est présent quand la communauté dont il fait partie a besoin d'aide, il peut alors vivre son Jupiter de naissance à la manière d'un gagnant. De plus, dans les diverses positions de cette planète, au fil du temps, non seulement prend-il de l'expérience, mais il en vient également à acquérir autant de sagesse que de biens matériels.

Rester dans l'ignorance

Les personnes qui restent dans l'ignorance des règles élémentaires sont faciles à repérer : elles renoncent au bon voisinage, elles refusent d'être honnêtes et d'avoir des relations saines avec leur famille, elles ne se portent jamais au secours d'autrui et elles fuient toute occasion de rendre service. De plus, elles élaborent des stratégies afin de tirer profit même de ceux qu'elles appellent leurs amis ; elles mentent, embellissent ou enlaidissent la vérité. Vous n'êtes pas nécessairement un Sagittaire, mais vous portez Jupiter en vous. Jupiter est le justicier et il régit le Sagittaire, c'est pourquoi, en 2007, il est important pour chacun de nous.

L'intervention de Jupiter

Jupiter interdit de voler, de maltraiter un humain ou un animal, de tricher, de mentir et, bien évidemment, de tuer. Il sévit et pétrifie ceux qui commettent le moindre méfait. Pour les gens qui acquièrent le pouvoir, la gloire et l'argent par des moyens détournés, Jupiter en Sagittaire est comparable à un guide qui intervient au moment où ils s'y attendent le moins pour les empêcher de ruiner leur vie et celle des autres. Cette planète vous donne la chance d'échapper au mauvais pas que feront certaines personnes. Elle est généreuse et veut le bien de tous. Jupiter en Sagittaire, le neuvième signe du zodiaque, sera pour plusieurs l'occasion de se sortir d'une mauvaise situation. Mais si, depuis le début de l'année, vous n'avez rien fait pour vous réaliser, à compter de la fin octobre, et ce, jusqu'à la fin de 2007, Jupiter deviendra semblable à une statue de pierre : cette fois, il faudra prier tous les saints du ciel pour être aidé.

Jupiter et Pluton en Sagittaire

Même si la grande conjonction de Jupiter et de Pluton en Sagittaire n'a lieu qu'en novembre et en décembre, ces deux planètes dans le même signe laissent présager des bulletins de nouvelles spectaculaires et étourdissants. Les drames humains feront les manchettes, les bonnes nouvelles seront rares. Voici divers symboles de Jupiter en Sagittaire : les sports, les religions, l'immigration, l'aviation, les maladies du foie, l'importation de fruits et légumes, les gros animaux, dont les chevaux, le journalisme et la liberté d'expression, l'assainissement de l'environnement, l'argent des contribuables, etc.

Les sports

Les écuries de voitures de course changeront de propriétaire et certaines fermeront carrément leurs portes. Il faut aussi s'attendre à des ruptures de contrats qui noirciront les pages des journaux. Il n'est pas exclu que quelques scandales salissent la réputation de coureurs automobiles.

Les gens qui s'amusent à voler dans le ciel à bord de planeurs ou de petits avions ont intérêt à faire des vérifications mécaniques avant chaque vol, même ceux qui sont de courte durée. Les audacieux, les amoureux de la nature qui ont l'intention d'explorer à vol d'oiseau des régions sauvages du Canada doivent prendre un maximum d'informations sur ce qui les attend et si possible ne jamais perdre le contact avec d'autres petits avions ou la base. Ils doivent constamment être mis au courant des changements météorologiques, qui seront plus rapides sous l'influence de Jupiter et de Pluton, tous les deux en Sagittaire.

Puisque tous les sports sont représentés sous Jupiter en Sagittaire, ceux qui attirent les masses seront sous les feux de la rampe. La course à bicyclette deviendra encore plus populaire. Il risque d'y avoir un cycliste qui, voulant gagner à tout prix, aura consommé une drogue dont il n'avait même pas besoin pour s'assurer de la victoire. Il en sera de même avec la course à pied, le basket-ball, le football et les compétitions de ski.

Les sports extrêmes le seront encore plus en 2007. Les accidents seront généralement mineurs, mais les jeunes et moins jeunes dont les équipements ne sont pas à la fine pointe et qui ne se protègent pas correctement risquent de se faire de sérieuses blessures. Ceux qui ne jouent ni pour la gloire ni pour l'argent ont peu de risques de voir des ambulanciers sur place lorsqu'ils s'élanceront pour ressentir un maximum d'adrénaline.

Sous l'influence de Jupiter en Sagittaire, les chevaux seront en vedette. L'engouement pour l'équitation pourrait devenir une forme de zoothérapie de luxe. Au fond, il suffit qu'un thérapeute soit un bon cavalier. Plutôt que de recevoir son patient dans une pièce fermée, pourquoi ne pas causer avec lui dans la nature tout en étant plus proche de sa propre nature animale? Les courses de chevaux ne sont pas très populaires chez nous mais, à l'étranger, elles pourraient devenir encore plus courues. Les vrais amateurs devront vraisemblablement prendre l'avion pour voir leurs animaux favoris courir. Jupiter en Sagittaire, bien qu'il soit le représentant des pays sans frontières, n'accepte que les chevaux racés, qui appartiennent aux très riches et qui, la plupart du temps, habitent dans des lieux ensoleillés.

Sous Jupiter, Pluton et Uranus en Poissons : drôles de guerriers

Voici un cocktail explosif: les dirigeants politiques d'ici et ceux d'ailleurs. Les vues et opinions des journalistes ne feront pas non plus l'unanimité. La liberté d'expression sera un sujet chaud à la suite d'interdits de diffuser. Les cachotteries seront mises au jour, par hasard ou grâce aux recherches d'un journaliste qui n'a peur de personne et qui ne craint ni les représailles ni les menaces.

Le vrai Dieu

Nous savons déjà que la vision de Dieu n'est pas la même partout sur la planète. S'Il pouvait parler, Il nous donnerait les divers noms qu'Il a empruntés pour s'identifier et les multiples pratiques religieuses qu'Il a utilisées pour rallier les fervents. Les livres sacrés ne sont pas identiques alors qu'ils sont là pour prier un seul dieu. Les représentants religieux les interprètent selon ce qu'ils sont, le lieu qu'ils habitent et souvent selon la politique de l'époque. Il en est ainsi pour le Coran: il y a ceux qui prient sincèrement et les autres, qui en font des interprétations conduisant au fanatisme.

En 2007, il y aura davantage de ferveur religieuse, mais elle risque de se transformer en sectarisme là où on allie foi et politique. En 2006, on a pu entendre le pape refuser de s'excuser après avoir sous-entendu que les guerres au Moyen-Orient n'étaient en fait que le refus de la paix de la part de l'islam. La réaction ne fut pas un haussement d'épaules mais bel et bien de violentes manifestations dans divers pays. Sur nos écrans de télévision, nous avons pu voir des fanatiques religieux détruire des lieux de prière d'autres religions. Peu de temps après sa déclaration, le pape a fait des démarches afin de réunir les chefs religieux musulmans.

Au moment où j'écris ces lignes, Jupiter n'est pas en Sagittaire, il n'a pas encore atteint l'étape de tous les excès. Les affrontements des chefs religieux des petites ou des grandes communautés n'en sont qu'à leurs débuts. Les conversations entre le pape et les chefs religieux du Moyen-Orient pourraient ne pas être aussi efficaces que Sa Sainteté le souhaite. On peut aussi s'attendre à ce que quelques écoles de pensée réunissent des gens révoltés contre tout, mais qui utiliseront leur religion et leur foi menacée comme tête de proue. Des révolutionnaires se préparent à imposer «leur morale» qui, au fond, ne sera pas religieuse et qui ira à l'encontre des règles établies, le véritable objectif étant une avancée vers le pouvoir d'un clan.

L'augmentation de la violence

Notre monde est extrêmement complexe: un élève se sent rejeté, puis décide de passer à l'acte et de tuer ses confrères et consœurs. En 2006, le collège Dawson a connu un tel drame. Quelques jours plus tard, dans un autre coin du Québec, un jeune homme, avant de partir pour l'école, a pris son fusil plutôt que ses livres: il voulait imposer sa loi. Mais cette fois, il n'y a pas eu de victimes: il a été pris sur le fait. Ajoutons que le nombre de bébés battus a considérablement augmenté ainsi que la violence faite aux femmes. L'aide que ces dernières reçoivent est insuffisante; les ressources financières ne suffisent pas pour leur permettre une réintégration complète dans un monde protégé.

Bientôt, il faudra que les villes affichent à l'entrée de certains quartiers ou dans certaines rues: «Ne pas entrer, Privé, Territoire d'un gang.» Nous avons tous tendance à croire que cela n'arrivera pas chez nous. Il y a 3 ans, lorsque j'ai quitté une maison que j'avais habitée pendant 15 ans pour me rapprocher de mes enfants, j'ai emménagé sur la Rive-Sud, dans une rue tranquille. Un après-midi de printemps, j'ai décidé de faire une longue promenade avec mon chien et d'explorer les alentours de ma nouvelle terre d'accueil. Je marchais depuis presque deux heures sans perdre mes repères. En tournant un coin de rue, j'ai constaté que le décor avait changé: il n'y avait plus de jolies et coquettes maisons, il n'y avait que des immeubles d'habitation non entretenus. Des poubelles jonchaient le trottoir. Je me suis demandé si je n'étais pas entrée dans une zone de guerre. En me voyant, une douzaine de jeunes hommes entre 15 et 30 ans m'ont entourée. Il y avait, je crois, autant de Noirs que de Blancs. Je n'avais pas de sac à main ni d'argent sur moi; dans les poches de mon manteau, il n'y avait que des sacs de plastique pour ramasser les petits dégâts de mon chien. Pendant qu'ils m'encerclaient, j'avais les yeux baissés, une réaction de survie pour essayer de passer inaperçue. Je n'étais d'aucun intérêt pour eux ; personne ne m'a touchée. Puis celui qui semblait l'aîné a fait un geste pour signifier que je pouvais continuer ; un autre m'a crié de ne plus jamais passer par là. Je suis rentrée à la maison plus vite que je ne m'étais rendue dans cette zone. J'ai clairement compris que j'avais mis les pieds dans un secteur interdit.

Quand j'écoute les bulletins de nouvelles qui nous annoncent un accroissement du nombre de gangs de rue et qu'ils sont de mieux en mieux organisés pour perpétrer des crimes de toutes sortes et de plus en plus violents, je trouve que ce n'est guère rassurant, d'autant plus que le budget accordé à nos policiers pour tenter de démanteler ces sociétés dans notre société n'est guère reluisant. Malheureusement, leurs membres font des dégâts plus importants qu'avant. La drogue attire de nombreux consommateurs mais, pour les malfaiteurs, ce qui compte, c'est d'en vendre davantage et de se créer une clientèle régulière. Je ne suis jamais allée vérifier si parmi les universitaires il y a beaucoup d'acheteurs mais, selon la position de Jupiter et de Pluton en Sagittaire, pour faire de l'argent, des étudiants se mettront à faire la promotion de diverses drogues toutes aussi dangereuses les unes que les autres. Il y aura des arrestations mais également des avocats pour défendre les accusés. Les organisations de malfaiteurs qui ont pris la forme de commerçants ont leurs hommes de loi à qui elles paient de gros honoraires. Ce n'est pas du cinéma, tout cela existe déjà et cette situation prendra de l'expansion sous Jupiter et Pluton en Sagittaire et lorsque Uranus fera des carrés ou des aspects durs à Jupiter, soit presque toute l'année 2007.

Les gens qui travaillent avec les jeunes à qui il est encore possible d'indiquer un chemin non seulement honnête mais qui leur permettra de vivre plus longtemps n'ont qu'un mince budget. Ils se dévouent et courent souvent d'énormes risques parce qu'aucun chef de gang qui utilise des mineurs comme passeurs de drogue ne veut perdre son employé esclave.

D'autres mauvaises influences de Jupiter

Sous Jupiter en Sagittaire et Uranus en Poissons, il y a présage d'une évasion spectaculaire d'une prison dont on disait qu'il était impossible de s'enfuir. Ce coup d'éclat aura été bien organisé et le fuyard sera protégé par son gang. De plus, des magasins de produits de luxe seront dévalisés et des employés tués pour avoir résisté.

Les Américains ont leurs *snipers* qui tirent sur de parfaits inconnus du haut d'un édifice. Et voilà que nous aurons les nôtres! Des tireurs feront feu non pas pour encaisser une forte somme d'argent mais pour relever un défi, un peu comme s'ils participaient à un concours. Certains pourraient agir afin de se faire justice. Dans ce cas, les cibles auront beaucoup de points communs. Il y aura malheureusement des victimes innocentes ainsi qu'une grande panique chez les survivants, qui plus jamais ne se sentiront libres lorsqu'ils passeront dans les rues où le drame aura eu lieu.

Jupiter en Sagittaire a de l'audace. De jeunes adultes, ou encore des adolescents, certains n'ayant pas leur permis de conduire, feront des courses de voitures dans des rues où il n'y a aucune circulation la nuit ou dans des terrains vagues. Le printemps et l'été 2007 laissent présager de très graves accidents. Cet écart à la loi pourrait aussi entraîner les coureurs en herbe à commettre des actes considérablement plus violents que leurs courses à l'américaine.

En Sagittaire, un signe de feu, Jupiter et Pluton faciliteront l'achat des armes les plus sophistiquées. Les amateurs peuvent déjà passer par Internet pour faire leurs commandes; c'est aussi facile pour eux que pour les femmes qui achètent des cosmétiques en ligne... En 1960, sous Jupiter en Sagittaire, s'amorçait un changement de mentalité. Cette année-là a vu naître une nouvelle liberté d'esprit, le droit d'être différent de ses parents. Ce fut l'époque du *peace and love*; les gens des quartiers chics ont osé côtoyé les démunis pour prendre de la drogue avec eux; au nom d'une justice sociale, pour faire un monde où tous seraient égaux, des riches se sont départis de leurs biens pour aller vivre en communauté. Une fois la période d'enchantement passée, ils sont rentrés tous ou presque au bercail.

En 1960, Pluton n'était pas en Sagittaire, il était en Vierge, signe de raison, d'invention, d'innovation. La Vierge préfère le confort et la sécurité matérielle au manque; Pluton en Vierge déteste la guerre. Pluton finit toujours par changer de signe; en 2007, il est en Sagittaire sur les derniers degrés, les plus excitants, les plus emportés, les plus excessifs. Jupiter en Sagittaire se présente sous la forme d'un valeureux guerrier. Cela laisse entrevoir des guerres saintes. Mais de nos jours, les armes ne sont pas des épées, elles ne tuent pas qu'une seule personne à la fois.

Il y aura tellement d'endroits où la violence et les tueries seront présentes qu'il est impossible de penser à chacun. On a l'habitude de croire que les tueurs en série habitent d'autres pays que le nôtre ; c'est ce que nous font croire les émissions de télévision dont la plupart sont des productions étrangères. En 2006, il y a eu chez nous des criminels qui entraient dans les maisons par effraction et qui terrorisaient leurs hôtes avant de leur voler leurs possessions. Comme il y aura une escalade de la violence, il est possible que les « visiteurs en série » soient plus violents que ceux de l'an dernier.

Jupiter et les enfants

Jupiter est le protecteur des enfants, mais les défendre des pédophiles est toute une mission. Je ne sais si on pourra épingler leurs photos sur les poteaux. Il y aura nécessairement provocations et débats entre les citoyens qui ont des enfants victimes et le monde de la loi, qui semble ne pas imposer des sentences suffisamment sévères selon certains, qui soutiennent que la vie de la victime est hypothéquée pour le reste de ses jours.

Les universités

En 2007, les étudiants ne doivent pas s'attendre à une grande générosité en ce qui concerne les bourses d'études. Certaines universités, et ce, partout au pays, annonceront des restrictions budgétaires ; divers services gratuits accordés aux étudiants depuis longtemps seront supprimés. Il ne serait pas étonnant qu'à la fin de l'année nous apprenions une augmentation des frais de scolarité, entre autres au Québec. Jusqu'à maintenant, les universités québécoises sont les moins coûteuses, mais à quoi s'attendre maintenant ?

Une série noire pour 2007

Cette année, on peut prévoir une propagation du virus du sida, comme s'il y avait un marathon... Des manifestations lors de joutes sportives au hockey, au football américain et européen et dans tout autre sport propre à survolter l'assistance sont possibles. Si cela vous semble du déjà-vu, sous Jupiter en Sagittaire, les émeutes seront plus enflammées. Dans un coin de la ville, on fera la fête tandis qu'à l'autre bout, ce sera la catastrophe. Des journaux populaires fermeront leurs portes à la grande surprise d'un public qui croyait y puiser ses informations pendant encore de nombreuses années ; des magazines seront vendus à des éditeurs étrangers.

Les attentats au Moyen-Orient se poursuivront malgré les efforts de paix de la part des chefs d'État et le désir qu'ont les peuples de marcher en toute sécurité dans les rues de leurs villes. On ne s'entend pas aux frontières, on ne se comprend pas entre gens dont la foi et les pratiques religieuses sont différentes. Des attentats auront aussi lieu aux États-Unis ainsi qu'en Europe ; l'Angleterre sera le pays européen le plus touché. Les cellules terroristes se multiplieront, elles seront très bien organisées, telles des ruches d'abeilles. Il faut oublier le calme en Irak, ce pays où on a trouvé les premières tablettes de pierre indiquant avec une grande justesse la position des planètes plusieurs milliers d'années avant les civilisations modernes et évidemment longtemps avant l'informatique. Il ne serait pas étonnant qu'en 2007 le terrorisme se raffine et renforce son arsenal.

En parallèle, il y aura une montée du racisme et des luttes contre les pays capitalistes. Nous n'échapperons pas au vandalisme d'églises et de cimetières relié aux guerres religieuses et au racisme. Néonazisme et communisme seront en vedette en Allemagne et dans quelques autres pays européens. Si un plus un font deux, nazis et communistes font un parce que politique et racisme naviguent dans les mêmes eaux.

Plusieurs cas d'aliments contaminés sont à prévoir, comme s'il y avait un relâchement de la surveillance des semences, des récoltes, de l'emballage, etc. Des trafiquants de haschich et d'autres drogues à la mode seront mis sous les verrous, condamnés à des sentences plus sévères qu'avant. Mais il y aura aussi des gens d'affaires qui encaisseront des fortunes grâce à la cocaïne et à l'héroïne. Ils connaîtront des ventes records, se paieront les meilleurs avocats qu'on puisse trouver et ne feront pas un seul jour de prison. Chacun le sait, l'argent de la drogue peut acheter des restaurants, des entreprises, des discothèques, des maisons de passe, des armes en toute légalité, produire des films, des séries télévisées, du pétrole, etc. Ces trafiquants écoulent l'argent sale en transigeant impunément avec des banques et le transforment en affaires légalement reconnues.

Le Québec connaît une forte dénatalité. Le manque d'enfants est lentement mais sûrement comblé par des gens qui ont immigré ici et dans tout le Canada. Ces personnes viennent souvent de grosses familles et reproduisent la même manière de vivre. Si vous avez voyagé dans le monde, vous avez pu constater, dans certains pays, qu'il n'y a rien d'anormal à ce qu'un homme et une femme aient 15 enfants ou plus et que tous habitent dans un logement que nous trouvons étroit pour quatre habitants. Sommes-nous choyés ou bien si ce sont ces grandes familles qui ne le sont pas assez? En 2007, il faut s'attendre à une autre chute de la natalité générale, mais à une augmentation du nombre de nouveaunés chez les nouveaux arrivants.

Nous ne sommes pas plus fins que ces gens qui finissent par se sentir exclus parce que derrière leur dos on se dit qu'on est des «pure laine». Ne s'agit-il pas de racisme de notre part? Ne nous a-t-il pas fallu bien des années avant d'accepter que les Juifs soient nos voisins et nos égaux? Il nous a fallu la guerre de 1939-1945 avant de nous rendre compte qu'Hitler était un monstre. En 2006, on a encore remis ça: une race contre une autre, une religion contre une autre, un culture contre une autre. Nous avons spontanément apprécié les Libanais parce qu'ils parlaient français et qu'ils étaient les victimes des terroristes. Mais certains sont musulmans et d'autres, catholiques. Nous ne connaissons pas encore très bien les Chinois. Pour l'instant, nous savons qu'ils fabriquent et vendent leurs produits à bas prix, mais que savons-nous de leurs pratiques religieuses, de leur façon de vivre, si ce n'est qu'ils reçoivent souvent des amendes pour malpropreté dans leurs restaurants?

Toutes mes excuses si je vous ai effrayé précédemment mais, de toute manière, vous verrez les drames sur vos écrans de télévision. Les morts nous touchent évidemment moins que si nous étions au cœur des événements. Ils n'en sont pas moins réels, et je vous avoue avoir été bien triste lorsque j'ai appris le décès de plusieurs de nos soldats canadiens. Je me suis alors dit que j'avais un parti pris. Cela m'a ramenée à la Seconde Guerre mondiale. Mon père fit partie des derniers hommes à s'embarquer parce que, selon l'armée, il était un vieux soldat avec ses 35 ans et ses 2 enfants. C'était le grand départ; il monta donc à bord. Durant la nuit, il y eut une terrible tempête. Même les soldats les plus endurcis crurent qu'ils allaient mourir noyés. Au petit matin, selon mon père, un miracle se produisit: les vents tombèrent soudainement et l'océan redevint calme. La meilleure chose qui pouvait lui arriver arriva: une forte voix dans un puissant haut-parleur leur annonça la fin de la guerre et le retour à la terre ferme. Il a toujours dit que son tour n'était pas venu. Durant toute sa vie, il fit le bonheur d'une femme et rendit heureux ses enfants et petits-enfants.

En résumé, nous fonçons à pleine vitesse dans le mur du racisme, des guerres religieuses, des conflits politiques et des scandales financiers sur cette planète qui devient de plus en plus petite. C'est en 2007 que nous oserons enfin nous dire la vérité sur nos rapports avec les étrangers.

Les progrès en 2007

Des développements informatiques faciliteront le développement des cours en ligne. Des progrès sont à prévoir dans la manière de prendre les empreintes des criminels. On connaîtra des améliorations dans le domaine de recyclage du carton, du plastique mais également des rebuts électroniques.

Le respect des animaux domestiques sera à l'ordre du jour : imposition d'amendes pour maltraitance, augmentation des fonds alloués à la protection des bêtes et au contrôle des mauvais traitements, création d'une police de la faune. Autres nouvelles concernant les animaux : multiplication d'élevages de chiens pour les personnes présentant des handicaps ; amélioration des techniques de dressage afin que les chiens soient au service de leur maître plus rapidement ; développement de la zoothérapie auprès d'enfants en difficulté d'apprentissage ; utilisation des animaux domestiques avec les personnes âgées pour préserver leur attention, leur mémoire et leur autonomie.

Il y aura des travaux de construction et de rénovation dans les centres pour personnes âgées semi-autonomes pour, par exemple, adapter les escaliers, les salles de bain et les armoires à leurs besoins. Quant aux sans-abri, on transformera des maisons dans le but de leur donner un foyer temporaire et la chance de trouver un emploi. Il n'est pas non plus impossible que des églises ou des presbytères désertés ou trop grands servent aux populations. Les dons alimentaires ainsi que les bénévoles seront plus nombreux. Le travail communautaire pour punir les contrevenants pourrait être plus fréquent plutôt que des amendes ou des peines de prison.

Pour éviter les vols de voiture, quelqu'un quelque part mettra au point une nouvelle technologie que les propriétaires d'automobiles n'hésiteront pas à acheter d'ici la fin de 2007, principalement ceux qui possèdent une voiture de grand luxe. Enfin, le cinéma de chez nous sera plus vu que jamais, chez nous et à l'étranger.

L'amour en 2007

Sous Jupiter et Pluton en Sagittaire et sous Saturne en Lion, il y a de l'excitation dans l'air. Les déclarations amoureuses seront spontanées, ce qui ne veut pas nécessairement dire que les relations vont durer, mais au moins il n'y aura plus ce froid qui a depuis très longtemps éloigné les hommes et les femmes. Ne nous leurrons pas, des femmes rencontreront des manipulateurs, des joueurs fauchés et parfois des paresseux. Ces messieurs seront beaux, mais il ne sera pas nécessaire de répondre oui lorsque l'un d'eux vous demandera en mariage. Il pourra aussi y avoir des femmes qui seront plus intéressées par l'amour vrai que par l'argent de monsieur. Dites-vous que l'attraction physique, même si on la confond avec les beaux sentiments, est comme une grande fête. En 2007, même si vous en avez assez de vivre en célibataire, quelque chose en dedans vous incitera à rester libre, particulièrement si vous êtes un signe de feu ou d'air : Bélier (jeune dans une première union), Lion (libre), Sagittaire (un deuxième mariage), Balance, Gémeaux, Verseau (une deuxième ou une troisième union).

Jupiter en Sagittaire est fidèle à son premier grand amour, que jamais il n'oublie. Quant à ceux qui suivent, il faut souvent de nombreuses décennies avant que Jupiter fasse confiance à un partenaire. En 2007, avec Jupiter en Sagittaire dans le ciel astral, si vous avez eu une grande peine, elle sera ravivée. Il est possible que pour y échapper vous fassiez mille et une folies et que vous soyez infidèle. Est-ce là une méthode punitive, une flagellation morale ? Après les libertés que bon nombre de gens prendront à la fin de 2007, viendra 2008 et la construction de clôtures psychiques et d'interdits de passage pour ceux qui refuseront la famille comme base organisée. Après 2007, une année folle, une année où nous pourrons rêver de merveilles et en voler quelques-unes ici et là en toute légalité, les mots clés seront ordre, organisation, règles, restrictions économiques.

L'économie

Après les excès de 2007 viendront le grand ménage et les économies nécessaires à la survie de chacun, ce sera la dure réalité du Capricorne. Puis, à la fin de janvier 2008, nous serons tous aux premiers rangs d'un long cycle de restrictions financières sous la puissance de Pluton en Capricorne, jusqu'à la fin de mars 2023. Sous Jupiter en Sagittaire, surtout vers la fin de 2007, la société sera en déroute ; nous assisterons aux pièces de théâtre de politiciens qui ne jouaient qu'un jeu. Dans les faits, ils se servaient de leur talent d'orateur pour mener le bon peuple selon leur volonté. Jupiter en Sagittaire, n'étant ni véreux ni cachottier, pointera du doigt les malhonnêtes qui ont dépensé l'argent du trésor public pour s'offrir des vacances et des objets rares en provenance de l'étranger.

Le contrôle des médias

Les premières nouvelles importantes nous viennent généralement des États-Unis. La peur est engendrée par les journalistes de ce pays ainsi que d'autres qui répètent leurs propos presque mot à mot. Leurs explications, leur réputation et leur popularité ne sont pas à discuter. Maintenant, sur vos écrans et en direct, vous pouvez assister à la mort de gens à cause de leur religion. Vous regardez une voiture ou un autobus qui explose comme si ce n'était qu'un banal événement parmi tant d'autres. Vous voyez les blessés, dont d'innocents enfants, comme s'il s'agissait d'un film de guerre comme trop souvent on en voit. C'est une manière de contrôler les nouvelles : on ne vous présente que celles qui vous impressionnent tellement que vous ne trouvez pas en vous la force et la volonté qui vous conduiront à une résistance active. Si vous êtes un amateur de *La porte des étoiles*, vous savez que des faits et des vérités cachés par le *Conseil* finissent par nuire à la survie des habitants. Bien sûr, c'est une émission de science-fiction, mais il y a des parallèles à faire avec la vie réelle.

Les besoins de nos chefs

Qu'en est-il réellement des besoins en pétrole ? Qui en profite le plus ? Quand nous expliquera-t-on que les inégalités créent les guerres ? Les guerres religieuses ne seraient-elles pas que des prétextes pour ceux qui se voient comme des héros ? Si vous n'avez pas d'ordinateur ni de sans-fil, de télé ou de radio, votre chef devient le représentant de Dieu et, si vous insistez pour avoir une réponse, il vous répétera qu'il ne peut révéler ce que le chef suprême lui a fait jurer de ne jamais répéter. Ce qui représente la vérité céleste est symbolisé par le mensonge et l'illusion. Ce qui est représenté par le mensonge et l'illusion est étrangement symbolisé par Dieu qui ment et qui veut de plus en plus d'argent. Il en est ainsi dans toutes les religions.

Quand il faut s'arrêter

Vous ferez plus d'argent pendant la quasi-totalité de l'année 2007, puis soudainement il y aura des congédiements en masse et conséquemment de nombreuses personnes se retrouveront au chômage. Des gens de la campagne, ceux qui ont entre 20 et 40 ans, tenteront leur chance à la ville. Malheureusement, les réponses positives seront rares. En réaction aux pertes financières et à la misère noire, on se tournera vers la religion. Les recruteurs seront extrêmement créatifs. Vu la naïveté et l'enthousiasme de la jeunesse, les adhérents seront nombreux ; ils accepteront les règles de la secte ou de leur nouvelle foi sans sourciller et sans vraiment savoir qu'ils signent un engagement, comme ils l'auraient fait pour s'enrôler. Cependant, il s'agira cette fois de faire la guerre sainte ; en cas de refus ou de fuite, le guide aura le pouvoir divin de sévir.

Il me faudrait encore des pages et des pages pour décrire les divers événements de 2007. De plus, la prochaine année sera extrêmement complexe parce que, durant quelques mois, elle empiétera sur 2008. Ce sera comme si on y était sans toutefois y être, puisque chaque chose vient en son temps...

Bélier

(21 mars au 20 avril)

À ma mère, qui file maintenant vers ses 92 berges, et quelle femme! Toutefois, c'est terminé pour elle, le marathon, le Tour de l'île et la traversée du lac Champlain! Vous avez deviné que ce qui précède n'est pas la réalité, c'est pour vous montrer qu'elle s'est toujours chauffée à l'énergie de Mars. Elle se plaisait à me répéter: «Qui veut peut!» et de temps à autre, lorsque je trouvais qu'un but était difficile à atteindre, j'avais droit à: «Il n'y a rien d'impossible à ce que tu veux!» C'est un peu exagéré, mais ma mère a toujours été une femme stimulante. Je ne la remercierai jamais assez pour ces paroles qu'avec conviction elle me répétait: «Vouloir mieux pour soi, c'est légal mais, pour avoir mieux et plus, il faut du savoir, et tout ce que tu posséderas intellectuellement, tu le transmettras!» Parfois, je me demande si ma mère n'était pas clairvoyante.

À Andrew Dearlove-Mery, professeur de taï chi et grand sage. Il faut voir et ressentir la paix et la joie qui émanent de lui. Il a dompté son Mars; il semble saisir toutes les forces de cet univers. Andrew vibre avec une intensité impossible à décrire parce que tout se passe en douceur, mais une chose est certaine, il transmet le bien, le bon, le beau et le divin par sa seule présence.

À mes bons amis Louis de Belleval, Sylvie Mailloux et Louise Barrière. À une très petite fille, Jasmine Labrèche, l'enfant de mes amis Patricia Larose (Vierge) et François Labrèche (Sagittaire). Au moment où j'écris ces mots, elle n'a pas encore deux ans et elle cause ! Il émane de cette enfant une énergie hors du commun, une surprenante vivacité d'esprit, et la vie lui a en plus donné une indicible beauté et d'irrésistibles sourires.

Sous l'influence de Jupiter en Sagittaire

En 2007, Jupiter est en Sagittaire dans le neuvième signe du vôtre ; cela signifie que, globalement, vous avez un ou plusieurs rendez-vous avec la chance. Une trop grande confiance peut vous conduire à un manque de prudence en affaires et à une permissivité amoureuse exagérée faisant de vous un conquérant sans suite dans les idées et dont le cœur bat plus par intérêt que parce qu'il est en amour. Si vous croyez en la magie, vous faites fausse route.

Jupiter en Sagittaire est un indice de succès qui est accordé au natif qui prend les moyens qui s'imposent pour réussir, pour atteindre son objectif. Le Bélier travaillant récoltera plus qu'il n'attend. Jupiter en Sagittaire organisera des événements significatifs et positifs. Voici un exemple. Depuis longtemps, vous désirez monter votre propre entreprise, mais vous ne savez pas par où commencer. Se placeront alors sur votre route des personnes inspirantes ; on vous dira comment procéder, comment bien démarrer, comment vous protéger afin d'éviter les ralentissements qui toujours surviennent ici et là. Pour tout débutant en affaires, il est commode d'avoir le manuel de survie commerciale.

Vos enfants

Jupiter en Sagittaire revêt de nombreux sens. Il concerne entre autres vos enfants. En principe, si votre thème révèle une bonne entente avec votre progéniture et si celle-ci a l'âge de faire ses choix professionnels, vous approuverez le chemin qu'elle prend pour se réaliser. Si au contraire vos enfants ont eu des comportements inquiétants et que vous n'avez pas su comment réagir, si vous avez cru que tout rentrerait dans l'ordre sans devoir intervenir, sous Jupiter en Sagittaire, vous devrez jouer votre rôle parental comme il se doit afin d'aider vos enfants à trouver un sens à leur vie. En faisant des démarches en ce sens, vous apprendrez des choses sur vos enfants, mais aussi sur vous-même et les transferts inconscients que vous avez faits sur eux. Vos manques affectifs deviennent souvent ceux de vos propres enfants, leur côté rebelle est une partie du vôtre ; en somme, la pomme ne tombe jamais bien loin de l'arbre. Tout parent a une énorme influence sur ses enfants et, sous Jupiter en Sagittaire, vous en serez pleinement conscient.

Jupiter en Sagittaire vous fait voyager

Nous voyageons tous, en prenant l'avion pour visiter d'autres continents, d'autres lieux. Nous voyageons par plaisir ou parce que nous sommes curieux et que nous voulons découvrir des cultures différentes de la nôtre. Si vous avez l'habitude de prendre vos vacances à l'étranger, mais toujours au même endroit, en 2007, vous élargirez vos horizons et serez un vacancier dans un coin du monde que vous n'aviez encore jamais visité. Certains parmi vous feront leur premier grand voyage à l'étranger, tandis que d'autres ont déjà arrêté de compter les tampons dans leur passeport.

Mais Jupiter en Sagittaire, c'est aussi un voyage de l'esprit, une plus grande soif de connaissances, une énorme faim de savoir. Plusieurs désireront faire un retour aux études afin de se perfectionner dans un domaine où ils apprécient déjà travailler et, plutôt que de rêver à une promotion, ils prendront les moyens nécessaires pour obtenir un diplôme qui leur permettra d'avoir de l'avancement. Des Bélier suivront des cours parce qu'ils veulent changer d'emploi et, pour obtenir celui qu'ils désirent, ils n'ont pas d'autre choix que d'achever une formation. Jupiter en Sagittaire représente les études supérieures et, si vous ne décollez pas du sol pour voir d'autres cieux, intellectuellement vous repousserez les limites.

Sous Jupiter en Sagittaire, vous serez tenté de faire du bénévolat afin d'apporter votre part d'énergie au monde. Si vous êtes en grande forme physique, vous choisirez probablement d'œuvrer dans un domaine où vous serez les bras et les jambes de ceux qui n'ont plus le bonheur de se servir des leurs. Mais peu importe la catégorie de gens démunis que vous aiderez, où que vous soyez, votre dévouement sera apprécié et important. Si 2007 est votre initiation au bénévolat, il vous conduira plus loin que vous ne l'imaginez, car la vie prendra bien d'autres sens une fois au cœur de l'action.

Si vous êtes un être intuitif, perceptif, sous Jupiter en Sagittaire, cette part de vous-même prendra de l'ampleur. À quelques reprises, vous aurez des éclairs de voyance, ce qui ne veut pas dire que vous devez ouvrir un bureau de consultation... Ces révélations vous permettront de constater qu'il y a un monde plus grand que celui des apparences, que celui de l'analyse la plus approfondie. N'est-ce pas fascinant d'avoir un pied dans le présent et un autre dans votre futur ? Mais il y a éclairs de voyance et illusions, sachez faire la différence. Plusieurs s'intéresseront davantage à l'astrologie ; parce qu'ils n'adhèrent pas aux fausses croyances et aux formules toutes faites, ils désireront un savoir approfondi et s'inscriront à des cours afin de mieux se connaître pour mieux vivre avec autrui. L'étude de l'astrologie est un grand voyage au cœur de soi qui conduit à une acceptation de ses limites personnelles mais aussi au dépassement de certains comportements négatifs et souvent répétitifs cueillis quelque part au cours de la vie.

Sous l'influence de Saturne en Lion

Saturne est en Lion dans le cinquième signe du vôtre jusqu'au 2 septembre, puis cette planète passera en Vierge. Pendant ce long passage, vous avez peut-être découvert qui vous étiez et ce que vous aimiez faire pour vous sentir plein de vie. Saturne en Lion a amené le Bélier à voir plus clairement qui sont ses enfants, quel est son rôle auprès d'eux et quand il doit se retirer et accepter qu'ils vieillissent et décident sans consulter papa ou maman. Si les réponses ne sont pas encore venues, Saturne poursuit sa marche en Lion et presse le Bélier de se questionner sur son rôle parental.

Saturne en Lion et l'amour

Saturne en tant que planète lourde dans le cinquième signe du vôtre signifie aussi que des Bélier cherchent l'amour dans la sécurité matérielle. En conséquence, ils se tournent vers des personnes plus âgées qu'eux ou de leur âge à condition qu'elles soient fortunées. Ces Bélier formulent un double espoir : se faire aimer et se faire vivre, ou du moins être avec quelqu'un qui a suffisamment d'argent pour combler leurs désirs matériels. Malheureusement, ce type de femmes et d'hommes existe. Ce Bélier qui aime par intérêt a un seul Dieu : l'argent. Et c'est bien mal vivre Saturne en Lion que de s'en servir pour se donner l'allure de quelqu'un qui veut un engagement sérieux. Saturne est en exil en Lion, ce qui signifie que, si on joue avec les sentiments d'autrui dans le but de modifier le destin du conquis, Saturne finit toujours par obliger le natif à se révéler à lui-même et aux autres et à donner une leçon de savoir bien vivre au Bélier calculateur et manipulateur.

La véritable mission de Saturne en Lion, c'est de vous faire prendre conscience de l'importance de votre partenaire dans votre couple. Vous n'êtes pas seul, vous vivez à deux et à deux, c'est le partage. Saturne en Lion, c'est aussi vous en tant que parent qui a eu un enfant tardivement ou qui décide d'en avoir un en pleine connaissance de cause, c'est-à-dire en acceptant une grande responsabilité pour de nombreuses années tout en sachant qu'une bonne part de votre liberté d'action sera supprimée.

Ce qui aurait dû se produire

L'année 2006 a été celle de toutes les transitions, un plongeon au cœur de la réflexion, une rencontre amoureuse hors de l'ordinaire qui nous a fait dire : « Il me semble avoir toujours connu cette personne. » Les planètes qui ont traversé le ciel de 2006 avaient pour objectif un élargissement de conscience ainsi que votre entrée dans un monde différent de celui que vous fréquentez habituellement. Il faut du courage pour accepter une nouvelle vie, une nouvelle manière de vivre son présent, ses projets, son futur. Il faut parfois renoncer à des habitudes et même à des gens qui vous ont ralenti pendant de nombreuses années ; il a fallu vivre une rupture avec ces amis. Si leur passage fut bienheureux, ils n'ont plus à être là ; vous continuez de grandir, mais ils ne sont pas encore prêts à vous suivre dans votre évolution. Mais si vous êtes resté collé à votre peur, si aujourd'hui vous vous regardez et constatez que vous n'avez pas fait un pas de plus en 2006, vous aurez votre chance en 2007, et cette fois il ne faudra pas la laisser passer.

En conlusion

Vous devriez profiter pleinement du passage de Jupiter en Sagittaire et de Saturne en Lion. Cette association planétaire travaille dans le sens de vos intérêts. Une vie sans obstacles, ça n'existe pas, mais au moins, en 2007, quand un problème surviendra, la solution ne sera pas très loin et, si jamais vous avez besoin d'aide, ces amis dont vous avez pris soin seront là pour vous aider. La roue de la vie tourne. Les bontés que vous avez eues envers votre prochain rapportent d'excellents dividendes cette année. Il y aura ici et là, au fil des mois, planètes et luminaires qui feront des aspects durs à votre signe. Étant un signe de Mars, donc toujours pressé, vous croirez parfois que rien de bon ne vous arrive, mais soyez confiant, sous Jupiter en Sagittaire, tout rentre dans l'ordre.

Si malheureusement sous Jupiter en Sagittaire vous croyez à des inspirations qui ne sont rien d'autre que des souhaits personnels, vous serez déçu. Jupiter en Sagittaire traverse votre neuvième signe pour que vous fassiez des rectifications réalistes dans votre propre vie. Jupiter en Sagittaire ainsi que Saturne en Lion vous interdisent de vivre par procuration et d'espérer que d'autres feront votre bonheur ou qu'ils vous apporteront vos désirs réalisés servis sur un plateau. Le déroulement des douze prochains mois précisera les moments favorables et ceux qui le seront moins.

JANVIER 2007

Sous l'influence du Nœud Nord en Poissons — Jusqu'au 19 décembre, le Nœud Nord est en Poissons et se trouve, ainsi qu'Uranus, dans le douzième signe du vôtre. Ainsi positionné, le Nœud Nord vous oblige à penser à vos actes : agir sans réfléchir n'a plus sa place. Si à répétition vous faites des gestes inconsidérés, même si vous vous dites désolé, on ne vous prendra plus au sérieux. C'est principalement en début d'année qu'il y aura quelques règlements de comptes dans la famille ainsi qu'avec des amis; plus personne ne veut désormais endosser vos petites et grandes bêtises. Si vous avez l'habitude de vous mettre en colère pour un oui ou un non, si vous blessez des gens avec des mots durs et accusateurs, ceux-ci refuseront votre mea-culpa parce qu'une fois que vous vous êtes confondu en excuses et qu'on les a acceptées, c'est comme si vous aviez la permission de recommencer. En ce mois de janvier, votre pire ennemi, c'est vous ainsi que les promesses que vous ne tiendrez pas envers certaines personnes à qui vous aviez pourtant promis d'être là pour elles.

Vie amoureuse du célibataire — À compter du 5, vous serez sous l'influence de Vénus en Verseau. Vous vous liez d'amitié avec une personne que vous rencontrez. Une forte attraction physique entre vous et un bel inconnu est possible, cependant il ne faudrait pas confondre attirance sexuelle et grands sentiments. Vous êtes né de Mars et cette planète vous propulse en avant. Cette attitude est souvent bénéfique pour vous dans le monde des affaires, là où il y a des occasions sur lesquelles il faut sauter. Mais l'amour, lui, n'est pas occasionnel, ce n'est pas non plus une affaire dont on peut mesurer le profit. Et si vous êtes du type à aller d'une aventure à l'autre et que votre première blessure sentimentale n'a jamais guéri, vous risquez de continuer à rencontrer des gens qui, chaque fois, vous remettront face à votre malaise intérieur. Il est important de savoir pourquoi votre triste histoire d'amour est répétitive ; grâce à une thérapie, vous le découvrirez.

Vie de couple–famille–budget–travail — Chaque famille a ses secrets. Si certains sont légers, d'autres sont lourds et perturbent considérablement ses membres. C'est généralement durant le temps des fêtes qu'un parent fait une boulette qui dégénère ensuite en une guerre sans fin. Puis deux ou trois semaines passent, tout se tasse et chacun porte en lui les mêmes points d'interrogation.

Jusqu'au 16, Mars est conjoint à Pluton en Sagittaire dans le neuvième signe du vôtre. Peut-être partirez-vous en voyage avec votre partenaire et, si vous en êtes follement amoureux, vous ne cesserez de le lui démontrer de mille et une manières. Peut-être aussi resterez-vous chez vous, au milieu des vôtres, avec vos enfants, votre amoureux. Si votre famille est paisible, vous en profiterez pour assister à divers spectacles avec les petits ou faire du sport avec vos grands.

Le Bélier est un être d'action et il donne non seulement le pas et l'exemple mais aussi le goût de bouger à tous ceux qui l'entourent. Pour le natif de ce signe, vivre sa vie, c'est s'intéresser à ce qu'il ne connaît pas et le découvrir, c'est aussi abolir un maximum de limites physiques et intellectuelles.

Quant au travail, plus le mois avance et plus les situations pressantes se multiplient. Si vous avez connu un tournant professionnel l'an dernier, vous surveillerez de près le déroulement de vos affaires et, à compter du 18, vous ne compterez plus les heures passées au bureau. Mais vous avez un don particulier quand le moment de la détente est arrivé : vous lâchez tout et vous récupérez vos énergies pour être frais et dispos au matin. Il faudra bien sûr jongler avec le budget familial : comme chaque année, vous avez dépassé vos prévisions budgétaires parce que durant les fêtes vous avez été généreux envers les enfants, votre partenaire et vous-même.

En tant que mère et femme au travail, vous serez plutôt impatiente avec vos enfants, surtout si votre conjoint n'est guère présent auprès d'eux. Mère au foyer, mère au travail, infirmière des petits et des grands enrhumés, vous devez faire les courses, raccompagner un des petits à la garderie, l'autre à l'école ; eh oui, la vie reprend son cours normal en janvier ! Chaque matin, vous vous demandez comment vous allez y arriver ; le soir au coucher, vous vous dites que vous avez encore réussi.

En tant que père et homme au travail, si vous appartenez à la nouvelle génération d'hommes qui s'occupent tant de leurs enfants que de leur conjointe, vous savez plus que quiconque ce qu'est le travail d'une femme parce que, bien que vous mettiez la main à la pâte, vous constatez qu'elle en fait toujours plus que vous, même avec ses horaires chargés. Vous avez pris la résolution de vous dépasser au cours des 12 prochains mois, de faire plus et mieux et surtout de gagner beaucoup d'argent pour assurer la sécurité de chacun. Vous tiendrez votre promesse.

Clin d'œil sur les baby-boomers — Ceux qui ont un travail à temps plein savent fort bien que les années passent vite et qu'il leur faudra trouver un autre centre d'intérêt. Des Bélier à qui l'approche de la retraite ne sourit guère sont déjà en négociation et espèrent pouvoir garder leur emploi à temps partiel. Les mieux nantis se sont envolés sous des cieux ensoleillés pour le reste de l'hiver, mais la majorité reste parmi nous. Si vous avez des douleurs arthritiques à compter du 17, si vous ne faites aucun exercice, si vous vous enfermez chez vous parce que vous avez horreur de l'hiver, vos douleurs risquent de s'accentuer. Pour quelques Bélier qui possèdent une affaire, un commerce, c'est le temps de songer à la relève. Qui veut l'assurer? Doivent-ils vendre? Si vous optez pour la vente, au cours des mois à venir, vous obtiendrez votre prix.

FÉVRIER 2007

Sous l'influence du Nœud Nord en Poissons — Le Nœud Nord est encore très proche d'Uranus en Poissons. Ce point du ciel et cette planète sont dans le douzième signe du vôtre. Mercure est aussi en Poissons à compter du 3, Vénus également jusqu'au 21. Pour certains d'entre vous, c'est une véritable musique céleste, un temps de repos pour votre esprit qui s'enflamme sans cesse et fait un tas de projets. Ces planètes et le Nœud Nord vous disent d'apprendre à vous détacher de certains objets, de résister aussi à la consommation si vous êtes un acheteur compulsif, parce que vos possessions n'ont aucun lien avec votre bonheur ni avec votre bien-être intérieur. Cela ne signifie pas de donner tout ce qui vous appartient; la raison vous dit que vous avez besoin de votre salaire pour payer votre nourriture, votre logement, vos vêtements et tout ce qui est essentiel à la survie. Il est étrange, le message des planètes en Poissons: elles vous disent que vous pouvez tout avoir un jour et plus rien le lendemain et de faire confiance à la vie qui coule en vous et qui trouve toujours assez de force pour voir à ses besoins ainsi qu'à ceux de ses enfants, si vous êtes un parent. Vu la présence de Vénus en Poissons jusqu'au 21, si vous êtes amoureux, vous découvrirez d'autres visages, tous plus beaux les uns que les autres. Si malheureusement vous avez un esprit extrêmement critique, vous aurez la sensation que le monde entier vous en veut. Si vous réagissez selon cette dernière image de vous-même, sans doute transportez-vous trop de souvenirs doulou-reux qui vous oppressent.

Vie amoureuse du célibataire — Si vous êtes seul et que vous allez de cœur en cœur, votre quête d'amour ressemble à un marathon, à un exercice sportif. Ce mois-ci, lorsque vous rencontrerez quelqu'un, vous vous direz que vous serez parfaitement honnête mais, quelques heures plus tard, dans votre conversation vous mettrez déjà des condi-tions à une vie de couple. Vous avez tout votre petit scénario bien monté ; on vous écoute, mais il est aussi possible qu'après avoir entendu ce que sont les termes d'une union avec vous, on ait simplement envie de ren-trer chez soi et de ne plus vous revoir. Ne jugez pas trop vite la per-sonne que vous croiserez, ne l'effrayez pas non plus avec vos idées préconçues. Vous pourriez passer à côté d'une perle rare.

Vie de couple–famille–budget–travail — Même si vous êtes amoureux et marié depuis longtemps, cela n'empêche pas de très belles personnes de se retourner sur votre passage et de vous faire les yeux doux. Vous n'êtes pas sans savoir que toute tricherie finit par être mise au jour et qu'elle a des conséquences. Alors, restez heureux même si vous ne pouvez plus vivre l'excitation de l'adolescence.

En tant que mère et femme au travail, même si vous avez un homme pour vous soutenir, vous souhaiteriez en avoir moins à faire. Les enfants sont encore petits et demandent toute votre attention. De plus, vous avez un emploi et un patron exigeants. Respirez à fond, si le monde n'était pas ainsi, vous l'inventeriez. Vous avez besoin d'action pour vous sentir vivante. Il est possible que vous ayez la sensation que votre conjoint s'éloigne de vous, mais n'est-ce pas plutôt vous qui êtes plus repliée sur vous-même qu'à l'accoutumée ? Sous l'influence de Mars en Capricorne, vous prenez la vie très au sérieux. Si ce n'est pas rose tous les jours, regardez bien autour de vous, il y a suffisamment de bon et de beau pour vous faire sourire. Il est vrai que vous aimeriez sortir plus souvent, mais les obligations sont nombreuses. De plus, vous êtes extrêmement économe ce mois-ci et, comme bien d'autres, vous payez encore les dépenses des fêtes.

En tant que père et homme au travail, vous faites le papa sévère en février : peut-être craignez-vous que vos enfants ne fassent les petites folies que vous avez faites quand vous aviez leur âge ? Les enfants apprennent par l'exemple et non à coups de grands discours. Ils devinent ce que vous ne leur dites pas et imitent ce que vous faites, même quand vous vous cachez d'eux. Si vous n'êtes pas moralement irréprochable, ne demandez pas à vos chérubins d'être parfaits. Si vous êtes l'homme du foyer et que vous prenez tout sur vos épaules, vous finirez par craquer. Vous avez une vie à deux, il faut que vous sachiez la partager. Si vous croyez être le seul à tout tenir, avant que la coupe déborde, discutez de vos états d'âme avec votre conjointe. Cette année, il y a davantage de Bélier, hommes ou femmes, qui se poseront des questions sur eux-mêmes et sur la vie, sur ce qui se passe après la mort et ce qui s'est passé avant cette vie. Il s'agit d'une recherche personnelle, personne d'autre que vous-même n'a de vraies réponses à donner. Il est inutile de courir les clairvoyants pour savoir ce qui se passe en vous. Vous êtes en phase de mûrissement intérieur et votre vision des choses matérielles commence elle aussi à se modifier.

Clin d'œil sur les baby-boomers — C'est l'hiver et de plus, sous la pression de Mars en Capricorne, vous avez envie de rester emmitouflé dans votre chaumière mais, aussitôt que vous n'avez rien à faire, vous ne tenez pas en place et vous cherchez ce qui pourrait bien retenir votre intérêt. Les hommes n'ont pas envie d'apprendre à tricoter et les femmes ne se feront pas bûcherons pour avoir de l'action. La musique tient une place importante durant ce mois ; alors, si vous avez un lieu où vous pouvez aller danser, faites-le le plus souvent possible. Si vous êtes un baby-boomer célibataire, vous ne tarderez pas à vous faire remarquer. Il faut cependant veiller à ne pas prendre froid. Habillez-vous chaudement quand vous sortez et ayez les pieds bien chaussés. Si jamais vous avez une toux qui n'en finit plus, ne faites pas le fier et consultez votre médecin. Les planètes en Poissons dans le ciel de février indiquent qu'il faut prendre très au sérieux un rhume ou une bronchite. Si on guérit vite à 20 et à 30 ans, on s'en remet moins bien dépassé la cinquantaine.

MARS 2007

Sous l'influence du Nœud Nord en Poissons — Le Soleil est en Poissons jusqu'au 21 ; le Nœud Nord et Uranus poursuivent leur marche dans ce signe. Ces trois points célestes sont en pleine puissance ; sous le Soleil en Poissons, c'est un peu comme si vous pouviez voir au-dedans de vous-même et examiner tous les recoins de votre âme. Vous possédez des espaces que vous n'avez pas encore remplis et c'est maintenant que vous savez de quoi ils doivent être faits. Vous serez très intuitif mais beaucoup plus sensible, donc perméable et parfois sujet à vous sentir bouleversé pour un oui ou un non. N'écoutez pas les uns et les autres ni qui vous dit comment votre quotidien devrait être fait pour que vous vous sentiez bien. Chaque année circulent des idées sur la manière dont nous devrions vivre pour être comblés, pour avoir la grâce. Des psychologues nouveau genre prêchent des techniques qu'ils ont généralement reprises aux anciens et y ajoutent une touche moderne. Ne dépensez pas des sommes folles pour apprendre ce que vous savez déjà intuitivement.

Vie amoureuse du célibataire — Vous avez le vent dans les voiles sous Mars dans le signe d'air du Verseau. Vous êtes beaucoup plus énergique, plus confiant et beaucoup plus sociable. Vous avez apparemment une grande assurance tant que vous n'êtes pas en tête à tête avec votre dernier flirt. Il est facile d'impressionner quelqu'un, vous vous présentez bien, vous êtes généralement une très belle personne, bien mise, et vous avez un sourire qui fait craquer. L'intimité semble toutefois plus difficile à soutenir : quand vous avez une rencontre, par exemple un souper avec une personne que vous avez rencontrée, vous ne pouvez plus vous cacher, vous êtes face à l'autre et, pour vous faire connaître, vous devez parler de vous. Vous êtes généralement doué pour poser des questions et tout savoir de l'autre et, bizarrement, ce sont vos questions qui font que l'autre en face de vous découvre qui vous êtes. En réalité, il est inutile de jouer à cache-cache, vous en êtes incapable. Votre gestuelle vous trahit et révèle à l'autre qui vous êtes. Vous êtes né spontané, n'essayez pas de vous changer. Vous connaissez l'expression : chassez le naturel, il revient au galop. Si vous voulez plaire à quelqu'un, soyez simplement vous.

Vie de couple–famille–budget–travail — Si vous avez une vie de couple sans enfant, que tous les deux vous avez un bon travail, que vous habitiez ou non avec votre partenaire, vous songerez à partir en voyage et, pour certains, ce sera un premier départ qui les mènera loin de leurs amis et de leur famille, sans autre témoin que le partenaire, 24 heures par jour ensemble et dans un pays étranger. Ce sera en fait le grand essai et particulièrement si vous ne vivez pas sous le même toit. Mais ne soyez pas inquiet, tout se passera très bien et, à votre retour, vous pourrez conclure, vous et votre amoureux, que vous êtes prêts à vivre ensemble.

En tant que mère et femme au travail, jusqu'au 18, tout est tellement plus simple qu'en février pour vous. Les problèmes professionnels semblent se résoudre d'eux-mêmes. Les enfants ne tombent pas malades constamment, leur système immunitaire leur permet de bien combattre les microbes présents à la garderie ou à l'école. Si votre travail vous oblige à de nombreux déplacements, vous serez constamment sur les routes. Si votre conjoint n'a pas encore l'habitude de vous voir partir aussi souvent, puisqu'il doit vous remplacer, voir au bon ordre de la maison et être davantage auprès des enfants, il réalisera tout ce que vous faites dans une journée.

En tant que père et homme au travail, vous êtes souvent celui qui choisit de faire plus d'heures que sa conjointe pour gagner le pain de la famille. Vous êtes un signe de Mars et vous êtes fier d'être celui sur qui on peut compter. Comme les autres natifs du signe, vous préférez que votre conjointe soit plus à la maison qu'au travail quand vous avez des enfants. Si vous êtes ce type d'homme ambitieux, travaillant à l'excès, dans le domaine des ventes par exemple, vous ferez d'excellentes affaires ce mois-ci. Si vous êtes à votre compte, vous élargirez votre clientèle et vos profits seront considérablement plus élevés que ceux des derniers mois. Vous faites tout cela pour sécuriser votre famille. Mais le Bélier qui ne pense qu'à lui existe aussi, au féminin comme au masculin. Si vos enfants sont toujours les derniers servis et qu'ils approchent de l'adolescence, vous serez désemparé devant leurs crises et leur révolte et c'est surtout durant les deux dernières semaines du mois qu'ils vous feront vivre des moments intenses ; vous vous mettrez en colère. Cela n'arrangera rien. Si vous faites partie de cette catégorie de parents Bélier qui ont négligé leurs devoirs parentaux, pour vous rattraper, il sera nécessaire que vous fassiez acte d'humilité en vous rendant compte que vous n'avez pas été présent aux besoins de vos enfants, mais sachez aussi qu'il n'est jamais trop tard pour se reprendre. C'est une leçon que certains d'entre vous doivent apprendre sous l'influence du Nœud Nord en Poissons, qui fait un aspect difficile à Jupiter en Sagittaire.

Clin d'œil sur les baby-boomers — Vous approchez de la retraite? Vous y êtes déjà? Le mois est excellent pour prendre des décisions concernant les nombreuses années qu'il vous reste à vivre. Vous êtes généralement résistant physiquement et vous avez horreur d'être malade; pour vous, c'est comme un signe de faiblesse et particulièrement chez les hommes. Mais il arrive que ces messieurs, qui ont énormément travaillé pendant 30 ans et plus, souffrent de palpitations cardiaques, de problèmes de pression sanguine ou d'une affection aux reins. Monsieur, si votre corps n'a plus 20 ans et qu'il connaît des ratés, voyez donc votre médecin! Il vaut mieux prévenir que d'être à bout de souffle et en danger. La science médicale a réussi à prolonger la vie à condition de lui faire confiance. Les femmes sont plus à l'écoute d'elles-mêmes et elles n'hésitent pas à prendre rendez-vous avec leur médecin quand elles ne se sentent pas bien. En sachant ce qui ne va pas, elles peuvent alors y parer. Mais le mois est favorable à la majorité. Si vous êtes à la retraite, on vous appellera pour vous offrir un contrat : vos compétences ne sont pas tombées dans l'oubli! Si vous êtes un joueur, votre désir de devenir riche sera contrarié.

AVRIL 2007

Sous l'influence du Nœud Nord en Poissons — Cette période anniversaire qui a commencé en mars est très importante : tout ce que vous faites à compter du jour de votre naissance aura des répercussions pour les 12 mois à venir. Il est donc important de vous fêter de la même manière que vous désirez passer le reste de l'année; choisissez aussi les gens qui seront autour de vous ce jour-là. Si vous êtes né à compter du 7 avril, que vous êtes amoureux et que vous voulez solidifier votre union, idéalement passez la journée de votre anniversaire en compagnie de l'être aimé et de votre famille, si naturellement vous avez de bons liens avec elle. Il sera important de fuir tout ce qui est l'ennemi de votre paix. Ce conseil est également valable pour ceux dont l'anniversaire tombe avant le 7 avril.

Vie amoureuse du célibataire — Vous n'aimez pas être seul, célibataire. Rares sont les Bélier qui choisissent de vivre sans partage.

Par contre, de nombreux Bélier sont à la recherche d'un compagnon ou d'une compagne à aimer et de qui ils seront aimés. Alors, pourquoi ce célibat s'est-il abattu sur eux? Peut-être parce que certains ne se rendent pas compte qu'ils établissent des règles dès les premières minutes d'une rencontre, alors, après peu de temps, l'autre s'éloigne ou même se sauve. Demandez-vous si vous ne confondez pas désir de vivre en amour, ce qui inclut le partage, et désir d'avoir quelqu'un qui sera un témoin de votre vie, ce qui signifierait que l'autre se soumet à vos horaires. Si vous acceptez qu'on entre dans votre intimité, vous ne pouvez obliger votre partenaire à adopter vos habitudes, votre manière de vivre ou votre façon de penser. Si vous êtes allé d'une déception sentimentale à une autre, peut-être est-ce parce que vous avez essayé de faire un double de vous-même de chaque personne qui a croisé votre vie.

Vie de couple–famille–budget–travail — À compter du 13, il est possible que vous soyez nombreux à avoir peur de manquer d'argent; ce sentiment vous viendra par vagues. Pour éviter cette pénible sensation, réduisez vos dépenses et, si jamais vous êtes un joueur, modérez vos activités. Professionnellement, que vous soyez un homme ou une femme, tout va plutôt bien. Rien n'étant parfait, il y aura des jours où vous devrez produire plus rapidement; à d'autres moments, vous serez dérangé par des imprévus. Homme ou femme, ne laissez personne s'immiscer dans votre vie de couple et vous dire quoi faire, et ne tolérez pas non plus qu'on critique votre partenaire. Il faut aussi vous attendre à une désorganisation de votre travail et de vos horaires; un parent pourrait être malade et vous volerez à son secours.

En tant que mère et femme au travail, vous risquez d'être débordée à compter du 11. Vous n'aurez pas autant d'aide que vous le souhaitez de la part de votre conjoint: il est si préoccupé par son travail qu'il en oublie presque sa vie familiale. Vous avez une famille reconstituée et vous avez la charge des enfants de votre conjoint? Il est possible que la rivalité entre vos petits et les siens devienne une source d'inquiétude parce que les querelles sont de plus en plus nombreuses.

En tant que père et homme au travail, comme pour la majorité des hommes, votre vie professionnelle se trouve rarement transformée par votre paternité, elle n'est pas non plus au ralenti. Les planètes Jupiter et Saturne, bien positionnées par rapport à votre signe, sont ce mois-ci très favorables à une promotion, à de nouvelles responsabilités, à une meilleure rémunération. Si vous êtes à votre compte, votre chiffre d'affaires augmentera. Si vous travaillez de vos mains, soyez prudent avec vos outils ; si vous devez grimper dans une échelle, assurez-vous de sa solidité. En bref, ne soyez pas téméraire ! En tant que papa, vous ne pouvez pas rester sourd aux besoins affectifs de vos enfants. Si vos préadolescents et adolescents ne sont pas sages comme des images, vous ne pouvez fermer les yeux sur cette réalité et, si votre conjointe est désemparée face à la situation, vous ne pourrez pas vous contenter de lui dire qu'elle exagère.

Clin d'œil sur les baby-boomers — Si vos enfants sont adultes et qu'il dépendent encore de vous, sans doute êtes-vous fatigué de les soutenir et de pourvoir à leurs besoins matériels. Vous avez l'impression d'être pris dans un énorme engrenage dont jamais vous ne sortirez. Sans doute les avez-vous surprotégés, et ceux-ci ont pris l'habitude d'être sauvés par vous. Dans le cas où votre santé et votre moral sont en déclin à cause de cette situation, il n'y a pas mille solutions : vous devrez vous décider à ne plus rien payer. Si vos discours n'ont rien donné, il faut passer à l'acte, et ce n'est pas facile. Vous aurez besoin de beaucoup de courage ainsi que de l'appui d'un membre de votre famille ou de vos bons amis. Si vous êtes à la retraite et que vous avez un emploi à temps partiel, il est possible que vous fassiez plus d'heures que prévu ce mois-ci. Durant la dernière semaine du mois, si jamais vous avez des problèmes de santé, un malaise qui ne passe pas, une douleur qui vous poursuit nuit et jour, n'attendez pas et voyez un médecin.

MAI 2007

Sous l'influence du Nœud Nord en Poissons — Le Nœud Nord ainsi qu'Uranus sont en Poissons dans le douzième signe du vôtre. Ces deux points célestes reflètent l'insatisfaction de la masse des travailleurs, ce qui concerne directement un grand nombre d'entre eux qui ont subi une fermeture d'entreprise, à qui on refuse privilèges et augmentations salariales ou à qui employeurs ou gouvernements ont fait des promesses qu'ils n'ont pas tenues. Jusqu'au 15, Mars est aussi dans le signe du Poissons et provoque des vagues de découragement. Le 16, Mars entre en Bélier où enfin vous retrouvez votre nature plus belliqueuse, et votre côté compétitif reprend le dessus. Les planètes dans le signe du Poissons vous demandent de réfléchir avant d'agir. Et tant que dure le passage du Nœud Nord en Poissons, vous devez rester prudent et ne rien décider sur un coup de tête. En ce mois de mai, il faut par exemple résister à l'achat d'une voiture de luxe qui serait au-dessus de vos moyens ou de tout autre produit haut de gamme dont vous n'avez vraiment pas besoin. Si Jupiter en Sagittaire et Saturne en Lion indiquent que professionnellement vous êtes plus choyé que bien d'autres et que vous faites plus d'argent, le Nœud Nord vous conseille de faire des économies en prévision de changements planétaires où la restriction pourrait bien devenir un mode de vie.

Vie amoureuse du célibataire — Mars étant la planète qui régit votre signe, il est important que vous teniez compte des aspects qu'elle forme avec les autres planètes dans le ciel. Au début du mois, jusqu'au 5, Mars, conjoint à Uranus, fait un aspect dur à Jupiter, ce qui porte quelques célibataires à se méfier de la mauvaise personne ou à insister auprès d'un flirt qui ne cesse de lui résister. Il y a pourtant des messages qui sont parfaitement clairs et il ne sert à rien de vouloir ce que l'autre ne veut pas. Entre le 8 et le 15, une attraction physique qui n'est pas dès le départ un partage de beaux sentiments, une rencontre qui ne sera rien de plus qu'un échange de sensations est à prévoir. À compter du 16, vous êtes davantage vous-même et vous attirez quelqu'un qui correspond à ce que vous attendez de l'amour.

Vie de couple–famille–budget–travail — Si vous avez une famille reconstituée et que des problèmes sont survenus entre vos enfants et ceux de votre partenaire ou encore avec les ex-conjoints au sujet de la garde des enfants, il est possible que la situation ne se règle que dans la seconde moitié du mois. Si votre couple est jeune, sans enfant, et que vous désirez fonder un foyer, votre vœu sera exaucé. Entre le 24 et le 29, ne provoquez pas un collègue et encore moins votre patron. Cela ne serait guère avantageux pour vous. Évitez également de critiquer les absents! La rumeur circulerait rapidement que vous êtes une mauvaise langue.

En tant que mère et femme au travail, même si vous avez le meilleur conjoint du monde, vous continuez d'en faire beaucoup. Le ciel vous a donné de l'énergie et vous savez très bien comment l'utiliser tant en ce qui concerne l'éducation de vos enfants que pour ce qui est de vos obligations professionnelles, que vous remplissez pleinement. Sans doute des femmes vous observent-elles et vous envient-elles de pouvoir en faire autant dans une seule journée. Si vous êtes à votre compte, vous menez vos affaires d'une main de maître.

En tant que père et homme au travail, comme la majorité des hommes, vous changez rarement votre style de vie et vous réduisez peu vos heures de travail à cause des enfants ; c'est généralement votre conjointe qui modifie son emploi du temps. Jusqu'au 15, si vous tenez à la paix avec votre conjointe et toute la famille, vous feriez mieux d'ouvrir les yeux sur tout ce qu'elle fait pour vous plutôt que de critiquer un de ses oublis. Vous avez une vie de couple, des enfants. Sans posséder une fortune, vous vivez confortablement, mais voilà qu'on vous entend vous plaindre de vos moindres manques. Peut-être devriez-vous regarder les nouvelles internationales pour constater qu'à l'autre bout de la planète, il y a des guerres, des famines, des maladies. Ici, dès l'instant où nous devons réduire notre train de vie, c'est la grande contestation et vous êtes au premier rang !

Clin d'œil sur les baby-boomers — Toute une jeunesse accuse les baby-boomers de honteux gaspillages, d'occuper encore les postes au pouvoir, mais c'est de moins en moins vrai ! En réalité, vu le contexte socioéconomique, vous revenez à la simplicité volontaire à moins que vous ne fassiez partie de ces rares Bélier possédant une fortune. La majorité vit modestement, mais il n'est pas interdit de sourire, de vous amuser et de prendre plaisir à ce qui est et non à ce qui n'est plus et ne reviendra jamais. Diverses publicités suggèrent que, pour être heureux, vous devez posséder une grosse maison, la voiture de l'année, faire des voyages, mais vous avez dépassé l'âge d'être impressionné par ces pressions. Et puis, vous avez peut-être déjà possédé tous ces biens, parcouru le monde. Vous avez consommé et vous ne ressentez plus le besoin de tout avoir. En ce mois de mai, les grands-parents seront occupés avec leurs petits-enfants et sans doute seront-ils appelés plus souvent à les garder si ces derniers sont très jeunes. Vous savez que vous ne remplacez pas les parents, vous leur donnez un coup de main.

JUIN 2007

Sous l'influence du Nœud Nord en Poissons — Jusqu'au 21, sous le Soleil en Gémeaux, qui est le troisième signe du vôtre, vous vous sentez plus vivant : le Soleil en Gémeaux adoucit les angoisses que provoquent le Nœud Nord et Uranus en Poissons. Si le Nœud Nord vous touche personnellement, il affecte aussi la société et, comme les autres luminaires, il donne le pouls du monde. Le Nœud Nord en Poissons vous donne une sensation d'abandon, l'obligation de délaisser un mode de vie pour en adopter un autre. Quant à Uranus, il a la manie de secouer les masses et, en Poissons, on voit une augmentation du nombre de grèves, des rassemblements de toutes sortes pour manifester contre les injustices. Uranus, tel qu'il est positionné, ébranle vos croyances et vos valeurs. Vos acquis automatiques doivent maintenant passer au microscope de votre conscience.

Vie amoureuse du célibataire — À compter du 6, le ciel vous invite à sortir davantage ; ne vous enfermez pas entre vos quatre murs ! Quand vos amis vous invitent à vous joindre à eux, n'hésitez pas, acceptez. Il y a quelqu'un quelque part qui a follement envie de vous connaître. Il n'est pas impossible que vous fassiez une rencontre dans votre milieu de travail ; par hasard, dans un endroit public, vous vous retrouverez à côté d'une personne qui exerce la même profession que vous. Les planètes laissent présager que, lorsque vous serez en face de cet inconnu, vous ressentirez dès les premières secondes un lien qui vous unit à lui, et la conversation s'engagera spontanément.

Vie de couple–famille–budget–travail — Si vous avez une famille reconstituée et que vous avez connu des problèmes avec les enfants, les partenaires ou les ex-conjoints, en juin, il est plus facile de s'entendre les uns avec les autres.

En tant que mère et femme au travail, comme le ciel zodiacal est en majorité composé de planètes en signes masculins, vous devenez plus rigide mais également très ferme quand vous parlez. Il sera bien difficile de ne pas vous écouter et par ailleurs vous serez excellente dès l'instant où vous aurez besoin de vous faire entendre et d'être comprise tant par votre conjoint que par vos enfants. Au travail, comme le dit une expression bien de chez nous, vous ne vous laissez pas marcher sur les pieds ; si vous avez décidé d'aller de l'avant, d'obtenir une promotion ou un poste, vous défendez très bien votre cause et vous obtenez ce que vous voulez. Si vous montez une affaire ou que vous êtes commerçante, vous mettrez tout en œuvre pour augmenter votre clientèle. Vous saurez instinctivement quelles sont les meilleures stratégies commerciales.

En tant que père et homme au travail, malgré parfois la peur de perdre un emploi ou de ne pas être accepté dans un nouveau milieu de travail, tout va très bien. Vous vous en faites beaucoup trop, vous êtes bien reçu partout où vous allez et, où que vous soyez, vous êtes sympathique avec ceux qui vous entourent. Si vous avez un commerce saisonnier, vous ferez plus d'argent que les années passées. Vous étendrez votre clientèle grâce à des relations que vous avez su entretenir. Vous êtes exigeant comme parent. N'accordez pas trop d'importance à des détails et gardez l'œil ouvert sur la réalité de vos enfants : ils n'ont pas uniquement besoin de voir leurs besoins matériels comblés, c'est surtout une véritable attention de votre part qu'ils réclament. Vous n'êtes pas l'ami de vos enfants, vous êtes leur père. Des amis, ils en ont plusieurs, mais ils n'ont qu'un père. Des amis, ça se remplace ; un père est irremplaçable.

Clin d'œil sur les baby-boomers — Un mois agréable pour les retraités. Le beau temps les fait sortir et vous cherchez la compagnie d'autrui pour causer, rire et flirter si vous êtes célibataire. Même le Bélier le plus solitaire ressentira un profond besoin de se joindre à un groupe pour faire du sport ou toute autre activité dont la pratique nécessite la présence d'autres personnes. Certains parmi vous ont de grands enfants et sont grands-parents. Ces derniers pourraient apprendre que leur fils ou leur fille se sépare et, jusqu'au moment où la situation sera moins chaotique, ils prendront soin de leurs petits-enfants. L'un d'entre eux pourrait demander d'aller vivre chez papi ou mamie durant la prochaine saison d'été et les raisons sont aussi nombreuses qu'il y a de grands-parents Bélier. Saturne fait face à Neptune. Cette planète étant la représentation symbolique du vieillissement, il vous est conseillé de ne pas surestimer vos forces physiques afin de vous éviter un tour de reins et au pire un problème cardiaque aussi bénin puisse-t-il être ; il est préférable de vous comporter comme quelqu'un de votre âge. Ne soulevez pas d'objets lourds sans vous faire aider et ne faites pas votre grand ménage si vous vous sentez fatigué, vous avez tout l'été devant vous !

JUILLET 2007

Sous l'influence du Nœud Nord en Poissons — C'est la saison où beaucoup de gens prennent des vacances. Assez bizarrement, si vous avez prévu partir en voyage, il est possible que vous annuliez à la dernière minute parce qu'un membre de la famille est malade et que vous tenez à être là pour l'aider à traverser l'épreuve. Mars est en Taureau, il est dans le deuxième signe du vôtre, ce qui vous porte à angoisser dès que vous pensez à votre budget, à votre compte en banque alors que le message du Nœud Nord en Poissons est le détachement. Il ne s'agit pas de vous départir de vos biens mais de cesser de croire que si vous aviez de l'argent vous pourriez faire tout ou presque. Matériellement, sous ce ciel de juillet, vous pourriez être généreux envers quelqu'un qui n'a pas à recevoir quoi que ce soit de vous ; cependant, vous voulez l'impressionner. D'un autre côté, vous fermerez complètement les yeux sur une personne qui est vraiment dans le besoin et à qui vous refuserez carrément de donner un cinq cents. Le Nœud Nord en Poissons crée des instants d'aveuglement. Il serait bon de vous demander ce que vous avez fait il y a 18 ans, quelles épreuves vous avez vécues, quelles décisions vous avez prises. Si jamais vous aviez fait une bêtise, sachez que vous pourriez reproduire la même histoire.

Vie amoureuse du célibataire — Certains parmi vous sont extrêmement matérialistes et ne pensent qu'à leurs avoirs ; ils ont une fixation sur l'argent et ne s'intéressent qu'aux gens qui ont de gros moyens financiers. On retrouve autant d'hommes que de femmes dans cette catégorie. Si vous appartenez à ce groupe de Bélier, vous séduirez une personne qui aura effectivement fait de grosses économies et qui sera assez naïve pour croire qu'elle vous plaît. Vous réussirez à l'aveugler pendant quelques mois seulement, et elle vous offrira généreusement des cadeaux. Puis elle se rendra compte du vide sentimental que vous laissez derrière vous ou que vous semez en elle. C'est là que s'arrêteront vos manipulations. Il y a heureusement une majorité de Bélier qui n'ont aucun lien avec ces matérialistes, ce sont de vrais signes de feu au cœur chaleureux et qui sont capables d'aimer follement. Ceux-ci s'offrent à l'autre et n'ont aucun autre but que l'amour pour l'amour, aimer pour le plaisir d'aimer. Pour les vrais amoureux Bélier, il y aura aussi une rencontre, avec la différence que le couple formé durera longtemps.

Vie de couple–famille–budget–travail — Si vous avez une vie de couple et que vous êtes heureux la plupart du temps, à compter du 22, n'allez pas tout gâcher en prenant un flirt au sérieux. Passez votre chemin ! Il est vrai que rien n'est jamais parfait dans une union, mais ça ne le serait pas non plus avec une personne avec qui vous auriez une aventure. Si vous vous en tenez à votre vie amoureuse et familiale actuelle, le mois de juillet est excellent pour prendre des vacances.

En tant que mère et femme au travail, si vous êtes à votre compte, vous n'avez pas encore décidé quand ni où vous irez pour vous reposer et vous refusez que votre conjoint prenne ce genre de décision à votre place. Vous avez en général énormément de difficulté à tourner le dos au travail, comme s'il vous était interdit de faire une pause. Vous pensez aussi au fait que, si vous n'êtes pas là pour veiller sur vos intérêts, tout ira de travers. Même si vous partez deux ou trois semaines avec votre amoureux et les enfants, votre entreprise ne va pas disparaître ; à votre retour, vous serez fraîche comme une rose, décontractée et pleine d'énergie pour les mois à venir. Celles qui ne partiront en vacances que pour quelques jours le feront à la fin du mois et elles pourraient bien demander à un membre de leur famille de garder leurs enfants afin de passer ces journées près du cœur de leur conjoint. Il est possible qu'une amie que vous appréciez beaucoup ait un coup dur : une rupture ou une perte d'emploi. Vous serez une fois de plus généreuse de votre temps envers elle et stimulante dans votre manière de l'encourager à continuer de croire en elle.

En tant que père et homme au travail, sous l'influence de Mars en Taureau, il est possible que vous ne soyez guère patient avec des collègues de travail. Il serait avantageux de taire certains commentaires ou des critiques à leur endroit et de vous concentrer sur les tâches demandées. Si vous avez deux emplois, il est normal qu'à la fin de vos longues journées vous soyez épuisé ; ce qui serait moins normal, ce serait d'insister pour que vos enfants soient sages comme des images. La planète représentant le père et son autorité est Saturne. Durant la majeure partie du mois, elle est opposée à Neptune, qui symbolise l'illusion : des papas devront faire face à leurs enfants qui mentent trop souvent. Si vous avez la manie de n'être jamais satisfait de ce que font vos enfants, petits et grands, si votre relation avec eux n'est en fait qu'une série de commandements auxquels ils doivent obéir, en réaction vos enfants s'éloigneront de vous. S'ils ne le font pas physiquement, ils pourraient le faire intérieurement et conclure qu'il vaut mieux vous fuir pour préserver leur autonomie ainsi que leur dignité. Si vous êtes un grand consommateur et un acheteur compulsif, dès le début du mois, évitez donc ces magasins où vous avez l'habitude d'aller pour acheter un tas de gadgets.

Clin d'œil sur les baby-boomers — Durant l'hiver, il fait si froid que vous préférez ne pas trop sortir et l'été, il fait si chaud que vous restez à l'intérieur pour vous protéger du soleil ardent. Ce mois-ci encore, le ciel laisse supposer que vous verrez plus souvent vos grands enfants ainsi que vos petits-enfants. Ce sera tantôt pour rendre service et, à d'autres moments, les réunions familiales n'auront pour but que le plaisir d'être tous ensemble afin de solidifier le pont entre les générations. Si vous êtes un solitaire, sans doute est-ce bien difficile pour vous de rester en retrait : un Bélier est sociable de nature. Si jamais des événements dramatiques vous avaient presque obligé à vivre ainsi, il faut faire un effort pour en sortir. Pourquoi ne pas commencer par votre médecin de famille qui vous indiquera quelle thérapie suivre ? En principe, il connaît les personnes-ressources et, grâce à ses recommandations, vous ouvrirez la porte de cette prison qui s'est érigée autour de vous.

AOÛT 2007

Sous l'influence du Nœud Nord en Poissons — À compter du 8, le Nœud Nord fait un aspect difficile à Mars en Gémeau. À partir de cette date, cette planète est à l'opposé de Jupiter en Sagittaire. En aucun temps vous ne devrez mentir à qui que ce soit. Évitez également de dilapider votre argent et cessez le magasinage compulsif. Le feu et l'air du ciel d'août vous portent à réagir, alors qu'il serait beaucoup plus sage de réfléchir. Il est tout aussi important que vous conduisiez prudemment, ne prenez jamais le volant si vous avez bu ou encore pris une drogue ou un médicament qui ralentit vos réflexes. Ce ciel est excitant pour les créateurs et tous les Bélier ayant des projets à réaliser, mais il devient énervant pour ceux qui ne savent quoi faire de leur énergie.

Vie amoureuse du célibataire — À compter du 10, Vénus est en Lion. Cette planète étant rétrograde, à la suite d'une rencontre avec une belle personne, il ne faudra rien précipiter, à moins que vous ne désiriez qu'un amour d'un jour ou d'un soir. Mais la majorité souhaite vivre davantage qu'une liaison de passage. Si une rencontre se produit entre le 10 et le 19, il pourrait y avoir une grande différence d'âge entre vous et votre flirt ; elle existe, cette attraction qui va au-delà de l'apparence. Mais il y a parmi vous des chasseurs de primes, des Bélier qui sont à la recherche d'une personne ayant des moyens financiers intéressants. Vu la position des planètes, il y a peu de chances que celui qui ne s'intéresse qu'à l'argent réussisse à obtenir quoi que ce soit parce que son jeu sera bien vite découvert. Le Nœud Nord en Poissons fait le guet et interdit au Bélier de mentir, de manipuler et, quand il s'y risque, survient l'événement qui l'empêche de jouer avec les émotions d'autrui.

Vie de couple–famille–budget–travail — C'est un mois où il pourrait y avoir une désorganisation familiale. Après une période tranquille, voilà à nouveau une zone chaotique. Il faut dire qu'au cours du mois, les parents se mettront à courir dans tous les sens pour habiller les enfants pour la nouvelle saison qui approche, puis, pour le retour à l'école, il faut acheter leurs fournitures scolaires. Des Bélier chercheront à la dernière minute une garderie pour leurs petits. Les dépenses obligatoires iront bon train. Et naturellement, pour payer ce dont les enfants ont besoin, vous devez travailler.

En tant que mère et femme au travail, c'est généralement vous qui êtes chargée de ces courses. En général, vous savez mieux que votre conjoint ce dont les enfants ont réellement besoin. Au travail, sans doute y aura-t-il des changements auxquels vous devrez vous ajuster. Pour certaines, les horaires seront différents ; d'autres obtiendront un nouveau poste. Parfois ce sera une promotion qui sera un véritable défi et qui, naturellement, vous obligera à prolonger vos heures de travail, ce qui nécessitera une bonne conversation avec votre conjoint afin qu'il puisse être plus présent auprès des enfants pendant que vous vous taillez une place au soleil.

En tant que père et homme au travail, votre vie professionnelle est également secouée et plus particulièrement si vous travaillez dans le domaine des transports : camionnage, taxi, transport scolaire, ambulance, aviation, etc. Les uns seront débordés, tandis que d'autres contesteront des compressions budgétaires imposées par les entreprises qui requièrent leurs services. Les Bélier sans emploi qui avaient décidé de se reposer pendant les derniers mois frapperont à toutes les portes pour obtenir du travail et avec succès. Vous manifesterez votre impatience à l'égard de vos enfants. Vous aurez un mal fou à supporter leur chahut, leurs obstinations, leurs querelles et plus vous serez nerveux, plus ils seront stressants. Le meilleur moyen d'avoir la paix, c'est d'être vous-même paisible. N'oubliez jamais que les enfants apprennent par l'exemple. Il y a parmi vous des papas Bélier qui, plutôt que d'affronter leur démon d'intolérance, fuiront vers le travail, là où il n'y a pas d'enfants qui bougent dans tous les coins.

Clin d'œil sur les baby-boomers — À compter du 5, les plus jeunes veufs ou divorcés de cette génération auront plus qu'à l'accoutumée envie de sortir. Ce sera comme si vous étiez à nouveau adolescent et que vous ne vouliez pas perdre une minute de plaisir. Vous rencontrerez de nombreuses personnes de tous les âges. Il vous aura suffi d'accepter une invitation pour que, quelques jours plus tard, vous en ayez une autre. Le danger qui vous guette, c'est votre manque de discernement. La vie est intéressante, la diversité de gens que vous croisez est fascinante, mais ne tombez pas dans le piège d'un groupe pouvant vous entraîner bien loin de vos croyances et valeurs. Soyez à nouveau en pleine découverte du genre humain, mais restez présent à vous-même. Amusez-vous, mais préservez votre indépendance et, si vous avez de l'argent, ne soyez pas le seul qui paie dès qu'il y a une dépense à faire. La majorité des personnes de ce signe sont nées avec Neptune en Vierge et Neptune au début du signe de la Balance. Il ne faut pas perdre de vue que Neptune est le maître des illusions. Si vous avez cette planète en Vierge, Uranus est en Poissons en face de ce Neptune et il fait facilement éclater des couples qui se forment pour de mauvaises raisons. Si vous avez Neptune en Balance, en ce moment il est en Verseau dans le ciel et se retrouve en face de Saturne en Lion : l'amour sera en face de vous mais soyez lucide et ne décidez pas sur un coup de tête d'emménager avec quelqu'un que vous connaissez à peine.

SEPTEMBRE 2007

Sous l'influence du Nœud Nord en Poissons — Vous avez sans doute beaucoup réfléchi depuis janvier de cette année. Certains savent maintenant ce qu'ils doivent faire pour se réaliser et se sont mis en action. D'autres n'ont pas encore réussi à trouver le sens de leur vie et il leur semble qu'il n'y a aucune solution. Ces derniers se laissent aveugler par leurs émotions et plongent dans leurs angoisses plutôt que d'essayer de retrouver ce courage qu'ils ont déjà eu. Si la force d'action dort lourdement, elle n'a cependant pas disparu : votre signe est régi par Mars et il a besoin d'une stimulation. Le Nœud Nord qui est en Poissons a une énorme influence sur nous tous ; en ce qui vous concerne, il sème le doute à l'égard de vos convictions, valeurs et croyances. Son passage n'est pas terminé mais comme il s'achève, ce mois-ci, ne désespérez pas, des personnes spéciales se placeront sur votre route pour éclairer vos choix.

Vie amoureuse du célibataire — Vous ne passez pas inaperçu en septembre. Vénus étant en Lion dans le cinquième signe du vôtre, votre magnétisme est si puissant que, dès que vous apparaissez, durant les premières secondes où on se trouve en face de vous, on a une folle envie de vous connaître. On apprécie votre côté direct, vous parlez sans détour et, naturellement, vous donnez l'impression d'être transparent, ce qui n'est quand même pas tout à fait vrai car chacun de nous porte un masque plus ou moins opaque en société, face aux inconnus. Quoi qu'il en soit, la vie vous réserve une magnifique surprise : la rencontre d'une personne aimable, aimante et qui communiquera fort bien avec vous.

Vie de couple–famille–budget–travail — En tant que mère et femme au travail, votre rôle de maman est permanent et ces enfants qui sont de vous sont si attachants que jamais vous ne songeriez à vous en séparer. Cela ne vous empêche pas de temps à autre de rêver de liberté, de souhaiter qu'ils passent quelques jours chez leurs grands-parents ou ailleurs afin que vous puissiez respirer à fond. Mais vous savez que sans eux votre vie n'aurait pas de sens. Conséquence : une fois qu'une femme a des enfants, en général elle s'y attache au point de ne plus pouvoir s'en séparer et ça, vos enfants le savent, c'est pourquoi ils osent vous demander un tas de choses que très souvent vous ne pouvez leur offrir sur-le-champ. Si votre progéniture est d'âge scolaire, votre tournée dans les magasins de vêtements n'est pas terminée. Au travail, nombreuses sont les femmes de votre signe qui ont leur propre commerce. Elles ne contrôlent pas une multinationale, mais peu importe, elles sont maîtres de leur entreprise et travaillent beaucoup pour l'améliorer et garder les employés qui sont sous leurs ordres. Les petites entreprises régies par des femmes sont semblables à une famille où chacun des membres est important. Si vous avez un patron, vous n'avez pas à vous inquiéter, vous produisez bien et c'est ce qu'on attend de vous. Même s'il vous arrive de temps à autre de devoir terminer plus tôt à cause de vos enfants et des réajustements auxquels vous avez à faire face à la suite d'un changement d'école ou parce qu'un petit ne se porte pas bien et que vous devez filer le chercher à la garderie, en fait quel que soit l'événement, les choses se passent bien, car le patron qui a fait appel à vos services savait fort bien que cela pouvait se produire de temps à autre. Quant à votre conjoint, sans doute travaille-t-il plus qu'à l'accoutumée, et si jamais il a tendance à critiquer quand il rentre, vous saurez comment le rendre conscient que, malgré sa chance, il se plaint beaucoup.

En tant que père et homme au travail, vous êtes de retour à vos horaires réguliers mais durant ce mois de septembre, ils seront changés et du même coup vous devrez repenser vos journées de manière à être productif au maximum. Certains messieurs Bélier craignent de manquer d'argent et pour y parer ils prennent un second emploi, ce qui a pour résultat de causer une grande fatigue. Si vous êtes vendeur, vous ferez plus d'argent qu'à l'accoutumée. Si votre métier vous met en relation avec des personnes malades, sans ressources, votre mois sera rempli de cas graves et vous déploierez beaucoup d'énergie pour leur venir en aide. C'est tout à votre honneur. Comme père, sans doute serez-vous moins présent à vos enfants ; et quand vous serez avec eux, vous désirerez qu'ils soient très sages. Mais les enfants normaux sont généralement grouillants. Quant à vos préadolescents ou à vos adolescents, vous aurez la critique facile : ils ne sont pas encore des adultes et s'ils l'étaient, plutôt que d'être des étudiants, ils auraient un boulot. Il faudra reconsidérer les discours que vous leur tenez et vous souvenir de comment vous étiez quand vous aviez leur âge.

Clin d'œil sur les baby-boomers — Le 3, Saturne entre dans le signe de la Vierge et y demeurera durant une année et demie. Cette planète passe donc dans le sixième signe du vôtre. Si elle touche toutes les générations de Bélier, elle exerce surtout un très gros effet sur les baby-boomers. Saturne indique le genre de vieillissement que vous connaissez. Vous n'êtes pas tous nés avec Saturne en Vierge mais, pour ceux qui le sont, il est certain que cette planète revêt une grande valeur. Pour l'ensemble des Bélier, Saturne en Vierge vous demande de prendre soin de vous. Il arrive que des natifs de ce signe croient être au-dessus de tous les maux et plus spécialement les hommes, pour qui la moindre douleur est une terrible humiliation. Messieurs et mesdames les Bélier, lorsque vous aurez un malaise tenace, il sera important de consulter un médecin. Si vous êtes retraité, sous ce Saturne en Vierge, vous réalisez que vous ne pouvez rester à ne rien faire et vous trouverez un emploi qui sans doute sera différent de celui que vous aviez, mais qui fera votre bonheur. Et puis il y a quelques Bélier qui ne peuvent se satisfaire d'une maigre pension, ils ont besoin de plus d'argent pour vivre. C'est un bon motif pour retourner au travail. Si vous n'êtes pas encore à la retraite, vous vous en rapprochez et déjà vous vous préparez à faire autre chose. Pour exercer votre futur métier, il vous faudra peut-être retourner aux études.

OCTOBRE 2007

Sous l'influence du Nœud Nord en Poissons — Encore deux mois et dix-huit jours sous l'influence du Nœud Nord en Poissons. Il peut affaiblir votre résistance physique. Naturellement, votre fierté vous fera dire aux gens rencontrés que vous allez très bien. Il est important de dormir suffisamment. Un tas de choses vous tracassent mais une plus que les autres : vous vous demandez si vous êtes apprécié à votre juste valeur. Ne tombez pas dans ce piège : vous ne pouvez plaire à tout le monde, c'est une mission impossible. L'essentiel en ce mois d'octobre est d'être aimé par vos proches et de les aimer en retour, c'est le meilleur moyen qui soit pour trouver votre équilibre. Après tout, ces inconnus qui traversent votre vie ne vous connaissent pas vraiment. Ils peuvent apprécier votre présence mais, dans d'autres cas, le blocage est instantané. Il est important de n'avoir aucune rancœur au cas où un jour vous feriez des affaires avec ces personnes.

Vie amoureuse du célibataire — Chacun de vous aspire à une rencontre avec l'amour et le bonheur. On ne décourage pas un signe de Mars : quand il veut quelque chose, il fait tout ce qui est possible pour trouver ce qu'il cherche. Mais vous y prenez-vous toujours de la bonne manière ? Quand quelqu'un qui vous plaît entre dans votre vie, il vous faut du temps pour vous lier profondément. Et si cette personne rencontrée vous plaît, pourquoi lui poser autant de questions, particulièrement sur ce qu'elle a vécu avant vous ? Ne jouez pas au détective, cette approche fera peur à votre flirt. Il est aussi possible que votre liberté soit si importante qu'elle compromette votre engagement. Si en septembre vous avez connu une perle rare, vous voilà reparti pour une réflexion et le mot qui revient le plus souvent, c'est « recul ». Je l'ai expliqué précédemment, certains Bélier ne désirent un partenaire que pour avoir davantage de sécurité matérielle et ils espèrent non pas l'amour mais une poule aux œufs d'or. Autant de femmes que d'hommes souhaitent un « loto-partenaire ». Étrangement, à partir de ce mois d'octobre, les gens qui vous attireront seront surtout d'origine modeste, mais ils auront un cœur semblable à un diamant pur. La richesse de l'amour se passe de toute comptabilité.

Vie de couple–famille–budget–travail — Sous ce ciel, Mars est en Cancer, signe cardinal dans le quatrième du vôtre, ce qui laisse présager un ou des problèmes familiaux qui nécessiteront une intervention rapide de votre part. Votre partenaire ou un enfant aura besoin d'être secouru et, si jamais vous aviez l'idée de fuir cette responsabilité, sachez que les conséquences seraient très grandes et plutôt négatives.

En tant que mère et femme au travail, advenant un petit accident à un de vos très jeunes enfants, vous serez la première à être appelée. Il n'y a pas de drame dans le ciel à moins que votre thème natal ne le spécifie. Les planètes sont des indices et non des certitudes mais, si jamais un enfant tombait malade – il y a tant de virus dans l'air –, vous organiserez votre temps de manière à être à ses côtés le plus souvent possible. Maman « marsienne » a tellement d'amour et d'énergie qu'elle accélère la guérison de ses enfants. Sur le plan professionnel, vous pouvez vous attendre à quelques modifications de vos tâches ; il ne s'agit nullement de perte mais plutôt d'un défi qu'on vous lance et que vous relèverez avec brio. Si vous cherchez un emploi, vous devez envoyer votre CV, puis prendre contact avec les entreprises intéressantes afin d'obtenir un rendez-vous. Rien de mieux qu'un face-à-face pour s'expliquer.

En tant que père et homme au travail, vous pourriez avoir des sautes d'humeur qui ne préviennent pas et qui mettent tous les témoins mal à l'aise. Méfiez-vous, messieurs, vous pourriez accorder de l'importance à des détails alors que l'essentiel est négligé. Il vous faut absolument avoir une vue d'ensemble au travail et non pas vous attarder à la virgule mal placée. Lors des négociations, soyez calme et, s'il le faut, faites de la méditation avant de rencontrer clients, partenaires ou associés. Il est aussi très important que votre paperasse soit en ordre et faite selon les règles de l'entreprise qui fait appel à vos services. Si vous utilisez des outils pour votre travail, assurez-vous que chacun d'eux fonctionne parfaitement lorsque vous en ferez usage. Comme parent, si vous avez pris l'habitude de faire la morale à vos enfants chaque fois qu'ils font un faux pas, sachez que lentement mais sûrement ils perdent leur assurance. Des enfants qui ne reçoivent pas d'approbation finissent inévitablement par se sous-estimer. Votre progéniture est imparfaite, mais elle fait de bons coups. Félicitez-vous l'enfant qui connaît une réussite ? Lui dites-vous qu'il devrait se dépasser la prochaine fois ? Votre conjointe est avec vous parce qu'elle sait fort bien que, même si vous êtes maussade, vous avez bon cœur, sinon elle ne vous supporterait pas. La vie est imparfaite, elle est clairsemée de contradictions, de contrariétés ; il est rare que ce qu'on désire et espère se produise tel que prévu, mais il faut faire avec.

Clin d'œil sur les baby-boomers — Si jusqu'à présent vous avez mené une bonne vie, c'est-à-dire que vous avez pleinement vécu les années précédentes et entretenu en vous le désir d'améliorer tout ce qui est en cours, et que vous restez cloîtré entre les murs de votre maison pendant que vous êtes à la retraite, vous gaspillez votre énergie. Pour vous épanouir, vous avez besoin de vivre pleinement tant avec votre famille qu'en société. Certains d'entre vous endosseront une cause, la protection de l'environnement, des personnes âgées et malades, ou seront plus près de leurs petits-enfants parce que leurs parents travaillent d'arrache-pied pour leur donner tout ce dont ils ont besoin. Le Bélier qui restera inactif en ce mois d'octobre se trouvera de multiples bobos. Il sera si tourné vers lui-même qu'au plus petit malaise il se précipitera à l'urgence ou chez son médecin, avalera des poignées de médicaments. Tout cela ne conduit-il pas à ne plus être vivant comme un Bélier se doit de l'être? Si vous êtes hypocondriaque, il faut vous en rendre compte et demander de l'aide médicale pour soigner cet état.

NOVEMBRE 2007

Sous l'influence du Nœud Nord en Poissons — Le passage du Nœud Nord étant assez long, vous commencez à ressentir le séjour qu'il fera en Verseau à compter du 19 décembre. Jusqu'au 22, le Soleil en Scorpion est dans le huitième signe du vôtre et symbolise les grandes transformations; dans leur aspect négatif, ces transformations mènent à l'autodestruction. Il y a mille manières de se détruire et certaines sont très subtiles. Pour ceux qui vivent de désirs et de foi en la vie, tout ou presque est permis. Quel que soit le changement que vous voulez faire, agissez maintenant, profitez-en pendant que Jupiter est encore en Sagittaire, ainsi vous bénéficierez d'appuis spéciaux et souvent inattendus qui surviendront au beau milieu de vos démarches. Quant au Bélier dont la vue est limitée, parce qu'il voit toujours le mur devant lui et non la petite ruelle d'à côté qui mène à la rue, là où il veut se voir, il risque, sans aide extérieure, de voir cet obstacle s'épaissir. Vous avez le choix; chacun de nous l'a. Voulez-vous une vie agréable ou une vie dans la peur du lendemain qui, de toute manière, viendra?

Vie amoureuse du célibataire — Le célibat touche toutes les générations. La majorité des Bélier détestent être seuls. Un Bélier est un signe de feu, régi par Mars, il a besoin de conquête et, comme tout être humain, de stabilité. Mais le «marsien» se joue souvent des tours à lui-même; il réagit promptement et parfois négativement à une remarque qui ne lui semble pas flatteuse. Il vous arrive, lorsque vous flirtez, d'être si direct que vous effrayez la personne qui vous plaît. Courtiser en étant méfiant ne donne pas de bons résultats. Quelqu'un vous attire, vous réussissez à l'approcher, à entamer une conversation, vous provoquez des sourires, mais cela ne prouve pas que vous avez accroché le cœur de l'autre. Étrangement, ce sont les Bélier du milieu artistique qui seront les premiers à rencontrer quelqu'un de charmant qu'ils reverront, et ces derniers ont du temps pour devenir des «accroche-cœur». L'autre probabilité pour une rencontre, c'est qu'un membre de votre famille vous présente un ami fascinant.

Vie de couple–famille–budget–travail — En tant que mère et femme au travail, si vos activités professionnelles sont importantes pour vous en cet avant-dernier mois de l'année, parce qu'il faut bien gagner sa croûte, vos enfants occupent quand même le centre de votre vie. Déjà vous pensez aux cadeaux pour les fêtes prochaines et, avant qu'augmentent les prix de certains articles et vêtements, vous commencerez à faire vos achats dès que vous aurez du temps libre. Cette année, vous achèterez bien peu de choses inutiles, vous penchez fortement pour le pratique et, pour les tout-petits, vous allez vers les jouets éducatifs. Plus vos enfants sont grands, moins fantaisistes seront les surprises. Vous êtes dans une phase où le savoir de vos enfants revêt une importance capitale. Sur le plan professionnel, personne ne vous reproche quoi que ce soit, pourtant vous avez peur de la critique, vous craignez de ne pas faire exactement ce qui vous est demandé ou de le faire imparfaitement. De grâce, quittez cet état d'insécurité, il vous fait perdre votre magnifique sourire et votre humour. Il est possible que vous échangiez quelques mots désagréables avec votre conjoint: il ne cesse de faire des heures supplémentaires, et vous commencez à avoir l'impression que monsieur prend la fuite devant ses responsabilités paternelles. Il est possible qu'il ne sache plus quel est son rôle auprès de vous; il interprète votre indépendance et croit qu'il est inutile. Quant aux enfants, vous prenez la plupart des décisions et, là encore, il se convainc qu'il n'a rien à redire là-dessus. Ne faudrait-il pas redonner à votre partenaire la place d'homme qui lui revient?

En tant que père et homme au travail, votre comportement, vos états d'âme et conséquemment vos réactions sont affectés par l'abondance dans le ciel de luminaires en signes féminins. Lorsque le ciel astral est ainsi, de nombreux hommes parmi vous deviennent mal à l'aise. C'est un plongeon au cœur des sentiments, des émotions, un retour dans le passé; vous vous demandez si vous avez bien fait dans telle ou telle situation. En y pensant bien, cette introspection peut être salutaire et saine parce que vous prenez conscience que ce qui a été fait ne doit jamais être refait. Si votre conjointe voit en vous un homme qui régulièrement se questionne, cherche et trouve des réponses dans le but d'être mieux et de mieux vivre avec vous et la famille, elle aura la patience d'attendre que vous retrouviez ce sens inné de la communication qu'elle a toujours apprécié chez vous. Sur le plan professionnel, un vrai Bélier mâle est un homme de projets : toujours plus, toujours plus haut. Parmi toutes les possibilités, il faut faire un choix. Vous avez un emploi régulier ? Ne changez rien, poursuivez. Si vous travaillez dans le domaine des communications, on vous proposera de nouvelles responsabilités : un test que vous passerez haut la main.

Clin d'œil sur les baby-boomers — Jusqu'au 22, sous le Soleil en Scorpion, vous serez étonné d'apprendre qu'une connaissance est sérieusement tombée malade ou pire, qu'un ami qui semblait en bonne santé est décédé subitement. Il peut aussi s'agir d'une autre épreuve : vous serez terriblement inquiet pour un de vos enfants qui traverse une période difficile. Vous ne pouvez vivre sa vie à sa place ; vous êtes un parent et présentement votre rôle consiste à l'écouter quand il vient vers vous pour se confier. Votre enfant vit dans une génération et un temps différents de ceux dans lesquels vous avez baigné, et les solutions que vous serez tenté de suggérer seront probablement impossibles à appliquer en ce XXIe siècle. Il ne faut pas perdre de vue que Saturne est en Vierge dans le sixième signe du vôtre, et, pour cette raison, vous ne réussiriez pas à combler ses manques malgré beaucoup d'efforts. Si jamais on vous demande de l'argent et que vous n'êtes pas fortuné, surtout si ce n'est pas la première fois, il faudra trouver un moyen de dire non. Un enfant gâté de 30 ou 40 ans qui ne réussit pas à se débrouiller, à se sortir de ses problèmes est harcelant et devient la source d'une grande inquiétude pour vous. De plus, si vous continuez à le dépanner, il n'apprendra jamais à solutionner ses propres problèmes.

DÉCEMBRE 2007

Sous l'influence du Nœud Nord en Poissons puis en Verseau — Le 19, le Nœud Nord entre en Verseau et se trouve dans une meilleure position, en ce sens que vous vous sentirez plus libre, plus audacieux, plus sûr de vous, mais cela ne sera possible que si, sous le Nœud Nord en Poissons, vous avez réfléchi sur qui vous êtes, ce que vous faites à vous-même et à autrui : avez-vous reconnu vos torts ou avez-vous trouvé mille excuses à certains comportements qui n'ont pas eu des effets désirables sur autrui? En bref, si précédemment vous n'avez pas compris que vous faites partie de votre famille, de votre communauté, de votre ville, de votre pays, si vous n'avez pas réussi à voir que vous êtes relié à l'Univers, en commençant par la planète Terre, le passage du Nœud en Verseau sera comme quand on gifle quelqu'un chaque fois qu'il fait une bêtise mais qu'on lui donne quand même la chance de corriger son erreur. À compter du 19, sous le Nœud Nord en Verseau, le désir de vous réaliser devient excitation et empressement. Ce Nœud vous ouvre toutes les portes; toutes ces compétences que vous possédez et que vous avez laissé dormir s'éveillent et s'agitent. Si vous avez connu une montagne de problèmes en tous genres, ils se règlent enfin, sauf s'ils sont devenus votre raison de vivre. Si vous croyez avoir adopté le malheur en partage, le Nœud en Verseau vous signale que vous pouvez désormais adopter un mode de vie plus excitant et plus joyeux.

Vie amoureuse du célibataire — En ce dernier mois de l'année, le célibataire se dit que passer les fêtes sans être accompagné, c'est bien triste. Entre le 2 et le 20, vous sortirez souvent dans l'espoir de rencontrer la perle rare. Dans un restaurant ou dans un endroit où vous irez danser, écouter de la musique, vous croiserez quelqu'un qui a du bagou. Ne confondez pas une personne bavarde et quelqu'un qui a le béguin pour vous. On peut vous trouver intéressant mais uniquement pour échanger intellectuellement. En ce mois de décembre, l'amour n'ira qu'à bien peu de Bélier. Par contre, vous ferez plusieurs rencontres agréables. Soyez patient et restez confiant, la vie ne s'arrête pas avec le mois de décembre. Jupiter entre en Capricorne le 20 et vous n'aurez d'autre choix que de prendre vos responsabilités en affaires comme en amour. Jupiter en Capricorne n'est pas fantaisiste, il bâtit afin que le monde soit meilleur. Il a un défaut, il est restreignant, et vous devrez quant à l'amour apprendre à décoder le langage du non-dit. Dans *Le Petit Prince*, on peut lire : « On est responsable de ce qu'on apprivoise »; bientôt, vous apprivoiserez quelqu'un, vous l'aimerez et devrez accepter que, même quand on est follement amoureux, rien n'est parfait.

Vie de couple–famille–budget–travail — C'est le mois où la famille est au centre de la vie de chacun de nous. Les fêtes devraient nous rapprocher les uns des autres. Mais ce n'est pas toujours ce qui se passe; les ruptures et les claquages de porte sont très nombreux. Les médias ont pour but de nous faire rêver et de nous faire voir ce qu'il y a de meilleur. Ce qu'on aperçoit sur nos écrans, c'est rarement ce qui se passe réellement dans les réunions de famille et particulièrement à ce moment de l'année où on s'endette sous la pression de la publicité qui nous dit ce que sont des fêtes réussies. Que vous soyez un homme ou une femme, décembre sera trépidant. Vous devrez répondre rapidement aux urgences : le patron sait que vous êtes rapide quand il s'agit de solutionner un problème même si cela ne doit être que temporaire. Mars est encore dans le signe du Cancer et touche vos parents. S'ils ont un certain âge et qu'ils ont connu des problèmes de santé, ce ciel laisse entrevoir la maladie pour au moins un des deux. Dans ce cas, la joie des fêtes sera ternie. Vous travaillez, mais les jeunes enfants, eux, entrent dans une longue période de congé. À certains moments, c'est la mère qui demande de l'aide à sa famille ; à d'autres, c'est le père qui souhaite que sa maman particulièrement garde les enfants pendant que lui et sa partenaire sont au travail. Quant à votre budget, vous ferez des achats qu'en d'autres temps vous n'auriez pas faits, mais cette année vous serez un peu plus raisonnable. Vous avez réfléchi et à la dernière minute vous ne courrez pas les magasins à la recherche d'un cadeau pour les uns et les autres. Vous vous limiterez à votre liste. Si vous invitez, soyez sélectif : êtes-vous obligé d'inviter toute la famille, même ceux qu'en général vous n'aimez pas vraiment voir ? Entourez-vous de gens que vous appréciez ; les autres seront ailleurs s'ils ne sont pas chez vous.

Clin d'œil sur les baby-boomers — Ce que vous ne savez peut-être pas, c'est que vous serez de plus en plus en demande auprès de vos enfants et petits-enfants. N'avez-vous pas toujours en tant que parent été indispensable aux vôtres ? Cette fois, ce sera avec vos petits-enfants. Si vous travaillez encore, ce sera plus difficile d'être présent mais, chaque fois que vous en aurez l'occasion, vous rendrez service et, en tant que Bélier, plus vous déployez d'énergie, plus vous en avez. Vos petits-enfants favorisent en quelque sorte un heureux éveil quant à votre importance pour eux. Vous êtes le lien entre le passé, le présent et l'avenir. Votre influence est énorme auprès de vos descendants et le sera davantage à compter du 19, puis tout au long de 2008 et même après. On ne peut passer sous silence le fait que des grands-parents qui ne furent pas des parents attentifs fuiront devant la tâche. Si vous êtes de ceux-là, même si vous trouvez toutes les excuses du monde, si vous êtes en bonne santé et que vous avez beaucoup de temps libre, vous devrez vivre avec votre culpabilité. À compter du 19 et pendant les 12 mois qui suivront, vous avez un devoir à accomplir. Vous avez la santé ? Vous n'avez pas eu d'enfant ? Ne restez pas les bras ballants devant la misère de certains petits ou de personnes âgées. Ils attendent d'être secourus par vous. À compter du 19, en tant que baby-boomer, vous entrez dans une période très sérieuse, et ce, jusqu'à l'année prochaine : une autre histoire à raconter.

Prévisions 2007
selon votre ascendant

Durant une année, il y a entre 5 et 10 problèmes graves qui surgissent. Généralement, vous avez un but important, et un ou deux réajustements vous permettront de retrouver l'équilibre rompu lors de la précédente année. La vie est une suite de petits bonheurs et de satisfactions, mais elle est aussi faite de contrariétés, d'épreuves, petites ou grandes, au sujet desquelles vous faites parfois un drame. Les prévisions qui suivent tiennent compte de ce qu'il y aura de plus urgent à clarifier, et quelques ascendants devront apprendre à apprécier qui ils sont, ce qu'ils obtiennent de la vie et d'autrui et les bénéfices qu'ils retirent de leur travail. Conclusion, 2007 n'est pas une année pour vous lamenter.

BÉLIER ascendant BÉLIER

Vous êtes la pureté du signe, un vrai « marsien ». Il y a deux types de Bélier/Bélier. Le premier est d'une grande sagesse. L'autre est si imbu de lui-même que parfois il se met à croire que le monde lui doit tout. Et que de bêtises il fait pour satisfaire ses besoins le plus souvent primaires ! Ce Bélier/Bélier qui se prend pour un dieu ou presque est souvent déçu. Le sage, de son côté, apprécie tout de la vie parce qu'il sait au plus profond de lui-même que tout a une raison d'être, même dans ces instants où il ne peut comprendre pourquoi il subit une épreuve ou pourquoi il est si heureux quand tant de gens souffrent. Quand un Bélier/Bélier atteint l'âge de la sagesse, il utilise l'énergie de Mars avec laquelle il est né pour répandre le bien. Quel que soit son travail ou sa profession, le sage voit à l'amélioration de ce qui est ; sa présence inspire la paix et jamais la guerre.

L'année 2007 présage un tourbillon d'événements tous aussi surprenants les uns que les autres. Ce qui vient vers vous est beau, agréable, bénéfique. L'amour est au rendez-vous. L'argent ne va pas manquer, bien au contraire. Déménager, voyager, aller vivre à l'étranger ou s'éloigner de la ville afin de se rapprocher de la nature sont des possibilités qui s'offrent à vous. Si vous êtes seul depuis longtemps, une rencontre hors de l'ordinaire pourrait se produire ; votre partenaire vous fera voir à quel point l'Univers est parfait. Les joueurs de votre signe qui aspirent plus à la richesse matérielle qu'à celle du cœur sont chanceux.

BÉLIER ascendant TAUREAU

Vous pensez à vos affaires, à l'expansion à prendre afin d'empocher plus d'argent. Ne décidez rien sur un coup de tête en 2007 ; si possible, demandez à votre comptable d'analyser scrupuleusement ce que vous gagneriez de plus et quels seraient les risques encourus si vous investissiez pour développer votre commerce, pour en acheter un second ou même un dixième, peu importe. Vous n'êtes pas à un moment pour vous lancer aveuglément dans un projet qui pourrait éventuellement vous coûter cher. Il est important que vous pensiez à long terme pour réussir et vous hisser au sommet. Rien n'est impossible, mais un maximum de prudence s'impose. Si vous occupez le même emploi depuis de nombreuses années, gardez-le ; ne succombez pas à votre désir d'évasion. Votre gagne-pain est nécessaire ; ne plus pouvoir combler vos besoins et ceux de votre famille vous mettrait inévitablement dans une situation difficile.

Sur le plan personnel, si vous êtes amoureux et que vous n'habitez pas avec votre partenaire, il en sera sérieusement question. Si vous n'avez pas d'enfant ou que vous songez à en avoir un autre, dame nature est généreuse et distribue le bonheur qu'apporte un nouveau-né aux gens qui s'aiment. Mais on peut aimer et ne pas souhaiter un autre bébé. Si tel est votre cas, des moyens contraceptifs s'imposent en tout temps et durant toute l'année. Si vous avez dépassé l'âge de la procréation et que vous avez atteint celui d'avoir des petits-enfants, vous êtes béni. Dans l'ensemble, vous êtes en harmonie avec vous-même à moins que votre passé ne vienne constamment vous perturber. La thérapie est une solution. La majorité des Bélier/Taureau y gagnent en 2007 et plus précisément dans leur vie intime, laquelle influence directement tous les autres domaines de l'existence. Les ombres susceptibles d'assombrir votre joie sont la maladie d'un parent âgé qui a grand besoin de votre soutien, la révolte d'un préadolescent ou d'un adolescent dont les notes scolaires baissent au fur et à mesure que les mois passent ou des réparations coûteuses et non budgétées sur votre maison. Quoi qu'il arrive en 2007, vous trouverez des solutions.

BÉLIER ascendant GÉMEAUX

Quel excellent communicateur vous êtes, mais comme il vous est pénible d'être seul! C'est comme si vous aviez toujours besoin d'un témoin ou d'une approbation pour être rassuré. Vous réfléchirez sérieusement quand une personne n'ayant aucune mauvaise intention et qui ne sera nullement agressive à votre égard vous fera remarquer que cette peur est une attitude d'adolescent qui demande à ses amis de le confirmer dans son identité. N'allez pas croire que vous êtes malade, loin de là. Au fond, cet agaçant besoin qui cache la crainte de la solitude a quelque chose de bon : cela fait de vous un très bon vendeur, un négociateur, un rassembleur, bref, un être sociable qui rend beaucoup de services, rien que pour avoir de la compagnie. Cette dépense d'énergie a donc généralement des répercussions positives.

En fait, votre pire problème, c'est d'avoir peur de manquer d'argent et d'être économe à l'excès. Cette inquiétude vous fait faire des économies qui, éventuellement, vous mettront à l'abri quand vous serez âgé mais, d'ici là, vous vous privez de nombreux plaisirs dont vous ne pourrez profiter plus tard à cause de votre grand âge. Les hommes sont plus susceptibles que les femmes d'être obsédés par l'argent. Si vous faites partie de ces inquiets qui ne cessent de remplir leurs coffres et qui ne profitent pas du bon temps, étrangement une urgence de la vie vous coûtera très cher.

Vous avez une belle leçon à tirer ou plutôt une étape agréable à franchir : l'amour partagé. Si vous êtes célibataire, l'amour se présente et, de grâce, ne calculez pas, ne vous demandez pas combien gagne votre flirt, faites taire le détective en vous et ne posez aucune question sur ses avoirs. L'année 2007 en est une où il faut laisser vos sentiments éclore et vivre selon l'instant présent tout en faisant un brin de prévision pour le futur. Professionnellement, tout se présente fort bien, vous êtes créatif, inventif et sur une voie ascensionnelle. Les débutants commencent en force et c'est le succès. Les travailleurs expérimentés grimpent dans la hiérarchie de l'entreprise. Retour aux études possible et, pour certains, un mariage après quelques années de vie commune.

BÉLIER ascendant CANCER

Avec Uranus encore en Poissons dans le neuvième signe de votre ascendant, le goût du voyage ne vous lâche pas. Il y a aussi en vous un appel spirituel, un désir de savoir ce que l'invisible dissimule. Cette quête est belle parce qu'elle vous conduit à vous questionner pour ensuite préciser votre rôle auprès d'autrui. Il vous est pratiquement impossible d'ignorer les malheurs qui s'abattent sur notre planète, même les plus graves qui déferlent à l'autre bout du monde. Quel que soit votre métier ou votre profession, Mars et d'autres luminaires vous pousseront à agir afin d'aider les gens dans le besoin. Même si vous travaillez à temps plein, à la moindre occasion vous vous inscrirez en tant que bénévole : vous avez du cœur. Certains parmi vous occuperont deux emplois pour arrondir leurs fins de mois, le but étant de donner davantage à leurs proches ; parfois ce sera pour secourir un parent qui a des problèmes d'argent ou qui a perdu son travail, parce qu'on l'a remplacé par des ordinateurs, et qui ne réussit pas à en trouver un autre.

Vous êtes un double signe cardinal, aussi vous est-il impossible de ne rien faire. Vous avez un rôle parental et social et vous devez agir positivement dans les deux cas. Plusieurs sont dans une année préparatoire : ils travaillent en coulisse en 2007 avant d'émerger en tant que chef. Retour à l'école possible pour d'autres et étude d'une langue étrangère pour mieux communiquer avec la collectivité dont ils veulent s'occuper. Si jamais vous aviez l'idée de vendre votre propriété, croyez-vous vraiment que ce soit le temps ? Ne devriez-vous pas conserver vos énergies et les consacrer à l'atteinte de votre but ? Si vous êtes dans le monde des affaires, des progrès sont à prévoir. Vous êtes à votre compte ? Ne prenez pas d'associé maintenant, continuez de travailler en solo.

BÉLIER ascendant LION

C'est un double signe de feu. Le Bélier est un fonceur ; toutefois, le Lion à l'ascendant vous oblige à réfléchir avant d'agir. Même si vous possédez un signe et un ascendant magnifiques, vous êtes souvent hésitant entre faire vite et perfectionner le projet en cours. Il y a indéniablement chez vous un désir d'être admiré, mais l'être uniquement pour votre petite personne n'est pas suffisant et puis, n'importe qui se lasserait de quelqu'un qui n'aime que lui et qui croit qu'il est un centre d'attraction. On peut aussi ajouter que vous êtes entêté, peu importe le sujet. C'est là une imperfection du Bélier/Lion. Votre Soleil est dans le neuvième signe de votre ascendant et cette année étant sous l'influence de Jupiter en Sagittaire, principe de votre neuvième maison astrologique, la spiritualité exercera sur vous un immense attrait. Toutefois, l'excès de sainteté, s'il vous relie aux gens qui sont dans le même cercle « déiste » que le vôtre, vous fait perdre de vue ceux qui n'y adhèrent pas et qui en aucun temps ne partagent vos croyances.

En tant que double signe de feu faisant partie des six premiers signes du zodiaque, vous n'êtes pas à l'abri de l'égoïsme, même si vous vous croyez bon et généreux. En général, vous donnez, mais c'est, consciemment ou non, dans le but de recevoir de l'appréciation, de l'admiration ou des faveurs matérielles. Quand vous donnez de l'argent pour aider, c'est parce que vous savez que vous en possédez beaucoup. Il est rare que vous soyez conscient d'agir d'une manière intéressée ; vous donnez et, naturellement, vous rendez service. Vous êtes également fidèle à la famille et vos amis peuvent compter sur vous. En 2007, vous entreprendrez une profonde réflexion sur les motifs qui vous font agir. Cette année, vous découvrirez que vous avez toujours une raison de bien faire. Vous traverserez une zone céleste où les perturbations de votre âme et de votre cœur seront nombreuses. Au bout de votre introspection, qui se produira grâce à des gens qui vous diront la vérité sur vous-même, vous ferez des progrès énormes.

Matériellement, vous faites plus d'argent. Si vous avez une clientèle, même ceux qui ont cessé d'utiliser vos services reviennent vers vous. Il y a une ombre sur votre santé. Il faudra renforcer votre système immunitaire parce que les microbes qui traînent dans l'air ont l'œil sur vous. Plus que les hommes, les femmes ont tendance à faire de l'anémie. Il n'y a pas mille solutions sinon que de mieux vous alimenter. Votre dos et vos os sont sujets à quelques douleurs sans qu'ils vous empêchent de rester productif. Si un parent est âgé et qu'il ne se porte pas bien, ses malaises vous obligeront à des arrêts. Si votre carrière vous conduit à l'étranger, vos valises n'auront jamais été aussi pratiques. Vous progressez parce que vos saines et belles réflexions porteront des fruits qui ne ressembleront à rien de ce que vous avez connu.

BÉLIER ascendant VIERGE

Vous êtes né de Mars, symbole de l'action spontanée. Votre ascendant est régi par Mercure, la réflexion et la raison pure. Votre Soleil se retrouve dans le huitième signe de votre ascendant et relève l'aspect « marsien ». Plusieurs parmi vous ont une vision plutonienne de la vie, c'est-à-dire qu'il leur est difficile de nuancer : c'est tout ou rien, c'est blanc ou noir, c'est l'excès en tout ou la restriction partout. En 2007, sous l'influence de Jupiter en Sagittaire dans le quatrième signe de votre ascendant, des circonstances heureuses ou malheureuses, des joies et des déceptions vous obligeront à cesser de croire que la vie des autres doit être comme vous le pensez et le désirez. Jupiter en Sagittaire, ça signifiera plus de souplesse et de tolérance envers le genre humain. Cette planète vous suggérera de changer de décor, de déménager, à la fois parce que la vente d'une maison est profitable et que vous avez besoin de vous éloigner d'un lieu qui ne convient plus à vos besoins matériels et émotionnels. Si vous habitez la ville, vous aurez envie de vous rapprocher de la nature, la campagne vous fera un beau clin d'œil. Dans le cas contraire, c'est la ville qui vous attirera. Pour certains Bélier encore jeunes, ce sera l'acquisition d'une première propriété. Il est possible que vous différiez presque toute l'année avant de prendre de grandes décisions ; en septembre, avec l'entrée de Saturne en Vierge, vous cesserez de résister.

En tant que parent, les enfants vous préoccuperont. Pour les uns, c'est l'année où l'adolescent si vite devenu adulte quitte le toit familial, mais il est possible qu'à la suite de sa décision il se retrouve avec moins d'argent qu'il ne l'avait imaginé et, parent un jour, parent toujours, vous l'aiderez. Si votre thème révèle des aspects difficiles par rapport à votre progéniture : drogue, délinquance, maladie, etc., il vous sera impossible de fuir vos responsabilités parentales. Dans ce jardin de roses qu'est la vie, on se pique parfois sur les épines sauf que les roses restent roses : après l'épreuve, vous vous sentirez libéré. Il y a dans le ciel un avis important : restez en règle avec l'impôt. Toute paperasse doit être honnêtement remplie ; dans le cas contraire, la sanction pourrait être plus grande que la faute. Mars, avril et mai sont des mois où vous pourriez faire une rencontre amoureuse extraordinaire. Pour que la relation se poursuive harmonieusement, il faudra vous détacher de votre passé et surtout des peines et ruptures vécues antérieurement. Sur le plan amoureux, ce qui sera en 2007 ne ressemblera en rien à ce que vous avez connu.

BÉLIER ascendant BALANCE

Vous êtes né avec votre signe opposé, qui est également complémentaire. En 2007, le ciel est favorable à la réalisation de vos désirs ; il est possible que certains ne soient pas exaucés en totalité, mais soyez certain qu'ils le seront en grande partie. Ne perdons pas de vue que vous êtes un Bélier et celui-ci veut toujours beaucoup et, quand il reçoit beaucoup, il en veut encore plus. Vous détestez le mot « limite ». Quel que soit votre métier ou votre profession, vous donnez toujours le maximum de vous-même afin de vous élever dans l'entreprise. Si vous êtes aussi généreux de votre temps et de vos talents, ce n'est pas uniquement pour l'argent, c'est aussi parce que vous avez besoin d'être reconnu et de savoir que vous êtes apprécié. Il n'y a pas d'arrêt de travail prévu pour vous en 2007, au contraire, vous aurez l'occasion de progresser dans le domaine où vous êtes impliqué et d'y jouer un rôle plus important.

L'aspect social et la justice sont fortement représentés. Certains Bélier retourneront aux études afin de parfaire une formation ou pour terminer un cours, obtenir ce diplôme qui leur permettra de se hisser au sommet. Vous vous ferez de nouveaux amis par hasard ou ils vous seront présentés par des connaissances ou de bons amis. Il est important que vous restiez prudent à l'égard de ces gens que vous connaissez à peine : le ciel vous met à l'épreuve, en ce sens que certains vous flatteront uniquement dans le but de tirer profit de vos réussites, de vos possessions, de vos placements, etc. Il n'est pas exclu qu'en découvrant votre générosité, votre incapacité à dire non, on abuse.

Si vous avez un talent artistique que vous laissez dormir depuis déjà trop longtemps, 2007 crée l'occasion, l'événement, la circonstance, le hasard pour pouvoir enfin exprimer votre talent. Profitez du passage de planètes dynamisantes, lesquelles favorisent des rencontres avec des personnes qui croiront en vous. Sentimentalement, il n'est pas impossible que votre partenaire ait besoin de vous, de vos encouragements et, s'il s'est mis dans le pétrin, il comptera sur vous pour en sortir. Si vous êtes follement amoureux, vous réussirez à l'aider. En tant que célibataire, homme ou femme, vous ferez la rencontre d'une personne avec laquelle vous aurez un tas d'affinités. L'attirance sera instantanée. Tous les aspects positifs décrits précédemment sont pour le Bélier/Balance honnête, celui qui ne passe pas son temps à calculer combien un geste, un service, une faveur accordée lui rapportera. Eh oui, certains Bélier/Balance sont des natures purement égoïstes qui ne pensent qu'à leur bien-être, à leurs plaisirs personnels ainsi qu'à leur argent. Ceux-là ne bénéficieront pas tellement du passage de Jupiter en Sagittaire : il ne faut jamais perdre de vue que Jupiter est un grand justicier qui ne fait de cadeaux qu'aux gens qui le méritent.

BÉLIER ascendant SCORPION

Vous êtes un double signe de Mars ainsi qu'un double plutonien. Dans les traités d'astrologie anciens, on écrit que, comme le Scorpion, le Bélier est régi par Pluton et Mars. Vingt-huit années d'observations, d'expérimentations et d'expériences m'amènent à en douter, mais ce serait trop long à expliquer ici. Quoi qu'il en soit, en tant que double signe «marsien», vous avez en principe une grande volonté et une capacité d'agir vite, vite, vite. Si vous utilisez positivement vos deux signes, vous êtes comparable à un invincible marathonien : toujours le premier, toujours la médaille d'or. Votre Soleil étant dans le sixième signe de votre ascendant, c'est le travail qui passe d'abord, parfois au point d'en faire une obsession. Il est à souhaiter que vous viviez positivement vos Mars. Dans le cas contraire, vous risquez d'atteindre une place au sommet au détriment de votre vie personnelle et familiale. Ce genre de déséquilibre conduit lentement mais sûrement à l'autodestruction.

En 2007, sous l'influence de Jupiter en Sagittaire dans le deuxième signe de votre ascendant, vous serez chanceux. Par exemple, si un poste s'ouvre dans l'entreprise qui requiert vos services, vous l'aurez si vous le souhaitez. Si vous êtes à votre compte et que vos services sont personnalisés, votre clientèle augmentera plus que prévu. Si vous avez une longue et riche expérience, vous êtes sur la voie du progrès. Ceux qui commercent avec l'étranger doivent être extrêmement prudents lors d'échanges, de signatures de contrats et dans tous les genres d'engagements commerciaux. La chance au jeu est également au programme cette année.

Deux grandes ombres se profilent au tableau de 2007. Vous ne serez pas assez présent à votre conjoint et à vos enfants ; vos affaires seront constamment prioritaires. Votre éloignement pourrait avoir de désagréables conséquences à la fin de cette année ainsi qu'en 2008. L'autre aspect sombre est représenté par la présence de Saturne en Lion qui est dans le dixième signe de votre ascendant jusqu'en septembre. Pendant quelques mois, un parent auquel vous êtes attaché pourrait tomber gravement malade au point où vous aurez peur qu'il meure, quoique l'aspect mortalité n'est que faiblement présent. Advenant une telle épreuve, vous vous ferez un devoir d'être auprès du malade le plus souvent possible.

BÉLIER ascendant SAGITTAIRE

Vous êtes un double signe de feu, votre Soleil est régi par Mars et votre ascendant par Jupiter. Quel magnifique duo planétaire! Quand on naît ainsi, il faut presque le faire exprès pour être malchanceux et malheureux. Mais rien n'est parfait, la vie vous a éprouvé ici et là, cependant elle vous a toujours donné les moyens de retrouver ce que vous aviez perdu ou encore la compensation a été exactement ce dont vous aviez besoin à ce moment-là. En 2007, Jupiter en Sagittaire se trouve dans votre Maison 1 ou sur l'ascendant. Vous aurez de multiples occasions de faire plus d'argent, de vous lier à des gens influents et généreux. Vous pourrez vous hisser à un poste plus intéressant et mieux rémunéré dans votre entreprise. Si vous avez un talent artistique sans toutefois être une vedette, en 2007 vous serez reconnu et votre ascension sera rapide. Si vous êtes célibataire parce que jusqu'à présent vous n'avez rencontré personne qui soit suffisamment attirant pour vous retenir, le ciel de cette année organise un rendez-vous avec quelqu'un qui appréciera votre joie de vivre, vos espoirs, vos désirs, vos projets, vos fantaisies. Si vous n'avez jamais voyagé, vous ferez votre baptême de l'air; dans le cas contraire, vous irez explorer un coin de la planète qui vous intrigue depuis longtemps. Si vous êtes jeune, amoureux, sans enfant, vous fonderez votre famille. Des messieurs Bélier deviendront papas et des dames Bélier seront heureuses d'être enfin mamans.

En tant que Bélier/Sagittaire, vous avez tout pour être heureux et prospère. Mais, dans la nature, il y a le Bélier/Sagittaire qui use de ses signe et ascendant pour manipuler l'autre, abuser de ses bontés, soutirer de l'argent à quiconque succombe à son charme. Ce dernier peut être un joueur et perdre tout ce qu'il possède en 2007. Bref, plutôt que d'être utile à lui-même et à autrui, il se comporte en parasite. En conséquence, ce Bélier qui ne pense qu'à lui ne peut établir de liens solides et il se retrouvera seul, sans amis, sans famille. Quelles que soient les origines du Bélier/Sagittaire, il a le choix entre mener une vie saine et en bonne relation avec les autres ou s'abstenir de toute réflexion afin de se convaincre qu'il est le centre du monde. Jupiter en Sagittaire est un justicier, mais il est aussi plein de bonté pour celui qui veut s'amender.

BÉLIER ascendant CAPRICORNE

Vous êtes un double signe cardinal. Il n'y a pas qu'un chef en vous mais deux. Votre Soleil est régi par Mars et votre ascendant par Saturne : Mars est action immédiate tandis que Saturne est réflexion, planification à long terme avant toute action. Vous êtes souvent déchiré : prendre ou ne pas prendre un risque, dépenser ou économiser, vous donner un maximum de temps afin de profiter des plaisirs de la vie ou vous consacrer à votre carrière qui, éventuellement, assurera votre sécurité matérielle. En 2007, vous réfléchirez longuement aux diverses influences que des gens ont eues sur vous, des gens qui, parfois, sans que vous vous en rendiez compte, ont choisi votre vie personnelle et professionnelle à votre place. Si vous êtes installé dans une vie routinière où, plutôt que de jouer votre rôle, vous vous contentez de rester en coulisse en attendant que quelqu'un vous donne une chance, les deux chefs qui vous habitent n'ont certainement pas encore fait leurs preuves. Si tel est votre cas, sous l'influence de Jupiter en Sagittaire, vous serez secoué par des événements hors de votre contrôle, obligé de réagir et de prendre position ; c'est là que vous réaliserez votre capacité à décider et à agir selon vos intérêts et non selon ceux d'autrui.

Votre famille, vos parents exercent la plus forte pression sur vous, et cela depuis votre naissance. Cela ne signifie pas qu'ils ont raison quand ils vous parlent de « vos » besoins. Votre éveil en ce qui les concerne est grandiose en 2007 parce que vous prendrez enfin « votre » envol. Si vous avez une vie de couple et que constamment vous vous sentez mal à l'aise, plus ou moins respecté, mal aimé, d'abord vous discuterez avec votre partenaire et, s'il refuse de changer son attitude et que vous continuez de n'être pour lui qu'une commodité, vous le quitterez, avec ce que cela implique comme conséquences. Si les chefs en vous ont dormi longtemps, en 2007, vous n'aurez plus du tout sommeil. Si vous avez des projets en marche, vous connaîtrez des succès, mais vous affronterez quelques obstacles ; ne vous inquiétez pas, vous les surmonterez tous. Il est possible qu'un membre de votre famille qui semblait dans une forme splendide et à qui tout réussissait tombe soudainement malade. Ajoutons que l'aspect héritage est présent en 2007, ce qui, naturellement, suppose le décès d'un très proche parent.

BÉLIER ascendant VERSEAU

Vous êtes extrêmement curieux et audacieux. La vie est faite pour être vécue maintenant, dans l'action, avec un maximum de nouveautés, d'essais, d'expériences, de découvertes et même de risques. Vous avez horreur de la stagnation. Vous serez servi en 2007. Tout bouge pour vous, il y aura de nombreuses surprises, mais vous aurez aussi provoqué quelques événements. Si vous avez un emploi où l'avancement est possible, vous postulerez à un nouveau poste ; grâce à vos talents et compétences, il y a toutes les chances du monde que vous soyez promu. Certains décideront de changer de travail et s'orienteront vers un domaine dans lequel ils seront en relation directe avec le public, possiblement dans la vente ; ils iront peut-être aussi vers un métier leur permettant de voyager de ville en ville ou d'un bout à l'autre du pays. Comme chercheur en informatique, vous ferez une importante découverte qui facilitera la vie de ceux qui se servent quotidiennement d'un ordinateur. Vous êtes un excellent communicateur et, quel que soit le type de communication, quel que soit votre public, il entre en interaction avec vous. Un collègue parlera de votre talent à quelqu'un qui vous proposera fortement d'en faire un produit commercial. Par exemple, vous travaillez dans une garderie et les histoires que vous racontez aux enfants sortent tout droit de votre imagination. Les petits adoptent vos héros et personnages comme ils le font avec le populaire *Caillou*. Vous créez dans bien d'autres domaines et, en 2007, ces innovations seront rentables.

Dans le ciel, il y a toujours une planète ici et là qui fait des misères temporaires. En ce qui vous concerne, jusqu'au début de septembre, Saturne est en Lion et fait face à votre ascendant. Si vous décidez de vous associer à quelqu'un, faites un maximum de recherches sur cette personne qui propose un partage du travail et des profits. S'il s'agit d'un membre de votre famille, demandez-vous si ce dernier a été honnête en tout temps et avec tout le monde. Si vous signez aveuglément un contrat, à compter de septembre, vous ferez face à des problèmes qui pourraient s'alourdir et ne se régler qu'après deux ans. La réussite et l'argent bien mérités sont devant vous ; ne laissez pas filer l'occasion et soyez extrêmement prudent dès qu'il est question de finances et plus encore d'un investissement personnel.

L'autre aspect difficile concerne votre vie de couple. Si vous n'êtes guère présent à votre partenaire et qu'il vous en fait la remarque depuis longtemps, considérez qu'en 2007, il ne s'agit plus d'une banale critique. Votre manque d'attention, vos faibles démonstrations affectives et finalement ce qui apparaît comme un manque d'amour vous mèneront tout droit à la rupture si rien ne change. Il n'en tient qu'à vous de « voir » l'autre. Qui est-il pour vous et qu'êtes-vous pour lui ? Êtes-vous l'amoureux tenant l'autre pour acquis ? Voilà un très grand sujet de réflexion cette année.

BÉLIER ascendant POISSONS

Mars est l'action pure, Neptune est le plus grand rêveur qui soit. Mars, qui régit votre signe, est action et, quand il s'agit d'une action positive, constructive, votre ascendant Poissons ne prend pas la forme du maître des rêves mais celle du grand humaniste. Sous votre signe et ascendant, il y a plusieurs types de Bélier. En premier lieu, il y a le Bélier/Poissons, qui ne pense et ne croit qu'au pouvoir qu'apporte l'argent. Pour en avoir beaucoup, il est prêt à travailler sans arrêt ; il sait économiser, fait de bons placements, il est généralement bien informé sur les marchés boursiers, les fluctuations économiques, la politique locale et internationale. En somme, tout ce qui touche son portefeuille retient son attention. Quand ce Bélier acquiert une fortune ou possède une grosse somme d'argent, il est généreux mais uniquement envers les gens les plus méritants. En 2007, ce type de Bélier sera prudent et ne fera que des investissements sûrs, particulièrement pour les transactions le liant à des pays étrangers. Il préférera investir sur son propre territoire, dont il connaît d'instinct les bonds, rebonds et sursauts économiques.

Le deuxième type de Bélier/Poissons est souvent issu d'un milieu où le mot d'ordre était « débrouillardise ». Sa famille ne lui a pas donné l'affection et les attentions dont il avait besoin pour s'affirmer, se sentir fort. Le manque d'amour a dévalorisé ce natif qui doute constamment de sa propre valeur. La conséquence est généralement l'éparpillement professionnel. Ce Bélier devient homme ou femme à tout faire pour survivre. N'ayant pas reçu de tendresse quand il était petit, devenu adulte, il ne sait comment aimer, mais il sait fort bien comment prendre parce que prendre, c'est aussi se débrouiller pour assurer sa survie émotionnelle et économique. En 2007, ce type de Bélier aura la chance de rencontrer quelqu'un qui lui fera prendre conscience des manques et manquements. Par exemple, il quitte emploi ou conjoint parce qu'il craint le rejet : il se rejette lui-même au cas où on lui demanderait de partir. L'année 2007 est une leçon de continuité et d'estime de soi. Un nouveau travail où les tâches seront diversifiées et où il sera impossible de s'ennuyer est à prévoir. Si, malheureusement, ce second type de Bélier/Poissons refuse de se reconnaître à sa juste valeur, il n'aura pas le moral. En septembre, une intervention médicale ou une thérapie sera alors nécessaire pour extraire son mal de vivre.

Puis il y a le troisième type de Bélier/Poissons, un délicieux mélange. Quel que soit le milieu qui l'a vu naître, il fut le bienvenu, même s'il était le quinzième de la famille ou enfant unique. Ses parents étaient des gens aimants et cela a suffi, comme on dit chez nous, pour lui assurer une bonne « partance ». Si rien ne fut gratuit pour ce troisième type, il a toujours su apprécier les bonnes grâces terrestres, les beaux jours et les bonnes personnes qui ont traversé sa vie. Il n'a pas changé sur ce plan, sinon qu'il a appris que ce n'est pas tout le monde qui est honnête. Sa naissance désirée a assuré son instinct de survie. Neptune à l'ascendant lui a permis d'hériter de ce que ses parents avaient de meilleur. En 2007, ce dernier fera des recherches philosophiques, psychologiques, ésotériques et sur tout ce qui concerne l'invisible, le mieux-être et l'équilibre. Plusieurs feront des études qui les conduiront vers un travail dans lequel on soigne et écoute l'autre. L'aspect médical est fortement représenté. Le Bélier/Poissons aura envie de nature ; s'il habite la ville, il ira vers la campagne. L'aspect famille et bébé est fortement présent pour les couples jeunes et amoureux. Les natifs plus âgés deviendront grands-parents. En tant que célibataire prêt à aimer, après des mois d'exploration et de flirts, ce n'est qu'en septembre que vous vous sentirez prêt pour le grand amour, celui qui conduit au partage et à une liberté qui ne s'explique pas et qui se vit à deux.

Taureau

(21 avril au 20 mai)

À mon frère Normand Aubry, et à sa femme Monique Coutu, deux magnifiques vénusiens; leur couple est un éloge à l'amour. Merci au docteur Gilles Raymond, si disponible, si aimable. À mes amies Magalie Ruiz, Julie Garneau et à Linda Proulx.

Sous l'influence de Jupiter en Sagittaire

Jusqu'au 18 décembre, Jupiter est en Sagittaire dans le huitième signe du vôtre. Il symbolise un temps de transformations, dont les aboutissements seront en majorité positifs. Quand vous abandonnerez un projet pour travailler sur un autre, vous serez inquiet, mais étrangement, cette année, vos peurs ressembleront à des moteurs qui vous propulseront exactement là où vous vouliez être depuis longtemps.

Jupiter en Sagittaire correspond à un éveil de soi, à une prise de conscience; vous comprenez pourquoi cette retenue durant les précédentes années, pourquoi cette peur du succès, pourquoi vous avez stagné plutôt que d'aller de l'avant. Pour certains, la grande question sera la suivante: pourquoi avoir perdu autant de batailles sur le plan professionnel et pourquoi n'avoir pas tenu bon alors que vous étiez persuadé d'avoir raison, d'avoir fait le bon choix? Si vous avez vécu comme si vous flottiez plutôt que d'être rattaché à la terre, sous Jupiter en Sagittaire, vous aurez un objectif précis, comme le veut votre signe fixe, et, avec toute votre ténacité et votre endurance, vous l'atteindrez.

Si vous travaillez pour une grande entreprise, au cours de l'année, on vous imposera de nouvelles structures, une administration différente ou l'obligation de parfaire une formation à cause d'appareils sophistiqués dont vous devrez faire usage. Si votre poste n'offre aucune garantie, il est possible que vous fassiez moins d'heures de travail, mais vous utiliserez celles qui vous restent d'une manière constructive. Vous ne resterez pas avec un demi-salaire: occuper deux emplois ne vous effraie pas. L'entreprise pourrait également déménager, ce qui vous obligera à parcourir une plus grande distance pour vous y rendre chaque jour mais, si vous êtes très chanceux, elle s'installera près de chez vous.

Jupiter est une planète dont le message est le suivant: voyez les choses en grand et sachez que la réussite a bien des avantages, mais cette planète dit aussi: soyez toujours juste et honnête, sinon jamais vous ne garderez les biens mal acquis. Jupiter fait justice. Sous ce ciel de 2007, si jamais vous avez commis des actes répréhensibles, si vous avez triché, menti, bref, quelle que soit la faute, vous devrez la réparer et, si vous pensez ne pas avoir à le faire, la vie elle-même se chargera de vous donner une leçon sur le respect dû à autrui et à ses possessions.

Les changements se succéderont, ne comptez pas vivre tranquillement comme si vous aviez cent ans. Si vous occupez un emploi depuis une ou deux années et qu'on est satisfait de vous, vous profiterez d'une promotion, laquelle sera un défi à relever. N'ayez crainte, foncez. Vous serez heureux de l'avoir fait en septembre 2007 parce qu'avec l'entrée de Saturne en Vierge, plusieurs exprimeront pleinement leurs talents et feront une grandiose démonstration de leur savoir-faire dans le domaine où ils sont impliqués. Si vous êtes à votre compte et que votre commerce a fonctionné au ralenti en 2006, il est possible que, grâce à des relations que vous avez établies et préservées, vous puissiez rencontrer des personnes intéressées à investir dans votre entreprise. Vos produits et services pourraient avoir de l'attrait à l'étranger.

Jupiter en Sagittaire lance un sérieux avis à ceux qui aiment jouer tout ce qu'ils gagnent; c'est une invitation à la sagesse et non à l'excès. Jupiter en Sagittaire vous dit de ne pas mettre votre foi dans une machine ou un jeu de cartes. En tant que Taureau, deuxième signe du zodiaque, vous symbolisez l'argent, mais ce n'est pas celui qu'on empoche dans les jeux de hasard, c'est celui qu'on gagne par son travail. Vous pouvez vous acheter des billets de loterie, aller au casino mais, de grâce, jouez avec modération.

Sous Jupiter en Sagittaire, qui se trouve dans le huitième signe du vôtre, il est possible qu'un parent très âgé et malade décède. Il y aura un héritage, petite ou grosse somme d'argent et différents biens. Le partage entre les héritiers ne se passera probablement pas calmement. La contestation flotte dans l'air de 2007 : une sœur, un frère ou un autre parent affirme qu'il mérite une part alors que le testament n'en fait pas mention. Ce sera une zone grise, mais elle sera passagère. Il y a justice sous Jupiter en Sagittaire.

Sous l'influence de Saturne en Lion et en Vierge

Saturne poursuit sa route en Lion jusqu'au 2 septembre ; le 3, il s'installe dans le signe de la Vierge. Tout ce que vous aurez bâti sous Saturne en Lion, position qui aura duré deux années et demie, se solidifiera pour de nombreuses années. Les uns ont fait une rencontre et ont pris leur temps avant de consentir à la vie commune ; ils laissent maintenant à l'amour l'espace nécessaire afin qu'il s'épanouisse. Ils discutent parfois d'un éventuel achat de propriété lorsque tous les deux se sentiront prêts à tout partager. Les amoureux sont honnêtes l'un envers l'autre. L'engagement se fait tout doucement parce que plus on se connaît, plus on s'attache l'un à l'autre.

Peut-être avez-vous retrouvé l'amour en 2006 alors que vous pensiez qu'il n'existerait plus pour vous ? Mais peut-être aussi avez-vous rompu une relation qui vous rendait malheureux ? De nombreux Taureau ont vécu une rupture et peu après ils ont fait une rencontre amoureuse. Parmi ceux qui ont procédé rapidement, passant d'une séparation à une nouvelle union en 2006, certains sont allés trop vite et, sous Saturne en Lion, vivre avec une personne qu'ils connaissent si peu ne sera pas aussi facile qu'ils l'imaginaient.

Si, sous Saturne en Lion, vous avez pris votre destin professionnel en main, si vous êtes retourné aux études afin de pratiquer le métier ou d'exercer la profession dont vous avez toujours rêvé et que vous avez passé vos examens avec succès, vous obtiendrez le poste que vous convoitez. Lorsque Saturne sera en Vierge, le 3 septembre, la vie ne refusera pas que vous fassiez plus d'argent afin d'offrir une plus grande sécurité matérielle à vous et à votre famille.

Sous Saturne en Lion dans le quatrième signe du vôtre, vous avez sans doute fait une rétrospection et analysé l'influence que des parents ont eue sur vous. Chez les femmes, Saturne en Lion a pu leur faire prendre conscience que leur père était si bon et si parfait qu'elles ont rejeté les hommes qui n'avaient pas les mêmes attentions pour elles, qui ne leur offraient pas la sécurité, la protection, l'enveloppement. D'autres, dont le père fut absent, ont mis tous les hommes dans le même panier pendant longtemps : tous des indignes. Mais, comme elles n'avaient que cette expérience comme référence, chaque fois qu'elles ont attiré un homme, elles ont constaté qu'il ressemblait au père fuyant ou pire encore. Malheureusement, ces femmes ont maintenant fait une croix sur l'amour et le partage. Ces deux exemples sont excessifs, mais ils expriment la prise de conscience des femmes par rapport à leur union ainsi qu'aux choix amoureux faits dans le passé. Le temps est venu de mieux vous connaître pour être aimée et pour pouvoir aimer.

Pour les hommes, Saturne en Lion a principalement perturbé leur profession ; il leur a fallu s'adapter à d'autres règles ou même changer d'emploi. Cette planète reste encore en Lion durant les huit premiers mois de 2007 mais, si vous avez réfléchi et que vous avez continué dans la poursuite de votre objectif, ce Saturne en Lion est plus facile à vivre maintenant et tout sera plus simple encore à compter du 3 septembre. Si des jaloux et des envieux vous ont mis des bâtons dans les roues, ils disparaîtront ; comme ils ne seront plus là pour vous nuire, vous aurez plus de latitude pour agir et voir à vos intérêts.

Saturne en Lion signifie d'abord et avant tout la relation au père du Taureau, mais certains thèmes expriment aussi le rapport à la mère. Saturne en Lion a pu secouer des parents Taureau. Leurs enfants, principalement adolescents ou jeunes adultes, se sont mal comportés. Malgré tous leurs efforts pour les aider à vivre en harmonie avec la famille et la société, leurs enfants ont pris de l'alcool, de la drogue, ils ont adopté la délinquance ou la paresse comme mode de vie, ils affichent un total désintérêt et n'ont pas la moindre ambition, ni même le désir de réaliser quoi que ce soit. Leurs enfants refusent et rejettent tout ce qui vient de ce qu'ils considèrent comme l'autorité, la première étant généralement l'autorité parentale. Si vous faites face à une telle situation, ne vous découragez pas, lorsque Saturne atteindra le signe de la Vierge en septembre, il y a de grandes chances que vos rebelles, petits ou grands, se calment et commencent à prendre leurs responsabilités.

Sous l'influence du Nœud Nord en Poissons — Le Nœud Nord se trouve en Poissons dans le onzième signe du vôtre jusqu'au 19 décembre. Il est l'expression de l'âme de la société dans laquelle nous vivons. Étant en Poissons, dernier signe du zodiaque, le Nœud Nord revêt plusieurs sens. Il met certains d'entre vous en garde contre l'envie de vous joindre à une Église ou à une nouvelle pratique religieuse qui ne serait qu'un moyen d'échapper à des responsabilités morales et peut-être aussi matérielles. Le Nœud Nord en Poissons provoquera une foule de questions sur la raison de votre existence, et des Taureau à la recherche d'une identité feront la tournée des clairvoyants en espérant que l'un d'eux leur dise qui ils sont. Cette méthode ne donne jamais de bons résultats.

Le Nœud Nord dans ce dernier signe du zodiaque régi par Neptune alimente vos rêves. Pour préserver votre équilibre, il est important que vous réalisiez quelques-uns de ces projets. Le Nœud Nord en Poissons décuple votre imagination, mais il ne faudra pas vous contenter de penser, ce n'est pas suffisant pour un Taureau. Vous êtes le deuxième signe du zodiaque et cette incarnation a pour but de bâtir, de faire de l'argent et ainsi d'assurer la protection de votre famille, de lui procurer des plaisirs. Né de Vénus, l'amour est aussi au programme : aimer vos proches d'abord et répandre l'amour ou faire en sorte que, partout où vous passez, l'ambiance soit plus paisible. Sous l'influence du Nœud Nord en Poissons, vous aurez la tentation d'abandonner quelqu'un à son malheur, de vous défiler devant la tâche. N'attendez pas que des amis ou des parents vous approuvent. Quand un Taureau vit un rejet, son malaise intérieur est immense et, quand s'ajoutent des pertes financières, l'angoisse prend le relais et devient son accompagnatrice.

Sous l'influence du Nœud Nord, si vous déployez votre bonté vénusienne, vous êtes conforme à votre nature et vous attirez vers vous ce que vous êtes au plus profond de votre être ; cela n'aura jamais été aussi vrai que cette année. Le don de soi, le temps accordé à autrui, les services rendus ou l'argent prêté ou donné seront vite compensés par des cadeaux, des surprises, des faveurs ; les sources seront souvent étranges. Soyez attentif chaque mois aux diverses influences planétaires ainsi qu'à l'effet du Nœud Nord en Poissons. Le ciel astral est un guide. Lorsqu'il va pleuvoir, vous prenez votre parapluie ; si on annonce un grand froid, vous vous habillez plus chaudement ; si vous savez qu'une route est bloquée, vous en prenez une autre, etc. Il en est ainsi pour les prévisions, qui sont des tendances positives ou négatives, physiologiques, matérielles, sentimentales, bref, les planètes sont reliées à des symbo-les couvrant tous les aspects de la vie.

JANVIER 2007

Sous l'influence du Nœud Nord en Poissons — Vous avez peut-être les moyens de vous offrir des cadeaux après les fêtes et de courir les soldes. Jusqu'au 16, une tendance à la consommation abu-sive et à l'achat d'objets qui ne vous seront pas d'une grande utilité est prévisible. Uranus est en Poissons et n'est pas très loin du Nœud Nord. Ainsi positionnée dans ce onzième signe du vôtre, vu la présence du Soleil en Capricorne qui passera en Verseau, cette planète indique que l'idéal n'est pas de remplir vos armoires de produits de toutes sortes ; il serait bon plutôt que vous receviez des amis, des parents que vous affection-nez. Si vous invitez des gens d'ici le 16, ne faites pas l'effort d'ouvrir votre porte à ceux avec qui vous avez eu de désagréables échanges de mots. Fêtez avec des personnes avec lesquelles vous êtes en harmonie. Dites-vous que, si un conflit n'a pas été réglé, il ne le sera pas lors d'une réunion entre amis ou avec votre parenté. Si jamais vous succombiez et que cet « adversaire » était invité et présent, vous gâcheriez la réception à cause de l'agressivité qui se répandrait tel un gaz invisible et qui attein-drait les gens sensibles qui, sans s'en rendre compte, respireraient le poison et, à leur tour, trouveraient un sujet propice aux obstinations enflammées.

Vie amoureuse du célibataire — Un Taureau seul est un bien triste Taureau. Votre signe, régi par Vénus, aspire à l'amour, et ce, pour toujours parce que vous êtes un signe fixe. Ce ne sont pas tous les Tau-reau qui sont capables d'amour à long terme. En tant que deuxième signe du zodiaque, il arrive que vous preniez vos sensations pour des sentiments. En conséquence, quand la sensualité entre vous et votre partenaire ne vous surprend plus, quand le corps de votre partenaire n'a plus d'intérêt, vous vous dites que vous vous êtes trompé et que vous ne pouvez plus poursuivre cette relation. Si vous faites partie de ces Taureau qui vivent ce genre de situation à répétition, il est temps de vous demander si vous ne vous contentez pas de la surface des gens et si, en fait, vous n'êtes pas qu'un conquérant qui va d'une victoire à une autre. Janvier vous invite à réfléchir si vous vous identifiez à ce Taureau que j'ai décrit. Selon mes observations, ce dernier, homme ou femme, n'est jamais heureux longtemps : il confond plaisir et bonheur, sa vie se déroule comme une série télévisée où les acteurs vont d'un drame à l'autre puis, à la suite d'une rencontre bien organisée par le scénariste, l'espoir renaît, la vie redevient une promesse de félicités et hop ! une fois encore survient l'irrésistible flirt. Vous connaissez sûrement ce genre d'émissions. En tant que deuxième signe du zodiaque, l'art et l'amour exercent une grande fascination sur vous mais, de grâce, si vous tenez au véritable amour, ne reproduisez pas ces feuilletons télévisés. Si vous ne savez pourquoi vous agissez ainsi, pourquoi ne pas entreprendre une thérapie et découvrir les raisons qui vous font fuir tout engagement amoureux alors que c'est ce que aimeriez tellement vivre ? Si le chapeau vous fait, ce début d'année est excellent pour entreprendre votre transformation intérieure.

Vie de couple–famille–budget–travail — S'il y a eu un décès dans votre famille ou qu'un proche est très âgé et gravement malade au point où le médecin ne vous donne pas beaucoup d'espoir quant à sa survie, si vous êtes profondément attaché à ce parent, vous serez émotionnellement ébranlé. Le pire surviendra quand des membres de votre famille ne parleront que du partage de l'héritage après le décès. Si telle est la situation, vous verrez clairement que l'attachement de certains des membres de votre famille n'a jamais été affectif. Si vous vivez seul avec votre partenaire, parce que vous n'avez pas eu d'enfant ou que vos enfants sont des adultes qui ont leur propre vie de famille, si vous avez toujours été honnête l'un envers l'autre, sans doute discuterez-vous de ces habitudes que vous avez tous les deux et qui commencent à vous peser. Il est également possible que ce soit votre amoureux qui amorce cette conversation, tout dépend de votre ascendant. Quel que soit le premier à en parler, cela signifie qu'il est urgent que vous fassiez un tour de table afin que votre partenaire et vous puissiez continuer à découvrir la vie avec plaisir. Depuis quelques années, il y a eu des ruptures inutiles, regrettables. En réalité, les conjoints avaient besoin d'un temps de réflexion séparément pour ensuite se retrouver pour partager des idées neuves et des projets, les uns individuels et d'autres en commun. L'amour entre deux personnes ne meurt que s'il y a eu haute trahison, dans un sens ou dans l'autre. Quand l'affection et la tendresse ne se sont jamais démenties, même si la passion a considérablement pâli, la relation est comparable à un sommeil dont on se réveille, et cette année est propice à une résurrection.

En tant que mère et femme au travail, maman de jeunes enfants ou d'adolescents, sous l'influence de Saturne en Lion, signe masculin, sous Vénus en Verseau du 5 au 28, autre signe masculin – ces signes étant face à face et en aspects difficiles avec le Taureau –, lors de situations plutôt banales, vous pourriez vous emporter d'une manière démesurée. Au travail, vous n'avez que peu de temps libre et, lorsque vous êtes à la maison et que vous voyez tout ce qu'il y a encore à faire, vous éclatez et vos premiers témoins sont vos enfants que, sans vous en rendre compte, vous rendez responsables du désordre, des contrariétés subies au boulot et de votre fatigue. Si vous avez un bon conjoint, pourquoi ne pas lui donner sa part de responsabilités plutôt que de tout prendre sur vos épaules? Vous êtes généralement forte, indépendante, autonome mais, si vous avez choisi de vivre à deux, laissez à l'autre l'espace qu'il doit occuper dans sa famille.

En tant que père et homme au travail, il vous arrive de croire que, sans vous, l'entreprise cesserait d'exister, ce qui peut être vrai si vous êtes travailleur autonome ou propriétaire d'un commerce. Cependant, si vous avez un employeur, tout ne repose pas sur vous, et surtout durant la première moitié du mois où vous aurez plus à faire que jamais. Au fond, n'est-ce pas en grande partie pour fuir vos corvées familiales? Si vos petits enfants ne sont pas des statues, c'est normal. Aussi jeunes soient-ils, ils s'affirment et, dès que vous êtes là, ils veulent votre attention et ils vous imitent. Si vous êtes souvent de mauvaise humeur, si vous n'écoutez pas votre conjointe quand elle vous parle, vos enfants reproduiront le modèle paternel et plus encore si vous avez des fils. Financièrement, il faut arrêter les grandes dépenses: les comptes ne cessent d'arriver et peut-être les cartes de crédit sont-elles plus gonflées qu'à l'accoutumée, car les fêtes ont coûté cher encore cette année.

Clin d'œil sur les baby-boomers — Si vous n'êtes à la retraite que depuis peu, vous prendrez plaisir à cette liberté nouvelle et rares seront les jours où vous n'aurez rien à voir. Vous reprendrez contact avec de vieux amis. Si vous êtes sportif, soyez prudent; faites particulièrement attention à vos hanches. Même si vous vous sentez jeune et en forme, que vous fassiez du patin à glace, du ski, de la luge ou des promenades en motoneige, soyez prudent en vous amusant et n'allez pas au-delà de vos limites. Si vous aviez pensé vous envoler vers le soleil, vous devrez retarder votre départ: un proche ou un de vos enfants, même s'il est adulte, traverse une zone si grise que vous ne pourrez partir. Le cœur du parent aimant reste un cœur aimant; votre enfant, même adulte, c'est toujours votre enfant. Il est rare qu'un Taureau ne vive que pour lui et ses petits plaisirs quand il a des enfants et des petits-enfants. Pour vous, la famille est sacrée.

Dans cette génération de baby-boomers, certains Taureau ont divorcé parce que leur mariage n'était qu'une longue suite de tromperies ; par la suite, ils ont eu encore de nombreuses relations et ruptures. Il arrive qu'un Taureau constamment à la recherche d'un partenaire et toujours prêt à se lier à quelqu'un qu'il connaît à peine, soit plus préoccupé par lui-même que par la vie de ses enfants et de ses petits-enfants. Quand ce dernier est riche, il leur fait des chèques et ainsi il se dit qu'il n'a aucune obligation même morale envers eux. Un Taureau qui possède peu a toujours mille raisons à donner pour expliquer ses manquements envers ses enfants. Qui êtes-vous ? Vous seul avez la réponse, vous seul pouvez imaginer les conséquences de votre manque d'amour.

FÉVRIER 2007

Sous l'influence du Nœud Nord en Poissons — Le Nœud Nord poursuit sa marche et en février il est proche d'Uranus. Le Soleil est d'abord en Verseau, puis il passera en Poissons. L'envie de fuir, de vivre une autre vie, le désir d'être né dans un monde riche et le rêve de n'avoir aucune obligation d'aucune sorte, tout ça traversera souvent votre esprit. Mais voilà que Vénus en Poissons jusqu'au 21, Mercure également dans ce signe et Mars en Capricorne, signe de terre comme le vôtre, vous ramènent à la raison. Certains Taureau deviendront tolérants envers des personnes démunies, écrasées à cause d'événements dramatiques ; ils cesseront de les voir comme des paresseux et des profiteurs du système. La vraie misère humaine existe et son point de départ n'est que rarement visible pour les observateurs. Vous aurez l'occasion de rencontrer une personne qui ne possède plus rien et qui doit, à cause d'une maladie, se satisfaire de miettes. Si vous savez que vous n'avez pas l'étoffe d'un sauveur de l'humanité, vous avez quand même une famille, des enfants à aimer, des parents dont vous prenez soin ; vous accomplissez là une très importante mission.

Lorsque vous croiserez un individu qui vous demandera quelques sous pour manger, si vous décidez de lui en donner, faites-le avec le cœur, ayez un mot aimable pour lui, un sourire. Ce pauvre a une âme, il vit déconnecté de tout, il est en état de survie mais, avant d'avoir une vie de sans-abri, il a eu des parents, des frères, des sœurs, probablement un travail ; que s'est-il passé pour qu'il chute à ce point ? Vous n'en saurez rien ; ne le jugez pas, abstenez-vous de penser qu'il l'a fait exprès et qu'il a choisi son malheur. Étant un signe fixe, il vous arrive de croire qu'on devrait être comme vous, conforme à toutes les règles établies et que, si tout le monde avait à cœur de travailler, cet univers serait quasi parfait. Quand vous voyez les miséreux ainsi, s'il y avait un vote pour qu'on les isole dans un lieu particulier, vous seriez tout à fait d'accord. Ce mois de février vous rappelle que vous êtes favorable à une épuration qui touchera bien d'autres signes en 2007. Le Nœud Nord en Poissons, c'est pour vous l'ouverture à ce qui ne vous ressemble pas. Ce deuxième mois de l'année vous invite à la tolérance, à la découverte, à la compassion.

Vie amoureuse du célibataire — Il ne faut pas rester chez vous et attendre qu'on sonne à votre porte, qu'on se présente comme étant la personne avec qui vous serez heureux. Chez nous, au temps de la colonie, des mariages furent célébrés sans que de longues fréquentations aient été nécessaires. Il fallait peupler le pays. En 2007, ce n'est pas une urgence. Les occasions de rencontrer de charmantes personnes seront nombreuses et, sur cette liste de gens intéressants, aimables, au moins une personne au grand cœur vous plaira et vous lui plairez. De plus, en conversant, vous constaterez que vous avez un tas de points communs. Dans le ciel de février, plusieurs planètes amènent beaucoup de Taureau à examiner les finances, le genre de travail, la maison, les meubles, la voiture, etc., de la personne avec qui ils flirtent. De nos jours, il y a autant d'hommes que de femmes Taureau à la recherche non pas de l'amour mais d'un généreux compte bancaire.

Vie de couple–famille–budget–travail — Si vous êtes amoureux et que votre partenaire et vous vivez en alternance chez l'un et l'autre, il sera question de faire vie commune mais, lorsque deux appartements ou deux maisons ne doivent plus faire qu'un seul toit, les discussions au sujet de ce dont l'un et l'autre doivent se défaire sont bien longues et celles-ci ressembleront à des négociations de marché aux puces. Vous serez persuasif si votre partenaire est un signe de feu ou d'air mais, s'il appartient à un signe d'eau ou de terre, il aura horreur de se départir de biens auxquels le plus souvent une histoire et des émotions le rattachent. S'il est question de déménagement, de vie en couple, si vous décidez de reconstituer une famille, avant d'agir, de passer à l'action, réunissez les enfants de l'un et de l'autre afin qu'ils puissent trouver la place qu'ils occuperont dans cette nouvelle entité et, s'ils ont l'âge d'exprimer leurs désirs, laissez-les discuter entre eux et intervenez le moins possible. Vous serez surpris de constater que chacun a une place dont il dit : « C'est la mienne. »

Avec ou sans enfant, de nombreux couples déménageront. Plus spécifiquement, ceux qui habitent une grande ville choisiront de se rapprocher de ces endroits, localités ou quartiers, où la nature est respectée, où il y a moins de béton et la possibilité d'avoir enfin son jardin. Que vous soyez un homme ou une femme au travail, vous pouvez vous attendre à devoir faire des heures supplémentaires et particulièrement si vous êtes en relation avec des personnes malades ; quelle que soit votre occupation, médecin, infirmier, préposé, secrétaire médicale, il y aura tant de patients à soigner qu'il sera impossible de vous défiler.

En tant que mère et femme au travail, vous êtes un peu moins insistante et, si vos enfants d'âge scolaire se laissent aller, vous aurez des mots sages, rassurants, qui les persuaderont de l'importance d'apprendre et de retenir ce qu'on leur enseigne. Malgré toutes vos occupations, vous serez présente à l'heure des devoirs et vous ne bousculerez pas celui de vos enfants qui a le plus de difficulté avec une matière. Vous ferez votre devoir mais, ce mois-ci, vous réalisez que vos enfants ont davantage besoin de votre présence et de votre affection.

En tant que père et homme au travail, si vous gagnez votre vie en étant obligé de vous déplacer d'une ville à l'autre et que vous faites de longues heures le soir pour rencontrer vos clients, prenez donc quelques minutes quand vous êtes au loin pour téléphoner à vos enfants. Rassurez-les sur le fait que la distance que vous devez mettre entre vous et eux n'est pas un abandon de votre part. Ils seront heureux à votre retour et vous n'aurez à supporter ni agressivité ni reproches de leur part parce qu'ils sauront qu'il ne peut en être autrement pour l'instant et que, si vous avez accepté ce travail, c'est aussi parce que vous avez à cœur, grâce à votre salaire, de leur donner ce dont ils ont besoin.

Clin d'œil sur les baby-boomers — Si vous vivez loin de vos petits-enfants, si vous avez beaucoup de temps libre, pourquoi ne pas vous décider à les visiter plus souvent? Ainsi, vous vous gaverez de leur amour. Rien de mieux que les jeunes pour vous rappeler que vous l'avez été vous aussi et que, quelque part en vous, ce brin de folie de jeunesse survit. Quel que soit leur âge, ne passez pas à côté de l'énergie de vos petits-enfants, cette énergie qui fait renaître la vôtre. Vous êtes le deuxième signe du zodiaque, symbole de l'argent, mais il est à souhaiter que vos économies, vos placements, vos rentrées d'argent, vos dépenses ne soient pas votre seul intérêt. Que vous soyez riche ou pauvre, si vous êtes obsédé par l'aspect financier de votre vie, il n'y a plus d'espace en vous pour recevoir les bénédictions du ciel ni profiter des divers plaisirs de la vie. Il arrive aussi que vous pensiez qu'une séparation ou un divorce soit la réponse à votre malaise intérieur. Si c'est vrai pour quelques-uns, c'est faux pour la majorité des Taureau. Avant d'officialiser une rupture, faites le tour de votre jardin et ne regardez pas uniquement les mauvaises herbes qui y poussent et qui, selon vous, sont dues aux cultures volontairement malfaisantes de votre partenaire. La vraie question à vous poser est celle-ci : « Quand notre dialogue a-t-il cessé ? »

MARS 2007

Sous l'influence du Nœud Nord en Poissons — Le Nœud Nord vous donne le goût de rencontrer de nouvelles personnes, d'expérimenter un art, de faire un nouveau travail, de retourner aux études, d'avoir une aventure alors que vous avez un partenaire à qui vous n'avez rien à reprocher, de partir en voyage pour ne plus voir des personnes envahissantes à qui vous êtes incapable de dire non. Symboliquement, son effet présent est étourdissant. Vous avez très envie de bouger, mais ce Nœud Nord en Poissons fait un aspect dur à Jupiter au point où, dès que vous faites un geste qui ne satisfait que vous, vous vous arrêtez, comme si vous étiez soudainement paralysé. S'il en est ainsi, sachez que ce Nœud et les planètes, tels qu'ils sont positionnés, vous empêchent de commettre une bêtise. Tous les 18 mois, le Nœud Nord change de signe et dès lors il donne des indices sur votre mission sociale lors de son passage. Cette année, votre progrès est lié à votre générosité envers autrui. Il ne suffira pas de faire des prières ; si vous êtes en forme, il y aura toujours à côté de vous quelqu'un, généralement un inconnu, qui aura besoin de votre aide. Il n'est pas là par hasard : il a quelques leçons de sagesse à vous donner.

Vie amoureuse du célibataire — Vous êtes sous l'influence de Mars en Verseau. Si la position de Vénus dans le ciel ainsi que votre thème personnel vous rendent attirant, Mars, qui se balade par là, est le symbole du genre de personne que sur « l'heure de Mars » vous désirez séduire. Être attirant ne signifie pas que vous pouvez séduire qui vous plaît. En ce mois de mars, il y a de nombreux aspects qui font du solitaire un amoureux intéressé par le confort, l'argent, le travail et le statut social des personnes qu'il rencontre. Sous votre signe, peu importe l'ascendant, vos sentiments se développent lentement. Bien que l'amour engagé fasse partie de vos désirs et de votre plan de vie, avant que cela se produise, vous enquêterez sur la personne que vous fréquentez, vous testerez ses réactions pour vous assurer que, même quand vous faites le déplaisant, on vous excuse. Vous êtes un bel enfant du zodiaque, sauf quand vous devenez un grand capricieux qui veut tout ce qu'il voit et qui croit que ceux qui l'entourent lui appartiennent. C'est à compter du 18 que vous verrez plus clairement si vous êtes un calculateur. Si vous êtes le romantique que vous devriez être en tant que Taureau, vous ferez une rencontre agréable dès le début du mois, mais qui ne prendra véritablement son envol que dans la soirée du 17. Tout ira lentement et il est préférable qu'il en soit ainsi.

Vie de couple–famille–budget–travail — Votre plus grande préoccupation ce mois-ci sera votre travail. Vous aurez envie d'un autre métier, d'un retour aux études, vous désirerez une promotion ; de temps à autre, vous imaginerez que des collègues font tout pour vous nuire, pour que vous soyez pris en faute puis congédié. C'est peut-être vrai si vous êtes au pouvoir dans une entreprise : les envieux et les jaloux n'ont pas encore compris qu'ils sont méchants parce qu'ils n'ont aucune estime d'eux-mêmes. Ce n'est pas facile de les tolérer quand leur contrat stipule que, pour mille raisons, vous ne pouvez les congédier ; en tant que patron, vous devez passer par-dessus leurs enfantillages. En tant qu'employé, si vous œuvrez dans un métier où souvent vous prenez des risques pour protéger ou sauver autrui, il est important que vous soyez en forme. Une distraction pourrait occasionner une blessure vous immobilisant pendant quelques semaines, au pire durant des mois. À la maison, si vous aviez l'idée de réparer une lampe, de changer un fil électrique, un tuyau, etc., et que vous ne possédez pas toutes les connaissances concernant les opérations et précautions nécessaires, faites appel à un professionnel. Ce bricolage pourrait avoir de graves conséquences. Vous pouvez bien entendu remplacer une ampoule sans être électricien mais, si vous modifiez votre entrée électrique, vous pourriez provoquer non seulement des courts-circuits mais un incendie.

Homme ou femme, si vous avez une famille reconstituée, petits et grands ont besoin de savoir qu'ils sont aimés et appréciés des deux adultes. N'attendez pas qu'ils se querellent ou qu'ils adoptent des comportements désagréables avant de réagir. Cette situation est délicate et, si vous ne savez pas comment vous y prendre, si vous ne possédez pas le vocabulaire nécessaire pour leur faire comprendre la réalité de cette vie familiale, consultez le professionnel de votre choix. L'argent intéresse tous les Taureau sauf de bien rares exceptions. Le coût de la vie est élevé et, malgré deux salaires respectables, vous êtes inquiet à cause de dépenses inattendues et de réparations sur la maison. Si vous êtes une femme malheureuse dans votre vie de couple, votre façon de punir votre partenaire n'a d'autre effet que de vous blesser vous-même. En tant qu'homme, vous réagirez si vous n'êtes pas heureux et vous choisirez de vous éloigner de votre conjointe afin de réfléchir à la situation, à ce que vous direz si vous êtes fermement décidé à rompre, aux explications et suggestions que vous donnerez afin d'éviter la séparation ainsi qu'aux moyens à prendre pour vous donner une chance d'être heureux à deux à nouveau. La chance est plus présente pour les Taureau ayant un signe de feu à l'ascendant : Bélier, Lion et Sagittaire.

Clin d'œil sur les baby-boomers — Les indices concernant les Taureau ailés qui se mettront en route vers un pays de soleil jusqu'au printemps sont nombreux. Si vous avez les moyens de vous offrir de la chaleur en plein air en hiver, vos valises sont prêtes. Il est possible que certains d'entre vous, veufs ou célibataires, partent avec un vieil ami ou un ancien flirt. Si tel est votre cas, vous ferez jaser toutes vos connaissances. Si vous avez l'intention de faire d'autres placements à la suite d'une rencontre avec un supposé « faiseur d'or », pour votre protection, demandez à votre ami le plus économe de tous ce qu'il pense de votre idée. Si déjà vous avez des problèmes avec vos os, sans doute verrez-vous votre médecin afin qu'il vous prescrive un médicament qui soulagera vos douleurs. Si vous êtes à l'étranger, même sur un terrain de golf, soyez prudent dans vos déplacements, vous aurez quelques pertes d'équilibre et, si celles-ci sont fréquentes, vous devrez consulter un médecin et passer tous les examens qui s'imposent pour en trouver l'origine et par la suite corriger le problème.

AVRIL 2007

Sous l'influence du Nœud Nord en Poissons — Pendant la presque totalité du mois, vous aurez une vision magnifique de la vie, un tas de projets ; vous aimerez le monde tel qu'il est, vous vous abstiendrez de critiquer votre prochain même s'il se conduit d'une manière opposée à la vôtre. En somme, tolérance, compassion et services seront comme une seconde nature. Mais, dès que le Soleil atteindra votre signe, vous vous direz que vous avez exagéré et que vous avez donné à des gens qui ne méritaient rien ; vous découvrirez que vous avez été généreux envers des manipulateurs, ces gens qui vont des uns aux autres pour leur prendre leurs biens ainsi que leur confiance dans le genre humain. Ce sera le moment d'une autre prise de conscience. Vous faites partie des bonnes personnes, et il faut constater, avec tristesse, qu'elles sont peu nombreuses. Il y a le bien et le mal. Maintenant, décidez si ça vaut le coup de vous méfier, de prendre une distance vis-à-vis d'autrui, de croire constamment qu'on pourrait vous voler. Croyez-vous qu'il soit agréable de vivre sur un pied de guerre ? N'est-ce pas stressant et destructeur ? Croyez-vous qu'il y aurait autant d'humains sur cette planète si chacun considérait l'autre comme son ennemi ? S'il en était ainsi, nous serions beaucoup moins nombreux, surtout maintenant, alors qu'il est si facile de se procurer des armes. Ce Nœud en Poissons vous enseigne à être sélectif, ce mois-ci. Il vous est permis de tourner le dos aux vilains et ainsi vous aurez plus de temps pour les gentils.

Vie amoureuse du célibataire — Femme taureau, si vous devenez sélective, vous saurez vers qui vous tourner et vous ne serez pas séduite par l'apparence, l'apparat et le charme d'un beau parleur. Quant à vous, homme Taureau, une jolie femme vous approche et son discours vous fait croire qu'elle est vulnérable. Vous aurez immédiatement envie d'être son sauveur, mais quelque chose en vous est éveillé et vous dit qu'elle n'est pas celle qu'elle prétend être. À la fin du mois, vous aurez davantage d'occasions de croiser des regards qui, comme le vôtre, aspirent à aimer et à être aimé, tout calcul étant exclu. Les planètes dans leur ensemble ont pour principal symbole la rencontre près d'un cours d'eau, dans un lieu où on pratique un sport. Peu importe l'activité, que vous soyez seul ou avec des amis, vous avez rendez-vous avec l'amour.

Vie de couple–famille–budget–travail — Si vous avez décidé de déménager à l'été, déjà vous commencerez à emballer des objets décoratifs et d'autres que vous n'utilisez que bien rarement et dont vous n'aurez pas besoin dans les prochains mois. Par exemple, vous découvrirez au fond d'une garde-robe des chaussures encore bonnes, mais que vous ne portez plus ; en explorant vos possessions, vous vous apercevrez que certaines choses seraient pratiques pour d'autres personnes et qu'il est temps de vous défaire de vêtements, de chandails et de manteaux que vous n'avez plus portés depuis des années ; vous les gardiez au cas où, mais ce « au cas où » n'est jamais venu. Plus le mois avance, plus vous aurez d'élans de générosité, mais un avis demeure : ne donnez rien à des gens qui ne méritent rien et qui en réalité devraient se procurer par eux-mêmes ce dont ils ont besoin. Quant au grand ménage que vous faites, ne décidez rien pour les choses appartenant à votre partenaire, même si vous savez qu'il a des vieilleries qui prennent de la place : c'est son espace, pas le vôtre. À compter du 12, si vos enfants sont des adolescents ou des préadolescents, ils entreront dans une période d'exploration et il est possible qu'ils désirent gagner de l'argent. S'ils veulent et peuvent trouver un travail qui ne désorganise pas leurs études, leur interdirez-vous cet élan vers l'autonomie ?

En tant que mère et femme au travail, à la maison, avec vos enfants, vous êtes directe et vous ne les félicitez que si c'est mérité. Si vos grands ne rentrent pas à l'heure fixée par vous, vous n'aurez aucun mal à imposer votre punition. Si vous avez une famille reconstituée, ne sautez pas aux conclusions en ce qui concerne le comportement des enfants de votre partenaire, comportement que vous n'approuvez pas. Si vous avez l'impression d'être dans une impasse et que vous n'avez aucune solution, n'y allez pas instinctivement : votre partenaire et vous devriez consulter un professionnel et être guidés afin que tous les membres de la famille en bénéficient. Au travail, vous avez le sens de l'initiative, il ne faudrait cependant pas prendre une décision à la place de votre patron. Vous ferez beaucoup d'heures supplémentaires, les urgences seront nombreuses et, malheureusement pour vous, des collègues ont pris congé et régulièrement vous serez la seule personne à pouvoir faire du remplacement.

En tant que père et homme au travail, vous avez le droit de vous fâcher quand vos enfants exagèrent et vous manipulent. Plusieurs Taureau craignent tellement de ne pas être aimés qu'ils n'imposent aucun interdit, qu'ils évitent de donner leur opinion. Quand vos petits mentent, ne faites pas semblant de croire à leurs mensonges. Ce serait les lancer sur une mauvaise piste pour leur avenir. Au travail, vous êtes très différent, vous prenez vos responsabilités avec un grand sérieux et vous êtes attentif à tout ce qui se produit ; vous avez aussi beaucoup d'ambition. En ce mois d'avril, tout naturellement vous défendrez votre position et, si vous représentez un groupe de travail, vous serez leur meilleur défenseur. Si vous avez un commerce et pignon sur rue, méfiez-vous des petits voleurs, surtout au cours des deux dernières semaines. Il est peut-être temps de penser à l'installation d'une caméra de surveillance : vous éloigneriez ceux qui sont tentés de prendre ce qui ne leur appartient pas.

Clin d'œil sur les baby-boomers — La portion vieillissante de la population a de plus en plus besoin de soins. Elle devient aussi moins consommatrice qu'elle ne l'était aux temps où le travail l'occupait à temps plein ou avant la retraite. Ce sujet a fait la manchette l'an dernier, cependant on tarde à apporter des solutions. Pourtant, il y en a, ne serait-ce qu'en acceptant que des étudiants étrangers fassent leurs études dans nos universités en tant que médecins, chercheurs, etc. Partout dans le monde, des professionnels sont en attente d'aller vivre dans un pays comme le nôtre et de devenir des citoyens qui travailleront pour eux-mêmes et pour nous tous. Si vous faites partie des Taureau capables de promouvoir ce genre de cause, de vous impliquer davantage socialement, foncez. Rien de mieux qu'un signe fixe tel que le vôtre pour permettre qu'un changement s'opère afin de protéger les gens de votre âge, vos aînés mais aussi toutes les générations à venir.

MAI 2007

Sous l'influence du Nœud Nord en Poissons — Mars s'éloigne du Nœud Nord en Poissons, mais il forme un aspect dur à Pluton en Sagittaire jusqu'au 16. Vos problèmes personnels vous sembleront pâles à côté de ceux d'inconnus que vous voyez sur votre écran de télévision et qui habitent d'autres coins de la planète. Mais nous savons tous que nous sommes plus reliés les uns aux autres qu'il n'y paraît. Si deux pays sont en lutte à cause de leurs pratiques religieuses et de leurs croyances, chez nous, ici et là, des gens reproduisent la situation, mais nous avons des lois, des règles et des intervenants pouvant mettre un frein à un conflit. Je n'ai pas entendu dire que quelqu'un chez nous lançait des bombes sur des maisons, mais pouvez-vous imaginer comment vivent des populations entières où chacun se demande si demain il sera encore en vie? En tant que Taureau et deuxième signe du zodiaque, il vous arrive d'oublier que vous êtes un citoyen du monde et, en conséquence, que vos opinions et vos agissements peuvent influencer positivement ou négativement la marche vers la paix universelle. À compter du 9, le Nœud Nord entrera en bon aspect avec Vénus en Cancer. Vénus est la planète qui régit votre signe et vous prendrez conscience du fait que votre famille est en réalité très large. Pensez simplement à vos enfants qui, à l'école, fréquentent des élèves de diverses origines; ils sont tous ensemble et ils échangent pacifiquement, gentiment. Vos enfants, blancs ou de couleur, ne sont pas choqués par leurs différences. La plupart des enfants, surtout ceux qui sont nés depuis 1996, savent que nous sommes tous liés; cette connaissance leur vient instinctivement, intuitivement, psychiquement et souvent intellectuellement. Quel que soit son signe, votre enfant est votre modèle concernant la nécessité de faire la paix et l'unité entre les peuples; leur longévité en dépend.

Vie amoureuse du célibataire — Jusqu'au 15, vous êtes aussi prudent que sélectif et vous savez instantanément qui vous plaît au-delà des apparences; vous comprenez parfaitement que les premières rencontres sont charmantes et que l'autre et vous vous montrez sous votre meilleur jour. On ne fait tout de même pas la cour en se disputant et en s'opposant sans cesse aux opinions de son flirt. C'est à compter du 16 que vous devrez surveiller vos réactions. Mars, planète des attractions, sera en Bélier dans le douzième signe du vôtre. C'est un peu comme si, lors d'une rencontre, il y avait une ombre sur ce qu'est réellement cette personne qui vous regarde droit dans les yeux et qui vous fascine. Soyez attentif à vos émotions et à vos pensées, qui seront très souvent en désaccord. Du 16 mai au 24 juin, Mars avance en Bélier et, durant cette période, vous développerez une passion physique. Une fois le plaisir passé et assouvi, vous aurez à nouveau un désir fou du corps de votre flirt mais, tout au fond de votre âme ou de votre être, l'inquiétude, la peur d'être trompé, la crainte de ne vous attacher qu'à la chair vous poursuivront. En tant qu'adulte, vous savez que les corps à corps ne suffisent pas pour qu'un couple soit heureux. Vos intentions sont peut-être de ne faire que des conquêtes, ce qui n'est pas authentiquement Taureau, cependant les échanges de plaisirs ne sont pas censurés.

Vie de couple–famille–budget–travail — Si vous avez des enfants qui entrent à l'université, il est possible que l'un d'entre eux désire aller étudier à l'étranger. Vous serez possiblement tourmenté quand un enfant, maintenant adulte, vous annoncera qu'il a trouvé un travail à l'autre bout du pays ou du monde. Ce jour où les oiseaux volent de leurs propres ailes arrive toujours et vous y opposer ne ferait que renforcer leur décision ; de plus, leur départ prendrait une allure de fuite plutôt que celle d'une séparation temporaire.

En tant que mère et femme au travail, à compter du 16, si vous avez eu des mots désagréables avec un collègue, si vous êtes restée sur votre position et que vous avez refusé de considérer son point de vue jusqu'au bout, si vous jugez que le vôtre est le meilleur et que c'est sans discussion, une querelle pourrait éclater. Il faudra bien que le plus sage décide de faire la paix. Si le conflit persiste, ce collègue et vous risquez d'être soit congédiés ou pénalisés, ou encore de devoir accepter des postes moins intéressants qu'avant la dispute. Si votre travail vous oblige à de nombreux déplacements, à compter du milieu du mois, redoublez de prudence et, même si vous êtes pressée, ralentissez au volant. Si vos enfants vont à la garderie ou à la maternelle, les petits microbes vous obligeront à chercher une gardienne ; votre mère ou votre belle-mère pourrait les accueillir à la maison jusqu'au moment où ils ne seront plus contagieux. Vous ferez possiblement de nombreux appels pour trouver une gardienne mais, si personne n'est disponible, vous devrez prendre congé pour soigner vos chérubins. Quant à l'argent, méfiez-vous de vos goûts vestimentaires, ils sont dispendieux.

En tant que père et homme au travail, si vous avez un emploi stable et que vos services sont essentiels, le travail ne manque pas, bien au contraire, vous ferez des heures supplémentaires. Même si vous commencez tôt le matin, souvent vous terminerez tard en soirée. Il est à souhaiter que votre conjointe comprenne que tout ce temps donné à votre patron sert à mieux assurer votre position et à faire plus d'argent, lequel est utile pour toute la famille. En tant que père d'adolescents, entre le 19 et le 26, ceux-ci attireront votre attention de mille et une manières ; s'ils battent des records scolaires, ils apprécieraient vos compliments et, s'ils ne sont pas sages du tout, peut-être n'ont-ils trouvé que ce moyen pour engager une conversation avec vous ? Vous êtes occupé à gagner votre vie, vous le faites pour vous et votre famille, mais cela peut occasionner un manque de communication entre vous et votre progéniture. Ne laissez pas ce genre de fossé s'élargir entre vos enfants et vous. Il y a des jours plus importants que d'autres pour combler des manques.

Clin d'œil sur les baby-boomers — Vous avez un rôle plus important que vous ne l'imaginez auprès de vos petits-enfants. Même si vos enfants sont des adultes parfaitement autonomes, ils sont encore et seront toujours vos enfants et il survient des périodes où ils se comportent comme des adolescents mélancoliques, un peu perdus. Entre 30 et 40 ans, ils sont inquiets pour leur avenir et sans doute beaucoup plus que vous ne l'étiez à cet âge. De nombreux baby-boomers, trop occupés à « faire l'économie », n'ont pas écouté leurs enfants quand ils étaient petits. À cette époque, l'idée était que ces derniers sortiraient vainqueurs grâce à leurs parents, mais nombreux sont ceux qui n'ont jamais demandé à leurs enfants s'ils avaient envie du même succès qu'eux. La société dans laquelle nous vivons est aussi plus complexe que celle d'après la guerre de 1939-1945. Tous nos modes de communication sont changés, mais il y a plus, les valeurs familiales et les croyances religieuses ne ressemblent en rien à ce que vous avez connu. Vos grands enfants adultes doivent reconstruire tout cela ainsi que leurs idéaux. En tant que Taureau, il est possible que vous soyez tenté d'intervenir de trop près dans la vie de vos enfants. Ce mois-ci, soyez disponible, mais ne vous précipitez pas pour leur faire part de votre recette du bonheur.

JUIN 2007

Sous l'influence du Nœud Nord en Poissons — Nous voudrions tous vivre un mois dans notre vie où tout serait parfait. Mais ce serait rêver en couleur. Il n'y a malheureusement pas d'aspects parfaits dans le ciel astral pour aucun des signes du zodiaque. En juin, vous aurez des pensées contradictoires. Vous vous direz que, pour être une bonne personne, vous devriez aimer tout le monde et pardonner à quelques personnes qui vous ont causé un tort moral ou matériel. Puis une autre petite voix en vous suggérera de ne pas oublier que la méchanceté existe et qu'il y a des gens que vous connaissez qui ont commis des fautes graves dont les conséquences ont détruit une partie de vos rêves ; peut-être avez-vous même la sensation qu'une relation qui a mal tourné vous a volé votre âme. Dès que vous vous retrouverez seul, vous passerez beaucoup de temps à évaluer qui mérite ou non votre amitié et parfois même votre amour. Vous vous demanderez pourquoi un tel a si bien réussi alors que vous devez vous satisfaire d'un travail qui paie à peine vos factures. Ces cogitations n'arriveront qu'à vous étourdir et à vous éloigner du but que vous poursuivez, à vous faire perdre l'équilibre dans des moments où vous devez être solide. Il n'est pas facile de se maintenir dans l'instant présent ; pourtant, pour bien vivre juin émotionnellement, de temps à autre vous devrez vous le remettre en mémoire.

Vie amoureuse du célibataire — À compter du 6, avec l'entrée de Vénus en Lion, vous serez attiré par quelqu'un de très différent de vous ; il vous fascinera. Méfiez-vous, les apparences peuvent tromper. Mars est en Bélier et, si vous êtes en mal d'aimer et d'être aimé, vous ne serez peut-être pas très sélectif ; plusieurs traverseront la zone céleste où il y aura confusion entre émotions et excitation. Il est possible que ça ne soit pas votre cœur qui palpite lors d'une rencontre, vous n'aurez que des papillons dans le ventre, ce qui est évidemment le signe d'une attraction sexuelle. Il faut bien sûr se plaire pour avoir le désir de se connaître, mais il y a des gens qui possèdent un puissant magnétisme presque essentiellement physique, ce sont de beaux et agréables parleurs. Ces derniers ont l'art de vous faire parler de vous mais, à la fin d'une soirée, vous vous rendrez compte que, s'ils en connaissent long sur vous, vous ne savez strictement rien d'eux. Il y a de quoi être flatté qu'on s'intéresse autant à vous ; ne vous livrez pas corps et âme trop vite. Si on a souvent été amoureusement blessé, on ne guérit pas une blessure par une autre. Il y a plus de vérité dans vos rencontres durant la dernière semaine du mois. Un conseil, ne portez pas vos lunettes roses ce mois-ci.

Vie de couple–famille–budget–travail — En tant que mère et femme au travail, la grande question est la suivante : que feront les enfants pendant ces mois où ils ne seront plus à l'école ? Les plus chanceuses ont des parents qui seront heureux de garder leurs petits-enfants pendant que vous serez affairée. Ne soyez pas étonnée, la majorité d'entre vous devra trouver une gardienne : les enfants sont trop jeunes pour être laissés seuls à la maison et puis vous savez qu'ils doivent être encore surveillés parce qu'ils sont encore bien loin d'un comportement adulte. Il est possible que des arrangements, tout à coup, ne fonctionnent plus, mais ne vous découragez pas, durant la dernière semaine du mois, vous trouverez une bonne mère remplaçante. Il est rare que le conjoint soit préoccupé par les nouveaux besoins des enfants à cause des vacances mais, si c'est ainsi, n'est-ce pas parce que vous avez toujours tout décidé pour votre progéniture ? Sur le plan professionnel, tout indique que, durant le mois de juin, vous serez débordée, mais vous savez aussi que pour éventuellement progresser dans l'entreprise, il vous faut être présente quand on a besoin de vous. Quand vous magasinerez, méfiez-vous de vous. Pour vous faire plaisir et vivre dans un décor plus agréable, vous pourriez succomber à des meubles très chers et probablement au-dessus de vos moyens. N'achetez rien sur un coup de tête ni sans avoir demandé l'avis de votre conjoint, surtout si vous faites partie des gens dont l'endettement est déjà élevé.

En tant que père et homme au travail, le ciel astral étant occupé par de nombreuses planètes en signes masculins, vous êtes plus à l'aise avec vous-même. Vous avez aussi plus d'assurance quand vous parlez affaires et, si vous participez à des réunions, vous aurez le dernier mot et le mot juste. Si vous devez vous déplacer pour aller à la rencontre de vos clients, vous serez constamment sur la route et, à chacun de vos arrêts, vous vendrez plus que jamais. Vous êtes persuasif et, quoi que vous fassiez, c'est digne de respect. Vous êtes très présent auprès de vos enfants, mais vous coupez leurs jeux, leurs activités ou leur argent de poche parfois sans vraiment connaître la faute commise. Vous provoquez ainsi des querelles plus que des discussions entre vos enfants et vous. D'autres Taureau sont carrément absents et critiqués par leur conjointe. Dans un tel cas, où est le bonheur? Messieurs, que diriez-vous d'adopter une autre forme de communication avec vos enfants et votre conjointe? Le Taureau déteste la séparation et le divorce et, pour l'éviter mais aussi pour avoir une vie agréable et heureuse avec votre conjointe, trouvez l'équilibre entre votre profession, votre rôle de père et celui de conjoint. Si les planètes en signes masculins font de vous un gagnant sur le plan professionnel, dans votre vie privée vous avez tendance à vous comporter en collègue ou en patron plutôt qu'en père et en conjoint. Il suffit de vous en rendre compte pour changer.

Clin d'œil sur les baby-boomers — Il est possible qu'une épreuve que vit un de vos enfants provoque un éveil chez vous. Vous aurez une énergie morale extraordinaire ainsi qu'une force physique et une résistance que vous n'auriez jamais cru posséder. Il y a quelqu'un que vous voulez aider et l'urgence de la situation vous rend aussi vif que le pompier en forme et dévoué ayant un gros feu à éteindre. Pour ce qui est de la meilleure nouvelle, si vous déménagez ou que vous avez mis votre maison à vendre, ou encore si vous magasinez en vue de l'achat d'une propriété, vous ferez une bonne affaire. Que vous soyez un homme ou une femme, si vous songez à une chirurgie esthétique, il est dans votre intérêt, physiquement, de reporter votre projet au moins jusqu'à septembre. La présence de Saturne en Lion en aspect difficile à votre signe risque de ralentir la cicatrisation. Pour une opération parfaitement réussie, attendez le 19 décembre.

JUILLET 2007

Sous l'influence du Nœud Nord en Poissons — Mars est en Taureau tout au long du mois et son alliance avec le Nœud Nord vous donne le goût de bouger mais surtout de mener une nouvelle vie. Mais par où commencer? Si vous êtes jeune, il y a tant de choix devant vous, tant de métiers et de professions où vous pourriez vous accomplir que vous ne savez quel serait le meilleur. À compter du 15, sous l'influence de Vénus en Vierge qui se retrouve en face du Nœud Nord en Poissons, plusieurs de vos amis ne pourront s'empêcher de vous faire des suggestions. Chacun y ira de ses petits conseils. Écoutez mais, si personne n'a une idée qui vous plaît, cela n'a pas d'importance: la réponse vous viendra à la suite d'une inspiration et à un moment où vous serez plongé et concentré dans la pratique d'une activité au cours de laquelle vous serez totalement décontracté.

Vie amoureuse du célibataire — Vous êtes plus que prudent lors de vos rencontres; vous êtes un brin méfiant, un tantinet agressif et tellement moins tolérant qu'à l'accoutumée. En ce mois de juillet, vous réagissez par un recul comme si les amours déçus vous revenaient tous en mémoire. N'est-ce pas excessif comme réaction? N'est-ce pas comme si vous mettiez tous les hommes ou toutes les femmes dans le même panier? Il ne faut pas conclure qu'il n'y a que des vilains ou des vilaines. Si vous désirez vivre l'amour vrai, sachez qu'il y a quelqu'un quelque part qui aspire aussi à un beau partage, à une vie où les sentiments amoureux et le respect de l'autre font partie du quotidien. Vous pourriez croiser cette personne lors d'une activité sportive.

Vie de couple–famille–budget–travail — C'est le mois des vacances en famille pour bon nombre de gens et, si vous êtes de ceux-là, sous l'influence de Mars en Taureau, et si vous quittez la ville, que ce soit pour passer quelques jours dans un hôtel, un camping ou pour aller dans un chalet que vous avez loué ou que vous possédez, c'est dès le début de juillet que vous commencerez à ramasser tout ce dont vous pensez avoir besoin. Pour pouvoir tout apporter, il est à souhaiter que votre véhicule ne soit pas trop petit.

En tant que mère et femme au travail, vous êtes si prévenante et vous avez tellement peur que quelque chose manque aux enfants que vous ne cessez d'accumuler vêtements et jouets. Vous ne fonctionnez pas à la vitesse de *La croisière s'amuse*, ce serait plutôt celle d'une course de voiliers durant des jours de grands vents. Si tout est prévu pour que vous preniez vos vacances au cours de ce mois, vous donnez le maximum pour que votre remplaçant s'y retrouve facilement dans vos dossiers. Il est fort possible que, durant votre absence, vos supérieurs se rendent compte à quel point vous êtes importante. Quant à vos enfants, s'ils sont des adolescents sur le point de devenir des adultes, le ciel laisse présager qu'ils refuseront de passer leurs vacances avec maman et papa. Pour certaines d'entre vous, c'est peut-être le moment de manifester votre confiance en eux et de leur accorder un temps d'entière liberté où ils devront voir à tous leurs besoins personnels comme le font les adultes.

En tant que père et homme au travail, même si vous avez une vie de couple où vous êtes généralement comblé à la fois par votre conjointe et par vos enfants, jusqu'au 14, le ciel et ses symboles vous dépeignent comme un homme ayant un énorme désir d'aller voir si le jardin de la voisine n'est pas plus fleuri que le sien. Certains d'entre vous se contenteront de regarder, mais d'autres pourraient se retrouver dans une situation où il leur sera facile de tromper leur conjointe. En tant que Taureau, si vous trichez, il vous sera impossible de garder cela pour vous, vous vous sentirez obligé de vous confesser à votre partenaire. Sur le zodiaque, ce ne sont pas les natifs de tous les signes qui sont capables d'excuser une aventure. Avec qui vivez-vous, monsieur ? Songez que le bonheur est fragile et que bon nombre des désirs que nous comblons ne servent qu'à remplir un vide soudain, temporaire, mais il arrive aussi que commettre un acte qui n'a pour but que d'être rassuré sur sa personne ait des conséquences qui changent toute une vie. Il n'est pas dans le nature du Taureau de tromper. L'exception fait la règle ; si vous êtes fidèle, amoureux et si vous recevez beaucoup de votre conjointe, au cours de ce mois, trouvez du temps pour fêter ça.

Clin d'œil sur les baby-boomers — Si vous êtes libre comme l'air, vous attirerez quelqu'un qui sera plus jeune ou plus âgé que vous de plusieurs années. Selon votre ascendant et les planètes de votre thème de naissance, cette rencontre peut être un amour qui ne fait que passer ou qui est là pour durer. L'aspect difficile concernant un membre de votre famille est encore présent et ce parent a besoin de votre aide.

Pour certains d'entre vous, il est possible que ce soit votre partenaire qui ne se sente pas bien et naturellement vous serez à ses côtés pour lui tenir la main afin que l'épreuve qu'il traverse soit plus supportable. En ce qui concerne votre santé, si vous avez des problèmes concernant votre circulation sanguine, au moindre engourdissement ou picotement anormal aux extrémités, dans les bras ou les jambes, consultez votre médecin.

AOÛT 2007

Sous l'influence du Nœud Nord en Poissons — Les débats sur la moralité, la religion, l'enseignement à tous les niveaux scolaires, la culture et l'art, les personnes âgées, les soins dans les hôpitaux, bref, tout y passe en ce mois d'août; cependant, les changements nécessaires, dont certains sont des urgences, se font encore attendre. Cela vous fait beaucoup réfléchir. Si vous avez une bonne santé, vous pouvez dire merci au ciel. Lorsque vous voyez un ami qui est en attente d'être soigné alors qu'il est très malade ou quand vous regardez un bulletin de nouvelles qui vous apprend qu'un horrible meurtre est survenu et que la victime était quelqu'un qui passait là par hasard, vous vous questionnez sur vos priorités, et cela vous fait voir que ce que vous avez considéré comme un problème n'en est pas un. Si vous faites partie des Taureau capricieux et qui se disent continuellement qu'ils méritent plus que ce qu'ils ont, peut-être réviserez-vous votre position.

Vie amoureuse du célibataire — Tout peut commencer après un long bavardage avec l'ami d'un ami rencontré dans un lieu public ou encore là où vous allez de temps à autre pour faire du sport. À compter du 10, il est possible que vous rencontriez une personne ou beaucoup plus âgée ou plus jeune que vous. Les frontières des différences d'âge se brisent avec la maturité parce que vient un temps où chacun possède déjà un important bagage d'expériences ainsi que le désir de poser ses valises et de les défaire une fois pour toutes. Si un Taureau aime bien voyager, il a toujours du plaisir à se retrouver chez lui. Vous êtes un signe fixe né de Vénus et votre plus grand désir, c'est une vie en amour dans le calme et la sérénité. Si, jusqu'à présent, vous avez été ballotté d'une relation de courte durée à une autre, vous avez beaucoup réfléchi à ce qui vous a poussé à toujours tomber sur le mauvais numéro et vous avez amorcé un changement tel que vous n'attirez plus ceux et celles qui ne veulent que passer.

Vie de couple–famille–budget–travail — Si c'est maintenant que vous prenez vos vacances et que vous avez décidé de visiter le pays en sillonnant les routes, ne vous fiez pas à votre flair et prenez des cartes avec vous, surtout si votre départ a lieu à compter du 8. Durant ce mois d'août, Jupiter est en Sagittaire et Mars en Gémeaux, ce qui signifie qu'en cours de route vous pourriez choisir une nouvelle destination plutôt que celle que vous aviez convenue avec votre partenaire. Vous recevrez également de nombreuses invitations. Des amis qui ont aussi des enfants vous recevront avec les vôtres, et vous passerez ainsi beaucoup de bons moments. Même si vous n'avez pas d'enfant, votre amoureux et vous serez les bienvenus chez vos copains. Peu à peu, c'est le retour au travail régulier, mais pas tout à fait en ce qui vous concerne. Que vous soyez un homme ou une femme, plus le mois avance et plus vous vous rapprochez de changements qui auront lieu dans l'entreprise qui requiert vos services. Vous n'avez pas à vous inquiéter ; en fait, vous achevez un cycle d'instabilité qui aura duré près de deux ans et demi. Très bientôt, votre fonction, si elle n'était pas officielle, va le devenir.

En tant que mère et femme au travail, c'est encore un mois où il vous faudra faire votre tournée dans les magasins pour habiller les enfants pour la saison prochaine ; vous devrez également acheter les fournitures scolaires, les inscrire dans des activités parascolaires, faire votre épicerie, le lavage, le ménage et aller travailler chaque jour. Heureusement que vous avez beaucoup de résistance ! Si jamais vous pensiez soulever seule un objet très lourd, un bon conseil, attendez d'avoir de l'aide : le ciel indique que vous pourriez vous blesser au dos et ressentir une terrible courbature et des maux qui mettront beaucoup de temps à disparaître.

En tant que père et homme au travail, entre le 10 et le 19, il est important que vous soyez présent à vos enfants. Vous êtes le modèle de l'homme, que vous ayez des filles ou des garçons, et le ciel vous signale qu'on aura davantage besoin de vos lumières, de vos opinions et probablement de votre autorité. Il n'est pas dans votre nature de vous fâcher contre les enfants, mais il y aura une situation où vous devrez intervenir sans vous mettre en colère, simplement en levant le ton, ce que vous faites aussi très rarement. Si vous vous êtes rendu compte qu'un de vos enfants a de mauvaises fréquentations, vous avez raison de vouloir imposer un interdit, mais il faut aussi vous demander quel sera le poids de vos arguments et que devra faire votre enfant plutôt que de voir ses amis peu recommandables. La solution pourrait aussi vous venir à la suite d'une discussion avec votre conjointe : ne dit-on pas que deux têtes valent mieux qu'une ?

Clin d'œil sur les baby-boomers — Certains feront un pèlerinage et retourneront dans des lieux où ils ont eu beaucoup de plaisir quand ils avaient la vingtaine ou la trentaine. Des Taureau vivront cela comme une cure de rajeunissement et reviendront de leurs vacances en forme et prêts à entamer la portion de l'année commençant en septembre, celle qui nous ramène tous au travail et aux obligations de toutes sortes. Si vous avez dû être plus présent à un de vos enfants parce qu'il traversait une période sombre, elle se résorbe lentement : après le chaos, l'ordre revient toujours.

SEPTEMBRE 2007

Sous l'influence du Nœud Nord en Poissons — Vous avez peut-être vécu quelques épreuves depuis le début de l'année, mais vous vous en sortez, et la vie semble reprendre son cours. Cependant, après une peine ou des problèmes de santé, vous n'êtes plus tout à fait la même personne. Vous vous rendez compte de votre vulnérabilité mais également de votre force. Il n'y a pas d'âge pour prendre conscience de sa valeur et de celle d'autrui. Il est rare que vous soyez totalement seul pour remonter la pente ; à ces gens qui ont été importants tout au long de votre récupération, quoi qu'il se soit passé dans votre vie, n'oubliez pas de dire merci pour tout. En ce mois de septembre, le Nœud Nord en Poissons fait face à Saturne, qui entre en Vierge dans le cinquième signe du vôtre. Cela vous permet de voir le monde avec l'intelligence du cœur et de mieux distinguer qui mérite que vous vous y attardiez et, du même coup, de constater qu'il est impossible d'être approuvé et aimé par tous. Comme le dit un vieux proverbe, « On ne peut contenter tout le monde et son père ».

Vie amoureuse du célibataire — Mars demeure en Gémeaux jusqu'au 28 et fait face à Pluton en Sagittaire. Si vous faites partie des beaux parleurs, vous n'aurez aucun mal à faire des conquêtes ; cependant, il sera impossible de vous attacher à chacune d'elles. Saturne en Vierge peut ramener vers vous une ancienne flamme ou quelqu'un avec qui vous avez rompu parce que vous n'étiez pas heureux ; il est possible que certains soient tentés de revenir sur leurs pas. La question qu'il faut vous poser est la suivante : votre ex a-t-il changé comme il vous le dit ? N'est-ce encore qu'une façade d'amour qui s'effondrera dès que la nouvelle lune de miel sera terminée ? Si vous êtes célibataire avec des enfants et que vous rencontrez quelqu'un qui en a aussi, il sera facile d'entrer en relation ; le sujet est chaud parce qu'il y a derrière chacun une organisation différente concernant la garde des enfants et les ex de chacun que tous les deux devez rencontrer ou du moins croiser de temps à autre. Il faut voir si vos histoires sont faciles à vivre ou tellement compliquées que toute relation est presque immédiatement hypothéquée. Vous aurez l'oreille fine, l'œil vif et vous serez suffisamment intuitif pour savoir si vous désirez revoir ou non ce flirt.

Vie de couple–famille–budget–travail — Du dehors, les gens qui vous observent croient que votre vie est parfaite ; vous savez qu'elle ne l'est pas. La différence entre vous et d'autres personnes ayant aussi un travail, des enfants et une vie de couple, c'est que vous essayez de ne pas voir trop loin devant afin d'apprécier les meilleurs moments que le ciel veut bien vous accorder. Chacune à leur manière, toutes les générations ont connu des bousculades sociales, c'est cela qu'on appelle l'évolution de l'espèce. Vous avez peut-être un parent qui est âgé et qui ne se porte pas bien. Cela vous oblige à réorganiser votre horaire afin d'être présent à lui, même si ce dernier ne vous a pas rendu la vie facile ou ne vous a pas aimé comme vous l'auriez souhaité. Il est impossible de refaire le passé, et vous le savez. Ce qui importe maintenant, c'est ce que vous ressentez et ce que vous avez envie de faire pour lui. Que vous soyez un homme ou une femme, si vous travaillez à forfait, vous craindrez que le vôtre ne soit pas renouvelé. Il est possible que vous restiez sur votre peur presque jusqu'à la fin du mois. En tant que travailleur autonome, si vos services ont un lien direct avec la construction, la réparation ainsi que tout ce qui est utile au bon fonctionnement d'une maison, si vous êtes dans l'immobilier et que vous avez toujours donné un bon service, vous partirez tôt le matin et rentrerez tard chez vous le soir. Vous serez très fatigué, mais vous aurez le plaisir d'avoir fait de l'argent et, pour un Taureau, la sécurité que l'argent permet de s'offrir est prioritaire. Si vous êtes dans le domaine des communications informatiques, quelle que soit votre spécialité, la compétition est farouche et, pour résister, vous devez être le plus tenace.

En tant que mère et femme au travail, même si vous avez un conjoint attentif et affectueux, si vos enfants sont jeunes, c'est surtout vous qu'ils réclament. Vous avez beau souhaiter qu'au moins le soir, quand vous êtes à la maison, vos enfants aillent vers leur père, eh bien non! ils jouent, chahutent et crient maman et non papa. Si vous avez des adolescentes qui rentrent de plus en plus tard, vous serez inquiète et, sous ce ciel, tout laisse présager que vous pourriez sanctionner sévèrement les retards. Vous agissez ainsi dans le but de les protéger d'un amour trop précoce ou pour leur interdire de se tenir avec un groupe de jeunes gens que vous n'appréciez pas, que vous considérez comme mal éduqués. Si votre censure fonctionne avec les filles de certains signes, attention, elle peut provoquer la révolte chez d'autres.

En tant que père et homme au travail, vous ressentirez le besoin d'être plus présent à vos enfants. Si vous faites de longues heures au travail et que vos enfants ont l'âge de prendre le téléphone et de vous parler, ce qui en général commence alors qu'ils sont très petits, vous n'hésiterez pas à les appeler, ne serait-ce que pour entendre leurs gazouillis. Que vous soyez un homme ou une femme, si vous n'avez pas encore d'enfant et que votre partenaire et vous désirez fonder une famille, votre désir de paternité ou de maternité sera rapidement comblé. Si vous avez une famille reconstituée et que vous n'avez pas d'enfant avec votre amoureux, et plus particulièrement si vous avez entre 26 et 35 ans, il sera sérieusement question d'en avoir un.

Clin d'œil sur les baby-boomers — Sous Saturne en Vierge, c'est le temps de repenser à vos placements, mais vous devrez aussi être extrêmement prudent et ne pas confier vos avoirs à un quelconque courtier comme l'ami d'un ami qui n'est peut-être pas aussi doué qu'on le dit. Si vous êtes en bonne santé et sur le point de prendre votre retraite, sans doute vous sentez-vous très heureux et tout à la fois un brin troublé si vous n'avez pas de plan pour les 20 prochaines années. Vous êtes un signe fixe, et il est important que vous prépariez le terrain concernant ce que vous ferez après une période de repos bien mérité. Si vous travaillez encore à temps plein et qu'on vous propose du temps partiel, vous demanderez à y réfléchir et, s'il vous est possible de négocier, ce que vous en retirerez en acceptant cette proposition vous mènera vers une retraite confortable. Si vous êtes très proche de vos petits-enfants, peu importe leur âge, vous les verrez beaucoup plus souvent ce mois-ci.

OCTOBRE 2007

Sous l'influence du Nœud Nord en Poissons — Le Nœud Nord en Poissons est directement opposé à Saturne en Vierge, dans le onzième signe du vôtre. Il symbolise les amis ainsi que les enfants des autres, tandis que la position de Saturne dans le cinquième signe du vôtre symbolise votre responsabilité à l'égard de vos enfants. L'ensemble du ciel astral vous dit de veiller de plus près aux fréquentations de votre progéniture. Les petits qui reviennent seuls de l'école ne devraient jamais rentrer dans une maison vide. Si vous êtes seul depuis longtemps et que vous tombez amoureux, il ne faudrait pas sacrifier vos enfants parce que votre nouveau partenaire tolère mal la vie en famille.

Vie amoureuse du célibataire — Sous ce ciel d'octobre, il est facile de vous émouvoir, et la solitude vous pèse plus qu'à l'accoutumée. Quand vous sortez, des gens, de loin, ressentent votre détresse et n'hésitent pas longtemps avant d'aller vers vous avec un grand sourire et des compliments. Entre le 8 et le 18, le ciel indique que vous serez possiblement attiré par une personne beaucoup plus jeune qui vous valorisera et vous donnera en quelque sorte un rôle parental. Vous serez peut-être aussi séduit par quelqu'un de beaucoup plus âgé, qui vous donnera l'impression d'être le protecteur ou la protectrice dont vous croyez avoir besoin. Pour les uns, la relation entre personnes de générations différentes est bénéfique ; pour d'autres, non. Tout dépend de votre ascendant et de votre thème personnel ; il faudra reconnaître les signes d'une passion au cours de laquelle vous aurez sans doute beaucoup à apprendre sur vous-même.

Vie de couple–famille–budget–travail — Au travail vous devrez redoubler d'efforts et, comme la sécurité d'emploi n'est plus ce qu'elle était, vous ne pouvez vous permettre de prendre des congés de maladie alors que vous ne souffrez de rien. Si vous devez voyager pour aller à la rencontre de vos clients, ils seront plus nombreux à réclamer vos services. En tant que vendeur, quel que soit le produit ou le service offert, en principe vous connaîtrez une hausse considérable de vos profits. Si vous êtes à la recherche d'un emploi, si vous avez fait des démarches des semaines ou des mois plus tôt, vous pourriez enfin recevoir cette réponse tant souhaitée. Si vous possédez un commerce et qu'il est possible d'exporter vos produits, vous ferez une audacieuse percée ; vous serez enfin récompensé pour ces années d'acharnement que vous avez mises à réussir une implantation en terre étrangère. Quant à votre vie de couple, à compter du 9, après une petite période de tensions, votre partenaire et vous serez capable de vous parler calmement et de vous apprécier pour ce que vous vous apportez l'un à l'autre. Vous serez sans doute le premier à livrer vos sentiments; en agissant ainsi, vous permettez à l'autre d'exprimer sans retenue l'amour qu'il ressent pour vous. Vos principales dépenses sont pour la famille: nourrir vos enfants, les habiller et inévitablement organiser votre budget de manière à pouvoir payer tous ces comptes qui chaque mois vous tombent dessus comme sur la majorité des gens.

En tant que mère et femme au travail, il est possible que vous soyez désorganisée durant quelques jours; vous serez obligée de revoir votre horaire à cause d'une difficulté au sujet de la garde des enfants. Cependant, vous aurez pris soin de vous protéger professionnellement. Vous n'aurez aucun mal à obtenir l'accord de votre patron dans une telle situation.

En tant que père et homme au travail, sous l'influence de Saturne en Vierge, vous êtes un peu plus rigide avec vos enfants. Vous n'êtes pas d'une extrême dureté, mais vous exigez plus de discipline qu'avant. Vos enfants s'en portent mieux, ils savent que vous êtes là, présent à ce qu'ils vivent. Si vous êtes ce modèle du père et du pourvoyeur, vous donnez un exemple précieux en tant qu'adulte. Plus vos enfants se rapprochent de l'adolescence, plus important vous devenez pour eux.

Clin d'œil sur les baby-boomers — Vous ne pourrez vous empêcher de prêter ou, si vos moyens vous le permettent, de donner de l'argent à un de vos enfants qui traverse une période matérielle difficile. Mais peut-être n'est-ce pas la première fois qu'il se place dans une telle situation et vous ne savez plus comment lui dire qu'il devrait, en tant qu'adulte, se débrouiller. Si c'est un adulte qui aime le jeu au point où il est finalement toujours fauché, ne croyez-vous pas qu'il serait sage de votre part de lui couper les vivres? Et peut-être ainsi devriez-vous l'obliger à prendre conscience que vous n'êtes pas une machine à sous. Parmi vous, quelques oiseaux migrateurs se préparent tout doucement à quitter le pays pour s'envoler vers des cieux où le soleil brille 12 mois par an. Si, pendant de nombreuses années, vous avez toujours choisi la même destination, il n'est pas exclu que vous décidiez d'aller vers une nouvelle terre d'accueil pour la durée de la saison froide qui vient toujours un peu trop vite chez nous. Les grands voyageurs feront des recherches afin de trouver leur coin de paradis. Ces grands départs se préparent toujours bien à l'avance.

NOVEMBRE 2007

Sous l'influence du Nœud Nord en Poissons — Le Nœud Nord achève sa traversée dans le signe du Poissons. Certains d'entre vous ont saisi les chances qui leur étaient offertes de mieux se connaître et de faire de nouvelles expériences de vie. Le Soleil est en Scorpion jusqu'au 22 ; il s'agit de votre signe opposé et complémentaire. Lors de son passage, vous compilerez ce qu'il faut retenir des divers apprentissages des mois précédents ainsi que ce qu'il faut mettre de côté pour ne plus jamais devoir revivre une erreur, qui a pu ralentir votre élan créateur, ou un événement que vous avez provoqué par manque de vigilance et qui, pendant des semaines ou des mois, a largement miné votre qualité de vie. Il arrive à des Taureau de s'évaluer selon leur réussite, ce qu'ils possèdent, qui ils fréquentent sauf que, durant tout le passage du Nœud Nord en Poissons, il a fallu que ces derniers se prouvent à eux-mêmes qui ils sont quand ils se regardent dans leur miroir alors qu'il n'y a personne autour pour leur faire voir leur meilleur profil. Vous êtes un signe de Vénus, deuxième du zodiaque, signe de terre. On dit que vous êtes bon vivant, attaché aux biens de la terre. Tout au long de 2007, sans vous dépouiller de vos possessions, vous avez tout de même appris ce que signifie vraiment le mot détachement. Vous avez compris qu'un ami n'est pas à vous : il est votre ami, mais il est aussi l'ami de bien d'autres gens, vous ne pouvez en vouloir à autrui d'aimer votre ami autant que vous. Autre exemple, si un de vos amis ou un parent devient millionnaire, les millions sont à lui et non pas à vous et, s'il n'a pas envie de vous en prêter ou de vous en donner, son refus est parfaitement légitime et vous ne devez pas lui en vouloir de garder son argent pour lui seul.

Vie amoureuse du célibataire — Même si vous n'avez rien de précis à votre agenda au début de novembre, dès la deuxième semaine du mois, vous aurez de nombreuses invitations ainsi que des occasions d'aller voir ce qui se passe ici et là durant vos fins de semaine et parfois en soirée. Vous multiplierez les rencontres, vous aurez du plaisir ; pour une fois, vous verrez l'hiver d'un meilleur œil, et ce n'est que le commencement. Si vous suivez des cours de perfectionnement ou si vous êtes étudiant, dans votre classe, il y aura quelqu'un qui fera tout pour vous approcher s'il sent que vous êtes timide. Mais peut-être êtes-vous un Taureau capable d'aller vers autrui sans difficulté et, s'il en est ainsi, c'est vous qui serez attiré comme un aimant vers une personne charmante mais très discrète et évidemment peu bavarde; vous irez vers elle et serez bien accueilli. Un bon conseil: ne précipitez rien; sous ce ciel, l'amour ne se développe que très lentement.

Vie de couple–famille–budget–travail — Nous voici à l'avant-dernier mois de l'année. Déjà chacun de vous se dit qu'il faut mentalement se préparer pour les fêtes de Noël prochaines. On ne s'arrête pas de travailler en raison de la venue du père Noël, c'est même tout le contraire. Si vous avez un poste où vous êtes au service du public, vous savez que c'est en novembre déjà que les gens entreprennent leur magasinage en vue des festivités. Comme une majorité de gens, vous vous ferez la promesse d'acheter moins mais, sous les influences célestes actuelles, il y a peu de chances que vous respectiez le budget prévu pour vos cadeaux. Vous choisirez des objets esthétiques mais aussi pratiques pour les gens que vous aimez surprendre. Sur le plan professionnel, ne comptez pas vous reposer, vous n'aurez pas le temps. Vous ferez de nombreuses heures supplémentaires; cela représentera un ajout à votre revenu, et vous ne dites pas non à l'argent. Que vos enfants soient petits ou grands, en tant que parent, vous avez toujours la même attention; votre amour pour eux n'est pas changé, il est intact. Quand vos enfants sont des adultes, vous avez parfois de la difficulté à les laisser vivre leur vie comme ils l'entendent. Vous êtes un signe fixe parfois contrôlant. Si jamais vous avez la manie de désapprouver vos enfants parce qu'ils ne sont pas comme vous le souhaiteriez ou qu'ils ne font pas ce que vous voulez, pendant ce mois de novembre, profitez-en pour vous excuser d'avoir été aussi envahissant. Ce sera apprécié et cela vous préparera à passer de meilleures fêtes que celles des années passées.

En tant que mère et femme au travail, il est carrément impossible pour vous d'avoir l'œil sur tout même si vous faites le maximum pour coordonner et harmoniser vie professionnelle et vie familiale. Votre conjoint est aussi très occupé, et c'est tout juste si vous ne devez pas vous donner officiellement rendez-vous pour vous rencontrer tous ensemble, vous, vos enfants et lui. Malgré vos multiples obligations, vous trouverez en ce mois de novembre de doux instants en famille, des moments inoubliables et tellement agréables. À la fin du mois, si vous pratiquez un sport d'hiver avec votre conjoint et vos enfants, soyez vigilante et ne laissez aucun de vos enfants faire des pirouettes dange-reuses. Ne les laissez pas non plus s'éloigner.

En tant que père et homme au travail, il est possible que monsieur Taureau se sente débordé et qu'il manque de patience avec ses enfants. Mais certains, plutôt que d'être impatients avec la famille, feront des heures supplémentaires. Ce n'est pas facile pour un homme Taureau de faire des reproches à ses petits, de leur imposer une discipline parce qu'il a terriblement peur de ne plus être aimé d'eux. L'homme stressé pourrait bien aussi attraper un très vilain rhume. Quand il sera à la maison, il demandera aux enfants de ne plus bouger, mais c'est leur deman-der l'impossible.

Clin d'œil sur les baby-boomers — Si vous faites partie de ceux qui quitteront le pays bientôt, vous êtes en pleins préparatifs de départ. Si vous partez pour plusieurs mois, il serait bien qu'un ami ou deux habitent votre maison durant votre séjour à l'étranger. Si, jusqu'à pré-sent, vous n'avez été ni volé ni squatté durant vos longues absences, vous avez été chanceux mais, cette année, il vaut mieux prendre un maxi-mum de précautions pour que ça ne vous arrive pas. Les voyous sont de mieux en mieux informés ; certaines bandes fonctionnent comme des multinationales. Si vous restez parmi nous, que vous avez un train de vie plus confortable que la moyenne des gens et que vous habitez une maison de rêve dans un quartier chic, ne partez jamais sans armer votre système d'alarme. Vous faites partie des signes les plus ciblés par les voleurs de grand chemin. Quant au Taureau qui vit modestement, il doit aussi rester prudent à son retour de la banque ou lorsqu'il fait ses courses. Si vous ne pouvez y aller que le soir, si possible faites-vous accompagner. Si vous prenez des billets de loterie, vous augmentez vos chances en les partageant avec des membres de votre famille.

DÉCEMBRE 2007

Sous l'influence du Nœud Nord en Poissons puis en Verseau — À compter du 19, le Nœud Nord entre en Verseau, ce qui correspond à la naissance de nouveaux mouvements humanistes et humanitaires. Le ciel vous demande si vous en ferez partie. Vous contenterez-vous d'opiner de la tête ou ferez-vous des gestes signifi-catifs envers autrui et pour vous ? Le signe du Verseau symbolise les enfants des autres ; il est aussi le dixième du vôtre. L'association de ce signe et de sa position par rapport au vôtre signifie qu'il sera important de remplir en totalité votre rôle de parent. Si certains Taureau doivent apprendre à relâcher leur contrôle sur leurs enfants, d'autres, qui ne sont pas présents à leurs besoins, auront de mauvaises surprises, lesquelles surviendront pour éveiller le Taureau à ses responsabilités en tant qu'adulte et parent. Il ne faut pas perdre de vue que Neptune est encore en Verseau et qu'il fait un aspect assez dur à votre signe : il vous oblige à regarder votre réalité en face, à ne pas vous gaver d'illusions et de rêves. Entre le 1er et le 18, durant la fin du passage du Nœud Nord en Poissons, ce n'est pas le moment de prendre des décisions qui auraient d'énormes conséquences sur votre vie privée, professionnelle et financière ; si quelqu'un essaie de vous influencer, détournez-vous-en et prenez du temps pour réfléchir. Ce n'est pas non plus le mois idéal pour suivre une diète, à moins qu'il ne s'agisse d'un sérieux avis médical.

Vie amoureuse du célibataire — Depuis le début de l'année, vous avez eu maintes occasions de faire une rencontre avec une personne belle de cœur et d'esprit. Si vous êtes encore célibataire, n'est-ce pas parce que vous avez trop peur d'un partage inégal ? Ne craignez-vous pas qu'en formant un couple vous soyez le seul à donner ? N'avez-vous pas décidé à l'avance des qualités que l'autre doit posséder et des défauts qu'il ne doit pas avoir ? Ne vous êtes-vous pas fait une image un peu trop figée de ce que doit être un amoureux pour vous ? N'êtes-vous pas encore blessé d'une rupture ancienne ? Vous êtes un signe fixe et il arrive que vous restiez accroché à vos peines. Si, sous le Nœud en Poissons, vous n'avez pu dépasser cette étape, sous le Nœud Nord en Verseau, la vie vous présentera des personnes spéciales, originales ; ces gens vous indiqueront comment vous débarrasser de ces vieux démons qui vous interdisent d'aimer et d'être aimé.

Vie de couple–famille–budget–travail — Si vous avez connu de nombreuses incertitudes sur le plan professionnel, vous avez tout de même traversé l'année ; vous avez réussi à garder votre emploi, vous avez survécu aux remaniements administratifs de l'entreprise qui a recours à vos services. Si vous avez obtenu un nouveau travail, votre adaptation s'est faite progressivement. Certains d'entre vous ont repris des études et espèrent maintenant exercer dans le domaine où ils se sont spécialisés ; ces derniers seront comblés. Dans son ensemble, 2007 n'a pas été une année reposante pour vous. Elle fut une année de préparation pour l'obtention du diplôme final ; les défis furent nombreux.

Si vous avez eu le courage de continuer alors que tout semblait être contre vous, cette fin d'année se terminera en beauté. Certains Taureau recevront de bonnes nouvelles à la suite de démarches professionnelles. D'autres seront carrément chanceux et occuperont le poste dont ils rêvaient, mais dont ils n'ont jamais parlé à haute voix. Si votre couple a bien traversé l'année 2007, votre amoureux et vous avez eu des discussions, vous vous êtes bien expliqués au sujet de vos besoins et vous avez compris ceux de l'autre, et il serait étonnant que cela ne continue pas.

En tant que mère et femme au travail, tout au long de 2007, vous avez souvent eu l'impression de porter le monde sur vos épaules sans doute parce que vous manquiez de confiance en votre conjoint. Puis, petit à petit, vous lui avez permis de jouer son rôle d'homme et de père ; vous vous êtes aperçue que, si vous avez aimé et si vous aimez encore cet homme avec lequel vous vivez, c'était pour ses qualités et, au fil des mois, vous avez mis de côté ses défauts.

En tant que père et homme au travail, à compter de ce mois de décembre, sous l'influence de Jupiter en Capricorne et de Saturne en Vierge, vous donnerez votre maximum sur le plan professionnel, mais vous ne raterez pas une occasion d'être plus présent à vos enfants. Il faut parfois du temps pour réaliser à quel point vous êtes important pour votre progéniture. Le Taureau est un signe féminin et, pour prouver que vous êtes un homme, vous faites la conquête du monde, en ce sens que vous mettez toute votre énergie à accéder professionnellement à une place royale mais surtout bien rémunérée. Pendant ce temps, les enfants grandissent et, si un jour ils disent que vous êtes un bon pourvoyeur, peut-être n'auront-ils que ce souvenir, mais vous savez que ce n'est pas le seul héritage que vous voulez leur laisser.

Clin d'œil sur les baby-boomers — Nous allons bientôt entrer dans un espace-temps où le respect pour les aînés, un groupe dont vous commencez à faire partie, va revenir à la mode. Pluton est en Sagittaire depuis 1995. Il achève son passage, il sera en Capricorne le 27 janvier 2008. On peut dire que bien rapidement nous arrivons à une autre étape de notre évolution. Sous Pluton en Sagittaire, de 1995 à maintenant, vous n'avez pas eu que des coups durs, vous avez aussi connu des instants heureux. Cependant, sous Pluton en Sagittaire, la majorité des natifs ont subi au moins une pénible épreuve : la mort d'un proche aimé, la lutte contre une grave maladie, des opérations, un retour aux études, une nouvelle profession, un divorce que vous n'aviez pas vu venir, une grosse perte d'argent, etc. Dès ce mois-ci, vous ressentirez le prochain passage de Pluton dans le signe du Capricorne, et surtout à partir du 19 alors que Jupiter entrera aussi en Capricorne ; vous vous sentirez d'abord plus calme et ensuite plus libre. La vie vous donne une autre chance de réaliser un rêve. Sous ce ciel de décembre, vous commencez votre seconde adolescence et vous avez devant vous plusieurs années pour rajeunir votre manière de vivre et même de penser.

Prévisions 2007
selon votre ascendant

TAUREAU ascendant BÉLIER

Des problèmes familiaux peuvent survenir, surtout si vous avez des adolescents. Même si vous saviez que vos enfants auraient un jour cet âge, vous serez quand même surpris de constater leur rébellion et vous aurez bien du mal à la supporter. Si vous avez un conjoint, il serait sage que vous lui demandiez de l'aide. À deux, c'est mieux ! Vous avez un emploi, vous y passez, comme la plupart des gens, huit heures par jour et vous vous dites que vous en avez fait assez. Bien que vous soyez dévoué à votre famille, à vos amis, vous ressentez le besoin de dire merci pour les bonnes grâces de la vie et, à plusieurs reprises, vous avez songé à faire du bénévolat afin d'apporter votre aide à des gens qui n'ont jamais eu votre chance. Si vous êtes en forme, ne vous posez plus de questions et agissez. Certains Taureau/Bélier aimeraient voyager, visiter le monde, mais ils n'en font rien même si leur compte en banque le leur permet. Eh oui, parmi vous il y a de grands économes qui ne s'offrent jamais ce plaisir.

Si vous faites partie de ceux qui font de bons placements et qui se contentent de voir leur pécule grossir, ne croyez-vous pas que vous devriez en profiter pendant que vous avez la santé ? Sous Jupiter en Sagittaire, partez, allez visiter un coin du monde, de préférence paisible. Si vous êtes jeune et que vous n'avez pas encore d'enfant et si vous avez un amoureux, tous les deux désirerez devenir parents et ce vœu sera comblé. Certains achèteront leur première maison ; pour d'autres qui furent propriétaires, ce sera une vente et un achat avec pour résultat final un profit très intéressant. Quel que soit votre âge, nourrissez-vous sainement afin de protéger vos os. Si vous avez déjà des problèmes d'arthrite, cherchez les moyens naturels efficaces pour réduire les douleurs. C'est l'année pour appliquer la formule suivante : ton aliment est ton remède. Comme baby-boomer, vers la fin de 2007, si jamais on vous propose une retraite anticipée et que le cœur vous en dit, acceptez mais pas avant d'avoir bien négocié votre sortie. Si, au contraire, vous êtes au cœur de la lutte professionnelle afin d'aller au sommet ou le plus haut possible dans la hiérarchie de l'entreprise, 2007 favorise vos démarches ; vous serez sur la liste des promus, mais il est possible que vous n'obteniez cette promotion qu'à la fin de 2007 ou au début de 2008. Patience !

TAUREAU ascendant TAUREAU

Vous êtes un double signe de Vénus, un double signe de terre, un double signe fixe. Vous êtes soit la personne la plus agréable, optimiste, fiable, honnête, généreuse, ouverte d'esprit qu'on puisse rencontrer, ou encore un Taureau/Taureau méfiant, pessimiste, peu sociable ; le pire étant que vous êtes persuadé d'être né pour souffrir, moralement ou physiquement. Le Taureau/Taureau au grand cœur, quel que soit son métier, est apprécié des gens ; sa présence est une fleur odorante et ses paroles ne sont qu'encouragements, lorsque quelque chose ne va pas, et félicitations, quand il y a lieu. Ce bon Taureau/Taureau est un être spirituel qui jamais ne claironne sa foi ni ses perceptions extrasensorielles ; ses intuitions, il les met humblement au service d'autrui.

En 2007, tout ce qu'est le Taureau/Taureau s'accentue. Le natif heureux aura plus de plaisir à remplir son rôle social ; au travail, grâce à ses compétences, il se hissera dans la hiérarchie de l'entreprise qui fait appel à ses services. Le Taureau/Taureau triste risque de s'enfoncer dans la déprime ; ce dernier a intérêt à demander une aide professionnelle. Personne ne mérite le mal-être et, cette année, tout est là pour se refaire une santé morale et physique. Une épreuve peut survenir ; que vous soyez l'optimiste ou le pessimiste, un parent vous surprendra quand il vous annoncera qu'il a une maladie dont, selon son médecin, peu de gens guérissent. La vie elle-même est un miracle. Soyez fort et présent à ce parent bien-aimé ; votre magnétisme est tel qu'en votre présence on se sent mieux et, dans certains cas, le mal régresse.

En tant que parent de jeunes enfants, en aucun temps vous ne devrez les laisser s'éloigner de vous dans les endroits publics. Il sera question de déménagement ou de réaménagement, d'achat d'une maison. Ayez la sagesse de vendre votre propriété si vous voulez éviter des ennuis financiers ; même quand ceux-ci sont passagers, ils sont de trop. Si vous êtes célibataire en mal d'aimer et d'être aimé, il y aura des sorties avec des flirts mais, pour ce qui est de ce que vous espérez vivre amoureusement, il faudra patienter parce que c'est à compter de septembre que le ciel vous donne le feu vert pour l'amour.

TAUREAU ascendant GÉMEAUX

Vous êtes généralement complexe parce que votre Soleil se trouve dans le douzième signe de votre ascendant, ce qui signifie ermitage, spiritualité, détachement. Cependant, vous êtes un Taureau, le deuxième signe du zodiaque, et il est naturel chez vous d'aimer l'argent qui paie l'épicerie, les vêtements, la maison ou l'appartement. L'argent accumulé assure votre sécurité pour maintenant et pour plus tard ; grâce à l'argent, vous pouvez vous offrir de petits luxes et faire des cadeaux aux gens que vous aimez. Il y a un déchirement parce que vous avez du mal à concevoir qu'on puisse vivre dans le confort et en même temps dans le détachement. Vous réfléchirez beaucoup là-dessus.

Votre signe fixe doublé de l'ascendant Gémeaux vous rend excessif. Si le Taureau ne veut faire que ce qui lui plaît, le Gémeaux, lui, suggère de faire des calculs et de s'appliquer au travail même dans un emploi peu valorisant. En 2007, Jupiter sera dans le septième signe du vôtre, représentation symbolique du conjoint ou des partenaires, si vous êtes en affaires. Il vous faudra surveiller votre comptabilité de près. Il y a malheureusement dans l'air un aspect de perte ; elle sera évitée à condition que vous redoubliez d'attention. Quant à votre union, si vous avez eu de nombreuses querelles avec votre amoureux, il est possible qu'elles deviennent insupportables ; vous prendrez conscience que votre bonheur n'est plus avec cette personne. Une séparation ou un divorce, ce n'est jamais facile et ça se complique quand l'un et l'autre ont des enfants. Un bon conseil : n'organisez pas seul le partage des biens, la garde des enfants, etc. Vous êtes si émotif que vous risquez d'y perdre beaucoup. Il vaut mieux consulter un avocat afin de bien connaître vos droits.

Votre travail est le domaine de vie le plus favorable en 2007. Si vous êtes dans la même entreprise depuis longtemps, un poste s'ouvrira et vous présenterez votre candidature. Vous n'aurez peut-être pas tous les diplômes et certificats requis, mais vous aurez la chance qu'on vous propose, aux frais de la compagnie, de parfaire une formation ou de terminer un cours. On gardera votre promotion bien au chaud et, dès que vous serez prêt, vous l'aurez. Si le spectre de la rupture ou du divorce se pointe à l'horizon, les aspirants à votre amour seront nombreux. En cas de séparation, si vous faites une rencontre et que vous décidez de vivre sous le même toit après de courtes fréquentations, ce sera peut-être une erreur, sans compter les problèmes qui surgiront avec votre ex si vous avez eu des enfants avec lui. Vous serez courtisé en 2007, mais il est important que vous choisissiez et non plus que vous vous laissiez choisir.

TAUREAU ascendant CANCER

Si vous avez des amis du type emprunteur, des gens qui ont le tour de vous faire payer leur repas lorsque vous allez au restaurant – c'est généralement au dessert qu'ils se plaignent de leur faible revenu et de leurs énormes dettes –, vous écoutez votre grand cœur plutôt que de constater qu'on vous joue régulièrement cette scène. En 2007, vous cesserez d'être le payeur, vous prendrez enfin conscience qu'on se joue de vous, qu'on vous apprécie pour ce que vous êtes mais aussi parce que vous n'hésitez pas à «faire crédit». Vous réaliserez que vous avez acheté l'appréciation de gens que vous appelez vos amis. Vous ferez un tour d'horizon pour en arriver à la conclusion que les bonnes gens, les gens honnêtes et généreux, ceux qui disent «Merci!» sont en petit nombre comparativement à ceux qui disent «Encore!». Vous cesserez de voir des amis ou des connaissances qui ne sont que des profiteurs. Il y a un principe physique qui dit que le vide ne reste jamais vide. Quand un humain fait le vide et se «débarrasse» des indésirables, pour faire image, inconsciemment, il appuie sur le bouton qui déclenche les nouvelles rencontres.

Quant au travail, vous serez occupé et, si vous êtes dans la vente, vous augmenterez vos profits, et automatiquement ceux de l'entreprise qui requiert vos services. Si vous devez voyager pour gagner votre pain, en 2007 vous partirez plus souvent; si les uns sillonnent les routes pour rencontrer leurs clients, d'autres prennent l'avion et vont à l'étranger pour négocier et clore leurs transactions. Les voyageurs auront à peine le temps de défaire leurs valises. On aura continuellement besoin d'eux et on leur confiera la part de travail la plus difficile: on sait que vous remporterez la victoire tant vous êtes persuasif et tenace. Il est quasi impossible que vous essuyiez un non définitif. Vous êtes de l'or pour une entreprise.

Il est impensable que vous puissiez vivre sans amour. Vous êtes né de Vénus et de la Lune ; Vénus aime l'amour et la Lune affectionne la constance et la sécurité émotionnelles qui s'installent au fur et à mesure, tout doucement et prudemment à la suite d'une plaisante rencontre. En 2007, pour le célibataire, tout laisse présager le grand amour s'ouvrant avec autant de beauté et de grâce que les roses. Quand ? Où ? Comment ? Impossible de le préciser, mais cela viendra. Le ciel de 2007 indique aussi que votre futur amour aura des moyens financiers très élevés, qu'il gérera une grande fortune. Que vous gagniez le salaire minimum, que vous soyez moyennement riche ou que vous possédiez des millions, vous êtes majoritairement gourmands. Que vous preniez du poids ou que votre système vous permette de rester mince malgré un gros appétit, vous n'êtes vraiment pas exempt d'un foie engorgé, de problèmes de cholestérol et de tout ce qui s'ensuit quand on malmène son système digestif.

TAUREAU ascendant LION

Si vous êtes célibataire, vous êtes à la recherche d'un idéal, mais aussi de l'inaccessible ; il faudrait revenir au monde réel et reconnaître que jamais l'humaine perfection n'existera. En 2007, une personne fascinante, attentive et magnifiquement intelligente sera de passage et vous fera prendre conscience que vous êtes digne d'amour, digne d'en recevoir et de redonner ce que vous recevez. Il n'est pas certain que cette personne hors de l'ordinaire reste : il s'agit d'un guide croisant votre route ; elle sait que vous comprendrez ses messages d'amour et de partage de paix. Si vous avez un amoureux et que vous l'aimez autant qu'il vous aime, c'est que vous avez dépassé l'illusion que, pour être heureux à deux, il faut beaucoup posséder. Tendresse et passion se sont étroitement liées ; elles sont en vous et vous les projetez sur l'être aimé pour votre bénéfice et pour les bénédictions que le ciel distribue chaque jour aux gens qui s'aiment profondément et qui savent ce que signifie aimer pour le meilleur et pour le pire, dans la santé et dans la maladie.

Les couples âgés, ceux qui ont vécu de nombreuses expériences ensemble, bonnes et moins bonnes, ceux qui sont heureux décideront de faire un grand voyage et, pour certains, ce sera leur premier départ vers l'étranger. L'année 2007 en est une où vous vous réinventerez, vous serez créatif; qu'importe votre occupation, votre implication sera totale. Vous oserez suggérer à votre patron améliorations et innovations pour plus d'efficacité, d'agréments et une meilleure collaboration entre collègues. Dans l'ensemble, vous connaîtrez un progrès sur le plan professionnel et en amour. Il est toutefois possible qu'un parent que vous affectionnez soit très malade, et plus particulièrement si ce membre de votre famille fait partie de la première génération des baby-boomers.

Si vous avez un enfant et que vous en désirez un autre, votre partenaire sera d'accord, même dans le cas d'une famille reconstituée. En tant que femme, même si votre médecin vous dit que votre horloge biologique est déréglée, à son grand étonnement, vous remettrez l'horloge à « votre » heure. Un bébé surprise est à prévoir dans quelques cas. Il sera heureusement bien accueilli.

TAUREAU ascendant VIERGE

Vous êtes un double signe de terre. Vos terres sont-elles sèches ou archi-sèches, faisant de vous un être replié sur lui-même et peu communicateur? Sont-elles noyées et boueuses parce que votre thème de naissance contient de nombreuses planètes en signe d'eau, ce qui entraînerait chez vous de fréquentes déprimes? Si vous êtes un excessif, par bonheur en 2007 vous connaîtrez à nouveau l'équilibre et cet optimisme qui a été vôtre pendant longtemps. Neptune en Verseau est encore dans le sixième signe de votre ascendant et symbolise le travail ainsi que la santé. En 2006, Jupiter ainsi que Saturne ont fait des aspects durs à Neptune, au point où il devenait quasi impossible de mener vos projets à terme. Obstacles, épreuves, contrariétés, moral à plat, ce fut pénible pour la majorité des Taureau/Vierge. Cependant, en aucun temps vous n'avez abandonné, votre foi est intacte. Le ciel s'en mêle et cette année Jupiter ne donnera plus de coups à Neptune, bien au contraire, il est maintenant en bon aspect.

Jusqu'au 2 septembre, Saturne est en Lion et il n'est pas facile à supporter. Il est l'indice d'un ralentissement de vos affaires; c'est un peu comme si, chaque fois que vous faites un vœu, un vilain sorcier apparaissait pour empêcher sa réalisation. Le 3, Saturne s'installe enfin en Vierge pour deux années et demie et il sera dans le signe de votre ascendant pour lentement redresser toutes les situations boiteuses; si vous avez été malade, vous remonterez plus rapidement la pente. Vous ferez sans doute de nouveaux aménagements dans votre maison. Si vous décidez de vendre, vous en aurez un bon prix ; si vous habitez la ville depuis toujours ou presque, vous aurez envie de vivre l'expérience de la vie à la campagne. Ce sera plus rarement l'inverse. Jupiter et Pluton en Sagittaire dans le quatrième signe de votre ascendant, bien qu'il s'agisse d'une étrange association planétaire, pourraient faire de vous un chanceux dans un jeu de hasard, mais il faudra être patient parce que la meilleure période concernant un gain est de la mi-novembre à décembre. Si vous avez un parent âgé et malade, le ciel indique qu'il aura besoin de beaucoup de soins ; il faut malheureusement aussi envisager la possibilité d'un deuil. Les divers dénouements et événements qui auront lieu au cours de 2007 vous conduisent à un plus pour 2008. Tout a sa raison d'être.

TAUREAU ascendant BALANCE

Vous êtes un double signe de Vénus et immanquablement vous aimez ce qui est beau, cher et fastueux. Sans vous en rendre compte, lorsque la vie est généreuse et que vous faites beaucoup d'argent, vous vous mettez à croire que vous êtes ce que vous possédez jusqu'au jour où vous en avez moins et qu'alors vous prenez conscience que votre bonheur était artificiel : il n'était qu'un étalage de votre succès. Si vous avez essuyé une grosse perte au cours des dernières années, vous ne vous en êtes bien sûr pas réjoui. Vous avez peut-être été dépressif, mais vous avez aussi beaucoup réfléchi sur l'authenticité de l'être. L'année 2007 vous redonne une part de ce que vous avez perdu ou vous changerez complètement d'orientation grâce à l'expérience acquise dans le domaine qui vous a fait gagner beaucoup d'argent. Vous réaliserez que vous n'êtes pas démuni ; bien au contraire, vous possédez la connaissance du meilleur et du pire en ce qui concerne le genre d'entreprise spécialisée dont vous avez fait partie.

Par rapport à votre ascendant, votre signe occupe la huitième Maison du zodiaque et ce n'est jamais une position planétaire facile. Si tout vous réussit durant une ou deux décennies, vous êtes alors persuadé qu'il en sera ainsi jusqu'à la fin de votre vie et cette conviction vous amène à commettre des erreurs. Certains agissent ainsi dans le monde des affaires, d'autres dans leur vie amoureuse. L'épreuve surgit et n'essayez pas de vous défiler en accusant le monde. Vous qui me lisez et qui êtes un jeune loup en affaires, vous réussirez. Si vous êtes encore en lune de miel et heureux, ne relâchez jamais votre attention, personne ne mérite de perdre, de souffrir. Pour préserver fortune et bonheur en amour, demeurez conscient de la chance que vous avez. Le jour où on vous proposera de prendre un risque pour gagner davantage d'argent ou lorsqu'un flirt se fera tellement insistant que vous songerez à laisser votre partenaire auquel vous êtes encore attaché et vos enfants que vous aimez comme la prunelle de vos yeux, évaluez les conséquences avant de passer à l'acte.

En 2007, si vous vous lancez en affaires ou si vous faites votre entrée dans une profession ou un métier que vous avez choisi et voulu, vous aurez un succès rapide, une ascension surprenante. Si vous avez déjà un chemin bien tracé et vos entrées vers le sommet de l'entreprise, ne vous inquiétez pas, l'ascension est sans danger en 2007. Si vous êtes amoureux depuis longtemps, en union libre, il sera question de mariage. Voilà une bonne raison de faire la fête tout en démontrant à votre partenaire que vous avez l'intention ferme d'être là pour lui, pour le meilleur et pour le pire. Si vous êtes un baby-boomer célibataire, vous ferez une magnifique rencontre et ce sera pour vous comme un feu vert, un autre départ en amour et possiblement la renaissance d'un idéal.

TAUREAU ascendant SCORPION

Vous êtes né avec le signe opposé ou complémentaire; vous êtes en guerre avec vous-même ou en paix, tout dépend de vous ainsi que des influences reçues dans votre enfance. Si jamais vous aviez opté pour la tristesse plutôt que la joie de vivre, en 2007, c'est en plein le temps de choisir votre camp. La sécurité matérielle est votre priorité et, pour l'avoir et la garder, vous travaillez, vous économisez, vous faites aussi de prudents placements. Vos compétences sont telles qu'advenant une fermeture d'entreprise, rapidement, après quelques démarches, vous serez embauché par une compagnie où vous occuperez un poste identique ou semblable à celui que vous aviez. Parmi vous, il y a ceux qui sont d'une indépendance farouche et qui se refusent à dépendre de qui que ce soit. Ces derniers sont tendus, ils ne demandent jamais quoi que ce soit et se procurent eux-mêmes ce dont ils ont besoin. Il y a aussi le Taureau/Scorpion qui démissionne au premier obstacle; il accuse son prochain pour ses malheurs et les contrariétés qu'il subit deviennent le centre du monde. Celui-ci réussit souvent à se faire vivre et, pour garder la ou les personnes qui subviennent à ses besoins, il devient manipulateur; plus il pratique son art, plus il excelle et pires sont les ravages.

Côté cœur, il y a le Taureau/Scorpion fidèle et l'autre, ouvert à toutes sortes d'expériences amoureuses et sexuelles. En 2007, la famille est votre principale préoccupation. Les gentils seront présents à leurs proches et se rapprocheront de ceux qu'ils ont à peine vus ces dernières années. En tant que travailleur, vous aspirez à la sécurité d'emploi. Si vous faites partie des manifestants ou des négociateurs dans un conflit et que vous avez pour but d'obtenir plus d'avantages, de bénéfices et de sécurité pour vous-même et vos collègues, on entendra parler de vous et vous réussirez à obtenir ce que vous demandez à l'administration en place.

Voici un scénario au sujet de l'argent qui pourrait devenir réalité. Avec le temps, vos économies et vos placements ont fait grossir votre pécule. Au cours de 2007, un inconnu, un vrai ou un faux courtier, pourrait se présenter à vous et vous proposer d'examiner vos avoirs dans le but de vous rendre très riche avant votre retraite ou au moment de celle-ci. Ne dites jamais spontanément oui ; les filous sont de bons acteurs, mais ils jouent dans un film qui finit mal pour vous. Lorsque vous serez dans ce genre de situation, avant de revoir cette personne, informez-vous auprès de la corporation dont, en principe, il devrait faire partie. Il est vrai que vous pourriez faire plus d'argent en 2007, mais ce sera un gain au jeu ou l'héritage d'un parent pour vous ou votre partenaire. Si vous avez une vie de couple confortable, il arrive que la passion s'estompe. Votre union est précieuse, et pour une grande part, elle assure votre équilibre émotionnel et mental. Si vous êtes célibataire, peu importe à quelle génération vous appartenez, c'est dans un endroit où on pratique un sport que vous avez le plus de chances de faire une belle rencontre.

TAUREAU ascendant SAGITTAIRE

Vous avez l'ascendant le plus chanceux du zodiaque ; les exceptions sont rares. Quand on pense à la chance, ce sont les mots argent et loterie qui nous viennent généralement à l'esprit. Mais la chance se manifeste bien autrement. Vivre une belle vie, avoir la vie sauve lors d'un terrible accident, guérir d'une maladie alors que le médecin nous avait condamné, occuper un emploi où on est heureux, avoir des enfants merveilleux, ce sont toutes des manifestations de la chance qu'on pourrait, pourquoi pas, rebaptiser « bénédiction ». Depuis 1995, Pluton est en Sagittaire. Si on personnifie cette planète, on peut dire qu'elle n'est pas un joyeux vivant. Mais à cause de sa position zodiacale par rapport à votre signe, sa place dans votre Maison 1 ainsi que la valeur du Sagittaire régi par Jupiter, la justice jupitérienne vous redonne ce que vous avez perdu ou ce qu'on vous a pris. Si jamais vous faites partie des petits et moyens vilains ou des bandits de grand chemin, la justice de Jupiter est aussi opérante et fait en sorte que vous devrez payer vos dettes à ceux que vous aurez floués, trahis, blessés.

En 2007, vous avez de la chance ainsi que des bénédictions vous permettant de mieux vivre matériellement, émotionnellement, psychiquement, amoureusement, et j'en passe. Jupiter est un maître de sagesse. Certains Taureau/Sagittaire poursuivront ou entreprendront un chemin conduisant à la connaissance de soi dont le seul but est d'être meilleur envers autrui. Jupiter étant justice, cette année, si vous n'êtes pas généreux alors que vous avez le temps ou les moyens de l'être, on vous prendra quelque chose de proportionnel à votre refus. Si, par exemple, vous n'êtes pas aimable dans votre milieu de travail, avec des membres de votre famille, votre amoureux, si vous n'êtes pas attentif comme vous devriez l'être envers vos enfants, vous vous créerez des ennemis. Conséquemment, vous subirez diverses punitions telles qu'une perte d'argent, des maux physiques, un petit accident, par exemple un accrochage en voiture. Il en sera ainsi jusqu'au moment où vous accorderez réparation aux personnes concernées. Le Taureau/Sagittaire aimant, qui a cultivé le meilleur de lui-même, qui participe au mieux-être de tout ce qui vit, le père ou la mère informé au sujet du développement de ses enfants, celui qui, grâce à ses connaissances, a mieux compris et ressenti les étapes nécessaires que traverse sa progéniture, celui-là recevra sa part du gâteau : chance et bénédictions seront accordées dès que le natif en aura besoin. Le calculateur, celui qui ne pense qu'à lui, qui espère une vie facile, sans responsabilités, n'aura pas ce qui n'est pas une nécessité. Souhaits, désirs, vœux, prières du Taureau/Sagittaire plein de bonté ne laisseront pas le ciel indifférent ; la justice jupitérienne fera de lui un distributeur de petits et grands bonheurs. Il lui sera également permis d'accepter des cadeaux.

TAUREAU ascendant CAPRICORNE

Jusqu'au 18 décembre, Jupiter ainsi que Pluton sont dans le douzième signe de votre ascendant, position zodiacale qui présage une année de préparation avant qu'un grand projet commercial voie le jour. Vous devrez vous armer de patience et ne pas dissiper vos énergies en vous éparpillant dans toutes sortes de tâches sans grande importance. Jupiter ainsi positionné vous rend aussi émotionnellement très vulnérable. Il ne faudra pas prêter votre argent à une personne que, par ailleurs, vous reconnaissez comme quelqu'un qui ne tient pas ses promesses. Ne vous faites pas avoir par ses belles paroles. Votre double signe de terre et cet ascendant Capricorne vous portent à retourner vers des gens que vous avez connus dans le passé. Sans trop vous en rendre compte, les retours vers d'anciennes relations qui n'ont pas très bien tourné ne sont-ils pas pour vous une manière d'essayer de comprendre pourquoi ce qui s'annonçait prometteur s'est terminé sèchement? Cette année, sous Jupiter en Sagittaire, vous aurez besoin de faire la paix avec vous-même et avec autrui. Si, par exemple, vous avez vécu une rupture il y a longtemps, après plusieurs années de vie commune, vous reprendrez contact avec votre ex. Si vous êtes seul, il n'est pas impossible qu'inconsciemment vous désiriez que tout recommence entre vous. Attention! dans une telle situation, peut-être avez-vous si bien raisonné cette histoire que vous avez aussi trouvé des raisons pour y revenir alors que vous n'avez été que rarement heureux à l'époque.

Saturne est encore en Lion dans le huitième signe de votre ascendant et le quatrième du Taureau. La force de Jupiter en Sagittaire, positionné dans le huitième signe du Taureau, bref, tout ce chassé-croisé planétaire vous met en garde contre un déménagement irréfléchi, la vente d'une propriété suivie d'un achat, le tout fait sur un coup de tête. En tant que Taureau, ne perdez pas de vue qu'il vous arrive de confondre sentiments et sensations ou excitation. Si vous avez un emploi stable, n'y changez rien; ce n'est pas encore le bon moment, attendez 2008 alors que Jupiter sera en Capricorne. L'indice santé est à prendre en considération: évitez les diètes draconiennes dans lesquelles vitamines et protéines sont insuffisantes au point de miner et parfois de rendre malade l'organe le plus faible de votre corps. Si vous souffrez de problèmes arthritiques, faites une recherche sur Internet; vous trouverez divers aliments, herbes et recettes qui réduiront considérablement les douleurs et, avec de l'assiduité, ce dont vous êtes capable, vous pourrez même stopper cette maladie qui use le squelette. Votre signe de terre associé à votre ascendant symbolise le fait que, plus qu'une autre personne, vous êtes sujet à ce problème osseux. La prévention vous en sauvera et ainsi vous aurez une très longue vie, vous marcherez droit, vos genoux plieront aisément. Vieillir sans souffrance? Pourquoi pas!

TAUREAU ascendant VERSEAU

Vous êtes né de Vénus dans un signe de terre ainsi que d'Uranus. Cela fait souvent de vous une personne impatiente; vous voulez tout, tout de suite. Vous aspirez à l'indépendance, mais vous avez un immense besoin d'être approuvé par votre famille, votre conjoint et vos enfants. Il arrive que vous soyez persuadé que vous n'en faites pas assez. En conséquence, vous êtes convaincu qu'on vous reprochera ce que vous considérez comme des erreurs. Vous avez le don de vous distinguer, de vous faire remarquer bien que, en tant que Taureau désireux de vivre dans la stabilité, vous vous en contentiez rarement. Il est fréquent que vous possédiez non pas un mais plusieurs talents artistiques ; vous êtes aussi un excellent communicateur. En 2007, Jupiter, bien positionné par rapport à votre ascendant, présage un beau succès sur le plan professionnel et principalement dans le domaine des relations publiques ou des arts. Mais réussir n'est pas sans conséquences : moins de temps pour vos proches, votre partenaire, vos enfants, vos activités agréables. Choisir entre une carrière prometteuse et une vie moins trépidante provoque un énorme questionnement et vous n'y échapperez pas ; rien ne sera évident.

Quant à l'amour, vous êtes plutôt exigeant, possessif et un tantinet jaloux malgré l'apparence d'une confiance totale en votre partenaire. Lorsque vous accumulez les doutes, immanquablement vous explosez et quand, après plusieurs années de vie commune, après une montagne de preuves de fidélité et de démonstrations d'amour de la part de votre partenaire, rien ne change parce que vous êtes excessivement soupçonneux, ces réactions agressives mettent votre union en péril. Il est impératif que vous demandiez l'aide d'un professionnel afin de comprendre ce qui, longtemps auparavant, a pu déclencher cette peur de perdre l'autre. Votre Soleil étant dans le quatrième signe de votre ascendant, généralement ce problème vient de l'enfance : votre père et surtout votre mère vous ont demandé d'être parfait, de prendre, avant l'âge, des responsabilités d'adultes, car vos parents étaient absents pour combler vos besoins de tendresse. Ils n'avaient pas le temps de vous donner de l'affection ; pour eux, la vie se résumait à satisfaire « leurs » besoins. Il en a découlé un sentiment de rejet contre lequel vous luttez. En 2007, le ciel vous invite à la guérison du cœur et enfin à une ouverture sur le fait d'être bien dans votre peau.

Vous exercerez votre profession comme vous l'avez toujours voulu. Il y a une perspective de croissance, de promotion et de voyages ; si votre travail vous oblige déjà à des déplacements, à partir de maintenant, vous irez beaucoup plus loin. Si vous avez choisi un travail par lequel vous êtes en relation avec des enfants, il est possible que vous sauviez l'un d'eux d'un drame familial ou que vous introduisiez une dimension nouvelle ayant un lien avec la culture ou l'éducation ; vous développerez peut-être une méthode permettant aux enfants intellectuellement lents d'apprendre plus vite. L'année 2007 n'aura rien d'ordinaire !

TAUREAU ascendant POISSONS

Vous êtes né de Vénus et de Neptune ; votre Soleil est dans le troisième signe de votre ascendant. Vous voulez être parfaitement logique alors que vous êtes très émotif, intuitif, perceptif au point où certains d'entre vous sont presque des devins. Votre ascendant est capricieux : vous pouvez être la personne la plus compatissante et bonne qui soit, tout en respectant vos besoins, ou vous comporter comme un requin et «mordre» quiconque est en désaccord avec vous. Vous pouvez aussi être une victime parce vous voulez sauver le monde et que, pour y arriver, vous vous laissez dépouiller par les filous. Dans un tel cas, vous raisonnez les situations ainsi : «Comment ai-je pu être aussi naïf ? » Si malheureusement il y avait, dans votre famille, des buveurs ou des drogués, pour faire corps avec elle, pour être accepté, il est possible que vous ayez fait comme eux. L'année 2007 en est une de redressement ; là où vous aurez perdu, avec de la bonne volonté et les moyens qui s'imposent, vous reprendrez vos droits, votre santé, votre emploi, votre argent, etc. Le hasard veut qu'une bonne personne vous tende la main pour vous aider à sortir d'un marasme ; ne la repoussez pas. Vous avez eu de nombreux gestes gratuits envers autrui ; immanquablement, sous votre signe et ascendant, c'est maintenant le retour du bien et du bon. On dit souvent qu'on récolte ce qu'on a semé, et en 2007, cela n'aura jamais été aussi vrai pour les tendres Taureau/Poissons.

Si vous n'êtes pas heureux dans votre union et que, jusqu'à présent, vous vous êtes senti incapable de rompre, vous aurez le courage de passer à l'acte et vous procéderez à la séparation avec un maximum d'ordre et non pas dans le chaos des querelles. Si vous êtes célibataire depuis longtemps, comme vous sortirez plus souvent, vous serez conduit à un face-à-face avec une personne fort agréable et pleine d'humour. Lentement, vous développerez cette relation et, vers la fin de l'année 2007, vous saurez qu'on est aussi attaché à vous que vous l'êtes à l'autre. Étant proche de votre famille qui a été correcte avec vous, quand un parent sera malade, vous lui rendrez visite et vous n'endosserez pas sa souffrance. Jupiter en Sagittaire exerce sur vous un effet de détachement en ce sens que ce qui arrive aux autres leur appartient. Les occasions de mieux vivre seront nombreuses, il n'en tient qu'à vous de les saisir. Si vous choisissiez l'option « autosaboteur », c'est triste pour vous et pour toutes ces personnes que vous côtoyez parce que vous êtes un poids pour elles. Si vous vous êtes enfoncé dans le malheur, cessez de croire qu'il est impossible d'en sortir. Chacun de nous a droit de renaître alors qu'il est encore en vie, en chair et en os.

Gémeaux

(21 mai au 20 juin)

À mon frère aîné, André, communicateur, philosophe, grand voyageur et, à sa façon, découvreur grâce à son sens de l'observation. À mon neveu Frédéric Hébert, nouveau marié, à qui je souhaite au moins cent ans du bonheur d'aimer et d'être aimé. À Marie-Claire Sawi, une amie, femme admirable par son authenticité, sa sensibilité qui n'a d'égale que son intelligence, sa compassion, sa capacité d'écoute exceptionnelle, son humour fin et son rire cristallin ; décrire toutes les beautés de son âme serait bien long. À Julie Lavoie, Claude Ledoux, Serge Gauvin et Louise Trépanier. À M. Charles Levesque, à qui je remets la médaille d'or du voisin souriant, sociable, si différent de la plupart des gens autour de chez moi qui font semblant de ne rien voir, comme s'ils avaient peur d'un simple bonjour.

Hommage aux Gémeaux rassembleurs

Il est malheureusement possible qu'une majorité de gens habitant la même ville, le même quartier, la même rue se croisent tous les jours ou presque et se détournent les uns des autres, comme si chacun pouvait être dangereux. Cette forme d'individualisme renforcée par la peur des inconnus est un important problème social. Plus nous nous éloignons les uns des autres, moins nous nous connaissons ; le désintérêt envers son prochain et son voisin est évident. C'est depuis 1982 que, progressivement, s'est installé ce désintéressement, puis l'indifférence, pour ces gens qui habitent juste à côté de chez nous. Nous avons cessé de nous protéger à l'intérieur de ces multiples micro-communautés que sont les rues sur lesquelles nous avons une maison ou un appartement où la famille s'agite.

Si je mentionne ce fait dans le présent signe, c'est qu'il n'y a pas meilleur qu'un Gémeaux pour provoquer la communication, l'entraide ainsi que la protection des uns et des autres. Pourtant, des parents abusifs méritent d'être dénoncés, et des gens âgés, malades, solitaires, attaqués, dévalisés meurent parce que personne n'a répondu à leur appel à l'aide, que leur plus proche voisin a fait la sourde oreille.

La petite histoire de Pluton

Pendant 25 ans, nous avons été sous l'influence subtile de Pluton en Balance : beau sourire mais jugement facile, non-engagement et froideur. Pluton en Balance a symbolisé la destruction du couple et trop souvent l'abus de pouvoir du conjoint le plus riche. Des gens malhonnêtes qui ont eu besoin des services d'avocats durant les 25 années du règne de Pluton en Balance ont obtenu gain de cause dès qu'ils pouvaient payer grassement des représentants de la loi assez puissants et influents pour les soustraire à la véritable justice.

Pluton en Scorpion a pris officiellement sa place en 1984 et est resté dans ce signe jusqu'en novembre 1995. Ce fut un temps où la majorité, progressivement, s'est mise à voir des ennemis partout et à craindre que ses secrets ne soient dévoilés aux voisins. Sous Pluton en Scorpion, seuls les grands drames et événements hors de l'ordinaire ont rapproché des voisins qui se sont enfin appelés par leur nom.

Le Scorpion est le symbole de la sexualité créatrice, et Pluton dans ce signe n'a été ni fécondé ni fécondant. Cette pulsion sexuelle créatrice est surtout devenue un accroissement de la pornographie sous toutes ses formes. De nombreux clubs de rencontres mis sur pied sous Pluton en Scorpion favorisaient davantage l'échangisme et la permissivité sexuelle. Le résultat fut une augmentation du nombre de cas de sida. Autre fait observable sous Pluton en Scorpion, de nombreux psychologues se sont spécialisés pour devenir sexologues. C'est ainsi qu'une foule de gens ont cru qu'ils n'étaient pas sexuellement normaux dès l'instant où leur partenaire s'éloignait d'eux. Sous Pluton en Balance, on a essayé de cacher la pédophilie et la vente des enfants qui se fait dans tous les pays du monde; le trafic sexuel n'a que rarement fait les manchettes entre 1971 et 1984. Quand Pluton s'est imposé dans le Scorpion, les squelettes sont sortis du placard.

Depuis la mi-décembre 1995, Pluton est en Sagittaire. Partout où passe cette planète, les changements sont nécessaires mais, avant qu'on se rende compte qu'ils sont essentiels pour trouver l'équilibre personnel et social, Pluton fait des ravages. Voilà que sous Pluton en Sagittaire, le terrorisme a fait les manchettes: deux tours américaines ont explosé. Souvenons-nous aussi de la panique qui s'est emparée des gens lorsque les bulletins de nouvelles ne parlaient plus que de l'anthrax.

Le Sagittaire est la représentation symbolique de la paix sur terre; tous les hommes devraient s'aimer d'amour, mais Pluton est en Sagittaire et, depuis 1995, des guerres font rage aux quatre coins du monde. Le Sagittaire symbolise aussi l'ouverture des frontières et de plus en plus d'étrangers ont choisi notre pays pour fonder leur nouveau foyer. Mais Pluton est dans ce signe et il favorise la méfiance envers eux au point où de nombreuses personnes barrent la route à ceux qui ne leur ressemblent pas. Le Sagittaire est le plus grand discoureur, il amplifie tout. Nos politiciens affirment qu'ils répareront nos routes, qu'ils remettront de l'argent dans les poches de ceux qui votent pour eux, qu'ils diminueront les taxes, etc. Sous le Sagittaire, on discute de la vente de notre eau et on nous promet que jamais nous n'en manquerons. Mais, sous Pluton en Sagittaire, peu de promesses seront tenues.

Le Sagittaire est également le signe qui représente l'épuration. On bâtit plus de prisons pour protéger les honnêtes gens des malfaiteurs, mais on doit aussi bâtir plus de maisons et d'appartements pour les gens à faible revenu. On vous dit aussi qu'on s'occupe sérieusement de la dépollution des eaux, de l'air et de la terre. Pluton en Sagittaire favorise également les saisies de drogue et le renforcement des interdits quant à ce commerce. Y a-t-il vraiment plus de policiers et de détectives pour enrayer la distribution de drogue dans les écoles, de la maternelle à l'université? Pluton reste en Sagittaire jusqu'à la fin de janvier 2008. Bien qu'il y achève son passage, qu'il soit dans ses derniers degrés, il apporte la violence et la guerre plutôt que la paix aux hommes de bonne volonté. De plus, nous sommes encore bien loin de la dépollution ainsi que d'une juste justice.

Nous sommes encore loin du bon voisinage sauf si tous les Gémeaux, grands maîtres de la communication verbale, se lèvent afin de promouvoir l'union entre tous. Vous êtes rassembleur et vous avez le don de faire en sorte que les gens soient en relation les uns avec les autres.

À la suite de cet hommage que je vous rends, vous, rassembleur, pacifiste, provocateur de rencontres et d'entraide, vous lirez vos prédictions annuelles. Vous vous rendrez compte que le Nœud Nord en Poissons n'est pas le présage de la facilité. En réalité, il vous donne une mission : réunir les gens afin de les sortir de leur isolement et, si jamais vous êtes isolé, considérez qu'en tant qu'unificateur, vous avez un travail à faire dont vous retirerez de grands bénéfices : en aidant, vous vous aiderez.

Sous l'influence de Jupiter en Sagittaire

En 2006, vous étiez sous l'influence de Jupiter en Scorpion, et cela n'avait rien de bien drôle. Vous avez dû faire face à des événements hors de votre contrôle et qui n'étaient pas toujours simples lorsqu'ils impliquaient des proches. De cette année-là, souvenez-vous de ce qui fut agréable ainsi que des leçons et expériences au cas où un jour vous en auriez besoin. Tout est cyclique et, au fil de la vie, fréquemment, on se retrouve en face de situations qui se ressemblent comme des jumelles. Si on ne s'en rend pas compte, c'est qu'on refuse de voir la réalité. En ce qui vous concerne, constater la répétition d'une erreur est une offense à votre intelligence « mercurielle », à votre sens de l'observation et à votre ego. Il est préférable que vous sachiez que tous les 12 ans vous êtes fortement susceptible de revivre des épisodes semblables et parfois identiques, sauf pour les acteurs de la pièce que vous rejouez.

Nous voici arrivés au sujet qui nous intéresse le plus pour 2007 : l'effet qu'exercera sur vous Jupiter en Sagittaire. Jupiter se situe dans le signe opposé au vôtre. Cette opposition, bien vécue en compagnie de Jupiter en Sagittaire, devient un complément ou une progression. Votre croissance sera-t-elle matérielle, personnelle ? Serez-vous guéri d'une grave maladie ou connaîtrez-vous le grand amour alors que vous êtes considéré comme un célibataire endurci ? Pour obtenir les faveurs de Jupiter en Sagittaire, il y a des conditions : une parfaite honnêteté, l'acceptation des différences entre les gens et le refus du racisme ; y penser favorise une émission de vibrations négatives. Si vous refusez la sagesse, la franchise totale, le dynamisme et la poussée que vous donne Jupiter en Sagittaire afin que vous vous réalisiez, si vous êtes persuadé d'être assez intelligent et chanceux pour qu'on ne se rende pas compte que vous trichez, mentez et volez, vous vous leurrez : toute action commise contre votre prochain rencontre la justice de Jupiter en Sagittaire.

Jupiter en Sagittaire est aussi porteur de diverses conséquences d'actes passés. Si vous vous êtes dévoué à une cause, si vous avez donné votre maximum à l'entreprise qui a recours à vos services, on vous sera reconnaissant d'une manière très spéciale ; vous aurez peut-être enfin cette promotion tant souhaitée. Si vous êtes un baby-boomer et que, au cours des dernières années, vous avez pris soin de votre santé en vous nourrissant tout en tenant compte des changements que provoque le temps qui passe et de l'usure du corps, vous serez heureux de constater que vous êtes en grande forme alors qu'un ami qui a votre âge et qui a cru que manger ce qui est bon pour ses papilles gustatives lui donnait la force dont il avait besoin fait face à un sérieux problème de santé. Vous avez la vingtaine, la trentaine, la quarantaine, pour vous et vos enfants, prenez les devants et, dès maintenant, informez-vous sur ce qu'est une alimentation saine. En ce 21e siècle, vu la multitude de produits sur les tablettes des supermarchés qui contiennent un grand nombre d'éléments chimiques pour assurer leur préservation, bien se nourrir requiert des connaissances. Il n'est jamais trop tard pour changer son alimentation, car le corps réagit rapidement quand il est bien servi.

Sous l'influence de Saturne en Lion puis en Vierge

Il faut deux ans et demi à Saturne avant de transiter d'un signe à un autre. Le 3 septembre, Saturne sera en Vierge. Mais, d'ici là, il est encore en Lion dans le troisième signe du vôtre. Si vous avez songé à déménager l'an dernier et que vous ne l'avez pas encore fait, vous passerez à l'action en 2007. Pour que tout se passe le plus avantageusement possible s'il est question de vendre votre propriété et d'en acheter une nouvelle, il vaut mieux le faire avant que Saturne soit en Vierge. Saturne en Lion vous aide à voir clairement où sont vos intérêts ; il vous met également sur une bonne piste quant à la direction à prendre lorsque vous êtes hésitant. Saturne en Lion favorise aussi cette clarté d'esprit dans d'autres domaines de la vie. Si vous avez le désir de changer d'emploi, faites un maximum de démarches d'ici septembre. Si vous avez des problèmes dans votre vie de couple, sous Saturne en Lion, ouvrez le dialogue et parlez non seulement de ce qui ne va pas mais aussi de ce que vous aimeriez que votre partenaire et vous fassiez pour retrouver l'harmonie ; il vous faut aussi être à l'écoute de l'autre. En tant que Gémeaux, il vous arrive de monologuer et de ne rien entendre ni comprendre de ce que ressent la personne la plus proche de vous. Le ciel de 2007 est une occasion de vous ouvrir et d'être réceptif aux besoins de l'amoureux, de parents, de vos enfants et même de vos amis.

Saturne sera en Vierge à compter du 2 septembre dans le quatrième signe du vôtre ; cette Maison astrologique que dès lors Saturne habitera pendant les deux prochaines années et demie est nommée « exil ». Vous ne partirez pas à l'autre bout du monde pour vous isoler dans quelque coin reculé de la planète ; l'exil d'une Maison, qui entraîne aussi la planète qui s'y trouve, symbolise une profonde réflexion sur vos accomplissements avec souvent la sensation d'avoir échappé à votre véritable destin. Vous plongerez en vous-même et vos questionnements existentiels ne seront plus que des interrogations impersonnelles. Vous vous demanderez beaucoup moins souvent pourquoi il y a tant de guerres, pourquoi la souffrance et la maladie existent, pourquoi des gens meurent aussi jeunes. Il ne s'agira plus des problèmes, des douleurs, des bonheurs, des chances et des choix des autres ; il sera question de vous, de l'influence, bonne ou mauvaise, que vous avez sur votre prochain. Vous passerez au crible les conséquences des gestes et des décisions d'autrefois. Sur le plan matériel, si vous vendez votre maison sous l'influence de Saturne en Vierge, ce sera plus long que sous Saturne en Lion. De plus, l'acheteur pourrait être un si habile négociateur que vous baisserez considérablement votre prix. Si vous avez des problèmes avec vos enfants, quels qu'ils soient, sous Saturne en Vierge, il vous faudra y être plus attentif et trouver des solutions avant qu'ils envahissent entièrement votre vie.

Les intellos et Saturne en Vierge

Il y a parmi vous de nombreux intellectuels, des Gémeaux impliqués dans les mathématiques, l'informatique, dans le domaine médical, scientifique, artistique et créatif. Ces natifs qui ne travaillent pas avec des pelles et des marteaux seront bien servis sous Saturne en Vierge. Des défis leur seront lancés et ils les relèveront. Ils auront aussi des occasions de faire une démonstration officielle de leurs compétences. Saturne en Vierge apportera pour le Gémeaux des résultats positifs, mettra en lumière des accomplissements qui n'avaient pas été remarqués, une invention qui avait été refusée parce qu'elle était en avance sur son temps. Une œuvre théâtrale, cinématographique, une vidéo ou une création visuelle originale et audacieuse trouvent enfin le producteur prêt à investir. L'écrivain, le peintre, le sculpteur, ces Gémeaux qui étaient jusqu'à présent restés dans l'ombre connaîtront le succès. Sachez que Saturne commence son voyage qui durera deux ans et demi à compter du 3 septembre. En tant qu'intello, ne relâchez pas votre vigilance parce que vous attendez cette fameuse entrée de Saturne. Cette planète ne livre sa marchandise qu'aux gens tenaces.

Pluton en Sagittaire

Pluton en Sagittaire est sur ses derniers degrés et face à votre signe. Sachez que, chaque fois que vous serez déplaisant envers quelqu'un, la vie se chargera de vous donner quelque chose de comparable : une gifle, un coup de pied ou de bâton, etc. Vous aurez compris que, pour tout acte nuisant à autrui, même minime, un événement contrariant vous obligera à une réflexion, à un arrêt de vos activités ou à payer matériellement pour la gaffe commise. Sous le ciel de 2007, quand les planètes frappent à la suite des agissements dont les conséquences sont négatives, elles le font rapidement. Vous êtes généralement un être spontané mais, en 2007, il est impératif de réfléchir avant d'agir dès qu'une mouche vous pique.

Uranus en Poissons

Uranus en Poissons vous force aussi à admettre que, quand vous faites une erreur, il faut la réparer le plus vite possible. Uranus en Poissons représente l'interdit de critiquer ces gens que vous connaissez à peine et que, à cause d'un geste à peine déplacé, vous serez tenté de désapprouver. Votre relation avec le signe du Poissons a pour but de vous apprendre la tolérance, la compassion, la compréhension ainsi que la bonté envers les misères de ces personnes qu'on rencontre au hasard de la vie et qui ne crient pas à l'aide comme vous le feriez. Le signe du Poissons et Uranus vous donnent des leçons accélérées pour que vous puissiez ressentir les peines d'autrui et ne pas en rajouter, pour être capable de les écouter quand ils ont envie de parler ou du moins de vous taire pour éviter toute réplique blessante.

Uranus et l'ascension rapide

Si vous avez intégré la bonté du Poissons, si vous êtes un ambitieux qui jamais n'écrase autrui ni ne marche sur les pieds de qui que ce soit, si vous avez pour but un grand succès et même la célébrité, nombreux serez-vous à faire cette ascension rapide vers un sommet dans votre carrière ou à atteindre un but que vous vous êtes fixé.

JANVIER 2007

Sous l'influence du Nœud Nord en Poissons — Le Nœud Nord n'est pas une planète, il s'agit d'un point du ciel. Pour ce qui est de son symbolisme, après plus de deux décennies d'observations, j'ai constaté que ce Nœud Nord n'influence pas seulement le courant d'idées qui rejoindra la majorité des gens, mais il a un effet plus spécifique sur vous selon votre thème natal personnel. Si vous suivez la masse, ce Nœud Nord en Poissons peut vous jouer de mauvais tours. Pour simplifier, disons que le Nœud Nord est le but à atteindre. Si vous l'avez en Poissons, en 2007, les décisions prises auront des répercussions pendant très longtemps. Et, dans le signe du Poissons, Uranus augmentera la portée de tout ce que vous ferez. Dans la vie, c'est rarement simple, il s'agit là d'une dure réalité ; il y a aussi des cycles plus ou moins longs où les difficultés se succèdent. Elles sont généralement les conséquences de nos mauvaises attitudes passées et, au risque de me répéter, de décisions que jamais on n'aurait dû prendre. Ajoutons à cela qu'au cours de certaines périodes, vous pourriez être les victimes de manipulateurs de toutes sortes.

En ce mois de janvier, le Nœud Nord en Poissons affecte vos humeurs. Lorsque la Lune est en Poissons, en Cancer et en Scorpion, il est possible que vous ayez des coups de déprime entraînant des malaises physiques et une grande fatigue. Lorsque la Lune est en Taureau, vous êtes porté à exagérer ; quel que soit le sujet, cela pourrait éventuellement vous jouer un mauvais tour ou miner votre réputation quand on connaîtra la vérité. Sous la Lune en Vierge, quand vous aurez à vous expliquer sur un sujet, vous serez offensé et votre fierté sera blessée. Ce sera le moment d'admettre que vous ne savez pas tout et que vous ne pouvez pas non plus penser à tout tout le temps. Sous la Lune en Sagittaire, ne faites pas un drame de banales contrariétés et ne soyez pas en retard à vos rendez-vous. Pour connaître la position de la Lune, il vous suffit de consulter, à la fin du livre (voir à la page 501), le tableau des positions lunaires pour chaque jour de l'année.

Vie amoureuse du célibataire — Quand vous flirtez, soyez vous-même. Vous ferez la rencontre d'une personne spontanée qui ne ménage pas ses mots et qui vous dira carrément comment elle se sent en face de vous, et ce, dès la première fois où vous la verrez. Cette personne sera capable de faire une analyse précise de ces qualités et défauts que vous vous attribuerez au fil de la conversation. Elle pourrait même vous expliquer ce que votre gestuelle signifie. Sa vivacité d'esprit vous fascinera ; sa franchise vous plaira ; cependant, il serait bien de vous demander si vous n'êtes pas en face d'un défi à relever plutôt que de quelqu'un qui correspond à ce que vous souhaitez vivre en couple. Après ce flirt, ces beaux sourires, ces rires, cette journée ou cette soirée plutôt drôle, que saurez-vous de cette personne qui aura réussi à vous enlever ce masque que vous portez, comme toute autre personne désireuse de rencontrer quelqu'un et de tomber amoureuse ?

Vie de couple–famille–budget–travail — Jusqu'au 16, sans doute serez-vous souvent sur la route ou ferez-vous des heures supplémentaires ; votre partenaire et vos enfants se sentiront délaissés. Il faudra rassurer chacun en vous efforçant de trouver au moins quelques heures avec eux et pour eux seulement. Quant au budget, durant le premier mois de l'année, si vous avez un train de vie moyen, vous réduirez automatiquement vos dépenses parce que vous n'avez pas d'autre choix que de prévoir des économies afin de payer vos dépenses des fêtes. Les riches sont minoritaires et, quand vient le moment de régler leurs cartes de crédit, ce n'est pas un problème.

En tant que mère et femme au travail, les planètes étant majoritairement en signes masculins, vous êtes sur la défensive. D'autres sont profondément mélancoliques ou dépressives ; elles se demandent quelle est leur vraie mission sur cette planète. Aucune réponse ne venant d'elles-mêmes ne les satisfait et les suggestions de la part de leurs amis ne suscitent qu'un intérêt quelconque. Si vous faites partie des femmes lasses et fatiguées qui ont l'impression de tout prendre sur leurs épaules alors que, dans la réalité, vous avez un conjoint qui se rend disponible le plus souvent possible, avant que des conflits minent ou ruinent votre vie amoureuse et familiale, vous devez rentrer en vous-même et faire une inspection des divers recoins de votre âme. Il arrive que cet épuisement moral et physique ne soit qu'un retour à votre adolescence : vous n'avez pu vivre cette époque car les circonstances vous obligeaient à prendre des responsabilités d'adultes alors que vous auriez dû faire la fête comme vos copines. Selon des études faites sur le comportement humain, il est important de vivre chaque étape de la vie qui conduit à la maturité. Si vous en ratez une, sans vous en rendre compte, vous créez un scénario vous permettant de revenir à ce qui vous a manqué. Mais vous n'êtes plus une jeune fille, vous êtes devenue une femme, avec un conjoint et un ou plusieurs enfants. En ce mois de janvier, leur enseigner le mal de vivre n'est pas une bonne chose à faire. Les enfants font rarement mieux que leurs parents; si vous êtes triste, vous leur indiquez le chemin de la mélancolie mais aussi celui du «rien ne vaut la peine». Dans ce cas, il en résulterait de la paresse de leur part, et ce n'est pas ce que vous désirez pour vos enfants. En tant que mère, votre influence est énorme; celle du père vient après. Au travail, la compétition est serrée et des hommes qui travaillent avec vous joueront dur parce qu'ils craignent que vous ne les dépassiez alors que cette idée ne vous vient même pas à l'esprit. Courage, mesdames!

En tant que père et homme au travail, vous prendrez tout au sérieux. Vous serez souriant si vous êtes dans le domaine des relations publiques; cependant, dès l'instant où vous serez seul face à vous-même, vous aurez la mine basse et vous laisserez la peur s'infiltrer en vous. À la maison, avec votre conjointe et vos enfants, vous serez un brin trop sévère: parce que vous avez besoin de silence, vous l'imposez à vos proches. Vous ferez une montagne de calculs budgétaires comme si, à force de les refaire, vous pouviez posséder plus d'argent. Si vous avez une vie de couple sans enfant, en cas de tensions entre votre conjointe et vous, pour ne pas envenimer la situation, il ne faudrait pas revenir sur des erreurs qu'elle a commises il y a longtemps. Toute critique est à bannir, et apprécier le meilleur de l'autre donne de meilleurs résultats. Les gens heureux, les couples harmonieux décideront qu'un temps d'intimité, préférablement loin de la famille, est souhaitable. Ils choisiront une destination soleil.

Clin d'œil sur les baby-boomers — Vous ne tenez pas en place et, si un membre de votre famille a besoin d'un service et que vous êtes retraité, vous ne vous faites pas prier. Si toutefois vous approchez de la retraite, vous êtes anxieux; les hommes plus que les femmes. Généralement, ces dames ont eu des activités afin de se distraire et elles peuvent enfin transformer ces loisirs en but ou idéal de vie. De plus, elles entretiennent des amitiés, tandis que les hommes de votre génération ne fréquentent que leurs collègues, dont ils sont séparés quand vient la retraite. Messieurs, si vous n'en êtes pas encore tout à fait là, il serait avantageux et sain que, dès maintenant, vous décidiez ce que vous ferez des 20 prochaines années de votre vie.

FÉVRIER 2007

Sous l'influence du Nœud Nord en Poissons — Il n'y a pas que le Nœud Nord qui soit en Poissons en ce deuxième mois de l'année : Vénus s'y trouve jusqu'au 21 ; du 3 à l'avant-dernier jour de février, Mercure y est aussi ; Uranus y séjourne également et, à compter du 19, le Soleil entre en Poissons. Ces luminaires en Poissons sont dans le dixième signe du vôtre et vous signifient ce qui se passe à l'extérieur de vous, ce que la vie vous réserve, vous donne. La place du Poissons sur le zodiaque par rapport à vous est en quelque sorte un enseignement sur ce qu'est le détachement. Nombreux sont les Gémeaux qui se comportent comme si leur travail et le sommet de la carrière qu'ils veulent atteindre étaient un absolu ; quant à leur famille, ils la considèrent comme une propriété. Ce mois-ci, sous les influences neptuniennes, soit celles du Poissons, vous devez apprendre que rien ne vous appartient pour toujours. Si jamais vous vous comportez professionnellement en dictateur ou comme si vous étiez le propriétaire de l'entreprise alors que vous ne l'êtes pas, vous recevrez un sérieux avertissement de la part des autorités. En ce qui concerne votre famille, si vous n'êtes pas attentif aux sentiments de vos proches et qu'ils se détachent de vous, il n'est jamais trop tard pour converser avec eux. Le Nœud Nord représente en quelque sorte une chance de refaire ce qui est défait, de reconstruire ce qui semble détruit ; le plus important est de démontrer affection et amour à ses proches qu'on a tenus pour acquis.

Vie amoureuse du célibataire — Si vous avez connu une rupture que vous avez ressentie comme une insulte, un rejet, vous n'êtes alors pas très réceptif lors de vos rencontres. Vous êtes plutôt méfiant et même cynique. Ce n'est pas la méthode idéale pour plaire. Cessez de croire qu'on n'y voit que du feu. Ceux qui vous approchent ressentent votre attitude agressive et naturellement, en ces temps troubles, ils craignent une escalade, jusqu'à la violence. Mais il n'y a pas que des Gémeaux qui voient le pire partout. Les ombrageux et les tendres sont excessifs sous ce ciel neptunien. Si les personnes méfiantes rentrent seules, une mise en garde s'impose pour les doux : ces derniers doivent voir au-delà des apparences, car une personne belle et intelligente peut avoir de mauvaises intentions si elle confond doux et mou.

Vie de couple–famille–budget–travail — Votre famille est importante parce qu'elle vous forme, vous forge. Il est rare qu'un Gémeaux soit tout à fait ce qu'il était quand il devient amoureux et qu'il a des enfants. Il mûrit rapidement ; c'est un peu comme s'il passait de la préadolescence à la maturité. Mais ces transfigurations ne se produisent pas chez tous les Gémeaux, il en reste quelques-uns qui se satisfont d'une vie de petit garçon ou de petite fille. Ces derniers sont rebelles, capricieux, égoïstes, cyniques, calculateurs. Ils connaissent beaucoup de gens ; la plupart du temps, ce sont des collègues de travail avec lesquels ils sont aimables. Ils se taillent une bonne réputation dans la profession qu'ils exercent mais, une fois rentrés à la maison, s'ils habitent avec un parent ou les membres de leur famille, ces Gémeaux qui ne veulent pas se rendre compte qu'ils ne sont jamais heureux n'ont aucune conversation. Ces Gémeaux à l'esprit négatif ont deux attitudes opposées : dès qu'ils sont dans leur environnement familial, ils ne font pas le moindre sourire mais, lorsqu'ils sont avec des étrangers ou des gens avec lesquels ils n'ont pas grandi, ils tiennent à être bien vus et considérés par chacun. Durant le mois de février, la différence entre le bon et le vilain sera évidente. De très belles surprises et des événements agréables surprendront le Gémeaux aimant, tandis que l'autre, toujours pressé d'aider les inconnus et constamment loin de ses proches, rencontrera des désagréments et des contrariétés qui l'obligeront à montrer sa vraie nature. Ce sera sa chance de se voir tel qu'il est, de constater les dégâts émotionnels qu'il fait et de devenir cette personne capable de vivre en harmonie avec ses proches et son prochain.

En tant que mère et femme au travail, vous avez un conjoint que vous aimez, un travail qui vous permet de préserver votre indépendance économique et vous ne vous étiez plus sentie aussi affectueuse depuis belle lurette envers vos enfants. Vous avez toujours pris soin d'eux, ils n'ont manqué de rien mais, tout à coup, vous avez senti qu'ils avaient besoin de vos attentions et que, même s'ils sont très jeunes, ils ont à leur façon une manière aussi originale qu'insistante de vous faire comprendre qu'ils ont besoin de parler avec vous. En ce qui concerne votre profession, surtout si vous êtes une travailleuse autonome, vous établirez des relations avec des gens haut placés et, en peu de temps, vous atteindrez un premier objectif. Les prochains suivront plus rapidement que vous ne l'imaginez pour éventuellement vous conduire au sommet de votre carrière. En tant que Gémeaux, vous êtes un signe d'air, et l'air est en haut. Si jamais vous pensez que les bienfaits tombent du ciel, vous vous faites des illusions, des châteaux en Espagne, des rêves d'enfant, bref, la magie n'existe pas et, si un souhait se réalise, c'est parce que vous avez fait de nombreux efforts pour qu'il en soit ainsi.

En tant que père et homme au travail, si vous n'accordez que peu d'attention à votre conjointe, sans doute parce que vous la considérerez comme acquise, si vous êtes un père sévère, celui qui exige que ses enfants se comportent comme des soldats au garde-à-vous, février est semblable à un éveil. Après un long sommeil et l'absence d'amour de votre conjointe et de vos enfants qui vous craignent, vous réalisez que vous passez à côté du bonheur et qu'il y a bien peu de jours où vous êtes d'humeur joyeuse. Au travail, vous avez du succès, mais voilà qu'un « mais » fait son apparition : vous ressentez les soupçons, vous voyez les froncements de sourcils tout autant que l'absence de « Bonjour ! » de la part de vos collègues. Qui que vous soyez, vous avez du cœur au ventre, vous êtes volontaire, intelligent, analytique. L'année 2007, et principalement ce mois-ci, est un temps où une thérapie vous ferait le plus grand bien. Vous êtes un Gémeaux secret, rien ne vous oblige à dire que vous avez besoin d'aide. Si vous êtes un artiste, un créateur, un innovateur, les aspects complexes de ce ciel de février vous sont favorables ; votre œuvre séduira le public et vous redonnera de l'espoir en ce temps où la facilité a pris congé.

Clin d'œil sur les baby-boomers

— Les baby-boomers couvrent plusieurs tranches d'âge. Il y a les jeunes baby-boomers, puis ceux qui sont dans la mi-cinquantaine, mais il y a aussi des gens plus âgés. J'ai souvent entendu des personnes de 60, 70 et même proches de 80 ans dire qu'elles étaient des baby-boomers. Cette affirmation des aînés est-elle due au fait qu'un Gémeaux reste jeune plus longtemps que la majorité des autres signes ? Bien qu'il ne s'agisse que d'une spéculation, l'idée de leur jeunesse, même à un grand âge, me plaît beaucoup. Puisqu'il me faut écrire pour la majorité, disons qu'en février les Gémeaux se consacreront à leurs enfants même adultes. Ils ont besoin d'aide et le Gémeaux est là. Pour celui qui a de très gros moyens financiers, il sera question d'investir dans une propriété pour un de ses enfants ou même de la payer en entier. Si malheureusement vous n'êtes pas en bonne santé, ne faites pas semblant d'être en forme et passez tous les examens médicaux nécessaires pour être bien soigné.

MARS 2007

Sous l'influence du Nœud Nord en Poissons — Ce livre de prévisions 2007 est bien sérieux, plus que les années passées, j'en suis parfaitement consciente. Mais je sais aussi qu'il est primordial de vous faire comprendre que vous faites la traversée d'une année pouvant transformer votre façon d'être, de vivre, de réussir, d'aimer, de vous comporter socialement, intimement, de protéger votre santé, votre équilibre émotionnel, etc. Tout y passe. J'exerce mon métier avec l'intention de vous prévenir en cas de coups durs et de vous signaler les meilleurs instants, jours, semaines, mois pour agir au mieux de vos intérêts. Aussi bizarre que cela puisse paraître, Mars concerne mon rôle en tant qu'astrologue et plus précisément ma responsabilité à votre égard. Ne m'en voulez pas si mes prévisions concernent le Gémeaux qui ignore ce que fait sa main droite pendant que la gauche s'agite. Je me dois de l'aviser. Mais soyez heureux si vous êtes un Gémeaux ayant réussi son union de jumeaux. En dernier lieu, nombreux seront les avertissements pour les Gémeaux qui jouent deux jeux, dont l'un n'est pas honnête et qui peut le conduire à des problèmes d'ordre juridique.

Vie amoureuse du célibataire — Courir deux lièvres à la fois n'a jamais été recommandé. Tromper quelqu'un qui vous aime même si ce n'est que depuis peu est à éviter. Raconter à un flirt son passé en l'embellissant, ce n'est pas une bonne idée parce que tout se sait en ce 21e siècle. Décider, dès la première rencontre, du partage des dépenses — vous payez votre repas et votre partenaire en fait autant —, n'est-ce pas là entrevoir une éventuelle rupture et prévoir des sorties dans lesquelles vous n'aurez pas dépensé un seul sou? Conséquence : vous avez fait un calcul avant de connaître ou même d'apprécier cette personne. Si vous êtes ce type de célibataire, l'amour a-t-il une chance de durer? Il y a aussi le tendre Gémeaux : la moitié de lui-même est romantique, l'autre s'engage quand il est amoureux. Il sait que la plus extraordinaire personne qui soit sur terre a des défauts. Ce Gémeaux voit aussi les siens, mais il a l'intelligence, la bonté et la sagesse de Bouddha, celle de ne s'attarder qu'aux qualités de l'autre, ce qui éventuellement lui apprendra à voir le meilleur en lui. En mars, vous ferez de nombreuses rencontres, bien plus que vous ne l'imaginez. Vous plairez dès les premières secondes où vous serez en face de la personne qui vous attire. Les questions à vous poser sont les suivantes : Ne désirez-vous qu'une aventure sans problème? Voulez-vous relever le plus grand défi qui puisse exister : aimer pour le meilleur et le pire, dans la santé comme dans la maladie, jusqu'à ce que la mort vous sépare et vous unisse à nouveau pour l'éternité ?

Vie de couple–famille–budget–travail — Si vous êtes heureux en couple et avec vos enfants, vous êtes un Gémeaux choyé. L'amour et l'harmonie qui vous unissent à vos proches vous donnent l'espoir et la foi en des jours meilleurs financièrement, le but étant que chacun en profite. Vous avez raison d'y croire. De nombreux psys de toutes sortes sont en désaccord avec ce type de « pensée magique », mais elle est créatrice de vibrations qui vont au-delà de la raison ; elle est efficace pour ces esprits qui, selon mes observations, sont purs, détachés, aimants et sans jugement envers leur prochain, ce qui n'exclut pas une réflexion.

En tant que mère et femme au travail, en mars, vous perdrez patience avec vos enfants et un seul suffit à vous faire sortir de vos gonds. Il est possible que vous soyez trop exigeante. Vous exigez de bonnes notes scolaires, une chambre en ordre, les vêtements sales dans le panier à linge, l'arrivée à l'heure au moment des repas. Est-ce que ce ne sont pas des ennuis professionnels qui vous portent à ces excès ? Cela ne vous rend-il pas renfrognée à l'égard de votre conjoint ? Vous avez le droit d'être fâchée, contrariée, de vous mettre en colère, mais adopter ces attitudes durant tout un mois, cela paraîtra long, tant pour vos enfants que pour votre partenaire. De plus, vous exagérez, rien n'est aussi dramatique que ce que vous voyez. Il est à souhaiter que votre conjoint ait de l'humour et qu'ainsi il puisse vous démontrer que les imperfections ne sont pas la fin du monde. Vous êtes une femme travaillante, mais il vous arrive de centrer votre vie sur le but à atteindre et de ne plus très bien voir ceux qui vous aiment. Une fille avertie en vaut une bonne dizaine quand on est une femme Gémeaux.

En tant que père et homme au travail, vous vous acharnez au boulot. Si votre travail vous oblige à des déplacements, vous serez presque constamment sur la route. Si votre conjointe a l'habitude de vos allers-retours, elle ne s'inquiétera pas mais, si vous avez de jeunes enfants, il est possible que votre dame se plaigne d'avoir tout à faire. Si vous l'aimez toujours autant, il est dans votre intérêt et le sien d'organiser une soirée, un souper au restaurant, quelques pas de danse, un concert de musique de son choix ou encore une petite réception avec traiteur, en invitant ses meilleurs amis. Naturellement, vous aurez vous-même choisi la gardienne. Pour la reconquérir et lui redonner douceur et bonté, il faudra bien qu'un de vos jumeaux soit si romantique qu'il lui donnera finalement l'envie de l'être.

Clin d'œil sur les baby-boomers — Vous serez nombreux à vouloir rajeunir et, pour y arriver, plusieurs moyens sont à votre disposition. Homme ou femme, vous pouvez avoir recours à la chirurgie plastique, à des exercices dans le but de retrouver la forme, de perdre du poids, au renouvellement de votre garde-robe, au changement de coiffure, à la rénovation de votre maison, bref, à tout ce qui sera une manière de vous faire paraître ou sentir plus jeune. Le ciel de mars laisse entrevoir un voyage sous le soleil pour les mieux nantis. Quant à ceux qui restent chez nous, ils seront actifs, sortiront davantage et, pour le plaisir, se joindront à des groupes de gens pratiquant la même activité sportive ou le même art. Si vous voyez de près à vos placements, la position des planètes laisse présager une importante croissance financière. Si vous avez de l'expérience dans le domaine des finances, vous savez que les fluctuations sont courantes. Concernant les profits faits en mars, ceux-ci doivent devenir des économies ou d'autres placements jusqu'à la fin du mois de mai.

AVRIL 2007

Sous l'influence du Nœud Nord en Poissons — En ce mois d'avril, le Nœud Nord en Poissons a diverses influences. Vous serez tenté de tromper l'être aimé et sans doute direz-vous, pour vous disculper, que l'occasion fait le larron. Mais vous souvenez-vous des conséquences qu'ont subies les larrons? En tant que Gémeaux, vous ne pourrez vous empêcher de l'avouer à votre partenaire, ce qui sera pour vous une façon de soulager votre conscience et de tester la tolérance de l'autre. Vous raisonnerez votre tromperie en vous persuadant qu'il ne faut jamais mentir, qu'il faut toujours dire la vérité. Lors de votre discours, aux allures de longue excuse, vous finirez par rendre votre partenaire responsable de tout. Quand votre partenaire répliquera, vous lui offrirez une montagne d'arguments faisant de lui un grand fautif. Si déjà vous avez une morale élastique, en avril, vous aurez tendance à être plus malhonnête que jamais en amour. Si vous êtes malveillant, il n'y a pas que sur le plan affectif que vous tricherez; vous pourriez commettre un petit vol dans l'entreprise qui a recours à vos services, être fréquemment en retard et avoir d'autres agissements négatifs ou carrément malhonnêtes. En avril, le Nœud Nord en Poissons vous porte à l'excès. Vous avez le libre arbitre, alors pourquoi ne pas décider d'être bon plutôt que de nuire à vous-même, à vos proches et à votre prochain? Pourquoi ne pas choisir les bénéfices qui viennent avec la bonté envers autrui plutôt que les punitions comme l'exclusion de son milieu familial ou parfois des condamnations d'ordre juridique? L'excès autodestructeur prend différentes formes: alcool, drogue, jeu, etc. Il est dans votre intérêt de les éviter. Si vous appartenez au groupe des bons Gémeaux, vous aurez compris que votre excès est celui du protecteur, de l'aidant, et ce que vous sèmerez de bien et de bon en avril, en tant que jumeaux, vous le récolterez en double.

Vie amoureuse du célibataire — Si vous êtes seul depuis longtemps, vous avez en ce moment bien du mal à vivre votre célibat. Si vous avez des doutes quant à votre charme, à compter du 12, ils s'évaporeront quand une belle personne vous sourira. Vous serez alors en zone où vous aurez le choix. Si vous êtes timide, vous n'aurez pas à aller vers l'autre, on ira vers vous, comme si on vous connaissait depuis toujours, et la conversation s'engagera avec une telle facilité que vous serez tenté de reculer. À ne pas faire! L'essentiel est tout de même de rester sélectif et réceptif si vous aspirez à un amour durable. Sous votre signe, les mâles confondent facilement beauté, sex-appeal et amour, tandis que de nombreuses femmes choisissent l'homme fortuné ou très original pour le présenter à leurs copines plutôt qu'un homme simple et merveilleusement aimant. Votre sensibilité et vos perceptions extrasensorielles doivent nécessairement être à votre service dans votre recherche du bonheur.

Vie de couple–famille–budget–travail — Jusqu'au 10, il est possible que votre partenaire et vous ayez du mal à vous entendre. Chacun a son point de vue, ses désirs, ses besoins, et le mot «partage» semble moins important qu'à l'accoutumée. Vous faites des projets pour vos prochaines vacances; cependant, vous ne souhaitez pas aller au même endroit et vous avez de longues conversations quant à la destination. Comme les enfants imitent leurs parents, les vôtres deviendront de grands argumentateurs. Heureusement qu'il n'en sera pas ainsi tout le mois. Le 11, avec l'entrée de Mercure en Bélier, vous aurez plus d'énergie physique, intellectuelle et à nouveau envie de découvrir en famille un coin du pays que vous n'avez encore jamais vu. Mercure étant dans le onzième signe du vôtre jusqu'au 28, d'ici cette date, l'autre et vous serez d'accord sur le genre de vacances à planifier et le lieu où vous les prendrez. Enfin, vous pourrez réserver vos places!

En tant que mère et femme au travail, si vous êtes dans le domaine des négociations, des achats et des ventes, à compter du 7, vous aurez l'impression que vos clients sont plus compliqués, qu'ils ne savent pas ce qu'ils veulent, qu'ils ne respectent pas les rendez-vous. Si ces situations se répètent constamment, vous vous mettrez en colère ou du moins élèverez-vous le ton plus souvent alors que vous savez pertinemment que ce n'est pas dans votre intérêt. En tant que maman, il est aussi très pénible de garder votre calme. Vous aurez tendance à semoncer vos enfants pour des détails. Logiquement, raisonnablement, vous savez qu'ils ne sont pas responsables de vos problèmes professionnels. L'ensemble de vos obligations vous met sens dessus dessous. Lorsque votre conjoint veut vous donner un coup de main, ne le repoussez pas en prétextant qu'il ne fait rien aussi bien que vous. Ce serait là un rejet, une provocation autant qu'un jugement défavorable pour le père de vos enfants. Il y a des moments où c'est plus difficile de sourire et, pendant que vous traversez cette zone céleste, appréciez ici et là les beaux instants qui passent. Ils sont peut être peu nombreux, mais vous verrez la vie avec plus d'optimisme si vous regardez le meilleur de chacun.

En tant que père et homme au travail, le Gémeaux a sa famille à cœur. Ses enfants peuvent être adultes, il peut même être grand-père, il continue à les considérer comme s'ils étaient des petits sans défense. Et le voilà qui donne des conseils aux uns et aux autres. Si certains enfants savent écouter, d'autres ne peuvent s'empêcher de répliquer. Quand il y a des réunions familiales, elles se terminent généralement de la même manière. Si l'enfant silencieux n'a rien dit, ne s'est pas confié, a laissé son père Gémeaux dire tout ce qui lui plaisait, l'argumentateur, pour sa part, réussit immanquablement à contrarier son père, qui est, fort heureusement, un homme sans rancune. Si vos enfants sont jeunes, vous voyez à eux d'aussi près que le fait votre conjointe et peut-être même vous arrive-t-il d'outrepasser votre rôle paternel pour adopter celui de la mère. Sur le plan professionnel, si vous travaillez à de grands projets depuis plusieurs mois et parfois même des années, vous verrez les premières lueurs du succès. Vous vous rapprochez du but.

Clin d'œil sur les baby-boomers — Si vous êtes à la retraite, vous ne restez pas les bras croisés à ne rien faire. Les uns donnent leur temps à une association en tant que bénévoles afin de redistribuer au monde les bienfaits qu'ils ont reçus de la vie. Et puis, partager le plaisir avec autrui, c'est aussi semer des sourires autour de vous. Sous votre signe, il y a plus d'hommes que de femmes dans des activités purement altruistes. C'est sans doute parce que celles-ci, ayant généralement pris soin de leur famille, n'ont plus envie de bercer les autres et elles choisissent de s'adonner à un loisir ou à un art qui leur fait simplement plaisir. À compter du 18, il est possible que certains soient coincés dans une histoire de famille reliée directement ou indirectement à la vôtre. Si possible, restez en dehors d'une guerre de chiffonniers à propos de qui a plus que l'autre.

MAI 2007

Sous l'influence du Nœud Nord en Poissons — Si vous êtes un grand émotif et que vous réagissez fortement, ce sera un début de mois que vous aurez l'impression de vivre comme s'il s'agissait d'une épouvantable catastrophe. La pleine Lune, qui a lieu le 2, vous bouscule et pour un rien vous faites un drame. Le Nœud Nord en Poissons, qui se tient proche de Mars aussi dans le même signe, et cette pleine Lune sous la signature du Scorpion, voilà trop d'eau pour un signe d'air. Certains se comportent comme un vent froid au-dessus des eaux glacées ; d'autres sont de l'air aussi chaud que celui se trouvant dans la partie océanique du Triangle des Bermudes. Il y a des vents qui se lèvent soudainement et qui provoquent de grandes dévastations. Les tornades ont mauvaise réputation tant elles sont destructrices. Plusieurs planètes, ainsi que le Nœud Nord en Poissons jusqu'au 15, vous mettent en garde contre vos propres réactions ; quand une situation devient tendue, vous pourriez être nombreux à agir alors que votre thermomètre vous suggère de réfléchir. Certains d'entre vous sont des doux, des tendres, et il est possible que vous subissiez les humeurs maussades d'un proche ou la malhonnêteté de quelqu'un en qui vous aviez confiance. Si vous faites partie de ces Gémeaux trop confiants, ne faites pas des affaires avec quelqu'un que vous ne connaissez pas vraiment. Il y a des loups qui guettent les agneaux.

Vie amoureuse du célibataire — Si vous êtes libre comme l'air et que votre cœur est disponible, durant ce mois, vous attirerez surtout des personnes qui ont un ou deux enfants et parfois plus mais, il faut l'admettre, c'est plus rare. Si vous n'avez jamais eu d'enfant, vous serez en territoire inconnu et non seulement y aura-t-il une relation amoureuse qui se développera mais également des liens qui, lentement, se tisseront avec les enfants de votre partenaire. Ce sont en majorité les femmes qui ont la garde des enfants, mais il arrive aussi que des hommes l'aient. Si vous êtes une femme Gémeaux fortement attirée par un père célibataire, vous devrez faire preuve de beaucoup de souplesse : avec des enfants, vous pouvez dire adieu à de petites habitudes et à une dose d'égoïsme que vous pouvez vous offrir en n'ayant personne à charge. Quand une femme est très amoureuse d'un homme, il lui est assez facile de se transformer en mère substitut. Pour ce qui est de monsieur qui n'a jamais eu d'enfant, quand il est amoureux d'une mère, il a tendance à jouer son rôle de paternel avec tant de sérieux qu'il se met à imposer des règles, sauf que ce sont celles d'un célibataire qu'il ne faut pas trop déranger et non celles d'un père. Il y a matière à réflexion si vous êtes amoureux d'un parent célibataire ainsi qu'une adaptation nécessaire.

Vie de couple–famille–budget–travail — Il y a beaucoup de complexité chez vous quand vous devenez un parent. Vous surveillez vos enfants de très près au point où ceux-ci, une fois adultes, ont beaucoup de difficulté à prendre leurs propres décisions. Un phénomène particulier se produit, non seulement êtes-vous responsable de vos enfants mais, avec le temps qui passe, votre rôle de protecteur est transféré : vous demandez à un de vos enfants de devenir votre protecteur. On ne peut expliquer ce comportement quand il est adopté inconsciemment. La réflexion sur ce sujet ne vient que lorsque les réactions des enfants ne correspondent plus à vos attentes. Quand vient pour eux le temps de se détacher de vous, vous vous sentez perdu comme un enfant dans un grand magasin. Les hommes qui sont de nature « marsienne » réussissent généralement mieux que les femmes à passer à l'étape du parent qui garde ses distances et qui accepte la liberté que prennent ses enfants. Il est toujours plus difficile pour les femmes de passer ce cap, sauf pour quelques exceptions dont la fibre maternelle est très mince. Le protecteur et le protégé, l'enfant possédé ou libre, celui à qui on enseigne la confiance en soi et en son prochain ou uniquement en papa et maman Gémeaux, tout cela s'apprend au berceau.

En tant que mère et femme au travail, quel que soit votre métier ou profession, vous n'aimez pas la deuxième place ; dès l'instant où vous êtes à l'emploi d'une grande entreprise, vous faites tout ce qu'il est possible de faire pour obtenir une promotion. De nombreuses femmes de ce signe deviennent des travailleuses autonomes ; elles prennent ce risque, elles se dévouent et généralement elles atteignent leurs objectifs même quand elles ont des enfants dont elles s'occupent : la femme Gémeaux motivée a tellement d'énergie qu'elle se donne à temps plein à ses enfants et à son travail. Comment fait-elle ? C'est son secret et, si vous le voulez, il faut le payer et il se vend très cher. Les projets sont nombreux pour elle en mai parce qu'à partir de maintenant elle choisit la réussite pour sa propre satisfaction.

En tant que père et homme au travail, sur le plan professionnel, si vous avez tendance à céder pour avoir la paix durant la première partie du mois, à compter du 16, le belliqueux en vous que vous avez obligé à dormir s'éveillera. Il n'est pas question ici de vous battre avec les poings, à moins que vous ne soyez un primitif, mais plutôt d'appliquer une stratégie d'action de manière à faire dévier les plans de compétiteurs malhonnêtes. Méfiez-vous de vos désirs d'acquérir des gadgets quand vous entrez dans des magasins où on vous offre le dernier cri technologique. Durant la semaine du 20, votre tendance à succomber à ces joujoux d'adulte qui vous donnent la sensation de faire davantage partie du monde des communications est extrême. Si vous augmentez votre dette, vous n'apprécierez certainement pas les reproches de votre conjointe. Et sachez que vous ne vous rattraperez pas en étant plus présent aux enfants. Vous avez dépensé une part du budget qui devait servir à faire de petites folies pour les enfants lors des prochaines vacances. Si vous avez de la chance, votre conjointe vous excusera parce que, de son côté, elle sait fort bien qu'elle a le même comportement d'acheteuse compulsive quand elle entre dans ces magasins où elle peut acheter des monceaux de vêtements, de chaussures et d'accessoires.

Clin d'œil sur les baby-boomers — La planète la plus représentative des gens ayant l'âge de la sagesse est en bonne position par rapport à vous. Vous êtes en phase de rajeunissement. Ce qui symbolise l'accès à votre seconde adolescence mine certains Gémeaux et quelques-uns passent la majeure partie de leur temps à critiquer ceux qui ne vivent pas comme eux. En tant qu'homme à la retraite, il est possible que vous ayez un très grand projet en lien avec la construction ou la rénovation. Monsieur Gémeaux doit se demander s'il aura de l'aide. Si les hommes de ce signe refont l'extérieur, certaines femmes, qu'elles aient de petits ou de gros moyens financiers, achèteront de nouveaux meubles, des tapis et des accessoires. Si les unes peuvent payer comptant, d'autres s'endettent pour les quelques années à venir. Homme ou femme, cette seconde adolescence vous invite à vivre des expériences, à découvrir, à vous amuser, à communiquer avec autrui et non pas uniquement à vous contenter de posséder : ni l'ameublement ni les rénovations ne parlent ni ne ressentent quoi que ce soit. C'est beau, c'est confortable, mais ça ne jase pas. Si jamais vous êtes séparé de vos enfants et petits-enfants à cause d'une vieille dispute, avant que la rupture soit définitive, investissez-vous dans votre relation avec eux, même si cela vous oblige à une discussion que vous préféreriez ne jamais avoir.

JUIN 2007

Sous l'influence du Nœud Nord en Poissons — Jusqu'au 21, le Soleil est en Gémeaux. Le Nœud Nord en Poissons fait un aspect difficile au Soleil, à Pluton, à Uranus ainsi qu'à Jupiter. Cela ressemble à un regroupement de personnes en désaccord les unes avec les autres. Sur le plan personnel, vous ne vous aimez pas. À la moindre faute que vous commettez, tout bas, vous vous sous-estimez mais, à voix haute, vous rendez autrui responsable d'une petite bêtise commise par ignorance. Quand vous mettez la contrariété au centre de votre vie, vous en perdez le sens et, cela va sans dire, quand vous êtes d'humeur maussade, ceux qui vous entourent ne sont pas heureux. Vous qui êtes un signe de communication, le silence des autres ainsi que leur éloignement vous sont pénibles à supporter.

Le Nœud Nord en Poissons est aussi une leçon de vie à apprendre, pour vous et pour chacun de nous. La leçon diffère pour chacun des signes du zodiaque et, en ce qui vous concerne, le Nœud Nord en Poissons, ce n'est pas le moment de décrire vos insatisfactions de toutes sortes mais plutôt de vous guérir de votre manie d'être quasi continuellement mécontent de ce que la vie vous donne. Une montagne d'écrits vous décrivent comme étant léger, facile à vivre, excellent compagnon, optimiste, généreux, cœur jeune, etc. Mais vous êtes peu nombreux à correspondre à cette description. Devant des inconnus, vous projetez une image quasi parfaite ; devant vos proches, vous lâchez du lest, vous n'êtes plus habile ni même drôle. Vous faites des calculs, vous économisez, vous accumulez et vous contrôlez ceux que vous considérez comme étant des individus dépendants. Le Nœud Nord en Poissons ne vous relie pas à la matière cette année. Il insiste pour que vous adoptiez une attitude véritablement généreuse envers vos proches, par exemple faire la paix avec des parents. Il ne vous est pas interdit de rénover, d'acheter des meubles, d'être physiquement actif; cependant, vous êtes obligé d'établir des contacts authentiques avec votre prochain. Le Nœud Nord en Poissons vous suggère également de changer d'emploi tant que vous ne serez pas là où vous devriez être. Le Nœud Nord en Poissons vous guide et vous conduit à un poste où, éventuellement, vous transmettrez vos connaissances sur le métier que vous exercez.

Vie amoureuse du célibataire — À compter du 6, sous l'influence de Vénus en Lion et de Mars, le onzième signe du vôtre, en Bélier jusqu'au 24, vous allez vers les gens qui vous plaisent sans vous poser de questions parce que vous êtes certain de leur être agréable. Par ailleurs, il y a sous ce ciel plusieurs planètes qui vous libèrent de votre timidité ou de votre peur du rejet. Vous avez un charme difficile à égaler. Les astres ont fait en sorte de vous faire naître beau. Votre enveloppe corporelle est évidemment un avantage. Cependant, si vous vous contentez de vivre d'apparences et d'utiliser votre beauté non pas pour aimer profondément mais pour vous rassasier de petites aventures et conquêtes de courte durée, vous aurez encore constamment besoin de vous nourrir de la douceur d'autrui. Le problème principal qui en découle est celui-ci : vous n'approfondissez pas la vie à deux. N'est-ce pas ce qui a provoqué la rupture de votre mariage? N'est-ce pas ce qui vous a remis sur le marché des célibataires? Chacun de nous s'incarne dans un signe spécifique parce que nous avons beaucoup à y apprendre, par exemple ne plus nous cacher derrière des mots ou des excuses qui ne sont que des camouflages pour avoir l'air sincère. Du dedans, il y a un décalage entre vos vrais sentiments et le «faire semblant», qui vient d'un désir de sécurité. Celle-ci fut d'origine maternelle ou paternelle pour les uns ou encore elle vous fut donnée par une tante, un oncle ou d'autres personnes. Vous êtes à la recherche de l'amour; il sera là, il vous regardera droit dans les yeux. Pourrez-vous soutenir son regard et accepter l'engagement qu'on prend en silence?

Vie de couple–famille–budget–travail — En tant que jeune couple, si vous n'avez pas encore d'enfant, voilà le genre de sujet qui alimentera vos conversations. Il y a parmi vous autant d'hommes que de femmes qui désirent la paternité ou la maternité. Étant Gémeaux, vous savez en toute logique que, dès la naissance de bébé, la majorité de vos plans d'avenir subiront d'énormes modifications. Votre emploi du temps ne sera plus le même, vous ne pourrez plus sortir aussi souvent avec vos amis, vous devrez resserrer votre budget et mettre de l'argent de côté afin que votre enfant ne manque jamais de quoi que ce soit. Vous serez également plus souvent proche de votre amoureux, mais il vous arrivera d'avoir l'impression que l'air se raréfie. Pour s'éloigner de sa partenaire et du bébé et se mettre à la recherche du temps passé, l'homme place son travail au centre de sa vie. Alors, la femme Gémeaux, dans le but de garder son homme qui représente pour elle la sécurité émotionnelle et matérielle, se détachera inconsciemment de son bébé et le confiera à une gardienne, laquelle fera de nombreuses heures supplémentaires parce que dame Gémeaux retournera vers son emploi ainsi qu'à la pratique d'une activité qu'elle avait en commun avec son conjoint avant d'avoir un enfant. Il est rare qu'un Gémeaux, homme ou femme, se rende compte qu'il ne va pas vers l'avant. Il fait du surplace, il s'en tient à ce qu'il connaît. Ce n'est que très lentement qu'il est capable de voir les besoins d'autrui avec le cœur. Si vous êtes un nouveau parent, il est important que vous constatiez que plus jamais votre vie ne sera celle que vous aviez en tant que célibataire.

En tant que mère et femme au travail, vous obtiendrez le prix de l'excellence. Si vous avez abandonné une carrière, si vous avez un talent hors de l'ordinaire que vous avez laissé dormir depuis parfois plus d'une décennie, la vie se charge de vous faire entrer dans un milieu professionnel où justement vous aurez l'occasion de démontrer ce savoir souvent inné. Si vous êtes une femme efficace au travail, avec toutes les planètes en signes masculins dans le ciel astral, vous n'êtes guère patiente avec les petits et encore moins avec les grands.

En tant que père et homme au travail, vous avez peur de déplaire à vos enfants, particulièrement s'ils sont adolescents ou adultes. Même si vous ne le dites pas ouvertement, vous craignez leur jugement et vous avez développé une technique particulière pour fuir lorsque vous pressentez une critique de la part de l'un d'eux. Mais ce mois-ci, la situation sera telle qu'il vous faudra écouter quelques reproches de leur part. Considérez cela comme une ouverture et une meilleure communication avec votre progéniture. Au travail, vous avez du succès. Si vous êtes dans le commerce et principalement si vous avez un lien avec le métal et le monde de la construction, vos profits grimperont. Si vous négociez avec l'étranger, si vous voyagez pour aller à la rencontre de vos clients, vous partirez plus souvent et dépasserez l'objectif financier que vous vous étiez fixé. Si vous êtes dans l'enseignement, les changements seront nombreux et il est possible que vous deviez accepter une assignation qui ne vous plaît pas. Vous ne pouvez vous permettre de la refuser parce que vous avez besoin d'un salaire pour payer vos comptes.

Clin d'œil sur les baby-boomers — De nombreux Gémeaux préparent leur déménagement. Certains ont vendu la maison familiale et ont acheté un condo; d'autres ont décidé de louer plutôt que d'être propriétaires. Ce genre de changement est un énorme stress, sans compter que c'est souvent le type de décision que l'on prend quand on est très près de la retraite ou parce qu'on vient tout juste de la prendre. Voilà deux importantes transformations, l'une étant la retraite ou sa préparation, l'autre quitter un coin de pays qu'on connaît comme le fond de sa poche. Le résultat est le suivant: on prend un chemin de vie que l'on ne connaît pas le moindrement. Jusqu'au 24, si vous faites partie des natifs dont je viens de parler, c'est à peine si vous vous rendrez compte de toute l'énergie que vous dépensez. Faire des boîtes, c'est fatigant, mais faire de la gymnastique intellectuelle, c'est épuisant. Le Gémeaux est un être pensant et, sans projets, la vie lui paraît terne. Si vous êtes en santé et que vous avez encore beaucoup d'énergie vitale, vous ne pouvez rester là à ne rien faire. Ce mois-ci, un retraité qui cherche un emploi à temps partiel en trouvera un rapidement. Si vous craignez la retraite qui arrive et que vous en avez le vertige, pourquoi ne pas consulter un psychologue de votre choix? Même si vous êtes un signe d'air, donc de liberté, vous êtes aussi un signe double et une partie de vous a peur du futur. Cette angoisse face à l'avenir est une bien mauvaise compagne dont il faut vous débarrasser le plus vite possible.

JUILLET 2007

Sous l'influence du Nœud Nord en Poissons — Le Nœud Nord en Poissons fait un aspect difficile à votre signe et principalement au premier décan. Il vous oblige à une profonde réflexion sur ce que vous faites pour autrui et ce que vous êtes pour vous-même. En ce mois de juillet, voilà que Mars est en Taureau, dans le douzième signe du vôtre. Il provoque des chutes de vitalité chez les uns, tandis que d'autres sont déprimés sans pouvoir s'expliquer pourquoi. Il n'est pas non plus impossible qu'un problème physique soit lié à des moments de déprime ou d'anxiété. Lorsqu'il vous semble ne plus vous reconnaître et que votre dynamisme vous abandonne, vous avez des sautes d'humeur tant seul qu'en compagnie d'amis ou de parents. Le Nœud Nord en Poissons vous avise de ne pas réagir démesurément. Vous ne voyez pas les événements tels qu'ils sont, ils passent par votre filtre émotionnel. Le mieux est d'accueillir les émotions et non de les considérer comme des ennemis. Vous êtes un être logique, mais nul n'est entier s'il n'a pas d'émotivité. Chacun à notre manière, nous exprimons nos névroses, qui ne sont pas nécessairement des maladies mentales. Elles sont semblables à des couleurs qui nous différencient des autres. Voilà ce dont vous devez prendre conscience maintenant.

Vie amoureuse du célibataire

Vie amoureuse du célibataire — Si vous avez été profondément blessé par une rupture que vous n'aviez pas prévue, vous la considérez comme une offense à votre intelligence. Vous vous demandez encore et encore comment on a pu tromper votre vigilance. L'amour se fiche de vos observations, de vos déductions et de vos raisonnements. Il n'y a rien de plus mystérieux que l'amour ou la vie à deux. Un jour, on s'adore et, le lendemain, on n'a plus d'intérêt l'un pour l'autre. Mais qu'est-ce qui peut déclencher de telles réactions? Peut-on vraiment expliquer la complexité humaine et ce qu'on nomme le partage amoureux? Il y a peu de chances que vous sachiez pourquoi il y a eu «bris de contrat». Mais, malgré la souffrance émotionnelle, dans les instants où vous voyez la vie d'un bon angle, imaginez le retour de l'amour. Il est rare qu'un Gémeaux soit célibataire à vie, à moins qu'il ne soit accroché à sa peur d'être abandonné. En ce mois de juillet, cicatrisez vos blessures sentimentales; il y en a généralement plus d'une.

Vie de couple–famille–budget–travail — Quoi de plus important que la vie familiale? C'est en général ce que disent les gens. Mais, malgré tout, il y a de nombreuses ruptures et familles reconstituées. Nous assistons à un «mélange» parental où la vie n'est pas aussi simple que le souhaitent les familles reformées. Si telle est votre situation, votre partenaire et vous devrez longuement discuter au sujet de l'attitude des enfants qui continuent d'appartenir au clan précédent et qui souvent espèrent que leur père et leur mère retourneront ensemble. Si rien dans votre horizon de parent ne laisse entrevoir paix et vie commune avec votre ex, il faudra le dire à vos enfants dans le langage de leur âge. Juillet n'est pas une promesse de paradis sur terre. Vous êtes un signe double et il arrive que vous vous sentiez assis entre deux chaises. Tel que je l'ai expliqué au fil des mois précédents, vous avez tendance à faire du surplace plutôt qu'à aller vers un futur où naturellement il y aura des rebondissements de tous genres.

En tant que mère et femme au travail, vous avez dans votre ciel de nombreuses planètes dans des signes féminins qui créent un équilibre avec votre signe masculin ou, au contraire, qui le combattent. Vous avez tendance à jouer à qui contrôle qui ou à qui fait les meilleures critiques envers l'autre. Cette pièce de théâtre à deux acteurs pourrait bien commencer le 15. Si des membres de la famille interviennent pour donner leurs opinions et leurs conseils, soyez certaine qu'en ce mois de juillet débutera une série dramatique. Sur le plan professionnel, vous êtes débrouillarde, ambitieuse, vous excellez dans le domaine des relations publiques. Si vous êtes derrière quelqu'un qui fait carrière et que vous vous occupez de l'organisation et de l'administration, vous aurez un succès fou. Si vos enfants sont assez grands pour prendre soin d'eux et que vous leur avez inculqué le sens des responsabilités, vous pouvez aller au travail sans vous inquiéter. S'ils sont petits et que vous avez besoin d'une gardienne, celle-ci prend des vacances mais, en peu de temps, vous en trouverez une autre, possiblement un membre de votre famille qui est déjà attaché aux vôtres.

En tant que père et homme au travail, faites-vous partie de ceux qui fuient dès qu'il faut passer aux choses sérieuses concernant les enfants ou êtes-vous présent à eux durant cette période de congé où parfois les préadolescents ne savent pas quoi faire d'eux-mêmes? Quand les enfants sont très jeunes, vous laissez presque toutes les décisions les concernant à votre conjointe. En famille reconstituée, la patience vous fait défaut tant envers les vôtres qu'envers les enfants de votre conjointe. Côté carrière, les plus chanceux sont encore ceux qui travaillent dans le milieu des communications et de l'art. Dans le domaine de la construction et dans les emplois où le travail est principalement physique, il y a dans l'air un mouvement de contestations. En tant qu'administrateur, ne comptez pas vous reposer : les négociations seront longues et épuisantes. Le ciel vous informe qu'en aucun temps vous ne devrez être tranchant.

Clin d'œil sur les baby-boomers — Quand vos enfants ont des problèmes financiers ou que vous voyez l'un d'eux plus souvent parce qu'il est question de séparation, ce n'est pas à vous de prendre la moindre décision. Vous pouvez écouter, hocher la tête, le laisser parler de ce qui se passe et s'est passé ; vous pouvez aussi le laisser s'appuyer sur votre épaule afin de pleurer mais, au risque de répéter, ne l'influencez d'aucune manière. Si jamais vous interveniez, vous seriez mis au banc des accusés en cas d'échec. Il est normal de vouloir le meilleur pour ses enfants. Si vous jouez encore le protecteur avec vos enfants adultes, vous les infantilisez ; viendra le jour où ce sera lourd à porter parce qu'ils risquent d'être incapables de décider de quoi que ce soit. L'amour est enveloppant mais jamais contrôlant. En ce mois de juillet, il est possible que vos vacances ne se passent pas comme prévu. Des événements non désirés vous forcent à réduire les distances ainsi que le nombre de périples que vous vous étiez promis de faire. Quant à l'amour, le deuxième décan est le plus attirant, mais il n'est pas dupe : si la romance lui plaît, il sait quand un flirt ne sera qu'un flirt.

AOÛT 2007

Sous l'influence du Nœud Nord en Poissons — Vous comprenez maintenant l'importance du Nœud Nord en Poissons. Non seulement exerce-t-il une influence sur toute l'humanité mais également sur votre signe. Il est dans le dixième signe du vôtre et, vu l'entrée de Mars en Gémeaux à compter du 8, il vous lance un autre appel au calme. Il sera important de vous réserver des périodes de réflexion qu'aucune distraction ne viendra troubler. Méditer, prier sont aussi des manières d'être proche de vous-même et d'interdire à autrui toute possibilité de conversation. Vous êtes né de Mercure, qui symbolise l'esprit qui cogite et planifie sans cesse mais, lorsque vos plans ne se déroulent pas tel que vous le souhaitez, cette planète s'agite dans tous les sens. Bien que vous ayez l'air de vivre joyeusement, cette année, sous le Nœud Nord en Poissons et, ce mois-ci, sous Mars dans votre signe à compter du 8, vous perdez de vue le plaisir ; cela peut se manifester par une sensation d'oppression au niveau de votre respiration. Si vous avez quelques bons amis, reprenez contact avec eux. Ils sauront quoi vous dire pour vous rassurer. Le déséquilibre du mois d'août pourrait avoir plusieurs sources : on vous annonce que désormais votre poste sera à temps partiel ou encore vous avez peur de perdre votre emploi alors que rien ne laisse supposer une telle possibilité ; votre couple bat de l'aile et vous ne savez plus comment vous rapprocher de votre partenaire ; vous êtes très inquiet au sujet d'un enfant dont la santé n'est pas reluisante. En somme, de nombreux événements personnels peuvent bousculer votre quotidien. Votre pire réaction serait la panique, laquelle vous conduirait à des colères, généralement envers ceux qui les méritent le moins.

Vie amoureuse du célibataire — À compter du 10, Vénus entre en Lion où est déjà Saturne. Heureusement, ces deux planètes en signe léonin augmentent votre magnétisme et votre charme. Vous retrouvez le conquérant en vous. Naturellement, avec vous, tout commence par une conversation banale, dont des commentaires sur la pluie et le beau temps, ce qui n'effraie personne. Il y a dans l'air la possibilité que vous rencontriez une personne de 7 à 10 ans plus âgée ou plus jeune que vous. Le temps n'a pas la même empreinte sur chacun de nous; il permet aux uns un mûrissement intellectuel et émotionnel, alors que d'autres se comportent comme des éternels adolescents. Vous croiserez quelqu'un dont l'étape de vie correspond à la vôtre; cependant, ne vous attendez pas à ce que, du jour au lendemain, on vous déclare un amour fou. Si jamais une telle chose se produisait, dites-vous que cette personne confond sans doute attirance physique et amour. Si c'est bien ce que vous voyez en elle, ayez l'honnêteté de lui faire part de votre constatation.

Vie de couple–famille–budget–travail — On ne peut tout prévoir; il faut naviguer sur la vie avec les imprévus. Il est possible qu'en ce mois d'août votre partenaire ou vous receviez une triste nouvelle, par exemple qu'on a annoncé à un parent que vous affectionnez une maladie dont il n'est pas facile de relever. Vous aurez le cœur en miettes. Cela signifie aussi que vous chambarderez vos horaires pour être à ses côtés plus souvent. Sous votre signe, on respecte énormément les malades. Vous êtes généralement proche de ceux qui vieillissent dans la famille et qui ont besoin d'aide. C'est pour vous une manière de prendre conscience de la fragilité humaine tout autant que de sa force quand elle se tire d'un mauvais pas. Vous rapprocher de ceux qui souffrent à cause de leur grand âge vous rappelle que vous êtes aussi éphémère et qu'il n'y a pas une minute à perdre à s'en faire pour tout et pour rien. Votre belle logique se doit de faire face à ce que vous ne pouvez planifier, à ce à quoi vous n'aviez pas songé et à ce que vous pensiez ne jamais voir arriver.

En tant que mère et femme au travail, vous profiterez pleinement de vos vacances et, si vous en avez les moyens, vous pourriez vous offrir un petit voyage à l'étranger mais sans vos enfants ni votre conjoint; vous avez besoin de vous consacrer du temps pour refaire le plein d'énergie. Partir avec des copines auxquelles vous n'avez pas constamment à répondre et qui ne demandent rien vous ferait le plus grand bien. Certaines le feront parce qu'elles sont suffisamment fortunées ou parce qu'elles peuvent compter sur une gardienne qui sera une mère remplaçante pour leurs enfants. D'autres entreprendront ce voyage avec leur conjoint afin de profiter pleinement de sa présence. Si vous sillonnez les routes de chez nous et partez à la découverte d'un coin du pays encore inconnu pour vous, vous devrez être plus prudente que jamais au volant. Sur le plan professionnel, c'est un peu au ralenti. Mais les jours où il y a de l'action, ça n'arrête pas du matin au soir.

En tant que père et homme au travail, vous êtes de retour au boulot, vous préparez déjà la prochaine saison. Si vous travaillez à un projet et que vous avez réussi à réunir un groupe de fortes têtes et d'ambitieux, bien que tout parte d'une de vos idées, il sera bon d'écouter ce que vos partenaires ajouteraient, supprimeraient ou modifieraient dans vos plans. Quel que soit votre emploi, vous serez constamment demandé et principalement si votre métier est en relation avec l'aide à autrui. À compter du 20, vous ressentirez un énorme besoin d'être plus proche de vos enfants, surtout s'ils sont encore jeunes. La vie elle-même se charge de créer ce rapprochement. Il est possible aussi qu'à de nombreuses reprises, votre conjointe étant occupée par un travail très prenant ou un proche parent qui traverse une période difficile, vous ayez à accomplir un plus grand nombre de tâches domestiques et paternelles. Certains d'entre vous pourraient recevoir des nouvelles décevantes, par exemple l'obligation d'aller vivre dans une autre ville à cause d'un transfert. Au début, cela bousculera vos vies familiale et sentimentale, mais faites confiance au temps.

Clin d'œil sur les baby-boomers — Grand-papa ou grand-maman, un de vos petits-enfants aura besoin de vous voir davantage. Si vous l'observez, vous vous rendrez compte qu'en votre présence il est plus calme, plus rassuré et plus confiant face à l'avenir. Il vous confiera aussi quelques secrets de famille ou vous parlera d'inquiétudes fondées ou non. Qui de mieux que les grands-parents Gémeaux pour stimuler un préadolescent ou un adolescent? Et puis ce n'est pas parce que vous avez pris de l'âge que vous êtes moins actif. En proposant de l'action à cet enfant, vous lui donnerez le goût de faire partie du monde, vous le soulagerez de la mélancolie qui frappe souvent les jeunes. Du 16 jusqu'à la fin du mois, vous changerez quelques-unes de vos habitudes. Certains ont une âme d'aventurier et le désir de vivre leur vieil âge le plus longtemps possible mais dans un environnement plus calme. Il sera donc question d'un déménagement; vous serez plus nombreux à vouloir habiter la campagne ou du moins à vous éloigner de la grande ville. Les uns préparent leur retraite et savent ce qu'ils en feront; ils iront s'inscrire à des cours en vue de profiter au maximum de cette nouvelle portion de vie.

SEPTEMBRE 2007

Sous l'influence du Nœud Nord en Poissons — À compter du 3, Saturne entre en Vierge pour un séjour de deux ans et demi. En ce moment, le Nœud Nord, encore en Poissons, fait face à Saturne dans le quatrième signe du vôtre. Vous aurez une foule de questions à vous poser quant à votre rôle parental, et ce, quel que soit votre âge. Ce sera comme si tous vos souvenirs d'enfance enfouis surgissaient d'un seul coup ; vous vous demanderez qui vous a fait quoi, qui a influencé votre destin, si vous l'avez choisi ou non. Êtes-vous encore fâché contre un parent ou quelqu'un d'autre pour vous avoir fait rater un chemin de vie ou ne devez-vous pas plutôt vous dire qu'à une certaine époque vous n'étiez tout simplement pas suffisamment confiant pour faire vos propres choix ? Si vous avez entre 27 et 31 ans, vous entreprenez un voyage au cœur de vous-même ; beaucoup de choses changeront malgré vous et d'autres parce que vous l'aurez voulu. Cela fait partie des cycles de la vie. Si vous avez entre 55 et 61 ans, vous êtes dans une phase où on se recycle.

Vie amoureuse du célibataire — Sous Vénus en Lion et Mars encore en Gémeaux jusqu'au 29, vous aurez à choisir entre deux personnes fort intéressantes. Vous attirerez particulièrement les signes de feu : Lion, Bélier ou Sagittaire, votre signe opposé ou complémentaire. Il faut que vous sachiez que votre insécurité n'a aucun intérêt pour un de ces signes. Le feu va de l'avant et il a horreur de la souffrance. Un signe de feu est par nature optimiste ; il n'aime pas qu'on se lamente. L'action positive l'intéresse, c'est pourquoi le feu est si stimulant et dynamisant pour vous. Votre signe est régi par Mercure, qui adore la réflexion et la conversation, mais, quand vous rencontrez un signe de feu, vous ne pouvez plus vous contenter de réfléchir et de discuter, il vous pousse à passer à l'action. Même si ce n'est pas un signe de feu qui vous attire, ce sera de toute manière quelqu'un qui n'est pas statique.

Vie de couple–famille–budget–travail — C'est le retour à l'école pour vos enfants. Naturellement, un tas de dépenses supplémentaires vous attendent et c'est toujours plus cher que ce à quoi vous vous attendiez. Mais vous essayez de ne pas trop regarder votre budget, que vous dépassez une fois de plus. Préadolescents et adolescents font des choix de tenues vestimentaires à la mode, et ce n'est pas donné ! Mais vous savez que, de toute manière, comme chaque année, vous allez passer à travers.

En tant que mère et femme au travail, vous souhaiteriez, de temps à autre, avoir deux têtes et tous les membres en double pour satisfaire les demandes de chacun. Sur le plan professionnel, quel que soit le domaine dans lequel vous êtes impliquée, vous donnez votre maximum; vos heures de travail sont longues et peut-être êtes-vous en compétition avec d'autres collègues. C'est la course à la promotion et, pour l'obtenir, il faut produire plus que les autres. Vous excellez dans ce type de situation. Si vous êtes dans le domaine de la justice, quelle que soit votre fonction, des événements hors de l'ordinaire vous mettront en vue. Si vous êtes en affaires, comme beaucoup de femmes de votre signe, il est possible que vous alliez à la rencontre d'un client dans un autre pays, voyage important au cours duquel vous augmenterez considérablement votre marge de profits. Il est rare qu'une femme Gémeaux choisisse de rester à la maison pour veiller exclusivement à l'éducation de ses enfants: votre signe d'air supporte mal d'être confinée entre quatre murs même s'il y a beaucoup d'action dans la maison. Si vos enfants vont maintenant à l'école, vous songerez sérieusement à vous inscrire à un cours afin de réintégrer le marché du travail. Le conjoint qui vous a toujours soutenue dans vos démarches sera encore plus présent ce mois-ci, car il sait à quel point vous êtes importante pour lui et pour toute la famille.

En tant que père et homme au travail, si votre emploi n'est pas stable, que vous êtes à la merci d'une administration changeante, sous la présence de Saturne en Vierge, vous penserez sérieusement à monter votre propre entreprise. Vous en discuterez avec votre conjointe. Si elle est audacieuse et qu'elle croit en vous, elle vous appuiera. Si vous êtes jeune et amoureux, elle vous demandera si vous aimeriez être père. Vous ne laisserez aucun doute planer en lui répondant que vous en seriez enchanté. Pour certains, il s'agira d'une première paternité. Si votre travail vous oblige à de nombreux déplacements, soyez plus prudent qu'à l'accoutumée sur les routes et ne répondez jamais à un chauffeur enragé.

Clin d'œil sur les baby-boomers — Si vous avez l'âge de vous préoccuper de vos os et de votre résistance physique qui décline, avec l'entrée de Saturne en Vierge le 3, des douleurs chroniques vous obligeront à voir votre médecin et à passer un examen médical complet. Les hommes sont souvent très orgueilleux et ils refusent souvent de le faire. Il est inutile de souffrir quand il est possible d'être soulagé et même guéri. Les femmes de votre signe n'agissent pas ainsi et font attention à leur santé. Ce mois-ci, vous êtes un brin inquiet à l'idée de la retraite qui arrive. En tant que Gémeaux, il faut faire des plans parce que, si vous n'avez aucun projet, aucun but fixe, vous deviendrez un tourmenté de plus sur la planète.

OCTOBRE 2007

Sous l'influence du Nœud Nord en Poissons — Tout au long du mois, le Nœud Nord en Poissons est opposé à Saturne en Vierge. Cet aspect astral symbolise que famille et carrière sont au centre de vos préoccupations. En ce qui concerne la famille, l'aspect prend des proportions importantes à cause de la présence de Mars en Cancer. Vous offre-t-on un emploi qui vous éloigne de la famille? Avez-vous de sérieux problèmes avec un enfant qui manifeste sa rébellion? Un enfant est-il malade au point de vous empêcher de dormir? Y a-t-il eu querelle entre des parents et vous sentez-vous pris comme dans un étau à essayer de faire revenir la paix? Un parent plus très jeune et que vous affectionnez vit-il une maladie grave que vous avez du mal à regarder en face? Est-ce toute votre existence que vous remettez en question? C'est chacun notre tour de traverser des zones sombres au cours desquelles les réponses se font attendre. Lorsque cela se produit, vous pouvez choisir de vous étourdir en prenant des décisions hâtives donnant des satisfactions de courte durée. Vous pouvez aussi opter pour la réflexion; si vous n'êtes pas capable de retrouver votre équilibre seul, faites-vous aider.

Vie amoureuse du célibataire — Êtes-vous un parent célibataire? Si tel est votre cas, vous savez que vous ne pouvez pas vivre l'aventure de l'amour comme au temps où vous étiez libre comme l'air. En ce mois d'octobre, lorsque vous rencontrerez quelqu'un, une des premières questions qu'on vous posera sera la suivante: «Avez-vous des enfants?» En réalité, ce qui effraie un flirt, c'est souvent ces querelles qui persistent entre ex-conjoints au sujet des enfants après parfois de nombreuses années de séparation. Si vous n'avez pas la garde de vos enfants, même dans le cas où vous avez été peu présent à eux durant votre union, vous avez d'énormes difficultés à accepter d'avoir été privé de la plupart de vos droits parentaux. Si vous en faites votre principal sujet de conversation, votre nouveau flirt, même si vous lui plaisez beaucoup, préférera s'éloigner de votre malaise intérieur. Avis aux parents célibataires : tant que vous n'aurez pas retrouvé votre équilibre émotionnel à la suite d'un divorce ou de plusieurs ruptures, l'amour passera près de vous, mais ne s'arrêtera pas.

Vie de couple–famille–budget–travail — Si vous avez une belle vie de couple, il faut faire en sorte qu'elle se poursuive ainsi. Ne laissez personne vous dire quoi faire en ce qui concerne votre vie familiale ou l'éducation de vos enfants. Vous êtes le parent, votre partenaire et vous connaissez mieux vos enfants que n'importe qui d'autre. Si jamais vous avez des difficultés insurmontables avec votre adolescent ou que vous êtes inquiet au sujet du comportement d'un jeune enfant, évitez de consulter parents et amis, qui voient généralement la réalité à travers leurs propres expériences parentales limitées ; il vaut mieux vous faire aider par un professionnel de votre choix afin d'être éclairé sur ce qui vous semble si chaotique.

En tant que mère et femme au travail, vous êtes généralement très présente au moment des devoirs et des leçons. Vous stimulez vos enfants mais, s'ils sont au primaire, il faudrait cesser de leur répéter que, s'ils étudient bien, un jour ils pourront être médecin, ingénieur, savant, chercheur, comédien, chanteur, etc. Il arrive que vous placiez la barre très haut. Il est important de leur apprendre à aimer l'étude. Vos enfants n'apprécieront apprendre qu'à travers le jeu ; un système de récompenses et de restrictions, en cas d'un échec dû à la paresse intellectuelle, doit être souple. L'essentiel est qu'en aucun temps vous ne condamniez un enfant à faire partie d'une de ces deux catégories : génie ou cancre. Tout intérêt envers le fait d'en savoir plus commence à la maison, se prolonge à la maternelle, puis se poursuit au primaire et ainsi de suite pour le reste de la vie. Si vous ambitionnez un grand succès pour un enfant mais qu'en aucun temps vous ne lui donnez l'exemple du devoir bien accompli, il ne saura plus où il en est : doit-il suivre vos instructions verbales afin de vous faire plaisir, renier sa propre nature et être malheureux, ou doit-il plutôt suivre le modèle de sa mère qui aime ce qu'elle fait et qui progresse au cours des ans ? En tant que signe d'air, vous avez la capacité de rester continuellement en communication avec vos enfants. Sur le plan professionnel, si vous travaillez dans le domaine des relations d'aide, vous serez très en demande.

En tant que père et homme au travail, vous vous sentez dans une situation normale : un homme, ça travaille tout en étant père. En ce mois d'octobre, vous êtes plus inquiet pour vos affaires, et cela se répercute sur vos relations avec vos enfants. Vous leur parlez moins. Quand vos petits curieux posent une question, vous employez la vieille formule «Demande à ta mère!» Beaucoup d'hommes Gémeaux vivent d'énormes transformations professionnelles, s'adaptent à un emploi et à un environnement nouveaux, parfois même à des horaires différents. Un phénomène particulier se produit ce mois-ci: si vous avez toujours été un homme apprécié de vos collègues et de votre patron, tant pour vos accomplissements que votre bonne humeur et votre esprit d'entraide, vous aurez une surprise agréable: un poste plus important, une augmentation de salaire. Si vous vous êtes fait une réputation de dur à cuire, de chef sans merci et que vous avez cru que traiter des humains comme des machines était efficace, vous aurez la preuve du contraire.

Clin d'œil sur les baby-boomers — Tranquillement, vous vous préparez à la prochaine saison et à la froidure de l'hiver. Vous commencez déjà à préparer votre jardin aux semences de 2008. Vous êtes un signe d'air et vous êtes peu nombreux à rentrer des plantes qui vivent dans la maison en hiver, sauf si quelqu'un d'autre s'en occupe. Comme propriétaire d'un ou de plusieurs immeubles, qui constituent votre principale source de revenus, vous penserez à vendre. Si vous savez que le tout vaut un gros magot et que vous avez des problèmes de santé, vous songerez à un exil vers un pays de soleil. Seul ou en couple, vous étudierez cette nouvelle perspective de vie très sérieusement. Les plus fortunés auront de nombreux rendez-vous avec leur conseiller financier. Sinon, vous restez parmi nous; vous ne faites pas de projet pour un aller simple vers un autre pays, mais vous en rêvez. Certains natifs sont très attachés à leur famille et, en vieillissant, comme j'ai pu le constater après 27 années d'observation, les hommes Gémeaux, plus que les femmes du même signe, se rapprochent de leur partenaire et de leurs enfants. Les hommes reprennent le temps qu'ils croient avoir perdu, et les femmes ont besoin de grandes vacances.

NOVEMBRE 2007

Sous l'influence du Nœud Nord en Poissons — En cet avant-dernier mois de l'année, le Nœud Nord en Poissons est en principe la fin de sa leçon dans le dixième signe du vôtre. Il est à souhaiter qu'au fil des mois écoulés vous ayez réglé vos problèmes familiaux et retrouvé votre équilibre émotionnel; il est à espérer que vous savez maintenant que vous ne portez pas le monde sur vos épaules et que, si vous le voulez, vous pouvez demander de l'aide pour tout ce qui vous agace ou vous trouble. Les humains ont besoin d'être à proximité les uns des autres; c'est pourquoi ils ont inventé les villes, les villages, car ils avaient besoin de leurs voisins pour survivre mais aussi de compagnie. Et puis, sans doute dans un lointain passé avez-vous été, en tant que Gémeaux, un rassembleur. En ce mois de novembre, des natifs résistent encore à l'invitation du Nœud Nord en Poissons: plutôt que d'aller vers autrui, ils se retranchent dans la solitude, ils n'essaient de trouver ni bien-être intérieur ni mieux-être extérieur. À compter du 9, si vous faites partie des tristes Gémeaux, par le plus grand des hasards de bonnes gens vous tendront la main; un nouveau cercle d'amis pourrait se former autour de vous. La réponse à cette invitation vous revient.

Vie amoureuse du célibataire — Il y a eu précédemment de nombreuses occasions de rencontrer la perle rare, des moments favorables. Si vous êtes encore célibataire en cet avant-dernier mois de 2007, peut-être avez-vous craint l'engagement? Lors de sorties avec une personne dont vous ne pensiez que du bien, votre raison s'est mise à faire mille pirouettes afin de trouver une faille dans cette union qui semblait possible. Si vous avez vécu une telle situation, cette même personne pourrait réapparaître au moment où vous vous y attendez le moins. C'est peut-être ce qu'on appelle une seconde chance.

Vie de couple–famille–budget–travail — Il y a deux clans de Gémeaux. D'abord, il y a le natif qui vit son signe d'air dans l'excès de la croyance suivante: Dieu nourrit les oiseaux du ciel, alors pourquoi pas lui? Il attend tout d'autrui et réussit à manipuler son prochain de manière à obtenir ce qu'on ne voulait pas du tout lui donner. Certains de ces Gémeaux pères de famille ne s'assument pas et fuient leurs responsabilités. Ceux-ci ont eu, depuis le début de l'année, une foule d'occasions de se reprendre. Certaines femmes de ce clan ont pour ainsi dire vendu leurs enfants à leur conjoint: à sept reprises, j'ai eu en consultation des mères Gémeaux qui, en échange d'une grosse somme d'argent, sortaient de la vie de monsieur et signaient un renoncement à tout droit de visite des enfants. Ces mères étaient malheureuses, mais elles avaient choisi l'argent. Je ne veux porter aucun jugement sur ce genre de décision. Le fait étrange est que toutes ces femmes étaient des Gémeaux pour qui vivre dans le *jet set* ou avec un amant dépareillé était plus important que leurs enfants.

Mais il y a aussi l'autre clan de Gémeaux. Le natif de ce groupe est économe, ce qui peut aussi devenir un trait exagéré parce qu'il s'inquiète pour l'avenir. Il prend tout au sérieux. Comme parent, il fait tout pour que ses enfants ne manquent de rien. Ce Gémeaux du clan des responsables est un habile négociateur, doué pour le commerce et pour tout emploi où les discussions s'imposent avant des transactions. Ses enfants, dès leur naissance, sont intellectuellement stimulés parce qu'il a à cœur de les voir réussir leur vie quand ils seront adultes. Pour lui, le savoir, c'est le pouvoir et l'indépendance économique. Il n'a pas tort; cependant, il oublie la part émotionnelle et les besoins de tendresse et d'affection de ses enfants. En cet avant dernier-mois de l'année, le Gémeaux trop léger se rend compte qu'il a délaissé des gens, dont son partenaire et ses enfants, et qu'il a été à la source de leurs difficultés et il fait son mea-culpa. Comme tous les Gémeaux, il est insistant : s'il veut reprendre contact avec sa progéniture qui a grandi sans lui et payer sa dette, il réussira. Le Gémeaux extrêmement sévère avec lui-même et qui exige la discipline en tout temps prend conscience que, lentement, ses enfants s'éloignent de lui, qu'ils le craignent. Il aura l'intelligence de s'expliquer de façon calme et sereine avec ses enfants, qui ont l'âge de bien comprendre. Quant aux bébés, il n'a qu'à leur manifester l'amour qu'il a pour eux ; il peut leur enseigner beaucoup en jouant avec eux.

En tant que mère et femme au travail, vous vous débrouillez à merveille même si c'est le branle-bas de combat dans l'entreprise où vous êtes employée. Le climat qui règne dans le milieu professionnel n'est pas reposant ; aussi, au retour à la maison, vous devrez vous abstenir de faire de gros travaux et prendre au moins quelques soirées pour vous reposer et récupérer.

En tant que père et homme au travail, vous luttez et c'est parfois un féroce combat pour accéder au pouvoir, obtenir une promotion. Si monsieur Gémeaux a eu une attitude agressive depuis plusieurs mois, parfois sans raison, si, comme on dit chez nous, « il a passé ses nerfs sur les autres », il recevra un sérieux avertissement, s'il n'est pas congédié. Le gagnant sur le plan professionnel, c'est l'artiste, le créateur, l'innovateur ; quand il insiste pour faire valoir sa création, il le fait en douceur. Quand on s'oppose à ce type de Gémeaux, qui peut aussi posséder un petit commerce, il se comporte comme un prince envers ses clients parce qu'il s'est rendu compte qu'ils sont plus tendus qu'à l'accoutumée. Le ciel de novembre est orageux pour ce natif, mais il touche aussi bon nombre de gens.

Clin d'œil sur les baby-boomers — Il est important de vous occuper de votre santé si vous ressentez des malaises. Les femmes tiennent à mener une vie active le plus longtemps possible et n'hésitent pas à consulter lorsqu'une douleur est récurrente. Ces messieurs ont tendance à faire comme si les maux dont ils souffrent n'existaient pas, et ce, malgré l'évidence et leur fatigue physique, qui arrive longtemps avant d'aller au lit. Des dérèglements de l'organisme surviennent malheureusement avec le vieillissement, mais ils ne sont pas des condamnations à mort, juste des avertissements pour vous signifier que vous ne pouvez en faire autant que lorsque vous aviez 20 ans. Si vous êtes à la retraite sans activités ni emploi qui vous permettent d'être en relation avec autrui, vous êtes probablement mécontent de vous et de tout. Profitez donc de l'approche du temps des fêtes pour trouver un travail simple ou faites du bénévolat. Il est important que vous vous sentiez utile.

DÉCEMBRE 2007

Sous l'influence du Nœud Nord en Poissons puis en Verseau — Jusqu'au 18, le Nœud Nord est en Poissons et fait face à Saturne en Vierge. Il se querelle un peu avec Mercure durant les premiers jours du mois, mais c'est en principe la fin de vos récriminations. Le 19, avec l'entrée du Nœud en Verseau, vous assisterez progressivement à votre prochaine transformation, à une ouverture plus grande de vos possibilités. Vous aurez plus de tolérance envers le genre humain, plus de confiance en vous ; vous ressentirez un puissant désir d'explorer et cesserez de rejeter les gens qui ne disent pas comme vous, qui pensent d'une manière opposée à la vôtre. En réalité, c'est votre peur du futur qui va s'estomper et, quand la peur se tait en soi, il faut la remplacer : le vide ne reste jamais vide, c'est un principe physique. Vos angoisses s'évaporeront en grande partie, mais ne croyez pas que vous n'en n'aurez plus aucune. Bref, sous le Nœud Nord en Verseau, vous ferez de la place à la création ou à la reconstruction de votre vie.

Vie amoureuse du célibataire — Si vous avez la manie d'interroger ceux que vous rencontrez plutôt que d'avoir une simple conversation avec eux, durant ce mois, le détective en vous n'a rien de bien séduisant. Les hommes sont plus portés que les femmes à adopter ce genre d'approche et ces messieurs qui étaient célibataires en début d'année le sont encore puisqu'ils lisent ce paragraphe. Durant ce mois de décembre, enquêteur ou non, homme ou femme, vous attirerez vers vous des personnes extrêmement sensibles. Certains célibataires ont des leçons à vous apprendre sur la tolérance, la compassion, la sentimentalité et surtout sur l'écoute. Il vous arrive de penser à mille autres choses pendant qu'on vous fait des confidences. Si votre mémoire emmagasine tout ou presque, la partie de votre cerveau qui gère l'épanchement, la bonté, la générosité envers autrui est peut-être sclérosée, la spontanéité est enrayée par des raisonnements, des dogmes ou des choses apprises par cœur. En peu de temps, vous réussissez à connaître tous les secrets d'une personne qui vous plaît, vous savez quelles sont ses aspirations, ses désirs, ses ambitions, sa vision du couple idéal. Après cela, inconsciemment ou non, c'est un peu comme si vous aviez des armes pour qu'elle puisse davantage s'attacher à vous. Mais l'amour n'est pas une guerre et l'engagement n'est pas un emprisonnement à vie. La vie à deux n'est pas un camp de concentration. En tant que célibataire, si vous continuez à entretenir ce genre d'idées, vous resterez seul.

Vie de couple–famille–budget–travail — C'est le dernier mois de l'année. On magasine les cadeaux et, naturellement, on dépense plus que prévu. Jusqu'au 17, Jupiter est conjoint à Pluton en Sagittaire face à votre signe ; ce n'est pas ce qu'on appelle un aspect facile en ce qui vous concerne. Alors que vous avez fait une foule de projets pour cette période des fêtes, voilà que les uns et les autres réclament votre attention, vos services et même de l'argent. Si vos parents sont très âgés et que la santé de l'un d'eux est extrêmement fragile, vous ne serez pas surpris qu'il soit hospitalisé, mais vous auriez souhaité qu'il passe le mois de décembre avec un maximum d'énergie. Si, au cours de l'année qui s'est écoulée, l'un d'eux est décédé et que son testament n'était pas clair, il est possible que la querelle qui couvait entre les héritiers, frères et sœurs, soit maintenant une guerre. Comme je l'ai expliqué précédemment, il y a deux clans de Gémeaux : le membre du premier groupe veut tout, même ce qui n'est pas à lui ; le natif de l'autre clan est un être responsable, juste, honnête qui jamais ne trahirait ni ne volerait les membres de sa famille.

Sur le plan professionnel, si vous possédez une entreprise familiale, vous suggérerez un nouveau développement plus adapté aux besoins de masse actuels. Vous profiterez des rencontres et des fêtes plus nombreuses pour en discuter avec les intéressés, ce qui ne vous empêchera pas d'avoir du plaisir. Vos enfants vous soumettront de longues listes de cadeaux, mais vous ne pourrez tout leur donner : certaines demandes seront hors de prix. Vous pourrez facilement satisfaire les plus petits. Ce qui compte pour eux, bien plus que les jouets, c'est leur proximité avec papa et maman. Quant à vos préadolescents et adolescents, ils rêvent plutôt aux gadgets informatiques, au téléphone cellulaire et au permis de conduire. Ils savent que ce n'est pas au père Noël qu'il faut adresser leur bon de commande mais à leurs parents. Si vous acceptiez de répondre à leurs demandes, vous ne pourriez peut-être pas payer vos taxes au cours de la prochaine année. Vous devrez être parfaitement cohérent quand vous leur expliquerez ce que vous pouvez et ne pouvez pas leur offrir. Ne faites jamais une promesse que vous savez ne pas pouvoir tenir.

Hommes et femmes de votre signe ont souvent deux emplois en cette période de l'année, le but étant d'être en mesure de faire des cadeaux. En d'autres mots, vous travaillez pour ensuite rapidement vous défaire de l'argent gagné, et ce, pour ne pas perdre la face devant les parents et amis. Si vos moyens sont limités, vous devez accepter de ne pouvoir être généreux comme vous l'étiez avant. Même si vous surprenez ces gens en vous présentant à leurs fêtes sans cadeaux dans les mains, ils ne vous en tiendront pas rigueur. L'année 2008 en sera une où commenceront les restrictions en tous genres, alors entraînez-vous en cette fin de 2007 en admettant vos limites financières. Les gens riches qui peuvent tout s'offrir sont rares. Mais Noël et la veille du jour de l'An sont les mêmes pour tous : un temps de réunions. En ce qui touche les finances, transactions et placements doivent être mesurés et réfléchis. Si vous êtes heureux en amour, ne laissez pas quelques petites planètes agaçantes vous faire oublier votre chance. Le bonheur partagé n'est pas accordé à chacun de nous.

Clin d'œil sur les baby-boomers — Sous l'influence du Nœud Nord, qui entre en Verseau à compter du 19 et qui ne sera plus en face du Poissons, vous verrez la vie d'une manière plus optimiste. Votre rôle auprès de vos petits-enfants s'élargira. L'esprit de famille qui s'était un peu dilué retrouvera sa place. Dans les mois qui suivront, et peut-être même durant la période des fêtes, on vous apprendra que votre lignée se poursuivra. À compter du 19, les planètes donnent des indices de retraite alors qu'on vous a fait une offre dorée. Mais peut-être est-ce le temps de vous retirer et vous le savez. Ce sera alors avec beaucoup de sagesse que vous vous détacherez d'un travail qui vous a permis de bien vivre et qui vous a aussi rendu heureux ou du moins satisfait. Vous ouvrirez donc votre coffret secret contenant la clé qui ouvre l'accès à une autre étape et à la réalisation d'un rêve dont vous n'avez jamais parlé à qui que ce soit, pas même à votre partenaire.

Prévisions 2007 selon votre ascendant

GÉMEAUX ascendant BÉLIER

Vous serez un peu égaré au cours de 2007 ; tantôt vous vous considérerez comme une personne très chanceuse et, à d'autres moments, comme quelqu'un qui ne réussit jamais rien. Que d'exagération ! Vous subissez la pression de Jupiter et de Pluton en Sagittaire. Ce n'est pas l'envie de prendre la fuite qui vous manquera mais hop ! voilà que tout à coup, comme par magie, votre désespoir se transformera en une belle réussite. Pour tout ce qui concerne vos gros projets à long terme, foncez, ne vous arrêtez pas d'y croire et d'y travailler, car, si vous êtes resté immobile au cours des huit mois précédents, divers événements vous décevront. En effet, à compter de septembre, sous l'influence de Saturne en Vierge, les obstacles pourraient être plus nombreux. Voilà pourquoi il vous faut faire le maximum afin d'entreprendre la traversée de Saturne en Vierge avec un minimum de soucis. Pour préserver votre union amoureuse, il vous faudra être plus attentif, délicat, romantique. Querelles à répétition, argumentations, disputes, absence de solutions, voilà un cocktail plutôt explosif et propre à séparer deux personnes qui se sont pourtant beaucoup aimées. Une particularité quant à vos signe et ascendant, du début de 2007 jusqu'en septembre, vous pourriez avoir de la chance au jeu. Achetez vos billets les jours de Lune en Gémeaux, en Sagittaire et en Bélier. Pour savoir où se trouve la Lune dans ces trois signes, il vous suffit de consulter, à la fin du livre (voir à la page 501), le tableau des positions lunaires pour chaque jour de l'année.

GÉMEAUX ascendant TAUREAU

Votre Soleil est carrément positionné dans le deuxième signe de votre ascendant. Vous êtes un amalgame de Mercure et de Vénus. Dans son symbolisme de signe de terre, il signale que, d'abord et avant tout, vous avez un besoin incontrôlable de vous mettre à l'abri de la misère financière. Vous êtes prêt à travailler très fort pour votre confort. Comme il y a toujours deux clans de Gémeaux, peut-être faites-vous partie de ceux qui dépensent toujours tout, qui n'achètent que des biens de luxe : voiture, maison, ameublement hollywoodien, etc. Si vous avez un revenu de millionnaire, il n'y a aucun mal à vous faire plaisir : vous pouvez payer vos comptes sans vous torturer. Mais il y a peu de riches parmi nous et, quand un Gémeaux/Taureau vit au-dessus de ses moyens, il n'est pas impossible qu'un jour ses créanciers reprennent ce qu'il ne peut payer. Tout au long de l'année 2007, il sera important de surveiller vos finances. Si vous détenez une fortune, la prudence est sérieusement conseillée en ce qui concerne vos placements : les risques doivent être minimisés au maximum. Si vous avez une entreprise rentable, en 2007, vous désirerez prendre de l'expansion. Cependant, le ciel est à l'orage, et les partenaires d'affaires doivent absolument être passés au peigne fin pour vous assurer de leur honnêteté. Si, malheureusement, toutes vos possessions sont à crédit, il serait sage de faire un budget afin de rembourser vos dettes. Cessez de croire qu'un jour vous gagnerez à la loterie et qu'ainsi tous vos problèmes seront réglés. Si vous avez une telle pensée magique, vous avez besoin d'aide.

Le ciel de 2007 vous mettra en relation avec des personnes que vous n'avez pas vues depuis plus de 10 ans. Si à l'époque vous avez utilisé ces gens pour leurs talents sans jamais leur dire merci, ne soyez pas étonné de la distance qu'on prendra vis-à-vis de vous. Vous ne vous rendez pas toujours compte que vous demandez beaucoup et que vous tenez pour acquis les services qu'on vous rend. Vous entrez dans un nouveau cycle de vie qui vous suggère de prendre votre destin en main. Vous pourriez être sérieusement ébranlé par la maladie d'un proche que vous affectionnez ou par la mort d'un parent âgé et bien-aimé. Si vos enfants sont des préadolescents ou des adolescents, vous connaîtrez les surprises qui arrivent avec cette étape de la vie. Certains enfants de Gémeaux vivent des rébellions qui ne sont pas très inquiétantes, mais il arrive que l'un d'eux soit en réaction contre ses parents, contre l'éducation qu'ils lui ont imposée, contre les tenues vestimentaires qu'ils ont toujours choisies à sa place, contre les aliments naturels qu'il lui a fallu avaler même quand il en détestait le goût, etc. Sachez que, si l'enfant est dans une telle colère, c'est qu'il n'a pas ressenti le genre d'amour que vous lui avez donné. Pour comprendre la situation, demandez-vous quel genre d'amour parental vous avez reçu, parce qu'on ne peut donner ce qu'on n'a jamais eu dans le monde des sentiments.

GÉMEAUX ascendant GÉMEAUX

Vous êtes extrêmement intelligent et très adroit verbalement. Mais parfois vous dites des mots qui dépassent votre pensée. Vous êtes tellement « mercuriel » qu'il vous arrive de croire que vos idées sont les meilleures. En conséquence, vous n'écoutez pas celles de gens qui en ont aussi d'excellentes. Vous acceptez mal les critiques, elles peuvent même vous mettre en colère. Mais vous n'êtes nullement intimidé quand on vous fait un reproche parce que vous êtes toujours prêt pour une réplique sèche et froide. Quand votre Soleil est dans votre Maison 1, vous aimez qu'on déroule le tapis rouge sur votre passage et souvent vous choisissez un métier où on vous remarque, où vous faites parler de vous. Vous êtes le type vedette.

Si telle est votre attitude, vous devrez changer et respecter ceux qui vous entourent : vos parents, votre cercle réduit d'amis, vos nombreuses connaissances actuelles ainsi que les nouvelles que vous ferez en 2007. Cette année, vous devrez payer vos dettes et réparer les blessures émotionnelles causées à autrui. Vous devrez aussi vous attendre à de multiples changements dans votre milieu de travail. Pour certains, le couple sera fortement ébranlé. En tant que Gémeaux/Gémeaux, votre Soleil peut être positionné en Maison 12, ce qui sous-entend que vous êtes un être secret, logique mais avec moins d'ambition que le natif dont j'ai parlé précédemment. Il arrive à un natif de votre type de perdre presque totalement son sens du calcul pour s'adonner à une œuvre humanitaire. Si vous faites partie des « mercuriels » humanistes, on apprécie votre présence, car vous êtes rassurant. Quel que soit votre emploi, il y a toujours quelqu'un qui a besoin d'aide. Vous serez là pour les gens souffrants et très souvent en 2007. Vous avez beaucoup appris de votre propre souffrance ; vous êtes capable d'écoute et vos mots sont alors ceux d'un Gémeaux/Gémeaux qui est passé au rang de grand sage.

GÉMEAUX ascendant CANCER

« Y en a qui bougonnent plus souvent qu'à leur tour » est une expression que ma mère utilisait lorsqu'un de ses enfants faisait des récriminations. En tant que Gémeaux/Cancer, vous vous sous-estimez. Les critiques verbales sont des complaintes et des appels à l'aide. Vous aimeriez que quelqu'un vous éclaire, vous mette sur la bonne piste. Votre Soleil dans le douzième signe de votre ascendant fait de vous un artiste qui peut très bien s'accomplir. Mais peut-être faites-vous un métier ou exercez-vous une profession uniquement pour gagner de l'argent, ce qui soulage vos insécurités financières mais ne vous plaît pas vraiment. Vous avez l'impression de n'être qu'un pantin parmi d'autres. Si vous avez un penchant pour les arts mais que vous êtes, par exemple, devenu comptable, pourquoi ne pas utiliser votre talent et lentement, au fil des ans, devenir un artiste avec un grand A?

Vous avez une belle corde à votre arc, vous êtes bon et généreux envers autrui. Un travail dans lequel vous pouvez aider les autres : infirmier, médecin, ambulancier, policier, pompier, un métier qui vous donne l'occasion de protéger et de sauver des vies vous va comme un gant. Si c'est votre cas, vous ne chômerez pas en 2007 et, à quelques reprises, vous serez un héros. Avec un ascendant Cancer, l'amour est une nécessité pour votre équilibre mental, émotionnel et psychique ; cependant, on ne comprend pas toujours ce que vous expliquez. Vous êtes sentimentalement énigmatique et en 2007, si vous avez une vie de couple à laquelle vous tenez beaucoup, vous devrez vous laisser aller et déclarer votre amour. Votre partenaire ne vous devine pas. Comme célibataire, vous serez attiré par une personne d'origine étrangère. Vous enseignerez donc nos coutumes et vous apprendrez celles de l'autre. Un tel amour peut complètement transformer votre destin. Des Gémeaux/Cancer, surtout des baby-boomers, pourraient avoir divers petits problèmes de santé et rendre visite à leur médecin plus souvent.

GÉMEAUX ascendant LION

Le Gémeaux est un être pensant ; le Lion un être de cœur. Fréquemment, il y a en vous le désir d'être un héros pour quelqu'un. Vous avez indéniablement besoin d'être admiré, et ce, depuis votre plus jeune âge. Mais vous avez grandi et vous savez maintenant que les vedettes dont on parle à la télé, à la radio et dans les journaux vous ont supplanté. De toute manière, il est plus important d'être apprécié et aimé par un petit groupe de gens, d'avoir avec eux des échanges agréables que d'être une superstar qui ne peut se déplacer sans son garde du corps. En tant qu'homme Gémeaux, si vous êtes amoureux et que vous n'avez pas encore d'enfant, vous ne vous ferez pas prier quand votre conjointe vous demandera si vous voulez être père. La femme de ce signe désireuse d'être enceinte le sera plus rapidement qu'elle ne s'y attend. La nature participe pour satisfaire votre désir de reproduction.

Cette année, vous serez très créatif. Même si vous avez un emploi régulier, vous mettrez la main à la pâte dans le but que le projet auquel vous tenez tant prenne forme. Tout au long de 2007, vous serez entouré de gens qui appuieront vos démarches et, grâce à d'heureux hasards, vous croiserez des investisseurs ou des partenaires qui croiront en ce que vous faites et en qui vous êtes. Dans l'ensemble, la chance est de votre côté même dans les jeux de hasard. Pour échouer, il faudrait que votre thème révèle une multitude de mauvais aspects et qu'en plus vous manquiez de volonté. Les occasions et l'accès au succès seront devant vous. Les doutes vous habitent et ce n'est pas anormal. Mais il faut transformer ces énergies; elles sont des manifestations de vos peurs et angoisses, qu'il faut modifier pour en faire un moteur propulseur. Vous serez appuyé par votre partenaire amoureux ainsi que par des gens dont les moyens financiers vous permettront de développer un, deux ou même trois projets; la plupart auront un lien avec le domaine des communications modernes. En tant que célibataire, nul ne peut vous ignorer. Parmi vos flirts, un seul retiendra votre attention; instinctivement, vous ferez le bon choix.

GÉMEAUX ascendant VIERGE

Vous êtes si sérieux. L'amalgame Gémeaux/Vierge fait de vous un être magnifiquement intelligent, un penseur et un chef de file. Votre ascendant est l'hérédité ou l'éducation reçue de vos parents, qui ont certainement un grand sens moral et qui sont très travaillants, mais qui ne parlent pas de leurs sentiments. Vous ont-ils dit avec les mots du cœur qu'ils vous aimaient? Peut-être pas. Par contre, vos parents sont des protecteurs, des gens de devoir. Votre ascendant comprend tous les transferts psychiques que vos parents inconsciemment vous ont transmis. Ils ont insisté, mais très subtilement, pour que vous vous engagiez dans des études où la logique est une nécessité. Ils vous ont aussi conseillé de rester humble et vous ont invité, à coups de gentils arguments, à choisir un métier qui offre garanties, protection syndicale, augmentations régulières, avantages sociaux et bonis. En résumé, on a voulu vous mettre un carcan. Votre Soleil étant dans le dixième signe de votre ascendant qui, à son tour, est le quatrième du Gémeaux, vous vous levez, car vous comprenez que vous n'êtes pas un chef ou un modèle familial pour vos frères et sœurs. C'est maintenant clair, vous ne porterez pas toute votre famille sur vos épaules. Vous n'êtes pas non plus un dépanneur qui affiche ouvert 24 heures par jour.

Si vous êtes un spéculateur, il est essentiel de surveiller tous les indices boursiers et de ne pas mettre tous vos œufs dans le même panier. Si vous avez un emploi régulier qui vous ennuie, il faudra freiner votre désir d'en changer : votre démission serait une grave erreur sous le ciel de 2007. Patience, l'an prochain, vous prendrez un tournant professionnel. L'année 2008 sera un gros défi à relever ; ce ne sera pas facile mais, avec de la ténacité, vous serez un gagnant. Parmi vous, plusieurs déménageront, vendront leur maison ou leur condo. Certains natifs n'ayant habité leur nouvelle propriété que quelques années partent parce que l'endroit et l'environnement ne leur conviennent plus. La nature leur lance un sérieux appel, les invite à la vie à la campagne ou dans une petite ville, qui est naturellement moins grouillante.

La maladie d'un parent bien-aimé et très âgé sera source d'une immense inquiétude et, advenant un décès, vous serez plus affecté par sa mort que vous ne voudrez l'avouer. On peut déjà vous entendre dire que, là où il est, il ne souffre plus. Ce n'est pas le défunt qui souffre mais vous. Il vous faudra plusieurs mois pour vous faire à l'idée que plus jamais vous ne le verrez. Le partage des biens pourrait provoquer un chaos dans la famille. Il était pourtant prévu que tout se passerait bien. Malheureusement, vous devez constater qu'un membre de la famille conteste l'égalité de la part de chacun. Quelqu'un parmi les vôtres croit mériter la plus grosse part du gâteau. Son matérialisme et son égoïsme vous surprendront au plus haut point.

GÉMEAUX ascendant BALANCE

Vous êtes un double signe d'air et, en 2007, il sera réchauffé par la puissance du feu de Jupiter ainsi que par Pluton en Sagittaire. La chance se manifestera de plusieurs manières : une promotion, une expansion de votre entreprise, etc. Des personnes ayant une grande influence dans les milieux financiers voudront vous donner un coup de main parce qu'elles sont impressionnées par vos accomplissements. Advenant la proposition d'une association, Jupiter et Pluton étant tout de même face à votre signe, il serait prudent que vous preniez un maximum d'informations au sujet de leurs précédentes affaires. Si le hasard vous met en relation avec de bien bonnes gens, malheureusement certains d'entre vous pourraient faire face à des magouilleurs dont le seul but serait de s'emparer de vos profits et de les transférer dans leur propre compte bancaire. Le ciel prévoit plusieurs voyages, plus particulièrement si vous faites du commerce avec l'étranger. Si votre travail vous oblige à prendre fréquemment la route pour aller à la rencontre de vos clients, dès le retour vous avez à peine le temps de défaire vos valises parce que quelque part on a parlé de vos excellents services et on vous réclame.

Si vous faites partie des nombreux artistes de votre signe et que vous n'en êtes qu'au début de votre carrière, vous pourriez prendre votre envol et devenir soudainement une personne ne pouvant plus passer inaperçue. Si vous êtes amoureux, avec ou sans enfant, il sera question d'une conception. Le Gémeaux/Balance pourrait devenir parent en 2007 ou du moins mettre en route un magnifique bébé. Parmi vous, plusieurs feront un retour aux études afin de terminer une formation ou d'apprendre un métier qu'ils ont rêvé d'exercer pendant longtemps. Si vous êtes dans le domaine des communications informatiques et du virtuel, vous aurez une idée géniale que vous développerez rapidement et dont vous ferez par la suite une affaire en or. En tant que célibataire, c'est au travail, par l'entremise d'un collègue, ou lors d'une activité sportive quelconque que vous pourriez rencontrer votre idéal d'amour.

GÉMEAUX ascendant SCORPION

Vous causez souvent les drames sociaux diffusés dans les bulletins de nouvelles. Vous suivez de près les courbes de la Bourse; dès qu'un de vos titres manifeste un ralentissement, c'est la panique. Votre Soleil étant dans le huitième signe de votre ascendant, il vous faut beaucoup d'argent pour vous sentir en sécurité, au cas où vous perdriez votre emploi, au cas où vous seriez malade, et la liste des «au cas où» s'allonge avec les années qui passent. Vous associez l'argent au pouvoir, à la liberté, à l'indépendance ainsi qu'à la bonne marche de votre couple; pour vous, sans pognon, votre union est en danger. C'est généralement vous qui prenez le contrôle du budget. L'air de votre signe est associé à Pluton, qu'on peut ici comparer au magma en fusion de la terre. Pluton, qui régit votre ascendant, cache bien ses intentions, ses peurs, ses insécurités. En tant que Gémeaux, vous avez la capacité d'être de l'air frais quand le magma plutonien monte vers la surface pour créer un volcan. Vous êtes suffisamment intuitif pour savoir quand vous arrêter lorsque la moutarde vous monte au nez au moment où on est sur le point de découvrir que vous n'êtes généreux que parce que vous retirez plus que vous ne donnez.

Le Gémeaux/Scorpion à l'esprit calculateur et toujours insatisfait, qui ne rend pas heureux ceux qui l'entourent parce qu'il finit par leur imposer le garde-à-vous, ne trouvera pas l'année 2007 très drôle. Les gens qu'il fréquente, avec qui il travaille ainsi que son partenaire senti- mental trouveront le courage de l'éloigner avant de ne plus pouvoir retrouver leur équilibre. Mais il y a l'autre Gémeaux/Scorpion. Il est ser- viable, sa vie n'a un sens que parce qu'il aime son partenaire, ses enfants, sa famille et qu'en plus il leur est utile. Celui-ci est heureux quand les autres le sont et il est prêt à tout pour faire le bonheur de ses proches parce que le bonheur d'autrui, c'est aussi le sien. Ce Gémeaux/Scorpion, au contraire de l'égoïste, recevra sa part du gâteau en 2007. Il progres- sera rapidement sur le plan professionnel et, si jamais il change d'emploi, ce sera assurément pour un meilleur salaire et des avantages plus inté- ressants. Il n'est d'ailleurs pas impossible qu'on lui fasse une offre qu'il ne pourra refuser. Ce sage aura des intuitions hors de l'ordinaire comme si, avant un événement, il en était avisé. Et c'est grâce à une perception extrasensorielle qu'il pourra éviter un grave accident ou la mort à un proche ou à un parfait inconnu. Si vous êtes amoureux, vous n'aurez aucune difficulté à persuader votre partenaire de votre désir de devenir parent.

GEMEAUX ascendant SAGITTAIRE

Il est bien difficile de vous dire non, car vous avez un charme fou. Vous êtes sous un double signe double. Le Gémeaux adore découvrir et, pour le Sagittaire, plus il faut aller loin, plus c'est intéressant. Vous êtes le chercheur des mille et un trésors que recèle l'Univers. Vous détestez les cachotteries. En ce sens, il ne faut pas vous confier un secret : il ne serait pas bien gardé. Il suffit d'un moment intense et intime pour qu'aussitôt vous racontiez ce que vous aviez promis de ne pas révéler. Vous avez généralement un but précis et c'est souvent au début de la vingtaine que vous savez ce que vous voulez faire de votre vie. Dès l'instant où l'idée se pointe, vous ne lâchez plus le morceau et vous êtes prêt à tout pour atteindre votre objectif. Si vous travaillez à un projet depuis plu- sieurs d'années, en 2007, vous remporterez une importante victoire. Si vous avez étudié dans un domaine précis pendant longtemps et que vous désirez un poste dans une entreprise de votre choix, soyez certain que votre nom sera placé sur le dessus de la pile des postulants.

Il n'y a pas meilleur vendeur qu'un Gémeaux/Sagittaire. Votre per- sonnalité ressort, votre dynamisme et votre goût de vivre sont évi- dents. En 2007, sous l'influence de Jupiter et de Pluton en Sagittaire, vous aurez le pouvoir de changer ce qui vous déplaît et d'obtenir plus de satisfaction de ce qui vous plaît déjà. Si vous avez un talent artistique, quel qu'il soit, vous trouverez le moyen de vous mettre en évidence. Si vous faites du commerce, alors que tant d'autres ferment leurs portes, les vôtres s'ouvriront largement pour recevoir encore plus de clients qu'avant. Si vous faites des échanges avec l'étranger, vous réussirez une transaction qui vous fera gagner une petite fortune. Dans l'ensemble, sur les plans professionnel et matériel, vous n'aurez pas à vous plaindre. Côté sentimental, c'est un peu moins rose. Vous serez moins présent à l'amoureux et il est même possible que vous soyez tenté par une aventure qui ne restera pas cachée et qui, naturellement, pourra mettre votre union en péril. À vous de décider lorsque l'occasion de tricher se présentera : vous aurez le choix entre un oui et un non. En tant que célibataire, vous serez populaire, car Jupiter et Pluton sur votre ascendant vous donnent un magnétisme hors de l'ordinaire et, parmi toutes les rencontres que vous ferez, il y aura bien quelqu'un qui vous plaira plus qu'un autre.

GÉMEAUX ascendant CAPRICORNE

Le Gémeaux est de l'air léger; l'ascendant Capricorne est régi par le prudent Saturne. En conséquence, le Gémeaux/Capricorne est à la fois jeune et vieux. Il a souvent le talent de prendre du vieux et de le rajeunir, de le moderniser. Vous êtes extrêmement travaillant, serviable et aimable envers autrui. Quel que soit le métier que vous exercez, vous accomplissez vos tâches à la perfection. Vous avez le sens du détail, un raisonnement clair mais aussi une belle sensibilité. Vous êtes le plus compatissant des Gémeaux et le plus compréhensif envers la souffrance d'autrui. Pour bon nombre de Gémeaux/Capricorne, 2007 est une année de préparation avant de s'élancer dans une nouvelle aventure professionnelle. Il est possible que vous soyez anxieux à quelques reprises; la peur de l'échec vous suivra de près, mais ayez la sagesse de Saturne, qui dit que tout s'arrange toujours. Si vous travaillez pour une très grande entreprise, vous pourriez être touché par des changements administratifs et être rétrogradé. Soyez confiant, cette situation ne durera pas. On se rendra vite compte que vos talents ne sont pas mis à contribution dans le bon bureau.

Des membres de votre famille vous inquiètent. Il y a, sous ce ciel de 2007, un mauvais vent qui rend malades de proches parents âgés que vous affectionnez et pour lesquels vous avez un immense respect. Vous serez fréquemment à leur chevet pour les encourager dans leur lutte contre le mal dont ils souffrent. Cela vous demandera beaucoup d'énergie et, pour ne pas faiblir à votre tour, il sera nécessaire que, de temps à autre, vous laissiez à d'autres membres de votre famille le soin de leur rendre visite et de prendre soin d'eux. En tant que parent, vous êtes le protecteur de vos enfants. Toutefois, s'il s'agit de préadolescents ou d'adolescents, c'est à peine s'ils écoutent vos conseils et recommandations. Si vous leur avez appris la droiture et qu'ils sont sains de corps et d'esprit, vous pouvez leur faire confiance. En face de mauvais amis, ils s'en rendront compte et ils cesseront de les voir. Si vos grands savent faire des choix, c'est parce que vous leur avez appris à choisir ce qu'il y a de mieux pour eux. Et puis, dites-vous qu'il est plutôt rare qu'un ado ne fasse pas une seule bêtise durant cette étape de la vie. Si vous avez une belle vie de couple, remerciez le ciel qu'il en soit ainsi. Pourquoi ne pas trouver un temps où votre partenaire et vous serez l'un en face de l'autre pendant quelques jours, sans témoins, pour faire des souhaits pour les années à venir? Il est important de préserver votre santé et plus particulièrement votre foie. Si vous avez des problèmes de poids, passez donc un examen médical complet. En tant que célibataire, vous ferez une très belle rencontre; elle se développera lentement mais sûrement.

GÉMEAUX ascendant VERSEAU

Vous êtres un double signe d'air. Si l'air du Gémeaux n'est pas à l'orage, celui du Verseau l'est, avec une énorme charge électrique et des coups de tonnerre qui font sursauter. Tant qu'on suit votre logique, personne n'a de problème avec vous. Mais, dès l'instant où on s'oppose catégoriquement à votre mode de pensée, vous lancez des tirades inoubliables pour votre interlocuteur. Il faudra surveiller votre susceptibilité en 2007. Cette année, bien que Jupiter et Pluton soient en face de votre signe, ils sont bien positionnés par rapport à votre ascendant. Si vous travaillez dans le domaine des communications, avec le public, et que vous êtes obligé de voyager pour remplir vos obligations, vous pouvez vous attendre à davantage de mouvement et d'action. Il est également possible qu'on vous nomme à un nouveau poste, qui sera en quelque sorte le prélude à une promotion.

Dans le cas où vous vivez avec la même personne depuis longtemps, que votre relation n'est plus aussi intéressante et que vous songez à une séparation, repensez-y avant de mettre ce projet à exécution. Mais peut-être est-ce votre partenaire qui suggère une rupture. Dans un tel cas, ce sera à vous de lui demander gentiment de réfléchir plus longtemps avant de passer à l'acte. Si le ciel révèle quelques mauvais aspects sur le plan sentimental, il en recèle aussi de bons, en ce sens que ce qui se défait peut être refait : tout dépend de la manière dont vous vous y prendrez. Si vous êtes célibataire, vous ferez la rencontre d'une personne plus âgée que vous, parfois de 10, 12 ou même 14 ans ; l'attirance sera réciproque. Il serait sage de ne pas déménager trop vite avec cette personne et de vous donner le temps de bien la connaître avant le grand saut qu'est la vie commune.

Si vous faites du sport, quel que soit votre âge, votre dos est moins bien protégé qu'à l'accoutumée. Un maximum de prudence s'impose et, si possible, évitez la lutte, les courses à moto ainsi que tous ces sports extrêmes qui feraient de vous une personne à haut risque. Au cours de 2007, grâce à votre travail ou même par hasard, vous entrerez dans un nouveau cercle d'amis, des gens à l'esprit ouvert qui vous apprendront d'autres philosophies de vie ; ils seront intellectuellement stimulants et dynamisants. Vous serez aussi nombreux à vous impliquer socialement, à lutter pour les droits des uns et des autres. Vous pourriez aussi défendre une cause ayant un lien étroit avec la protection de l'environnement. Si vous possédez un bout de terrain, vous pourriez expérimenter à petite échelle le jardinage. Lorsque vous vous apercevrez de toutes les énergies que vous recevez en vous mettant les mains dans la terre, peut-être développerez-vous une passion pour la culture de certaines plantes. En 2007, vous aurez une magnifique relation avec la nature.

GÉMEAUX ascendant POISSONS

Selon une étude faite dans une université américaine il y a quelques années, l'ascendant Poissons est le moins populaire de tous les signes du zodiaque. Vous faites donc, astrologiquement parlant, partie d'une minorité. Naître Gémeaux avec un ascendant Poissons n'est pas simple. Votre signe est régi par Mercure, qui aime la logique, le raisonnement, l'organisation, mais votre ascendant a une autre opinion : il vous suggère de faire confiance au temps, à vos intuitions et croit que le chaos est inévitable et même nécessaire parce que, chaque jour, tout est à refaire. En 2007, les planètes pointent deux secteurs de votre vie : la famille et le travail. Si vous n'avez pas d'enfant, votre partenaire et vous serez d'accord pour en concevoir un. Vous en avez déjà un ? Alors, vous en désirerez un deuxième et même un troisième. Vous avez la sensation qu'il est temps d'assurer votre propre prolongement.

Si vous occupez le même emploi depuis de nombreuses années et que vous en êtes satisfait, vous n'y changerez rien. Toutefois, vous vous inscrirez à des cours afin d'être meilleur dans ce que vous faites ou vous choisirez une matière différente, une sorte de préparation à la retraite que vous prendrez un jour. Si malheureusement vous êtes né dans une famille où on s'est toujours querellé, vous en aurez assez de ces disputes qui ne riment à rien et qui, la plupart du temps, ne sont dues qu'à des opinions qui ne se rencontrent pas. Si telle est la situation, volontairement vous vous éloignerez de vos proches. Il est même possible que vous déménagiez dans une autre ville, ainsi vous serez moins souvent visité. Vous ne prendrez aucune décision sans consulter votre amoureux si le lien est harmonieux. Mais il y aura des Gémeaux/Poissons qui auront de mauvaises surprises. Un côté du ciel approuve vos sages décisions : le chemin que vous empruntez est libre, la route est belle. Mais si vous appartenez à la catégorie des excessifs et des autodestructeurs – ce qui se produit parfois avec l'ascendant Poissons –, si vous buvez, prenez de la drogue ou jouez avec excès, enfin si vous ne prenez pas vos responsabilités, vous constaterez que ceux qui vous ont aidé ne sont plus là, ils ne veulent plus vous fréquenter ni vous voir. Si vous avez un vice de ce type, votre amoureux a peut-être cessé de vous aimer ou plutôt, il refuse d'aimer quelqu'un qui ne ressemble plus à la personne qu'il a connue. Sous l'influence de Jupiter et de Pluton en Sagittaire, si vous décidez de suivre une thérapie pour soigner un aspect compulsif de votre personnalité, vous irez jusqu'au bout et vous réussirez à vous désintoxiquer de ce mal que vous vous faites à vous-même et qui a de désastreuses conséquences sur divers aspects de votre vie. Le Gémeaux/Poissons, accroché à une vie en permanence chaotique, peut se transformer s'il le veut. Il lui faut mettre à profit la raison du Gémeaux et la magie du Poissons. En 2007, ce sera le paradis pour les uns. Cependant, si vous avez un pied en enfer à cause de vos excès, vous devez décider d'en sortir avant que les ravages soient irrémédiables.

Cancer

(21 juin au 20 juillet)

À ma petite-fille; la princesse grandit si vite. À l'âge de sept ans, quand elle me donne des réponses d'adulte à diverses questions que je lui pose, je reste parfois bouche bée; ses répliques sont remarquables par leur fermeté et leur humour. Son sourire et son charme me vont droit au cœur. Elle possède une fine sensibilité; j'ai pu observer, quand je suis avec elle, qu'elle devine les gens que nous rencontrons. Quand ils lui sont sympathiques elle leur parle, sinon elle reste derrière moi de manière à ne pas se faire remarquer. Son radar est d'une excellente précision. Ce qui m'a le plus surprise cette année, c'est qu'elle m'a souvent questionnée sur mon travail d'astrologue; elle est extraordinairement curieuse. Comme elle lit plus rapidement maintenant, lorsqu'elle vient chez moi, elle ne peut s'empêcher de regarder dans la pile de livres que j'ai écrits. Le plus drôle, c'est qu'elle lit sur son signe, celui de ses parents, de son frère ainsi que sur le mien. Après sa lecture, j'ai droit à ses commentaires. Ce sont des moments délicieux, enchanteurs et des instants d'amour parfait.

À madame Odette Ruiz, une clairvoyante qui peut sembler effrayante à ces gens qui demandent des réponses à leurs questions mais qui refusent d'accepter des vérités parfois un peu crues sur leur réalité présente et future. La vie n'est pas que rose et ce n'est pas par la pensée magique que se franchissent les obstacles.

Elle le dit à ceux qui la consultent, elle fait de la prévention. Souvent, elle me parle d'une personne à qui elle a donné un conseil pour lui éviter un gros problème, qui ne l'a pas écoutée et qui s'est précipitée dans cet enfer qu'elle s'est créé elle-même pour n'avoir pas tenu compte des avis d'Odette. La même chose m'arrive de temps à autre. Puis on revient nous voir, mais cette fois avec une meilleure écoute... Madame Ruiz et moi nous connaissons depuis si longtemps. Les décennies ont passé et jamais il n'y a eu la moindre ombre sur notre amitié. Nos grandes conversations portent sur le monde, les injustices, les mensonges des politiciens, parfois les artistes. Elle voit l'avenir parfois sans avoir besoin de tourner des cartes. De mon côté, je me sers des thèmes astrologiques et des analyses planétaires pour voir venir les événements, les revirements de situation, etc. Je fais des calculs, mais Odette voit spontanément dès qu'elle ouvre ce que le bouddhisme nomme le troisième œil.

Sous l'influence de Jupiter en Sagittaire

En 2006, il y a probablement eu des temps où rien ne bougeait. Vous étiez dans l'attente et parfois vous ne saviez trop ce que vous deviez espérer de la vie : vous étiez sous l'influence de Jupiter en Scorpion. Le Scorpion étant un signe d'eau comme le vôtre, quelques angoisses ont pu surgir en vous sans crier gare. La peur, l'inquiétude, l'anxiété sont souvent des proches parents du natif du Cancer jusqu'au jour où il décide de ne plus les voir ou de s'organiser avec eux comme on le ferait avec une famille reconstituée.

Vous êtes un signe cardinal, un signe qui passe à l'action. Vous êtes de l'eau en perpétuel mouvement, semblable à toutes ces vagues océaniques qui caressent ou brutalisent les plages. Tout dépend de la force du vent qui vous anime, tout dépend souvent de celui qui vous contrarie. En 2006, l'eau fut plutôt froide et le crabe n'a pas apprécié la distance que les gens ont prise les uns par rapport aux autres et par rapport à lui. La solitude, même meublée par vos pensées, quelques activités ou un boulot prenant, vous tenaillait et vous attristait. Vous vous êtes confié à votre miroir, à vos plantes, à votre chat, à votre chien ; vous aviez trop souvent la sensation que vos meilleures communications étaient celles que vous établissiez avec vous-même ou avec la nature.

Le climat n'est plus le même en 2007 ; votre signe d'eau connaîtra un réchauffement sous l'influence de Jupiter en Sagittaire dans le sixième signe du vôtre. Si vous avez eu l'impression de stagner sur le plan professionnel en 2006, cette année, c'est du temps double qui vous attend : des journées bien remplies, bien rémunérées et en relation avec une foule de nouvelles connaissances. Si votre travail vous oblige à voyager outre-mer, vous prendrez plus souvent l'avion ; si vous êtes sur la route pour aller à la rencontre de vos clients, ils seront si nombreux que parfois vous annoncerez à votre partenaire que vous allez dormir à l'hôtel parce que vous avez plusieurs rendez-vous tôt le lendemain matin. Des amis qui habitent dans un autre pays vous visiteront plus souvent. Il n'est pas impossible que vous donniez un coup de main à un parent qui a décidé de venir s'installer chez vous vu les occasions professionnelles qu'il a découvertes dans la région lors d'une de ses visites. C'est une année d'expansion au travail pour certains, de retour aux études pour d'autres, qui leur permettra de se mettre en ligne pour avoir une promotion.

Socialement, vous vous intéresserez davantage à la bonne marche de la petite communauté dont vous faites partie. Certains monteront bénévolement un projet afin d'aider les plus démunis. Ils se chargeront d'amasser des fonds et formeront une équipe dont les membres seront des appuis sûrs et sérieux. En quelques mois seulement, vous aurez fait des bonds gigantesques et votre œuvre pourrait bien devenir un modèle pour d'autres. Si vous faites partie de ces Cancer désireux de devenir travailleurs autonomes, 2007 est idéal pour poser les premières pierres de l'entreprise. Ne pensez pas dès le début à vous associer, du moins pas avant le mois de septembre. Commencez seul, organisez votre travail, dénichez votre clientèle, répondez aux demandes. En septembre, après avoir donné votre maximum et avoir accumulé des revenus en caisse, vous embaucherez votre premier employé.

Sous Jupiter en Sagittaire et Pluton dans le sixième signe du vôtre, si vous avez des problèmes de santé, vous serez très bien soigné. Si jamais vous devez subir une opération, les dieux seront avec vous et, tel le symbole de Jupiter en Sagittaire, vous récupérerez plus rapidement que prévu. Si vous travaillez dans le domaine médical, vous ne chômerez pas. De nombreux Cancer prendront tous leurs temps libres pour aider un ami malade et voir à ce que son suivi médical soit fait. Pour une fois, on vous sera très reconnaissant d'autant de générosité.

Sous l'influence de Saturne en Lion et en Vierge

Avec Saturne en Lion dans le deuxième signe du vôtre, vous êtes souvent agacé de devoir vivre avec un budget aussi réduit, sauf que vous avez dû accepter qu'il en soit ainsi en 2006. Cette année, comme vous gagnerez plus d'argent, vous pourrez, par exemple, commander des travaux que vous désiriez faire sur votre maison. Si vous avez l'intention de vendre votre propriété, mars, avril et mai sont des mois où vous obtiendrez aisément le prix que vous en demandez ; avant ou après, les acheteurs recourront à toutes sortes d'arguments pour que vous leur accordiez une énorme réduction, ce qui ne serait pas raisonnable. Ne vous laissez pas attendrir : vous vendez votre maison, vous ne faites pas la charité. Si on manifeste autant d'intérêt pour votre propriété, c'est parce qu'elle vaut cher. Sous Saturne en Lion, vous êtes continuellement inquiet pour vos enfants même quand ce sont des adultes qui réussissent bien leur vie amoureuse et professionnelle. Saturne en Lion est propice pour certains Cancer qui n'ont pas encore d'enfant, mais qui désirent fortement devenir père ou mère. Ces natifs font face à de la résistance chez leur amoureux. Soyez patient si tel est votre cas : à compter de septembre, les oppositions tomberont d'elles-mêmes et s'évanouiront dans la nature.

Même si vous occupez le même emploi depuis longtemps, vous aurez en juin un puissant désir de modifier votre destin professionnel, surtout si, dans votre milieu de travail, des collègues sont compétitifs à l'extrême et agressifs. Ce n'est pas une décision qu'on prend à la légère. Dans une telle situation, il serait sage de ne rien changer avant le 3 septembre. À cette date, sous l'influence de Saturne en Vierge, de nombreuses occasions de vivre de nouvelles expériences se présenteront et vous aurez alors un choix à faire entre deux carrières qui vous seront offertes, servies sur un plateau d'argent.

Sous le Nœud Nord en Poissons, Uranus en Poissons et Neptune en Verseau

Uranus en Poissons sera accompagné du Nœud Nord en Poissons dans le neuvième signe du vôtre annonçant des coups de chance alors que vous pensiez que tout vous échappait. Le Nœud Nord vous invite à étudier, à apprendre, à regarder le monde sous son vrai jour, mais sans perdre vos rêves et vos idéaux de vue. La position du Nœud Nord invite les Cancer qui ne vivent que selon des règles fixes à les assouplir, ces règles qu'on retient de l'enfance et celles qu'on s'invente au fur et à mesure des événements troublants qu'on affronte, des surprises agréables qui nous tombent dessus alors qu'on n'attendait rien. Uranus vous dit d'être plus gentil pour vous-même et de ne plus dire oui quand vous avez envie de dire non. Et si jamais on vous traite de rebelle, ne soyez pas offusqué, c'est même un compliment, un signe de l'admiration qu'on porte à votre franchise et à votre authenticité.

Neptune est en Verseau dans le huitième signe du vôtre. Il accentue vos perceptions extrasensorielles ; vous serez plus intuitif et vous vous retrouverez dans des situations de relation d'aide à autrui même si vous ne faites pas un métier qui s'en rapproche. Neptune en Verseau, c'est encore le signal de l'importance de votre participation dans votre communauté ; vous avez le sens de l'organisation et Neptune en Verseau insiste pour que vous mettiez sur pied un projet rendant la vie d'autrui plus facile. Il suffit parfois de commencer par sa famille et un parent dans le besoin. Mais vous ne devez pas agir en solitaire en tant que sauveur, Neptune en Verseau vous facilitera l'existence à partir du moment où vous déciderez de former un groupe d'entraide. Il n'est pas essentiel d'être une personne connue du public pour amasser des fonds pour les gens dans le besoin. Avec votre bonne volonté, rien n'est impossible.

Pour conclure ces prévisions générales, je ne peux passer sous silence le fait que Jupiter en Sagittaire n'apporte des bénéfices qu'au Cancer qui n'a ni triché, ni menti, ni volé ; le meilleur ne revient qu'au Cancer respectueux d'autrui. Si vous n'avez pas été un joueur honnête au jeu de la vie, Jupiter en domicile en Sagittaire vous présentera la facture et la longue liste des réparations à faire. Si, par exemple, vous avez profité de votre statut pour écraser des personnes que vous avez considérées comme de petites gens sans importance, la chute sera douloureuse.

JANVIER 2007

Sous l'influence du Nœud Nord en Poissons — Il vaut mieux ne pas être seul trop longtemps au cours de ce premier mois de l'année : la solitude vous pèserait lourdement. Si au contraire vous êtes constamment entouré de gens et que vous vous en plaignez, vous devriez vous mettre à songer à ce que serait votre vie s'il n'y avait personne pour vous répondre et personne avec qui discuter et même vous disputer. Le Nœud Nord en Poissons est dans le neuvième signe du vôtre ; il se trouve dans un signe d'eau. Vous êtes aussi un signe d'eau ; pour faire image, disons que c'est assez d'eau pour vous noyer. Étant donné cette position, vous rêvez de partir à l'autre bout du monde et de mener une vie totalement différente de celle que vous avez maintenant. Mais les obligations vous retiennent ici, vous restez proche de votre famille. Uranus est aussi en Poissons. Vous avez envie de tout transformer, de refaire le monde afin qu'il ne soit pas qu'une déferlante mais une planète où les hommes pourraient être tous égaux. Vous savez très bien que ce ne sont que des chimères : il n'y a jamais eu d'égalité et nous en sommes encore bien loin. Mais ce n'est pas défendu de rêvasser, cela peut inspirer les plus beaux romans. Si vous défendez une cause humanitaire et que vous passez à l'action, vous vous ferez entendre et ce que vous accomplirez ne restera pas lettre morte. Dans le clan des Cancer, il y a ceux qui croient que ce sont les autres qui feront leur vie à leur place et ceux qui se comportent comme le veut un signe cardinal : ils agissent même avec la peur aux tripes.

Vie amoureuse du célibataire — Durant les quatre premiers jours du mois, c'est encore le temps des fêtes, mais il est possible que vous ne soyez pas très heureux de la manière dont elles se déroulent. Et quand vous êtes mécontent, vous n'êtes guère attirant. Jusqu'au 28, il est vrai que vous ferez plusieurs rencontres, mais vous ne voyez pas très bien l'amour devant vous, vous pensez comme un conquérant. Vous aurez des flirts d'un jour, d'un soir, d'une semaine et puis, on ne voudra pas poursuivre la relation ou c'est vous qui perdrez immédiatement votre intérêt pour la personne récemment rencontrée. Vous êtes un explorateur et le 29, avec l'entrée de Vénus en Poissons, vous vous donnerez à nouveau le droit de vivre votre sensibilité. À ce moment-là, vous ne regarderez plus les autres de la même manière parce que vous verrez moins avec la raison et plus avec le cœur.

Vie de couple–famille–budget–travail — Vivre en couple, ce n'est peut-être pas le paradis tous les jours, contrairement à ce qu'on croit quand on manque d'expérience. Si vous avez un amoureux depuis seulement quelques années et que déjà vous lui trouvez plus de défauts que de qualités, vous êtes sur une mauvaise pente. L'intimité fait voir son partenaire dans toutes ses dimensions. Pour éviter une rupture ou une crise de couple inutile, essayez de vous rappeler ce que vous avez trouvé de si extraordinaire chez l'autre quand vous vous êtes connus ; vous le trouviez si merveilleux que vous êtes même allé vivre avec lui. Il n'est probablement pas aussi imparfait que vous le croyez en ce mois de janvier 2007.

En tant que mère et femme au travail, vous vous sentirez constamment débordée, mais ce ne sera pas une illusion, ce sera la réalité quotidienne. La vie vous demande d'être présente au travail et à la maison auprès de vos enfants, particulièrement s'ils ne sont pas encore majeurs. À compter du 17, Mars en Capricorne, qui fera face à votre signe jusqu'à la fin de février, concerne les mères qui ont un fils unique ou qui est l'aîné de la famille. Il est possible que le comportement de cet enfant vous inquiète et que vous considériez qu'il n'a pas correctement choisi ses amis parce que ceux-ci exercent une influence négative sur lui. S'il est adulte, vous serez surprise par une décision qui ne ressemble guère au genre de vie qu'il a mené jusqu'à présent. Votre étonnement ne sera peut-être pas celui d'une mère heureuse ; vous serez attristée. Ne partez surtout pas en guerre contre votre fils, ne perdez pas de vue que vous n'êtes plus la maman d'un petit garçon mais celle d'un homme qui décide de sa vie. Et puis, si vous ne faites pas de vagues, il est encore possible qu'il change son fusil d'épaule après avoir cogité. Si vous avez un emploi où vous êtes en contact avec des éléments dangereux, technicienne de laboratoire, médecin, infirmière, policière, ambulancière, en somme tout genre de métier où le risque est plus élevé que dans un bureau, redoublez de prudence dans l'exercice de vos fonctions. Si vous êtes dans un endroit plutôt aseptisé et généralement sécuritaire, il n'y a qu'à vous méfier du rhume d'un collègue. Quant à l'argent, en général, vous savez tenir un budget. Sous votre signe, l'exception fait la règle.

En tant que père et homme au travail, vous serez nerveux tout au long du mois, la plupart du temps pour un détail, pour un rien, à moins que vous n'ayez fait quelques folies et que vous ne soyez dans l'obligation de rembourser votre dû. Sur le plan professionnel, si vous occupez le même emploi depuis longtemps, vous vous donnez toujours avec autant d'ardeur. Naître Cancer, c'est tout prendre à cœur, mais c'est aussi, sous ce signe féminin, craindre le pire même quand le meilleur se produit, se répète et se poursuit depuis de nombreuses années. Les Cancer sont passés au rang de maîtres de la peur du lendemain, même ceux qui possèdent des millions en banque. Il n'est pas facile de combler son manque affectif quand on est insatiable, alors qu'on vit avec une femme qu'on admire, qui nous aime et qu'on aime. Il faut aussi ajouter des enfants qui sont attachés à vous parce que vous avez toujours été un père attentif. Mais voilà, vous êtes d'une nature lunaire. Symboliquement, vous êtes également un crabe, vous êtes aussi changeant que les marées, et il vaut mieux que vous ne soyez pas une tempête dans le Triangle des Bermudes ou ce crabe qui s'enfonce dans le sable au moindre bruit inconnu. Vous pouvez vous attendre à quelques changements au travail à compter du 21 et vous n'avez rien à craindre.

Clin d'œil sur les baby-boomers — Il faut bien l'avouer, ce n'est qu'en vieillissant qu'on se rend compte qu'on a moins de résistance et que, si on dépasse ses limites, il faut plus de temps pour récupérer. La trentaine, c'était il y a trente ans, plus ou moins, époque où vous n'aviez pas à vous soucier du manque d'énergie. Vous aurez des idées assez originales en janvier, particulièrement durant la première partie du mois. Si vous êtes à la retraite et que vous vous tournez les pouces, vous aurez tout à coup le goût de travailler à nouveau, et pourquoi pas? Si le métier que vous avez exercé pendant longtemps vous a demandé de soulever de gros poids ou encore de faire constamment des heures supplémentaires, sachez que cette époque est révolue. D'un autre côté, ne rien faire pendant que vous êtes sur cette terre, c'est d'un ennui mortel. Ce serait une excellente idée de proposer vos services professionnels et, si jamais vous essuyez un refus, sachez que ce n'est pas la fin de votre monde, mais assurément le commencement d'une nouvelle mission à remplir. Par ailleurs, le hasard joue considérablement en votre faveur. À la suite d'une rencontre, vous saurez ce que vous devrez faire, même en ce qui concerne vos petits et gros bobos: le contact avec autrui vous les fera oublier et pourra parfois vous en guérir.

FÉVRIER 2007

Sous l'influence du Nœud Nord en Poissons — Tout au long de ce mois, le Nœud Nord se tient très près d'Uranus, le tout faisant un aspect difficile à Jupiter. Si je devais qualifier Jupiter, je dirais que c'est une planète fêtarde. Mais compte tenu de sa position actuelle en rapport avec votre signe, en février, vous serez nombreux à vous préoccuper de votre santé. Des malaises, des maux, une grippe qui n'en finit plus; vous plongez dans la crainte du pire, qui n'arrivera pas. Il n'y a rien de mieux que la maladie pour fuir les vraies questions existentielles, surtout celles qui nous concernent. Même à 16 ans, un Cancer se demande ce qu'il fera de son avenir, tout l'interpelle. Il a envie de tout goûter, mais quel est donc le chemin sur lequel il peut être heureux? Celui que ses parents ont choisi pour lui ou celui auquel il aspire au plus profond de ses tripes? Il n'est pas rare qu'un Cancer se dise quelques années avant sa majorité: «Qui suis-je? Qu'est-ce que la vie attend de moi et qu'est-ce que je veux de la vie?» Puis le Cancer grandit, mais les mêmes questions continuent de s'imposer à lui. Au fur et à mesure de ses expériences, il veut faire mieux et plus. Personne ne vous demande d'être un héros ni non plus d'être heureux ou au septième ciel tous les jours. Sous votre signe, bien profiter de votre temps et en obtenir un maximum de satisfaction, c'est le partager avec votre prochain? Se dorloter, c'est parfait, mais ne faire que ça, avouez que ça finit par être lassant.

Vie amoureuse du célibataire — Voilà un mois où vous pourriez avoir la surprise de votre vie parce que vous allez rencontrer une personne assez spéciale. Ne vous attendez surtout pas à ce qu'elle soit constamment d'accord avec vous. Vous vibrez en toute liberté et vous attirez des gens qui pensent librement et qui se sentent libres de dire oui et non. Si vous vous sentez prêt, il y a toutes les chances du monde pour que votre chemin croise celui de quelqu'un qui exerce un métier qui lui permet une grande liberté de mouvement: une personne qui voyage pour le boulot, un artiste plein de créativité ou encore quelqu'un ayant un énorme sens de l'initiative dans un domaine rigide, preuve qu'au fond de lui, il y a énormément de souplesse et d'adaptabilité. Pour un Cancer, une telle personne peut être déstabilisante mais combien enrichissante. Et puis, n'avez-vous pas envie d'apprendre du nouveau? Ne rêviez-vous pas d'une vie d'aventurier? Vous aurez votre chance.

Vie de couple–famille–budget–travail — En tant que mère et femme au travail, si vous avez un poste de chef, si vous êtes responsable d'un secteur d'entreprise ou si vous travaillez à votre compte, vous êtes alors dans l'obligation de prendre constamment des décisions dont vous devez assumer les conséquences. C'est comme si vous étiez responsable de tous les gens qui sont sous votre direction. Si un employé ne travaille pas, eh bien, c'est vous qu'on sermonne et c'est sur vous qu'on fait pression. Le ciel laisse entrevoir des heures supplémentaires, particulièrement si vous appartenez au domaine juridique, à celui de l'informatique ou au monde médical. Dans les domaines de la politique, de la diplomatie et du maintien de l'ordre, le travail est énorme. En tant que fonctionnaire, quel que soit le poste que vous occupez, votre rôle ne sera pas facile. Quand vous êtes à la maison, vous continuez de diriger: il y a de quoi être épuisée, chère dame. Si vous avez une vie de couple, en principe vous ne devriez pas être la seule à contrôler la maisonnée. Il semble qu'en ce mois de février vous ayez du mal à faire confiance à votre conjoint. Donnez-lui la chance de s'occuper des enfants, de faire du ménage, du lavage : il travaille, mais vous travaillez aussi. Alors, pourquoi les rôles ne seraient-ils pas départagés ? Vous êtes jeune, amoureuse, heureuse et sans enfant ? Alors, votre conjoint et vous n'aurez pas besoin d'une longue discussion pour décider de fonder une famille. Vous êtes sous l'influence de Jupiter et Pluton en Sagittaire. Ces planètes dans le sixième signe du vôtre vous signalent que, pour vivre une grossesse facile, il sera primordial de vous nourrir très sainement afin de ménager votre foie au maximum. Quant à l'argent, vous êtes plus dépensière ce mois-ci, vous avez irrésistiblement besoin de vous offrir des gâteries. C'est une manière de vous récompenser.

En tant que père et homme au travail, il y a tant de planètes en signes d'eau qu'il vous arrive plus fréquemment de renouer avec vos anciennes peurs. Vous êtes très émotif ce mois-ci. Mais que dirait-on d'un homme qui pleure ? Si vous retenez vos larmes, vous constaterez que vous vous sentez souvent envahi comme si les autres entraient en vous et que vous portiez leurs maux de l'âme. Les vôtres, ajoutés à ceux de gens que vous fréquentez quotidiennement, n'est-ce pas excessif ? Tout comme la femme du Cancer, vous êtes sous pression au travail et, comme pour vous y soustraire, inconsciemment vous laissez ces peurs paralysantes remonter en vous : quand vous ne bougez plus, vous vous reposez. Mais lorsque vous êtes dans tous vos états, moins de gens s'approchent de vous, on craint de vous blesser davantage. Le pire serait que vous laissiez à autrui le soin de prendre des décisions à votre place : cela pourrait jouer contre vous. Ce n'est pas un jeu que je vous décris, ce sont des réactions dont vous ne vous rendez pas compte. Je vous suggère de vous observer, surtout en ce mois de février 2007, parce que mes calculs astrologiques laissent entrevoir que ce genre de réactions émotionnelles, peu importe leur intensité, sera extrêmement nuisible en 2008, principalement dans le secteur professionnel où vous êtes impliqué. Préparez-vous en 2007 à maintenir l'équilibre et à voir les faits tels qu'ils sont. Vos accomplissements sont notés, mais votre relâchement l'est aussi. Sans devoir jouer le dur, ne négligez pas vos devoirs ; soyez présent à vos affaires, à votre conjointe et à vos enfants.

Clin d'œil sur les baby-boomers — Un ou plusieurs de vos enfants ou petits-enfants auront besoin de vous, mais il faudra aussi savoir vous retirer lorsque vous aurez rempli votre rôle parental. Les vrais indépendants sous votre signe sont d'une extrême rareté. Le Cancer est le premier symbole de la famille sur le zodiaque, et votre mission sur terre, c'est d'en prendre soin. Mais rien n'étant parfait, le ciel astral vous a donné un signe cardinal, ce qui symbolise le fait que le désir de contrôler et de commander est puissant. Vous êtes aussi un signe d'eau, l'élément le plus important et le plus puissant sur notre planète. Quand vous tombez dans l'exagération, vos enfants deviennent plus importants que vous et, comme les gens importants sont fascinants, vous devenez un peu comme un paparazzi pour eux parce que vous veillez à leur bien-être et guettez leurs moindres maux. C'est toujours de bon cœur que vous espérez régler leurs problèmes à leur place, mais ce n'est pas votre rôle. Vos enfants sont devenus des adultes capables de prendre leurs propres décisions. De votre côté, vous devez vous taire et, si à un moment ils viennent vers vous pour vous dire qu'ils se sont trompés, tout simplement vous écouterez avec le même amour que vous avez pour eux depuis toujours : l'amour fait des miracles. Pour ce qui est de la santé, si vous avez des problèmes articulatoires, il faut y voir. Faites une recherche sur l'alimentation qui soulage, qui soigne et qui peut même guérir l'arthrite. C'est un excellent mois pour aiguiser votre curiosité et, sous ce ciel de février, vous trouverez rapidement plusieurs bonnes réponses.

MARS 2007

Sous l'influence du Nœud Nord en Poissons — Cette fois, le Nœud Nord danse un étrange *slow* avec Uranus. Le Soleil les accompagne jusqu'au 21. Avant d'aller plus loin, je tiens à souligner que l'astrologie n'est pas qu'un amas de mots sans signification, elle a pour but d'aider l'individu qui lit attentivement les explications à mieux se comprendre et à reconnaître qu'il n'est pas responsable de ce qui vient du dehors et qui est provoqué par autrui. Nous portons tous le symbolisme astral en nous, depuis la nuit des temps. En tant que Cancer, ces astres dans le grand signe d'eau qu'est le Poissons vont droit sur vous. Vous ressentirez les événements à l'avance et vous prendrez conscience de cette faculté. Il vous arrivera de faire des rêves dans lesquels vous verrez ce qui se produira le lendemain. Un jour, un événement négatif ou un drame que vous aurez vu en songe sera en fait un avertissement aussi réel qu'un coup de téléphone où on vous dit de vous enfermer à double tour et de n'ouvrir la porte à personne. Ce ciel de mars vous invite à protéger quelqu'un, à éviter un accident et tout ce qui peut arriver de désagréable dans la vie. Ces aspects qui frappent Jupiter ne sont pas des signes de paix mondiale. En ce qui vous concerne personnellement, c'est comme si on vous demandait de prendre parti pour un de ces deux groupes : d'un côté les pacifistes, de l'autre les guerriers. Symboliquement, c'est comme vous donner le choix entre une grosse réduction de salaire et un renvoi, entre vos enfants et votre conjoint que vous aimez. Si vous adhérez au pacifisme, on vous invitera à confronter verbalement les guerriers. Un Cancer, signe lunaire, déteste les conflits, surtout ceux dont il sait qu'il n'y aura ni gagnant ni perdant. Dans votre vie intime ou privée, vous serez provoqué ; organisez-vous pour ne pas y être quand celui qui n'est pas heureux vous cherchera querelle.

Vie amoureuse du célibataire — Jusqu'au 17, Vénus, qui lance des recherches afin que vous soit présenté l'être idéal, est en bien mauvaise position dans le signe du Bélier. Dès que vous voyez une belle personne ayant des qualités semblables à celles de quelqu'un que vous avez aimé, admiré, vous sautez les barricades pour lui déclarer votre amour. Les vrais coups de foudre sont d'une extrême rareté. À compter du 18, sous l'influence de Vénus en Taureau, vous ne serez plus aussi empressé. Votre vraie nature fera à nouveau surface et vous désirerez connaître votre flamme avant de vous donner à elle. En tant que Cancer, vous vous donnez rarement à l'autre. Vous avez suffisamment de logique et de clarté d'esprit pour donner à condition de recevoir. La gratuité est un mythe sous votre signe. Les Cancer purs et qui donnent sans rien attendre en retour sont des exceptions. Je sais fort bien que vous n'aimez pas lire que vous avez le sens du calcul, mais ne comptez pas sur moi pour embellir la réalité.

Vie de couple–famille–budget–travail — En tant que mère et femme au travail, née dans un signe féminin, vous êtes parfaitement consciente que, dans de nombreux domaines de travail, votre salaire est moindre que celui d'un homme pour les mêmes tâches. De plus, si vous travaillez dans un monde réservé aux hommes depuis un siècle et plus, vous devez être plus vigilante que 10 d'entre eux afin de maintenir votre position. Durant ce mois de mars, la compétition est forte ; plus les enjeux financiers sont gros, plus les rapports avec vos collègues, même avec certaines femmes, ressemblent à un combat de coqs. Vous serez plus nerveuse sur le plan professionnel. Il est aussi possible que vous rapportiez vos problèmes à la maison et que vous les serviez à votre famille. Vous serez semblable à une serveuse frustrée et détestable, mais qui veut absolument faire son service jusqu'au bout. Il faudra vous décontracter volontairement pour rester en paix avec vous-même et avec ceux qui vous entourent. Être enragée, c'est une émotion forte, qu'il ne faut pas exprimer à ceux qui ne sont nullement concernés par vos difficultés professionnelles. Sachez qu'elles sont passagères. Même si vous avez un merveilleux conjoint, il n'est pas écrit sur votre front que vous êtes déjà amoureuse d'un homme et que vous avez une vie de famille bien remplie : sauvez-vous du charmeur, du conquérant, du séducteur, de l'homme au grand sourire qui, au fond, ne vous désirera que pour quelques nuits. Un avis s'impose : si vous rentrez seule tard la nuit, soyez accompagnée. C'est une mesure de prudence pour les femmes de votre signe.

En tant que père et homme au travail, à compter du milieu du mois, sans crier gare, vous déciderez d'être plus autoritaire au travail ainsi qu'à l'égard de vos enfants, petits et grands. Le ciel secoue votre masculinité comme si vous aviez à prouver aux personnes qui vous entourent, en commençant par vos proches, que vous êtes un « vrai gars » en contrôle de toutes les situations. Mais que vous manque-t-il donc pour que vous agissiez ainsi ? Votre patron est-il si autoritaire que vous avez tendance à transférer sa toute-puissance chez vous, imposant l'obéissance à vos petits enfants ? Ce genre de discipline sans souplesse, où l'intolérance et le chantage sont présents et où le système de punitions qui a été érigé omet les récompenses, finira par conduire votre petite troupe à la révolte. Cher Cancer, lorsque vous êtes tendu, vos enfants le sont aussi, cependant eux ne peuvent vous dire que c'est parce que leur patron a été très déplaisant. Ils vibrent selon ce que vous dégagez. Si la patronne est leur mère, le patron, c'est vous, mais il vaudrait mieux vous considérer comme un modèle. La dictature, tout comme le père trop protecteur, empêche les enfants de réfléchir par eux-mêmes et, quand ils grandiront, ils seront incapables de prendre leurs propres décisions. Si vous avez des adolescents, il est à souhaiter que vous leur ayez appris à faire des choix et à dire non à une bande de voyous qui se serviraient d'eux pour satisfaire les divers désirs qu'ils ne peuvent s'offrir et qu'ils arrachent à des innocents. Un accident de parcours pourrait amener un de vos grands enfants à opter pour une vie facile, en apparence du moins. Il vous faudra un courage inouï pour le soustraire aux mauvaises influences, mais vous n'êtes pas seul : votre conjointe vous appuiera. Attention ! en ce mois de mars, vous avez tellement peur de manquer d'argent que vous pourriez imposer un budget qui frôle le ridicule.

Clin d'œil sur les baby-boomers — La planète représentative des gens de votre génération est Saturne, principe de sagesse, qui prend toute sa signification à la maturité. Saturne vous propose de faire une synthèse de vos expériences pour retenir ce qu'il est important de transmettre à vos enfants et petits-enfants. Présentement, Saturne est en Lion, le second symbole représentant les enfants, ceux qui grandissent et qui doivent prendre des décisions. À compter du 20, il fera une opposition à la planète Mars ainsi qu'à Neptune, également en Verseau. Cette opposition vous met en garde contre vous-même et contre la tentation de dire à vos enfants ce qu'ils doivent faire dans telle ou telle situation, principalement en ce qui concerne leurs choix de carrière et leurs propres enfants, qu'ils n'éduquent pas comme vous l'auriez fait. Pour les baby-boomers, il est pénible d'admettre le vieillissement. Lorsque divers petits maux apparaissent, alors que les femmes se soignent et mangent mieux, de leur côté, les hommes font encore semblant d'avoir 20 ans et vont au-delà de leurs limites. C'est le cas lors de la pratique d'un sport ou quand ils passent leur temps à tout refaire dans la maison et à l'extérieur ou encore quand ils boivent trop. Tout ce qui est abus est à éviter pour Monsieur Cancer, surtout si préalablement il a eu de sérieux problèmes de santé.

AVRIL 2007

Sous l'influence du Nœud Nord en Poissons — Tout au long du mois, Uranus en Poissons essaie de distraire le Nœud Nord: il le trouve trop sévère avec lui-même. Uranus a bien envie de s'amuser, et le Nœud Nord lui répond qu'il est préférable de réfléchir avant d'agir au sujet de ces plaisirs futiles qu'on se paie et qui, finalement, ne nous apportent qu'un frisson passager qui se transforme en frayeur à l'arrivée des comptes par la poste. Le Nœud Nord peut se laisser convaincre par Jupiter, qui dit que vous devriez surtout penser à vous. Si vous êtes un Cancer responsable, si vous savez que tout ce que vous faites a des conséquences, vous ne succomberez pas aux fantaisies que le ciel propose. À compter du 7, plus le mois passera, plus l'aspect sexuel prendra de la force. Il s'agira pour les uns d'un éparpillement des sens, ils feront une recherche acharnée du grand amour. D'autres tromperont leur partenaire à un moment où ils auraient pu dire non merci! Le pire pouvant se produire sera de tromper son partenaire puis d'abandonner sa famille, pour vivre une aventure qui ne s'avérera, dans la plupart des cas, qu'une faiblesse à l'égard d'une attraction purement physique. En ce mois d'avril, le Nœud Nord crée de l'excitabilité.

Vie amoureuse du célibataire — Quoi de plus triste qu'un Cancer seul et sans amour à partager? Dès que vous ferez la rencontre d'une personne qui manifestement s'intéresse à vous, à ce que vous faites, à ce que vous avez vécu ainsi qu'à vos désirs et à vos rêves futurs, vous voudrez croire qu'elle est sûrement amoureuse de vous. Selon une expression bien de chez nous, vous allez vite en affaire. Ne pouvez-vous pas imaginer un instant que votre flamme vous interroge dans le but d'en savoir le plus possible sur vous afin de mesurer votre malléabilité? Si vous faites une rencontre au début d'avril, vous pourriez, à la fin du mois, découvrir que vous n'êtes pas le seul à subir des interrogatoires. Que vous soyez pauvre ou riche, soyez prudent: les conjonctures de ce mois indiquent que de nombreux célibataires ne veulent que la sécurité matérielle et qu'ils sont prêts à tout pour s'assurer une meilleure survie économique. Il peut aussi arriver qu'une personne de nationalité étrangère simule l'amour au point de vous proposer le mariage. Sachez que plusieurs parmi vous n'auront pas un bon partenaire mais plutôt une personne à charge qui vivra à leurs frais. Un conseil: restez sensible et rêveur, mais commandez à votre raison de faire le guet quand vous chercherez intensément l'amour. Rien n'est simple en 2007.

Vie de couple–famille–budget–travail — En tant que mère et femme au travail, vous composez bien avec les aspects célestes en Poissons. C'est un peu comme si, ce mois-ci, vous nagiez dans une eau profonde mais soudainement très claire, plus propre que jamais. À compter du 7, si vous avez des projets sur lesquels vous avez travaillé ces derniers mois, cessez de les polir et de les repolir: ils brillent. Vous êtes prête à les présenter, à rencontrer ceux qui donnent leur accord ainsi que les fonds nécessaires pour démarrer l'entreprise correspondant à vos compétences. Si votre profession vous oblige à des déplacements, vous devrez réorganiser la vie familiale, satisfaire chacun, ce qui n'est pas une mince tâche, afin de pouvoir vous accomplir selon vos désirs et vos talents. Vous allez là où est l'argent, dans le seul but de donner à vos enfants une sécurité matérielle et possiblement de les inscrire dans une école réputée pour son excellent enseignement. Une dispute pourrait survenir entre votre conjoint et vous lorsque vous direz à un de vos adolescents qu'il lui faut trouver un petit boulot dans ses temps libres pour apprendre à devenir économiquement indépendant. En réalité, vous craignez que les moments d'oisiveté ne les amènent à se joindre à un groupe de jeunes que vous trouvez louches. Il est possible que votre conjoint réplique ceci : « À leur âge, j'étais un garçon bien et, durant mes temps libres, je lisais, j'étudiais, j'en profitais pour rendre des services, pour visiter des musées, aller à la librairie et faire des recherches dans les bouquins, j'allais voir mes grands-parents, etc. » Mais en tant que femme, vous savez que, dans cette société, le chemin pour bien faire est long et ardu ; vous pressentez qu'un de vos enfants pourrait choisir celui qui mène aux plaisirs faciles et que, vu vos absences en raison de votre profession, il voudra recréer une famille qui sera loin de ressembler à la vraie. Bien que désagréable, cette querelle ouvrira les yeux de votre homme et, quand vous ne serez pas présente, il sera plus attentif aux enfants, aux petits comme aux grands. Si vous êtes en couple et toujours amoureux, votre progéniture est votre précieux prolongement. En tant que femme Cancer, si vous êtes telle que doit être votre signe, vous prenez l'initiative pour à peu près tout mais par la suite vous faites sentir subtilement à votre époux qu'il est aussi responsable que vous de la construction familiale.

En tant que père et homme au travail, vous continuez d'être pris dans un tourbillon d'activités. Vous tentez de diversifier vos talents et vos placements au cas où la ligne droite se briserait. Quand vous faites votre budget, vous constatez que le prix des produits de consommation grimpe. En revanche, les salaires sont fixes, et les chefs d'entreprise disent qu'il faut se serrer la ceinture. En réalité, il s'agit d'une invitation à ne demander ni augmentation ni bénéfices. Plusieurs planètes se retrouvent dans le neuvième signe du vôtre, en Poissons, signe d'eau. Là où on ne voit qu'une rivière, vous voyez un énorme débordement qui entraîne tout sur son passage ainsi que de catastrophiques éboulements. L'image est exagérée, mais elle illustre votre peur du manque, de l'échec, d'une rétrogradation, d'un changement de poste, d'une réduction d'heures de travail et, par conséquent, d'une rémunération réduite. Si vous connaissez votre première inflation, vous imaginez que jamais vous n'en sortirez. D'autres générations avant vous ont dû se contenter de moins ; elles ont survécu. En ce 21e siècle, il y a mille et une possibilités de combler les vides budgétaires ; il vous suffit d'un brin d'imagination. Le pire est plus en vous qu'au-dehors de vous, malgré l'obligation que nous avons tous, ou presque, de nous abonner à la simplicité volontaire. Ne ruinez pas votre union en ne parlant que d'argent. Ne rompez pas vos liens avec vos enfants en leur faisant sentir qu'ils coûtent cher. Ne vous isolez pas de vos amis parce qu'il vous faut financièrement participer pour que la fête ait lieu. En conclusion, ne jouez pas au petit chef alors que vous n'avez aucune solution à proposer. Si vous avez un comportement malsain parce que vous faites plus de reproches que de compliments à votre conjointe, à compter du 25, vous mettrez dangereusement votre union en péril. Les Cancer qui font du commerce avec l'étranger sont les plus choyés de tous. Certains ont un talent très particulier pour profiter des conflits qui font rage à l'autre bout du monde.

Clin d'œil sur les baby-boomers — Ceux qui ont 15, 20 ou 25 ans de moins que vous mettent les baby-boomers au banc des accusés. Selon eux, ils ont été à l'origine de notre économie dite boiteuse, ils ont détruit la nature, l'ont polluée, ils ont pris avantage des emplois qui s'offraient à eux et des postes qu'ils pouvaient occuper, selon les plus jeunes, sans en avoir les compétences. Mais personne ne raconte que vous êtes des enfants de l'après-guerre, que vos parents se débrouillaient comme ils le pouvaient et que vous avez appris à en faire autant. Vous n'avez pas détruit notre monde, vous avez continué à le bâtir avec les moyens du bord et l'extase que procurent la liberté, la libre entreprise, ce que vos parents n'ont pas connu pendant la guerre de 1939-1945 et avant, dans les années 1930, durant la grande crise de 1930-1933, quand les gens mouraient de faim. Lentement, on a commencé à s'en remettre en 1939 parce qu'il y avait la Première Guerre mondiale. Les baby-boomers de votre signe seront peut-être culpabilisés par leurs propres enfants qui, au fond, ne savent rien de leur vécu. Vous avez le choix entre garder le silence ou raconter ce par quoi vous êtes passé et ce que vous avez fait pour eux, que vous aimez sans bornes, sans limites. Les apparences sont trompeuses en ce qui vous concerne. Il semble aussi qu'on ne veuille pas voir les réalisations de cette génération à l'époque où la science de la protection de l'environnement n'était pas encore née, où l'ordinateur n'existait pas encore et où la réussite matérielle n'était pas aussi importante que maintenant.

MAI 2007

Sous l'influence du Nœud Nord en Poissons — Cette fois, Uranus en Poissons proche du Nœud Nord fait la vie dure à Jupiter en Sagittaire. La peur du manque peut envahir votre esprit et créer de temps à autre des états d'angoisse que bon nombre de natifs croient pouvoir faire disparaître avec des anxiolytiques. Durant ce mois, il est possible que vous preniez des doses plus fortes que celles qui ont été prescrites par votre médecin. Conséquence : vos paniques se feront plus nombreuses et de plus en plus difficiles à contrôler. Ce Nœud en Poissons vous souffle fréquemment à l'oreille que le mieux pour votre santé physique et votre équilibre émotionnel est de vous lier aux autres mais pas en jouant au bingo ou en allant au casino, non plus à travers une activité qui se déroule en solo, même s'il y a une foule autour de vous. Ce Nœud Nord insiste pour que vous trouviez votre place de protecteur, d'homme paternel ou de femme maternelle auprès de ceux qui ont eu moins de chance que vous, ce qui ne vous empêchera pas de donner à votre propre famille ce qu'elle doit recevoir de vous.

Vie amoureuse du célibataire — À compter du 9, Vénus entre dans votre signe. À nouveau, vous constatez que les beaux sentiments existent, qu'on peut avoir des échanges doux et tendres, qu'une discussion où on est en désaccord avec son flirt n'est pas un terrain miné ou une attaque contre soi mais une simple divergence d'opinions. Vous avez aussi le droit de vous émouvoir ; cela n'enlève rien à votre logique, à votre sens de l'organisation ou à votre capacité de juger des situations devant être réglées le plus objectivement possible. Vous savez aussi que l'amour coup de foudre ne se produit que bien rarement et vous consentirez à développer un lien plutôt que de voir l'autre comme s'il n'était qu'une conquête de plus. L'année 2007 en est une complexe ; c'est un peu comme si on faisait la promotion de l'éphémère. Nul n'est à l'abri de ce genre de message présenté tant à travers des émissions de télé que de nombreux messages publicitaires.

Vie de couple–famille–budget–travail — En tant que mère et femme au travail, vous commencez le mois en prenant des responsabilités et des tâches qui devraient être celles de vos collaborateurs ou collègues. C'est plus fort que vous, vous observez ceux qui vous entourent et vous êtes persuadée qu'aucun d'entre eux ne s'exécute à pleine vitesse et, trop souvent, vous les surprenez en train de prendre une pause et puis une autre... Plus les jours passent, plus votre cocktail fait de critiques, de complaintes, de remarques désagréables, d'insatisfactions, d'humeur maussade devient explosif. Vous n'aurez peut-être aucune réaction, vous ne provoquerez possiblement aucun conflit, vous donnerez même l'impression que tout va comme vous le voulez. Mais, au-dedans, c'est la guerre : il y a vous et une armée de soldats paresseux. Votre milieu de travail n'est pas un territoire à défendre et vos collaborateurs ne sont pas vos ennemis. Vous êtes dans un lieu de productivité où chacun a un rôle à jouer, et il arrive que certains acteurs apprennent plus lentement et qu'ils aient des trous de mémoire. Si vous n'avez pas un poste de chef, si vous n'êtes pas la vedette de la pièce, prenez donc les événements comme ils se présentent et cessez d'essayer de voir plus loin que le bout du nez du patron. Si vous avez des enfants, un homme qui vous aime, ne les obligez pas à écouter le chapelet des fautes que commettent vos collègues de travail. La passion et le sens du devoir n'ont pas été distribués également aux humains. Quand vous quittez cet endroit où vous gagnez votre vie, redevenez la mère qui s'intéresse de près à ses enfants. Pour entretenir l'amour, sachez écouter votre conjoint qui commence à croire qu'il n'est pour vous qu'une commodité de plus.

En tant que père et homme au travail, si vous appartenez au clan des ambitieux, de ceux qui désirent posséder beaucoup et qui occupent un poste bien rémunéré, sans doute êtes-vous constamment en lutte contre les envahisseurs que sont les émotions. Vous êtes un signe cardinal, symbolisant celui qui prend des décisions, certaines parfois hâtives ou qui impliquent un collègue pouvant être désigné comme coupable si une affaire tourne mal. Si vous correspondez à ce type de Cancer, à compter du 16, vous ne pourrez plus vous défiler parce que vous devrez faire face à des problèmes résultant d'une résolution ou d'une initiative prise dans le passé alors que vous aviez balayé les pertes sous le tapis. Si vous êtes du clan des Cancer authentiques, vous ne vous cachez pas lorsque vous vous sentez impuissant dans la résolution d'un problème et vous aurez assez d'humilité pour demander de l'aide ou des conseils. Jusqu'au 15, on vous écoute. Après cette date, les distractions sociales risquent d'affecter les gens les plus attentifs et de leur faire perdre leur concentration ainsi que leur sens du partage. Vous avez donc intérêt à passer à l'action entre le 1er et le 15 de ce mois. Si vous êtes toujours aussi amoureux de votre conjointe, attaché à vos enfants, démonstratif et qu'un parent ou un ami vous dit que vous en faites trop, demandez-vous donc si lui en fait assez.

Clin d'œil sur les baby-boomers — Ce n'est pas l'âge qui vous sépare de vos enfants, vous vous sentez toujours aussi près d'eux, mais il est bien possible qu'ils vous trouvent envahissant. Lorsque vos enfants sont adultes, surtout quand ils ont des enfants, pour vous faire aimer d'eux comme lorsqu'ils étaient petits, vous leur rendez mille et un services et parfois vous réussissez à vous rendre quasi indispensable. Vous créez ainsi un milieu familial malsain basé sur la dépendance réciproque. Imaginons maintenant que vous êtes divorcé ou veuf. Vous rencontrez quelqu'un digne d'être aimé et plein d'amour pour vous. Il va de soi que vous aurez moins de temps à consacrer aux divers besoins de vos chérubins qui ont entre 20 et 40 ans. Leur réaction à l'endroit de la personne qui vous enlève à eux pourrait ne pas être des plus agréables. Comme vous n'êtes plus disponible, ou en tout cas beaucoup moins, on jouera sur vos cordes sensibles au point où vous vous sentirez coupable d'avoir trouvé le bonheur. Ce mois est favorable aux nouveaux liens, amicaux ou amoureux, et il est important de vous sentir libre et accueillant pour tout ce qui est bien et bon pour vous.

JUIN 2007

Sous l'influence du Nœud Nord en Poissons — Jusqu'au 11, le Soleil en Gémeaux, signe qui précède le vôtre et qui annonce une plus grande nervosité, fait un aspect dur au Nœud Nord. À une autre époque, le Nœud Nord en Poissons aurait été semblable à une caresse. Il aurait été le signe précurseur de davantage de chance, d'un excellent équilibre physique et émotionnel, d'une remontée financière, de la possibilité de faire fortune ; dans un autre temps planétaire, le bonheur lui-même vous aurait couru après. Mais les planètes lourdes ne sont plus dans les mêmes signes ; entre elles, il y a des querelles dont vous faites les frais. Ce n'est probablement pas une consolation de l'apprendre, mais vous n'êtes pas seul à subir la dureté de certains aspects célestes. Vous aurez une envie folle et même excessive de mettre de l'ordre dans votre tête. Comme première manifestation de votre désir de voir les choses autrement, vous ferez le grand ménage dans la maison ; les hommes le feront plutôt dans leur garage ou encore se mettront à réparer tout ce qui est cassé et qu'ils ne veulent pas jeter, même si l'objet ne leur est plus utile : souvenirs, souvenirs... Il vous faut un énorme courage pour vous défaire de vos vieilleries. Un objet acheté ou reçu en cadeau, même si cela date de longtemps et qu'il n'a jamais servi, est relié à une émotion vous permettant de revivre la période de vie correspondant à cette chose que vous redécouvrez. Durant ce mois, le Nœud Nord en Poissons vous plonge dans vos souvenirs : choisissez ceux qui vous ramènent à des temps heureux et pleurez de joie. Ne vous torturez pas à vous rappeler des moments difficiles et cette fois, avec détermination, jetez ce qui vous y rattache. Que vous ayez 20 ou 80 ans, votre mémoire est active. Jeune, défaites-vous vite de ce qui, par exemple, vous rappelle une rupture. Si vous avez atteint la maturité, vous aurez besoin de plusieurs boîtes pour ranger vos noirs souvenirs et, si des objets sont encore d'une grande utilité, donnez-les à une association qui les distribuera à des gens moins nantis que vous. Pour eux, ce sera un vrai cadeau.

Vie amoureuse du célibataire — Vous serez sous le charme de belles personnes et facilement trompé par les apparences sous l'influence de Vénus et de Saturne en Lion, qui fait face au monde du rêve que représente Neptune en Verseau. Votre espoir d'aimer et d'être aimé commence le 6. Jusqu'au 24, Mars est en Bélier dans le dixième signe du vôtre; il vous invite, une fois de plus, à être sujet à l'amour coup de foudre. Homme ou femme, Jupiter, en bon aspect avec ces planètes de feu, accentue l'attraction, que vous confondez avec la sentimentalité, la tendresse, le calme, que vous désirez quotidiennement. Ce n'est que le 25 que l'attrait pour quelqu'un qui est vraiment ce que vous avez devant vous se transformera en possible grand amour. L'amour n'est pas un jeu de dés. Vivre un heureux hasard amoureux, rencontrer quelqu'un que vous aimez et qui vous aime pour le meilleur et pour le pire ne peut se produire que si vous êtes un être généreux de cœur et loin de toute comptabilité et calcul du genre: Je donne, je veux recevoir. Ce qu'on appelle le grand amour, c'est aussi mystérieux que la vie après la mort. Selon moi, ce type d'amour est une parcelle d'éternité que les amoureux vivent chaque jour. Dans l'éternité, tout peut arriver et, si vous et l'autre y êtes liés, rien ne peut vous séparer ni même diluer votre union.

Vie de couple–famille–budget–travail — En tant que mère et femme au travail, vous savez que les vacances des enfants approchent à grands pas et qu'il vous faut trouver une solution concernant la garde estivale. Vous en discuterez avec votre conjoint, mais vous savez qu'il ne voudra pas s'impliquer ou qu'il dira qu'il ne peut rien faire par rapport à cette situation; il a pleinement conscience que vous avez toujours trouvé une solution les années précédentes. Et c'est ce que vous ferez encore cette fois. Dans de rares cas, c'est le conjoint de dame Cancer qui prend en charge cette tâche afin de la soulager d'un fardeau. En femme lunaire, plus que tout autre signe, vous avez des sautes d'humeur. Comme signe cardinal, vous détestez que vos enfants désobéissent à vos ordres, qu'ils ne fassent pas leur lit, qu'ils soient en retard lors des repas, qu'ils oublient les petites courses que vous leur avez demandé de faire, qu'ils perdent leurs effets personnels par négligence. Vous n'avez que rarement de grosses exigences et vous tolérez bon nombre de caprices. Vous tenez à leur donner une éducation qui les rendra responsables de leurs actes quand ils seront adultes. Malheureusement pour vous, au cours de ce mois-ci, vos préadolescents et adolescents feront la sourde oreille quant aux divers devoirs que vous leur avez demandé de remplir. Ils s'intéresseront à tout et surtout à leurs amourettes. Vous ne serez pas heureuse de leur relâchement, mais ne vous mettez pas en colère. Soyez ferme et expliquez-leur que la vie en communauté, comme c'est le cas dans une famille, où chacun met la main à la pâte, est plus agréable qu'une maisonnée désordonnée. Au travail, quelques désagréments sont à prévoir mais rien de dramatique. Financièrement, il y a davantage de dépenses à la fin du mois et, pour vous, des vêtements à la mode peut-être un peu trop chers pour le budget de juin.

En tant que père et homme au travail, vous savez maintenant que vous êtes né sous un signe féminin. S'il y a sous votre signe de nombreux hommes d'affaires, il y a autant d'artistes et, très souvent, vous êtes l'un et l'autre. Vous serez débordé de travail au cours du mois au point où vous accorderez moins d'attention à votre conjointe. Il est même possible que vous vous emportiez contre elle pour un déplaisant détail et que vous demandiez à vos enfants sans ménagement de se tenir tranquilles. Le ciel est cousu de planètes qui vous portent à exagérer les contrariétés que vous subissez, qui vous poussent à vous plaindre de ce que vous ne pouvez posséder maintenant ou encore de ce dont la vie vous dépossède, ce qu'elle fait de temps à autre, comme une sorte de leçon qui vous enseigne à apprécier ce que vous avez et à demeurer affectueux envers vos proches et les membres de votre famille. Voici un conseil concernant l'argent : ne prêtez pas en ce mois de juin. Il y a dans l'air la possibilité qu'un parent, un frère ou une sœur plus précisément, veuille vous faire un emprunt. Si on ne vous a pas remboursé le précédent, ramassez votre courage et opposez un refus catégorique. Vous avez une famille bien à vous à nourrir, de jeunes enfants dont il faut renouveler la garde-robe chaque été parce qu'ils grandissent, des comptes à payer, etc. ; il est dans votre intérêt de vous occuper de vous et de ceux que vous aimez.

Clin d'œil sur les baby-boomers — Il vous arrive de vous plaindre de vos maux et, finalement, de ne plus avoir pour sujet de conversation que vos malaises et ces maladies qui frappent sans prévenir. Si vous faites partie des gens en bonne santé, même si vous n'avez pas l'énergie de vos 20 ans, soyez utile à vos proches et, si avez encore du temps libre, visitez des amis qui n'ont pas la chance d'avoir autant de résistance physique que vous. Si vous travaillez à temps partiel, vous avez un meilleur moral que les retraités qui restent à la maison à ne rien faire. Si vous êtes célibataire, divorcé ou veuf, ce n'est pas en vous repliant sur vous-même que vous ferez des rencontres agréables. En ce mois de juin, la danse est l'activité qui vous est la plus favorable si vous avez envie de causer avec des personnes aimables et intéressantes. Si vous êtes attiré par le monde de l'étrange, l'ésotérisme, l'astrologie, pourquoi ne pas assister à des conférences ou suivre des cours où vous pourriez découvrir ce qui est vrai et ce qui ne l'est pas dans ces arts de l'interprétation?

JUILLET 2007

Sous l'influence du Nœud Nord en Poissons — En ce temps de l'année, comme le Nœud Nord rétrograde pour rejoindre le Verseau le 19 décembre et qu'il sera plus sympathique à vos causes, vous vous questionnerez moins et agirez davantage. L'étape la plus importante, et généralement aussi intense qu'enrichissante pour l'esprit et le cœur, aura duré du commencement de janvier jusqu'au début de l'été. Vous êtes en zone anniversaire et l'état dans lequel vous serez ce jour-là aura, selon la tradition astrologique, des répercussions jusqu'au prochain anniversaire. Supposons qu'à ce moment vous êtes d'humeur exécrable, c'est dommage pour vous et ceux qui vous entourent parce que, pendant les 12 prochains mois, vous ferez revivre et supporter à autrui vos mécontentements et contrariétés. Vous pourriez également accuser votre prochain et la planète tout entière pour ce qui vous manque, que vous n'avez jamais eu et que vous n'aurez peut-être jamais. Si, au contraire, le jour de votre anniversaire, quoi qu'il se passe, vous en profitez pour fêter, pour vivre le mieux possible ce qui ne va pas, alors, durant les 12 prochains mois, il y aura une solution pour chaque problème et aussi de belles surprises.

Vie amoureuse du célibataire — Si vous êtes timide, vous aurez bien du mal à faire une première approche, surtout quand la personne qui vous plaira semblera audacieuse; la peur qu'on vous tourne le dos risque de s'emparer de vous. Par exemple, vous êtes dans un endroit public où les gens se rassemblent dans le but de se faire des amis ou de croiser l'amour ou encore vous vous trouvez dans un club de rencontres où tout le monde est présent avec une idée en tête: trouver la perle rare. Laissez vos craintes de côté, elles sont inutiles, et le pire qui puisse vous arriver, c'est un «non merci» catégorique dit sur un ton déplaisant. Si cela devait vous arriver, sachez que vous venez d'échapper à une relation où les mots durs auraient été plus nombreux que les paroles gentilles. À compter du 15, vous serez attiré par des gens sérieux et vous exercerez aussi un grand attrait sur eux. À travers cet aspect moins souriant mais poli, agréable, avec des moments de tendresse, des échanges de confidences, un jeu de pouvoir peut se glisser où chacun se méfiera de l'autre. En ce qui concerne cette dernière possibilité, il vaut mieux, dès la première intuition, prendre un recul afin de demeurer sélectif.

Vie de couple–famille–budget–travail — En tant que mère et femme au travail, et comme quatrième signe du zodiaque, symbolisant la mère protectrice, couveuse et première éducatrice dans la vie de ses enfants, vous leur ferez bien comprendre vos explications, recommandations, conseils et critiques de toutes sortes. Il est possible que vous exagériez et que vos discours soient longs puisqu'ils constituent généralement une série interminable d'avis. Êtes-vous certaine d'être écoutée ? N'avez-vous pas confiance en vos grands à qui vous avez appris les règles de base ? Et puis souvenez-vous du temps où vous aviez leur âge, étiez-vous une petite fille sage ? Si vous partez en vacances, c'est au sujet de votre famille que des conseils s'imposent. Si vous faites des randonnées en montagne, dans des lieux rocailleux ou encore de l'escalade, il est impératif que vous redoubliez de prudence. Quant à la nourriture, n'achetez que des aliments qui vous semblent vraiment frais et vérifiez la date de péremption des produits. Au travail, vous n'avez pas à vous inquiéter, les affaires sont au ralenti, mais elles ne sont pas à l'arrêt.

En tant que père et homme au travail, sous l'influence de Mars en Taureau dans le onzième signe du vôtre, vous aurez envie de faire un tour de piste dans une foule d'inconnus, pour le plaisir, pour savoir ce que d'autres pensent, savent, ressentent, vivent. Bien que vous ayez une conjointe, vous aurez l'œil vif, et une jolie femme attirera votre attention. Brin de causette, conversation au sujet de deux adultes consentants puis « consommation ». Après, irez-vous vous confesser à votre conjointe et lui faire porter le fardeau de votre « péché » jusqu'à ce que la relation s'envenime ? Tout ce que nous décidons et faisons a des conséquences. Il arrive qu'on ait du mal à faire le lien entre deux événements déplaisants mais, sur cette planète, les enchaînements peuvent être parfois difficiles à expliquer, comme dans cet exemple qu'on nous donne parfois : quelqu'un éternue ici ou là et, à l'autre bout du monde, un cataclysme se produit. Il en est de même quand, dans un couple, il y a des cachotteries. Certaines femmes Cancer trompent également leur conjoint, mais en juillet, vu la position des signes et des planètes, les hommes sont les plus concernés. Si votre travail vous oblige à de nombreux déplacements, vous ferez plus de route qu'à l'accoutumée en juillet, et plus d'argent également.

Clin d'œil sur les baby-boomers — Si vous avez la chance de vous évader dans la nature, profitez-en. Nourrissez-vous sainement, choisissez des aliments fraîchement cueillis par l'agriculteur le plus près de chez vous. Évitez les mets précuits, les gras, ce qui contient des produits chimiques. Il est important que vous refassiez vos énergies durant ce mois d'été. Mars, planète de la survie et de la résistance physique, est en exil. Cela signifie que vous perdrez votre vitalité plus rapidement qu'à l'accoutumée ; il en sera ainsi jusqu'au 7 août. À noter dans votre agenda. L'avis est aussi utile aux hommes qu'aux femmes. En tant que Cancer, vous êtes généralement une bonne fourchette, aussi ai-je mis l'accent sur l'alimentation. Si vous voulez vivre 100 ans et en forme, procurez-vous des ouvrages sur la naturopathie. Vous serez surpris d'apprendre que certains légumes ne conviennent pas à des conditions physiques spécifiques. Je ne pratique pas moi-même cette science, mais je m'informe en lisant des bouquins sur le sujet et je fais des recherches sur Internet. Après avoir subi plusieurs opérations chirurgicales, il était dans mon intérêt de remonter la pente.

AOÛT 2007

Sous l'influence du Nœud Nord en Poissons — Tout au long du mois, vous aurez l'impression que vos réflexions ne conduisent à rien ou que vos questions ne trouvent aucune réponse. La mort d'un enfant en bas âge a-t-elle un sens ? Que signifie donc la naissance d'un enfant non désiré ou atteint d'une grave maladie dès son premier souffle ? À certains moments, tous les espoirs sont permis mais, en songeant aux malheurs qui affligent notre terre, votre foi en un monde meilleur descend de plusieurs crans. En regardant la vie sous un certain angle, vous n'y voyez que laideur ; sous un autre angle, vous êtes ébloui par ce qu'il y a encore de merveilleux à voir et à ressentir. Le Nœud Nord et Uranus sont en Poissons, et Jupiter en Sagittaire les torture. Le Nœud Nord en Poissons suggère le détachement ; Uranus en Poissons propose une juste répartition des biens. Jupiter en Sagittaire réplique qu'il ne faut récompenser que les gens méritoires. Le Poissons accepte toutes les formes d'intelligence. Jupiter ne donne qu'aux «bolés», aux diplômés, aux spécialistes, bref, à ces personnes dont le talent n'est pas vraiment inné mais plutôt appris. Vous êtes au milieu de tout ça et, en tant que signe d'eau, vous savez fort bien que chacun a la place qu'il doit occuper, même quand il est difficile d'y trouver une explication. Dans ce tourbillon aussi émotionnel qu'intellectuel, détruisez tous les recoins susceptibles d'héberger votre mélancolie.

Vie amoureuse du célibataire — À compter du 10, vous faites un retour dans le monde des apparences. Vous aurez un immense magnétisme pour attirer une très belle personne, désirée et enviée par plusieurs. À compter du 8, Mars, planète de la pulsion sexuelle, attrait et consommation sans réflexion, est en Gémeaux, qui se trouve dans le douzième signe du vôtre. Les planètes laissent présager une rencontre que vous classerez parmi les merveilles du monde, mais il y a malheureusement une tache représentant une conquête ou un prédateur en fuite. Vous croiserez surtout des gens sentimentalement instables. Prenez votre temps, ne vous liez pas trop vite au magnifique inconnu. Si l'amour doit naître, il se développera très lentement et sans doute aurez-vous des fréquentations traditionnelles jusqu'à la fin de septembre.

Vie de couple–famille–budget–travail — En tant que mère et femme au travail, vous aurez de la difficulté à réunir tous vos enfants, surtout s'ils sont nombreux et qu'ils travaillent ou étudient à temps plein. Ils seront occupés, et cette petite fête que vous vouliez organiser pour vous rapprocher d'eux et pour qu'ils soient plus proches les uns des autres sera sans doute remise à un autre mois. Si votre conjoint vous aime et réciproquement, prenez donc des vacances loin du brouhaha familial. Si vos enfants sont presque des adultes, vous n'avez plus besoin de leur tenir la main. Il est maintenant temps de recréer votre intimité avec votre partenaire. Choisissez une destination où aucun parent ne vous rejoindra. Évitez les placotages inutiles au sujet de membres de la famille avec qui vous vous entendez moins bien. Voilà déjà le temps de renouveler la garde-robe de vos enfants, c'est à la fois parce qu'ils ont grandi et que c'est le retour à l'école. Comme chaque année, votre budget pour les gâteries sera réduit. Vous dépenserez pour ce qui est essentiel et si vous avez encore les moyens, vous achèterez un de ces gadgets à la mode qui crée une sorte d'appartenance à leur groupe d'âge. Il est rare qu'une femme Cancer ne soit pas entièrement dévouée à sa progéniture. Mais les exceptions ont toujours fait les règles. Si vous êtes une femme qui prend la fuite devant ses responsabilités, si vous choisissez une vie où vous êtes toujours la première à vous servir et celle qu'on doit servir, un jour viendra où vous aurez droit à une montagne de reproches et, pour certaines femmes, ce temps est déjà arrivé.

En tant que père et homme au travail, si vous appartenez à la catégorie des professionnels pour qui le sommet n'est jamais atteint, qui ne font jamais assez d'argent, le travail vous prend toute votre énergie et vous remettez à votre conjointe le trousseau complet de l'éducation de vos enfants. S'ils sont maintenant des préadolescents ou des adolescents, ils manifestent leur présence et ils vous font part de leurs idées. Ce qui vous étonne le plus, c'est qu'ils ne pensent absolument pas comme vous et n'ont nullement envie de suivre vos traces. Rien d'étonnant à cela puisque vous n'avez pas été proche d'eux, vous n'avez pas marché devant eux pour les guider. Alors, quelles traces devraient-ils suivre ? Mais il n'est jamais trop tard pour commencer à bâtir de vrais liens père-enfants. Si, au contraire, vous êtes un père présent, rassurant et encourageant, vous êtes fier de vos accomplissements. Vous transmettez à vos enfants l'idée qu'il est possible de vivre en étant aussi émotif que logique et que, finalement, l'émotivité sert parfois la raison, l'inverse étant aussi vrai. Financièrement, si vous ne gagnez pas une fortune, l'arrivée des factures vous forcera à retrousser vos manches et vous accepterez de faire des heures supplémentaires sans vous faire prier. Certains d'entre vous ont un second emploi afin de boucler leurs fins de mois. La partie travailleur autonome en vous prendra plus d'expansion que vous ne l'imaginez.

Clin d'œil sur les baby-boomers — Méfiez-vous des apparences en août. Chaque année, des gens se présentent à votre porte et proposent leurs services, ou encore vous trouvez dans votre boîte aux lettres une carte vous décrivant le professionnalisme d'une entreprise. Si jamais vous êtes tenté de faire appel à des inconnus de la rénovation, essayez d'obtenir d'abord des informations et ne signez aucun chèque avant que le travail soit fait. Cela se produit plus fréquemment avec les femmes qui vivent seules et qui n'ont évidemment plus 20 ans. À compter du 10, que vous soyez encore au travail ou à la retraite, vous serez flirté, lors d'une sortie, par quelqu'un de beaucoup plus jeune que vous. Vous êtes une personne plaisante et vous adorez faire de nouvelles rencontres, causer, mais il y a dans ce ciel d'août une mise en garde : quelques planètes indiquent une rencontre sentimentale, mais Neptune, qui leur fait face, vous conseille de voir clair. La personne qui vous manifeste autant d'attentions pourrait n'être qu'une illusion d'amour. Si jamais vous devez constamment payer les dépenses de l'autre parce qu'il ne possède rien, il est possible que, même en ce début d'union, on soit plus intéressé par la sécurité que vous offrez que par l'amour que vous pouvez donner.

SEPTEMBRE 2007

Sous l'influence du Nœud Nord en Poissons — À compter du 3, Saturne entre en Vierge. Cette position est excellente pour l'ensemble de votre vie. Cependant, Saturne étant en face du Nœud Nord en Poissons, il est possible que, dans une situation concernant votre famille ou même votre milieu de travail, vous soyez déchiré entre suivre le chemin du cœur ou emprunter celui de la raison. Un côté de vous sait qu'il faut dire non à quelqu'un et vous avez une foule de raisons pour le faire, mais voici que votre cœur se met à battre la chamade parce que vous êtes sur le point d'opposer un refus : vous êtes envahi par des émotions intenses. Vous avez pitié de lui, vous craignez que, si quelque chose de terrible lui arrivait, vous en seriez responsable. Si vous vous sentez ainsi, c'est que vous êtes en train de lui donner un énorme pouvoir ; à sa manière, il vous manipule. Ce n'est pas la première fois qu'il vous joue cette scène, vous lui avez prêté de l'argent, offert le gîte et le couvert, vous l'avez habillé, vous lui avez prêté votre voiture. Malgré tous vos efforts pour qu'il s'en sorte, il n'a rien fait ; vos bontés n'ont pas eu un effet dynamisant. Intuitivement, vous savez que votre générosité ne le rendra ni responsable ni volontaire. Cette fois, laissez la raison vous guider : laissez-la dire non.

Vie amoureuse du célibataire — Mars est encore en Gémeaux dans le douzième signe du vôtre, et ce, jusqu'au 28. Plus le mois avance, plus son opposition à Pluton en Sagittaire devient dure. Comme la plupart des humains sur cette planète, vous voulez vivre en amour, pacifiquement, paisiblement, tendrement. Mais il semble que, plutôt que d'avoir compris la signification du mot paix, dans la peur d'une guerre de couple, dans la crainte de vous faire avoir par un manipulateur, vous vous approchez de quelqu'un qui vous plaît avec une méfiance qu'on pourrait trancher au couteau. Il faudra vous défaire de vos anciennes déceptions, libérer votre passé de vos maux de l'âme. Je suis au regret de vous annoncer que ce mois sera peu propice au véritable amour si vous adoptez l'attitude décrite précédemment. D'un autre côté, si vous êtes un sentimental extrême, il ne faudrait pas tomber dans le panneau d'une personne qui s'amuse à séduire et à impressionner.

Vie de couple–famille–budget–travail — En tant que mère et femme au travail, votre ciel est parcouru de planètes dont le rapport avec vous est celui de l'organisation professionnelle. Certaines femmes Cancer reprendront les activités professionnelles qu'elles avaient abandonnées, d'autres chercheront un nouveau genre d'emploi et d'autres encore feront un retour aux études. Si vous n'avez pas travaillé depuis longtemps, vous sentirez le besoin de faire un retour et de poursuivre une carrière qui avait été interrompue pour des raisons aussi diverses qu'il y a de Cancer. La position de Saturne en Vierge provoquera un retour d'énergie, des éclairs de génie. Vous aurez le goût de vous accomplir selon ce que vous êtes au plus profond de vous-même et vous ne laisserez personne s'interposer entre vous et votre but. Votre conjoint vous appuiera dans vos démarches. Si malheureusement monsieur devenait soudainement contrôlant, votre réaction le porterait rapidement à réfléchir à cet aspect sombre qu'il vous cachait ou que vous ne vouliez pas voir. Votre besoin d'affirmation est tel que vous ne reculerez pas. L'organisation de la garde des enfants se fera en peu de temps et ceux-ci seront en sécurité. Par ailleurs, vous aurez la délicatesse de leur expliquer les changements que vous opérez dans votre vie, même aux petits qui n'ont qu'un ou deux ans. Quant à ceux qui vont déjà à l'école, ils comprendront ce que vous faites pour vous et pour eux. Et puis ils ont des tas d'amis dont les deux parents travaillent et, chose surprenante, ils en parlent entre eux.

En tant que père et homme au travail, les planètes étant en majorité en signes masculins, vous vous sentirez bousculé tant au travail qu'à la maison. Il vous arrivera même de croire que votre conjointe agit plus comme l'homme de la famille que comme la femme et la mère. C'est un peu exagéré, comme si le ciel lui-même agitait toutes vos composantes logiques et affectait le disque dur de votre cerveau. Vous pourriez vous surprendre à penser en soupirant que rien n'est comme avant. C'est effectivement vrai. Vous êtes un signe lunaire capable de vous adapter à toutes les nouvelles situations en milieu professionnel mais, sous ce ciel de septembre, ce n'est que très péniblement que vous acceptez la transformation de votre conjointe ainsi que, dans certains cas, son désir de déménager. Continuez d'être prudent lors de la pratique de vos sports favoris : vous manquez d'équilibre.

Clin d'œil sur les baby-boomers — Si vous faites partie de ces gens qui n'ont pas prévu qu'un jour, à la retraite, ils gagneraient moins d'argent, si vous n'avez pas mis d'argent de côté, il vous faudra faire un budget que vous devrez absolument respecter afin de payer vos comptes, votre loyer et votre nourriture. Si vous avez un conjoint, sans doute les restrictions volontaires sont-elles plus faciles à vivre. Si vous êtes une personne seule, c'est plus difficile de vous en tenir à ce régime d'économies. De plus, les membres de votre famille croient souvent que vous pouvez vous offrir des luxes ou leur faire des cadeaux parce que vous avez trop d'argent pour votre âge. On ne peut comprendre le vieillissement qu'une fois qu'on y est et particulièrement quand on est un signe d'eau comme vous. L'usure physique vient avec le temps et il est apparent, qu'on approche de la retraite ou qu'on y soit déjà. Ce que vos cadets ne voient pas, c'est qu'au-dedans, vous avez encore la jeunesse du cœur et de l'esprit et que vous avez plus de connaissances qu'ils ne l'imaginent. Si un de vos enfants d'âge adulte vous fait des emprunts régulièrement, pour vous et pour lui, coupez les vivres. Dites-lui que vous l'invitez à votre table à l'heure des repas, mais que ce sera tout. Quant à l'amour, en tant que célibataire, vous ne semblez pas pressé de faire une rencontre ce mois-ci.

OCTOBRE 2007

Sous l'influence du Nœud Nord en Poissons — Le Nœud Nord, toujours à son poste, fait un bon aspect à Mars en Cancer, pendant que Mars est bien positionné par rapport à Saturne. En ce mois d'octobre, si jamais quelqu'un vous fait des misères, vous serez « un sage en colère ». Vous oserez dire ce que vous vous retenez d'exprimer depuis parfois bien longtemps. Vous serez d'une telle clarté et d'une telle précision que la personne qui vous contrarie, et peut-être vous insulte depuis belle lurette, comprendra qu'elle ne doit plus jamais mal agir à votre endroit. Vous ferez une sainte colère, et on aura l'impression que vous êtes prêt à jeter un mauvais sort si on ne cesse de vous nuire. Vous aurez un puissant magnétisme sous ce ciel d'octobre et la liberté de choisir votre punition. Vous pourriez rencontrer une personne hors de l'ordinaire, avec laquelle vous aurez un contact se situant bien au-delà de la raison. On pourrait même la qualifier de spirituelle, en ce sens qu'elle vous permettra de croître intérieurement et de mieux voir ce qui est devant vous, un peu comme si vous développiez une vue sur l'invisible afin d'aider des gens à mieux cheminer.

Vie amoureuse du célibataire — Sous ce ciel, si vous êtes un parent, ne vous inquiétez pas lors de votre prochaine rencontre, sans doute l'autre personne dont le cœur est libre aura-t-elle aussi des enfants. Il sera alors facile d'entrer en conversation avec elle. Si vous n'avez pas d'enfant, une personne qui sera parent vous plaira énormément. Afin que la relation se poursuive, il vous faudra apprendre à composer avec une famille. Il y a parmi vous des conquérants, qui exercent leur pouvoir d'attraction. S'ils plaisent, ils sont rassurés sur eux-mêmes, mais une petite surprise guette ce type égocentrique : des gens oseront leur dire carrément qu'ils sont le type de célibataire qui ne suscite aucun intérêt chez eux, le tout suivi d'une description comportementale plutôt déplaisante à entendre.

Vie de couple–famille–budget–travail — En tant que mère et femme au travail, il est possible que vous soyez tentée d'acheter des meubles neufs, de refaire votre décoration. Si vous êtes capable de jongler avec votre budget et de faire du neuf avec du vieux, vous ne dépenserez pas toutes vos économies et, avec peu d'argent, vous ferez des miracles. Si vous œuvrez dans le domaine médical, vous serez débordée parce que, plus souvent que vos collègues, vous aurez à vous occuper des cas les plus urgents et les plus stressants. À certains moments, vous aurez l'impression d'être la seule en service. Ne soyez pas étonnée lorsque le soir vous serez complètement épuisée. Vous êtes présente à vos enfants ; que le travail soit exigeant ou non, votre progéniture a droit à vos attentions. Au cours du mois, vous aurez un peu plus de chance qu'à l'accoutumée dans les jeux de hasard. Il vous suffit d'un billet pour que vos finances soient mieux assurées et toutes vos dettes, payées. Vous aimeriez bien passer des soirées en tête à tête avec votre conjoint, comme au temps de vos fréquentations. Un parent qui s'ennuie vous offrira de garder vos enfants pendant que votre partenaire et vous allez au cinéma ou dans un resto dont vous appréciez les mets. Si vous n'avez pas d'enfant mais que vous faites le projet d'en avoir un, en laissant la nature suivre son cours, la grossesse ne se fera pas attendre.

En tant que père et homme au travail, vous êtes nerveux : vous voudriez être au sommet de l'entreprise alors que vous débutez ou vous rêvez de l'atteindre, mais sans jamais faire les efforts nécessaires pour grimper les échelons. Il y a chez vous une dualité entre le fait d'accepter davantage de responsabilités, et en conséquence passer moins de temps avec votre famille, et en rester là où vous êtes de manière à ne rien changer parce que, pour vous, tout va bien. La question qu'il faut vous poser, c'est: « Où en êtes-vous dans votre vie? » Quel est votre réel désir? Relever un défi ou occuper le même poste pendant les 20 ou 30 prochaines années? Exercer un talent que vous possédez ou le laisser dormir en espérant qu'un de vos enfants en ait hérité et passe à l'action? Si votre couple a 15 ou 20 ans, vous avez pris des habitudes et mis de côté vos fantaisies. Vous prenez la vie très au sérieux et, fréquemment sous votre signe, monsieur se soumet aux caprices de madame tant il craint l'abandon. En ce mois d'octobre, si jamais vous réalisez que vous n'êtes plus heureux depuis longtemps, d'abord vous ouvrirez la discussion sur le sujet et proposerez des solutions de rechange. Si votre conjointe s'offusque et se fâche, il y a toutes les chances du monde pour que vous preniez une distance durant plusieurs mois.

Clin d'œil sur les baby-boomers — En tant que célibataire, vous voilà à nouveau désireux de faire une rencontre afin de ne pas vieillir seul. À compter du 9, vous attirerez une personne soit beaucoup plus âgée que vous ou considérablement plus jeune. Saturne, qui représente votre génération, fait face au Nœud Nord en Poissons ainsi qu'à Uranus. Il est donc possible que vous entriez rapidement dans une relation, un peu trop vite peut-être. De grâce, vous n'êtes plus un adolescent. Même si vous avez la sensation de retrouver cette énergie qui vous animait autrefois, avec toutefois moins de résistance physique, vous pourriez, tout comme à cet âge, rencontrer un joli cœur impressionnant, mais avec lequel il sera impossible de vivre au quotidien. Si vous êtes à la recherche d'un amour à distance, tels des amants qui se cachent pour s'aimer, dans ce cas, tout ira comme vous le désirerez. Le ciel est capricieux en ce mois d'automne: il n'offre ni certitude ni sécurité, il n'a pas du tout envie de se marier, mais il adore les conversations sur l'oreiller et les réveils où on se sourit. Si vous n'avez pas encore pris votre retraite et qu'elle vous est proposée, il est dans votre intérêt de refuser tant pour vos finances que pour votre moral.

NOVEMBRE 2007

Sous l'influence du Nœud Nord en Poissons — Le Nœud Nord achève son voyage en Poissons. Il sera en Verseau le 19 décembre mais, d'ici là, il continue de jouer avec vos émotions et d'occasionner des états d'angoisse, des paniques, des peurs irrationnelles. Bref, avec le Nœud Nord en Poissons, Mars dans votre signe et Uranus en Poissons, les uns se révoltent contre à peu près tout tandis que d'autres baissent les bras à la moindre contrariété et la transforment en un drame théâtral. D'autres encore se redécouvrent, deviennent sages et se surprennent eux-mêmes d'autant de tranquillité d'esprit et de lucidité. Le Nœud Nord demeure 18 mois dans un signe. Il se trouvait dans le neuvième du vôtre et il a fait son entrée en Poissons le 23 juin 2006. À compter de cette date, vous devriez devenir plus sage et voir les problèmes les plus ardus se régler grâce à un heureux hasard ou à une bifurcation de votre destin. Si vous avez abandonné votre objectif ou des gens au premier obstacle ou à la moindre confrontation, plus le temps a passé et plus il a été difficile d'être responsable. Vous avez pris la fuite, vous avez passé la majeure partie de votre temps à accuser les autres de votre insuccès, de vos pertes et de vos déceptions de toutes sortes.

Vie amoureuse du célibataire — Vous avez peut-être cherché l'amour depuis janvier, mais personne ne vous a plu. Est-il possible que vous ayez été trop critique, un brin dictatorial afin de signifier à votre flirt de ne jamais empiéter sur votre territoire et qu'il devait se soumettre à vos caprices lunaires et accepter vos sautes d'humeur ? Si vous étiez dans cet état d'esprit lors de vos sorties, les personnes rencontrées n'ont vu que le chef ou la patronne en vous. En ce mois de novembre, le Nœud Nord en Poissons vous apprend la tolérance et la bonté envers autrui ; si vous résistez à son enseignement, amoureusement vous stagnerez encore. Et puis il faudrait cesser de comparer ce qui fut votre grand amour aux personnes à qui vous faites tout de même les yeux doux.

Vie de couple–famille–budget–travail — Aimer et être aimé peut durer longtemps. Puis vient un temps où les partenaires ont tellement changé que leur union ne tient qu'à un fil : au moindre coup de vent, à la plus petite contrariété, il risque dangereusement de se rompre. En ce mois de novembre, vous faites le tour de tout ce qui a défait votre couple petit à petit. Vous pouvez choisir de suivre une thérapie afin de comprendre ce qui vous arrive, que vous soyez devenu querelleur ou fuyard.

En tant que mère et femme au travail, vous serez, à compter du 12, sous l'influence de Mercure en Scorpion allié au Nœud Nord, à Uranus en Poissons et à Mars en Cancer. Toute cette eau pourra parfois être brouillée par Saturne en Vierge. Vous vivrez une dualité : d'un côté, il y a vos responsabilités professionnelles et de mère ; de l'autre, vous vous demandez pourquoi vous êtes aussi dévouée. Cessez de regarder les gens qui paraissent vivre librement, qui semblent ne se préoccuper de rien et qui, vus de l'extérieur, ont un train de vie plus agréable que le vôtre. Sous votre signe, il existe des femmes qui n'ont qu'un seul et unique désir : le confort. Elles en paient généralement le prix : elles ne sont ni créatives, ni utiles à autrui, ni appréciées par ceux qu'elles fréquentent généralement grâce à l'argent de conjoints qui se servent de leur beauté et de leurs sourires pour faire mousser leurs affaires. Plus que d'autres, certaines femmes de votre signe acceptent le rôle de bibelot fragile dont on prend grand soin en échange d'une sécurité financière. Quand ces dernières deviennent mères, il arrive qu'elles se consacrent uniquement à leurs enfants au point où elles les rendent aussi dépendants qu'elles. Si vous êtes du clan des femmes responsables et équilibrées, autant qu'on puisse l'être, vous serez très active tout au long du mois, tant au travail qu'à la maison, pour servir votre famille et prendre grand soin de vos jeunes enfants. Quant aux femmes Cancer qui arrivent difficilement à trancher, elles seront confrontées à elles-mêmes lors d'une situation où elles n'auront d'autre choix que de prendre une importante décision.

En tant que père et homme au travail, si vous travaillez pour une entreprise qui doit restreindre son budget et procéder à des congédiements quelques semaines avant Noël, il y a de quoi devenir nerveux. Votre emploi est menacé, particulièrement si vous faites partie des derniers arrivés. Si vous avez du cœur au ventre, vous n'attendrez pas et vous chercherez un autre travail à temps partiel. Vous pourriez vous retrouver à faire des journées de 16 heures plutôt que de 8. Un homme stimulé puise dans ses réserves d'énergie, cependant il est impossible de le faire à long terme. Tout au long du mois de novembre et durant la moitié de décembre, pour tenir le coup, il sera essentiel de vous nourrir sainement chaque jour. À la fin de novembre, si vous êtes fonctionnaire ou si vous êtes politiquement ou socialement impliqué, vos dossiers seront passés au peigne fin. Il est à souhaiter qu'en tout temps vous ayez parfaitement rempli votre fonction et que vous ayez évité la tricherie ou les raccourcis. Si vous faites partie des Cancer ambitieux, il arrive, en tant que signe d'eau, que vous succombiez à l'influence de gens peu scrupuleux qui ont toutes les raisons pour que vous agissiez selon eux plutôt que selon les règles.

Clin d'œil sur les baby-boomers — La génération qui vous succède vous met de plus en plus de côté. On vous tasse. On vous propose de prendre votre retraite avant que vous ayez l'âge requis. Vos cadets réclament eux aussi une place au soleil. Mais vous avez encore tous vos moyens et vous êtes parfaitement lucide ; vous n'accepterez pas qu'on supprime vos droits. De plus, vous avez une expérience qui n'a pas été acquise instantanément. Sous l'influence de Saturne en Vierge, le monde du travail prend plus de sens afin d'assurer votre survie économique et de demeurer un consommateur parmi les autres. Si vous avez un sens social bien développé, vous entamerez un débat contre des politiques financièrement pénalisantes alors que, durant les 30 ou 40 dernières années, vous avez payé des impôts et des taxes de toutes sortes. Saturne en Vierge vous donne du courage, un esprit éclairé et plus de force que vous n'en aviez l'an dernier. Quelle que soit la cause que vous prenez sous votre aile, votre participation est plus importante que vous ne l'imaginiez. Vous provoquerez un enchaînement d'événements permettant à d'autres signes de votre génération de se faire entendre. Si vous n'avez pas été un citoyen modèle, que vous avez abusé du système, vous n'avez rien d'un héros. Vous serez pointé du doigt et vous devrez rembourser une part des sommes d'argent acquises sous de faux prétextes. Si les bons travailleurs manifestent à juste titre contre des décisions gouvernementales qui les appauvrissent, ceux qui n'ont jamais été productifs, par manque de conscience ou par paresse, ceux qui ont vécu aux frais de la princesse seront dans l'obligation de procéder à des remboursements ou de rendre des services gratuits à leur communauté. En ce mois de novembre, nous passons de la consommation à outrance à la restriction, volontaire ou non.

DÉCEMBRE 2007

Sous l'influence du Nœud Nord en Poissons puis en Verseau — Le 19, le Nœud Nord quitte le Poissons et entre en Verseau dans le huitième signe du vôtre. Si vous avez été plus intuitif sous le Nœud Nord en Poissons, sous celui du Verseau, vous serez visionnaire. Les natifs se diviseront alors en deux clans. Il y aura d'abord les Cancer plus attentifs que jamais à leur prochain et capables de monter aux barricades pour défendre leurs droits et ceux des autres. Certains auront des idées géniales et se mettront à l'œuvre dans le but de créer une entreprise permettant à de nombreuses personnes de gagner leur vie. Ce type de Cancer s'impliquera sérieusement parce qu'il est pleinement conscient que nous dépendons tous les uns des autres, que nous le voulions ou non. Il y aura aussi l'autre Cancer, qui fera le maximum pour se soustraire à ses responsabilités personnelles et sociales. L'argent sera son maître. Cependant, pour tenter d'en gagner plus, il risque de prendre le chemin des illusions. Sous l'influence du Nœud Nord en Verseau, la majorité des Cancer feront un virage de 180 degrés dans leur vie. Certains choisiront leur transformation, d'autres y procéderont à cause d'événements hors de leur contrôle.

Vie amoureuse du célibataire — À compter du 6, vous entrez en zone favorable concernant la rencontre avec une personne qui partagera vos idées, vos idéaux et par qui vous serez aussi physiquement très attiré. Votre course à l'amour, vous ne la vivrez plus comme vous l'avez fait ces dernières années. De l'intolérance, vous passez à l'acceptation de l'imperfection humaine. Vous réalisez qu'une vie à deux n'est pas qu'un pique-nique, c'est aussi une meilleure connaissance de l'autre et un partage où l'égalité n'est pas une évidence parce que l'amour n'est ni un budget ni un placement qui doit absolument avoir un gros rendement. La vision matérialiste que vous aviez de la vie de couple s'estompe, tout autant que votre vision romantique extrême. Vous entamez la phase du respect comme base d'une relation où deux personnes s'attachent l'une à l'autre lentement mais sûrement.

Vie de couple–famille–budget–travail — Si votre couple bat de l'aile en ce dernier mois de l'année, il est possible, surtout à compter du 19, qu'il y ait de sérieuses discussions entre vous et votre partenaire et que vous en arriviez à la conclusion qu'il vaut mieux vous séparer que de continuer à vous déchirer. La situation devient complexe si vous avez des enfants que vous aimez tous les deux. Vous devez savoir qu'après une période de chaos, l'ordre se recrée. Pluton est encore en Sagittaire, mais il achève son passage qui a ouvert la porte à l'ouverture des frontières. Cette planète a clamé la paix dans le monde. Le résultat n'est pas éloquent. Si vous payez vos cadeaux de Noël avec une petite carte de plastique, dites-vous que, dès le début de l'année 2008, vous devrez payer vos comptes. Il n'est pas impossible que les compagnies de crédit et les banques resserrent leurs règles concernant les remboursements et étouffent ceux qui dépensent compulsivement. Soyez raisonnable en tant qu'acheteur, surtout si vous ne faites pas partie de la classe des riches.

En tant que mère et femme au travail, il est dans votre nature de vouloir plaire à tout le monde, de réunir la famille, de cuisiner, etc. Au début du mois, on acceptera votre invitation mais, à l'approche du 25 ou du jour de l'An, des parents se désisteront. Ne laissez pas la déception vous envahir. Ce n'est pas parce que la vie se déroule différemment de ce que vous aviez prévu qu'elle est moche. Il y aura moins de gens, mais vous serez avec vos enfants et votre conjoint, n'est-ce pas l'essentiel ? N'avez-vous pas là une bonne raison d'être heureuse ? Au travail, vous aurez beaucoup à faire ; quand des collègues prendront congé, c'est vous qui les remplacerez parce que vous êtes incapable de dire non. Si vous avez des enfants, ils ne manquent pas d'attentions envers vous, mais peut-être êtes-vous parfois trop sévère envers eux. La discipline est nécessaire au bon fonctionnement de la maisonnée, mais vous pourriez l'appliquer avec plus de souplesse.

En tant que père et homme au travail, si vous êtes un doux, un tendre, vous ne refusez pas de faire les courses afin d'aider votre conjointe. Vous êtes attentif aux besoins de votre famille et, ce mois-ci, dès que vous aurez une journée de congé ou que vous ferez moins d'heures au travail, vous accorderez plus de temps à vos enfants. Malgré votre dévouement et toutes vos activités, vous laissez facilement l'angoisse vous miner. Il est dans votre intérêt d'y songer pour ne pas transférer vos peurs à vos enfants. Si vous avez des heures de travail irrégulières, à plusieurs reprises vous serez appelé à travailler la nuit pour régler le problème qui se pointe. Si vous êtes dans la classe moyenne, vous craindrez de vous appauvrir. Votre situation financière ne changera que si vous utilisez vos talents pour faire plus d'argent, autrement vous continuerez à gagner le même salaire et à devoir vous contenter des petites augmentations qu'on vous accorde certaines années.

Clin d'œil sur les baby-boomers — Saturne, la planète qui représente les gens de votre génération, est en bon aspect avec Mars dans votre signe. En cas de querelle familiale, vos mots sages calmeront les belligérants. Certains d'entre vous seront troublés par une inévitable séparation impliquant un de leurs enfants. Leur première pensée ira à leurs petits-enfants qui sont coincés dans une guerre qui n'est pas la leur. Vous aurez un rôle important à jouer, celui de sécuriser ces petits que vous aimez comme s'ils étaient de vous. Les planètes, à l'approche de Noël, ne sont guère joyeuses. Elles ont tendance à diviser des membres de votre famille ou encore vous devrez soigner un parent qui ne se porte pas bien. Si vous avez choisi de partir en voyage durant les fêtes, lors de votre séjour dans un pays étranger, soyez prudent ; si on vous déconseille de visiter certains lieux, observez les recommandations.

Prévisions 2007
selon votre ascendant

CANCER ascendant BÉLIER

Si vous avez un poste avec de lourdes responsabilités, il est possible que vous réalisiez que vous en avez trop sur les épaules et qu'il vaut mieux vous défaire des bagages qui vous font courber l'échine. Il y a dans l'air un changement d'orientation professionnelle. La chance se tient près de vous : vous rencontrerez des personnes qui vous ouvriront la porte de cette nouvelle carrière. Vous êtes un double signe cardinal, il vous faut de l'action pour vous sentir vivant. Si jamais vous cherchez l'action dans une brève aventure amoureuse alors que vous vivez en couple depuis déjà longtemps, le réveil sera brutal quand vous vous serez rendu compte que vous avez blessé votre partenaire et vos enfants. N'allez surtout pas croire que votre infidélité ne sera pas connue : un témoin bavard racontera votre fantaisie à un ami qui, lui, répétera ce qu'il sait à quelqu'un d'autre, et ainsi de suite jusqu'aux oreilles de votre partenaire. Financièrement, quoi que vous fassiez, vous devez rester dans le droit chemin. Si vous en sortiez, vous seriez pris la main dans le sac. Si c'est une petite tricherie pour certains Cancer, d'autres jouent dans les gros chiffres et risquent de faire parler d'eux en des termes qu'ils n'apprécieront pas.

CANCER ascendant TAUREAU

Si votre travail vous oblige à des voyages ou à de nombreux déplacements, vous devrez toujours être prêt à partir. Où que vous alliez et quoi que vous fassiez, vous aurez du succès. Au cours de l'année, on pourrait vous offrir un poste où vous serez responsable de collègues qui eux aussi voyagent pour représenter l'entreprise. En somme, vous deviendriez leur patron immédiat. Vos responsabilités seront différentes et intéressantes et votre travail, mieux rémunéré. Si vous travaillez dans un bureau où les gens viennent à vous, attendez-vous à devoir rencontrer beaucoup plus de personnes que vous ne l'imaginez. Durant certaines périodes tout au long de l'année, on vous confiera des tâches qui sont généralement celles du patron. Rien d'étonnant à ce que vous fassiez une rencontre sur les lieux de travail, là où vous passez la majeure partie de votre temps. Cependant, la relation ne se développera que lentement, peut-être parce qu'un nouvel engagement vous effraie. On respectera votre rythme. Il faudra surveiller votre alimentation. Si vous êtes gourmand et ne faites aucun sport, vous prendrez du poids parce que vous éliminez plus lentement sous l'influence de Jupiter dans le sixième signe du vôtre. Si vous êtes amoureux, jeune et sans enfant et que votre couple désire fonder un foyer, vous obtiendrez rapidement les services de la cigogne.

CANCER ascendant GÉMEAUX

Vous êtes né de la Lune et de Mercure, en principe vous vous défendez bien verbalement. Si vous travaillez à forfait et que vous n'en êtes plus heureux, vous ferez des démarches en vue de passer à autre chose. Il est aussi possible que vous ayez besoin des services d'un avocat ; vous trouverez celui qui obtiendra ce que vous désirez. S'il s'agit d'une importante négociation professionnelle, la balle est dans votre camp. Vous aurez gain de cause sur toutes les garanties que vous exigez. Si votre travail vous met en relation avec le public, vous serez populaire ; vos services seront en demande au point où vous attirerez l'attention du grand patron, qui vous proposera un poste mieux rémunéré où vous lui serez plus utile que vous ne l'êtes déjà. Côté sentimental, vous ne savez pas trop ce que vous voulez vivre avec l'autre et, si jamais la lassitude s'était installée dans votre couple, vous serez le premier à proposer une séparation temporaire. Si cette rupture dure plus de six mois, il y a peu de chances que vous reveniez vers l'autre parce qu'entre-temps vous aurez déjà fait une rencontre extraordinaire. Sous votre signe et ascendant, vous excellez dans le domaine du commerce. Si vous êtes à votre compte, vous trouverez une formule pour attirer une nouvelle clientèle. Si vous êtes inventif, vous aurez une idée hors de l'ordinaire qui attirera rapidement les gros investisseurs.

CANCER ascendant CANCER

Jupiter et Pluton dans le sixième signe du vôtre laissent présager que votre première préoccupation sera le travail et la seconde, votre santé. Il est possible qu'une chute de vitalité due à un excès de travail vous oblige à faire de votre santé une priorité. Si vous devez subir une chirurgie quelconque, elle se passera bien et vous récupérerez rapidement. Il sera important de bien doser vos activités en 2007 parce que vous aurez tendance à exagérer ici ou là, et ce, dans presque tous les secteurs de votre vie. En tant que parent, vous passerez d'une inquiétude à une autre alors que vos enfants se comportent très bien, compte tenu de leur âge et de l'époque. Si vous avez peu voyagé, en 2007 vous choisirez une destination vacances hors de l'ordinaire. Sans doute visiterez-vous un coin de la planète qui n'est pas très touristique. Certains Cancer/Cancer découvrent qu'ils sont aventuriers. Mais il y aussi ceux qui, ayant besoin d'un changement, n'ont pas le moindre désir de survoler les océans et choisissent de quitter la ville pour aller vivre à la campagne afin de se rapprocher de la nature. Lors de vos vacances d'été, si vous êtes à proximité d'un plan d'eau, soyez prudent et surveillez de près vos jeunes enfants.

CANCER ascendant LION

Vous êtes la Lune et le Soleil. Vous possédez un signe et un ascendant extrêmement puissants et vous faites de votre vie ce que vous voulez. C'est un peu comme si les éléments se pliaient devant vous afin de satisfaire vos désirs. Si vous abusez de votre magnétisme et que vous manipulez les gens afin qu'ils succombent à vos exigences et à vos caprices, avec le temps, vous ne vous ferez pas que des amis. Si vous avez un talent artistique, vous aurez maintes occasions de le manifester et vous obtiendrez un beau succès. Les créateurs auront des idées hors de l'ordinaire, originales, qui leur rapporteront plus d'argent qu'ils n'en ont fait ces dernières années. Si vous êtes célibataire mais que vous aspirez à vivre l'amour, vous ferez une belle rencontre qui vous permettra enfin de découvrir ce qu'est un vrai couple. Au cours de 2007, vous vous impliquerez davantage dans votre communauté ; vous parlerez au nom de gens qui sont incapables de faire valoir leurs droits et vous obtiendrez pour eux ce que la Ville ou le gouvernement leur avait promis. Si certains font leurs premiers pas en politique, d'autres, nés sous ce signe et cet ascendant, ont déjà fait beaucoup de chemin et ces derniers en ouvriront un autre en 2007.

CANCER ascendant VIERGE

Que de questionnements sur vous-même et sur la manière dont l'humanité se développe et se détruit dans le monde ! Nous avons la technologie, mais il semble que l'humain, lui, n'ait pas progressé au même rythme. Il ne s'est pas épuré de ses rancunes, il peut se mettre en colère, il réagit comme jamais aucun ordinateur ne pourrait le faire. Vous avez des solutions à offrir. On vous écoute, mais bien peu de gens observent vos conseils. Saturne rejoindra votre ascendant en septembre, mais d'ici là il faudra prendre soin de votre santé et ne pas aller au-delà de vos limites. Il est possible que de temps à autre vous ayez des angoisses, des peurs. Votre grande sensibilité vous joue des tours ; vous n'avez pas à prendre sur vos épaules les maux de tous ceux qui vous entourent. Jupiter dans le quatrième signe de votre ascendant symbolise vos liens avec la famille. Si vos enfants ont quitté la maison familiale, que vous y viviez seul ou avec votre partenaire, il est possible que vous la trouviez trop grande et que vous ayez envie de déménager. Sans doute retarderez-vous ce moment jusqu'à l'automne 2007. Si au contraire vous êtes jeune et que vous n'avez jamais été propriétaire, vous ferez votre premier achat immobilier. Les jeunes amoureux sans enfant qui en désirent un verront leur vœu exaucé. Si vous êtes célibataire, vous aurez des flirts, mais il est difficile de retenir votre attention longtemps. Ils ne sont jamais assez intelligents pour vous. Et c'est souvent vrai.

CANCER ascendant BALANCE

Vous êtes un signe lunaire et vénusien. Vous avez beaucoup d'imagination, vous êtes inspiré, mais il vous arrive de manquer de confiance en vous et de vous fier aux conseils d'autrui pour finalement vous rendre compte que votre idée était la meilleure. Il faut beaucoup d'années pour se guérir de ce manque de confiance et une montagne d'expériences pour se prouver sa propre efficacité. En 2006, sous Jupiter en Scorpion, vous avez réglé des problèmes financiers et réorganisé l'ensemble de votre vie. Maintenant, en 2007, vous avez du temps pour vraiment penser à vous et décider d'être meilleur envers vous. Vous n'oubliez jamais ceux qui vivent autour de vous, cependant vous ne leur donnez plus autant de pouvoir qu'autrefois et désormais personne n'a le droit de décider à votre place. Si vous êtes célibataire, l'amour se présente d'abord sous un lien amical. Ce n'est que petit à petit, au fil des mois qui passeront, que l'un et l'autre vous découvrirez qu'il est plus agréable d'être ensemble que séparés. Si vous fréquentez quelqu'un depuis quelques années, il est possible que vous décidiez d'aller vivre ensemble. Certains Cancer/Balance s'éloigneront de la ville pour découvrir ce qu'est la vie à la campagne. L'inverse sera plutôt rare. Vous n'êtes pas fait pour vivre dans le bruit et le stress ; votre nature lunaire et vénusienne fait de vous un pacifiste et un amoureux de la nature. Si vous êtes sur le qui-vive depuis longtemps au travail, vous prendrez la décision de réduire vos heures et, du même coup, de faire moins d'argent afin d'être plus libre et moins tendu.

CANCER ascendant SCORPION

Vous portez l'ascendant le plus lourd du zodiaque. Il vous est impossible de ne pas être conscient de ce que vous faites ; vous savez que vous êtes responsable tant de vous que de bien d'autres gens. Vous n'avez d'autre choix que d'être conséquent. Aussi, vous ne pouvez dire n'importe quoi à n'importe qui. Si vous avez des enfants, vous êtes aussi proche d'eux que de vous-même ; il vous faut simplement vous défaire de ce côté protecteur et possessif à l'égard vos enfants et leur faire confiance. Il est rare que vous ayez eu une vie facile. La majorité des Cancer/Scorpion ont vécu de lourdes épreuves, mais vous êtes né avec la force d'en sortir. L'année 2006 fut importante. Vous avez redressé les situations boiteuses dans lesquelles vous vous trouviez et, en 2007, vous êtes dans une année de progrès rapide. Si vous avez monté un commerce, une entreprise, vous établirez beaucoup de nouvelles relations d'affaires et certaines personnes vous donneront de précieux conseils ainsi que des appuis pour développer votre projet. Un parent âgé et très malade pourrait mourir. Le partage de l'héritage ne se passera malheureusement pas calmement. Plusieurs parmi vous possèdent des dons médiumniques : vous avez des pressentiments, des intuitions. En somme, vous avez un œil ouvert sur l'invisible ainsi que sur votre futur et celui de ceux que vous aimez profondément. Jupiter en Sagittaire aura pour effet de vous rendre plus calme et plus sage. Il en découlera un mieux-être intérieur et physique. Peut-être que, comme jamais auparavant, vous aurez des coups de chance.

CANCER ascendant SAGITTAIRE

Vous êtes une union entre la Lune et Jupiter. Le monde est trop étroit pour vous, mais en même temps il est si vaste qu'il vous effraie. Vous voudriez tout vivre en même temps. Il y a en vous autant d'exagération que de dramatisation. Les arts qui vous permettent d'exprimer ce que vous ressentez et pressentez vous conviennent bien. Il vous arrive d'avoir peur de manquer de ceci ou de cela mais, pour la majorité d'entre vous, la vie est bonne et généreuse. Votre magnétisme est puissant, il attire vers vous le meilleur. Vous avez une sorte d'enveloppe protectrice ; où que vous soyez et quoi que vous fassiez, elle fait partie de vous, elle est omniprésente. Il arrive, sous votre signe et ascendant, qu'on ait envie de sauver le monde. Vous n'aurez jamais eu autant de travail qu'en 2007. Si votre travail consiste à faire respecter la loi ou si vous œuvrez dans le domaine médical, vous aurez beaucoup à faire. Il est possible que vous décidiez d'offrir vos services à l'étranger afin d'aider ceux qui ont subi la guerre ou une catastrophe naturelle. Si vous êtes libre et célibataire, vous n'hésiterez pas à vous rendre utile même si vous savez que, là où vous irez, vous frôlerez régulièrement le danger. Si vous avez une famille, vous choisirez de faire don de vous-même ici, où le travail ne manque pas non plus. Si vous n'avez pas encore fait un choix de carrière, vous serez inspiré en 2007; un beau matin, vous vous lèverez et saurez quoi faire pour vous accomplir.

CANCER ascendant CAPRICORNE

Vous ne laissez personne vous mener par le bout du nez. Vous ne dites oui que si ce qu'on vous demande correspond bien exactement à ce que vous désirez. Vous avez la douceur du Cancer, mais aussi la rigueur du Capricorne. Vous êtes souple comme la Lune, mais vous vous êtes fabriqué des règles aussi rigides que Saturne peut l'être. Vous êtes une énigme, on ne sait jamais comment vous allez réagir. En 2007, Jupiter en Sagittaire est dans le douzième signe de votre ascendant. Il occupe une position assez particulière parce qu'il est en domicile et dans une Maison astrologique qui exalte Jupiter. Ce charabia signifie simplement ceci : vous serez en plein développement de vos facultés paranormales, mais vous ne le crierez pas sur les toits. Votre esprit logique interrogera ce qui semble être de nouvelles capacités, c'est-à-dire savoir à l'avance ce qui va se produire pour vous-même ou pour des membres de votre famille. Vous ne ralentirez pas la cadence sur le plan professionnel, bien au contraire. Vous aurez des réponses à vos questions, parfois instantanément, comme si vous étiez branché sur une source d'inspiration que vous ne pouvez pas vous expliquer. Si vous vous questionnez par rapport au but que vous poursuivez, soyez patient, vous saurez bien exactement ce que vous devez faire pour vous accomplir à compter de septembre, avec l'entrée de Saturne en Vierge. Côté sentimental, si vous êtes seul depuis longtemps, vous ferez cette rencontre tant souhaitée, et la personne en question aura les qualités que vous espériez trouver chez un partenaire. Si vous avez un amoureux avec qui rien ne va plus, vous ramasserez votre courage et vous lui direz que ça ne peut plus continuer ainsi. Le ciel entrevoit davantage une séparation qu'une réconciliation. Mais, advenant une rupture, vous ne resterez pas seul en 2007 : l'automne laisse présager un autre amour.

CANCER ascendant VERSEAU

Il y a chez vous le désir de vivre en famille et, en même temps, celui d'être parfaitement libre. Ce n'est pas facile d'allier les deux. Vous êtes un communicateur-né. Tout ce qui concerne le modernisme et les gadgets exerce sur vous un énorme attrait. Vous êtes doué avec les enfants, les vôtres et ceux des autres. Si vous avez choisi le métier d'enseignant, vous êtes à votre place parce que vous savez vous mouler aux besoins du temps présent. Votre Soleil, positionné dans le sixième signe de votre ascendant et plus encore en 2007 sous l'influence de Jupiter en Sagittaire, vous portera à vous mêler davantage à la vie communautaire, le but étant d'améliorer la vie de chacun. Vous ne vous contenterez pas d'émettre des idées, vous passerez à l'action là où c'est nécessaire. Si vous avez opté pour le domaine médical, il y a en vous le désir d'étudier afin d'aller plus loin, pour être plus utile encore que vous ne l'êtes déjà. Vous n'êtes pas non plus dénué d'imagination et, si vous êtes un artiste, vous serez plus fonceur en 2007 comme si vous aviez enfin foi en votre talent. Grâce à cette attitude positive, vous ouvrirez les portes qui vous paraissaient bétonnées. Si vous êtes dans le commerce, vous progresserez ; vous offrirez des services supplémentaires et ainsi augmenterez votre clientèle. Vous travaillez en solo ? Continuez ainsi. Si on vous propose de s'associer à vous, il est possible que des problèmes surviennent. Dans votre cas, « deux têtes valent mieux qu'une » ne s'applique pas. Côté cœur, vous aspirez à la stabilité mais, votre nature étant ce qu'elle est, bien malgré vous, il est rare qu'un mariage dure à moins que vous ne soyez avec une personne capable d'accepter les multiples facettes de votre personnalité et les surprises que vous faites souvent à vos proches.

CANCER ascendant POISSONS

Vous êtes un double signe d'eau. Votre Soleil est dans le cinquième signe de votre ascendant. Ou vous êtes l'être le plus respectueux qu'on puisse trouver envers autrui et le plus généreux ou, au contraire, avec vous, c'est toujours moi, moi, moi. Si vous êtes un égoïste, votre vie en 2007 ne sera pas aussi comblée que vous le souhaitez. Des gens directs et honnêtes vous diront carrément que vous ne savez pas collaborer et que vos collègues s'en plaignent. Vous aurez le choix : changer d'attitude ou vous offusquer et encaisser un congédiement. Mais il y a aussi les gentils, toujours prêts à rendre service. En général, vous aimez les enfants, vous adorez votre rôle de parent et vous êtes entièrement dévoué à votre progéniture. Si tout doucement vous avez tracé votre chemin dans votre milieu de travail et que vous avez donné le meilleur de vous-même, vous pouvez vous attendre à une promotion. Le patron vous lancera un défi que vous relèverez plus facilement que vous ne l'imaginez. Si votre union bat de l'aile parce que vous refusez désormais d'être contrôlé par votre partenaire, il est fort possible, après quelques mois de négociations, qu'il y ait rupture. Si vous avez des enfants, vous ferez le maximum pour que tout se passe doucement. Lorsque l'ordre sera revenu, vous pourrez vous dire que vous avez fait une belle séparation. Certains Cancer/Poissons commencent une carrière. Vous serez nerveux mais, malgré votre peur de ne pas être à la hauteur, votre entrée dans le métier sera un succès. Pour bon nombre d'entre vous, l'année 2007 en sera une de réflexion en ce qui concerne l'amour.

Lion

(21 juillet au 21 août)

Voici une bien longue dédicace. À mon fils Alexandre Aubry, astrologue, avec qui je partage des instants uniques. Nous enseignons ensemble. Son bureau de consultation est chez moi. Nous avons une émission de télévision depuis deux ans sur le canal Vox Rive-Sud. Ensemble, nous participons à des tribunes téléphoniques ; à deux les réponses sont évidemment plus complètes. Nous avons un site Internet : www.Norja.net ; chaque mois, fidèlement, Alexandre signe d'excellents articles qui contiennent observations et réflexions sur le monde en relation avec le zodiaque, les planètes, etc. Mon fils a une vision de l'astrologie dont quelques paramètres sont plus élargis que les miens, et j'ai beaucoup de plaisir à le lire. Nous signons des autographes côte à côte depuis déjà cinq années au Salon du livre de Montréal. Durant la période promotionnelle de nos livres de prévisions, en début d'année, nous sommes invités ensemble à la radio et à la télévision : les responsables des émissions veulent savoir ce qui les attend.

Alexandre fut présent à de nombreuses occasions au cours des quatre dernières années à des émissions qui ont pris la forme de luttes de pouvoir. Le ciel étant bien bas pour certains animateurs défendant leur esprit « cartésien », ces gens, qui se croient méthodiques, logiques, rationnels, créèrent des tornades artificielles dans le but de démontrer à leur public qu'accorder de l'importance à l'astrologie, ou être simplement curieux, était un signe de manque d'intelligence. Personnellement, j'ai donné mon opinion pendant au moins 20 ans à ce type de personnes irrespectueuses envers ce métier que j'exerce honnêtement, qui n'écoutent aucune réponse et qui vous coupent la parole. Voilà, je viens de régler mes comptes, et sans doute ces personnes qui ne furent pas aimables avant, pendant et après les émissions se reconnaissent-elles. Je laisse maintenant à Alexandre le soin de préserver publiquement les lettres de noblesse de l'astrologie ainsi que les explications mathématiques et astronomiques qui y sont rattachées. Ce qu'il y a de particulier entre mon fils et moi, c'est que jamais on ne se marche sur les pieds.

Je dédie aussi ce signe du Lion à sa fille Victoria, blonde aux yeux d'ébène, âgée de deux ans, rieuse et reine du foyer. Les taquineries et bouffonneries de son âge sont empreintes de dignité. Elle ne rate jamais un spectacle et déjà, à l'âge de deux ans, le matin elle choisit quelle robe elle portera. Quant à sa coiffure, les cheveux étant toujours importants pour les Lion, car après tout c'est sur la tête qu'on porte une couronne, je l'ai vue choisir ses barrettes et exiger que sa mère la coiffe comme elle le voulait. C'est aussi avec une évidente dignité et majestueusement qu'elle commande à ses deux grands frères et qu'elle se fait obéir. Sa nature royale me fascine parce qu'elle est ce qu'elle doit être : une reine.

Sous l'influence de Jupiter en Sagittaire

Vous serez entier. En 2007, la majorité d'entre vous, sous Jupiter en Sagittaire, est prédisposée à la bonne fortune. Ainsi positionné, Jupiter est en domicile, dans le cinquième signe du vôtre. Le cinquième signe étant de nature solaire, Jupiter revêt ici de la grandeur et de la puissance. Vous aurez le goût d'être à votre meilleur, de faire plus que jamais auparavant, de changer ce qui ne vous plaît plus et de réaliser un ou des désirs que vous avez gardés jalousement pour vous pendant parfois des mois ou même des décennies.

Cœur aimant

Si vous avez une nature entreprenante, si vous êtes un «chasseur», comme le veut votre nature, vous serez sur la piste d'une nouvelle conquête. Certains Lion trouveront à nouveau l'amour alors qu'ils affirmaient haut et clair que plus jamais ils ne seraient capables de se lier sérieusement à quelqu'un. Leur dernière rupture leur a fait si mal qu'ils s'étaient juré de ne plus jamais aimer ou qu'ils se contenteraient d'un amour sans engagement; quelle drôle de promesse pour un Lion! Vous êtes un signe fixe et, comme les trois autres signes fixes du zodiaque, en tant que signe de feu, vous aimez ce qui a une continuité ainsi qu'une progression.

Épanouissement au travail

Si vous avez une nature créative, que vous soyez un artiste ou un Lion en affaires, vous aurez plus d'audace en 2007. Jupiter en Sagittaire a l'effet presque magique de vous redonner votre confiance en vous et d'allumer des feux de joie qui brûlent en vous. Jupiter étant en Sagittaire, il peut conduire ceux qui ont déjà fait du chemin professionnellement à étendre leurs talents vers l'étranger: ou il s'agit de l'exportation de leur œuvre, ou il s'agit du Lion lui-même qui part pour faire carrière dans d'autres coins de la planète.

Vous ne partirez pas tous vivre sous d'autres cieux. Vous serez nombreux à rester parmi nous et nous en sommes fort heureux parce que, quoi que vous fassiez comme métier, vous serez indispensable dans votre milieu et tellement en demande que parfois vous vous direz que vous aimeriez bien qu'on vous laisse tranquille. Mais ça, c'est pour la forme. Vous adorez être utile, agréable, bien vu; le succès vous ravit. Un Lion sait l'apprécier, c'est pourquoi il sait aussi comment le préserver.

Sous un autre angle, en tant que débutant, quel que soit votre domaine, l'ascension sera rapide. Vous vous ferez remarquer. Votre personnalité fière mais sans arrogance plaît. Votre talent et vos ambitions ne laissent pas les observateurs que sont les patrons indifférents. Vu la présence de Saturne encore dans votre signe jusqu'au 2 septembre, il est possible que vous soyez contacté par une personne que vous avez bien connue, mais que vous n'avez plus vue depuis belle lurette. Cette personne occupe un poste supérieur; se souvenant de votre force, de votre ténacité, de votre endurance et de votre professionnalisme, elle aura immédiatement pensé à vous pour augmenter son capital, ce qui, du même coup, aura une très importante répercussion sur votre revenu personnel.

Vous, un parent

Que vous soyez père ou mère, Jupiter en Sagittaire fait référence à votre progéniture. Si vous avez eu une foule de problèmes avec un enfant et que vous n'avez relâché votre vigilance en aucun temps, si surtout vous êtes resté proche de lui et que, même s'il a fait les quatre cents coups et qu'il tentait de vous rejeter, de vous peiner, vous n'avez jamais cessé de l'aimer dans tout ce qu'il a de meilleur en lui, ce révolté baissera lentement les bras parce qu'il se rendra compte non pas uniquement de votre dévouement mais plus profondément du lien invisible, psychique, émotionnel entre vous. Votre adolescent ou votre adulte en état de choc réalisera que vous êtes encore là et prêt à passer l'éponge sur ses bêtises afin d'accueillir ce qu'il y a de meilleur en lui. Rares parmi vous sont les parents démissionnaires, et ce, quoi qu'il arrive. Réjouissez-vous, au fil des mois qui passeront, l'enfant qui s'est cru incompris verra que vous n'avez jamais cessé de l'aimer. Vous avez été mis à l'épreuve, vous avez sans doute pleuré souvent, mais cela se termine ici, en 2007. Vous avez prouvé que jamais vous n'avez cessé d'aimer celui qui s'est opposé à vous.

N'allez pas croire que vous serez au paradis du bonheur parental en un éclair ; cependant, Jupiter en Sagittaire, qui n'aime pas la guerre, crée un terrain fertile à la paix familiale. Jupiter en Sagittaire invente des situations et des occasions pour faire accepter par l'enfant troublé votre amour sans fond et sans condition. Jupiter en Sagittaire crée un lien qui est presque au-delà du réel avec vos enfants : vous lisez en eux et ils lisent en vous. Quoi de mieux pour se comprendre et prendre le chemin de la clarté et de l'honnêteté ensemble, vous et cet enfant qui a fait de vous sa victime. Mais vous n'êtes pas une victime, dites-vous que ce qui a pu se passer fut le résultat de malheureuses circonstances et parfois de la fréquentation de mauvais amis auxquels votre enfant s'est attaché. Mais peut-être n'êtes-vous pas encore un parent, vous en avez cependant le désir. Si vous êtes amoureux, l'heure d'avoir un premier bébé est venue. Jupiter en Sagittaire favorise la conception.

Votre vitalité

L'effet Jupiter en Sagittaire a une telle influence que vous désirerez épurer votre organisme. Pour les uns, ce sera le moment de se refaire un tour de taille et de changer complètement leur manière de s'alimenter ; pour d'autres, ce sera le temps de sculpter leurs muscles et, si vous avez eu des problèmes de santé en 2006 ou que vous souffriez d'un mal dit chronique, vous trouverez le moyen de le réduire et, dans certains cas, de vous guérir complètement. Si vous avez subi des opérations, quelle que fût la maladie contre laquelle vous vous êtes battu, Jupiter en Sagittaire place sur votre route les meilleurs moyens qui soient pour en sortir. Si, au moment où vous lisez ces lignes, vous avez de graves problèmes, ne baissez pas les bras : sous l'influence de Jupiter en Sagittaire, vous aurez le meilleur médecin, les meilleurs soins ainsi que des gens qui alimenteront votre désir de vie au point que votre guérison ébranlera des certitudes médicales et scientifiques.

Votre chance

Tant mieux si vous gagnez des millions à la loterie. Cependant, de ce côté, il y a beaucoup de joueurs mais bien peu de gagnants. Toutefois, la chance dans les jeux de hasard n'est pas absente. Pour une majorité, il est inutile de jouer tous les jours : en cette année 2007, vos chances de gagner se présentent lors du passage de la Lune en Lion, en Sagittaire et en Bélier. Impossible de vous dire l'heure exacte où arrive la chance. Pour savoir où se trouve la Lune dans ces trois signes, il vous suffit de consulter, à la fin du livre (voir à la page 501), le tableau des positions lunaires pour chaque jour de l'année. Si vous participez à des concours pour gagner un voyage, là aussi vous pourriez être chanceux. Mais, dans tout cela, ce qu'il y a de plus fantastique, c'est qu'en cette année 2007 vous avez la chance de progresser rapidement, de faire votre bonheur là où vous savez qu'il se trouve. Les occasions de faire plus et mieux pour l'ensemble de votre vie seront nombreuses ; pour gagner des points, il faut les saisir.

La nature

Sous Jupiter en Sagittaire, la nature exercera plus de fascination sur vous qu'auparavant, vous aurez besoin du grand air. Si vous habitez la grande ville, vous aurez envie de vous en éloigner pour ne plus subir les nuages de poussière. Pour voir le lever et le coucher du soleil en ville, vous devez sortir de chez vous parce que les maisons voisines vous laissent dans l'ombre. Sous Jupiter en Sagittaire, vous aurez besoin de voir la lumière entrer chez vous et de vivre à son rythme.

Votre paradis sur terre

Jupiter en Sagittaire vous accorde des bénéfices. Cependant, si vous n'avez rien entrepris, rien tenté, si vous avez joué tout votre argent, si vous avez bu, si vous vous êtes drogué, si vous n'avez pas fait le moindre effort, vous n'aurez aucun des cadeaux de Jupiter en Sagittaire, si ce n'est qu'il vous accordera une chance de vous refaire même si vous êtes au plus bas. Quelles que soient les bêtises que vous ayez faites, il y a toujours un temps pour une seconde chance et elle passe en 2007. Vous aurez la chance de rencontrer des personnes désireuses de vous aider dans votre décision de cheminer plus aisément dans le futur, des gens avec lesquels vous vous entendrez bien et qui vous révéleront ce qu'est la confiance en vous-même. Si sous Jupiter en Sagittaire vous repartez du bon pied, durant toute l'année, ici et là, de petits miracles se produiront pour vous préparer à vivre pleinement et à vous réaliser durant les années à venir.

JANVIER 2007

Sous l'influence du Nœud Nord en Poissons — Ce nœud Nord est dans le huitième signe du vôtre et il est l'indice général que vous vous préparez à des changements majeurs dans le secteur indiqué dans votre thème natal personnel. Ici, je dois m'en tenir à une définition plus large, mais qui tout de même vous concerne tous. Bien que vous en soyez à un tournant dans un domaine de votre vie, ici et là au fil des mois, parfois pendant quelques jours ou quelques semaines, ce Nœud Nord peut jouer de mauvais tours. En ce mois de janvier, c'est durant la première semaine qu'il pourrait y avoir des tensions entre vous et votre amoureux. Ce sera tantôt par rapport à l'argent, tantôt parce que votre partenaire ou vous aurez laissé la famille ou des amis se mêler de ce qui ne regarde que votre couple. Votre budget est le vôtre, l'éducation que vous donnez à vos enfants ne concerne que vous en tant que parent et, si vous vivez en union libre, ce n'est l'affaire que de vous et de votre partenaire. Chassez les intrus qui croient qu'ils savent ce qu'il y a de mieux pour vous.

Vie amoureuse du célibataire — À compter du 5, Vénus est en Verseau jusqu'au 28 ; Neptune est aussi dans ce signe. Mercure s'y trouve à partir du 16. Vénus est la principale représentation symbolique de l'amour. Lors de son passage en Verseau, elle vous signale, en tant que célibataire, que l'amour ne se présente pas comme un coup de foudre mais plutôt sous l'angle de l'amitié. Si vous rencontrez quelqu'un qui vous semble irrésistible et que vous avez une aventure, de grâce protégez-vous d'une MTS. Ainsi positionnés, ni Vénus ni Neptune ne vous en protègent, il vaut donc mieux prévenir et cet aspect vénérien est pire à compter du soir du 16.

Vie de couple–famille–budget–travail — Vous êtes en union, vous avez des enfants, en général tout va plutôt bien. J'écris « plutôt » parce que « parfaitement bien » est impossible en ce monde ; conséquemment, je vous mets en garde contre le pire.

En tant que mère et femme au travail, sous ce ciel de janvier, vous aurez presque à tout moment l'impression et même la certitude que vos décisions sont les meilleures en ce qui concerne le budget familial parce que vous saurez justifier vos dépenses personnelles. Vous déciderez peut-être qu'un ou plusieurs de vos enfants doivent absolument suivre des activités parascolaires ou encore prendre des responsabilités dans la maison, ces dernières pouvant être bien au-delà de ce qu'ils peuvent et doivent vivre à leur âge. Avez-vous oublié que vos enfants, peu importe leur âge, vous imitent ? Il y a un âge pour jouer et pour rendre un minimum de services à maman ; il y a aussi un âge où un enfant ne vous écoute plus parce que vous ne cessez de lui dire comment être et quoi faire. Maman Lion devra trouver un moyen de modérer son désir d'harmonisation et d'entraide quand ses enfants sont petits et que ses ados n'ont encore ni la voix ni l'expression d'un adulte.

En tant que père et homme au travail, vous avez laissé l'entière responsabilité de la maisonnée à votre conjointe. Même si au travail vous êtes considéré comme un grand chef, avec votre conjointe et vos enfants, vous vous défilez devant les décisions à prendre, et il arrive que vous vous désintéressiez de leurs travaux scolaires, de leurs loisirs et même de leur santé parce que c'est votre conjointe qui va chez le médecin en cas de maladie ou de malaise, comme votre mère le faisait quand vous étiez petit. Votre meilleure excuse, c'est toujours que vous avez beaucoup de travail. En ce mois de janvier, si vous vous êtes écarté de votre rôle de papa, même si votre conjointe vous aime à la folie, avant d'être totalement écrasée sous ses charges, elle vous piquera une colère qui vous fera réfléchir ; cette grande scène peut se produire soit la première semaine du mois ou une de ces journées où elle sera mal lunée (selon son signe), mais c'est à compter du 16.

Clin d'œil sur les baby-boomers — Les baby-boomers appartiennent à cette génération où l'amour se devait d'être la principale raison de vivre. Ils ont généralement Pluton en Lion et Neptune en Balance. Pendant la période du *flower power*, ils ont vécu l'amour sans bornes, la liberté et le rêve sans le contrôle parental et social. Après qu'un bon nombre d'entre eux ont dit non au mariage, la majorité s'est rangée. Puis les années ont passé et ils ont vécu un ou des divorces et maintenant, quand ils sont en couple, alors qu'ils devraient avoir un visage radieux, ils affichent des têtes de vaincus. Jupiter en Sagittaire secouera agréablement beaucoup de ces Lion ; tout commence en janvier.

FÉVRIER 2007

Sous l'influence du Nœud Nord en Poissons — Le Nœud Nord vous fera valser ce mois-ci. Vos humeurs seront changeantes ou peut-être subirez-vous la mauvaise humeur de quelques personnes autour de vous. Si vous êtes du type Lion plutôt calme et que vous avez un partenaire qui aime bien croire qu'il a tout pouvoir sur la famille, et peut-être même sur vous, il est possible que vous cessiez de ronronner comme un chat et que vous montriez vos pattes de félin tout en faisant entendre un énorme rugissement. Il est rare que vous restiez indéfiniment fâché. Vous êtes un signe de feu mais, bien que vous ayez des accès de colère, vous êtes capable, après un éclat, de réfléchir à ce qui s'est passé et de pardonner à l'autre. En fait, vous avez cette magnifique capacité de voir les limites d'autrui tout autant que les vôtres. Les planètes lourdes donnent des indices sur les changements de comportements des gens, mais chacun des signes du zodiaque subit lui aussi des modifications. En ce qui vous concerne, le Nœud Nord en Poissons et Uranus, aussi en Poissons, vous poussent à vous dépasser mais sans ressentir le besoin de parader. Le temps présent ainsi que divers événements vous apprennent ce que sont l'humilité et la compassion. Vous ressentirez de plus en plus le besoin d'élargir vos horizons professionnels. Toutefois, vous ne pouvez cesser de travailler par caprice ni sur un coup de tête. Poursuivez ce que vous avez entrepris même si rien n'est parfait.

Vie amoureuse du célibataire — Vénus est en Poissons jusqu'au 22 dans le huitième signe du vôtre. Uranus et le Nœud Nord aussi sont en Poissons ainsi que Mercure à compter du 3. Toute cette eau qui déferle sur votre signe de feu vous fait craindre l'engagement. Vous pourriez alors vous retrouver devant une perle rare et ne pas la voir ou faire comme si vous étiez devant une imitation et ainsi passer à côté de votre chance de vivre cet amour que pourtant vous désirez tant. En quelque sorte, il n'y a pas plus aveugle que celui qui ne veut pas voir. La peur est votre plus mauvaise conseillère. À compter du 22, lorsque Vénus sera en Bélier, vous vous sentirez tout à coup plus libre. Au fond, ce mois de février est une longue réflexion sur ceux ou celles que vous avez aimés et sur ce qu'il vous reste encore d'amour à donner et à recevoir.

Vie de couple–famille–budget–travail — En tant que mère et femme au travail, le mois de février pourrait vous sembler lourd à supporter. Vous serez peut-être physiquement moins en forme, car un rhume ou la fatigue vous affaiblit. Comme femme Lion, vous aurez tendance à être plus exigeante envers vos enfants. Vous les voudriez aussi sages que des images, mais ce n'est pas tout à fait ce qui se passe. Ils sont jeunes et grouillants et il ne faut pas que vous leur demandiez de comprendre que vous êtes fatiguée, que le travail n'est pas facile, que vous aimeriez plus de chaleur amoureuse. En somme, vos enfants ne sont pas vos confidents, ils ne sont pas non plus des psychologues ; c'est plutôt à vous de répondre à leurs besoins et non à eux de combler les vôtres. Lorsque les rôles s'inversent, ils cessent alors de faire confiance à leur mère. Ils ont leur vie d'enfant à vivre et vous, votre vie d'adulte responsable de ses enfants.

En tant que père et homme au travail, si vous avez plusieurs enfants et même si vous êtes bien appuyé par votre conjointe, il y aura des moments où vous trouverez votre charge bien lourde. Généralement, l'homme Lion est courageux et ne démissionne pas devant son rôle de père, de pourvoyeur et, comme vous êtes un signe fixe, une seule femme vous suffit. Vous aurez beaucoup de travail et en même temps le désir d'aider votre conjointe qui en fait autant que vous et qui peut-être manifeste des signes d'épuisement. Il est toutefois impossible d'être partout à la fois. Vous serez tenté de prendre un second emploi pour arrondir les fins de mois, pour donner plus à vos enfants ou amasser de l'argent afin de prendre de magnifiques vacances en famille quand l'été viendra. Mais n'est-ce pas plus important d'être auprès de vos petits plus souvent afin de les voir grandir ?

Clin d'œil sur les baby-boomers — Il est à souhaiter que vous ayez quelques occupations plus intéressantes que d'attendre de gagner un gros lot à la loterie. Un Lion qui a l'âge de la retraite et qui n'a rien à faire est quelqu'un qui passe presque toute sa journée à critiquer le monde et surtout la manière dont la jeunesse se comporte. Il est important que vous restiez en contact avec autrui. Si votre famille est devenue bien petite et que votre présence n'est pas requise à tout moment, pourquoi ne pas faire du bénévolat? Vous excellez dans l'aide à autrui et il n'y a rien de plus valorisant que de se savoir utile à son prochain. Il y a encore des baby-boomers sur le marché du travail, mais ils savent qu'ils se retireront dans peu d'années, et l'idéal dans votre cas est déjà de vous y préparer, de savoir quelle autre carrière vous pourriez entreprendre ou à quelle passion vous devriez vous adonner pour vivre des jours heureux. C'est un mois où ceux dont le cœur est fragile devront suivre scrupuleusement les indications de leur médecin.

MARS 2007

Sous l'influence du Nœud Nord en Poissons — Tout au long du mois, le Nœud Nord se tient tout près d'Uranus. Il vous demande de prendre la vie avec philosophie, tandis qu'Uranus a envie de casser la baraque et de faire quelque chose de spécial, d'inédit, d'extraordinaire, de fabuleux, bref, vous avez envie de sortir du carcan de vos obligations, mais vous ne pouvez pas non plus vous enfuir à l'autre bout du monde et changer d'identité. Il y a des gens que vous aimez et auxquels vous tenez. Aussi, vous resterez, à moins que vous ne soyez totalement seul et sans attache, ce qui est plutôt rare chez le Lion. La leçon du mois serait la suivante : prenez votre mal en patience. Ce n'est jamais le bon temps de faire des bêtises, et surtout pas en ce mois de mars. Si vous prenez un risque financier, il y a un danger que vous fassiez fausse route. Attendez au moins que le Soleil soit en Bélier avant de vous aventurer en terrain inconnu.

Vie amoureuse du célibataire — Mars est en Verseau, il est face à votre signe. Si certains Lion sont bien sages et se protègent quand ils ont une aventure amoureuse d'un jour ou deux, d'autres se croient intouchables et prennent le risque d'attraper une MTS. Faites votre choix. En réalité, ce mois-ci, vous allez rencontrer des personnes charmantes mais si différentes de vous que le lien pourrait n'être que sensuel. L'attraction entre vous provoquera des moments excitants mais, quand viendra le moment de converser avec votre nouvelle flamme, vous n'aurez rien à lui dire et vous n'aurez pas non plus envie de l'écouter raconter sa vie tellement vous n'y verrez plus aucun intérêt. L'amour, c'est beaucoup plus que des papillons dans l'estomac.

Vie de couple–famille–budget–travail — C'est surtout à partir du 18, avec l'entrée de Vénus en Taureau, que de petits problèmes peuvent surgir entre votre partenaire et vous. L'argent sera généralement le premier sujet de la dispute. Ou vous êtes si dépensier que l'autre n'en peut plus de payer pour vous, ou c'est l'autre qui gaspille et cela vous enrage. Vous bénéficiez de Jupiter en Sagittaire qui, ce mois-ci, fait un merveilleux trigone à Saturne. C'est donc le temps de prendre vos responsabilités et d'être parfaitement lucide quant à votre rôle en tant que parent, citoyen, consommateur, travailleur, etc. Si la situation est quasi tragique concernant l'aspect financier et si vous aimez votre partenaire, vous en discuterez entre adultes et prendrez alors des dispositions sérieuses pour sortir du marasme. À deux, quand on y met du cœur et de la volonté, tout s'arrange.

En tant que mère et femme au travail, vous serez très tendue. Il y a tellement de planètes en signes masculins dans le ciel que vous vous sentirez bousculée au travail ainsi qu'à la maison. Si vous êtes à votre compte avec une associée, il est possible que vous soyez déçue par son attitude ou peut-être quittera-t-elle le projet que vous aviez en commun et auquel vous aviez consacré tant d'heures. Il faut une grande force de caractère pour être un travailleur autonome, car tout repose sur vous et personne n'est là pour vous imposer une discipline : vous êtes la présidente et l'employée quand vous démarrez votre petite entreprise. Et, au milieu de tout ça, vous surveillez vos enfants, vous leur donnez un maximum de temps et, même si vous avez un merveilleux conjoint, il est plus souvent à son boulot qu'à vos côtés. Il y a de quoi vous sentir débordée : vous raccompagnez les enfants à l'école ou à la garderie, vous travaillez pendant huit heures, puis vous reprenez les enfants au retour et vous préparez le souper, faites un peu de lavage et, quand votre homme rentre enfin, les enfants ont déjà pris leur bain et c'est presque le temps de les mettre au lit. C'est la vie d'une foule de femmes qui ont de jeunes enfants et, quand ces derniers sont des adolescents, ils ont encore besoin de beaucoup d'attentions.

En tant que père et homme au travail, vous êtes très travaillant et vous avez à cœur de voir vos enfants grandir et réussir leur vie. Mais qu'est-ce pour un homme la réussite de ses enfants ? Si la mère est le modèle de ses filles, le père est le modèle de ses garçons et, en tant qu'homme Lion, vous placez la barre très haut pour vos enfants. Vous voulez qu'ils fassent mieux que vous afin de pouvoir être fier d'eux et de dire qu'ils ont un bon bagage génétique. Que diriez-vous d'écouter les rêves et les désirs de vos enfants? Peut-être ne veulent-ils pas ce que vous avez ni ce que vous voulez pour eux? Vos fils et vos filles ont besoin de votre amour et de votre respect, c'est là le meilleur transfert que vous puissiez faire. En ce mois de mars, évitez de critiquer vos enfants parce qu'ils font un tas de bêtises, parce qu'ils sont maladroits; si on vous a éduqué ainsi, vous n'êtes pas obligé de répéter l'erreur. Il en va de même pour votre relation amoureuse. Si vous êtes le type de Lion qui a toujours raison, votre conjointe finira par avoir l'impression qu'elle ferait mieux de vous quitter avant de croire qu'elle ne vaut rien.

Clin d'œil sur les baby-boomers — Sous votre signe, de nombreux baby-boomers se sont retrouvés seuls. Vous aviez des rêves d'amour un peu fous et surtout quelque peu flous. Sous l'influence de Pluton en Lion, que cette planète soit à côté de votre Soleil ou plus éloignée, beaucoup d'entre vous pensiez avoir l'éternité pour vous accomplir. Mais voilà que le temps a passé et vous savez que vous n'avez plus la vie devant vous. L'époque des hippies est révolue depuis bien longtemps. Quand on est à la retraite ou quand on s'en approche, on ne va plus fêter jusqu'aux petites heures du matin, le corps ne veut pas suivre, il a besoin de plus de repos. Vous n'avez plus ni 20 ni 30 ans, vous avez de l'expérience. Et justement, les expériences de la vie vous ont rendu sage. Vous avez cessé de porter des jugements sur les uns et les autres, vous êtes capable de voir au-delà des apparences et peut-être qu'en mars vous ferez une très belle rencontre, laquelle mettra fin à votre isolement. La rencontre de ce mois n'est pas encore un engagement, il faut d'abord se connaître pour s'apprécier.

AVRIL 2007

Sous l'influence du Nœud Nord en Poissons — Les moments de détente seront plutôt rares parce que vous aurez du mal à décompresser. Ce Nœud Nord en ce mois d'avril est comparable à des picotements continus au bout des doigts et des orteils. Vous ne tenez pas en place. Vous aurez la sensation d'être constamment obligé à..., obligé de...; si vous ne surveillez pas votre état d'esprit et le fil de vos pensées, vous ne direz pas: « Je vais faire ceci ou cela » mais « Il faut que... ». En conséquence, vous trouverez que vous avez plus d'obligations que vous n'en vouliez. Ensuite, vous direz que vous n'avez pas choisi votre vie. Mais vous pouvez changer cet état d'être. Rendez-vous compte que vous dramatisez les moindres petites choses agaçantes et dérangeantes. Vous exigez que tout soit parfait, alors que logiquement vous savez que c'est demander l'impossible. Les petits incidents ne sont pas toute une vie, ils passent. Mais si vous décidez de vous accrocher à tout ce qui vous déplaît plutôt que de profiter du passage de Jupiter en Sagittaire et de Saturne en Lion, vous perdez ce qu'il y a de plus précieux : votre temps. On a la manie de dire que le temps, c'est de l'argent. Quelle notion du temps erronée ! Le temps, c'est plus précieux que l'argent. On ne peut acheter le temps ; si on le perd, on ne peut le refaire tandis que, si on perd de l'argent, un jour on pourra en gagner d'autre. Ne soyez pas grincheux, c'est du temps gaspillé.

Vie amoureuse du célibataire — Il est rare qu'un Lion apprécie de vivre seul. Vous êtes né sous le signe du cœur. Le cœur bat pour lui-même, pour sa propre survie. Mais il y a plus que le cœur physique. Il y a aussi le cœur amoureux et ses agréables palpitations quand vous tombez amoureux. Mais, si vous vivez seul depuis longtemps, vous avez vos petites manies et vous craignez qu'elles ne soient pas très appréciées par un partenaire. Alors, d'un côté, vous espérez l'amour et, de l'autre, vous ne voulez rien céder. Vous avez déjà vécu avec quelqu'un et vous savez que, pour vivre à deux, il faut nécessairement faire des concessions. Vous êtes un signe fixe et, si vous êtes incarné dans ce signe, c'est pour apprendre à être plus flexible envers vous-même et autrui. À compter du 13, vous ferez de très belles rencontres. Ne jugez pas trop vite et donnez-vous une chance d'apprécier la présence du bel inconnu. Ne décidez pas à l'avance comment il doit être pour vous plaire.

Vie de couple–famille–budget–travail — En tant que mère et femme au travail, les enfants sont au centre de votre vie mais, comme la plupart des gens, vous devez aussi travailler. La charge devient lourde. Mais elle s'allège à compter du 12. Vous trouverez du temps pour voir vos amis, vous accepterez les invitations à sortir, en fait vous vous échapperez de ce toujours trop long hiver et vous vous apercevrez qu'en vous accordant des petits plaisirs vous avez plus d'énergie au travail et vous êtes plus patiente avec les enfants. Votre conjoint ne se fera pas prier, il vous accompagnera partout où vous irez. Si vous êtes jeune, que vous n'avez pas encore d'enfant et que votre amoureux et vous vous sentez prêts à avoir un bébé, vous n'aurez pas à supplier le ciel bien longtemps. Pour quelques femmes, il s'agira d'avoir un deuxième ou un troisième enfant. Professionnellement, vous êtes bien positionnée. C'est un mois de progrès. Si vous travaillez à forfait, vous signerez un contrat qui pourrait être à long terme et fort bien rémunéré. Par ailleurs, vous serez surprise et très fière d'avoir pu négocier selon vos conditions.

En tant que père et homme au travail, vous avez envie de foncer en ce mois d'avril. Mars en Poissons à compter du 7, s'il convient à une femme, est plus difficile à supporter pour vous : c'est comme si vous marchiez avec deux chaussures dont les talons sont légèrement inégaux et c'est plutôt fatigant d'avancer ainsi toute la journée. Vous avez beau mettre toute votre volonté à réussir ce que vous entreprenez, vous aurez quand même l'impression que quelqu'un vous retient. Si vous faites des allergies, si vous avez des problèmes de santé bénins ou graves, il faudra vous en préoccuper pour enfin vous en débarrasser et n'avoir plus jamais à les supporter. Quand on est un homme Lion, la fierté nous est infusée à fortes doses à la naissance. Vous faites donc semblant d'aller bien, alors que vous avez des malaises. Ne faites pas le héros et faites-vous soigner. Quant au travail, vous êtes ambitieux et vous avez aussi à cœur que votre famille ne manque de rien. Sous l'influence de Jupiter en Sagittaire et de Saturne dans votre signe, vous avancez à pas de géant ce mois-ci. Vous réaliserez une bonne part de votre rêve de petit gars. Les Lion dangereux en avril sont ceux qui boivent ou se droguent et qui prennent le volant. Quand un homme Lion démissionne de sa mission sur terre, qui est d'avoir du cœur, il fait de graves bêtises ; il se détruit et son feu consume tout sur son passage.

Clin d'œil sur les baby-boomers — Certains sont préoccupés, ils se demandent s'ils auront leur prix en vendant leur maison. Plusieurs voudront déménager parce que leur résidence est devenue trop grande, que les enfants sont tous partis et qu'ils ont leur vie à eux, mais quitter une maison dans laquelle on a vécu pendant 15, 20 ou 30 ans, ce n'est pas facile. Et puis, il faut aussi choisir un autre nid pour continuer sa vie, dans plus petit, dans un nouvel environnement, avec d'autres voisins, etc. Si vous ne vendez pas en avril, c'est peut-être aussi bien ainsi. Juste le fait d'avoir pris la décision, c'est une manière de vous préparer à ce départ et à un renouveau. Ne vous inquiétez pas, on vous offrira éventuellement votre prix pour votre demeure, les planètes sont bien positionnées pour vous là-dessus. Si vous avez une toux tenace, passez un examen médical. Les uns seront rassurés parce qu'ils ne sont pas malades ; ils toussent par nervosité, alors ce n'est presque rien. Mais il est aussi possible que des Lion souffrent d'une maladie des voies respiratoires et, comme il s'agit d'un début, ils seront soignés à temps. Comme je l'ai déjà dit, l'alcool au volant, c'est dangereux pour vous et pour les autres ; si vous buvez beaucoup, ce mois-ci, réduisez votre consommation.

MAI 2007

Sous l'influence du Nœud Nord en Poissons — Plus on se rapproche de la lumière de l'été et mieux vous vous sentez physiquement. Il devient ainsi plus facile de supporter les petites contrariétés de la vie. Il est rare que quelqu'un puisse passer une journée parfaite. Mais, si vous vous attardez à la petite tache que vous avez sous l'œil et qu'elle devient votre seul point d'intérêt, vous perdez de vue l'essentiel. Le Nœud Nord se tient près d'Uranus en Poissons, et cette dernière planète fait un aspect difficile à Jupiter en Sagittaire, ce qui portera des Lion à économiser à l'excès et à craindre tout le temps de manquer d'argent. D'autres Lion excessivement confiants feront d'énormes dépenses. Rien ne sera trop beau pour eux. En mai, si vous êtes de nature à voir tout blanc ou tout noir, parce que votre signe fixe s'est transformé jusqu'à devenir obsessif, essayez de rester au milieu.

Vie amoureuse du célibataire — Si vous êtes seul depuis longtemps parce que vous êtes sorti d'un divorce pénible, lequel vous a presque fait perdre le goût d'aimer, vous repenserez au cheminement que cette rupture vous a permis de faire malgré la profonde tristesse qui vous envahit encore. Si vous avez été marié pendant 10, 15 ou 20 ans, il vous est presque impossible, en tant que signe fixe, de vous défaire de votre union en un tour de main. Vous avez une très bonne mémoire et vous avez horreur de la douleur, ces marques de brûlures et ces écorchures au cœur et à l'âme que vous a laissées votre dernier partenaire sont là pour vous le rappeler. Cependant, le ciel sait qu'au plus profond de vous-même vous ne démissionnez pas de l'amour. Vous continuez de l'appeler très fort en vous-même et vous le souhaitez constamment. On ne peut éteindre les feux du Lion, un jour ou l'autre ils se ravivent. Soyez confiant, vous n'êtes pas mis de côté et vous ferez une belle rencontre avec une personne possédant une fine sensibilité. Vous êtes la mire de l'amour à compter du 9.

Vie de couple–famille–budget–travail — En tant que mère et femme au travail, vous prenez toutes vos responsabilités au sérieux. Il arrive aussi que vous acceptiez celles de votre conjoint ou que celui-ci vous laisse vous débrouiller avec les comptes, les rénovations, les réparations à faire sur la maison, le grand ménage, en vous disant que ses enfants sont surtout les vôtres. En mai, si votre homme vous traite ainsi, vous lui donnerez une leçon sur le sens du partage des tâches et il ne l'oubliera jamais. Vous êtes un signe fixe et vous avez l'impression que vous devez être tout pour lui pour vous en faire aimer. Ce n'est pas ce qu'il vous demande et, au fil des années que vous passez ensemble, sans vous en rendre compte, vous lui donnez l'idée, qu'il prend très au sérieux d'ailleurs, qu'il peut se fier à vous parce que vous êtes capable de vous occuper d'absolument tout. Mais vient un jour où vous n'en pouvez plus. Et quand vous brassez monsieur pour lui faire comprendre qu'il doit en faire autant que vous, ça ne passe pas inaperçu. Naturellement, si votre homme vous aime, il fera de gros efforts et il agira en père et en conjoint qui partage tout également. Si toutefois votre conjoint a un côté enfant gâté, peut-être boudera-t-il et au pire s'éloignera-t-il de vous pour vous punir. Vous seul le connaissez assez bien pour savoir comment lui faire prendre conscience de ce qu'il a à faire afin que les rôles de chacun soient équitables, pour faire votre bonheur et celui de votre petite famille.

En tant que père et homme au travail, si vous êtes du type homme au grand cœur de Lion, lorsque vous voyez votre conjointe se tourmenter pour des riens, vous avez l'art de le lui faire remarquer sans la provoquer, sans la diminuer non plus. Vous prenez aussi ses malaises très au sérieux, vous ne vous en détournez pas comme d'autres signes ont tendance à le faire. S'il le faut, vous l'accompagnez chez son médecin et vous l'attendez. Elle est plus importante que votre patron, que votre travail. La vie de quelqu'un que vous aimez vaut plus que tout le reste et, grâce à votre appui, votre conjointe se remet plus aisément que bien d'autres femmes. Vous n'aimez pas vos enfants, vous les adorez et, au superlatif, vous les vénérez. Sachez qu'ils ont et auront toujours besoin de votre respect, mais sachez aussi que, si vous les laissez commettre des bêtises en vous disant qu'il faut que jeunesse se passe et que vous vous taisez face à certains de leurs mauvais comportements, c'est un peu comme si vous approuviez l'enfant vilain en eux. Il faut arracher les mauvaises racines dès qu'elles apparaissent, sinon elles deviennent envahissantes. Vous avez beau être papa Lion au cœur d'or et croire que vos enfants seront dignes de vous, sachez qu'ils ont un esprit, une âme et un cœur qui leur appartiennent et qu'ils ne pensent pas nécessairement comme vous. Comprenez aussi que, quand ils approchent de l'adolescence, vos enfants, comme ceux des autres, ont fortement envie de vivre d'autres expériences. Si vous avez des garçons, n'oubliez pas qu'ils se mesurent à vous ; si jamais vous leur faites inconsciemment croire que, pour être des hommes, ils doivent évidemment vous ressembler, vous faites une erreur. Quant à votre profession, il est possible qu'il y ait des interférences, des retards sérieux jusqu'au milieu du mois mais, dès le 16, avec l'entrée de Mars en Bélier, vous reprendrez votre élan et vous rattraperez.

Clin d'œil sur les baby-boomers — Est-ce le moment de voir clairement ce que vous ferez comme deuxième et dernière carrière ? Si vous avez entre 61 et 63 ans, sachez que vous entrez dans une phase de votre vie qui est astrologiquement comparable à une autre adolescence. Que fait-on à l'adolescence ? On tombe amoureux, on fait un choix d'étudiant en vue, un jour, d'avoir un emploi ou d'exercer une profession, on fait des expériences nouvelles, etc. À compter du 16, vous serez un brin impatient, mais il ne s'agit pas d'une impatience malsaine, c'est plutôt un empressement de vivre follement. Si vous avez un peu moins de 61 ans, vous vous préparez à un renouveau. Après 63 ans, vous êtes en pleine action. Dans l'ensemble, les baby-boomers ainsi que les plus âgés sont plutôt chanceux ce mois-ci. Cela ne signifie pas nécessairement un gain à la loterie ; il y a mieux, c'est une amélioration de votre condition physique générale ainsi qu'une meilleure organisation de votre vie. S'il y a eu des conflits familiaux, des séparations d'avec vos enfants, il y a de fortes chances pour que le drapeau de la paix se lève enfin et que vous soyez réuni avec ceux que vous n'avez jamais cessé d'aimer.

JUIN 2007

Sous l'influence du Nœud Nord en Poissons — Le Nœud Nord n'est pas très agaçant pour vous en juin. Il ne vous touche pas beaucoup à moins que votre thème natal ne révèle que vous avez une planète en Poissons qui se frotte à ce Nœud. Dans ce cas, vous serez probablement anxieux. Quand le Soleil entrera en Cancer le 22, plusieurs seront plus émotifs mais sans perdre la raison. Sachez aussi que, toujours sous Jupiter en Sagittaire et Saturne en Lion, votre transformation est positive.

Vie amoureuse du célibataire — À compte du 6, Vénus entre dans votre signe. Mars est aussi dans un signe de feu jusqu'au 24, Jupiter se trouve en Sagittaire, Saturne en Lion, sans oublier Pluton qui est en Sagittaire. Voilà quelques combinaisons planétaires qui font que les regards se tournent vers vous. C'est tout d'abord parce que vous aurez, en tant que femme, une meilleure perception de vous et, en tant qu'homme, sous Mars en Bélier, parce que vous êtes plus audacieux, plus charmant et un brin conquérant. Si vous êtes un homme timide, mais que tout de même vous sortez pour voir comment vit le monde, on s'approchera de vous et, si la dame vous plaît bien, vous n'aurez qu'à répondre à l'invitation d'une première conversation. Certains d'entre vous feront cette rencontre dans un lieu où on pratique un sport. Homme ou femme, vous pourriez rencontrer une personne avec laquelle vous aurez une grande différence d'âge. Si au départ la relation est agréable, peu importe si vous décidez d'en rester à l'amitié plutôt que de vous engager sur le terrain de l'amour.

Vie de couple–famille–budget–travail — En tant que mère et femme au travail, il est possible que vous soyez sous pression sur le plan professionnel. Plus vous donnez de vous-même et plus on vous en demande. Si vous avez un poste de pouvoir, si vous êtes chef de service ou gérante, le ciel tend à vous offrir davantage, une promotion ainsi qu'une augmentation de salaire, par exemple. Si vous travaillez à forfait, on vous offrira un contrat à long terme, ce qui vous rassurera parce que vous saurez que vous avez du pain sur la planche pour de nombreux mois à venir ainsi que beaucoup d'argent à la fin. On vous imposera sans doute une date limite pour terminer le travail, ce qui ne manquera pas de créer des tensions chez vous les jours où vous serez mal lunée. Vous serez sévère avec vos enfants, vous exigerez qu'ils soient plus disciplinés. C'est Mars en Bélier qui vous amène à pousser sur vos petits mais plus encore sur vos ados. Pourtant, si jamais vous avez eu des problèmes avec l'un d'eux, celui-ci s'est amélioré considérablement, alors de grâce ne lui demandez pas d'être parfait. Mais peut-être avez-vous de grands enfants, des adultes sur lesquels vous veillez encore. Il est temps que vous vous occupiez de votre vie et que vous les laissiez prendre des décisions sans avoir à vous consulter ou sans entendre encore et encore vos conseils, vos avis, vos mises en garde. En tant que grand-mère, ne leur dites pas comment ils doivent éduquer leurs enfants. Le ciel est magnifique à condition que vous respectiez certaines règles. La santé est bonne, meilleure si vous avez été malade ou excellente : tout dépend d'où vous partez. Les planètes sont extrêmement bien positionnées en ce qui concerne un rapprochement avec votre conjoint; il y a une nouvelle forme de complicité et davantage de loisirs et de plaisirs partagés.

En tant que père et homme au travail, vous êtes évidemment au milieu des vôtres. Paternel aimant, vous prendrez vos temps libres pour vous rapprocher de vos enfants. Certains d'entre vous proposeront à leur progéniture un projet commun, oh rien de bien difficile; il s'agira d'une activité toute simple où chacun aura un rôle précis à jouer: refaire le jardin, faire un peu de construction, etc. Vous réussirez à intéresser tant vos garçons que vos filles; vous serez théâtral parce que pour vous ce sera un jeu d'équipe. Juin, c'est aussi la préparation pour les grandes vacances. Il faut réinventer les activités de vos petits et de vos ados. Si vos enfants sont adultes, ils font ce qu'ils veulent, à moins que vous ne cessiez d'intervenir dans leurs diverses décisions dès l'instant où ils vous parlent d'un projet d'avenir. Attention! ce que vous voulez pour eux n'est pas nécessairement ce qu'ils désirent. Si vous avez toujours eu une entente très correcte avec vos enfants devenus adultes, soyez certain que tout ce que vous leur dites et leur conseillez est pris au sérieux. Si vous êtes en plein boum de carrière, dans la trentaine et encore loin de la retraite, vous ferez un bond surprenant qui pourrait d'ailleurs vous conduire à une ascension plus grande que vous ne le pensiez. Si vous faites partie de ces Lion qui songent à monter leur entreprise, à ouvrir un commerce, ce ciel de juin est excellent pour vous y mettre. Messieurs les Lion, votre ténacité, votre volonté, votre idéalisme tout autant que votre réalisme finissent toujours par rapporter.

Clin d'œil sur les baby-boomers — À compter du 7, Saturne, qui représente les gens expérimentés, fait face à Neptune en Verseau. D'autres bons aspects célestes vous permettent de corriger les difficultés qui peuvent survenir à cause de ce face-à-face entre Saturne et Neptune. Vous vous disputerez avec un membre de votre famille et, par la suite, il sera très difficile de faire la paix; Jupiter en Sagittaire vous dit que vous pouvez l'éviter. La question qu'il faut vous poser dans une telle situation est la suivante: est-ce vraiment important d'avoir le dernier mot? Certains d'entre vous devront se rendre auprès d'un parent sans doute plus âgé qu'eux et très souffrant. Vous serez face au destin de tout humain: vieillir, mourir et malheureusement, entre les deux, souffrir. Rares sont les individus pouvant atteindre un grand âge sans le moindre mal. Mais vous êtes Lion, et la perspective de la fin de la vie ne vous intéresse pas tellement vous bouffez la vie de toutes les manières possibles. Si vous êtes seul, encore en forme, même si vous ne courez pas le marathon, sortez de la maison. Le meilleur moyen est de vous adresser à un groupe de gens de votre âge afin de pouvoir reprendre une vie sociale, de vous faire des amis ou un amoureux. Si vous ne savez par où commencer vos démarches, informez-vous au CLSC de votre quartier, on aura sûrement quelques indications à vous donner, ou regardez dans votre journal de quartier, il y a souvent là une foule d'informations au sujet de regroupements. Le ciel de juin 2007 vous dit de récupérer ce qui vous appartient, c'est-à-dire votre joie et votre foi en la vie, et de faire un peu plus confiance aux autres mais sans jamais être naïf.

JUILLET 2007

Sous l'influence du Nœud Nord en Poissons — Le Nœud Nord est encore en Poissons dans le huitième signe du vôtre et, tout au long du mois, Mars traverse le Taureau dans le dixième signe du vôtre. Bien que Poissons et Taureau soient en harmonie, par rapport à vous ils le sont moins. Émotionnellement, vous aurez des instants, des jours ou au pire des semaines où vous serez extrêmement inquiet et parfois même angoissé: la majorité aura peur de manquer d'argent et, malgré cette crainte, de nombreux Lion feront de grosses dépenses. On pourrait comparer le fait que vous achetez sans compter à quelqu'un qui, dans sa propre cour, cultive de la mauvaise herbe. Mars en Taureau et le Nœud Nord en Poissons donneront à certains d'entre vous la sensation de porter le monde sur leurs épaules. Ce n'est pas une réalité, c'est une illusion et c'est parfois une sensation de victime qui vous rend important à vos yeux. Chassez ces «mauvais esprits» qui vous tourmentent. Le ciel de juillet n'a rien de terrible en réserve pour vous, bien au contraire, mais, pour cueillir le meilleur, il faut le voir.

Vie amoureuse du célibataire — Jusqu'au 14, vous êtes astrologiquement très bien positionné pour faire une rencontre. Neptune, face à votre signe et à Vénus en Lion jusqu'au 14, a tendance à vous rendre difficile et vous porte malheureusement à juger un peu trop sur les apparences. Soyez à l'écoute de cette personne qui sera devant vous et qui vous plaît au premier regard et cessez immédiatement ce monologue intérieur au cours duquel vous défilerez le chapelet de ses défauts physiques. Vous n'aimerez pas la forme de ses sourcils, vous trouverez ses yeux trop petits, son front trop plissé, son nez trop gros, ses cheveux mal coiffés, son style vestimentaire... Ce babillage silencieux sera inutile et constituera une distraction vous empêchant de ressentir l'essence de cette personne. Pendant que vous observez l'extérieur, des émotions circulent entre vous et l'autre ; elles sont peut-être invisibles, mais elles n'en sont pas moins réelles.

Vie de couple–famille–budget–travail — Homme ou femme, vous prenez des vacances. Malheureusement pour vous, ce mois-ci, il est possible qu'à la dernière minute vous changiez vos plans. Un problème familial pourrait surgir ; un parent malade pour lequel vous avez une grande affection aura possiblement besoin qu'on l'aide, qu'on l'accompagne régulièrement à l'hôpital pour des examens médicaux ou encore, vous lui rendrez visite parce qu'il est hospitalisé. Malgré cet inconvénient, vous gardez le moral et vous choisissez une autre manière d'apprécier votre congé. Vous avez de l'imagination, du cœur, de la volonté ; vous modifiez ce projet qui ne peut se réaliser tel que vous l'aviez planifié et vous en faites un événement agréable pour vous, votre conjoint et vos enfants.

En tant que mère et femme au travail, vu l'état de vos finances, vous ne pourrez aller bien loin cet été. Sachez que vous n'êtes pas la seule à devoir créer une atmosphère de vacances en restant chez vous, alors faites contre mauvaise fortune bon cœur. Si Madonna est Lion, dans les faits, bien peu de femmes ont accès à son genre de vie. Vous serez sous l'influence de Mars en Taureau, qui régit vos réactions. Si monsieur Lion s'en accommode, dame Lion a des difficultés à adopter la modération en tout. Le pire danger qui vous guette en tant que mère, c'est la distance que vous prendrez vis-à-vis de vos enfants, qui auront trop souvent la sensation que vous les aimez moins. Vous serez plus rigide envers eux parce que vous tenez à les avoir à l'œil afin qu'aucun accident ne leur arrive : il y a des mots pour expliquer vos sensations et vos sentiments que même les tout petits enfants comprennent. Au travail, vous serez perfectionniste et personne ne pourra faire la moindre critique quant à vos accomplissements.

En tant que père et homme au travail, vous savez que, bien que l'expression « chef de famille » ne soit plus à la mode, de nombreuses femmes continuent de croire que leur conjoint est et doit être le principal pourvoyeur et que c'est à lui que reviennent les grandes décisions concernant la propriété, l'achat de la voiture, etc. Alors, lorsqu'il s'avère que monsieur Lion fait un mauvais choix, il devient le responsable, le coupable, et pire encore ! Attention, monsieur Lion ! si votre belle dame vous demande de tout choisir, insistez pour qu'elle ait sa part de décision lors d'un gros achat ou d'importantes rénovations sur la maison. De nombreux Lion devront travailler et remettre leurs vacances à plus tard. Mais, vu le contrat proposé, cela ne se refuse pas. Si vous êtes à votre compte, il est alors encore plus important d'être disponible à vos clients car, pour le travailleur autonome, les revenus varient d'un mois à l'autre. Vous êtes donc prévoyant en acceptant ce surplus de travail même si pour cela vous devez contrarier madame et expliquer à vos enfants que vous faites ce choix pour que jamais ils ne manquent de quoi que ce soit.

Clin d'œil sur les baby-boomers — Si vous avez envie de faire le jeune lors de la pratique d'un sport, quel qu'il soit, soyez très prudent : il est clair et net que, sous le ciel de juillet, plusieurs parmi vous s'infligeront des douleurs ou des blessures aux genoux. Votre dos et votre ceinture pelvienne sont également fragiles ; si vous allez à la piscine, évitez donc d'imiter les plongeurs olympiques. Vous n'avez plus 20 ans et, par ailleurs, ce genre de carrière est de courte durée ; la vôtre en tant que nageur de compétition est passée. C'est le temps de vous amuser et non de vous mesurer à autrui. Si vous êtes libre comme l'air et que vous avez tout votre temps, vous sortirez beaucoup. Vous visiterez des lieux pas très loin de chez vous mais pour lesquels, jusqu'à présent, vous n'avez jamais trouvé une minute : musées, maisons historiques, antiquaires, coins de la ville qui exposent les trésors qui font partie de notre histoire, etc. Si vous êtes célibataire, vous n'êtes pas obligé de rester seul et de vivre caché. Ce n'est pas ainsi que le Roi et la Reine du zodiaque doivent se comporter : votre présence rayonne sans que vous ayez le moindre effort à fournir et, dès l'instant où vous côtoyez autrui, non seulement vous faites-vous du bien, mais vous apportez beaucoup à votre prochain. Votre signe symbolise le Soleil et chacun de nous a besoin de sa lumière. Sans cet astre, toute vie s'éteint ; alors, même si vous n'êtes plus sur le marché du travail, votre rôle social ne s'arrêtera qu'à votre dernier souffle, et il arrivera quand Dieu seul le voudra.

AOÛT 2007

Sous l'influence du Nœud Nord en Poissons — Même si tout va pour le mieux au travail, malgré les progrès et l'augmentation de votre revenu, des doutes subsistent : « Suis-je là où je dois être ? Est-ce que j'ai choisi ma vie ou tout m'a-t-il été imposé?» Il est fort heureux que cette torture mentale que vous vous infligerez ne prenne pas des proportions allant jusqu'à la déprime. Quelques joyeuses planètes en dehors du Nœud Nord, qui est en quelque sorte une part de votre conscience et une part de votre mission sur terre, vous permettent de garder le contact avec autrui comme s'il vous était interdit de vous isoler. Et c'est au milieu des gens que vous croiserez ici et là que vous trouverez la réponse à cette question sur votre existence ainsi que sur votre vrai rôle social.

Vie amoureuse du célibataire — Quel que soit votre âge, votre charme vous devance, en ce sens que, dès que vous apparaissez quelque part, vous fascinez; vous impressionnez les gens que vous croisez à l'épicerie, au dépanneur, sur une piste de danse, sur un terrain de sport. En somme, où que vous alliez, il émane de vous un je-ne-sais-quoi et cette mystérieuse personne qu'on voit en vous est extrêmement attirante, plus particulièrement à compter du 8. Il n'en tient qu'à vous de donner suite à ce brin de conversation qu'on vous fait.

Vie de couple–famille–budget–travail — Durant l'été, vous êtes dans votre élément: le soleil vous nourrit physiquement, psychiquement et moralement. Quand survient un problème, il est facile à régler car, vu votre bonne forme, vous avez l'esprit plus clair. C'est ce qu'on appelle avoir un esprit sain dans un corps sain.

En tant que mère et femme au travail, vous êtes attentive à vos enfants, et il est possible que vous interveniez auprès de l'un d'eux, un adolescent, pour l'obliger à cesser de fréquenter certains de ses amis dont la réputation n'est pas très bonne. Ce n'est pas là un geste facile à faire, et il vous faut autant de patience que d'amour pour lui faire comprendre que ses fréquentations le détruisent à son insu. Avec l'appui de votre conjoint, vous saurez ce qu'il faut faire pour que votre enfant comprenne qu'avec sa manière d'agir il se construit son propre enfer et qu'il risque de se fermer des portes lorsque viendra le temps de choisir un métier ou une carrière. Si votre ado devient un délinquant, vous vous accuserez, vous vous rendrez responsable de ce qu'il fait. Mais, en tant que femme Lion, vous avez tellement peur de perdre son amour que vous osez à peine le réprimander. Exigez de lui qu'il soit respectueux envers vous, cela prouvera que vous avez de l'estime pour vous-même. Si vous ne vous aimez pas, votre enfant le sait; il capte tout de ses parents et, s'il ne s'aime pas non plus, alors pourquoi ferait-il l'effort d'être un bon citoyen?

En tant que père et homme au travail, vous êtes peut-être aux prises avec un préadolescent ou un adolescent qui n'écoute ni n'entend ses parents lorsque ceux-ci lui parlent. D'abord, il est évident qu'il vous affronte ; s'il s'agit d'un garçon, ce petit homme se mesure à son père. Si vous avez essayé punitions et restrictions de toutes sortes et que rien n'a fonctionné, que diriez-vous de l'obliger à une conversation d'homme à homme ? Vous le laisserez parler plus que vous ne parlerez vous-même et ainsi vous saurez ce qui le choque, le met en colère et le porte même à se rebeller dangereusement. Si vos enfants sont tout petits, mais qu'ils ont l'âge de parler, l'un d'eux vous surprendra en vous demandant de l'envoyer dans une école de théâtre, de musique ou qui offre une matière qu'il tient mordicus à étudier, une matière qui ne vous a jamais effleuré l'esprit et dont il n'a jamais été vraiment question à la maison. Si votre travail vous oblige à des déplacements, à compter du 8, vous prendrez la route plus souvent qu'avant. Si vous êtes créatif de nature, vous aurez des idées géniales que, sans attendre, vous mettrez à exécution. Si vous êtes dans le domaine des communications, de la programmation informatique, etc., vous présenterez un produit spécial et rémunérateur pour vous et votre entreprise. Si vous avez un emploi régulier, à la fin du mois, il vous suffira d'éviter une querelle avec un collègue et tout sera parfait.

Clin d'œil sur les baby-boomers — Si vous avez un problème de vision, passez donc un nouvel examen avant qu'un mal chronique s'installe. Par ailleurs, les baby-boomers nés avec Uranus en Gémeaux doivent redoubler de prudence quand ils prennent le volant. Ceux-ci ne seront guère patients, surtout à l'heure du grand trafic. Parmi vous, plusieurs ont la chance d'aller passer l'hiver au sud et, déjà en ce mois d'août, vous réserverez votre place au soleil pour les mois de froidure. Si vous faites faire des réparations sur votre maison et que vous ne comprenez pas très bien le contrat qui vous est présenté, demandez à vos enfants ou à d'autres personnes-ressources de vous informer quant à sa validité. Et ne payez pas un réparateur que vous n'avez jamais vu auparavant avant que les réparations soient faites et bien faites. Durant la dernière semaine du mois, fermez bien votre porte quand vous quittez la maison et le soir avant de vous mettre au lit : il est important que vous décourageiez les petits voleurs qui semblent rôder autour de chez vous.

SEPTEMBRE 2007

Sous l'influence du Nœud Nord en Poissons — Le Nœud Nord est en face du Soleil en Vierge jusqu'au 10 dans vos axes 2 et 8. Il vous signale que vous prenez tout au sérieux, et bien au-delà de la réalité des événements qui se produisent. En effet, le deuxième signe du vôtre, celui de la Vierge, représente la force et la résistance du corps physique, tandis que le huitième signe du vôtre est ce qui les amenuise et peut, dans quelques rares cas, mettre le natif en danger de mort. Seul le thème natal ou la carte du ciel peut permettre de préciser ce dernier propos. Voici deux avis : évitez les tempêtes dans un verre d'eau et soyez prudent, car bien mal acquis ne profite jamais. Que celui à qui le chapeau fait le mette.

Vie amoureuse du célibataire — Tout au long du mois, Vénus est dans votre signe et augmente considérablement votre magnétisme. Vous êtes attirant, et ce, sans même devoir lever le petit doigt. Neptune est encore en face de votre signe ainsi que de Vénus, ce qui symbolise le fait qu'il est extrêmement facile pour vous de vous illusionner sur une personne que vous rencontrez, qui vous plaît et vous séduit. Au premier coup d'œil, elle vous semblera celle dont vous avez toujours rêvé. Pour les plus chanceux, ce sera vrai. Mais, pour bon nombre de Lion, hommes et femmes, ça ne sera qu'une attraction physique qu'ils confondront avec des sentiments amoureux. Lors de rencontres excitantes, soyez sélectif. Si jamais vous avez une aventure d'un soir, protégez-vous des MTS ! En tant que simple mortel, vous n'êtes pas immunisé.

Vie de couple–famille–budget–travail — À compter du 2, Saturne aura quitté le Lion et sera en Vierge. Cette planète signale une période de restrictions, de réflexions de tous genres et, quand elle traverse votre signe, il est important que vous preniez votre avenir au sérieux. Saturne, qui a été en Lion pendant deux ans et demi, a pu être une vraie torture émotionnelle et mentale. Cette planète poussait sur vous et vous invitait à faire votre choix professionnel et à jouer votre rôle parental comme il se doit. Il ne s'agissait pas d'être un parent plein d'artifices mais plutôt celui qui ne cache rien à ses enfants. Quand ceux-ci n'agissaient pas bien, il est à souhaiter que vous ne leur avez pas trouvé des excuses leur permettant au fond de recommencer leurs bêtises.

En tant que mère et femme au travail, vous acceptez rarement que vos enfants soient des destructeurs et, quand vous ne savez pas vous y prendre pour les aider à changer leurs attitudes néfastes, vous consultez un psy de votre choix afin de voir clairement ce que vous avez pu faire pour qu'ils agissent mal et ainsi les aider à être mieux avec eux-mêmes et la société dans laquelle ils évoluent. Pour ce qui est du travail, la majorité des femmes Lion savent comment elles peuvent se réaliser. En ce mois de septembre, avec l'entrée de Saturne en Vierge, tout ce qui a été accompli et réussi au cours des derniers mois donne de beaux fruits mûrs et un succès que bien des gens envieront, mais ils n'avaient qu'à travailler autant que vous s'ils voulaient un résultat. Saturne en Vierge n'est pas la promesse d'un monde parfait mais, étant donné sa position, vous vous sentirez plus légère, plus libre.

En tant que père et homme au travail, il est à souhaiter qu'en aucun temps vous n'ayez fui vos responsabilités parentales parce que c'est ici que commencerait votre calvaire. Peut-être vos enfants sont-ils des adultes qui se sont fiés à vous dès l'instant où ils ont été plongés dans le monde du travail. Si vous vous êtes imposé en tant que libérateur, celui qui peut tout, le père et roi-soleil à qui tout réussit, il est possible que vos enfants vous aient regardé et qu'ils aient su que jamais ils ne vous égaleraient. Il existe une race de pères Lion qui impose le respect mais tout autant l'admiration. Il est rare que la relation avec ses enfants soit bonne. Un père de ce signe qui ne manifeste pas ses émotions et qui se comporte en *superman* est un jour découvert. Avec le temps qui passe, les enfants, petits ou adultes, deviennent plus intéressés à l'argent de leur paternel qu'à ce qu'il est. Si vos enfants sont encore très jeunes, ayez avec eux une relation honnête et ne vous projetez pas en eux. Ils sont différents de vous malgré de nombreuses ressemblances. Leurs goûts et leurs désirs ne sont pas ceux que vous aviez quand vous étiez jeune. Il vous suffit d'être attentif à leurs besoins réels, à leur émotivité, à leur vision de la vie et des autres pour comprendre qu'ils ne veulent pas être comme vous, mais qu'ils sont eux-mêmes, authentiques. Quant au travail, la vie est de plus en plus généreuse pour le Lion travaillant. Si vous faites du commerce avec l'étranger, voilà un mois où les négociations seront excellentes. Il est également possible que vous deviez partir afin de représenter votre entreprise ; vous ne vous ferez pas prier, vous adorez les défis et, en deux temps trois mouvements, vos valises seront faites.

Clin d'œil sur les baby-boomers — Si vous possédez votre thème natal ou votre carte du ciel, voyez si Saturne est positionné en Vierge. Si c'est le cas, vous pouvez tout espérer ou presque. Il faut toutefois nuancer ce commentaire selon la maison astrologique dans laquelle se trouve votre Saturne en Vierge. Mais, de toute façon, les explications qui suivent vous touchent tous de très près. Avec Saturne en Maison 1 : grande affirmation de votre personnalité ; sorte de renaissance ; maladie et guérison. Avec Saturne en Maison 2 : coup d'argent grâce à de judicieux placements ; amour. Avec Saturne en Maison 3 : nécessité de vivre avec et parmi les autres pour retirer le meilleur de la vie ; nombreuses nouvelles et heureuses rencontres. Avec Saturne en Maison 4 : désir de déménager ; excellent moment pour vendre une maison devenue trop grande ; parfois, un froid s'installe entre vos grands enfants et, même s'ils sont adultes, chacun réclame votre attention et parfois de l'argent pour améliorer le quotidien de sa propre vie familiale. Avec Saturne en Maison 5 : si votre cœur est libre, rencontre d'une personne attentive, passionnée ; amour vrai, mais pas nécessairement de vie commune ; l'amour est au centre de votre vie ; renouveau complet de ce que vous êtes et faites. Avec Saturne en Maison 6 : vous ne pourrez vous arrêter de travailler et, s'il est question de prendre votre retraite, vous hésiterez, car vous n'êtes pas prêt. Dans ce cas, si possible, poursuivez votre carrière. Attention à votre santé ! Pour garder la forme, une alimentation saine sera une nécessité. Avec Saturne en Maison 7 : vous déploierez votre génie. Si vous êtes seul depuis longtemps, au fil des mois de 2007 et 2008, vous croiserez sans doute pour au moins une seconde fois votre tendre moitié et cela pourrait très bien se terminer par un mariage. Comme baby-boomer et patron, malheureusement vous attirerez les foudres de ceux qui veulent votre place. Mais, si vous êtes décidé à rester, vous défendrez votre position avec brio. Avec Saturne en Maison 8 : malheureusement, cette position de Saturne n'est que rarement favorable mais, si vous êtes attentif, vous éviterez une perte d'argent causée par un prêt fait à un parent. Si vous perdez le sommeil, n'hésitez pas à voir votre médecin et peut-être même à accepter un médicament pour vous aider à dormir. Il va sans dire que l'alimentation joue un grand rôle si vous tenez à rester en forme. Vous devrez devenir adepte du bio. Cette position laisse aussi présager le décès d'une personne qui a joué un rôle important dans votre vie. Avec Saturne en Maison 9 : vous aurez continuellement le désir de partir en voyage. Si vos moyens ne vous le permettent pas, vous ferez le vide dans votre maison en vous débarrassant des choses inutiles ; vous les vendrez ou les donnerez. De plus, vous sortirez de votre vie ces gens qui jamais ne vous ont fait du bien, mais que vous avez tolérés parce que vous craigniez la solitude. Désormais, elle ne vous fera plus peur. Avec Saturne en Maison 10 : en tant que « patriarche » masculin ou féminin, vous êtes le point de ralliement des membres de votre famille et nombreux serez-vous à utiliser votre expérience professionnelle pour entreprendre une autre carrière. Avec Saturne en Maison 11 : nouveaux amis ; certains seront merveilleux, cependant il faut garder l'œil ouvert parce que vous pourriez découvrir des profiteurs et des manipulateurs. Vous vous sentirez fort et lucide, ce que vous entreprendrez aura du succès. Il n'est pas impossible que vous fassiez plusieurs voyages et, si vous n'avez jamais pris l'avion, vous oserez le faire. Vous entrez dans un temps où l'aventure sous toutes ses formes vous fait signe. Avec Saturne en Maison 12 : vous serez plus intuitif que jamais, devin à certains moments. Vous serez intéressé à l'ésotérisme même si avant vous vous y refusiez. Vous aurez envie de ce savoir. Vous serez malheureusement sujet à divers maux du corps, un peu comme s'il fallait payer pour les abus commis autrefois. Cette position de Saturne vous fait ressentir davantage l'usure de votre corps et l'urgence de réaliser les rêves dont vous n'avez jamais parlé à qui que ce soit.

Si je me suis attardée à Saturne, c'est qu'il change de signe : il passe du Lion à la Vierge et, en ce qui vous concerne, tout transit de cette planète est important et, plus on vieillit, plus il l'est. Si vous ne possédez pas votre carte du ciel, considérez que Saturne est en Maison 2 ; si vous avez votre thème, vous possédez beaucoup d'autres indications concernant le passage de cette planète.

OCTOBRE 2007

Sous l'influence du Nœud Nord en Poissons — Tout au long du mois d'octobre, le Nœud Nord fait face à Saturne, planète lourde qui se trouve maintenant dans le deuxième signe du vôtre et, avec ce Nœud Nord, dans le huitième signe du vôtre. Le ciel vous donne un sérieux avis : pour préserver votre santé, vous devrez manger sainement en tout temps. Ce mois-ci, votre système digestif se déréglera rapidement. Autres avis : vous aurez du mal à assimiler non seulement la nourriture du corps, mais ce sera aussi comme si vous aviez des émotions en travers de la gorge, ce qui est étouffant et, pour retrouver votre souffle, vous devrez absolument exprimer ce qui vous déplaît tant. On se cache parfois des vérités par rapport à soi-même. On choisit de se voir beau, bon, généreux, talentueux, mais vous pourriez reconnaître, par exemple, que vous êtes calculateur ou fuyard face à certaines de vos responsabilités, accepter qu'il y a en vous une grande part de possessivité, que vous êtes jaloux, etc. Bref, personne n'est totalement parfait mais n'est jamais non plus entièrement imparfait. Il est très difficile pour les Lion de se voir tels qu'ils sont, de s'avouer leurs propres faiblesses et de ne plus les craindre; c'est là un très grand cheminement qui vous conduira à la sérénité.

Vie amoureuse du célibataire — Si malheureusement vous avez l'habitude d'évaluer matériellement tous ceux qui vous flirtent si gentiment, vous avez sûrement été souvent déçu. Il n'y a pas que les femmes qui font des calculs; certains hommes désirent une conjointe financièrement indépendante et si possible avec une belle carrière devant elle. C'est alors seulement qu'elle commence à devenir une femme intéressante. À compter du 9, si vous appartenez au type de natif intéressé ou calculateur, vous rencontrerez effectivement une personne dont les moyens financiers dépassent les vôtres, mais celle-ci aura des qualités qui dépasseront toutes ses possessions. Baissez votre garde, ayez l'esprit et le cœur ouverts et reconnaissez que le succès ou la fortune de l'autre ne vous donnent pas plus de valeur.

Vie de couple–famille–budget–travail — À la mi-octobre, vous croiserez un ex-conjoint avec qui vous avez peut-être même été marié. Les années vous ont séparés, vous ont permis de vivre d'autres expériences et tous deux avez beaucoup changé et appris sur ce qu'est une vraie vie de couple. En ce monde, tout est possible y compris s'aimer à nouveau. Le ciel laisse présager que certains reprendront une relation qui n'avait jamais été définitivement terminée.

En tant que mère et femme au travail, durant tout le mois, Mars est en Cancer, signe symbolisant la maman; cette planète est dans le douzième signe du vôtre. Sans doute vous retrouverez-vous avec davantage de tâches et moins de soutien de la part de votre conjoint qui, de son côté, est si occupé et préoccupé par son travail qu'il vit comme si sa famille n'était qu'un lieu de rassemblement de gens qui s'aiment et qu'il était là parce qu'il est toujours invité. En tant que femme Lion, vous entrez dans une période où votre partenaire voudra faire plus d'argent non pas tant pour sa propre sécurité que pour celle de sa famille. Pour qu'aucune querelle ne survienne, profitez des rares moments où vous serez en tête à tête pour discuter de ses ambitions, de son but et pour lui faire comprendre que vous faites plus que le maximum en travaillant chaque jour et en étant mère à temps plein avec tout ce que cela signifie.

Si les enfants sont très jeunes, il est important que les deux parents soient présents à eux. Femme Lion, faites comprendre à votre amoureux que vos enfants et vous avez besoin de lui et pas seulement de son salaire.

En tant que père et homme au travail, si vous avez des problèmes relationnels avec un de vos enfants, ne les glissez pas sous le tapis en vous donnant pour excuse que son comportement déplaisant passera quand il sera un adulte. L'homme Lion a bien du mal à accepter les torts et les défauts de ses enfants parce qu'il les voit comme étant plus Lion que lui-même, ambitieux, désireux d'accéder à ce qu'il y a de plus grand et de meilleur. Papa Lion peut même faire des cadeaux à son rebelle, espérant ainsi que sa considération ramène la paix entre eux. Il est rare que cette tactique fonctionne. C'est comme si vous faisiez une fleur à quelqu'un qui a commis une bêtise. Imaginons que vous soyez juge, et parce que la tête du criminel vous plaît, vous n'écoutez que la défense qui vous le rend sympathique et hop! vous l'acquittez. En tant que parent, vous êtes une figure d'autorité qu'il faut utiliser pour enseigner à votre progéniture ce qui est juste et ce qui ne l'est pas. Quant à votre profession, tout est en bonne voie de réalisation; il y aura un ajout à vos responsabilités et c'est ce que vous attendiez. Si vous êtes à votre compte, vous imaginerez puis appliquerez une stratégie commerciale qui aura un énorme succès. Si vous avez un associé, ne faites pas comme si son rôle n'était pas aussi important que le vôtre. Vous êtes différents et complémentaires. Vous en séparer sur un coup de tête ou parce que vous vous voyez récolter tous les lauriers serait une erreur et provoquerait une régression plutôt qu'une progression de ce qui est en cours.

Clin d'œil sur les baby-boomers — Dès le début du mois, il y a d'excellents aspects vous concernant dans le ciel. D'abord plusieurs Lion généreux ne seront plus aussi naïfs en ce qui concerne leurs enfants adultes qui leur demandent constamment de l'argent. Ne nous leurrons pas, cela existe depuis toujours, ce genre de grands enfants qui profitent de leurs pères ou de leurs mères qui vieillissent et qui, pour être aimés, signent des chèques. L'amour parental et le chéquier ne font que bien rarement bon ménage. Ce mois-ci, si un des vôtres vous suggère de vendre la maison que vous aimez et que vous avez réussi à payer entièrement, interrogez-vous honnêtement quant à cette recommandation. Le mois d'octobre vous ouvre les yeux sur les abus commis contre vous, et vous aurez le courage d'y mettre fin. Vient un jour où il devient impossible de s'occuper d'une maison, mais vous n'avez pas encore cet âge en tant que baby-boomer. Dans votre génération, vous êtes nombreux à vivre seuls, sans amour et sans grande affection de la part de vos proches. Enfin, octobre est un moment de rencontres. Que vous soyez un homme ou une femme, sortez, particulièrement dans des lieux de culture, là où on apprend. Peu importe ce qui y est enseigné, il se trouvera quelqu'un qui appréciera beaucoup la pause qui permet à l'un comme à l'autre de se découvrir et de s'apprécier.

NOVEMBRE 2007

Sous l'influence du Nœud Nord en Poissons — C'est l'avant-dernier mois de l'année et non le moindre puisqu'il est majoritairement sous l'influence du Soleil en Scorpion, dixième signe du vôtre. Avec la présence du Nœud Nord en Poissons également signe d'eau, vous serez extrêmement émotif. De plus, vous aurez parfois du mal à défendre vos droits parce que les aspects précédents sont accentués par la présence de Mars dans un signe d'eau en Cancer et douzième signe du vôtre. Il me faut ajouter Uranus, encore en Poissons, qui n'est pas non plus innocent et qui ne stimule guère le côté battant du Lion. Ce ciel de novembre signifie aussi de nombreux changements professionnels que vous n'aurez pas nécessairement choisis. Dans la dernière semaine du mois, remontée lente mais remontée quand même.

Vie amoureuse du célibataire — Si vous avez fait une rencontre dernièrement, cessez de vous demander si c'est pour la vie. Vivez les instants heureux passés en compagnie de cette personne si attachante. Si rien ne va dans la famille et en affaires, au moins l'amour est là et sachez qu'à deux têtes, il est plus facile de comprendre ce qui arrive. Votre partenaire, même s'il est nouveau, perçoit vos émotions, cerne vos peurs et peut ainsi vous encourager à passer à travers vos problèmes. Il est possible qu'il reconnaisse les vôtres parce qu'il a déjà vécu une étape semblable. Et si vous n'avez pas encore fait la rencontre avec l'amour, le mois de novembre n'impose aucun interdit sentimental, bien au contraire, vous êtes dans la mire de Cupidon.

Vie de couple–famille–budget–travail — Nous le savons tous, tout est continuité et, si on s'y attarde, on constate que tout a une raison d'être. C'est un mois de lucidité par rapport à vos enfants: homme ou femme, vous réalisez que vous êtes l'autorité et qu'obliger un enfant à suivre des règles n'est pas un manque d'amour de votre part mais une simple leçon de respect envers autrui et la société dont il fait partie.

En tant que mère et femme au travail, vous avez une vie remplie. Vous êtes obligée de travailler pour vivre décemment, et ce, même si votre conjoint occupe un emploi régulier. De nos jours, deux salaires sont la plupart du temps nécessaires pour que les enfants ne manquent de rien. En ce mois de novembre, vous établirez un nouveau budget, le but étant bien sûr l'achat des cadeaux de Noël. Déjà vos préadolescents et vos adolescents vous remettent leur liste en pensant fermement que vous êtes la mère Noël qui persuadera son père Noël de leur offrir tout ce qu'ils demandent. Quant aux petits enfants, maman Lion aura envie de leur acheter beaucoup de jouets ; elle se donnera bonne conscience en se persuadant qu'ils sont éducatifs. Avant d'entrer dans les magasins qui vous feront des clins d'œil, révisez votre liste : un tas de cadeaux n'est pas une marque d'amour pour vos chérubins, le cadeau, c'est vous. Au travail, tout ira bien mais, dès le 12, évitez de vous confier aux bavardes et à des collègues qui sont souvent de mauvaises langues, vous pourriez devenir leur cible parce qu'elles ne trouvent personne d'autre comme victime. Si vous travaillez à forfait, vous terminerez un contrat et aussitôt un autre vous sera offert. Si vous avez un emploi régulier, à quelques reprises, on vous demandera de faire des heures supplémentaires. Le défi sera de persuader la gardienne de rester plus tard avec les petits. Ayez la main haute sur vos préadolescents et vos adolescents ou, au mieux, essayez de convaincre votre conjoint de terminer plus tôt afin de pouvoir faire des heures supplémentaires, ce qui sera apprécié par vos patrons et qui entrouvrira la porte de cette promotion à laquelle vous aspirez.

En tant que père et homme au travail, monsieur Lion sera débordé tout au long du mois ; en réalité, il n'y a là rien de nouveau sous son ciel. Si déjà vous faites plus d'heures que la majorité des gens, en novembre, vu les offres, les nouveaux contrats, les négociations, vu la demande de votre clientèle si vous êtes dans le commerce, vous ne rentrerez chez vous que pour dormir. Si vous avez des enfants et si vous avez entre 30 et 40 ans, soyez assuré que votre conjointe acceptera bien mal vos absences prolongées. Si elle ne comprend pas que vous faites tout cela pour la famille, elle se fera femme victime, celle pour qui il est impossible de faire carrière, car la vôtre passe avant la sienne, ou femme malade pour attirer votre attention. Des Lion tomberont dans le piège. D'autres feront comme s'ils ne voyaient rien de la situation. Mais l'idéal dans tout cela, c'est d'en discuter parce que rien n'est permanent et, quand la manne passe, il faut la saisir.

Clin d'œil sur les baby-boomers — La nature se replie sur elle-même mais pas vous. Si vous êtes fraîchement retraité, vous appréciez cette liberté de faire ce qui vous plaît à l'heure qui vous convient. Vous savez tout de même que vous ne pourrez vivre aussi oisivement durant les 20 ou 30 prochaines années. Vous avez toujours eu besoin d'être utile à autrui et ce trait de caractère ne disparaîtra pas. Parmi vous, plusieurs se préparent à quitter la saison froide afin de passer l'hiver dans un pays chaud. Mais ce ne sont pas tous les Lion qui partent. Ceux qui restent et qui ont beaucoup de temps libre s'inscriront en tant que bénévoles afin d'apporter leur aide aux démunis. Si vous avez la santé, n'hésitez pas à appuyer les défavorisés. Et ce qui est bien, c'est qu'il vous restera encore du temps pour vos loisirs et pour la personne qui partage votre vie.

DÉCEMBRE 2007

Sous l'influence du Nœud Nord en Poissons — C'est le dernier mois de l'année 2007. Nous sommes encore là, je vous écris, vous me lisez et c'est une merveilleuse sensation même si je ne vois aucun visage, aucun nom. Je vous écris comme si j'étais en correspondance particulière avec vous. Le Nœud Nord en Poissons va quitter le huitième signe du vôtre ; à compter du 19, il entre en Verseau et fera face à votre signe jusqu'au 21 août 2009. Ce face-à-face n'est pas dramatique pour le Lion qui réfléchit avant d'agir, mais il le sera à quelques reprises pour celui qui se croit tout permis. Ce Nœud Nord, en entrant en Verseau, vous invite à visiter votre monde intérieur qui maintenant ressent le besoin d'extérioriser ce que vous avez contenu en vous depuis parfois des décennies. Il veut que vous réalisiez au moins un de vos rêves. Par le truchement de divers événements, il fera gentiment pression sur vous.

Vie amoureuse du célibataire — Vous avez un mal fou à faire confiance aux gens que vous rencontrez. Si vous avez été blessé en amour, cette douleur sourd en vous dès que quelqu'un vous plaît : et si on vous trompait, si on vous mentait, si vous étiez encore devant une personne qui abuse de son pouvoir dès que vous lui avouez votre amour... Chat échaudé craint l'eau froide. Mais il n'en tient qu'à vous de continuer à vivre dans la peur en amour ou d'avoir la foi mais sans naïveté. À compter du 19, avec l'entrée du Nœud Nord en Verseau qui fait face à votre signe jusqu'au 21 août 2009, l'amour est dans vos futurs plans de vie, trouver l'amour devient une de vos missions à accomplir. Mais peut-être que pour y arriver, surtout si votre solitude dure depuis deux décennies, vous devriez suivre une thérapie; il y a probablement plus que la peur qui vous empêche d'aimer.

Vie de couple–famille–budget–travail — Bien sûr que partout on fait la promotion des fêtes, du père Noël, de la Fée des étoiles, des lutins, etc. Pour les parents, cela signifie la course aux cadeaux. Et puis qui reçoit cette année? Chez qui allons-nous fêter Noël, le jour de l'An? Il y a consultation entre les membres de la famille, puis il faut décider du menu, de qui apporte quoi, parce que c'est ce que la plupart des gens font, sinon il en coûterait trop cher de garnir la table. N'oublions pas qu'il est aussi nécessaire de décorer la maison, sans quoi Noël ne serait pas Noël.

En tant que mère et femme au travail, décembre est un mois essouf-flant. C'est vous qui courez les magasins et qui vous débrouillez pour trouver ce que vous ont demandé les enfants. C'est également vous qui emballerez les cadeaux et devrez les cacher. Quand les petits ne croient plus au gros bonhomme à barbe blanche habillé en rouge, ils veulent quand même des présents et plus ils grandissent, plus leurs jeux coû-tent cher. Parfois, votre patron vous demande de faire des heures sup-plémentaires, surtout si vous travaillez avec le public ou dans le domaine des médias, de l'informatique ou de la comptabilité et hop! dès que vous le pouvez, vous êtes de retour dans les commerces pour acheter des vêtements aux allures festives pour vos petits. Ils seront beaux de la tête aux pieds; une femme Lion a toujours très bon goût. Quant à vos grands, ils préfèrent que vous leur offriez la tenue vestimentaire la plus à la mode pour leur âge et qui sied également au milieu qu'ils fréquen-tent afin que leurs amis s'exclament d'admiration devant leur nouveau chandail, pantalon, manteau, etc. Chère dame Lion, prenez votre souf-fle, vous en aurez besoin en ce dernier mois de l'année. Votre carrière va bon train, vous la menez brillamment. Il faudra surveiller votre gorge, elle est fragile; ne portez pas un manteau trop léger même si vous n'avez pas la sensation d'avoir froid.

En tant que père et homme au travail, votre vie n'est pas aussi effré-née que celle de la femme de votre signe. Vous irez acheter le sapin, vous participerez à la décoration de la maison, surtout à l'extérieur. Il arrive souvent à monsieur Lion de considérer que l'intérieur, c'est l'affaire de sa conjointe. Jusqu'au jour où elle ne lui laisse pas d'autre choix que de l'aider à faire le ménage. Ce n'est qu'avec le mûrissement que l'homme Lion se rend compte que, comme il habite la même maison que sa conjointe, il se doit de faire sa part. En revanche, si jamais il vit en couple et qu'il se préoccupe constamment de son intérieur, qu'il passe son temps à nettoyer dès qu'il rentre du bureau ou de l'usine et qu'il profite de ses fins de semaine pour frotter, ranger, etc., sachez qu'il a perdu quelques rayons de son soleil. Vous êtes un signe masculin et vous l'êtes tellement que prendre soin de votre famille, c'est d'abord et avant tout avoir un salaire de plus en plus élevé, le but étant d'offrir de plus en plus à votre conjointe et à vos enfants. Si c'est votre conjointe qui achète les cadeaux, vous ne vous y opposez pas ; quand ils sont gros et lourds, vous n'hésitez pas à l'accompagner pour l'aider à les transporter. Vous ne perdez pas cette galanterie, elle est un atout extraordinaire de votre signe ; vous êtes un bon roi pour les gens que vous aimez. Quant à votre travail, vous serez débordé. Certains auront plusieurs bonnes nouvelles en cette période de réjouissances alors que jamais ils n'auraient songé que tant de changements se produiraient dans l'entreprise où ils avaient postulé quelques semaines ou quelques mois plus tôt. En tant que travailleur autonome, vous avez cru que tout ralentirait comme dans les dernières années. Mais ça ne sera pas le cas en ce mois de décembre 2007. Ainsi, avant que l'année se termine, vous pourrez payer de nombreux comptes en retard et libérer en grande partie votre principale carte de crédit.

Clin d'œil sur les baby-boomers — La hausse du coût de la vie vous inquiète beaucoup plus que ces gens qui ont une dizaine d'années de moins que vous et qui semblent parfois vous dire que vous êtes trop économe. Mais, par expérience, vous savez pertinemment que, par les années passées, il y a eu diverses fluctuations financières. Vous n'êtes pas sans pressentir les restrictions obligatoires que nous devrons tous nous imposer, et vous les premiers étant donné le montant des pensions qui n'augmenteront pas. Un bon conseil en ce dernier mois de l'année, si vous êtes sur le point de prendre votre retraite et s'il vous est possible de poursuivre vos activités dans l'entreprise où vous êtes, restez. Si vous êtes déjà à la retraite, songez sérieusement à prendre un travail même s'il n'est qu'à temps partiel et agissez avant le 25 décembre. Si vous êtes délaissé par vos proches parents, vos enfants, réagissez et organisez une petite fête entre amis, ainsi vous ne serez pas mélancolique ni impatient que les fêtes se terminent. Votre famille est votre principale préoccupation. Plus vous êtes riche, plus vous sentirez que vos enfants aimeraient que vous leur fassiez des chèques avant de mourir. C'est triste à constater pour des parents vieillissants quand ils se rendent compte que tout ce que leur progéniture désire d'eux, c'est l'héritage. Entre le 6 et le 30, l'influence de Vénus en Scorpion, quatrième signe du vôtre, symbolise le manque d'amour de la part de vos enfants. Mars en Cancer, dans le douzième signe du vôtre, représente, pour sa part, ce que vous cachent vos enfants. À compter du 19 et jusqu'au 30, Mars en Cancer rétrograde est en opposition à Jupiter, qui passe en Capricorne. C'est le signe de biens matériels accumulés ainsi que des enfants qui critiquent ce qu'ils ont reçu de leurs parents (signe du Capricorne). Le tout symbolise les reproches faits aux parents quant à l'argent. C'est triste mais, en ces temps de festivités, que vous soyez une femme ou un homme, en couple ou non, parmi vous plusieurs Lion seront troublés par leurs enfants qui leur déclarent la guerre. Il est malheureusement clair que des baby-boomers, retraités ou non, ou encore des gens qui les ont précédés, risquent de rester chez eux et bien seuls. Les Lion de l'âge d'or qui seront heureux seront des exceptions.

Prévisions 2007
selon votre ascendant

LION ascendant BÉLIER

Vous avez la chance de vous tailler une place au soleil, mais il faut aussi la saisir. Études et perfectionnement pour les débutants. Promotion possible après de nombreuses années de fidèles services. Si vous n'avez jamais voyagé ou que vous n'êtes plus sorti du pays depuis très longtemps, vous partirez parce que vous vous direz enfin que vous le méritez. Présage d'un second grand amour et même d'un deuxième mariage. En tant que célibataire, rencontre avec une belle personne dont vous pourrez être aimé et que vous aimerez énormément en retour. Pour les amoureux avec une belle vie de couple, premier, second ou même troisième enfant. Les dangers qui guettent les uns et les autres jusqu'en septembre sont les suivants : l'entêtement à s'isoler, les dépenses excessives, l'égocentrisme extrême, l'aveuglement en ce qui concerne les enfants ; quand ceux-ci font des gestes incorrects, vous avez toujours une excuse à donner. En conséquence, ils n'apprennent ni le respect d'autrui, ni celui de leurs biens, ni la discipline, ni le sens des responsabilités. Essayez de voir plus loin que les apparences.

LION ascendant TAUREAU

Vente de votre propriété ou adaptation à la nouvelle, achetée à la fin de 2006. Ceux qui ont vendu la maison qu'ils ont habitée de nombreuses décennies ont une énorme difficulté à apprécier leur nouvel environnement. Il est possible qu'il y ait des retrouvailles et qu'un ex et vous raviviez la flamme. Soyez prudent, fréquentez-le jusqu'en décembre et vous verrez clairement si votre couple peut revivre au quotidien. Si vous êtes jeune et amoureux, un bébé pourrait se mettre en route. Des événements désagréables ou dramatiques, ayant le plus souvent un rapport avec la famille, déclencheront une prise de conscience au sujet de votre influence sur des parents ou sur vos enfants et à propos de vos manques affectifs en ce qui les concerne. Peut-être votre progéniture n'a-t-elle manqué de rien matériellement, mais avez-vous été suffisamment présent? Vos enfants, qui ont dépassé la quarantaine, pourraient se disputer votre héritage alors que vous êtes bien vivant. Si des changements professionnels n'ont pas eu lieu, l'entreprise étant en attente, à compter de septembre, ils commenceront à s'opérer.

LION ascendant GÉMEAUX

Vous avez énormément travaillé en 2006 mais, depuis décembre de cette même année, tout s'est mis à changer autour de vous. Sans que vous compreniez trop pourquoi, des collègues avec qui vous vous entendiez bien parlent contre vous et minent votre réputation. Si vous avez un commerce avec un associé, il est possible qu'il demande une séparation et exige que vous lui remboursiez sa part alors que vous avez eu l'imprudence d'investir plus que lui, et ce, sans qu'une signature notariée puisse le certifier. Si vous travaillez pour une grande entreprise et que votre emploi est assuré, vos services seront tout à coup moins en demande ou on vous confiera un poste ne convenant pas le moins du monde à vos talents et à vos goûts. Tout est fait sous le couvert légal. Si vous êtes à votre compte en solitaire, ne changez rien en 2007, vous n'aurez alors que de bien petits problèmes à régler. Si vous êtes en couple, il se pourrait que votre conjoint et vous travailliez ensemble à monter votre propre entreprise. Beau ciel pour le célibataire, union sérieuse et parfois vie commune. Pour certains, rencontre et second mariage. Belle réussite pour le romancier, le poète, le journalise, l'informaticien, le professeur ainsi que tous les Lion/Gémeaux dont la profession les oblige à sauver des vies.

LION ascendant CANCER

Votre partenaire de cœur risque d'avoir d'importants malaises physiques. Vous vous transformerez en aide-soignant et plus sûrement si vous êtes une femme. À la retraite ou proche de celle-ci, vous vous préparez à votre prochaine carrière. Vous n'êtes pas de nature à rester à ne rien faire et vous profiterez de 2007 pour vous spécialiser dans le domaine de votre choix afin de mieux aider quand vous ferez du bénévolat. Certains d'entre vous suivront des cours en gériatrie. Si vous avez la trentaine ou la quarantaine, vous déployez un maximum d'énergie pour vous hisser au sommet de l'entreprise qui requiert vos services et, dès cette année, vous ferez des pas de géant dans cette direction. Comme célibataire, vous ferez une rencontre lors de la pratique d'un sport ou de tout autre loisir ou encore dans votre milieu de travail. Pour les plus fortunés, plusieurs voyages à venir. Si vous avez des enfants et des petits-enfants habitant à l'étranger, vous profiterez de votre argent pour les visiter. La maison que vous avez achetée à la fin de 2005 ou en 2006 présente d'importants défauts de construction auxquels vous ferez face. Les petites contrariétés de la vie exercent d'énormes pressions sur vous. D'un stress à l'autre, vous risquez l'épuisement. Prévenez-le en mangeant mieux chaque jour et en vous relaxant plus souvent. Donnez-vous le droit d'être moins dévoué à autrui.

LION ascendant LION

Vous êtes le maître du Soleil. Votre signe vous donne la plus importante des missions à remplir d'autant plus que vous êtes Lion/Lion ; vous vous devez de protéger ce qui vous est confié ou vous devenez un déserteur qui se voit obligé de renoncer à son trône. Vous voyez tout en couleurs ou tout en noir. Vous êtes un double signe fixe et vous avez du mal à nuancer. Si vous aviez abdiqué, en 2007, sous l'influence magnifique de Jupiter en Sagittaire et de Saturne dans votre signe, vous pouvez reprendre votre pouvoir. En termes clairs, vous pouvez faire de votre rêve votre vie. Tout devient maintenant possible, mais vous ne devez pas attendre qu'un miracle se produise, vous serez à l'origine de ce phénomène. Comme le dit le vieil adage, aide-toi et le ciel t'aidera. Si vous avez eu des problèmes de santé, vous retrouverez votre énergie ; vous aurez un meilleur médecin, de meilleurs soins et vous vous accorderez à vous-même plus d'attention. Si vous avez la forme, elle s'améliorera encore. En ce qui concerne ceux pour qui tout est satisfaisant, 2007 sera un autre pas de géant en vue de l'atteinte de leur objectif ou d'une expansion en tant qu'entrepreneur.

LION ascendant VIERGE

Il sera question de déménagement, de vente ou d'achat d'une maison, de décoration ou encore vous ferez d'importantes rénovations sur votre propriété. Jupiter en Sagittaire est dans le quatrième signe de votre ascendant et symbolise aussi la famille, vos enfants et principalement ceux qui ont grandi et qui veulent voler de leurs propres ailes. Vous avez peur pour eux. Peut-être ont-ils l'âge de faire des choix professionnels et il se pourrait que l'un d'eux désire terminer ses études à l'étranger. Pourquoi pas ? Pourquoi seriez-vous aussi anxieux ? Probablement parce que vous ne pourrez plus le dorloter chaque jour comme vous le faites depuis son premier souffle. Personne ne vous fuit, mais chacun doit vivre sa vie comme il l'entend un jour ou l'autre et non plus comme le veut papa ou maman.

De votre côté, vous traversez une zone importante de mûrissement, ce qui vous préoccupe et vous intéresse vraiment. N'avez-vous pas le désir de retourner aux études, de changer d'orientation professionnelle, de faire un autre travail ? Ne souhaitez-vous pas prendre au sérieux les avis de votre médecin et commencer la pratique d'un sport, vous adonner à un loisir afin de détendre votre système nerveux et l'ensemble de votre organisme ? Si, en 2006, les discussions sur votre couple se sont transformées en négociations en vue d'une séparation, 2007 devient une année d'adaptation devant ce qui est devenu inévitable. Que vous ayez ou non voulu cette situation, une rupture n'est jamais facile à vivre, et ce, à n'importe quel âge, que vous ayez ou non des enfants. Après l'étape de la colère, les divorcés se rendent compte que c'est le rêve d'une vie idéale qui vient de s'effondrer et qu'il faut se rebâtir, construire sur de nouvelles bases, sauf que personne ne repart de zéro après un divorce, l'expérience est là pour vous aider à l'édification de cette construction que devient votre vie sans ce partenaire que vous pensiez si bien connaître. Il n'est pas non plus impossible que vous ayez perdu un être cher et, dans ce cas, vous vivez un deuil. Ce genre de rupture signifie que plus jamais vous ne partagerez quoi que ce soit avec le défunt. Pour bien vivre les étapes d'un deuil, si la souffrance de la perte est continue, il vous faudra consulter le professionnel de votre choix.

LION ascendant BALANCE

Vous possédez un beau signe et en même temps un merveilleux ascendant dans son rapport avec le Lion. Vous êtes une personne remarquable et charmante dès qu'on vous rencontre. Le défaut du signe et de l'ascendant pour une femme serait de consentir constamment ou presque à tous les caprices de son conjoint, à un point tel que cet homme en perd son sens « marsien » : vous avez tellement pacifié votre conjoint que celui-ci perd sa défensive et conclut un jour que, sans vous, il sera comme avant. En tant qu'homme Lion ascendant Balance, on flirte avec vous et finalement vous rendez votre conjointe jalouse. Il n'est pas non plus impossible, si d'autres planètes l'indiquent dans votre thème, que vous commettiez des infidélités parce que vous vous faites prendre à votre jeu de charmeur. Le séducteur devient le séduit. Homme ou femme, en 2006, il n'est pas impossible que vous ayez fait face à une telle situation ou que vous en soyez le responsable. Quoi qu'il en soit, en 2007, si vous avez l'intention de rester uni à votre partenaire, les mois seront consacrés à la réparation et à la reconstruction de votre couple.

Quant au domaine des affaires, certains ont fait beaucoup d'argent en 2006 ; en 2007, ils poursuivront sur cette lancée, ils prendront de l'expansion, possiblement à l'étranger. Les voyages vous feront de grands signes en 2007 et vous n'hésiterez pas à faire vos valises. Étant plus fortuné que l'an dernier, vous serez tenté par des achats fort coûteux alors que l'économie mondiale et celle du pays vous suggèrent fortement de mettre de l'argent de côté au cas où l'inflation s'accélérerait. L'année 2007 en est une extraordinaire si vous êtes dans le commerce, la vente, dans l'importation et l'exportation. Le ciel laisse présager un beau succès financier ainsi que de nombreuses nouvelles relations toutes plus influentes les unes que les autres ; ces gens vous aideront à accélérer des transactions, à conclure une négociation. La plupart du temps, leur rémunération prendra la forme d'un échange de services plutôt que celle de billets de banque. Si vous êtes un jeune entrepreneur, « partir en lion » vous convient parfaitement. L'amour sera au rendez-vous, mais il vous sera difficile de choisir qui a droit à toutes vos faveurs.

LION ascendant SCORPION

Vous êtes un double signe fixe, ce qui indique rarement de la souplesse dans vos décisions : vous tranchez. Comme il y a une énorme insécurité financière en vous, les uns étudient afin d'exercer une profession où la demande est régulière depuis des siècles. D'autres ne peuvent faire confiance à personne et montent leur propre entreprise, qui a le plus souvent un lien direct avec l'argent, par exemple la Bourse, les placements, les négociations dans les entreprises, ainsi qu'avec le monde de la loi. Tout cela exerce sur vous une fascination. Il est possible que vous soyez l'héritier d'un parent que vous avez à peine connu ou que vous gagniez une importante somme d'argent à la loterie. Si vous avez l'âge de choisir votre orientation professionnelle, vous saurez ce que vous voulez. Vos signe et ascendant n'ont pas de souplesse lorsque vous êtes persuadé de votre choix, ce sont des atouts qui vous permettront d'atteindre votre objectif. Mais peut-être faites-vous partie de ceux qu'on a professionnellement mis de côté à cause de leur âge. Voilà que tout à coup on réalise que vos services étaient les meilleurs, et vous serez rappelé « sous les drapeaux » ; cela se fera à certaines de vos conditions et selon des bénéfices que devra vous offrir l'entreprise. Vous aurez tout ce que vous voulez.

Vous avez généralement l'œil pour l'art et les antiquités. Si vous possédez quelques œuvres, vous les vendrez à prix fort et achèterez à un coût très bas tableaux, sculptures, etc., qui, dans quelques années, auront une grande valeur. Vous êtes travaillant et vous ne comptez pas les heures lorsqu'on a du respect pour vous. Mais si vous ressentez que la politesse du patron n'est qu'une forme déguisée de manipulation et qu'en réalité vous n'êtes pour lui qu'un numéro qui rapporte bien, il aura la surprise de lire votre démission et il sera stupéfait quand il apprendra que vous travaillez pour son principal compétiteur. En 2007, vous devrez surveiller votre alimentation ; vous traverserez des zones célestes où vous mangerez presque constamment et, à d'autres moments, vous n'aurez aucun appétit. Si vous avez un problème qui nécessite une chirurgie parce qu'il s'agit d'un mal qui vous poursuit depuis longtemps, faites confiance au médecin.

LION ascendant SAGITTAIRE

Vous êtes sous l'influence de Jupiter en Sagittaire qui traversera votre Maison 1. Il est possible, pour ceux dont l'ascendant est sur les derniers degrés, que, durant une bonne partie de l'année, le progrès soit lent et même qu'il semble ne pas venir. Rassurez-vous, même si vous ne voyez rien, si vous continuez à travailler en vue d'un succès ou d'une amélioration sur le plan professionnel, la réussite est en cours. Jupiter sur votre ascendant peut vous faire grossir. Les natifs gourmands auront des occasions de bien manger, de déguster de bons petits plats et principalement ceux qui travaillent dans le domaine des médias, où les réunions ainsi que les petites fêtes seront plus fréquentes. Vous ferez la rencontre de gens influents, sympathiques, amicaux, qui aimeront votre vision des choses, votre sens de l'entreprise, votre originalité, bref, vous serez approuvé par un nouveau milieu où les gens sont logiques mais sans perdre leur sourire et sans oublier de rire dès que la situation est dérisoire. Jupiter ainsi positionné annonce une expansion pour le natif. Cette planète régit le Sagittaire, en conséquence votre ascendant. Dans la vraie vie, cela signifie d'agréables surprises. L'imprévisible, tout autant que la suite de ce qui a précédemment été entrepris, donne des résultats éclatants et même plus importants que ceux qui sont attendus.

Saturne est en Lion jusqu'au début de septembre ; il est dans le neuvième signe de votre ascendant avant de passer dans le dixième, qui cimentera votre carrière. Si vous avez des projets d'échanges avec l'étranger ou si votre patron vous somme d'aller dans un autre pays dans le but de faire valoir vos talents, vos compétences ainsi que votre réputation, vous partirez. L'année 2007 en est une où vous vous révélez à vous-même et à autrui. Si vous avez vécu vos deux signes de feu dans la fierté mal placée, Jupiter, qui accentue tout ce que vous êtes, vous fera exploser, en ce sens qu'il sera désormais impossible pour vous de vous faire passer pour ce que vous n'êtes pas, ni professionnellement ni amoureusement. Durant le passage de Saturne en Lion, vous vous révélerez à vous-même et à tous ceux qui vous entourent malgré vous. En somme, les obstacles seront négligeables, aucune barrière ne s'érigera entre vous et votre objectif. En tant qu'adulte dont les parents ont un âge certain, vous serez surpris de leurs dernières décisions, mais vous ne les contesterez pas, même si leurs choix ne vous plaisent guère.

LION ascendant CAPRICORNE

Vous êtes né du Soleil et de Saturne. Cette année, jusqu'au 2 septembre, Saturne est encore en Lion dans le huitième signe du vôtre pendant que Jupiter se retrouve dans le douzième signe de votre ascendant. Bien que les planètes soient positives, en ce qui vous concerne, le doute plane et votre optimisme n'est pas à son meilleur. L'espoir semble dormir, et votre réflexion sur tout ce que vous avez pu vivre et que vous avez considéré comme des malchances, comme un mauvais karma, un travail qui n'aboutit à rien, bref, votre réflexion sur tout ce qui n'a pas fonctionné doit se poursuivre, sinon vous accuserez les autres et le monde entier pour les échecs ou les pertes provoqués par un manque d'attention ou parce que vous avez eu une trop grande confiance en vous.

Il est rare qu'un Lion ascendant Capricorne prenne la vie à la légère, mais il est fréquent qu'il se la complique parce qu'il croit, vu la rigidité de l'éducation qu'il a reçue, qu'il ne peut en être autrement. Vous ne vous accordez que rarement le droit au bonheur. L'année 2007 vous invite à vous voir tel que vous êtes, un Lion, un signe de feu qui a subi des restrictions dans son enfance et qui, aujourd'hui, s'impose des limites en amour comme en affaires. Si votre ascendant vous pousse à choisir un métier qui vous apporte la sécurité matérielle, un salaire régulier, vous savez que vous pourriez gagner votre vie autrement et même en prenant des risques. Si vous vous plaignez de votre manque d'argent, c'est parce que vous dépensez en futilités, pour impressionner les autres ou pour endosser l'état de victime que vous impose votre ascendant saturnien. En 2007, vous y réfléchirez sérieusement, mais il sera aussi nécessaire que vous réagissiez en vous engageant dans une thérapie. Les femmes ont généralement plus de facilité à vivre sous cet ascendant, car plus que les hommes elles sont capables de faire face à leurs démons ainsi qu'à ce qui ne leur plaît pas en elles et à troquer leur tristesse et leur mélancolie pour de la joie. Si vous faites partie de ceux qui croient en une amélioration de tout ce qui est, vous travaillerez en coulisse à un projet d'ordre professionnel ou personnel et vous atteindrez votre objectif à la fin de 2007.

LION ascendant VERSEAU

Vous êtes né avec l'opposé de votre signe et le tout dans la fixité. Le premier symbole de vos signe et ascendant est le suivant: celui qui va contre ses intérêts. Vous avez du succès, mais vous avez en même temps l'impression de ne pas le mériter; vous êtes heureux en amour, mais vous pensez que, puisque vous n'êtes pas amoureux de l'humanité, vous êtes dans l'erreur. Il y a aussi le fait que, si on s'approche de vous, vous vous sauvez mais, si on se sauve de vous, vous trouvez cela injuste. Savez-vous que vous êtes compliqué? Ce face-à-face entre votre signe et votre ascendant signifie la volonté de plaire à tout le monde à tout prix et c'est là une mission impossible à remplir. Dans votre vie, vous avez besoin d'être un artiste ou d'exercer un métier où vous avez un auditoire, par exemple l'enseignement. Vous pouvez être médecin, avocat, comédien, conférencier, chef de police ou général d'armée, du moment que des gens vous admirent, vous ne vous plaignez pas. Mais se contenter de cette forme d'amour ne comble pas un cœur de Lion/Verseau. Votre Soleil est dans le septième signe de votre ascendant, et la véritable mission est d'aimer et d'être aimé d'un autre. De nombreux psychologues de tous genres ont conclu que le plus difficile à réussir, c'est une heureuse vie de couple. Rien n'est plus complexe que la proximité physique et psychologique ainsi que les divers événements, bons et moins bons, que vivent ensemble deux personnes. Il ne faut pas non plus omettre le fait que souvent le couple a des enfants avec lesquels chacun compose différemment. L'enchevêtrement émotionnel qui s'ensuit défait souvent votre rêve d'amour idéal. En 2007, vous prendrez conscience que vous avez d'énormes demandes et attentes sur le plan sentimental qui ne peuvent se réaliser. Si vous êtes séparé ou divorcé avec un ou des enfants à charge ou non, vous vous questionnerez au sujet de ce que vous êtes en train de leur léguer sur le plan affectif.

Quant à votre travail, il n'est pas impossible que de nombreux Lion/Verseau décident de pratiquer leur métier dans un autre pays en s'imaginant que là ils auront des réponses à leurs questions existentielles. Ceux qui restent n'ont pas mille choix pour bien vivre en 2007. Il leur faut faire la paix avec un ex-conjoint quant à la garde des enfants. Il est également nécessaire pour eux d'accepter leurs limites professionnelles tout en décidant de donner le meilleur d'eux-mêmes au travail. Cessez de croire que l'argent peut tout acheter ou presque et que plus vous en donnez, plus vous êtes apprécié. Dans les relations humaines, la monnaie d'échange n'a aucun lien avec des billets de banque. Si jamais vous ne savez plus si vous exercez la profession qui vous convient, si vous n'êtes pas heureux dans l'entreprise qui a recours à vos services, passez un test comme on en fait dans certaines universités afin de savoir quelle est votre vraie mission. D'ailleurs, pour vous, tout est une mission ou presque ; il faut vous rendre compte que vous avez une vision erronée de la vie et automatiquement de vous-même. Vous n'êtes tout de même pas le sauveur du monde, pas plus que celui de toute votre famille.

LION ascendant POISSONS

Vous êtes né du Soleil et de Neptune. Votre premier mot d'ordre n'est-il pas de vous mêler de vos affaires? Si vous avez adopté cette position, c'est parce que vous savez que, si vous vous investissez dans la vie d'un autre pour l'aider parce qu'il traverse une zone grise, vous serez si présent à cette personne qu'à la fin vous risquez même d'être envahissant. Conclusion : mieux vaut ne rien commencer, ne sauver personne pour ne pas vous perdre vous-même. Votre Soleil est positionné dans le sixième signe de votre ascendant. Le travail est au centre de votre vie ; votre travail constitue votre identité aussi sûrement que le fait votre carte d'assurance maladie. Vous rencontrez souvent l'amour dans votre milieu de travail. Vous grimpez petit à petit dans la hiérarchie de l'entreprise où vous travaillez. En 2007, vous serez nommé à un poste où votre influence sera beaucoup grande. Dès que vous y serez, petit à petit vous changerez ce qui doit l'être pour naturellement aller chercher plus de profits. Vous solidifierez votre position en étant plus présent que jamais dans ce qui vous est demandé par les grands patrons. Grâce à cette promotion, s'il faut embaucher, vous rappellerez des gens qui ont de l'expérience et leur offrirez de retrouver leur ancien travail. Comme le veut notre époque, leur salaire sera presque équivalent à celui qu'ils recevaient autrefois ; vous les persuaderez facilement d'accepter votre proposition. Si vous avez du temps libre, vous ferez du bénévolat auprès des personnes malades et généralement âgées. Soigner autrui sera presque un appel tel un sacerdoce : il vous faut donner à autrui parce que vous avez beaucoup reçu. En 2007, vous aurez des occasions de vous positionner sur l'échiquier de la vie, et ce que vous entreprendrez aura des répercussions durant les années à venir.

Vierge
(22 août au 22 septembre)

Au Dr Antoine F. Asswad, gynécologue, envers qui je serai toujours reconnaissante pour ses bons soins et la rapidité avec laquelle il a réagi à la suite des urgences auxquelles j'ai fait face, non pas seule mais avec lui et en toute sécurité. C'est un médecin qui ne vous lâche pas en chemin et qui est évidemment aussi heureux que peut l'être son patient guéri.

À Sylvie Bellerose, maintenant conseillère en finances pour une grande entreprise. Je l'ai connue il y a déjà 20 ans alors qu'elle vendait de l'assurance. Si Sylvie est la gardienne de mes biens, elle est avant tout une merveilleuse amie.

À mon éditeur Jacques Simard, admirablement efficace et doté d'une extraordinaire bonté. Dans le milieu de l'édition, qui se mêle au monde artistique, jamais en près de 25 ans je ne l'ai entendu dire du mal de quelqu'un, même quand la personne concernée était fautive. Il a toujours eu les mots justes pour excuser une bêtise.

Sous l'influence de Jupiter en Sagittaire

Jupiter venant s'installer dans votre quatrième signe, votre chez-vous prendra une importance capitale au cours de l'année. De plus, les bons aspects de Saturne, dans votre douzième signe, et de Neptune, dans le sixième, signalent l'importance de prendre un recul par rapport à l'avenir, à la carrière, le besoin de songer sérieusement à son talent de créateur, de faire confiance à ses intuitions. Les Maisons 6 et 12 sont aussi des symboles associés à la santé : peut-être aurez-vous besoin de repos cette année. Ou alors, ce sera vous qui devrez prendre en charge un parent qui viendra habiter avec vous. Mais c'est peut-être aussi l'arrivée d'un nouveau-né, si cela fait partie de vos plans, d'où la nécessité d'être plus souvent à la maison.

Cœur aimant

Uranus, dans votre septième signe depuis déjà quatre longues années, n'arrange en rien une relation compliquée ; il ne facilitera nullement la réconciliation. Au contraire, il vous suggérera de fuir une vie de couple malsaine, de retrouver votre liberté. Jupiter vous aidera à trouver le bonheur à la maison, une nouvelle maison s'il le faut, un endroit où vous serez en mesure de reconstruire votre confiance en vous-même, de devenir dorénavant maître chez vous. Il n'est pas dit qu'il s'agit là d'une séparation définitive ; en effet, une pause d'une année pourrait très bien être favorable pour revenir ensemble et relancer l'union sur de nouvelles bases. Au fond de vous-même sommeille un urgent besoin d'affection qui se doit d'être comblé ; il faudra nécessairement la trouver, ailleurs que dans votre union s'il le faut.

Épanouissement au travail

Même si vous avez un emploi stable et plein d'avenir, un puissant désir de créativité viendra ébranler toutes vos certitudes établies et remettre en question vos ambitions. L'appel de l'artiste hurle au fond de votre cœur, il a besoin de s'exprimer, de se dévoiler, d'occuper toute la place. Vous pourriez pousser l'audace jusqu'à prendre un congé sans solde ou même quitter votre emploi pour vous consacrer entièrement à votre passion artistique. N'y a-t-il pas dans votre esprit une histoire pour enfants qui pourrait se retrouver sur les pages d'un livre ? Alors, mettez-vous à l'œuvre, car ce sera une autre histoire à succès que notre société va applaudir pendant les prochaines années.

Que vous soyez jeune ou que l'heure de la retraite approche, vous serez tenté par l'aventure de vous ouvrir ce qu'on appelle communément un *bed and breakfast*. Vous y joindriez l'utile à l'agréable : vous vivriez chez vous tout en en tirant un revenu et en y rencontrant toutes sortes de gens tous plus intéressants les uns que les autres. Dans le fond, c'est une quête spirituelle. Fatigué de l'éternel métro-boulot-dodo qui ne mène qu'à une insignifiante sécurité matérielle, il vous faut de nouveaux objectifs plus en harmonie avec vos convictions profondes. Votre âme connaît ce désir du sacrifice et du dévouement pour une cause bonne et juste; votre sens des responsabilités se doit d'être mis au service des autres. Votre chez-vous devient ce fameux lieu d'entraide, aussi bien symboliquement que concrètement dans certains cas.

Vous, un parent

Quoi de plus déchirant que de voir arriver l'un de ses enfants avec le cœur brisé? Votre porte est grande ouverte devant son désespoir que vous finissez par ressentir comme le vôtre. C'est aussi bien sa vie que la vôtre que vous tenterez de reconstruire en subissant cette épreuve sentimentale. Les grands-parents verront dans cette situation un acte de foi, une révélation divine, un accomplissement de leur cheminement spirituel. Vous prendrez alors soin tant de votre propre enfant que du sien, vous en ressentirez une énorme valorisation malgré le déchirement émotionnel que créera cette situation.

L'inverse est tout aussi possible: c'est vous qui vivrez une séparation et l'un de vos enfants vous accueillera à bras ouverts. Il saura très bien vous soutenir tout au long de cette épreuve et sera un excellent porte-parole entre vous et votre ex, son père et sa mère. Quoi qu'il ne soit jamais facile pour des enfants de voir leurs parents se séparer, et ce, peu importe leur âge, les vôtres seront impliqués dans la réconciliation ou dans votre nouvelle vie, ils seront là pour vous. Une autre possibilité, c'est que vous deviez accueillir un parent ou un enfant ayant des besoins bien spécifiques qui nécessitent le réaménagement de votre maison, par exemple l'installation de rampes ou d'un ascenseur pour une personne à mobilité réduite. Enfin, les péripéties concernant votre maison ou votre famille seront certainement assez nombreuses cette année, mais c'est avec beaucoup de dévouement et d'énergie que vous vous impliquerez. Vous ne faillirez nullement à votre mission et c'est pour cette raison qu'en fin d'année, vous aurez le sentiment du devoir accompli.

Votre vitalité

Le sixième signe du vôtre, le Verseau, est considéré comme le maître de votre santé. Depuis déjà dix ans, Neptune s'est installé dans ce signe et n'est pas près d'en sortir, du moins pas avant 2011. Peut-être avez-vous connu certains problèmes de santé neptuniens, qui sont souvent d'ordre psychologique, mais qui concernent aussi les fluides corporels, les infections et les pieds. Heureusement, en 2007, Jupiter sera en bon aspect avec Neptune, favorisant ainsi la guérison, les opérations de toutes sortes, et ce, en grande partie grâce à une excellente assimilation des aliments. Le repos fait aussi partie des secrets du succès. Le *burnout* est maintenant une maladie prise très au sérieux par les médecins et les entreprises. Si vous reportez aux calendes grecques les soins associés à une dépression, vous risquez de vous retrouver confiné à la maison, au repos forcé.

Votre chance

La chance au jeu ne semble pas très évidente pour vous cette année, mais on ne sait jamais! Cependant, n'allez pas jouer votre chemise, vous risquez d'être plutôt déçu du résultat. Heureusement, si vous avez une tendance au jeu compulsif, votre ange gardien devrait venir vous montrer la direction de la sortie avant que vous sombriez plus profondément dans cette spirale infernale.

Votre chance cette année est plutôt du côté intellectuel et créatif. Le divertissement est souvent considéré comme un luxe ou encore comme une activité banale, mais c'est à travers lui que vous trouverez l'inspiration et la force nécessaire pour poursuivre votre cheminement. En effet, des lectures, des films et d'autres types d'œuvres qui vous fascinent devraient vous inspirer grandement.

Votre demeure

Un déménagement sera peut-être nécessaire pour plusieurs raisons: argent, relations avec le voisinage, etc. Que vous soyez satisfait ou non de votre nouvelle demeure, vous n'y habiterez probablement pas très longtemps. Alors, vous êtes peut-être mieux de songer à louer plutôt qu'à acheter. De plus, en raison du carré de Jupiter à Uranus, il ne sera pas très bénéfique pour vous de faire affaire avec des gens de loi, les notaires, par exemple, et de vous engager à long terme. La pression financière qu'exercerait votre signature sur un contrat de vente pourrait avoir raison de votre équilibre émotionnel. De plus, le luxe n'apporte jamais le bonheur; dans le meilleur des cas, il est très éphémère, mais pas les mensualités!

JANVIER 2007

Sous l'influence du Nœud Nord en Poissons — Chez bien des couples, le temps des fêtes constitue un moment où la famille est intimement réunie. En raison des congés, les deux conjoints passent leurs journées ensemble à frotter et à préparer la maison pour la réception mais, avec la fatigue, certains lapsus sont commis, révélateurs d'un profond malaise. Mais l'heure n'est pas encore arrivée de songer à une séparation. Il peut devenir difficile de faire des emprunts à cause d'une erreur passée; le mauvais crédit nous hante souvent très longtemps. Du côté affectif, c'est la même histoire. Un dicton fait allusion au chat échaudé qui craint l'eau froide, alors il sera peut-être nécessaire de faire un retour sur le passé afin de mieux comprendre le présent et de bien affronter l'avenir.

Vie amoureuse du célibataire — Il est impossible de posséder l'objet du désir car, une fois obtenu, il n'est plus. Mais cela ne vous empêche pas d'y rêver, même en plein jour, même au bureau. En effet, votre esprit a besoin d'une certaine euphorie sans nécessairement que vous viviez réellement votre fantasme. Justement, au travail, une personne nouvellement engagée pourrait devenir cet objet de désir. Seulement, de là à vous laisser aller à cet attrait, il y a une marge que vous ne franchirez pas. De toute façon, vous n'êtes pas vraiment prêt à entreprendre une relation sérieuse, il vous faut du temps encore pour accepter de partager votre vie un jour ou l'autre.

Vie de couple–famille–budget–travail — En tant que mère et femme au travail, vous aurez l'audace nécessaire pour ouvrir les portes trop souvent closes à la gent féminine. Vous vous sentez fin prête à relever de nouveaux défis professionnels très élevés sur l'échelle des capacités, des défis qui vous mettront en valeur. Ce besoin d'affronter de nouvelles situations n'arrive pas comme un cheveu sur la soupe; il y a certainement, depuis quelque temps déjà, une profonde instabilité au travail qui vous perturbe et qui vous cause un peu d'insécurité. Mais c'est précisément cette dernière qui vous gonfle à bloc pour foncer dans le tas et vous démarquer. Le temps des fêtes est maintenant chose du passé; il aura fait revivre de vieux souvenirs, les meilleurs mais aussi ceux que vous auriez aimé oublier. De ce fait, vous entreprendrez un sérieux ménage dans la maison pour ranger à nouveau les souvenirs qui auraient dû rester dans le placard. Curieusement, plus votre situation financière se stabilise, plus votre vie amoureuse est ébranlée. En fait, la situation matérielle exerce trop souvent une pression, et l'on fait des efforts monstres pour arriver à joindre les deux bouts. Mais, lorsque c'est fait, on réalise souvent trop tard que la vie de couple souffrait énormément du manque d'attention.

En tant que père et homme au travail, vous constatez que l'homme de la maison n'est plus; c'est du moins ce qu'a décidé la société. L'équilibre entre les deux sexes exige que le partage des tâches domestiques soit scrupuleusement respecté. Mais, en général, l'homme n'a pas de repères à ce sujet, tous ses modèles masculins étaient de véritables chefs de famille, imposant leurs décisions et se faisant servir après une rude journée de travail éreintante. Mais la réalité du monde d'aujourd'hui a passablement changé et, par le fait même, le rôle du mâle dans la société. Et c'est là que le natif masculin de la Vierge se sent coincé dans une réalité qu'il comprend à peine, où il doit se redéfinir en tant qu'homme sans toutefois manquer de respect envers sa partenaire. Cette transition l'amène donc à ne faire que ce qu'il connaît, sans aller jouer dans la cour des autres, le temps de retrouver sa place. Évidemment, en tant que père, il peut être assez déchirant de laisser voir à son enfant, peu importe son âge, un tel blocage existentiel. Vous n'êtes pas entièrement responsable de cette situation : il se peut qu'au travail, on ne vous respecte pas autant qu'on le devrait; votre conjointe a peut-être développé l'habitude de prendre toutes les décisions importantes concernant la maison et la famille, mais vous finirez bien par retrouver votre place un de ces jours.

Clin d'œil sur les baby-boomers — Vous apportez bien des changements dans la maison, mais vous en avez sûrement déjà fait beaucoup avant les réceptions du temps des fêtes pour être sûr que tout le monde serait à l'aise chez vous. Ces rénovations cachent peut-être une certaine crainte de ne plus pouvoir en faire autant une fois l'âge de la retraite atteint. Tout ce qui doit être remplacé : toiture, plomberie, patio, etc., fait partie de vos projets cette année. C'est entièrement une question d'insécurité : vous avez en ce moment les moyens financiers et les capacités physiques nécessaires, alors pourquoi attendre, vous dites-vous. Vous pensez également que, si vous retardez ces travaux, il y a un risque que votre incapacité à les faire compromette votre retraite.

FÉVRIER 2007

Sous l'influence du Nœud Nord en Poissons — Les histoires d'amour sont souvent à l'ordre du jour. Même au travail, le cœur et les sentiments sont très présents. Des collègues viendront certainement vous confier leurs problèmes de couple et du même souffle vous partagerez les vôtres. Mais une chose est sûre, vous vous poserez de nombreuses questions : Pourquoi l'amour idéal n'existe-t-il pas ? Pourquoi faut-il toujours jouer un jeu de compromis ? Existe-t-il, quelque part dans le monde, une personne qui puisse me rendre heureux sans devoir faire d'efforts ? Enfin, faut-il vraiment trouver une réponse à ces questions ?

Vie amoureuse du célibataire — Si vous avez amorcé une relation avec un collègue du bureau au cours des dernières semaines, vous ne pouvez probablement plus reculer, même si beaucoup d'hésitations se font sentir. Vous avez encore trop besoin de votre liberté, sans compter que vous craignez les problèmes que cela pourrait causer à l'ensemble de votre carrière. Vous choisirez probablement un compromis, soit de poursuivre cette relation plus secrètement. Cela aura un impact très intéressant sur l'attirance mutuelle et bien évidemment sur la libido.

Vie de couple–famille–budget–travail — En tant que mère et femme au travail, vous arrivez à la conclusion que le monde est vaste et trop intéressant pour vivre en vase clos avec son homme et sa famille. La femme en vous s'affirme et refuse de se conformer au modèle traditionnel de la mère au foyer, et gare au conjoint qui tenterait de vous étouffer dans ce carcan ! Vous lui démontreriez assez facilement qu'une femme a le droit de recevoir une généreuse dose d'affection, et ce, sans même que monsieur s'en rende compte. Toutefois, lorsqu'on saute la clôture, cela cache un profond malaise au sein du couple, mais ce n'est pas un mal irréversible. Une thérapie à deux et de profonds changements peuvent très bien arranger les choses. Du côté familial et professionnel, il y aura un important ajustement à faire ce mois-ci. Mais ce sera seulement après quelques nuits d'insomnie et d'intenses efforts que les solutions s'imposeront naturellement. Par exemple, modifier votre horaire de travail ou encore effectuer une partie de vos tâches professionnelles à partir de chez vous serait envisageable pour vous dégager d'une pression désagréable.

En tant que père et homme au travail, une certaine passion coule dans vos veines; il vous faut sentir, toucher et posséder votre partenaire. Vous craignez fortement les sentiments qui ne vous sont pas destinés, mais il faudra rapidement interrompre ce jeu de la possession: d'abord, ce n'est pas dans votre nature et ensuite vous risquez de provoquer l'opposé de ce que vous souhaitez réellement de votre relation. L'insécurité financière y est peut-être pour quelque chose dans cette attitude; vous comprendrez rapidement que c'est plutôt en faisant des efforts au travail que vous vaincrez la précarité matérielle. Règle générale, la Vierge n'est pas un grand leader mais, ce mois-ci, vous n'aurez d'autre choix que de vous démarquer pour réussir à faire valoir vos idées, car elles sont géniales et vous êtes le seul à pouvoir les présenter avec toute l'audace qu'elles méritent. En voyant ses enfants dans leur tendre jeunesse, le père en vous rêve parfois de retrouver toute sa liberté. Vous laissez aller votre imagination vers tout ce que vous auriez aimé faire, mais qui fait maintenant partie de vos fantasmes puisque vous avez depuis longtemps dépassé l'âge de vous accorder les plaisirs de l'innocence.

Clin d'œil sur les baby-boomers — Maître de l'angoisse, ressaisissez-vous! Vous craignez sans cesse pour votre travail ainsi que pour votre sécurité matérielle et celle de vos enfants. En fait, les gros froids d'hiver et surtout le *blues* de février affectent trop souvent le moral de tous, ce qui a des répercussions directes sur la santé. Cependant, rien ne sert de vous inquiéter au sujet de votre travail: vous avez plusieurs garanties d'emploi ou encore vous êtes totalement indispensable, tenez-vous-le pour dit. De plus, au moindre signal d'alarme de votre santé, vous verrez vos enfants accourir et vous proposer toutes sortes de solutions pour vous remettre sur pied, aussi bien physiquement que mentalement. L'un d'eux s'offrira même pour vous accueillir chez lui si c'est ce que vous souhaitez.

MARS 2007

Sous l'influence du Nœud Nord en Poissons — La fièvre du printemps bat son plein avec les premiers rayons de soleil qui font fondre la neige. Le désir de liberté se fait sentir fortement; pas l'idée d'être infidèle, seulement un fort besoin d'avoir plus d'activités sociales. Sur le plan professionnel, un contrat très alléchant avec le gouvernement vous dirigera vers une avenue qui concorde parfaitement avec vos valeurs.

Vie amoureuse du célibataire — Le désir de liberté du célibataire le conduira vers de nouveaux cieux. En effet, au fond de vous, l'amour revêt des allures exotiques ; c'est la différence entre les cultures qui vous excitera. Ce n'est pas toujours nécessaire d'aller très loin pour vivre un choc culturel ; à Montréal, vous pourriez fréquenter des gens de différentes communautés, avoir un aperçu de leurs pays d'origine et peut-être vous laisser transporter par les rythmes endiablés jusqu'à l'aéroport pour en savoir encore plus sur leurs manières de vivre. Rien ne vous retient ici, la passion amoureuse se trouve possiblement au-delà de nos frontières.

Vie de couple–famille–budget–travail — En tant que mère et femme au travail, vous êtes consciente que la femme moderne vit tous les stress, qu'elle doit veiller sur la maison, s'assurer de son bon fonctionnement tout en contribuant au budget familial. Mais tôt ou tard, la petite goutte fait déborder le vase trop plein d'émotions, de tensions causées par les responsabilités. Alors, vous pourriez devoir consulter un psychologue ou vous gaver d'antidépresseurs. Il n'est pas trop tard pour apporter quelques changements au train de vie essoufflant que, dans le fond, vous avez choisi. Si vous êtes la mère de jeunes enfants, il y a sûrement quelques petits changements à apporter à leur éducation qui vous permettraient de moins vous en faire pour eux, de mieux gérer la situation familiale. Votre couple doit terriblement souffrir de votre acharnement ; avec du recul et peut-être le soutien d'un professionnel, votre union reprendra la route de l'affection. L'apprentissage d'une nouvelle langue devrait peut-être s'ajouter à vos tâches déjà bien nombreuses, ce serait une question de valorisation et de sécurité en fonction d'un éventuel voyage.

En tant que père et homme au travail, vous arrivez à une croisée des chemins qui pourrait vous faire connaître une brillante carrière. Encore un peu endormi devant ces choix, il faudra vous ressaisir rapidement pour bien vous imprégner de l'essence créative qui sera nécessaire dans vos nouvelles fonctions. Il y a toujours un commencement, alors il est normal que vous ne soyez pas immédiatement placé au sommet de la pyramide de l'entreprise. C'est votre créativité qui vous permettra de gravir les échelons, assez rapidement selon les circonstances. Peu importe votre domaine, le créateur en vous doit se surpasser, quitte à connaître quelques nuits blanches. Que vous soyez dans l'informatique, les arts ou la finance, vous avez l'ingéniosité pour faire naître une révolution tranquille, changer les méthodes et les comportements pour aller vers quelque chose de plus humain et de plus près des valeurs spirituelles. Ce sont probablement vos enfants qui vous inspireront professionnellement; vous voudrez leur offrir un monde meilleur sans être nécessairement obligé de leur léguer un héritage faramineux. La vie amoureuse à travers tout cela semble être passablement secondaire, mais vous sentez bien que l'affection entre vous et votre partenaire est toujours vivante.

Clin d'œil sur les baby-boomers — Avec l'arrivée du printemps, votre santé prend du mieux et de façon assez significative. Non seulement vous êtes toujours partant pour faire une multitude d'activités, mais vous avez besoin que votre partenaire vous suive dans cette aventure. Vous prenez part à une quête spirituelle qui a cependant des bases cartésiennes, histoire de mieux comprendre où vous vous en allez. En effet, avant de vous retrouver en compagnie des moines bouddhistes, la science vous fournira peut-être quelques réponses sur des questions fondamentales. Mais celle-ci, encore embryonnaire devant l'immensité du mystère de l'Univers, ne pourra vous procurer toutes les réponses de votre vivant, et c'est alors que vous vous tournerez vers un apport spirituel.

AVRIL 2007

Sous l'influence du Nœud Nord en Poissons — Électrisant. Voilà le mot le plus juste qui définit votre être en ce mois d'avril. Vous ressentez un fort besoin d'être entouré de vos amis et connaissances, de participer très activement à toutes les activités sociales qui vous concernent. Si vous êtes une femme, c'est une période où les hommes vous trouveront irrésistible; votre charme en fera languir plus d'un. Soyez assurée que, même si vous affichez clairement votre non-disponibilité, ils pousseront l'audace jusqu'à vous offrir un meilleur mariage.

Vie amoureuse du célibataire — Pour la Vierge célibataire, l'heure de gloire a sonné; les hommes rôdent autour de vous, attendant le moment propice pour vous aborder. Cependant, loin de vous l'idée de vous laisser emporter par leurs jeux. Vous avez les deux pieds sur terre et vous n'êtes ouverte qu'à des propos matures et intelligents. Mais bien sûr que les sentiments se bousculent en vous. Malgré l'impassibilité que vous affichez, les candidats sérieux les découvriront; seuls ceux qui sentent qu'ils sont faits vraiment pour vous resteront.

Vie de couple–famille–budget–travail — En tant que mère et femme au travail, vous n'avez d'autre choix que d'être une *superwoman* pour survivre dans la société nord-américaine. Mais devant la pression et le stress, vous ne flancherez pas; au contraire, vous aurez envie de vous battre et de réaliser vos ambitions, vos objectifs. D'ailleurs, au travail ou dans vos projets d'affaires, votre créativité, vos intuitions et votre imagination vous conduiront bien au-delà de vos attentes. Ne négligez pas trop vos heures de sommeil au cours de cette période : vous aurez besoin de toute votre énergie. Que c'est difficile d'aller chercher un peu de réconfort, de soutien et d'affection auprès de l'homme que vous aimez lorsque vous vous donnez corps et âme à votre emploi! Évidemment, il pourrait brandir le spectre de la séparation pour vous signaler sa détresse, mais la famille sera le noyau qui réussira à maintenir en place les structures de votre union et à éviter le pire. La jeune mère que vous êtes peut se sentir parfois dépassée par les requêtes excessives des enfants. Cependant, il n'est écrit dans aucun livre de psychologie que vous devez performer dans l'éducation de vos enfants. Au contraire, apprenez à vivre une minute à la fois; ce n'est pas grave de repousser le souper d'une heure si vous avez d'autres priorités. D'ailleurs, les aliments s'assimilent bien mieux lorsqu'on est détendu. C'est dans une atmosphère plus zen que toute la famille se portera mieux.

En tant que père et homme au travail, vous avez bien besoin de redéfinir votre rôle masculin au sein de votre famille mais, comme le dit le dicton, «on ne fait pas d'omelette sans casser des œufs». L'idée de tout foutre en l'air et de vous sauver à toutes jambes vous traversera l'esprit. L'appel de la nature, la crise de la quarantaine, le démon de midi ou simplement la fièvre du printemps, avec les mini-jupes qui commencent à défiler dans les rues, voilà les mille et une raisons qui vous poussent à vouloir reprendre votre liberté. L'argent est aussi au cœur de vos préoccupations. En effet, dans toutes les bonnes familles, un budget serré pendant trop longtemps cause des frictions et vous ne faites pas exception à la règle. Bien des choses doivent changer mais, avant de détruire votre vie familiale à cause de vos états d'âme, c'est peut-être du côté professionnel qu'il faut trouver la solution. En changeant d'emploi ou en retournant aux études pour augmenter votre potentiel, vous ressentirez bien moins de pression et le bonheur pourrait renaître dans votre cœur. À travers ces multiples complications émotionnelles, il ne faudrait pas trop faire passer la tension sur les enfants : ils ne sont nullement responsables de votre sort ; ils pourraient même vous appuyer dans vos démarches si vous leur portez une oreille attentive de père aimant.

Clin d'œil sur les baby-boomers — On a parfois un peu peur de s'ennuyer en couple, de perdre à tout jamais cette flamme qui nous unit et de finir ses jours avec une personne que l'on considère davantage comme quelqu'un de la parenté que comme un amoureux. Alors, vous ferez tout votre possible pour faire des activités ensemble et planifier des voyages et des aventures afin de garder votre cœur jeune et ainsi de continuer à vous aimer avec toujours autant de passion, et ce, bien au-delà de la retraite. De nouveaux défis professionnels vous amèneront vers l'apprentissage d'une autre langue ou la découverte d'une culture très différente de la vôtre avec laquelle il serait possible de faire du commerce ou de créer une quelconque association.

MAI 2007

Sous l'influence du Nœud Nord en Poissons — Le stress soutenu depuis quelque temps à cause de votre vie amoureuse ou d'importants contrats s'estompera graduellement. Peut-être qu'une crise permettra de crever l'abcès et enfin de respirer un peu mieux, d'évacuer la tension qui devenait de plus en plus insupportable. À la maison, il faudra nécessairement songer à vous réorganiser afin de ne plus bousculer vos sentiments de la sorte.

Vie amoureuse du célibataire — L'ambiguïté de vos sentiments par rapport à votre besoin d'engagement et de liberté n'est pas du tout conforme à une vie de couple dans le sens traditionnel du terme. Si vous vivez une relation en arrière-plan, celle-ci risque de prendre de plus en plus de place. Jusqu'à présent, vous tolériez peut-être qu'une brosse à dents supplémentaire occupe votre comptoir de salle de bain mais, lorsque son propriétaire commencera à se sentir trop à son aise chez vous, vous ressentirez immédiatement la crainte de perdre votre indépendance si chèrement gagnée.

Vie de couple–famille–budget–travail — En tant que mère et femme au travail, rien ni personne ne peut vous arrêter de poursuivre votre destinée et vos ambitions, d'affirmer votre désir d'indépendance.

L'été qui arrive est synonyme de vacances et de moments plus agréables à passer en famille et entre amis. Ce mois-ci naîtra en vous l'idée d'organiser des activités à caractère social et familial. Vous serez plus souvent qu'autrement occupée à soutenir votre cercle d'amis, qui pourraient parfois envahir votre maison. Évidemment, votre conjoint aura son mot à dire mais, s'il est trop négatif, vous ne l'écouterez tout simplement pas. Attention à ses répliques! Vos plus jeunes enfants seront facilement perturbés par ces nombreux visiteurs. À la maison, c'est le bordel, vous n'avez jamais le temps de vous occuper de quoi que ce soit. Vous avez même l'impression de négliger vos enfants, ce qui vous donne le sentiment d'être une mauvaise mère. Heureusement, il en est tout autrement au bureau! Vous êtes l'exemple même de l'efficacité. Si la vente est votre milieu de travail, vous conclurez un nombre impressionnant de transactions qui pourraient impliquer les gouvernements et les services publics.

En tant que père et homme au travail, vous commencez à respirer par le nez. Votre niveau de stress commençait à battre des records et vous deveniez de plus en plus insupportable aux yeux de votre conjointe. Heureusement, vous reprendrez vos esprits et vous entreprendrez des changements personnels en profondeur qui auront un impact très positif sur votre vie familiale. Votre douce moitié s'absentera de plus en plus mais, en tant qu'homme de la maison, vous êtes capable de prendre les choses en main. Même si vous êtes le père d'une jeune famille, vous ne vous sentirez jamais désorienté dans une telle situation. Vous développerez même une grande habileté en ce qui concerne les couches, les repas, le ménage et l'hygiène de votre marmaille: un bel exemple du potentiel masculin en ce qui concerne le partage des tâches domestiques. Des choix de carrière se précisent, des projets se mettent en branle, des réalisations voient le jour. En fait, votre budget serré vous motivera à trouver une solution à ce problème et ainsi à performer professionnellement pour assurer à la fois votre avenir et celui de ceux que vous aimez.

Clin d'œil sur les baby-boomers — La mort pourrait être plus présente autour de vous. Cette réalité apporte nécessairement son lot d'angoisse. C'est une situation totalement hors de votre contrôle et c'est bien ce qui vous préoccupe. Depuis toujours, vous vous êtes cru capable d'avoir la maîtrise des éléments, mais ceux-ci vous échappent maintenant; c'est très troublant par moments. Vous adopterez une approche plus spirituelle et vous accepterez peut-être le fait qu'un Dieu se cache derrière les choses que vous aviez cru acquises. Einstein a répété à plusieurs reprises que Dieu ne joue pas aux dés avec l'Univers. Vous constaterez que c'est derrière votre ouverture au monde psychique que se trouvent bien des réponses à vos questions.

JUIN 2007

Sous l'influence du Nœud Nord en Poissons — Le Nœud Nord est encore et toujours sous l'emprise du carré à Jupiter, mais heureusement Uranus s'en éloigne. Ces deux symboles astrologiques ne seront plus en conjonction pour perturber vos attentes vis-à-vis des autres. Votre quête d'harmonie, sur le plan affectif ou professionnel, était gênée par la planète qui régit fortement le stress, soit Uranus, le maître du Verseau. Vous avez maintenant quelques mois pour atteindre cet idéal d'équilibre entre vous et les autres.

Vie amoureuse du célibataire — Pulsions et réserves ne vont pas toujours de pair. En effet, en vous se cache une bête affamée de chair humaine, remplie de désir passionnel qui ne demande qu'une simple brèche pour exprimer toute la profondeur de ses sentiments. Mais la voix de la raison est parfois trop forte et elle vous confine au silence, prisonnier de vos rêves et fantasmes jusqu'à ce que quelqu'un arrive pour vous délivrer le cœur et vous permettre d'être vous-même.

Vie de couple–famille–budget–travail — En tant que mère et femme au travail, il y a du nouveau pour vous au bureau, de nouvelles responsabilités à prévoir. Peut-être s'agit-il tout simplement de remplacer un collègue durant ses vacances. Dans ce cas, vous vous inquiétez de ne pouvoir faire son boulot aussi bien que lui. Il est aussi possible que ce dernier ne revienne plus et que vous héritiez de son poste mieux payé, plus intéressant et plus élevé dans la hiérarchie de l'entreprise. Mais n'oubliez pas de prévoir des vacances pour vous aussi. Non seulement vous avez besoin de repos, mais toute la famille réclame votre présence. La mère que vous êtes doit consacrer du temps de qualité à ses enfants au cours de la saison estivale. N'angoissez pas au sujet de l'argent, vous en trouverez suffisamment pour vous offrir ce que vous souhaitez: le luxe ne vous apportera rien d'intéressant; la compagnie de votre famille et de vos proches, oui. Votre amoureux aura bien de la difficulté à vous cerner ce mois-ci. Vous n'avez pas besoin de grand-chose même si bon nombre de fantaisies naissent dans votre tête. De simples soupers à la chandelle, sans les enfants, réanimeront fortement le désir entre vous.

En tant que père et homme au travail, vous attendez l'été avec beaucoup d'enthousiasme. Les fêtes, les voyages et la porte ouverte à de nouvelles cultures et connaissances vous enchantent. Cependant, vous aurez beau tout planifier, vous réaliserez rapidement que notre été québécois n'est pas assez long pour faire toutes les activités souhaitées. Alors, des choix s'imposent. N'oubliez pas non plus qu'il n'est pas impossible que des imprévus au travail vous obligent à modifier vos projets. Vous ne pouvez éviter l'imprévisible, c'est totalement hors de votre contrôle. Vous aurez peut-être à réparer la bévue d'un autre ; temps et patience seront nécessaires pour y arriver. Sur le plan sentimental, le toucher et la sexualité revêtent une étrange sensibilité. Vous craignez de ne pouvoir satisfaire pleinement votre partenaire aussi bien affectivement que sensuellement. C'est en ayant une simple conversation que vous pourrez effacer cette sensation désagréable.

Clin d'œil sur les baby-boomers — Attention aux mauvais placements ! Évitez de confier vos épargnes à de petits investisseurs qui vous font miroiter des taux mirobolants, qui vous promettent la fortune à l'âge de la retraite, de quoi vous offrir une plage dans le Sud et vivre comme un roi jusqu'à ce que le bon Dieu vous rappelle. C'est de l'utopie. L'argent ne pousse pas dans les arbres, comme vous le savez ; vous devez prendre une décision éclairée au sujet de votre argent si vous voulez qu'il vous apporte un certain confort raisonnable. Sentimentalement aussi, vous souhaiteriez pouvoir investir et réclamer les dividendes ; toutefois, ce domaine est beaucoup plus complexe que le monde de la finance. Mais une retraite à deux, ça peut se planifier. Vous pouvez même prévoir de belles occasions qui raviveront la passion au cœur de votre vie de couple.

JUILLET 2007

Sous l'influence du Nœud Nord en Poissons — Vénus arrive dans votre signe ce mois-ci et s'opposera au Nœud Nord en Poissons. Une fois de plus, vous devez redéfinir l'amoureux idéal. Est-ce celui qui partage votre vie ? Est-ce la personne qui vous a fait de l'œil la semaine dernière? Est-ce celui auquel vous rêvez toutes les nuits? Ou même cet acteur de Hollywood qui attire votre attention depuis de nombreuses années? Vous seul connaissez la bonne réponse, vous la trouverez en fouillant au fond de votre esprit.

Vie amoureuse du célibataire — Le travail a sûrement pris toute la place le mois passé ou est-ce votre santé qui vous a empêché de sortir pour chercher l'âme sœur? De tout cœur, vous souhaitez une situation différente ce mois-ci. Heureusement, Vénus arrive, timidement peut-être, mais elle sera bien dans votre signe avant la fin du mois, venant ainsi vous apporter quelques sensations amoureuses. Et pourquoi pas le coup de foudre tôt en juillet? Mais après quelque temps, les sentiments pourraient faiblir; vous vous demanderez s'il y a vraiment de l'amour entre vous, ce qui refroidira vos ardeurs. Vous souhaiterez reprendre tout ça sur des bases plus solides.

Vie de couple–famille–budget–travail — En tant que mère et femme au travail, vous vivez un certain répit au fur et à mesure que le mois avance. Vous deviez consacrer beaucoup de temps à des tâches qui n'étaient pas les vôtres: remplacer des gens en vacances, reprendre le travail d'incompétents. Maintenant, cette situation tourne en votre faveur assez rapidement. En effet, votre créativité aura été sollicitée fortement et on la reconnaîtra. À vous de profiter maintenant de la situation. Sentimentalement, l'heure est venue de reprendre la conversation là où vous l'aviez laissée. Bien sûr, il vous attendait, mais il ne s'est peut-être pas tout à fait remis de l'abandon: il se sent encore comme une vieille chaussette abandonnée. Peut-être bien qu'une sortie au restaurant ou même une escapade romantique viendront effacer complètement toute sa frustration. Le 1er juillet est très souvent synonyme de déménagement et parfois c'est la pénurie de logements. Si vous êtes une jeune vagabonde qui fait sa vie comme bon lui semble, au gré des vents et des plaisirs, vous serez probablement obligée de revenir vers le nid familial pour un moment. Si vous êtes mère, c'est plutôt un de vos enfants, qui avait commencé à battre de l'aile, qui aura besoin de reprendre son souffle à la maison.

En tant que père et homme au travail, l'heure des vacances doit sonner au plus vite pour vous. Vous n'en pouvez plus d'attendre de parcourir la route en explorateur, de vous amuser avec vos amis ou encore de montrer à vos enfants les joies de la nature. Vous souhaitez éduquer votre garçon, le construire à votre image et l'encourager fortement à acquérir beaucoup de connaissances. Cependant, vous dégagez parfois une image si paternaliste que c'est peut-être bien le contraire qu'il fera. Vous devez apprendre à bien doser votre comportement devant vos enfants, et ce, peu importe leur âge ; vous êtes toujours un modèle pour eux. Il sera très important de vous ressourcer ce mois-ci. Dès le retour de vos vacances, il y aura d'importants projets qui nécessiteront beaucoup d'énergie et de leadership de votre part. Il ne serait pas étonnant que vous ayez à étudier sérieusement avant le retour au travail pour bien atteindre vos objectifs de carrière. Vous êtes sensible aux sentiments et vous aimeriez pouvoir ressentir plus fortement ceux qui viennent de votre partenaire ; c'est en la rassurant au sujet de vos propres sentiments que vous aurez l'heure juste au sujet des siens.

Clin d'œil sur les baby-boomers — Vous aurez la nostalgie des amours de jeunesse. Vous aurez l'impression de revivre en souvenirs les moments magiques des premières relations sentimentales. C'est la sensation qui refait surface dans votre mémoire sensorielle, et c'est peut-être quelque chose que vous aurez tendance à rechercher si vous êtes célibataire. En effet, le plaisir de la première fois devient même obsédant parfois. Même en couple, vous chercherez à vous rappeler les premières heures de votre union, du moins les moments un peu plus pimentés. Matériellement, des travaux d'entretien nécessaires sur votre maison lui donneront beaucoup de valeur.

AOÛT 2007

Sous l'influence du Nœud Nord en Poissons — Toujours sous l'influence du carré à Jupiter, le Nœud Nord s'opposera à Saturne au cours des prochains mois. Ce Nœud, également appelé la Tête du Dragon, est un symbole qui représente la quête personnelle d'un certain idéal. Le fait qu'il soit en Poissons vient aiguiller votre quête vers les domaines de l'amour, de l'échange, de l'harmonie, des contrats et des ententes. Les aspects compliqués ne sont là que pour vous rappeler que vous n'êtes pas encore au bout de cette quête.

Vie amoureuse du célibataire — Vous prenez vos distances par rapport à une nouvelle rencontre. Ce n'était peut-être qu'une amourette d'été, alors ni l'un ni l'autre n'a vraiment l'intention de s'engager à fond. Vous craignez tous deux pour votre liberté. Peut-être serez-vous plutôt la victime de cette séparation : vous vous êtes amouraché intensément de quelqu'un et, dès le début d'août, il ne donne plus signe de vie. Patience, l'amour reviendra bien assez tôt!

Vie de couple–famille–budget–travail — En tant que mère et femme au travail, il est clair que les vacances sont terminées pour vous. Le travail vous attend. Et si vous avez eu le malheur de les planifier ce mois-ci, il ne serait pas étonnant que vous ayez à les écourter ou à les annuler carrément. Évidemment, cela n'est pas vraiment intéressant pour votre amoureux, qui s'attendait à passer du bon temps en votre compagnie. Il sera peut-être un peu détestable à cause de cette situation, possiblement parce que ce n'est pas la première fois que cela se produit. Lorsque le temps le permettra, il faudra obligatoirement vous réinvestir dans votre relation. Votre couple est le noyau central de la famille; s'il éclate, il y aura bien plus que votre cœur qui en subira les conséquences. Il n'y a pas que les responsabilités professionnelles qui peuvent être à l'ordre du jour, du côté de la famille aussi l'investissement en temps est primordial. Si vous négligez votre rôle de mère, peut-être qu'inconsciemment un enfant ou même un parent tombera malade pour que vous en preniez soin.

En tant que père et homme au travail, le retour au travail se trame dangereusement pour vous; les projets ne cessent de s'accumuler. Mais vous avez l'énergie et les ressources nécessaires pour y faire face. Il y aura sûrement encore quelques obstacles au début d'août en raison de la lourdeur administrative et de certaines têtes égarées, mais vous serez en mesure de rattraper le retard. Le bon père de famille que vous êtes ne négligera pas de participer aux dernières activités estivales de ses enfants, aux fêtes et aux autres événements qui requièrent la présence des parents, souvent comme bénévoles. Il y aura aussi la préparation du retour en classe qui vous demandera temps et énergie parce que maman est déjà surchargée. Ce sera donc à vous de voir à ce que tout soit fait dans les règles de l'art. Quand la famille est omniprésente, il est plus difficile de s'accorder des instants intimes en couple. Les responsabilités passent avant vos besoins passionnels et c'est la même chose pour votre partenaire de vie. Heureusement que vous arrivez, à l'occasion, à vous dire que vous vous aimez.

Clin d'œil sur les baby-boomers — Les hommes qui sont en quête d'émotions fortes pourront très bien se diriger vers des femmes beaucoup plus jeunes, histoire de se rassurer sur leur virilité. Il est possible que vous soyez malade depuis plusieurs mois et peut-être même depuis quelques années. Vous avez encore besoin de quelques soins, mais vous vous dirigez vers une rémission complète. En fait, vous ressentez clairement que votre énergie revient, oh rien de très significatif encore, mais vous arrivez à voir la lumière au bout du tunnel!

SEPTEMBRE 2007

Sous l'influence du Nœud Nord en Poissons — Il n'y a plus aucun doute, c'est par le travail que vous atteindrez vos objectifs, vos grands idéaux. Sur le plan professionnel, ce mois-ci vous aurez votre lot d'occasions au sujet d'associations, d'ententes entre deux parties, de contrats intéressants. Sentimentalement, les efforts consacrés à votre union porteront leurs fruits. Si vous croyez qu'il vaut mieux s'accrocher et poursuivre votre relation plutôt que de vous séparer, alors tout ce que vous entreprendrez aidera à la reconstruction émotionnelle et passionnelle de votre amour.

Vie amoureuse du célibataire — De plus en plus, de jour en jour, vous êtes envahi par le sentiment que c'est le temps d'agir. Saturne, qui entre dans votre signe, vous pousse à remettre de l'ordre dans votre vie sur tous les plans, même sentimental. Même l'éternel célibataire ressentira fortement le besoin de s'engager et de vivre une stabilité émotionnelle. Ce n'est pas du jour au lendemain que vous rencontrerez l'âme sœur, mais septembre est un bon mois pour faire une petite place à cette éventuelle personne qui viendra partager votre vie. Une sorte de préparation mentale pourrait bien faire incliner les astres en votre faveur très prochainement.

Vie de couple–famille–budget–travail — En tant que mère et femme au travail, un peu coincée entre la réalité et les rêves, vous trouverez un sens précis à votre vie. De grands idéaux se manifesteront en vous; vous préconiserez une approche plus spirituelle à l'égard de tout ce qui vous entoure. Même au travail, vous serez inspirée divinement; votre emploi prendra un sens plus humain, bref, l'esprit surpassera largement la machine. Détente, divertissements et tendresse devraient être à l'ordre du jour ce mois-ci en compagnie de votre amoureux. Quelle douceur vous trouverez, étendue dans cette nature qui commence à se rafraîchir, munie d'un livre qui vous passionne! Sans oublier les intentions de votre partenaire, qui pourrait très bien aller jusqu'à une promesse d'engagement solennel, une demande en mariage ou un renouvellement de vœux. Vous êtes mère, symbole d'amour inconditionnel pour vos enfants. Il ne faudrait jamais que vous en doutiez. Il y aura entre eux et vous une communion de l'âme ; nul besoin de vous parler pour vous comprendre.

En tant que père et homme au travail, vous serez parfois trop paternaliste. Vous prendrez très au sérieux votre rôle de chef de famille ; vous aurez une attitude quasi militaire. Vous pensez que les enfants doivent se comporter parfaitement en société comme à la maison, qu'il est grand temps qu'ils cessent d'agir en bébés gâtés et qu'ils prennent leurs responsabilités. Ouf ! je sais bien que l'école est commencée mais, comme tout le monde, vos enfants ont besoin de reprendre le rythme de la vie active ; ce n'est certainement pas en les reprenant ou en les jugeant négativement que vous les encouragerez à être des modèles pour la société. Au contraire, c'est ainsi que l'on crée des rebelles et même des délinquants. Soyez compréhensif, ils arriveront à la hauteur de vos attentes lorsqu'ils seront prêts. Le travail occupe beaucoup de place en ce moment, ce qui vous oblige à négliger bien des détails sur le plan familial. Vous aimeriez pouvoir régler le plus rapidement possible n'importe quel conflit dans votre couple, mais ce n'est pas un domaine où l'on peut être expéditif : seuls la patience, le temps et des attentions soutenues vous permettront d'arriver à vos fins.

Clin d'œil sur les baby-boomers — Des négociations syndicales sont-elles en cours ? Au travail, un certain stress se fait sentir financièrement. Si c'est vous l'employeur, il vous faudra nécessairement acheter la paix afin de poursuivre vos activités et de retrouver la rentabilité. Comme syndiqué, ce sont d'importantes concessions qu'il vous faudra accorder à l'employeur pour que l'entreprise puisse continuer à opérer. Si vous n'avez pas encore planifié votre retraite du point de vue financier, dites-vous qu'il n'est jamais trop tard pour bien faire. Commencez par choisir la bonne personne, un planificateur financier compétent et reconnu de préférence. Peut-être même qu'il serait bon d'en voir plus d'un pour avoir une idée plus objective de vos possibilités. Alors, vous pourrez commencer à rêver d'une retraite aisée et conforme à vos objectifs.

OCTOBRE 2007

Sous l'influence du Nœud Nord en Poissons — Enfin, le carré à Jupiter se défait d'avec le Nœud Nord, ce qui devrait grandement favoriser le climat familial. En fait, toutes les situations en rapport avec la maison ou les enfants ne viendront plus perturber votre vie amoureuse. Par exemple, si vous faites faire d'importantes rénovations sur votre maison, la vie est peut-être devenue assez pénible et la relation de couple, assez difficile. Ce mois-ci, tout cela se terminera en beauté.

Vie amoureuse du célibataire — Toujours songeur au sujet de votre situation affective, vous entamerez activement des recherches pour trouver l'âme sœur. Si une ou plusieurs relations vous occupent à temps partiel, vous ferez un important ménage : vous ne pouvez plus vivre avec des sentiments partagés, quitte à devenir véritablement célibataire. Votre cœur n'est pas une machine, il carbure à l'émotion. Cependant, vous devez le nourrir plus régulièrement, maintenir une source d'approvisionnement stable et constante ; c'est cette ressource que vous trouverez bientôt.

Vie de couple–famille–budget–travail — En tant que mère et femme au travail, vous devez vous démarquer et surpasser vos collègues masculins pour faire vos preuves et gravir les échelons de la hiérarchie de l'entreprise. Vos objectifs sont assez clairs, et vous ne passerez pas par quatre chemins pour y arriver. Vous foncez tête première parce que vous êtes certaine de vous. Les vieux dinosaures qui occupent les chaises de la direction seront très impressionnés par vos idées innovatrices ; c'est pour cette raison que les hommes vous feront une grande place. Autrement, ils ne se laisseront pas dépasser par une femme, méfiez-vous ! La mère que vous êtes prend certainement beaucoup de place dans la maison ; c'est un rôle tout à fait normal dans notre société. Cependant, vous souhaiteriez grandement ne pas être obligée de dire à vos enfants de faire leurs devoirs ou de se brosser les dents, ne pas avoir à demander à votre conjoint de sortir les poubelles ou d'aller promener le chien. Ce sont tous ces détails, auxquels tous devraient penser mais qu'il vous faut sans cesse leur rappeler, qui drainent toute votre énergie. Sentimentalement, soyez patiente avec votre amoureux ; laissez-le faire ses crises tout seul.

En tant que père et homme au travail, vous avez envie de vous amuser pleinement avec vos enfants et leurs amis pour la fête de l'Halloween qui se prépare. Vous retrouvez une seconde jeunesse et vous êtes dangereusement inspiré pour les décorations et les gadgets les plus fous afin de terroriser tout le quartier. Sentimentalement, il y a en vous certaines contradictions ce mois-ci : vous ressentez fortement le besoin d'obtenir de l'affection et de la tendresse de votre amoureuse mais, devant une attitude réservée de celle-ci, plutôt que d'essayer de la séduire, vous avez tendance à vous sauver avec vos amis. Vous vous plaindrez sûrement de sa froideur, mais attention de ne pas vous laisser tenter par de nouvelles rencontres encouragées par vos complices. Heureusement qu'au travail vous ne vivez pas cette ambiguïté ; au contraire, les choses vont très bien, les projets avancent plus rapidement que prévu. Si vous œuvrez pour un service gouvernemental où la syndicalisation est forte, vous obtiendrez enfin votre sécurité d'emploi, votre permanence. Vous êtes très habile pour négocier lorsqu'il s'agit d'exposer des problèmes ou des éléments difficiles.

Clin d'œil sur les baby-boomers — Encore en train de compter votre argent pour votre retraite ! Celle-ci semble à la fois trop loin et trop proche. Vous n'êtes pas sûr d'avoir fait suffisamment d'économies pour vous permettre une retraire dorée, mais en même temps vous n'avez plus envie de travailler à la même place pendant encore plusieurs années. Il y a de multiples solutions à votre problème ; lorsque vous cesserez de vous en faire et d'angoisser à ce sujet, vous verrez alors parfaitement toutes les options qui s'offrent à vous. Par exemple, à 65 ans, le travail à temps partiel serait peut-être une belle option. Vous pourriez aussi liquider quelques actifs ou simplifier votre vie. Bref, la solution vous appartient et il n'est pas nécessaire de la définir maintenant.

NOVEMBRE 2007

Sous l'influence du Nœud Nord en Poissons — Mercure viendra faire un bel aspect avec le Nœud Nord et avec Mars, pour former une triade très intéressante en signe d'eau. C'est tout le phénomène social qui est en cause ici. Sur le plan de la communication, il existe une synergie où chacun se sent impliqué dans les difficultés des autres. Alors, une belle spirale d'entraide naîtra et chassera par le fait même une partie de vos angoisses existentielles.

Vie amoureuse du célibataire — Le célibataire ressent fortement la pression de sa solitude, qui est très peu acceptable dans son entourage, dans sa famille ou encore en société. En fait, avec l'arrivée des fêtes, les médias ont tendance à diffuser des messages de bonheur familial, et vous vous sentez exclu, vous vous voyez de plus en plus comme un marginal. Votre cœur commence à faiblir en raison du manque d'amour. N'avez-vous pas besoin de quelqu'un pour réchauffer vos couvertures durant les froides nuits d'hiver? C'est avec empressement que vous chercherez l'âme sœur partout.

Vie de couple–famille–budget–travail — En tant que mère et femme au travail, c'est avant tout la sécurité matérielle et affective qui vous importe ce mois-ci, peut-être bien en raison de l'incertitude au travail. Les entreprises ont la fâcheuse habitude d'annoncer des suppressions de postes juste avant les fêtes, ce qui n'a rien de réjouissant pour personne. Cependant, bien que certains de vos collègues puissent connaître la précarité, on est en train de vous préparer une promotion. Voici donc une bonne nouvelle qui vous permettra de vous rassurer sur le plan matériel. Vous ne devriez donc pas lésiner sur les cadeaux de Noël cette année, pour gâter à la fois vos enfants, votre famille et vous-même. Faites attention de ne pas vous laisser submerger par la déprime de vos collègues! Vous pouvez avoir de l'empathie, mais n'allez pas vous battre pour eux, car vous risqueriez de subir le même sort. Le soir tombe très rapidement en cette saison, et la maison devient tranquille très tôt parfois. Vous serez alors plus sensible aux avances de votre partenaire qui vous réserve quelques douces fantaisies à saveur très romantique.

En tant que père et homme au travail, vos sentiments ne sont pas aussi doux, du moins à l'endroit de votre partenaire. En effet, le désir est très puissant ce mois-ci également, et la grisaille de l'automne vous pousse à rechercher la tendresse féminine là où elle se trouve, même dans la cour du voisin. C'est la parole, la conversation qui permettra d'éviter le pire, mais attention à qui vous parlez! Vos amis n'ont parfois rien de grands psychologues; les célibataires souhaiteront même vous voir parmi eux sur le plancher de danse des boîtes de nuit à faire la fête. Il vaudrait mieux trouver un moyen de vous parler, pour exprimer vos véritables sentiments. Peut-être qu'un professionnel pourrait vous aider en ce sens. Cela signifie aussi que le père que vous êtes a besoin de répit; vous avez le sentiment d'avoir perdu votre liberté. Si vous avez des adolescents à la maison, il vous sera heureusement facile de leur parler; vous serez surpris de l'intelligence de vos conversations. Au travail, vos services seront requis pour d'intenses négociations, possiblement un suivi avec des clients insatisfaits que votre firme veut garder à tout prix. À vous de jouer avec les sentiments pour que cette situation devienne une histoire à succès!

Clin d'œil sur les baby-boomers — L'implication de notre génération dans la société a été l'une des plus marquantes dans l'histoire. Nous avons forcé la société à s'adapter et à évoluer en fonction de nos besoins et de nos caprices. Mais il faut se rendre à l'évidence, collectivement nous n'avons peut-être pas laissé un héritage aussi merveilleux qu'on l'aurait souhaité aux générations suivantes. Est-il encore temps de réparer les pots cassés? Est-il trop tard pour faire quelque chose? Il n'est jamais trop tard et il est encore temps de bien faire. Simplement sur le plan environnemental, nous devons donner l'exemple et surtout les moyens aux prochaines générations pour vivre en harmonie avec la nature. C'est une réflexion à faire, et peut-être réussirons-nous à passer de la parole aux actes.

DÉCEMBRE 2007

Sous l'influence du Nœud Nord en Poissons puis en Verseau — Ce mois-ci, le Nœud Nord atteindra le zéro degré du Poissons. C'est une symbolique très importante, particulièrement avec les fêtes qui arrivent. En effet, le signe du Poissons est très représentatif du martyre de Jésus, qui s'est sacrifié pour l'humanité afin que les gens puissent diffuser son message largement: aimez-vous les uns les autres. Le natif de la Vierge aura le sentiment d'être investi d'une mission, adaptée à la vie d'aujourd'hui évidemment. Vous sentirez par exemple le besoin d'offrir vos services aux gens dans le besoin.

Vie amoureuse du célibataire — Ce n'est pas nécessaire de faire de multiples rencontres pour tomber amoureux, il faut simplement trouver la bonne personne. Le mot est juste, car ce mois-ci vous tomberez bel et bien dans les bras d'une personne avec qui vous partagerez de doux moments. Ce sera peut-être à la suite d'une altercation, d'un conflit ou d'un autre événement difficile émotionnellement que vous finirez par déceler une étincelle de passion chez quelqu'un et que le coup de foudre vous frappera mutuellement. Si votre famille n'est pas trop dure avec vos nouvelles fréquentations, vous pourriez déjà lui présenter votre nouvelle flamme au cours des prochaines réceptions.

Vie de couple–famille–budget–travail — En tant que mère et femme au travail, vous avez apparemment bien besoin du congé du temps des fêtes. C'est évidemment du repos que vous souhaitez, mais régler un problème familial vous demandera des efforts ; vous profiterez de ce moment pour le faire. Il faut faire sortir le méchant, crever l'abcès. Un traitement-choc est nécessaire pour y arriver, rien de mieux que d'attendre que toute la famille soit réunie pour faire cette intervention. Vous vous attendiez au pire, mais ce sera plutôt du soutien que vous obtiendrez et une volonté de coopérer de la part de toute la famille. Votre cœur de mère aura tendance à bien gâter ses petits, mais attention à l'enfant-roi ! Sachez leur apprendre à apprécier ce qu'on leur donne. Du côté du cœur, c'est évidemment les fêtes qui prennent toute la place, surtout si vous êtes membre d'une famille nombreuse. Le temps pour la tendresse est sérieusement compromis, mais c'est très bien compris de part et d'autre. Cela n'engendrera donc pas un froid entre vous, mais plutôt une montée lente et régulière du désir.

En tant que père et homme au travail, des éléments vous obligeront à revenir en arrière sur plusieurs plans. Certains détails devront être modifiés ; c'est absolument nécessaire pour assurer le succès de votre entreprise. Ce changement amènera son lot de frustrations. C'est qu'avec les fêtes les gens sont souvent en vacances, et il n'est pas facile de faire rouler les affaires à plein régime durant cette période. De plus, vous avez une vie familiale et amoureuse qui requiert votre présence au cours des festivités. Quel dilemme parfois ! En effet, qui êtes-vous : un travailleur performant, un père exemplaire ou un amant attentionné ? Le temps vous manque sérieusement. Vous aimeriez être tout cela à la fois, mais c'est tout à fait impossible. Vous aurez besoin de personnes très compréhensives autour de vous pour faire face à ces choix. Surtout, n'allez pas vous culpabiliser, établissez plutôt les priorités clairement et il sera plus facile de prendre une décision qui pourra satisfaire tout le monde.

Clin d'œil sur les baby-boomers — Le cœur est à la fête. Santé, vigueur et vitalité sont au rendez-vous pour vous permettre de tenir les réceptions chez vous cette année. L'amour familial est ce qu'il y a de plus important pour vous en ce moment. Si un membre de la famille ne se sent pas à l'aise avec vous, il doit le signaler maintenant ou se taire à jamais ! Vous ne voulez plus jouer à la cachette avec les émotions ; il faut dire les choses telles qu'elles sont. Quiconque a du ressentiment à l'endroit de quelqu'un doit l'exprimer une fois pour toutes. En cette fin d'année, rien n'est plus cher à votre cœur que la paix : la paix dans le monde commence par la paix dans son cœur.

Prévisions 2007
selon votre ascendant

VIERGE ascendant BÉLIER

Votre vie professionnelle est généralement très chargée. Cette année, un projet complètement farfelu vous traversera l'esprit, celui de faire un voyage en famille, de faire découvrir de nouveaux horizons à vos proches. Vous y voyez le moyen de vous rapprocher considérablement de vos enfants. Il est possible que vous ayez à déménager dans une autre ville, une autre province ou même un autre pays en raison de votre emploi ou de celui de votre conjoint ; toute la petite famille devra suivre. Ne vous inquiétez pas pour vos enfants, ils s'y adapteront très rapidement et ce sera extrêmement positif pour eux. Professionnellement, en plus des occasions de voyages, vous pourriez poursuivre une importante formation, retourner aux études ou du moins apprendre en profondeur certains sujets. Sur le plan émotif, vous ne vous donnez pas encore le droit de vous plaindre du manque d'affection ou même d'amour de la part de votre partenaire. L'idée de vous retrouver seul vous passe souvent par la tête, mais vous avez trop besoin de stabilité pour provoquer un événement de la sorte.

VIERGE ascendant TAUREAU

La maison est probablement sens dessus dessous depuis déjà plusieurs mois ; cela ne vous ressemble guère. C'est comme si vous ressentiez une forme de lassitude. L'énergie pour frotter, ramasser, nettoyer, classer n'y est pas ; vous devez faire des efforts énormes pour simplement vaquer à vos tâches quotidiennes. Peut-être avez-vous fait d'importantes rénovations à la maison, qui ont sérieusement perturbé votre rythme de vie. Cependant, vous ressentirez, un peu avant le printemps, un vent de changement, vous retrouverez une certaine joie de vivre. Excellente année pour porter le casque de l'entrepreneur. Évidemment, vous ne serez pas un grand magnat de la finance dès les premiers jours, mais vous êtes sur la bonne voie. D'ailleurs, les rénovations apportées à votre maison sont possiblement liées à votre entreprise qui naîtra au sous-sol ou dans le garage.

VIERGE ascendant GÉMEAUX

L'usage de la parole est un don que le bon Dieu vous a offert à la naissance et vous avez utilisé ce présent divin à profusion et probablement jusque dans vos objectifs de carrière. Cette année, le donateur a une importante mission à vous confier. Vous devrez obligatoirement apprendre à négocier. Si vous y êtes déjà habitué, vous aurez de nouveaux défis à relever dans des négociations bien plus complexes et intenses que ce que vous avez pu connaître jusqu'à maintenant. Lorsque celles-ci concernent le travail, vous n'êtes pas trop à plaindre : vous êtes efficace et vous savez clairement où vous diriger. Cependant, quand il s'agit de négocier avec l'amoureux, alors les choses se corsent. Vous avez alors devant vous l'un des plus beaux défis à affronter. Vous n'êtes pas obligé d'arriver à un accord rapidement, vous avez le droit de prendre tout votre temps. Mais à la maison, il y a des histoires à régler qui ne peuvent attendre encore des années. Il faudra apprendre à communiquer vos émotions sans ambiguïté ; vous y arriverez. Après tout, vous êtes un signe de terre, et il y a beaucoup de sensibilité en vous malgré les apparences.

VIERGE ascendant CANCER

Le principal objectif de l'année sera de mieux concilier vie professionnelle et vie familiale. De belles occasions se présentent au travail, mais vos méthodes manquent d'efficacité ; votre précision légendaire vous fait défaut en raison de vos responsabilités familiales. Il faudra donc faire beaucoup d'efforts afin de connaître une meilleure sécurité financière. Un bel exemple de conciliation travail-famille serait par exemple d'ouvrir une garderie à la maison, ce qui vous permettrait de vous occuper de vos enfants tout en étant rémunéré. Le domaine de l'alimentation serait également une belle option professionnelle. Vous pourriez offrir d'excellents plats cuisinés pour emporter destinés aux jeunes familles qui courent après le temps, mais qui ont le goût de s'alimenter sainement. En résumé, votre sens de l'entreprise sera très sollicité. Du côté des sentiments, vous avez besoin de liberté, d'avoir une vie sociale active, à la limite de partir en voyage avec vos amis où bon vous semble. Et si votre amoureux n'est pas prêt à vous laisser partir, il devra nécessairement faire ses bagages.

VIERGE ascendant LION

Cette année est consacrée à la stabilisation de vos émotions et de votre vie amoureuse. Vous ressentez fortement le besoin d'avoir une grande assurance en vos moyens, et c'est votre cœur qui sera le fer de lance pour y arriver. C'est en mettant de l'ordre dans votre vie intime que le reste arrivera à prendre forme, à prendre sa place tout autour de vous. Le simple fait de savoir que vous aimez et que vous êtes aimé vous procurera une dose massive de maturité qui vous donnera une grande confiance en vos moyens, et cela se répercutera positivement sur votre vie professionnelle. Votre ascendant est très dominant, mais vous ne pouvez rester dans l'ombre trop longtemps. Cette année, vous aurez la possibilité de faire vos preuves, de vous démarquer de façon significative. On vous accordera probablement les pouvoirs d'un poste de direction, mais sans les avantages pour l'instant. Vous passez un examen d'entrée en quelque sorte. Patience, vous devriez le réussir haut la main. Vos enfants sont assez exigeants à votre égard, qu'ils soient petits ou adultes. Ils sont de votre sang, et il est absolument impossible de leur refuser quoi que ce soit.

VIERGE ascendant VIERGE

L'altruisme est un concept que vous préconisez depuis un certain temps déjà, plus particulièrement depuis que Saturne transite dans votre douzième Maison. Êtes-vous de ceux qui accueillent un parent chez eux? Il vous faut adapter votre résidence en fonction des services que vous rendez aux autres; ce n'est que de cette façon que vous arriverez à retrouver un certain bonheur, un peu de légèreté dans une situation ardue. Professionnellement, c'est une autre année où vous aurez tendance à vous chercher, à évaluer vos options, vos compétences et à tenter de visualiser l'avenir idéal. Vous n'êtes pas encore tout à fait branché là-dessus et c'est bien normal de prendre votre temps pour y réfléchir. N'hésitez pas à envoyer promener ceux qui auront tendance à vous mettre de la pression à ce sujet. La situation est davantage compliquée sur le plan sentimental. L'incompréhension est parfois profonde entre deux êtres qui s'aiment, alors le silence est peut-être votre meilleur argument. Si vous êtes célibataire, attention à ceux qui seraient tentés de venir cohabiter avec vous trop rapidement!

VIERGE ascendant BALANCE

Les angoisses sont lourdes à porter cette année : vous avez besoin de vous débarrasser de la solitude pour résister à la pression de ces rongeurs invisibles qui consomment une importante part de votre énergie. Si l'idée de consulter un psychologue vous a effleuré l'esprit simplement pour exprimer vos peurs et vos peines, c'est que vous êtes fin prêt à entreprendre une thérapie. Allez-y, vous en ressortirez transformé et capable d'atteindre de nouveaux objectifs. Attendez-vous à beaucoup de pression au travail. On vous sait habituellement très efficace, particulièrement dans le domaine de la vente et de la représentation, mais curieusement, par moments, vous n'arrivez plus à trouver l'inspiration qui vous a procuré tant de succès par le passé. Les négociations sont toujours compliquées avec le gouvernement ou de grosses sociétés publiques qui ne peuvent bouger rapidement malgré le mandat urgent que l'on vous aura confié. Votre vie amoureuse sera passionnante. La romance sera au rendez-vous, du moins quand vous déciderez de ne plus vous laisser envahir par le stress du travail.

VIERGE ascendant SCORPION

Bien que le boom immobilier soit presque chose du passé, vous n'avez pas mis de côté votre projet de maison, le désir de trouver un coin qui sera vraiment votre chez-vous. L'argent ne sera pas un obstacle dans l'accomplissement d'un tel projet. Seulement, il faudra être réaliste et faire la part des choses entre le rêve et la réalité pour concrétiser vos objectifs. C'est avant tout le côté pratique qui doit primer, mais vous ne vous empêcherez pas de trouver les sommes supplémentaires pour aménager votre petit studio privé au sous-sol, par exemple. Professionnellement, vous vous trouvez à la croisée des chemins entre la facilité et l'accomplissement d'une brillante carrière. Il vous serait possible d'abandonner vos grandes ambitions et de vivre aux crochets de votre bien-aimé mais, d'un autre côté, la chance de vous engager dans une importante carrière se présentera aussi. Dans les deux cas, votre sécurité matérielle n'est nullement compromise. À vous d'écouter attentivement ce que votre conscience vous dit à ce sujet.

VIERGE ascendant SAGITTAIRE

L'heure de la chance a enfin sonné pour vous avec l'arrivée de Jupiter dans votre ascendant à la toute fin de novembre. Cette planète symbolise la joie de vivre, le droit au bonheur, mais aussi la démesure et l'abus. Vous aurez une grande tendance à l'excès dans bien des domaines. Étant donné votre nature sérieuse, c'est principalement au travail que cette tendance se manifestera : vous y consacrerez un grand nombre d'heures. Cependant, comme vous ne sentez pas de pression ni de stress négatif et que la chance fait en sorte que vos affaires roulent plutôt bien, cela vous enchante de vous donner corps et âme professionnellement. Si vous êtes à votre compte, ce sont des visées d'expansion qui seront tranquillement étudiées et planifiées pour les prochaines années, mais n'allez pas trop vite à ce sujet, vous avez encore des choses à apprendre. Place également aux voyages, cette année. Vous ne voulez surtout pas rester coincé à la maison, vous avez besoin de prendre l'air et de changer de décor. Si vous choisissez de déménager, vous ne trouverez pas facilement votre havre de paix, alors mieux vaut fuir votre maison en faisant des voyages et un bon nombre d'activités à l'extérieur.

VIERGE ascendant CAPRICORNE

Malgré le fait que vous portez deux signes très sérieux, une folie grandiose sommeille en vous. Certains natifs l'assument pleinement, tandis que d'autres refoulent ce goût de vivre pleinement. Les positions de Jupiter et de Saturne vous aideront à trouver la voie afin de vivre plus intensément et de cesser de vous imposer des barrières que vous vous refusez de franchir. Vos intuitions seront extrêmement profondes et souvent si claires que vous vous demanderez si vous n'avez pas reçu le don de la voyance. Vous êtes avant tout un signe qui doit se démarquer professionnellement par ses réalisations, mais les derniers temps vous incitaient davantage aux changements qu'à la continuité. Vous voilà à la fin de cette période de modifications et enfin de nouvelles avenues plus intéressantes se dessinent pour vous. Sentimentalement, c'est le détachement que vous rechercherez, pas la séparation mais plutôt le fait d'être moins dépendant de l'autre affectivement et matériellement.

VIERGE ascendant VERSEAU

Vous êtes un libre penseur, vous avez des opinions tranchées et pertinentes, mais la présence de Chiron et de Neptune en Verseau depuis plusieurs années mine votre confiance naturelle qui est également malmenée depuis 2005 par la présence de Saturne à l'opposé dans le Lion. C'est principalement sur votre vie de couple, vos associés et votre capacité d'établir des ententes que se répercute votre manque de confiance. Si vous êtes célibataire, vous ferez bien quelques rencontres dont une vous conduira vers la stabilité. Cependant, il vous faudra de la patience puisque l'engagement, aussi bien de votre côté que de l'autre, ne se produira pas du jour au lendemain, et ce, même si tout indiquait le contraire dès les premiers instants de votre rencontre. Votre cercle d'amis risque de se restreindre, surtout si vous avez décidé de faire des affaires avec des connaissances ; l'entente sera tout sauf parfaite. Si vous créez une quelconque association au travail, il faudra le faire avec des gens d'expérience, matures et intègres, avec qui vous n'avez pas développé de sentiments.

VIERGE ascendant POISSONS

D'un naturel rêveur, cherchant l'harmonie continuellement, vous devrez apprendre à aiguiser votre patience. Il semble y avoir un ou plusieurs projets qui sont voués à une intéressante expansion ; cependant, vous aimeriez que cela se fasse encore plus vite. D'ailleurs, si vous avez des partenaires, ils ne se gêneront pas pour vous faire savoir que c'est également leur souhait. Une chose est sûre, vos affaires grossissent et cela engendre beaucoup de travail auquel vous ne vous attendiez pas et par lequel vous n'êtes pas particulièrement inspiré. Vous avez des rêves de grandeur et c'est bien, mais il faut aussi savoir bien gérer le succès, et c'est précisément cet aspect qui vous intéresse le moins cette année. Saturne s'approche considérablement de votre septième Maison dans la seconde partie de 2007. Il vous faudra alors être assez vigilant pour ne pas faire déraper votre couple jusqu'à un point de non-retour. Il faut donc commencer maintenant à vous préparer en optant pour des moyens qui vous rapprocheront tous les deux. Par exemple, commencez dès maintenant à vous réserver une soirée par semaine pour vous retrouver ensemble, un moment où il vous sera possible de vous exprimer et surtout d'échanger des mots d'amour.

Balance

(23 septembre au 22 octobre)

À mon petit-fils, Antoine Chaput, le garçon de quatre ans le plus serviable que je connaisse et le plus extraordinairement habile. Il a hérité d'une force physique étonnante ; il n'est ni grand ni gros mais quels muscles ! Ses regards m'enjôlent et ses sourires me font craquer. Et il cause, cause et cause ; impossible de s'ennuyer une seconde en sa compagnie ! Durant l'été, nous avons jardiné ensemble ; il transportait en les tirant d'un bout à l'autre de la cour d'énormes sacs de terre noire. Avec ses dix petits doigts agiles, il a transplanté patiemment, durant tout un après-midi, une cinquantaine de minuscules et délicates pousses de fleurs de pavot californien. Chaque fois que j'ai fleuri un peu plus mon environnement, je l'ai invité à me donner un coup de main. Il n'y a pas pour moi de moments plus heureux que cela : une grand-mère, son petit-fils, de la terre, des fleurs ; pas de conversation sur l'Univers, le moi ou le soi ; un bon verre de jus de fruits et quelques bisous que je lui vole ici et là. Ces après-midi avec Antoine sont pour moi le rappel de l'importance de vivre dans l'instant présent. J'ai cinq petits-enfants ; ils sont tous différents, chacun a son propre rythme et chacun est une musique unique.

À Caroline Richer, la gardienne d'Antoine et d'autres petits enfants. Avec elle, les enfants sont non seulement en sécurité, mais ils sont aimés et respectés. J'adore qu'elle ait un petit faible pour

Antoine parce que, même quand elle ne travaille pas, elle rend visite à mes petits-enfants et, de temps à autre, elle me fait parvenir par courriel des photos qu'elle a prises d'Antoine et des enfants de sa garderie. Merci, Caroline !

Un bonjour tout particulier à mon bon ami David Tan, maître de feng shui, à ma sœur Claudette que j'aime beaucoup, à un vieil ami, Michel Lambert, à Alain Bénazra et à Lucille Carrière, que j'ai toujours surnommée Rose Tendresse. Le temps ne sépare jamais les gens qui s'aiment, s'apprécient, se respectent. Je ne romps jamais ces fils invisibles qui me relient à ceux avec qui j'ai partagé de beaux instants, des années d'amitié tantôt de près, tantôt de loin.

***

Avant de commencer, voici une mise au point nécessaire. Une étude faite il y a quelques années démontre que les gens les plus sceptiques du zodiaque sont les natifs de la Balance. Dans la majorité des cas, vous exigez en tout temps et de tous une implacable précision et une impossible perfection, mais il faut tenir compte des impondérables. La vie est une surprise ; elle n'est pas réglée comme une horloge, vous l'avez assurément constaté.

Secrètement, vous entretenez l'idée, et ce jusqu'à l'entêtement, que votre scepticisme vous vient de votre grande logique, dont vous êtes très fier. Et vous avez raison de l'être ! Honnêtement, de toute ma vie, je n'ai jamais rencontré une Balance idiote. Les natifs de ce signe qui n'ont pas bénéficié d'une grande scolarité sont d'une débrouillardise et d'une inventivité extraordinaires, tout en possédant un sens des affaires qui m'a toujours épatée.

Le mystère existe, en vous et en chacun de nous. En conséquence, il est impossible de prévoir les réactions d'autrui. Le climat, les remous sociaux, la politique, les événements imprévisibles auront inévitablement des répercussions sur vous et vous obligeront éventuellement à réagir d'une manière ou d'une autre.

En 2007, vous devez vous tenir prêt à de multiples surprises, généralement favorables, à condition de vous ouvrir à votre spontanéité et à votre intuition face aux bonnes occasions.

La banalité est exclue cette année. Ce sera du sérieux en ce qui concerne l'orientation globale de votre vie. Le meilleur vous sera offert sous Jupiter en Sagittaire et Saturne en Lion.

Sous l'influence du Nœud Nord en Poissons

Dans les pages qui suivent, vous pourrez lire comment le Nœud Nord vous affectera ou vous favorisera. Jusqu'à présent, on en a peu parlé mais, quoi qu'il en soit, j'en ai toujours tenu compte lors de mes prévisions. Si cette année je lui donne une plus grande place, c'est que ce Nœud Nord en Poissons, accompagné d'Uranus en Poissons, prend plus de place. Ce point du ciel et cette planète sont dans le sixième signe du vôtre ; ils concernent votre travail tout autant que votre santé. Le Nœud Nord et Uranus symbolisent également ce qui vient de l'extérieur, les événements que vous ne pourrez stopper parce qu'ils ne dépendent pas de vous. Vous devrez faire de votre mieux dans les circonstances, vous adapter ou passer votre temps à vous lamenter.

Votre santé

Vous êtes un signe d'air et, en 2007, votre fragilité physique ou votre résistance sont liées à l'air que vous respirez. Vu la présence d'Uranus en Poissons, si vous voyagez dans des pays où l'eau n'est pas pure, vous devrez vous abstenir d'en boire ; si les aliments dont vous vous nourrissez sont arrosés par une eau corrompue, vous risquez de tomber malade. Selon votre destination, il serait peut-être plus prudent de recevoir des vaccins prescrits par votre médecin pour vous protéger de maladies que vous n'aimeriez pas rapporter dans vos valises comme souvenir de vacances.

Même si vous ne sortez pas du pays cette année, il sera important de bien vous nourrir, mieux qu'auparavant. Vous dépenserez d'énormes quantités d'énergie qu'il faudra récupérer si vous tenez à poursuivre vos objectifs. En tant que signe d'air, il vous arrive de ne pas vous rendre compte à quel point vous êtes fatigué ; votre signe est régi par Vénus, qui réclame ses huit heures de sommeil par jour pour garder la forme. Vous ne devrez pas raccourcir vos nuits ; si vous le faites, vous finirez par le payer sous la forme d'une maladie quelconque. Elle ne sera pas meurtrière, mais le repos vous sera conseillé. Vous souffrirez peut-être de mille et un petits maux tous aussi agaçants les uns que les autres et qui, somme toute, affaibliront votre système immunitaire.

Sous l'influence de Jupiter et de Pluton en Sagittaire

L'action ne va pas manquer. C'est pourquoi j'ai autant insisté dans les paragraphes précédents sur l'importance de rester en santé en 2007. Si vous êtes commerçant, vous procéderez à de nombreux changements ; diverses possibilités se présentent sous Jupiter en Sagittaire. Vous pourriez vous associer à une entreprise ayant des liens avec l'étranger et qui n'a jamais cessé de prendre de l'expansion. Cette union entre deux forces, deux volontés vous permettra de progresser à folle allure, mais vous ne devrez jamais négliger de lire de A à Z les documents que vous devrez signer. Si vous manquez d'expérience, si les enjeux financiers impliquent des millions de dollars, faites appel à un avocat spécialisé en droit des affaires avant de conclure quoi que ce soit. Vous avez peut-être un trésor entre les mains. C'est peut-être une idée ou un produit que vous avez conçu ; vous n'allez tout de même pas céder tout cela à quelqu'un qui vous laissera des miettes pendant que, grâce à votre invention ou à votre innovation, on s'en mettra plein les poches. Certains parmi vous qui possèdent une petite entreprise s'associeront au propriétaire d'une petite affaire ; l'alliance sera florissante. Pour le novice, ce sera un début extrêmement prometteur.

Si vous êtes un artiste et que vous avez eu l'impression d'avoir été boudé l'an dernier, vous recevrez enfin l'appel tant attendu ; on vous donnera le rôle qui fera de vous une tête d'affiche. Que vous soyez musicien, chanteur, écrivain, peu importe votre mode d'expression artistique, vous ferez des pas de géant dans le domaine où vous êtes impliqué. Pour les autres travailleurs, quel que soit le genre d'entreprise où vous offrez vos services, il y a toutes les chances du monde pour que vous obteniez une promotion. Si vous débutez dans un nouvel emploi, l'adaptation sera rapide et vous vous ferez rapidement des alliés.

Sous Jupiter en Sagittaire, vous aurez un plus grand besoin de communiquer avec les gens, comme si tout à coup vous vous éveilliez d'un long sommeil et que vous réalisiez qu'en dehors de vos activités normales, il y a tout un univers à découvrir. Vous serez plus curieux ; vous vous impliquerez davantage dans votre communauté, afin de sympathiser mais aussi d'être reconnu pour ce que vous êtes et ce que vous faites. Jupiter en Sagittaire exerce sa loi, alors ne vous avisez pas de renier les promesses que vous ferez. Si jamais vous ne teniez pas parole, l'effet boomerang serait plus rapide que vous ne l'imaginez. Au moment où vous auriez besoin de l'intervention de quelqu'un, il n'y aurait personne pour vous dépanner. Jupiter en Sagittaire vous interdit de faire semblant d'apprécier les gens, de jouer avec leurs émotions. Il vous est favorable à condition qu'en tout temps vous soyez honnête avec ceux que vous fréquentez tout autant qu'avec ceux que vous rencontrez pour la première fois.

Vous manquez généralement de spontanéité mais, sous l'influence de Jupiter en Sagittaire, vous serez, plus que jamais auparavant, porté à dire ce que vous pensez. Si malheureusement vos paroles ne servaient qu'à démolir, à punir, à critiquer et à vous plaindre, là encore Jupiter, exerçant sa loi, organiserait une sorte de fanfare pour signaler à ceux qui s'approchent de vous de se méfier. En somme, vous ne devrez plus donner de demi-réponses, vos hésitations risqueraient d'être vues comme des faux-fuyants, des excuses et de la faiblesse de caractère. Vous êtes d'abord et avant tout le signe de la négociation, mais Jupiter et Pluton, en Sagittaire, peuvent devenir ensemble des planètes intransigeantes et vous obliger à prendre des décisions plutôt qu'à attendre que des événements se déroulent favorablement pour vous. Vous serez plus souvent placé dans des situations où il vous faudra réagir rapidement ou donner une réponse par un oui ou par un non. Il vous sera alors impossible de repenser votre stratégie si vous manquez l'occasion qui s'offre à vous. Au cours de l'année, vous serez précipité successivement dans des courants positifs et des courants opposés. Dans un cas comme dans l'autre, vous ne pourrez rester les bras ballants à regarder le train passer. Ce sera plus souvent que jamais à prendre ou à laisser.

Sous l'influence de Saturne en Lion et en Vierge

On ne peut négliger la dernière partie du passage de Saturne en Lion dans le onzième signe du vôtre. À partir de maintenant et jusqu'au 3 septembre, vous devrez établir des liens solides et consolider vos projets. Saturne en Lion est favorable à ceux qui doivent faire des emprunts bancaires. Mais lorsque Saturne sera en Vierge, il sera dans le douzième signe du vôtre pendant deux années et demie, ce qui indique généralement une position plus paralysante par rapport à vos affaires, des ralentissements et parfois des imprévus coûteux. Avant que Saturne soit en Vierge, soyez présent à ceux qui vous entourent; en aucun temps vous ne devrez fuir devant vos responsabilités ou vous en remettre aux autres.

Saturne représente l'engagement que l'on prend envers nos proches, notre famille, nos amis, notre travail, notre communauté et la société. Aussi simpliste que cela puisse paraître, la vie est un engagement à vie. Certains ne sont pas responsables, par exemple ces gens qui conduisent à toute vitesse dans les zones scolaires à l'heure de la sortie des enfants. Qui sont ces chauffards ? Sûrement pas des Balance. La raison est omni-présente sous votre signe à moins que vous ne preniez des drogues ou que vous ne buviez beaucoup d'alcool. En 2007, il est plus important que jamais de respecter tout ce qui doit l'être. Si jamais vous vous lais-sez aller sous Saturne en Lion, le prix à payer sous Saturne en Vierge sera moralement, financièrement ou légalement très élevé. Quant à votre comptabilité personnelle en tant qu'entrepreneur, elle doit être impec-cable. L'alliance de Saturne en Lion et de Jupiter en Sagittaire fait payer chèrement les impôts non perçus ainsi que les magouilles. Vous voici entre deux planètes qui exigent un respect absolu de la loi. Pas de tri-cheries en 2007 parce que, lorsque Saturne sera en Vierge, si vous avez cassé des pots, vous devrez les réparer ou payer pour les remplacer.

En dernier lieu, si vous êtes en affaires avec des membres de votre famille ou des amis, les papiers doivent être parfaitement en ordre. Au moindre problème : anicroche, irrégularité, mésentente, injustice, orga-nisez une réunion et définissez par écrit le rôle et la participation finan-cière de chacun dans l'entreprise afin de vivre tranquillement sous Saturne en Vierge et de poursuivre ce que vous avez bâti.

JANVIER 2007

Sous l'influence du Nœud Nord en Poissons — C'est surtout à la fin du mois que le Nœud Nord se querelle avec Jupiter, faisant un aspect dur au milieu duquel vous vous retrouvez. Vous aurez un choix à faire entre votre idéal et le monde cruel des affaires et de l'emploi qui vous plaît plus ou moins. Vous sentirez venir ce moment dès la pre-mière semaine du mois, mais le jour de l'An vous obligera à afficher une mine réjouie parce qu'en famille, c'est ce qu'il faut faire. En bonne Balance, vous avez le sens du protocole et vous cachez vos inquiétudes au point de vous faire croire que vous n'en avez pas. Le ciel n'est toutefois pas émotionnellement détonnant ; il faudrait que vous ayez un très mauvais caractère pour faire des colères. Mais certains natifs gâtés, choyés par la vie trouveront à redire et grossiront leurs problèmes spécialement quand ils seront d'ordre familial ou lorsque quelque chose se déglinguera dans la maison. Ne vous laissez-vous pas influencer par les marchés mondiaux, le coût de la vie, les guerres, les bulletins de nouvelles qui n'ont rien de réjouissant, les films d'anticipation qui créent des frayeurs pour le futur? Si vous considérez que vous n'avez pas eu beaucoup de chance, visualisez les moments heureux et sans doute vous rendrez-vous compte que vous en avez eu beaucoup plus que bien d'autres personnes.

Vie amoureuse du célibataire — Votre signe symbolise le couple. Généralement, vous considérez le célibat comme une punition de la vie. Mais vous êtes-vous déjà demandé si vos critères d'évaluation de l'autre n'étaient pas trop élevés? Ne demandez-vous pas à un partenaire d'être ce que vous voulez qu'il soit dès les premières rencontres et n'ajoutez-vous pas une foule de conditions quand on vous invite à sortir? Regardez bien les flirts que vous aurez au cours du mois: il y a quelqu'un quelque part qui sera très plaisant et qui s'harmonisera parfaitement à vous. Un bon conseil: acceptez les invitations à sortir de vos amis. Le hasard fait bien les choses en janvier.

Vie de couple–famille–budget–travail — En tant que mère et femme au travail, vous filez comme si un grand vent vous poussait dans le dos et vous obligeait à avancer malgré la résistance intellectuelle que vous déployez durant les 15 premiers jours du mois alors que Mercure est en Capricorne. Cette planète vous souffle à l'oreille que vous devriez être à la maison plus souvent pour les enfants, principalement quand ils sont en bas âge. D'un autre côté, il y a vos ambitions et le goût de sortir des rangs et de vous distinguer par vos compétences. Vous êtes ambitieuse mais, en même temps, vous souffrez de culpabilité. Pourtant, vous savez fort bien que vous ne pouvez être à deux places en même temps. L'argent gagné est important. Il paie les comptes, les dettes accumulées pendant une période difficile. Il y a aussi l'hypothèque, la voiture, et vous désirez offrir un maximum de sécurité à vos enfants. C'est maintenant que vous vous préparez à payer leur scolarité si jamais ils désirent faire de longues études, ce que, au fond de vous, vous souhaitez. Inévitablement, vous avez constaté que plus ils grandissent, plus les dépenses sont élevées et il en sera ainsi jusqu'au jour où ils seront financièrement autonomes. J'exclus ici les rares femmes Balance qui ne tiennent pas du tout à offrir ce qu'il y a de mieux à leurs enfants. Sous votre signe, généralement, vous insistez en ce qui concerne les études parce que vous voulez qu'ils réussissent mieux que vous. Vous avez une autre motivation sous-jacente : lorsque la chair de votre chair obtient du succès, c'est aussi sur vous qu'il retombe. À compter du 17, sous l'influence de Mars en Capricorne dans le quatrième signe du vôtre, si jamais un de vos enfants se relâche dans ses études, vous ne serez pas tendre. Vous aurez une attitude critique et pleine de reproches envers celui qui refuse de combler vos désirs. Cette période de la vie est difficile à comprendre pour un adulte ; il ne peut entrer dans le monde de l'adolescence tout comme un ado comprend rarement que, dans peu de temps, il devra prendre ses responsabilités, sans vous consulter. Quant à la belle-famille, à compter du 17, fuyez toute provocation, laissez passer le temps parce que, comme on le sait, le temps arrange bien les choses. Bien que vos enfants soient de vous, bien que vous ayez fait et fassiez encore le maximum pour eux, ce sont toujours des enfants et des humains imparfaits. Si vous travaillez dans le domaine de la création, vous êtes une femme choyée par les événements ; votre œuvre obtiendra une reconnaissance. Quel que soit le milieu dans lequel vous êtes impliquée, les occasions d'avancement ne manquent pas.

En tant que père et homme au travail, il vous arrive de croire que tout sera parfait tout le temps. La Balance est un signe masculin, même si elle est régie par une planète féminine. Vous êtes bien avec vous-même et vous avez de grandes espérances. Généralement, vous êtes remarquablement positif, même quand des obstacles se présentent. Vous vous dites que rien n'est impossible, que tout s'arrangera, qu'il suffit de donner un coup de collier plus fort que le précédent. Votre attitude mentale ferme, votre détermination et votre astuce sont des atouts : vous trouvez des solutions alors que, pour une majorité de collègues, c'est le cul-de-sac. Vous serez souvent absent de la maison, le boulot passe avant tout. Vous manquerez à votre famille ; vous pouvez vous attendre à de petites critiques de la part de ceux qui aiment votre présence. Mais vous n'allez tout de même pas faire relâche quand vos affaires s'annoncent aussi lucratives.

Clin d'œil sur les baby-boomers — Si vous avez les hanches et les genoux fragiles ou douloureux, prenez un maximum de précautions pour ne pas glisser sur une plaque de glace ou tomber lors de la pratique d'un sport, particulièrement à l'extérieur. Jupiter en Sagittaire donne à la majorité un regain d'énergie vitale, le goût d'explorer de nouvelles avenues ou de reprendre un chemin de vie abandonné, un travail, une activité ou encore ravive le désir de mettre à exécution un projet délaissé, oublié depuis longtemps. Si vous êtes seul, vous devez croire en l'amour.

Desserrez les dents, relaxez votre mâchoire habituellement tendue, cessez de craindre qu'on ne vous approche que pour vous exploiter : rares sont les gens capables d'abuser de vous à votre âge. Si jamais on s'y risquait, vous le sauriez, et le filou serait vitement écarté. Vous avez un sixième sens très aiguisé. Quand mes sœurs, mes frères et moi sommes devenus adultes et que nous avions un flirt, ma mère disait qu'il faut donner la chance au coureur. Si le prétendant tenait bon et qu'il faisait la preuve qu'il était un gagnant, il méritait notre attention. Si vous avez entre 60 et 63 ans, vous revenez à un cycle semblable à celui de l'adolescence mais avec un énorme avantage : de l'expérience.

FÉVRIER 2007

Sous l'influence du Nœud Nord en Poissons — Il est possible que vous vous sentiez plus bougon, surtout à compter du 16, mais, en général, c'est au début du mois que commencent vos litanies d'insatisfactions. Demandez-vous si on a vraiment envie d'écouter vos récriminations, vos critiques, votre lot de mécontentements que d'ailleurs vous racontez en essayant de minimiser ce qui vous déplaît fortement. Vous vous exprimerez sans élever la voix et parfois avec ce qui ressemble à un demi-sourire. Certains se feront croire que tous leurs maux de l'âme sont justifiés, mais aussi qu'il est injuste qu'ils aient autant de problèmes. Comme vous êtes émotionnellement compliqué parfois ! Vous faites preuve d'une magnifique logique et d'une totale impossibilité d'exprimer clairement votre malaise intérieur, que personne ne peut soigner d'ailleurs tant vous préservez l'énigme, tant vous êtes indirect. Ne soyez pas surpris si vous avez des aigreurs à l'estomac.

Vie amoureuse du célibataire — Vous êtes à la recherche de monsieur ou de madame perfection, ou du moins de quelqu'un qui correspond à l'idée que vous vous en faites : son comportement, sa fortune, son statut social et ce qui est très important pour vous, sa beauté et sa mise. À quel rang placez-vous le cœur aimant ? Les femmes plus que les hommes ont tendance à faire des calculs. En février, les occasions de rencontrer quelqu'un de charmant seront nombreuses et elles auront lieu majoritairement à votre travail. Si on ose vous saluer dans un ascenseur, ne vous fermez pas et considérez que cette personne audacieuse tente une première approche. Si vous suivez des cours, lors des pauses, quelqu'un aura des attentions pour vous : soyez attentif.

Vie de couple–famille–budget–travail — En tant que mère et femme au travail, vous aurez des instants mélancoliques. Vous vous laisserez happer par la tristesse et malheureusement vous tournerez votre regard vers ce qui ne vous convient plus, ce que vous n'aimez pas, ceux qui vous agacent. Vous vous apitoierez sur vous par rapport à vos charges familiales et si un de vos enfants a un problème vous verrez son comportement pire qu'il ne l'est. En somme, vous fendrez les cheveux en quatre. Si vous étendez cette attitude à votre lieu de travail, vous créerez un climat de lourdeur et d'agressivité autour de vous. Maintenant que vous savez ce que vous risquez de faire en février, vous avez tout le pouvoir de changer les choses ; vous êtes libre de voir la vie et les autres sous leur meilleur jour. Vos phases de découragement sont dues au manque de soleil ; ce mois d'hiver est pénible pour la plupart des gens, et vous n'aimez pas être comme la plupart des gens. Réagissez et portez vos lunettes roses. Vos enfants, petits et grands, ont besoin de vous, de votre optimisme. Au travail, tout va plutôt bien, vous êtes appréciée ; il est même possible que le patron songe à vous offrir une promotion ou un poste où vous pourrez déployer vos talents et vos compétences. Souriez, la vie est généreuse !

En tant que père et homme au travail, vous êtes beaucoup plus sensible que vous ne le laissez paraître. Lors d'un événement particulier, surprenant, hors de contrôle, vous aurez l'occasion d'aider un collègue qui traverse une période difficile. Vous serez l'oreille attentive à qui on se confie. Votre bonté d'âme ne vous empêchera pas de travailler et de progresser dans le domaine où vous êtes impliqué. Vos clients seront bons acheteurs et vous afficherez une augmentation de vos profits. Si vous êtes dans le monde médical, les arrêts seront rares, les heures supplémentaires, nombreuses. Dans le domaine juridique ou des services sociaux, il vous est conseillé, lors des négociations et des pourparlers, de laisser le client exprimer jusqu'au bout ce qu'il attend de vous. N'essayez surtout pas de deviner ses intentions, vous vous fourvoieriez. Ce mois-ci, vous êtes moins présent à la famille, la priorité est votre gagne-pain. Faites un effort, accordez toute votre attention aux vôtres au moins une journée par semaine.

Clin d'œil sur les baby-boomers — Chez vous, il y a encore une tendance à l'exagération alors qu'auparavant vous étiez la personne la plus raisonnable qui soit. Voilà que vous avez envie de vous amuser, de profiter au maximum du temps que vous avez devant vous. Si vous n'avez jamais voyagé, vous vous déciderez à réserver un billet d'avion en direction d'une contrée que vous avez toujours eu envie de voir. Vous jugez qu'il est maintenant temps de vous séparer de la grande maison familiale et d'aller vivre dans un petit appartement ou, si vous en avez les moyens, dans un condo. Certains vendront leur propriété à un de leurs enfants et seront fort heureux de cette transaction. Certains natifs ont jusqu'à présent vécu dans la grande ville ; ils opteront maintenant pour un coin de terre, une maison proche de la nature. Vous serez nombreux à vous diriger vers l'étranger, dans un endroit où vous avez beaucoup d'amis qui, depuis leur retraite, habitent un pays ensoleillé. Célibataire, veuf ou divorcé, vous ne resterez pas seul longtemps, vous êtes si plaisant. Un aimable compagnon vous fera la cour d'une manière évidente.

MARS 2007

Sous l'influence du Nœud Nord en Poissons — Vous serez surexcité comme si vous aviez une montagne d'émotions se bousculant en vous. Vous vous demanderez ce qui vous arrive, pourquoi autant d'empressement ici, de lenteur là, d'inquiétudes, de joies folles. Que se passe-t-il pour que vous passiez ainsi de l'angoisse à l'euphorie, d'instants où tout vous intéresse à d'autres où vous vous questionnez sur votre raison d'être, découragé de n'avoir aucune réponse précise ? Vous observerez les gens autour de vous : les collègues, les amis et bien sûr les parents. À certains moments, vous remercierez le ciel qu'ils fassent partie de votre vie et, à d'autres, vous serez persuadé qu'ils ne sont là que pour vous embêter et vous demander des services. Prenez garde, Uranus et le Nœud Nord en Poissons vous jouent des tours et s'amusent à vous tourmenter. Le ciel de Mars vous invite à une clarification et à l'acceptation ; en tant qu'humain, vous avez le droit de ressentir le bon comme le mauvais. Vous êtes comme tous les autres signes sur le zodiaque : à la fois lumineux et sombre. Ressentir ne veut pas dire s'arrêter, ne rien faire ; ressentir ne vous empêche pas d'agir. Ressentir vous met en relation avec toutes les âmes qui vivent. Ressentir est humanisant.

Vie amoureuse du célibataire — Vénus, la planète qui régit votre signe, est en Bélier jusqu'au 17 face à votre signe ; le 18, Vénus entre en Taureau dans le huitième signe du vôtre. Voilà des positions vénusiennes susceptibles de semer le doute en vous. Selon votre ascendant, vous verrez clairement ceux qui vous flirtent par curiosité intellectuelle et ceux qui manifestent un véritable intérêt pour vous, qui veulent vous connaître sans porter le moindre jugement. Vous ne tomberez pas sous le charme d'un beau parleur ou d'une jolie coquette qui n'a rien d'autre à offrir que sa beauté. Le ciel laisse présager une belle rencontre dans un lieu public : à la porte d'un cinéma où on fait la queue, lors d'une exposition artistique, à une soirée dansante, à un cours ou encore dans un restaurant, alors que vous êtes en compagnie de plusieurs amis.

Vie de couple–famille–budget–travail — En tant que mère et femme au travail, vous constaterez que les rivalités entre collègues sont si évidentes que cette compétition agressive, indirecte et non verbale qui flotte dans l'air est à couper au couteau. La meilleure attitude consiste à vous acquitter de vos tâches avec un maximum d'attention et de perfection et à vous éloigner lorsqu'on tente de vous mêler à un bavardage médisant à l'égard d'un collaborateur qui, depuis toujours, se démarque par son excellence. Il est avantageux pour vous de féliciter et de protéger cette personne qui réussit si bien. Il est dans votre intérêt de marcher sur les traces d'un gagnant qui possède une grande expérience. Par les temps qui courent, les grandes entreprises coupent dans les budgets, réduisent les heures de travail et demandent à leurs employés de faire plus en moins de temps. On embauche des débutants qui se contentent d'un salaire moindre que celui auquel ils auraient droit vu leurs études. On exige de vous d'être efficace tout en vous faisant subtilement remarquer que vous l'êtes moins que les petits nouveaux. Les jeux de pouvoir et les abus d'autorité sont monnaie courante. Ce mois de mars est excellent pour prendre des informations sur les règles régissant le travail autonome. Vos enfants seront enthousiastes à l'idée d'avoir une maman patronne. Ils se verront jouer un rôle, quel qu'il soit, pour vous venir en aide. Ils pourront par la même occasion encaisser un salaire, lequel constituera leurs premiers pas vers une indépendance économique. Une association avec votre conjoint n'est pas exclue. Vous n'agirez pas à la légère ; votre logique, votre sens de l'initiative, votre prudence et votre besoin de sécurité matérielle vous interdisent des décisions et des actes irréfléchis. Vous en êtes encore à l'étape du plan.

En tant que père et homme au travail, vous vivez sous l'influence de nombreuses planètes en signe masculin. Pendant que la moitié d'entre vous se comportent en sages, en penseurs, et ce, dans toutes les situations, même les plus contrariantes, l'autre moitié des hommes Balance agissent d'une manière dictatoriale ; ils ne visent que les profits, souvent en abusant de ceux qui sont sous leurs ordres, en congédiant les travailleurs expérimentés afin d'embaucher une main-d'œuvre bon marché. Vous n'êtes pas sans constater que les jeunes recrues sont nombreuses et prêtes à accepter vos offres salariales à la baisse afin d'exercer le métier pour lequel ils ont étudié pendant parfois de longues années. Jusqu'au 17, méfiez-vous des petits nouveaux dont les connaissances ne sont pas appuyées par l'expérience. Si vous avez une fille, elle refusera de se plier à vos exigences et encore moins aux protocoles sociaux qui l'empêcheraient de se distinguer des autres. Si vous avez une sœur qui a pris un chemin de vie à l'opposé du vôtre, vous l'aiderez à rentrer dans les rangs, mais il y a peu de chances qu'elle se plie à vos directives. Le signe qui représente votre famille est le Capricorne, signe qui, depuis que vous êtes tout jeune, vous pousse à vous comporter en adulte responsable, signe qui peut aussi vous durcir. Avec l'âge, vous pourriez adopter une extrême intolérance envers quiconque s'éloigne des comportements dictés par le milieu que vous fréquentez et par la société dont vous faites partie. Les aspects liés au monde des affaires sont excellents ; si vous avez l'intention de faire des échanges commerciaux avec l'étranger, grâce à votre esprit brillant, à votre sens de la stratégie, à vos relations ainsi qu'à votre audace, vous obtiendrez un grand succès.

Clin d'œil sur les baby-boomers — Vous êtes un signe cardinal, symbole d'action mais aussi de réaction rapide lorsque vous n'êtes pas satisfait d'un travail ou d'une personne. Vous n'êtes pas tendre avec ceux qui sont loin de vous ressembler. Sur le zodiaque, le signe représentatif de votre vieillissement est le Cancer, régi par la Lune. En conséquence, il n'est pas rare que, sur le tard, vous preniez conscience de l'importance de votre parenté et de vos origines. Si, pendant des années, vous avez consacré toutes vos énergies à vos accomplissements et à votre besoin de gagner de l'argent pour être en sécurité, tout à coup vous voyez clairement que vos enfants, devenus adultes, n'ont pas l'équilibre émotionnel que vous souhaitiez pour eux et qu'ils n'ont pas non plus votre soif de succès et d'argent. Certains natifs s'aperçoivent qu'ils n'ont jamais donné une direction professionnelle ou émotionnelle à leur progéniture. Si vous avez des moyens financiers vous permettant de voyager et de séjourner à l'étranger loin de notre hiver, vous filerez dans un lieu où le climat est clément, où le soleil brille chaque jour. Lorsque vous serez au loin, vous prendrez plus souvent des nouvelles de vos proches. Sous le ciel de mars, il y a le présage d'un retour prématuré : un parent est malade ou un de vos enfants a besoin de vos lumières pour sortir d'un mauvais pas.

AVRIL 2007

Sous l'influence du Nœud Nord en Poissons — Être en lutte contre vous ne savez quoi, percevoir un malaise intérieur sans pouvoir en identifier l'origine, ressentir des douleurs physiques sont le fruit d'une peur bleue de n'être pas à la hauteur de ce qui vous est demandé. Vous manquez de souffle à cause de la pression que vous ressentez ; vos problèmes vous apparaissent pires qu'ils ne sont. Même si vous n'avez pas d'ennemis, vous en inventez un : vous-même. À compter du 12, vous amplifierez votre autocritique et du même coup, même si vous gardez le sourire, vous ne penserez pas que du bien des autres. Si vous vous entêtez dans une attitude négative, lorsque vous ferez semblant d'être sociable et optimiste, on ne vous croira pas ; sous le ciel d'avril, vous ne tromperez personne. Vous êtes le maître de vos réflexions, lesquelles vous conduisent à des états d'âme agréables ou désagréables. Laisserez-vous un des plateaux de la Balance pencher du mauvais côté ? À vous de décider.

Vie amoureuse du célibataire — Vous avez inventé l'art de plaire mais, en tant que signe cardinal, vous demandez beaucoup à la personne à qui vous accordez votre temps. Le ciel est plutôt étrange en 2007 ; ce mois d'avril l'est aussi. Par exemple, vous rencontrez quelqu'un qui vous plaît énormément. Vous l'approchez, mais tout ce qui vous vient à l'esprit, c'est comment il gagne sa vie, s'il fait beaucoup d'argent. Si cette personne est en recherche d'emploi, il y a toutes les chances du monde pour que vous lui tourniez le dos. Que vous soyez un homme ou une femme, vous ne voulez surtout pas devoir payer quoi que ce soit à qui que ce soit. Il n'y a en soi rien de mal à aimer l'argent, mais avouez que c'est un peu bizarre d'y penser pendant que vous flirtez. Les six derniers jours du mois sont les plus favorables à une rencontre telle que vous souhaitez qu'elle soit.

Vie de couple–famille–budget–travail — En tant que mère et femme au travail, vous devrez faire attention à votre santé et vous reposer davantage dès que vous en aurez la chance. Vos jeunes enfants vous tiennent occupée du matin au soir. Prenez donc des suppléments vitaminés pour vous aider à garder la forme et à prévenir la grippe qui fera des ravages en ce mois d'avril 2007. À de nombreuses reprises, on vous demandera de remplacer des collègues qui s'absentent : au moindre éternuement, certains prennent congé. Même si cela vous choque, vous n'y pouvez rien. Si vous avez un travail à temps partiel, on vous offrira du temps plein. Vous n'accepterez pas la proposition sur-le-champ, vous prendrez quelques jours pour y réfléchir. Vous êtes de nature prudente, cependant vous n'aurez qu'une ou deux journées pour songer à cette offre. Il fut une époque où nous avions tous du temps à revendre, mais cette ère est révolue ; comme tout le monde, vous devez prendre des décisions rapidement.

En tant que père et homme au travail, vous avez de l'énergie. Vous ne ratez pas une occasion de faire plus d'argent, surtout si vous êtes votre propre patron. Vos rendez-vous seront si serrés que fréquemment vous serez en retard. Il est aussi possible que vous soyez moins attentif à ce qui vous sera demandé. Pourtant, ce mois-ci, il est impératif que vous remplissiez vos engagements. Le succès est devant vous, il est tout près, vous n'allez tout de même pas le louper à cause d'un détail. Entre un contrat qui vous rapportera des milliers de dollars et un autre moins lucratif, le choix est facile à faire ! Si vous occupez deux emplois, à compter du 7, il vous restera peu de temps pour dormir. En conséquence, à compter du 22, vous ne pourrez plus sourire tant vous serez épuisé. Vous perdrez rapidement patience avec vos enfants et serez franchement moins tendre avec votre conjointe. Si vous avez une morale élastique et que selon vous la fidélité n'est pas une nécessité pour qu'un mariage soit réussi, à compter du 13, vous vous laisserez séduire. Cette année, votre conjointe, patiente et tolérante, ne vous pardonnera pas ce dernier écart de conduite.

Clin d'œil sur les baby-boomers — Vous êtes généralement bien préparé financièrement : rares sont les Balance qui n'ont pas fait d'économies. En ce mois d'avril, vous aurez plus que jamais envie de diversifier vos activités, de voir du nouveau et même de vivre différemment. Vous ressentirez aussi un profond besoin d'être utile à votre prochain, de participer à des œuvres en tant que bénévole. Si jamais vous songez à une chirurgie esthétique, remettez le projet à plus tard. Pour une cicatrisation rapide, le mois d'août est préférable en ce qui vous concerne.

MAI 2007

Sous l'influence du Nœud Nord en Poissons — Si vous faites partie des grands ambitieux et des nerveux qui n'en ont pas l'air, vos humeurs seront instables et, comme on vous voit rarement ainsi, vous effraierez vos proches et vos collègues se demanderont quelle mouche vous a piqué. Vous aurez l'impression que rien n'est assez parfait, que rien n'est fait assez vite, que personne ne vous aide, que le mot responsabilité ne fait pas partie du vocabulaire des autres. En quelque sorte, selon vous, presque tous ceux avec lesquels vous travaillez sont irresponsables, illogiques, paresseux, désintéressés. Il est heureux qu'on ne puisse lire dans vos pensées: elles ne sont pas jolies. Certains natifs de la Balance sont d'une grande générosité. Ils auront plusieurs occasions d'être de bons samaritains et recevront des remerciements hors de l'ordinaire.

Vie amoureuse du célibataire — Le célibataire ayant des enfants est le principal natif concerné sous ce ciel de mai. Si vous êtes seul depuis longtemps parce que vous n'êtes pas du genre à vous satisfaire d'une aventure d'un jour et parce que vous souhaitez des fréquentations avant des relations plus intimes, si depuis toujours vous désirez rencontrer une personne intelligente, romantique, douce, active et qui garde à l'esprit que la perfection n'existe pas, votre vœu d'aimer et d'être aimé sera comblé. Il y aura toutefois une période d'ajustements entre vos enfants et ceux de votre partenaire. Quant au célibataire encore jeune, sans enfant et libre comme l'air, sachez qu'on ne choisit pas un partenaire comme on le fait pour un emploi. Il y a certaines questions qui ne se posent pas à la première rencontre parce qu'elles viennent tout droit d'une impression et d'un jugement hâtif. Il est préférable de mettre de côté le détective en vous et de laisser votre intuition mener le bal.

Vie de couple–famille–budget–travail — En tant que mère et femme au travail, votre belle-famille pourrait bien se mêler de ce qui ne regarde que vous, votre conjoint et vos enfants. C'est surtout durant la première moitié du mois qu'on tentera de vous conseiller, mais vous n'êtes pas du tout le genre de femme qui se laisse manipuler, diriger, contrôler, ni par la famille ni par personne d'ailleurs. À compter du 16, il ne faudra compter que sur vous-même sur le plan professionnel. La compétition sera plus serrée qu'à l'accoutumée. L'entreprise qui fait appel à vos services opère des changements administratifs. Cela crée un climat d'insécurité, au point où le collègue avec qui vous vous entendez le mieux fait tout son possible pour se faire remarquer, même terminer votre travail. C'est comme s'il annonçait à tout le monde qu'il peut faire les tâches de deux personnes au cas où il y aurait des congédiements. Celui qui essaie de vous supplanter ne fera pas correctement votre part de travail et il sera bien obligé d'avouer qu'il s'est trompé. À chacun ses talents et ses compétences, on ne les possède pas tous. Occuper la bonne place, agir aux mieux de ses connaissances, produire selon les règles de la compagnie, voilà ce qui vous est demandé, et c'est ce que vous faites parfaitement. Malgré cette bisbille, professionnellement, les choses tournent à votre avantage. Vous êtes beaucoup moins patiente avec vos enfants; les petits ne sont pas sages comme des images et les grands affirment qu'ils sont différents de vous, qu'ils ne partagent pas vos rêves et, au pire de la crise, qu'ils ne veulent surtout pas vous ressembler. Même si vous avez un conjoint témoin de ces scènes, c'est à vous que s'adressent vos enfants. Il semble que ce genre de situation soit généralisé. S'il en est ainsi, c'est que la mère a été plus présente que le père. Si l'amour règne dans votre couple, votre homme est là et vous rassure avec beaucoup de tendresse. Il ira même jusqu'à s'excuser de n'avoir pas été assez paternel.

En tant que père et homme au travail, vous êtes débordé. Le travail vous réclame, vous devez faire des heures supplémentaires, la voiture a besoin d'une révision, un ami réclame votre aide et vos conseils, etc. Vous êtes si fatigué qu'il ne faut pas vous demander de participer aux tâches domestiques. Quand les enfants chahutent, vous les arrêtez, vous froncez les sourcils et vous exigez qu'ils aillent jouer dehors ou dans leur chambre. C'est sans la moindre animosité et avec un grand calme que vous établissez vos interdits, que vous donnez des ordres. Sous votre signe, l'homme préfère laisser à sa conjointe la part difficile en ce qui concerne l'éducation des enfants et l'organisation familiale. Si madame ne vous reproche rien ou presque, c'est que professionnellement vous êtes un bon travailleur et qu'elle peut se fier à vous financièrement. Au travail, vous êtes encore sur une voie ascensionnelle. Si vous commercez avec l'étranger ou si vous étendez vos services à d'autres villes et provinces, immanquablement vous augmenterez vos profits et, comme on le dit chez nous, vous vous ferez un nom.

Clin d'œil sur les baby-boomers — Si vous êtes à la retraite ou sur le point de l'être, vous vous sentez libre, léger et tellement plus joyeux qu'avant. En tant que signe cardinal, vous avez de nombreux projets, par exemple l'intention de vous lancer dans une nouvelle carrière ou dans celle que vous avez dû abandonner vu des circonstances contraignantes. Quelle que soit sa forme, l'art est aussi au programme. Au milieu du mois, un brin d'impatience vous poussera à prendre le maximum d'informations sur les possibilités d'avenir. Physiquement, vous reconnaissez que vous n'avez plus 20 ans et que certaines parties de votre corps fonctionnent au ralenti ; cela fait partie de l'usure normale qui vient avec le temps qui passe. En cas de mal récurrent qu'aucun analgésique ne soulage, un examen médical ne sera pas un luxe. Plutôt que d'entretenir de l'inquiétude au sujet d'un malaise tenace, prenez rendez-vous avec votre médecin. Les hommes sont moins prudents à ce sujet, ils préfèrent se voir sans failles. S'il y a une justice sur cette terre, c'est bien celle du vieillissement. En ce 21ᵉ siècle, soyons heureux parce que le progrès de la science nous épargne des souffrances et prolonge nos vies.

JUIN 2007

Sous l'influence du Nœud Nord en Poissons — Plus le mois avance, plus le Nœud Nord s'éloigne d'Uranus. Ces points du ciel dans le sixième signe du vôtre vous soulagent de vos peurs et de vos angoisses. À compter du 22, intuitivement, vous comprendrez ce qui vous a conduit à des souffrances morales ainsi qu'à des mélis-mélos intellectuels et psychiques. Vous aurez alors l'occasion d'entrer dans une phase de détachement, ce qui ne signifie nullement l'abandon, le don de vos biens ou une séparation d'avec vos proches ou vos amis. Vous jugerez le passé comme une initiation, un passage qui vous a conduit à des lumières, à des manières d'être différentes et à des solutions matérielles. Si vous n'êtes pas tout à fait prêt à passer l'éponge sur vos déceptions et malheurs, vous faites probablement des rêves étranges ; vous êtes incapable de les interpréter, ils constituent un temps de préparation avant de passer un examen qu'assurément vous réussirez à la fin de 2007.

Vie amoureuse du célibataire — À compter du 6, Vénus en Lion fait un aspect du type conquête à Mars jusqu'au 24, le tout appuyé par Pluton entre autres planètes. Tout ça vous rend non seulement très visible, mais vous donne une aura aussi brillante que le soleil lui-même. Partout où vous passerez, il y aura quelqu'un à qui vous plairez énormément et qui n'hésitera pas à s'avancer vers vous dans le but de vous connaître. Le ciel de juin laisse présager une grande résistance et de la méfiance de votre part, particulièrement si vous jugez que vos prétendants n'ont rien en commun avec vous intellectuellement. Il est sain d'être fier et satisfait de soi, mais il est malsain de cataloguer négativement des gens que vous ne connaissez ni d'Ève ni d'Adam. Les apparences sont trompeuses. Vénus, qui régit votre signe, s'y laisse prendre et rate ainsi la merveilleuse occasion d'aimer et d'être aimé.

Vie de couple–famille–budget–travail — En tant que mère et femme au travail, vous êtes à la course. La gardienne que vous aviez trouvée pour la durée des vacances scolaires se désiste ; vous êtes déçue et paniquée, même si vous la comprenez. Il est aussi possible que la garderie avec laquelle vous faites affaire ferme ou déménage. Vous ne saurez plus vers qui vous tourner. Vous en parlerez à des membres de votre famille et de votre belle-famille sans toutefois leur demander de l'aide : vous savez qu'ils ont des projets pour la belle saison. Mais voilà qu'un parent vous offrira ses services, ce que vous ne refuserez pas. Sur le plan professionnel, vu les problèmes de gardiennage, qui se présenteront surtout au milieu du mois, vos distractions plus nombreuses seront mal vues et mal venues parce qu'on se fie à vous pour faire rouler la machine en l'absence de collègues en vacances. Dans ce ciel de juin, Mars est en Bélier jusqu'au 24. Ce signe masculin placé face au vôtre provoquera des comportements comparables à de soudaines variations climatiques : de gros orages suivis d'arcs-en-ciel, des coups de tonnerre, des éclairs de courte durée suivis d'un dégagement rapide et d'un soleil de plomb. En somme, vous devrez modérer vos humeurs maussades afin de ménager votre énergie physique. La colère est épuisante et ne laisse jamais une bonne impression aux témoins. Dire qu'une femme Balance est toujours souriante est un véritable mythe. Vénus, qui régit votre signe, prend parfois congé et laisse à Mars, une planète qui ne perd pas de temps, le soin de s'occuper des désordres.

En tant que père et homme au travail, vous vous sentez mieux dans votre peau que la femme du même signe. Le ciel est majoritairement couvert de planètes en signes masculins, ce qui améliore vos qualités, vos talents ainsi que votre vitesse de réaction et d'action. À noter que ce ciel de juin, avec Mercure en Cancer dans le dixième signe du vôtre, a tendance à vous attirer des critiques de la part de votre conjointe, surtout si vous passez beaucoup plus d'heures avec votre patron qu'avec votre famille. En ce moment, vous avez du mal à expliquer à quel point votre travail est essentiel ; votre métier assure le pain quotidien, un toit, des comptes payés et des économies pour assurer un futur confortable mais aussi pour vous offrir des vacances plus luxueuses que celles des années précédentes. Monsieur Balance, soyez extrêmement prudent quand vous manipulez des outils ; évitez l'alcool et les drogues au volant et jouez modérément lors de la pratique d'un sport qui exige un grand effort cardiaque, pulmonaire et musculaire. Saturne en Lion face à Neptune en Verseau donne des aspects favorables dans l'ensemble. Mais soyez quand même prudent lorsque vous ferez des retraits au guichet bancaire, faites-les de jour. Ne prenez pas ce conseil à la légère si vous tenez à passer le reste de l'été en forme.

Clin d'œil sur les baby-boomers — Vous ne résisterez pas au besoin d'être plus en forme. Les uns suivront un régime amaigrissant ou s'adonneront à une alimentation biologique afin que circule en eux un carburant plus pur dans l'espoir de faire plus de chemin ; d'autres feront des exercices pour renforcer leur musculature moins élastique qu'avant. Des grands-parents à la retraite désireront se rapprocher de leurs petits-enfants qui, eux, ont besoin de s'éloigner de leurs parents pour leur équilibre émotionnel et mental. Ce genre de situation est fréquent, il n'y a là rien d'anormal. Au fond, chacun prend congé des autres ; dans une bonne famille, quand l'énergie circule, les idées sont plus claires.

JUILLET 2007

Sous l'influence du Nœud Nord en Poissons — Sous le ciel de juillet, avec l'influence du Poissons, bien qu'en bon aspect à Mercure, vous devrez suivre quelques conseils. Mercure étant en Cancer, le signe représentant l'estomac et ce dont vous le nourrissez, évitez de consommer un aliment qui ne vous semble pas frais. Si vous allez à l'étranger, il serait judicieux de porter votre choix sur un menu proche de celui que vous connaissez. Certains microbes n'ont aucun effet sur les résidants du pays mais peuvent nous mener directement à l'urgence. Autre conseil, ralentissez au volant : 10 minutes de retard, ce n'est pas dramatique.

Vie amoureuse du célibataire — Lors d'une rencontre, vous posez beaucoup de questions. Quand on vous les retourne, vous répondez en déviant la conversation de manière à éloigner la curiosité de cette personne que pourtant vous avez approchée parce qu'elle vous plaisait. Si vous affichez la spontanéité, en réalité vous restez mystérieux et généralement vague quand la discussion s'oriente vers l'amour et l'engagement. Votre signe symbolise l'association, la vie à deux, le mariage ; il est représenté par deux plateaux qui oscillent. Cela montre un puissant désir de vivre à deux, d'aimer, de s'engager mais aussi l'hésitation qui naît dès l'instant où vous n'êtes plus le seul à décider.

Vie de couple–famille–budget–travail — En tant que mère et femme au travail, sous l'influence de Mars en Taureau et de Mercure en Cancer, vous avez tendance à vous inquiéter outre mesure pour vos petits. N'est-ce pas là le comportement d'une femme qui ne fait pas confiance à ses enfants? Il est normal que vous soyez constamment présente à un bébé mais, si vos enfants sont d'âge scolaire, même s'ils sont encore bien jeunes, ils ont appris à faire la différence entre ce qui est bien et ce qui ne l'est pas et, si vous leur avez interdit de sortir de la cour, ils vous écouteront. Maman Balance a de l'autorité et vos enfants savent qu'ils n'ont pas intérêt à vous défier. Vous avez pris l'habitude d'être la mère à qui on obéit sans discuter. Cependant, vous serez surprise quand vous constaterez que vos adolescents fréquentent des voisins aux allures de voyous à la mode. Il ne servira à rien d'en parler à leur père : il vous a probablement déjà remis toutes les clés concernant les décisions au sujet de l'éducation des enfants. Vous êtes un signe de Vénus et un signe cardinal qui signifie le chef; rares sont les hommes qui s'opposent à vos convictions. Si on a choisi de vivre avec vous, c'est qu'on vous aime et qu'on apprécie votre sens des responsabilités. Au travail, vous êtes pleinement présente aux tâches qu'on vous confie. Le ciel vous est extrêmement favorable professionnellement; si vous avez plusieurs années d'expérience, vos patrons pensent sérieusement à vous nommer à un poste où vos talents et vos compétences assureront une augmentation des profits de l'entreprise.

En tant que père et homme au travail, il est possible cette année que votre conjointe et vous ne puissiez prendre vos vacances en même temps. Il y deux ou trois mois, ce n'est pas ainsi que vous imaginiez vos vacances. Il est extrêmement rare qu'un homme Balance se transforme en homme au foyer. Il supporte mal le désordre, et qui de mieux que ses enfants pour créer un chaos? Vous découvrirez en les faisant l'ampleur des tâches domestiques que votre conjointe accomplit. Vous constaterez que, si vous deviez en plus vous rendre au travail quotidiennement, jamais vous n'y arriveriez, du moins pas avec le degré de perfection qu'elle atteint. Même si monsieur Balance travaille en ce mois de juillet 2007, il lui faudra voir à la bonne marche de la maisonnée plus qu'à l'accoutumée parce que sa conjointe visitera quotidiennement un proche parent gravement malade. La majorité des hommes Balance, après un cours accéléré sur le vrai rôle de père et de conjoint, se souviendront jusqu'à la fin de leurs jours des leçons apprises durant le mois de juillet 2007.

Clin d'œil sur les baby-boomers — Certains d'entre vous disent en souriant que déjà ils sont trop vieux pour faire ceci ou cela. Majoritairement, les hommes utilisent cette excuse pour tenter de se soustraire à certaines tâches domestiques. Leurs conjointes ont l'habitude d'écouter ce discours, mais elles ne prennent pas leur homme au sérieux. Les femmes Balance qui approchent de l'âge de la retraite font très attention à leur santé; elles organisent leur temps de manière à l'occuper agréablement pour elles mais aussi pour améliorer la vie de ceux qui les entourent. Si vous avez l'intention de modifier vos placements, d'investir, de prêter, de changer votre testament, de fermer un compte ou d'en ouvrir un, de vendre ou d'acheter, il vaut mieux demander deux ou même trois opinions avant d'agir. Il y a dans l'air un vent contraire à vos profits. Avant de prendre une décision concernant vos finances, pourquoi ne pas vous offrir quelques jours de vacances, loin des gens qui ne cessent de vous faire des suggestions? Il est rare qu'on puisse duper une Balance.

AOÛT 2007

Sous l'influence du Nœud Nord en Poissons — Vous ne croyez pas vraiment au destin. Pour vous, tout est explicable et prévisible. Croire aux signaux étranges et annonciateurs d'un événement hors de votre contrôle, croire que les signes astrologiques ont une valeur quelconque, croire en l'invisible, aux miracles, tout cela offense et choque votre logique, dont vous êtes si fier. En août, vous demeurerez interloqué devant des incidents pour lesquels vous n'aurez aucune explication. Durant les deux dernières semaines du mois, vous croiserez des gens qui vous donneront de sages leçons ayant un lien direct avec le déroulement de votre vie personnelle et professionnelle. Vous ne leur aurez rien demandé; ils s'en iront comme ils étaient venus, en vous laissant avec les réflexions qu'ils auront provoquées et qui vous conduiront aux bonnes décisions. Après cela, peut-être cesserez-vous de nier ce qui ne se mesure pas et ne s'explique pas rationnellement.

Vie amoureuse du célibataire — Si vous êtes seul depuis longtemps, il vous est permis d'espérer celui que vous aimerez et qui vous surprendra des années durant. Vous êtes un signe cardinal ; bien que vous espériez une stabilité amoureuse, vous êtes incapable de supporter l'ennui. C'est surtout à compter du 10 que vous serez le plus susceptible de rencontrer une personne dont les multiples talents vous épateront. Vous aurez votre premier échange lors d'un rassemblement prônant la protection de l'environnement et des animaux, la paix dans le monde, des changements dans l'éducation, etc.

Vie de couple–famille–budget–travail — En tant que mère et femme au travail, vous vous imposez davantage dans votre milieu de travail ; vous ne laisserez pas passer les fautes commises par des patrons. Votre attitude n'a rien de belliqueux, vous menez une guerre sainte et vous défendez vos droits et ceux de vos collègues avec le calme et le contrôle qu'aurait un avocat qui représenterait votre cause. Si l'entreprise pour laquelle vous travaillez supprime des postes et que vous avez constaté que ce sont ceux des femmes qui sont en début de liste, vous ne mettrez pas longtemps à réagir. Vous n'êtes pas scandalisée seulement par le fait que les femmes ne sont pas protégées, mais aussi parce que vous savez que de nombreux travailleurs seront au chômage pendant que les propriétaires exigeront plus de ceux qui resteront. Avant de vous manifester contre les décisions du pouvoir, vous vous serez informée sur les profits qu'a faits l'entreprise et sur les salaires annuels des décideurs. Ce genre de situation n'est ni simple ni agréable. Vous serez sur la corde raide au point où, durant la dernière semaine du mois, vous vous sentirez terriblement épuisée. Cette fatigue sera un signal : cessez de tout prendre sur vos épaules et laissez d'autres personnes prendre leurs responsabilités, ce qui ne sera que justice. Vous êtes inquiète, vous subissez le climat général : les trois quarts de la population sont insatisfaits d'à peu près tout. Il n'en tient qu'à vous de raisonner votre situation et de l'évaluer avec justesse sans exagérer ce qui vous déplaît. Le retour aux études de vos enfants est chaque année un mélimélo ; c'est le désordre dans votre horaire régulier et l'obligation de faire les magasins afin d'acheter matériel scolaire et vêtements. Pourquoi ne serait-ce pas au tour de votre conjoint de faire la tournée ? Faites-lui confiance, demandez-lui ; sans maugréer le moindrement, il dira oui.

En tant que père et homme au travail, vous êtes distrait, surtout à compter du 10. Vous serez préoccupé par une foule de détails et vous négligerez la partie la plus importante de vos affaires en cours. Vous vivez en couple, votre conjointe participe pleinement à la vie familiale et aux finances ; elle fait le maximum pour vous plaire. Même si vous êtes amoureux de votre conjointe, sous ce ciel de juillet, une aventure extra-conjugale vous fera des clins d'œil; vous aurez le choix entre succomber ou refuser la nouveauté. Il faut que vous sachiez qu'avoir une maîtresse changera toute votre vie dans un avenir proche. Le 3 septembre, c'est l'entrée de Saturne en Vierge dans le douzième signe du vôtre. Il est le symbole du caché, ce dont on se sent coupable et que finalement on avoue. Le 10, avec l'entrée de Vénus qui régit votre signe et qui sera alors en Lion, votre côté séducteur pourrait bien dominer le côté raisonneur.

Clin d'œil sur les baby-boomers — Vous êtes encore jeune, mais vous pensez à votre sécurité financière. La raison vous rend prudent mais également apeuré devant le vieillissement qui apporte son lot de petits et de gros maux. Parfois, l'incapacité de travailler ou la retraite vous obligent à puiser dans vos économies pour continuer à vivre comme vous l'avez toujours fait. Si vous êtes sorti du marché du travail avec un fonds de retraite confortable ou si votre emploi est à temps partiel, à compter du 8, vous aurez soudainement le goût de partir en vacances. Le hasard faisant bien les choses, un ami, ou votre partenaire, aura aussi très envie d'en faire autant. Ne résistez pas, partez, vous avez mérité de vous amuser. Après tout, nul besoin d'aller à l'autre bout du monde pour avoir du plaisir. Quel coin de chez nous n'avez-vous pas encore visité?

SEPTEMBRE 2007

Sous l'influence du Nœud Nord en Poissons — Sur le plan des émotions, c'est un drôle de mois pour la Balance. Vous avez le goût de l'action, de la nouveauté, de l'aventure mais, d'un autre côté, vous avez peur de ce que vous ne connaissez pas. Vous voudriez savoir à l'avance où des changements vous conduiraient, mais il n'y a aucune assurance là-dessus. Il est possible que vous traversiez une crise existentielle. C'est une période de la vie où on ne sait plus où on en est. Puis un beau matin, on se lève et, après des jours et des nuits d'angoisse et de questionnements, on a la réponse. Chacun de nous vit cette traversée dans l'ombre et la crainte du lendemain et chacun trouve ses réponses à la fin du voyage. Pour vous, la raison vient à la rescousse des troubles émotionnels. Ainsi, vous retrouvez votre équilibre en moins de temps que beaucoup d'autres signes.

Vie amoureuse du célibataire — Vénus est encore en Lion et, à compter du 8, elle n'est plus rétrograde. Si vous avez rencontré une personne plaisante, mais que malgré tout vous avez refusé ses rendez-vous, vous accepterez ce mois-ci de sortir avec elle. Vous ne serez pas déçu, bien au contraire, vous découvrirez quelqu'un de généreux, de gentil, d'attentif. Ce que vous appréciez le plus chez ce nouveau partenaire, c'est son sens de l'organisation et sa capacité à prendre des décisions rapidement.

Vie de couple–famille–budget–travail — C'est le mois de la rentrée, non seulement pour les étudiants mais également pour tous ceux qui ont un emploi. Pour les chefs d'entreprise, les propriétaires et les travailleurs autonomes, c'est le retour à « le temps, c'est de l'argent ».

En tant que mère et femme au travail, pour vous, le mois de septembre est plus que ça. Si vos enfants sont au primaire, il est nécessaire de veiller sur eux et de près. Vous n'êtes pas sans savoir que plus ils grandissent et plus il est nécessaire de les informer sur le monde des adultes, qu'ils cherchent souvent à imiter, ce qui n'est pas toujours dans leur intérêt. Peut-être devriez-vous recommencer à conduire les tout-petits à la maternelle? Durant l'été, vous aviez quelqu'un de fiable pour les garder, pour vous, c'était presque un congé. Vous participerez à des rencontres entre parents et professeurs. Vous irez inscrire vos enfants à des activités parascolaires, vous prendrez les rendez-vous nécessaires chez le médecin pour eux, vous retarderez les vôtres. Vous avez un bon conjoint, mais celui-ci vous laisse les charges dites féminines. En général, votre mâle se transforme en homme rose quand il est en congé et il en retire beaucoup de gloire. Si vous êtes une femme de carrière, l'appellation étant le plus souvent discriminatoire, c'est comme si vous étiez disqualifiée en tant que mère. Vous êtes une excellente communicatrice et une travailleuse difficile à égaler. Au cours du mois, vous marquerez un point en prouvant qu'une femme de carrière est aussi une bonne mère et une merveilleuse conjointe quand elle vit avec un homme qui est respectueux. Vous serez nombreuses à faire un retour aux études; que les enfants soient petits ou grands, vous ressentez le besoin de vous faire une place au soleil.

En tant que père et homme au travail, vous êtes discipliné, cependant votre progéniture conteste vos commandements. Astrologiquement, Mars est la planète représentant votre fils aîné. Ce mois-ci, il veut absolument se distinguer de vous; il refuse, pour l'instant, de vous ressembler, de faire le même métier et surtout il rejette l'idée même de penser comme son vieux père. Ne soyez pas vindicatif, si vous êtes un bon gars, un père respectable et honnête, le temps viendra où la transmission psychique et émotionnelle sera concrète. On dit que les pommes ne tombent jamais loin de l'arbre. Du point de vue astrologique, votre plus jeune fils est représenté par Mercure. En septembre, il sera tout près de vous. Si une querelle se produit dans la famille, principalement avec la belle-famille, le cadet prendra votre défense et vantera vos mérites, même ceux qui n'ont aucun lien avec la situation. La fille aînée, quant à elle, est représentée par la Lune de votre thème natal ainsi que par la sienne. La Lune est mouvante ; pour suivre votre fille aînée, il est impératif de connaître sa position en signe et en Maison. Pour sa part, votre cadette est symbolisée par Vénus. En septembre, même si elle est toute petite, elle prend toute la place et ne cesse d'attirer l'attention. Ce calcul, ou si vous préférez ce symbole, conduit à la fin de son adolescence et plus elle grandit, plus elle aspire au vedettariat. Elle manifestera sa présence au point où vous pourriez devenir considérablement irrité. Si votre travail vous fait voyager, vous connaîtrez de nombreux déplacements ; vous serez désigné pour les rencontres avec les meilleurs clients et naturellement les plus payants.

Clin d'œil sur les baby-boomers — Saturne, le grand représentant du sage et expérimenté doyen, est en Vierge dans le douzième signe du vôtre. Vous devrez régulièrement surveiller vos signes vitaux, votre cœur, votre pression, les taches soudaines et anormales sur la peau, le diabète, la fatigue. Bref, vos petits maux doivent être vus à la loupe par votre médecin. Ne vous affolez pas, il est ici question de prévention. La solitude ne vous convient pas, elle vous plonge dans un état dépressif. Revoyez vos amis le plus souvent possible et vous éviterez les chutes de moral.

OCTOBRE 2007

Sous l'influence du Nœud Nord en Poissons — C'est votre période anniversaire, il est important que vous vous fassiez plaisir le jour même de votre naissance. Si vous avez un problème lié au travail, faites en sorte que tout se passe bien ce jour-là ; améliorez quelque chose, faites un geste positif, terminez une tâche restée inachevée depuis longtemps. Si vous organisez un dîner au restaurant, n'acceptez d'être entouré que de gens que vous aimez vraiment. Tout ce que vous accomplirez le jour anniversaire de votre naissance aura des répercussions pendant les 12 mois à venir. Cette année, comme vous serez sous l'influence du Nœud Nord en Poissons, le travail prendra une grande place dans votre vie ainsi que la nécessité de modifier votre régime alimentaire dans le but d'être énergique au maximum. La position du Nœud Nord exerce une énorme influence sur les événements qui se trament dans l'ombre ; bien préparé, vous aurez du succès en 2007. Si vous vous laissez aller et que vous attendez qu'on vive votre vie à votre place, ne soyez pas surpris par de successives déceptions. Nous avons tous notre part de responsabilité ; la vôtre cette année est de bien travailler. Si vous avez tendance à faire des excès de table, il faudra y mettre fin pour cesser l'encrassement de votre foie.

Vie amoureuse du célibataire — Vous ferez disparaître les fantômes de vos anciennes ruptures pour adopter une attitude positive à l'égard de votre désir d'avoir un futur heureux. En tant que femme, ce n'est pas parce que vous avez des enfants que vous faites fuir les hommes, mais plutôt parce que vous avez peur qu'ils ne vous rejettent, vous et votre progéniture. Ils ont moins peur d'être des pères célibataires car, la majeure partie du temps, c'est leur conjointe qui a la garde des enfants. De plus, ils craignent moins que les femmes la nouveauté que sera la vie avec les enfants de leur nouvelle partenaire. Soyez plus souple lors de vos prochaines rencontres ; donnez à vos flirts la chance de vous connaître et permettez-vous d'en apprendre plus à leur sujet. Allez au-delà des apparences.

Vie de couple–famille–budget–travail — En tant que mère et femme au travail, vous en avez plein les bras. Voici un mois où vous désirerez mettre la hache dans diverses dépenses que vous jugez inutiles. Vous n'avez pas l'intention d'être fauchée quand les fêtes arriveront. Malheureusement, vous n'aurez pas tout prévu. Il est possible qu'un enfant soit malade et que vous deviez acheter des médicaments ; un autre vous annoncera qu'il a besoin de livres additionnels pour suivre ses cours. Le ciel laisse également présager le bris d'un appareil électroménager absolument nécessaire. Si vous avez déjà eu des problèmes d'eau dans votre sous-sol, il faudra vérifier régulièrement si les réparations tiennent toujours. Vous aurez bien du mal à être joyeuse ce mois-ci parce que vous entreverrez le pire, ce qui vous épuisera physiquement. Il n'en tient qu'à vous de voir les choses autrement. Sur le plan professionnel, des compressions budgétaires seront faites dans votre entreprise dans les mois qui viennent. Votre ancienneté vous protège. Si vous êtes une débutante, donnez votre maximum en tout temps de manière à ce qu'on sache que vous excellez dans votre domaine. Hommes et femmes Balance vivent les mêmes problèmes en ce qui concerne leur emploi.

En tant que père et homme au travail, sur le plan professionnel, votre emploi sera davantage protégé si vous travaillez sur la route, si vous êtes en relation avec l'étranger ou si vous êtes comptable, administrateur, notaire, avocat ou encore médecin. Le monde médical fait des bonds de géant. Vous serez parmi les découvreurs d'un médicament pour soigner les problèmes d'ossature ou les troubles intestinaux. Si vous êtes serveur dans un restaurant, laveur de vitres ou de vaisselle, sachez que vous offrez un service essentiel et qu'au cours du mois vous aurez l'occasion de sauver la vie d'un inconnu parce que vous aurez la bonne réaction au bon moment. Si vous faites partie de ces hommes qui se sous-estiment parce qu'ils ne gagnent pas une fortune et qu'ils sont incapables d'offrir un gros diamant à leur conjointe, sachez que, pour votre famille, votre présence, votre appui, votre bonté et votre amour sont plus importants qu'un trésor.

Clin d'œil sur les baby-boomers — On parle souvent des baby-boomers comme de ceux qui ont pris le meilleur de l'économie. Mais, nés à partir de la Deuxième Guerre mondiale et partis de rien, ils n'avaient d'autre choix que de se lancer là où le cœur les appelait. Avec le temps, ce qu'ils ont accompli avec fougue et passion est devenu payant. C'est durant les années 1960 qu'ils sont devenus des bâtisseurs et, parmi eux, il y a eu de brillants faiseurs d'or. Né sous le signe de la Balance, vous êtes un être intelligent et stratégique. Vous n'avez pas changé; malgré l'âge et les maux qui vous affectent, vous êtes toujours aussi lucide. Un avis s'impose en ce mois d'octobre: soyez prudent dans vos placements. N'en faites pas un jeu de hasard. Vous devez faire une analyse plus poussée en ce qui concerne l'argent gagné et placé de manière à ne manquer de rien, à ne rien demander à qui que ce soit pour vivre honorablement et agréablement durant les 20 ou 30 prochaines années. La science fait des progrès, nous vivons plus longtemps qu'autrefois. Il faut de l'argent pour faire l'épicerie et payer les comptes.

NOVEMBRE 2007

Sous l'influence du Nœud Nord en Poissons — C'est l'avant-dernier mois de 2007; il reste un peu plus d'un mois et demi à vivre sous le Nœud Nord en Poissons. Vous serez soulagé d'apprendre que, le 19 décembre, il entre en Verseau dans une belle harmonie avec votre signe. Tout ne sera pas parfait, mais il y aura de l'amélioration dans divers domaines de votre vie et principalement dans la Maison astrologique où il se retrouvera. Essayez d'être moins mélancolique, parlez, racontez de belles histoires, entretenez l'idée que le meilleur est à venir, qu'il est même déjà là. Plus nous avançons dans le mois, plus Jupiter se rapproche de Pluton. Nous n'avons pas de guerre, nous connaissons une température agréable mais, à l'autre bout du monde, les gens ne sont pas aussi choyés que nous. Pensez-y, vous apprécierez mieux votre quotidien! Ni vos manques ni vos restrictions matérielles ne vous mèneront à la mort comme c'est le cas à l'autre bout du monde.

Vie amoureuse du célibataire — À compter du 9, Vénus entre dans votre signe et augmente considérablement votre magnétisme; vous devenez attirant même quand vous marchez la tête baissée et qu'on ne voit à peu près pas votre visage. Vous engendrez des émanations d'amour dont vous vous rendez à peine compte. Réveillez-vous, sortez de votre torpeur, de votre peur d'être mal aimé et d'aimer la mauvaise personne. Acceptez les invitations de vos amis, organisez de petites fêtes, ranimez votre énergie positive. Même si votre regard sur l'humanité est réaliste, intérieurement l'appel de l'amour se fera plus fort, plus intense et inévitable si vous vous rendez réceptif. Ne vivez pas votre Vénus à l'envers; en tant que signe de la Balance, vous n'êtes pas né pour la solitude mais pour la vie de couple.

Vie de couple–famille–budget–travail — Homme ou femme, vous serez encore débordé ce mois-ci, probablement plus qu'en octobre. Vous ne refuserez pas les heures supplémentaires et le revenu qui les accompagne.

En tant que mère et femme au travail, vous desserrerez les cordons de la bourse familiale; vous vous accorderez au moins une gâterie, comme un repas dans un restaurant qui plaît à tous et qui ne coûte pas trop cher. Vous vous sentirez plus amoureuse de votre conjoint. Il est possible que vous suggériez d'agrandir la famille. Monsieur dira spontanément oui; il en sera très heureux. Si votre couple n'a pas encore d'enfant, il en sera sérieusement question. Au travail, durant les deux dernières semaines du mois, vous serez celle à qui on demandera de régler les problèmes touchant les produits et services de l'entreprise. Comme on a observé votre sens de la diplomatie, on fera appel à ce talent pour raisonner deux collègues qui vivent un conflit. Si vos adolescents manifestent le désir d'être des artistes, ne les contrariez pas; laissez-les réfléchir et même faire des expériences.

En tant que père et homme au travail, vous vous avancez davantage sur les chemins de vie que vous avez pris. Vous avez plus d'audace, vous prenez des décisions, vous êtes un très bon planificateur quand il s'agit d'un projet à long terme. Vous prévoyez même les obstacles que vous êtes susceptible de frapper dans le développement de l'entreprise. Il est possible que vous vous associiez à un membre de votre famille. Si c'est déjà fait et que rien ne se déroule comme vous le souhaitez, avant que les pertes soient trop lourdes, vous irez de l'avant afin de racheter la part de l'autre. Vous en connaissez tous les risques, mais vous êtes prêt à les prendre. Vous serez un bon professeur pour vos enfants; vous leur enseignerez que la philosophie mène à tout. Nul besoin d'un diplôme universitaire pour être philosophe; le sens de la logique, de l'observation, de la déduction, la capacité d'éviter les conflits, d'argumenter intelligemment, de laisser de l'espace aux négociateurs, tout cela conduira vos enfants à la réflexion et au contrôle d'eux-mêmes dans les situations extrêmes. Ajoutons-y la dimension spirituelle, et c'est complet. Il est important que vous modériez vos sautes d'humeur: vous effrayez votre famille et vos collègues.

Clin d'œil sur les baby-boomers — Comme bien d'autres personnes, si vous avez les moyens financiers, vous fuyez vers le soleil. La saison froide ne vous plaît plus du tout. Mais cette année, moins de Balance partiront: la famille a besoin d'eux et particulièrement leurs enfants et petits-enfants. Il y a autant de motifs que de Balance, cependant ils sont tous importants pour l'équilibre et le bien-être de votre famille. Ce sont pour vous des raisons suffisantes pour rester auprès de vos amours. Votre dévouement vous honore. En réalité, ce n'est qu'un demi-sacrifice parce que vous serez avec ceux que vous aimez et qui, en retour, vous aiment tout autant. Même au milieu d'événements pénibles, vivre dans l'amour est une bénédiction du ciel.

DÉCEMBRE 2007

Sous l'influence du Nœud Nord en Poissons puis en Verseau — L'influence du Nœud Nord en Poissons s'estompe lentement, le 19 il entre en Verseau. D'ici là, vous aurez des réflexions semblables à celles qui s'imposent à vous depuis le début de l'année. Votre profession prend une grande place. Vous connaîtrez des chutes de vitalité si vous n'avez pas fait attention à votre santé en 2007. Puis le Nœud Nord entrera dans le Verseau, qui sera alors dans le cinquième signe du vôtre. Il vous lancera un appel en faveur de la vie, du plaisir. Vous ne quitterez pas votre emploi, mais vous commencerez à le vivre différemment. Vous réaliserez que vous avez le droit de prendre des congés, d'exprimer librement vos malaises comme un humain à part entière. Le Nœud Nord en Verseau vous conduira directement vers des œuvres humanitaires; vous vous impliquerez dans votre communauté quand des problèmes surgiront. En général, cette implication sera vécue agréablement, ce sera une prise de conscience de l'importance de votre participation au mieux-être collectif. Vous serez très nombreux à donner du temps aux enfants qu'on délaisse ainsi qu'aux délinquants abandonnés et classés dangereux. Souvent, vous les intégrerez dans votre œuvre; vous donnerez un sens à leur vie. Pour beaucoup d'entre eux, vous serez le parent qu'ils n'ont jamais eu. Ce Nœud Nord en Verseau n'a rien de banal: pendant 18 mois, il vous éloignera de vos petits besoins personnels.

Vie amoureuse du célibataire — Être amoureux, c'est agréable, mais c'est aussi un engagement, une responsabilité. Au début, c'est l'attraction sexuelle et l'excitation due à la nouveauté qui dominent, puis le quotidien s'installe. L'ancien célibataire croit alors qu'il ne ressent plus grand-chose pour cette personne qu'il a cru aimer. Les vrais coups de foudre sont extrêmement rares. Dans notre société de consommation, d'amour instantané, tout se décide souvent après un ou deux courriels, une rencontre dans un petit café où chacun se dit: «Pourquoi pas?» Si le Nœud Nord en Verseau est annonciateur d'amour, ce n'est pas n'importe quel amour; c'est celui qui se dessine lors d'une réunion entre personnes qui partagent un intérêt commun. À compter du 19, oubliez les rencontres dans les coins sombres, les discothèques, les réceptions huppées à moins qu'elles ne servent à amasser des fonds pour les démunis. C'est dans un lieu où l'humanisme est en vedette que vous croiserez votre idéal. Tout commence en ce mois de décembre où les occasions d'agir en tant que bénévole seront nombreuses. Il faut bien qu'il y ait une première rencontre.

Vie de couple–famille–budget–travail — En tant que mère et femme au travail, vous êtes la personne toute désignée pour l'organisation traditionnelle des fêtes prochaines. Au début du mois, vous croirez en être dispensée et être une simple invitée. Mais des événements familiaux hors de l'ordinaire et de votre contrôle vous placeront dans une situation où il vous sera impossible de refuser de recevoir pour les réjouissances de 2007. Quels que soient votre âge et votre niveau d'énergie, vous considérerez cela comme un devoir. Naturellement, vous courrez dans les magasins et épiceries pour acheter le nécessaire. Mais vous êtes aussi une femme qui travaille. Il est fort heureux qu'en ce mois de décembre vous ayez de l'aide de la part de vos collègues. Vos enfants se feront un plaisir de décorer; si les petits n'ont pas un grand sens de l'esthétique, ne vous préoccupez pas de leurs erreurs, donnez-leur la chance d'être fiers de leurs talents d'artiste. Quant à vos adolescents, ils sont plus habiles; ils vous surprendront. Votre conjoint donnera un coup de pouce dès qu'il aura des moments libres. Il n'hésitera pas non plus à vous accompagner pour l'achat d'objets lourds. Vous serez bien fatiguée à Noël et au jour de l'An, ce qui n'aura rien de surprenant. Vous récupérerez rapidement si vous dormez un peu plus qu'à l'accoutumée.

En tant que père et homme au travail, vous serez un peu confus, surtout si vous en êtes à votre deuxième union. Quelques problèmes surgiront au sujet des jours de congé des enfants de votre première et de votre seconde conjointe. Il est plus que possible que vous laissiez les deux femmes se débrouiller entre elles et trouver une solution à votre place. Toutefois, vous ferez le maximum pour soulager votre conjointe de ses nombreuses obligations et du surplus de travail que les fêtes occasionnent.

Clin d'œil sur les baby-boomers — La famille sera invitée à manger au restaurant plutôt qu'à la maison. Les femmes n'auront pas le goût de cuisiner et, de leur côté, les hommes n'auront pas du tout envie de faire le ménage. Si vos moyens financiers vous le permettent, à compter du 2, sous l'influence de Mercure en Sagittaire, vous magasinerez afin d'offrir à chacun un cadeau spécial pour qu'on se souvienne bien de vous et de ce mois de décembre 2007. Inutile de chercher des raisons, il n'y en a pas : vous aurez simplement de gros coups de cœur pour votre progéniture et votre descendance. Si, malheureusement, il y a eu des conflits familiaux, alors que tout semblait rentrer dans l'ordre, des projets de réunion seront une fois encore remis à plus tard. Ne vous en faites pas, à compter du 19, le Nœud Nord entre en Verseau et vous redonne cette part de liberté que vous aviez perdue. Si vous avez eu des problèmes de santé, dès cette date, vous récupérerez rapidement; votre convalescence sera de courte durée. Et en prime, vous serez plus chanceux au jeu.

Prévisions 2007
selon votre ascendant

BALANCE ascendant BÉLIER

Une promotion que vous ne pensiez pas obtenir aussi rapidement vous est accordée. Si l'amour n'est plus depuis quelques années, une rencontre changera votre désir de rester célibataire plutôt que de devoir subir la peine d'une déception. Vous aviez perdu la foi en l'amour, mais la vie vous permet de la retrouver. Cette année, s'il doit y avoir un mariage traditionnel, il sera surtout pour les baby-boomers qui sont nés avec Neptune en Vierge ou en Balance et qui croient encore à l'amour pour toujours. À travers les défis, les obstacles, les déceptions, les réussites et les échecs, cette génération n'a rien perdu de son romantisme. Pour certains natifs, vous mettez prudemment votre propre entreprise sur pied; vous êtes à la recherche d'un élément afin d'achever un prototype ou de faire l'essai du nouveau produit que vous désirez vendre au grand public. Vous vous retrouverez en face d'une personne qui a une vision de son affaire quasi identique à la vôtre. Les semaines passeront; vous vous reverrez, vous discuterez pour enfin vous asseoir et allier vos forces dans le but de réussir plus rapidement. L'année 2007 est l'étape numéro un de votre projet.

BALANCE ascendant TAUREAU

Que de changements vous vous préparez à faire! Mais vous pourriez aller trop vite et commettre des erreurs. Vous recevrez des conseils de gens ayant de l'expérience dans un domaine que vous vous apprêtez à conquérir. Il est tout à votre avantage de noter et d'appliquer leurs recommandations. Gagner de l'argent est prioritaire pour votre survie économique; si vous associez ce besoin à votre idéal, vous aurez une formule gagnante. En 2007, Jupiter en Sagittaire dans le huitième signe du vôtre vous invite à vous battre contre vos peurs et surtout contre votre insécurité financière. Un membre de votre famille sera intéressé à votre projet et sera prêt à prendre ce qu'il calcule comme un risque bien mince en misant sur vous. En tant que double signe vénusien, il est important pour vous d'impliquer votre amoureux ainsi que vos enfants dans tout ce que vous faites dans la vie, y compris dans votre entreprise. Si vous avez l'intention de déménager, discutez-en avec vos enfants ; leurs opinions, même s'ils sont encore très jeunes, vous surprendront par autant de pertinence.

BALANCE ascendant GÉMEAUX

Vous êtes un excellent communicateur. Vous avez un talent particulier quand il s'agit de vous adresser aux enfants, que vous adorez pour leur spontanéité. Il est rare que vous ne possédiez pas un art, que vous exercez comme si vous en aviez hérité à la naissance. En tant que double signe d'air, vous avez besoin de la poussée d'un grand vent pour choisir ce qui sied le mieux à votre nature profonde : tout vous attire. Conscience et logique s'opposent : qui a raison ? Pourquoi pas les deux ? Comme vous êtes issu de Vénus et de Mercure, l'intelligence et un esprit éclairé vous ont été donnés à la naissance. En 2007, l'amour vous fait de grands signes ; un mariage tout ce qu'il y a de traditionnel vous sera proposé. Mais voilà que Saturne en Vierge sème le doute ; avec toute la diplomatie dont vous êtes capable, vous annoncerez à votre partenaire, éperdument amoureux, que vous souhaitez attendre. Vous avez un mal fou à choisir entre vivre à deux ou vous consacrer à un travail qui ressemble davantage à un idéal. Jupiter en Sagittaire laisse présager que l'élu de votre cœur sera celui qui donnera un vrai sens à votre vie. La réponse finale vous revient. Vous choisirez entre votre ego, qui vit pour manifester sa présence physique et ses succès personnels, ou l'être en vous qui, par son attitude, sa manière de penser, bref, sa personnalité entière, sera un guide vers l'authenticité. Quel que soit votre âge, il est encore temps de vous réaliser.

BALANCE ascendant CANCER

La Lune de votre ascendant vous fait rêver pendant que Vénus, qui régit votre signe, aspire à la beauté esthétique. Vénus aime distraire les gens et leur faire oublier, du moins momentanément, les épreuves et les désagréments que tous nous subissons à divers moments de la vie. Si la Lune n'est pas accompagnée de planètes dominantes, votre signe et votre ascendant ne peuvent exprimer ni leur art ni leur imagination. Cette année, vous aurez pris de l'assurance en affaires, mais un danger subsiste : dépenser plus que nécessaire parce que vous êtes persuadé que l'apparence du succès attire de plus gros clients. Sous le ciel de 2007, la compétition devient plus agressive ; si les moyens financiers de votre rival dépassent les vôtres, vous regretterez de ne pas avoir grimpé l'échelle comme le fait un débutant. N'aviez-vous pas pensé qu'il fallait y aller selon les fonds dont vous disposiez ? Si vous vous entêtez à faire du tape-à-l'œil, la facture sera salée à la fin de l'année. Il y a aussi parmi vous des gens dont la famille est le centre de leur vie. Ces derniers devront prendre soin d'un proche ou entamer une longue discussion au sujet d'un malaise émotionnel qui s'est introduit au fil des ans entre eux et leur amoureux. Si votre maison est semblable à une arche de Noé, si vos enfants ont le maximum d'attention, si vos armoires sont remplies, si vous possédez une voiture, un compte en banque confortable et que le matériel est votre principale préoccupation, en 2007, de nombreuses petites contrariétés vous feront prendre conscience que la vie n'est qu'une répétition de gestes et d'habitudes. À partir de maintenant, rien de tout cela n'aura la même valeur, à moins que vous n'ayez vraiment peur du changement.

BALANCE ascendant LION

Vous avez un beau signe et un bel ascendant, mais vous n'êtes pas commode tous les jours. Votre Soleil dans le troisième signe de votre ascendant vous donne le sens de la réplique. Vous êtes doué comme argumentateur et comme négociateur. Vous avez un charme fou, une allure royale ; vous êtes original tant par vos propos que par votre tenue vestimentaire, qui toutefois reste dans les normes acceptables selon les invitations reçues. Vous êtes fier de vous. L'orgueil est cependant un très vilain défaut ; il serait même nuisible professionnellement et personnellement. En 2007, Jupiter est en Sagittaire dans le troisième signe du vôtre et dans le cinquième du Lion. Vous ne passerez pas inaperçu. Si vous avez fait un long bout de chemin dans le domaine où vous êtes impliqué, il est possible que vous soyez honoré pour vos accomplissements. Au fil des mois, vos ventes augmenteront considérablement, et vous pourrez ainsi garnir votre compte en banque. Un bon conseil, ne dépensez pas tout ce que vous gagnerez : il faut prévoir au cas où l'année 2008 serait moins florissante. Peut-être désirerez-vous acheter une propriété à la fin de cette année et il serait avantageux de donner la mise de fonds maximum afin de payer un minimum d'intérêts. La vie est une suite d'événements qui dépendent les uns des autres. L'année 2007 étant favorable, vous ne raterez aucune occasion de vous placer à l'avant et naturellement de faire plus d'argent. Il n'est pas non plus impossible que vous passiez d'un métier à une carrière; les éléments seront en place pour favoriser un changement radical. L'aspect vedettariat est fréquent sous votre signe et ascendant. Si vous êtes un artiste, le temps est venu de foncer là où les dieux vous appellent.

BALANCE ascendant VIERGE

Sauf de rares exceptions. le zodiaque vous définit comme faisant partie des meilleures personnes parmi les 12 signes et les 12 ascendants. Votre ascendant place votre Soleil en Maison 2, ou Maison vénusienne. Vous-même étant vénusien, voilà réunis les symboles : Vénus en signe d'air et en signe de terre. Si ce double Vénus est bon jusqu'à la moelle des os, il est possible aussi qu'il subisse les manipulations de gens mal intentionnés qui savent qu'ils peuvent profiter des bontés de la Balance ascendant Vierge. Au cours de la prochaine année, vous rencontrez beaucoup de gens nouveaux. Vous les inviterez chez vous, mais prenez garde : certains ne seront que des profiteurs. Dès que vous ressentirez un malaise en présence de l'un d'eux, dites-vous que c'est parce que vous êtes en mauvaise compagnie ; reculez plutôt que de vous lier ou de faire des affaires avec cette personne qui vous laisse dans le doute. Vous êtes extraordinairement intuitif, vous savez qui est devant vous. Ne vous laissez pas prendre par le jeu des émotions, surtout quand il s'agit d'argent. Certains achèteront leur première maison ou feront un beau profit avec leur deuxième ou leur troisième propriété. Vous aurez plus de travail que prévu et la chance d'être mis devant des défis que vous relèverez, ce qui vous permettra d'obtenir une promotion. Si votre travail vous oblige à voyager, vous serez au loin très souvent. Pour d'autres, c'est un retour aux études afin de se perfectionner ou d'avoir un diplôme nécessaire à la pratique d'un métier ou d'une profession. La chance au jeu n'est pas négligeable. Achetez un billet les jours où la Lune est en Balance et en Sagittaire.

BALANCE ascendant BALANCE

Dans l'ensemble, vous pouvez dire bonjour à la chance en 2007. Elle se présentera sous plusieurs formes et dans des détours dont vous n'attendiez rien. Si vous avez une longue expérience d'un métier, vous aurez probablement envie de faire vos preuves dans un domaine connexe; si vous devez retourner aux études, vous vous y mettrez. Vous avez une grande imagination et le sens des affaires; il est rare que vous ne preniez pas une place importante là où vous vous impliquez. Si nous partons du fait que vous avez bien réussi jusqu'ici, une autre ascension est promise en 2007. Si vous n'avez jamais voyagé, cette année vous ferez suffisamment d'économies pour vous permettre d'aller voir le ciel d'un autre pays. Si c'est la peur de l'avion qui vous retient, elle disparaîtra après une longue réflexion sur le sujet ou une thérapie qui vous remettra en contrôle de vous-même. Si vous êtes célibataire depuis longtemps, une rencontre agréable vous fera comprendre que l'amour n'a pas disparu de la planète et que, parmi les humains qui l'habitent, il y a encore quelqu'un d'aussi romantique que vous. En 2007, il vous est interdit d'agir égoïstement, de vivre comme si les autres n'étaient là que pour servir vos plans. Sous l'influence de Jupiter en Sagittaire, vous avez le devoir et même l'obligation d'être attentif à votre prochain et serviable quand vous en avez l'occasion. Si vous vous retrouvez devant une personne en difficulté et que vous vous sauvez plutôt que de l'aider, Jupiter, qui surveille vos moindres gestes, cessera d'être généreux; il pourrait même vous faire perdre des acquis. Pour obtenir un maximum de bontés provenant du ciel, respectez la loi de Jupiter.

BALANCE ascendant SCORPION

Vous portez un lourd ascendant qui vous empêche de faire des bêtises à l'égard de votre prochain. Juste à côté de votre signe, Pluton, qui régit le Scorpion, vous donne une extraordinaire capacité d'analyse. Vous êtes constamment ballotté entre le bien et le mal, celui dont vous êtes témoin, et il arrive souvent que vous deviez choisir entre les deux. Dans votre cas, le mal se manifeste généralement par la prise de drogues, l'abus d'alcool et de médicaments. Si vous travaillez dans le domaine médical, qu'importe votre fonction, vous êtes essentiel. Votre présence est bénéfique et, si vous avez un peu de pratique, vous êtes capable de vibrer sur une haute échelle télépathique et d'aider les esprits tristes et noirs à voir la lumière. Une part de vous vous souffle de ne vous occuper que de vous-même et une autre vous incite à prendre part à l'amélioration de la condition humaine. Quel que soit le travail que vous faites, il y aura toujours ici et là des occasions d'aider, de soutenir votre prochain. L'année 2007 vous apportera des joies et des cadeaux si vous les avez mérités et parfois la chance dans les jeux de hasard. Vous aurez aussi la chance d'occuper un poste mieux rémunéré ; vous aurez davantage de responsabilités. Ne vous trouvez pas d'excuses et relevez le défi ! Cessez d'avoir des doutes sur vos capacités intellectuelles ! Sous votre signe et ascendant, si vous avez peu de scolarité, vous avez tendance à vous sous-estimer et même à croire que vous ne valez pas cher. Si, au contraire, vous avez des diplômes universitaires, vous adoptez une attitude de rejet vis-à-vis de ceux qui n'ont pas votre parcours. En 2007, votre rôle n'est pas de juger, mais d'embrasser la vie dans son ensemble et d'être utile à un maximum de gens grâce à vos talents. Vous ferez la rencontre de personnes qui vous indiqueront la route à suivre si vous êtes perdu ; d'autres vous aideront à réviser vos valeurs de manière à les voir avec justesse. Vous êtes constamment à la recherche de votre équilibre ; cette année, vous trouverez ce qui est au centre de vous-même et ce qu'il est important d'accomplir pour être satisfait et pour rendre l'autre aussi heureux et paisible que vous le serez.

BALANCE ascendant SAGITTAIRE

Vous avez un ascendant qui facilite votre vie, qui permet la réalisation de vos désirs ; vous êtes l'heureux mélange de Vénus et de Jupiter : la beauté, le charme, l'amour de la vie, la joie, la foi qui soulève les montagnes et une intelligence éclairée vous caractérisent. Où est le problème ? Il est dans votre ascendant qui, à certains moments, vous fait plonger en enfer parce que vous ne voyez que des drames partout et des ennemis à tous les coins de rue. L'année 2006 a probablement apporté son lot de questionnements sur votre existence ainsi que des épreuves qui vous sont tombées dessus sans crier gare. C'est terminé, vous entrez dans une période favorable à une remontée professionnelle et personnelle. C'est un nouveau début ! Certains d'entre vous ont eu plus de chance en 2006 et en 2007. Si vous êtes de ceux-là, vous améliorerez encore vos conditions de vie ; ce qui vous fut refusé vous sera accordé. Comme vous ferez plus d'argent, vous serez tenté de dépenser, de vous offrir de petits luxes. N'exagérez pas et mettez-en de côté. Les inégalités économiques de notre siècle vous le suggèrent fortement. Si vous êtes heureux en amour, il sera question d'avoir un bébé au cours l'année. Si vos enfants sont des adultes, vous pourriez être très fier de la réussite hors de l'ordinaire de l'un d'entre eux. Il sera un héros, une vedette ou sera nommé à la présidence d'une grande entreprise. Si vous êtes jeune, vous désirerez une plus grande maison ; si vous avez l'âge de la retraite, la maison familiale est maintenant trop grande et vous chercherez une habitation plus petite. Les célibataires de tout âge auront l'occasion de quitter leur célibat. L'amour leur a donné rendez-vous en 2007.

BALANCE ascendant CAPRICORNE

Vous êtes un double signe cardinal, né de Vénus et de Saturne. En conséquence, vous avez le sens des responsabilités depuis toujours, accompagné d'une inexplicable culpabilité. En 2007, vous ferez des démarches afin de comprendre la raison de ce trouble émotionnel qui vous hante. Par exemple, vous faites le maximum pour votre famille mais, dès qu'un enfant vous fait un reproche ou même une remarque, vous êtes soudainement envahi par le doute. Les femmes sont plus sujettes à ces états d'âme. Les hommes de votre signe, plutôt que de se questionner, se réfugient dans le travail et passent plus d'heures avec leur patron qu'avec leur conjointe et leurs enfants. La meilleure raison que monsieur a trouvée pour justifier sa fuite, c'est que la vie coûte très cher. Il y a aussi de nombreuses femmes de carrière sous votre signe et ascendant. Ces dernières sont aussi des mères ; elles sont pourtant présentes au boulot et attentives à leur progéniture. Cette année, elles se questionneront au sujet de leurs lourdes tâches. Homme ou femme, vous vous dites que ce n'est pas normal de ne pas trouver le bonheur alors que vous avez tous les ingrédients en main. Une thérapie, qui n'a pas besoin de durer plusieurs années, vous fera le plus grand bien. Pour une fois, vous parlerez à quelqu'un qui vous écoutera. Il est fréquent, sous votre signe et ascendant, que vous ayez choisi un partenaire qui se comporte comme un enfant et qui est émotionnellement si exigeant que vous ne vous y retrouvez plus ; il adopte parfois une attitude de victime. Les jeux de pouvoir dans un couple ne sont pas toujours conscients et, dans un tel cas, un des deux doit décider d'aller mieux. S'il est question de séparation, de grâce ne permettez pas à votre partenaire de se servir des enfants pour régler les problèmes d'argent. Professionnellement, vous irez de l'avant, mais avec un peu plus de difficulté qu'à l'accoutumée si votre vie intime et familiale est troublée. Avant que l'année se termine, l'issue vous sera favorable.

BALANCE ascendant VERSEAU

Vous êtes un double signe d'air. Tout vous intéresse et le monde vous semble trop étroit. Si vous avez une vie familiale, elle est vécue dans le respect des droits de chacun et de leurs désirs, mais vous exigez que chacun dise la vérité en tout temps : vous êtes allergique au mensonge. En revanche, vous n'hésitez pas à user de diplomatie et de demi-vérités lorsque votre travail vous oblige à négocier. L'essentiel est de gagner si telle est la mission dont on vous a chargé. Vous êtes un être extraordinairement sociable, un excellent communicateur et vous cumulez plusieurs talents. Quand vous avez à défendre vos droits et ceux des autres, vous êtes imbattable. Votre sens de la justice est très développé ; quand il s'agit de vous impliquer dans votre communauté, vous le faites à fond. En 2007, si vous faites un travail ayant un lien avec les communications, la politique, l'environnement, les médias et d'autres domaines qui vous mettent en contact avec les gens, vous aurez un succès fou et ferez parler de vous. Quel que soit votre principal talent, vous ne resterez pas dans l'ombre ; grâce à vos bonnes relations, vous vous rendrez là où vous voulez aller. En affaires, soyez prudent ; vos investissements personnels devront être scrupuleusement analysés. S'il est question d'association, avant d'apposer votre signature au bas d'un contrat, faites-le étudier de A à Z : le danger d'être floué est omniprésent jusqu'en septembre. En aucun temps vous ne devrez vous lier à quelqu'un qui, dans le passé, a triché. Il pourrait magouiller, surtout si vous êtes beaucoup plus jeune que lui. Une aventure amoureuse dans votre milieu de travail ne serait pas de bon augure. Trouvez l'amour ailleurs.

BALANCE ascendant POISSONS

Vous avez l'ascendant qui est le plus rarement porté par tous les signes du zodiaque. Votre Soleil est dans le huitième signe de votre ascendant, ce qui fait de vous un Vénusien-Neptunien-Plutonien, une personne à la recherche d'elle-même et intriguée par tous les phénomènes paranormaux ainsi que par l'astrologie. Souvent, les études concernant les vies antérieures retiennent votre attention. Mais vous avez aussi les deux pieds sur terre. En 2007, un déménagement est à prévoir. La campagne aura une attraction particulière sur vous si vous êtes de la ville ; si vous vivez déjà à la campagne, vous vous impliquerez dans la protection de l'environnement ou dans une œuvre visant à améliorer les conditions de vie des habitants de votre région. Vous êtes généralement hésitant avant de passer à l'action, ce qui ne sera plus le cas à compter de cette année. Vous achevez un processus de transformation qui aura duré trois années ; vous êtes enfin arrivé à des conclusions pour mieux vivre votre vie. Quel que soit votre métier, vous y apporterez des changements, bons pour vous mais également pour ceux qui vous entourent. La principale mise en garde pour 2007 concerne votre santé. Votre dépense d'énergie sera énorme ; il sera essentiel de bien vous nourrir et de dormir suffisamment. Si vos pieds et vos jambes enflent à répétition, ne trouvez pas mille raisons pour remettre à plus tard un examen médical : un contrôle s'impose. Certains d'entre vous peuvent avoir des problèmes de circulation sanguine. Il vaut mieux prévenir que de compter sur le hasard pour que tout se règle.

Scorpion

(23 octobre au 22 novembre)

À mon adorable petit-fils, Mikaël Aubry, un tendre, un doux. Son ascendant Balance fait de lui un pacifiste, un bon négociateur. Quand il me demande un jouet ou un objet quelconque, il a une technique infaillible; il sait émouvoir sa mémé. Au moment où ce livre sortira, il viendra d'avoir cinq ans! Il devient de plus en plus Scorpion depuis une année. Sa véritable nature, celle de l'intolérance face aux injustices, fait entendre sa voix. Il est remarquable quand il défend les droits des autres mais, pour l'instant, il ne défend pas encore suffisamment les siens; ça viendra avec le temps. Il fait partie de cette race de Scorpion dont le dard fut presque totalement amputé à la naissance, il est presque dépourvu d'agressivité. Étrangement, lui et moi avons plusieurs aspects semblables. Pour cette raison, il faudra encore plusieurs années avant qu'on fasse des étincelles de colère. Son développement intellectuel est fortement accéléré pendant l'enfance parce qu'il est plus observateur que bien d'autres enfants. Ainsi, il apprend ce qu'est la nature humaine sous ses bons et mauvais côtés. Un jour viendra où il sera capable de se fâcher très fort contre les vrais vilains.

À ma fidèle et très bonne amie Monique Stone. Nous avons toujours tant de choses à partager ainsi que de nombreux événements que nous avons vécus aux mêmes âges. J'ai été bousculée par le temps ces derniers mois et je lui fais ici la promesse que nous passerons ensemble une journée à bouquiner, à nous balader et à prendre un repas dans un bon resto où on sert des plats gastronomiques, ce qui nous obligera à manger lentement, ainsi nous poursuivrons nos conversations philosophiques.

Sous l'influence de Jupiter en Sagittaire

Vous venez de passer quelques années essoufflantes, avant le passage de Jupiter en Scorpion, où vous vous prépariez à vous installer, à organiser votre vie pour la grande bousculade, le grand nettoyage. Et voilà qu'à son passage, Jupiter en Scorpion vous a donné l'occasion de voir clair, de ne plus vous cacher dans des eaux troubles; il vous a signalé et pointé ce qui n'allait pas, ce qu'il fallait rectifier, ce vers quoi vous deviez tendre. Et il vous a salué en vous donnant rendez-vous dans 12 ans. Eh bien, maintenant, sous Jupiter en Sagittaire, vous pouvez lui dire merci, commencer à récolter les fruits de vos réflexions, de votre nouvelle vie et vous dire que chaque année qui vous transportera vers le prochain passage de Jupiter dans votre signe devra en être une de grand apprentissage qui vous mènera à bon port. Sous le passage en Sagittaire, vous serez porté à dépenser, mais pour des biens durables. Maintenant que vous avez compris l'importance d'être chez soi, de se créer un nid douillet, vous songez à l'achat d'une maison. C'est une décision importante qui vous incitera à peser les pour et les contre, et vous comprendrez que vous gagnerez beaucoup en retour sur l'investissement. La gestion d'une propriété ne génère pas trop de soucis si vous tombez sur des locataires raisonnables et l'achat d'une maison est un des meilleurs investissements que vous pourrez faire.

Cœur aimant

Après avoir longtemps erré dans l'incertitude affective, voilà revenu le temps de la stabilité ou du moins celui de la réflexion sur les sentiments qui vous animent, vous et votre partenaire, et sur la possibilité de transposer ces sentiments dans un engagement plus concret. Mariage ou cohabitation? Êtes-vous réellement prêt pour le mariage? C'est un engagement beaucoup plus solide et difficile à défaire qu'une simple vie commune. Le désir de cohabiter sera plus fort. Ne vous en faites donc pas, vous n'êtes pas les seuls à être partagés entre le désir de solitude et celui de la vie à deux. C'est la plaie du 21e siècle, et pas seulement en Amérique du Nord. Il faudra arriver à repenser les relations à deux, à trouver une nouvelle formule pour qualifier les couples d'aujourd'hui.

Épanouissement au travail

Vous êtes un travailleur autonome, un artiste? De grandes réalisations vous attendent cette année. Vos finances ne s'en porteront que mieux. Si vous avez misé sur une promotion au cours de l'année précédente, il y a de fortes chances qu'elle se concrétise. Cette ascension est en lien direct avec vos efforts et votre volonté de réussir. Toutefois, vous hésiterez devant ce choix. N'oubliez pas, libre à vous de grandir ou pas, de plonger dans l'inconnu et d'y mettre du vôtre. Si vous songiez à démarrer votre propre entreprise à domicile, ce sera un peu compliqué. Avez-vous pensé à vous associer avec d'autres personnes intéressées? Peut-être que le moment est venu d'y songer sérieusement. Cette association décuplerait les énergies que vous songez à déployer et vous soutiendrait dans les moments d'hésitation. Cette démarche vous assurerait un revenu plus décent que celui sur lequel vous comptez actuellement et vous donnerait ce que vous n'avez jamais vraiment connu : une sécurité d'emploi. Rares sont les postes actuels qui sont offerts avec une permanence. Une certaine sécurité est ce qu'il vous faut viser en ce moment.

Vous, un parent

Vous êtes un parent autoritaire, vous ne pouvez pas vous en empêcher. Mais sachez aussi exprimer votre amour envers vos enfants. Ils ont besoin de poins de repère, d'une certaine discipline, mais pas de dureté. Sachez leur démontrer que, derrière la personne disciplinée, se cache une personne aimante, sensible à leurs besoins affectifs. Ils sauront que ce que vous exigez d'eux n'est que pour leur bien. Ils sauront que votre sévérité est là pour mieux vous empêcher de céder à leurs caprices. Soyez généreux envers eux.

En contrepartie, les enfants doivent mériter non seulement votre affection, mais aussi votre attention. Ils doivent comprendre que le fait de recevoir n'est pas à sens unique, que cela doit se gagner. Il doivent saisir aussi que vous voyez clair dans leurs petits jeux de manipulation. Les enfants essayent de manipuler leurs parents ; dès leur jeune âge, ils commencent à exercer et à aiguiser leur charme. Ce serait leur rendre un grand service de leur signaler que vous en êtes conscient, mais que vous êtes prêt à jouer le jeu, à condition que les règles de base soient respectées. Si vous leur exprimez du respect dans ce sens, ils vous respecteront à leur tour. N'oubliez pas qu'il faut peser les pour et les contre avec les enfants et ne pas leur accorder votre confiance trop facilement.

Ils se savent de bons manipulateurs, mais connaissent aussi leurs limites parfois. Ils sauront vous la jouer sentimentalement. Il se pourrait que, cette année, un parent vienne habiter près de chez vous ou que vous déménagiez près de chez un de vos enfants. Une grande sécurité affective et matérielle est recherchée dans ce sens.

Votre vitalité

Étonnante énergie que la vôtre face aux immenses tâches qui nécessitent tant d'interventions et d'investissements! Quant aux tâches domestiques, vous êtes d'une paresse exemplaire. Cette année, votre vitalité baissera temporairement. Il se pourrait que vous ayez à subir une intervention chirurgicale aux os, à la peau, à la gorge ou même à un des organes vitaux, comme l'estomac. Ne vous en faites donc pas! Votre récupération sera rapide. En 2007, vous croirez que votre vitalité est à la baisse, mais il n'en sera rien. Vous approcherez chacun des obstacles placés sur votre route avec une philosophie hors du commun et vous trouverez la force de les affronter, que ce soit un deuil ou ce qui en découle comme la gestion d'un héritage.

Votre chance

C'est une année de chance pour vous. Vous avez investi à la Bourse, fait des placements dans divers portefeuilles ou même dans l'immobilier? C'est un gain qui vous attend. Vous ne saurez pas d'où vous vient cette chance, mais elle sera là au moment où vous vous y attendrez le moins et sans fournir le moindre effort. Elle vous sourira en ce qui concerne des investissements du passé, mais aussi dans vos projets futurs. Dans le même sens, vous recevrez cette année un héritage auquel vous ne vous attendiez pas.

Biens matériels et sentiments

La chance qui vous habitera vous permettra de faire quelques petites folies dont vous avez toujours rêvé, l'achat d'une voiture, par exemple. Mais est-ce bien utile d'acheter un gros véhicule, surtout à la fin de l'année, lorsque l'hiver bat son plein? Vous oubliez le prix de l'essence et la pollution de notre belle planète? Ne tombez pas dans le piège du nettoyage des angoisses par les biens matériels. Votre désir de vivre ou plutôt de vous sentir vivre est intense. Vous ne vous sentez pas près de vos émotions? Voyez du monde, soyez vrai et vous en sortirez gagnant.

La solitude est néfaste ; vous ne ferez que ressasser les mauvais souvenirs du passé. Sortez prendre l'air avec vos amis !

JANVIER 2007

Sous l'influence du Nœud Nord en Poissons — S'il fait froid dehors, ce n'est pas tout à fait le cas dans votre maison. Les enfants prennent de plus en plus d'importance et occupent non seulement l'espace qui leur revient mais aussi le vôtre. User de votre pouvoir avec eux n'est pas tout à fait indiqué. Mettre en évidence votre petit ego non plus. Évitez les réactions passionnées. Quant aux sentiments, fiez-vous un peu plus à eux ce mois-ci. Ils seront un bon guide.

Vie amoureuse du célibataire — C'est bien beau de se cacher sous sa couverture, mais vous ne parviendrez pas à tenir le coup. Il est vrai que le froid extérieur ne porte pas aux grands sentiments chaleureux, mais prenez le temps d'analyser votre absence de désir de partager votre vie avec quelqu'un en ce moment. Il y a peut-être anguille sous roche.

Vie de couple–famille–budget–travail — En tant que mère et femme au travail, vous vivez de plus en plus de situations difficiles. Vous vous sentez seule face à toutes les responsabilités qui vous incombent ? Réajustez le tir pour vous éviter des stress inutiles. Si vous pouvez travailler à partir de la maison, pourquoi ne pas le faire ? Vous sentez que vous allez rater votre carrière et élever vos enfants à moitié. Ne vous en faites donc pas, les enfants s'ajustent à toutes les situations, pourvu que vous leur offriez une qualité de présence. C'est ce que vous avez de la difficulté à faire en ce moment, car vous avez le sentiment que vous les élevez seule et que votre partenaire ne participe pas tout à fait comme vous le voulez aux différentes tâches domestiques et ménagères.

En tant que père et homme au travail, est-il toujours aussi difficile d'exprimer vos émotions ? Allez, faites un effort, on ne vous enlèvera rien si vous vous exprimez. On ne vous appréciera que davantage. Il ne faut pas penser que, parce que vous vous sentez d'attaque professionnellement et que vous avez l'impression que vous pourrez accomplir de grandes œuvres, les émotions ne valent rien. Un peu d'équilibre ! Vous avez si bien régularisé votre situation financière que vous pouvez être fier de vous. Même la période de Noël n'a pas cassé le rythme que vous

vous êtes imposé toute l'année pour obtenir un résultat acceptable. Alors, si tout va bien, pourquoi ne pas vous installer confortablement et vous offrir un bon souper aux chandelles accompagné d'autres touches romantiques qui feront le délice de votre amoureuse? Elle n'attend que votre douce présence.

Clin d'œil sur les baby-boomers — Vous songez à la retraite. Vous en êtes encore un peu loin, mais vous faites partie des gens de cette génération qui aiment bien se projeter dans le futur, soit par amusement, soit pour voir s'ils s'y sentiront à l'aise. N'ayez crainte, car ce n'est qu'une crainte. Il n'est pas trop tard pour planifier une bonne retraite. Vous avez envie de vous évader, de voyager à l'étranger, de voir du pays; vous pensez à l'argent qu'il vous faudra pour tout cela. Vous le trouverez, ne vous en faites pas. Ce mois-ci, vous obtiendrez du financement facilement pour réaliser un projet, pour démarrer une entreprise ou pour investir dans celle que vous avez déjà montée il y a quelques années.

FÉVRIER 2007

Sous l'influence du Nœud Nord en Poissons — En ce mois de la Saint-Valentin, ce sont les histoires d'amour qui occupent toute l'attention. Normal, toutes les décorations vous incitent à y penser. Êtes-vous certain que vous avez envie de vous embarquer dans une histoire d'amour? On a l'impression que vous en mourez d'envie et qu'en même temps vous tirez sur le frein à bras. Détendez-vous! Si vous avez des enfants, tentez de comprendre leurs besoins et de les combler; ceux-ci sont réels.

Vie amoureuse du célibataire — Vous pensiez que vous ne rencontreriez plus personne, que votre charme perdait de sa valeur chaque jour? Détrompez-vous. L'être idéal est à portée de la main. Il est là, tout près. Sachez le reconnaître. Ce sera un coup de foudre marqué, dès le début de votre relation, par beaucoup de générosité. Vous en avez besoin. Vous n'avez rencontré jusqu'à maintenant que des gens avares quant à leurs sentiments et à leur argent. Une émotion très intense vous envahira. N'ayez pas peur de la vivre pleinement.

Vie de couple–famille–budget–travail — En tant que mère et femme au travail, vous trouvez difficile de voir évoluer les célibataires autour de vous sans les envier quelque peu. Ils ont l'air d'avoir pris en main leur vie, d'être libres de leurs mouvements. Ils vous font prendre conscience de votre grand besoin de liberté par rapport à votre conjoint et à vos enfants. Sans les renier ou les abandonner, vous aurez envie de respirer et de penser un peu à vous. Vous avez grandement besoin de vous retrouver entourée d'amis en ce moment. Vous avez envie que l'on vous apprécie comme une amie et comme une femme, pas seulement dans votre rôle de mère de famille. Si vous avez trouvé un emploi et que vous avez hérité de responsabilités qui vous donnent l'impression d'être plus importante, c'est un sentiment tout à fait éphémère. Vous aurez l'heure juste bientôt et y verrez plus clair.

En tant que père et homme au travail, vous obtiendrez le poste de direction que vous souhaitiez tant ; les négociations se passeront comme sur des roulettes. Votre habileté à communiquer donnera l'impression à ceux qui vous engagent que vous êtes le meilleur. Grâce à cette qualité, vous en viendrez à plaire malgré vous, et pas seulement à vos futurs patrons, mais également à une personne du sexe opposé. Toutefois, comme vous êtes fidèle, vous échapperez au désir intense d'être volage. Fantasme, vous direz-vous, et tout rentrera dans l'ordre. Vous aurez la vague impression d'être devenu un chauffeur de taxi pour les enfants. Bref, de nombreux déplacements sont à prévoir avec eux.

Clin d'œil sur les baby-boomers — Vous attendiez une bonne excuse pour améliorer votre intérieur ? Eh bien, une fuite d'eau vous la fournira. Tracas de plomberie ? Un tracas de trop ! Si vous voulez entreprendre les démarches pour vendre votre propriété, il est temps d'y songer. Vous avez votre raison toute trouvée.

MARS 2007

Sous l'influence du Nœud Nord en Poissons — Vous n'en revenez pas du succès que vous obtenez en ce moment. Lorsque vous avez une idée, c'est qu'elle a mûri dans votre esprit pendant longtemps, qu'elle est prête à être explorée. Si vous travaillez avec le public, ce dernier vous manifeste sa satisfaction. Si vous touchez de près ou de loin aux médias, vous obtiendrez toute la gloire que vous recherchez.

Vie amoureuse du célibataire — Votre vie amoureuse se trouvera bousculée ce mois-ci, vous rencontrerez quelqu'un sur votre lieu de travail. Attention à ce genre d'amour ! Il est difficile de maintenir des relations à la fois professionnelles et personnelles. De plus, cette personne sera votre supérieur hiérarchique et sera plus âgée que vous. Ne confondez pas amour et mentor.

Vie de couple–famille–budget–travail — En tant que mère et femme au travail, vous avez l'impression de mériter un peu de repos. En fait, vous en avez grand besoin : comme tous les Scorpion, vous ne pensez qu'à vous détruire. De grâce, soyez gentille avec vous-même. Si vous avez besoin d'aide, demandez et vous recevrez. Votre petite famille et votre conjoint ne demandent qu'à vous aider. Si vous leur signifiez votre fatigue, ils se mettront au travail et vous sentirez passer le courant avec votre partenaire. Les enfants prendront également leurs responsabilités, car ils veulent aussi vous voir en forme : un autre type d'égoïsme. Au travail, vous avez de la difficulté à maintenir le rythme : on exige beaucoup des employés ces années-ci. Vous vous ferez chanter la pomme et, en prime, vous apprécierez. N'oubliez pas que vous ne pouvez vous permettre de ne vivre qu'une romance innocente et amusante, rien de bien sérieux. Soupez plutôt aux chandelles avec votre amoureux.

En tant que père et homme au travail, comme tous les hommes, vous vous lancez constamment dans des travaux physiques sans trop savoir comment vous y prendre. De grâce, rénovez si vous le voulez à l'intérieur de votre domicile, mais laissez les gros travaux qui demandent une expertise aux professionnels. Vous avez envie de vous rapprocher des vôtres ; faites-le sans trop de chichis. Votre rêve d'amour et de la famille idéale est peut-être devant vous. Tentez d'améliorer les deux aspects et vous vous en rapprocherez. Soyez généreux avec vos enfants, ils n'ont pas, comme vous, des rentrées d'argent régulières. Pourquoi ne pas les habituer à gérer leur argent ? Vous vous sentirez si proche de votre famille que vous voudrez démarrer votre entreprise à domicile. Ce projet est trop compliqué pour que vous lui accordiez l'attention qu'il mérite ? Soit, il n'en sera que retardé.

Clin d'œil sur les baby-boomers — Les plus de 50 ans commencent à ressentir une grande fatigue : il était temps. Ils ont été essoufflants et essoufflés ces dernières années. Mais malgré leur grande lassitude, ils ne pourront s'empêcher de sortir et de dialoguer avec leurs amis. Cette génération a bien besoin de communiquer et de le faire verbalement, contrairement à ceux qui sont issus de la génération des technologies. Certains voudront voyager et voir du pays, mais la peur de l'étranger et la fascination que les autres exercent sur eux les ralentissent dans leur projet. Les célibataires feront une belle rencontre dans leur milieu de travail, sans doute un étranger, une personne venue d'ailleurs.

AVRIL 2007

Sous l'influence du Nœud Nord en Poissons — Ce mois-ci, l'inaction n'aura pas sa place. Le besoin de bouger est si intense, si fort que vous ne pourrez vous empêcher de planifier des activités à l'extérieur, hors de votre routine. Mieux encore, tout le monde suivra : les amis, les enfants, qui le feront sans rechigner, et l'amoureux, qui trouvera votre envie de bougeotte bien contagieuse.

Vie amoureuse du célibataire — Une rencontre est presque programmée dans un lieu où des conférences, des colloques sont organisés, un lieu où le dialogue est favorisé. Il se pourrait que vous rencontriez un ami que vous n'avez pas vu depuis longtemps, que vous vous remémoriez votre solide amitié d'antan et qu'en parlant vous vous rendiez compte que vous êtes en train de vous faire une déclaration d'amour.

Vie de couple–famille–budget–travail — En tant que mère et femme au travail, vous trouvez bien difficile cette vie moderne où toutes les valeurs foutent le camp. Ne soyez donc pas si pessimiste. Les rôles de chacun doivent être repensés et revalorisés. Vous ne perdez assurément pas le sens de la réalité. Par contre, vous aurez un grand besoin de faire un retour aux sources. Un bain spirituel est à conseiller, mais attention de ne pas tomber sur n'importe quel porteur de message de vérité ! Il vous faudra faire un effort considérable ce mois-ci pour ne pas vous laisser dicter votre conduite et votre vie par les enfants. Ne voyez-vous pas que vous avez affaire à de grands manipulateurs ? Sachez distinguer entre le poids des responsabilités et l'envie de tout foutre en l'air à cause d'un trop-plein. Doucement, parlez-en avec votre conjoint ! Offrez-vous un week-end en amoureux, sans les enfants !

En tant que père et homme au travail, le mois d'avril vous donne des ailes. Une grande force intérieure vous habite, vous donne confiance en l'avenir et vous ouvre de nombreuses portes. Vous avez de l'entregent et vous savez l'utiliser. Prudence, toutefois, croyez-en le proverbe zen : « On ne peut se libérer soi-même en abreuvant les autres de paroles. On ne fait que répandre le bruit des chaînes qui nous entravent. » Vous faites partie de ces personnes dépensières qui se défoulent dans la consommation pour combler des besoins affectifs. Sachez distinguer entre vos besoins réels et vos besoins de luxe, ce sont deux choses complètement différentes. Vous occupez un emploi rémunérateur, ne dilapidez pas votre argent dans des futilités. Vous trouvez qu'il est difficile d'être d'accord avec l'ensemble de la famille? Restez vous-même, ne prenez pas des positions simplement pour faire plaisir à l'un et à l'autre. Vous n'en retirerez que des bénéfices.

Clin d'œil sur les baby-boomers — Si vous n'achetez pas de billets de loterie, comment pensez-vous que vous parviendrez à gagner? Ce mois-ci vous rend plus chanceux que d'habitude. Loterie, casino, bingo, tous les prétextes sont bons pour vous amuser. Mais tâchez de rester dans le plaisir, ne développez pas une dépendance au jeu. Sachez qu'une fois n'est pas coutume. Les projets que vous entreprendrez seront bien menés. Si vous songiez à déménager, ne vous rendez pas malade. Le changement n'est pas nécessairement négatif.

MAI 2007

Sous l'influence du Nœud Nord en Poissons — Les nombreuses tensions qui affligent régulièrement votre muscle cardiaque devraient maintenant se relâcher. Quel soulagement pour vous! Et les impacts sont positifs sur votre cœur, aussi bien physiquement que moralement. Il s'agit possiblement de conflits avec votre partenaire de vie qui prennent fin ou encore de tensions avec vos enfants qui connaissent une conclusion heureuse. En effet, quel bonheur pour tout parent de retrouver l'harmonie avec sa progéniture!

Vie amoureuse du célibataire — Si vous êtes de ceux qui profitent des soldes du printemps pour se procurer un forfait voyage, sachez qu'il ne serait pas impossible de trouver à l'étranger un candidat très intéressant pour votre cœur. Qu'y a-t-il de plus romantique que de vivre les premiers instants d'une relation dans un endroit paradisiaque? En ce moment, vous êtes particulièrement attiré par – et attirant pour – des gens d'une autre origine que la vôtre, histoire de découvrir de nouveaux horizons. Attention à votre promptitude, votre franc-parler pourrait faire peur à de très bons candidats. Soyez plus diplomate durant les premières fréquentations.

Vie de couple–famille–budget–travail — En tant que mère et femme au travail, vous connaîtrez une belle période de chance en général. Celle-ci amènera bien des changements qui parfois seront compliqués à vivre, mais qui à d'autres moments seront un véritable soulagement. Professionnellement, si vous avez l'impression de vous retrouver dans une impasse ou dans une situation où il est nécessaire de faire d'importants changements, un retour aux études sera fort possible. En effet, vous n'avez rien à perdre et tout à gagner à retourner sur les bancs d'école, ne serait-ce que pour l'été. D'ailleurs, il s'agit là de la meilleure manière pour profiter pleinement des transformations dans votre milieu de travail. Si le temps vous le permet, vous accepterez toutes les invitations à participer aux différentes activités de votre enfant à l'école. Celle-ci étant toujours à la recherche de bénévoles pour donner un coup de main, vous prêterez main-forte avec plaisir au personnel, d'autant plus qu'il s'agit là d'une belle façon de créer des liens plus étroits avec votre enfant. En couple, vous n'êtes pas toujours un ange, et vous le savez bien! Mais de là à provoquer des conflits pour mettre du piquant dans votre relation, vous exagérez! Passion, voilà tout ce qu'il vous faut.

En tant que père et homme au travail, qu'avez-vous à cacher? Vous avez tendance à arriver souvent avec des fleurs, vous vous proposez pour faire la vaisselle, les repas ou d'autres tâches. Avez-vous quelque chose à vous faire pardonner? Il y a effectivement un malaise, cependant ce n'est probablement rien de grave. Vous êtes seulement bien investi dans votre travail et passionné par celui-ci et vous ne voulez surtout pas que cela dérange l'harmonie à la maison. En effet, au boulot, il y a de gros projets qui se mettent en branle. Même si tout cela semble aller trop vite, ils se développent sans trop d'embûches, ce qui signifie que vous êtes dans la bonne direction pour obtenir un grand succès. Votre dévouement, tant pour votre famille que pour votre travail, vous rapportera d'importants dividendes auprès de vos enfants. Vous êtes un bel exemple de réussite à leurs yeux, ne soyez pas surpris de les voir s'engager dans votre voie. La vie à deux n'est pas toujours de tout repos, mais vous êtes prêt à faire les compromis nécessaires ou à changer certaines habitudes pour que l'harmonie devienne la raison de votre union.

Clin d'œil sur les baby-boomers — Vous êtes de cette génération qui craint de ne pouvoir vivre sa retraite avec le même confort que durant sa vie active. Et rien pour vous rassurer, la machine à rumeurs pourrait bien s'emballer au sujet des taux d'intérêt, des investissements boursiers et autres capitalisations qui pourraient transformer votre planification pour les années à venir en un véritable gouffre financier. Enfin, ce ne serait pas la première fois! Cela pourrait en pousser certains à adopter une attitude plus intéressante face à tout cela, une approche plus spirituelle de la vie, à développer un désir de partager avec l'autre peu importe la situation. Le bien-être intérieur sera leur nouvelle quête.

Très philosophe à vos heures, vous verrez vos idées au sujet de certains idéaux faire du chemin.

JUIN 2007

Sous l'influence du Nœud Nord en Poissons — Nous avons tous un budget à respecter, des responsabilités et des obligations à l'égard des autres. Comment se déroulera l'été? Irez-vous en vacances en famille? Quel sera votre budget? Toutes ces questions devront avoir une réponse. Il est important d'équilibrer non seulement vos revenus en fonction de vos dépenses, mais aussi le temps que vous accorderez au travail par rapport à vos loisirs et à votre famille.

Vie amoureuse du célibataire — Enfin, le voici, l'amour avec un grand A! Celui que vous attendiez depuis belle lurette, celui qui vous fait rêver, danser, rire, celui qui vous embrasse tendrement, qui vous fait l'amour comme un dieu, bref, l'être parfait est devant vous! Mais est-ce possible? Vous ne doutez pas nécessairement de son honnêteté, mais vous craignez que cette perfection s'évapore prochainement, alors vous vous empressez de rendre cette relation de plus en plus officielle, ce qui pourrait justement l'irriter.

Vie de couple–famille–budget–travail — En tant que mère et femme au travail, vous vous êtes toujours crue invulnérable. Vous avez toujours senti la puissance de votre signe en vous, vous vous êtes mis en tête qu'il n'y aurait jamais rien pour l'arrêter. Cependant, il arrive un jour où la réalité nous rattrape: nous ne sommes pas invincibles dans le fond, nous avons nos forces et nos faiblesses comme tout être humain. Depuis toujours, vous êtes arrivée à prendre d'énormes responsabilités sur vos épaules mais, à un moment ou à un autre, sans avertissement, votre corps ne supportera plus cette volonté qui vous a toujours démarquée des autres. Ainsi, le mois de juin en est un pour apprendre à vous reposer et à déléguer certaines tâches. Faisant face à ces nouvelles contraintes, vous réaliserez qu'il n'était pas vraiment nécessaire de vous ruiner la santé pour votre patron; vous avez encore de belles années à vivre devant vous et vous songerez sérieusement à en profiter. D'ailleurs, vos enfants, grands ou petits, apprécieront de passer plus de temps en votre compagnie, et la mère que vous êtes se sentira d'autant plus valorisée d'être appréciée davantage par ses enfants que par son patron qui en demandait toujours plus. Évidemment, lorsque la vitalité chute ainsi, la vie de couple en prend pour son rhume, les nuits torrides se font plus rares. Il faudra bien vous reposer pour vous remettre sur pied.

En tant que père et homme au travail, vous devez vous attendre à avoir beaucoup de boulot, cependant votre résistance ne cédera pas et les revenus augmenteront proportionnellement à l'effort. Votre volonté et votre détermination étant à un point culminant pour faire avancer votre carrière, ce n'est surtout pas un peu de fatigue qui vous arrêtera dans cette lancée. D'ailleurs, si vous attendiez des nouvelles de votre banquier au sujet du financement de vos grands projets, vous devriez recevoir une réponse positive avant la fin du mois. S'il s'agit de votre propre entreprise, vous serez très enclin à faire travailler vos enfants dans un emploi saisonnier ou encore pour faire un stage en entreprise. En tant que père, il s'agit là de l'héritage que vous aimeriez leur léguer, c'est-à-dire de partager votre réussite professionnelle ; vous voulez bâtir la relève avec eux et vous réussirez certainement à les convaincre de poursuivre votre œuvre. Sentimentalement, vous avez besoin de connaître l'équilibre en amour ; il vous faut l'harmonie et vous n'avez pas peur de vous engager en ce sens, de faire les compromis qui s'imposent.

Clin d'œil sur les baby-boomers — Il ne faudrait pas hésiter à acheter régulièrement vos billets de loterie ce mois-ci, il y a certainement une belle surprise dans l'un de ceux-là. Vous serez chanceux également au casino et au bingo. Même au travail, vous pourriez recevoir une généreuse commission, un gros boni inattendu. Bien sûr, vous aurez immédiatement l'idée d'en donner une partie, mais le problème sera de savoir qui vous voulez en faire profiter. Cela provoquera-t-il de la chicane ? Vos bénéficiaires risquent de s'entredéchirer et vous n'en seriez que plus malheureux. Côté cœur, une certaine panne de désir à l'endroit de votre partenaire provoque chez vous une grande confusion ; vous vous demandez même s'il s'agit de la bonne personne pour passer le reste de vos jours.

JUILLET 2007

Sous l'influence du Nœud Nord en Poissons — Pour bien des gens, l'été est synonyme de festivités, et vous ne faites pas exception à la règle. Vous êtes toujours partant pour toutes les fêtes, les réunions familiales et amicales, mais aussi pour toutes sortes d'activités, même celles qui demandent d'ouvrir votre portefeuille, de pratiquement vendre quelques actifs pour respecter votre budget... Blague à part, vous serez particulièrement dépensier ce mois-ci. Vous le méritez un peu quand même, vous avez travaillé fort toute l'année et c'est votre récompense.

Vie amoureuse du célibataire — Vous êtes assez populaire actuellement. Il y a quelques personnes dans votre sillage, mais vous n'êtes pas très enclin à approfondir une nouvelle relation. La douce chaleur de l'été vous incite davantage à ouvrir vos horizons et à vivre dans une totale liberté avant tout. De ce fait, vous aurez plutôt tendance à fréquenter des amis pour éviter de jouer avec les sentiments, mais l'un d'eux aura la fâcheuse idée de vous déclarer son amour. Ce serait une grave erreur d'accepter sa demande actuellement, vous le feriez souffrir dans le fond puisque vous n'êtes pas prêt à l'engagement.

Vie de couple–famille–budget–travail — En tant que mère et femme au travail, vous êtes une personne accomplie : votre carrière est en expansion, votre famille est élevée, l'amour est bien implanté dans votre vie. Vous ressentez maintenant le besoin d'une plus grande liberté d'action, le désir de vous bâtir un cercle d'amis sincères et sérieux. Qui de mieux pour cela que les collègues de travail ? Ce sont des gens que vous connaissez depuis très longtemps, la relation est déjà établie, alors vous aurez tendance à développer une belle vie sociale avec eux. Après les heures de bureau, vous irez volontiers au restaurant, assister à des conférences, faire de l'exercice. Bref, il est grand temps pour vous de profiter de la vie. Professionnellement, si vous travaillez avec le public, vous en retirerez beaucoup de gratitude, tout en étant très à l'aise avec les foules nombreuses. D'ailleurs, cela pourrait même être une porte d'entrée vers l'apprentissage d'une nouvelle langue ; votre travail pourrait vous offrir l'occasion d'œuvrer avec des gens d'une autre communauté. Votre désir d'avoir une vie sociale active vous rend bien moins encline à vous coller sur votre amoureux et même sur vos enfants. Vous chercherez davantage à leur organiser des activités plutôt qu'à passer des moments intimes avec eux.

En tant que père et homme au travail, vous êtes un être très intense dans vos sentiments ; vous ne connaissez pas la superficialité en amour. Alors, lorsqu'une légère sensation d'insécurité affective à l'égard de votre partenaire se fera sentir, vous aurez tendance à sauter aux conclusions très rapidement. Que ces impressions soient fondées ou non, vous chercherez à provoquer l'autre pour obtenir la vérité, vous voudrez connaître ses véritables sentiments à votre endroit. Vous pourriez même avoir tendance à brandir le spectre de la séparation pour obtenir satisfaction. D'ailleurs, vos projets de vacances semblent de moins en moins romantiques avec la perspective que les sentiments amoureux ne sont plus aussi intenses entre vous. Professionnellement, quelques déceptions vous forceront à changer votre fusil d'épaule. Une rupture de contrat ou la perte d'un important client vous conduiront vers des changements nécessaires et extrêmement positifs en bout de ligne. Tout le brouhaha sentimental et professionnel se fera évidemment sentir sur votre famille, ce qui ne vous incitera pas trop à prendre vos responsabilités.

Clin d'œil sur les baby-boomers — Après avoir budgété encore et encore, vous arrivez enfin à la conclusion que vous avez amplement d'argent pour bien vivre ; vous en avez suffisamment pour vous préparer une belle retraite. D'ailleurs, cela met fin aussi à votre questionnement au sujet de votre vie amoureuse : vous voulez sérieusement passer le reste de vos jours avec votre partenaire actuel. C'est ainsi que vous commencerez ensemble à planifier vos projets d'avenir, tels que l'achat d'un chalet ou encore des voyages passionnants. Sur le plan professionnel, vous serez probablement appelé à vous rendre à l'étranger ou alors à faire affaire avec des gens d'une autre culture que la vôtre.

AOÛT 2007

Sous l'influence du Nœud Nord en Poissons — Malgré la reprise de la course de Jupiter le 7 août, vous ressentez toujours les effets du carré de cet astre au Nœud Nord. Bien que symbolique, cet aspect reflète tout de même une certaine pression sur le portefeuille. Vous ne pouvez vous laisser aller dans les produits de luxe ; inévitablement, vous devez compter chaque dollar que vous dépensez. Cette situation risque de miner certaines amitiés ; de toute manière, les amis qui ne vous aimaient que pour votre argent n'en étaient pas de véritables.

Vie amoureuse du célibataire — Vous qui êtes habituellement le maître de la sensualité, le dieu de l'expression du désir et le grand prêtre de l'envoûtement sexuel, vous ne serez peut-être plus à la hauteur de vos aspirations. En effet, vous êtes plutôt animé par vos responsabilités et un certain sérieux, ce qui vous enlèvera quelque peu votre charisme lorsque vous tenterez de faire de nouvelles rencontres. Si vous êtes impliqué dans une nouvelle relation, vous serez tenté d'évaluer les économies à réaliser en vivant à deux, mais vous négligerez les conséquences émotionnelles de ce choix.

Vie de couple–famille–budget–travail — En tant que mère et femme au travail, vous avez le choix de votre destin. Si vous êtes une de ces femmes qui ont choisi de rester à la maison pour élever leurs enfants, sachez que vous n'êtes pas la seule dans cette situation. Cette vie n'est pas plus reposante que si vous aviez choisi de travailler à l'extérieur. D'ailleurs, comme vous êtes intègre et que vous allez au fond des choses, vous ne négligez aucun détail. Mais imaginez un instant que vous ayez à la fois à travailler et à vous occuper d'une famille. Il n'est pas impossible non plus que vous soyez une mère chef de famille monoparentale. Alors là, les choses commencent à être plus compliquées. Il y a la rentrée scolaire entre autres choses qui vient s'ajouter à votre fardeau déjà très lourd. Attention, le *burnout* pourrait vous guetter ! Professionnellement, au moins, les responsabilités sont plus positives, car elles vous amènent vers une promotion. Mais encore une fois, la situation familiale vient ralentir votre élan au boulot. Il faudra tenter de mieux concilier le travail et la vie de famille, d'autant plus que vous ne semblez pas tellement appuyée par la partie masculine de votre couple ; voilà peut-être le facteur le plus important qui vous mènera tranquillement à la dépression.

En tant que père et homme au travail, vous voyez de loin arriver les changements au travail ; vous ressentez le stress qu'ils occasionnent bien avant qu'il se manifeste vraiment. Vous êtes habituellement assez réservé et vous aimez faire les choses à votre manière, mais on vous indiquera une direction avec laquelle vous ne serez pas très à l'aise, soit de travailler auprès de foules ou de faire des discours devant un public important. Cependant, vous finirez par vous y habituer. Au mois d'août, les vacanciers ont, en grande partie, repris le travail. Alors, c'est à votre tour de prendre congé. Comme vous n'aimez pas particulièrement les bains de foule, c'est le moment rêvé de prendre vos vacances, seul ou en famille. Vous en profiterez pour rendre visite à la parenté un peu partout en province. Du côté des sentiments, le juste équilibre entre la tendresse, le désir et l'acte sexuel n'est pas particulièrement facile à atteindre. Cela pourrait provoquer quelques petits accrochages par moments dans votre couple ; c'est plutôt du côté de l'engagement durable et à long terme que se trouvera l'harmonie.

Clin d'œil sur les baby-boomers — Vous avez réussi à vous établir confortablement dans une maison qui vous permet de recevoir quand bon vous semble? C'est ce que vous ferez abondamment ce mois-ci. Profitant des belles journées d'été, vous ressentez le besoin de partager ces moments avec vos proches, ceux que vous aimez. Il se pourrait que vous ayez à accueillir l'un de vos enfants dans votre petit paradis, du moins pour un certain temps, histoire pour lui de se remettre en état à la suite d'une rupture amoureuse ou d'un conflit dans son couple. Évidemment, vous ferez tout pour lui venir en aide. Professionnellement, un de vos projets sera très rentable, à moins qu'il ne s'agisse de l'un de vos placements qui rapportera une jolie fortune.

SEPTEMBRE 2007

Sous l'influence du Nœud Nord en Poissons — Les responsabilités les plus importantes tournent autour de votre milieu familial ce mois-ci. D'ailleurs, vous ressentirez une pression assez intense venant de tous vos proches. Peut-être y aura-t-il un parent pour qui la santé ne sera pas des plus brillantes, vous obligeant à lui accorder beaucoup de temps et de soins. Sur une note plus positive, un de vos enfants pourrait bien décider de voler de ses propres ailes, mais il s'agit là d'un moment toujours assez déchirant pour les parents.

Vie amoureuse du célibataire — Cela fait longtemps que vous vivez le célibat? Vous vous êtes créé un important cercle d'amis qui, comme vous, sont seuls depuis longtemps. Même si vous ne ressentez pas de sentiments forts pour l'un d'entre eux, vous êtes quand même tenté d'établir une relation particulière. Mais vous auriez beau essayer, les sentiments ne décolleraient pas. Au moins, même s'il ne se passe rien entre vous deux, vos liens amicaux ne seront pas affectés, ils seront même encore plus forts.

Vie de couple–famille–budget–travail — En tant que mère et femme au travail, après vous être sentie complètement à la merci des événements, vous voilà enfin en mesure de reprendre votre vie en main. La rentrée scolaire, par exemple, avait de quoi vous occuper largement ; vous aviez l'impression de courir sans cesse après votre queue, mais les choses rentrent tranquillement dans l'ordre. C'est sensiblement la même chose au bureau. Même si vous êtes toujours inondée de travail, vous arrivez à en maîtriser le débit, à contrôler correctement la cadence afin que vos clients se sentent toujours bien servis chez vous. Votre vie amoureuse est soumise, en quelque sorte, à la concrétisation de certains rêves. Il sera donc très important de parler avec votre conjoint si vos plans d'avenir ont un peu changé. Vous seriez tentée de vous confier à vos amis mais, comme il s'agit de sujets très intimes, cela risquerait d'engendrer un sérieux malaise dans votre couple. Vous avez tendance à être maniaque au sujet de la propreté : le plancher n'a pas vraiment besoin d'être lavé tous les jours s'il n'y a personne à la maison durant la journée ! Il faut faire la part des choses, tout simplement.

En tant que père et homme au travail, vous n'êtes pas toujours très enthousiaste, vous semblez vivre une forme de déprime. Vous êtes avant tout un être de passion, qui a besoin de vivre pleinement ses émotions, d'avoir des sentiments en constante activité, en ébullition. En fait, votre vie amoureuse vous semble dans un creux, une période où les sentiments ne sont plus aussi intenses. Vous serez alors tenté de retrouver la passion d'une autre manière, c'est-à-dire que la tentation de vivre une histoire romantique avec une nouvelle partenaire sera très forte. Calculez bien vos affaires avant de commettre l'irréparable ! Mais cela ne signifie pas que vous négligerez vos enfants pour autant. Au contraire, indépendamment de votre état émotionnel, le père en vous songera sérieusement à assurer un avenir à sa progéniture, en commençant par investir dans un fonds d'études, par exemple. Au travail, vous sentez que le moment est venu de faire d'importants changements, de cesser d'œuvrer dans un domaine qui va à l'encontre de vos convictions, de vos valeurs pour vous diriger vers des fonctions qui vont dans le même sens que celles-ci.

Clin d'œil sur les baby-boomers — Qu'il vous reste un, deux, cinq ou dix ans avant la retraite, vous la planifiez déjà comme si vous y étiez. D'ailleurs, financièrement, vous arrivez facilement à établir un budget réaliste qui vous permettra de réaliser tous ces rêves que vous nourrissez depuis très longtemps. Vous serez en mesure de vous offrir une retraite à la hauteur de vos espoirs, en fonction des moyens que vous aurez pris pour y arriver. Concrètement, vous voyez de plus en plus aisément vos espoirs devenir réalité. En effet, quelques placements rapportent au-delà de vos prévisions les plus optimistes. Il s'agit peut-être aussi d'importants profits que réalisera votre société, d'un gain substantiel à la loterie ou plus probablement d'un héritage important.

OCTOBRE 2007

Sous l'influence du Nœud Nord en Poissons — À mesure que les journées raccourcissent, vous retrouvez plus aisément votre force intérieure, celle qui vous permet de changer les choses, de vivre en fonction de vos émotions. C'est d'ailleurs dans cette optique que vous vous accorderez le privilège de faire un voyage qui aura pour but de faire un certain ménage dans vos sentiments et vos angoisses. Vous vous rendrez compte qu'il faudra impérativement reprendre le flambeau des études afin de vous rendre là où vos intuitions vous guident.

Vie amoureuse du célibataire — Le célibat n'est pas un mal en soi, c'est plutôt un état de fait, et vous semblez de plus en plus à l'aise avec cette situation. La liberté en ce qui a trait à vos sentiments devient très agréable, et vous ne sacrifierez certainement pas ce bien-être pour n'importe qui. Vous serez implacablement sélectif si vous faites des rencontres ce mois-ci. D'ailleurs, vous n'êtes pas trop tenté de sortir de chez vous. De toute façon, dès que vous mettez les pieds à l'extérieur, les têtes se tournent vers vous, ce qui vous donne l'embarras du choix parmi les candidats pour votre cœur.

Vie de couple–famille–budget–travail — En tant que mère et femme au travail, votre générosité prend une place de choix auprès de vos amis. D'ailleurs, ceux-ci en profiteront largement : ils s'imposeront volontiers chez vous et ouvriront effrontément votre réfrigérateur, n'y laissant que des miettes sous prétexte que son contenu allait être périmé prochainement. Cependant, vous n'êtes pas particulièrement malheureuse de cette situation, vous appréciez grandement leur compagnie. C'est probablement dû au fait que vous devez sortir trop souvent de chez vous, alors vous préférez recevoir plutôt que d'être reçue. Les activités professionnelles ou personnelles seront nombreuses ; elles ne seront pas de tout repos et deviendront même franchement épuisantes. Une vie de couple harmonieuse exige souvent bon nombre de compromis de part et d'autre, et vous n'êtes pas toujours d'humeur à les faire. Mais la séparation étant loin d'être dans vos objectifs, vous tenterez de retrouver un équilibre. D'autant plus qu'il pourrait bien y avoir dans votre entourage un couple en instance de divorce, ce qui vous poussera à mettre tout en œuvre pour éviter de vivre cette situation.

En tant que père et homme au travail, les perspectives de croissance de votre entreprise sont à leur meilleur. De nouveaux marchés émergent, la compétition est écrasée, mais il vous faudra savoir en profiter et capitaliser là-dessus. Vous aurez l'occasion de vous expatrier, d'explorer de nouveaux coins du monde afin d'exporter vos produits et services. Tout cela pourrait bien débuter avec la présence d'un étranger ou d'un membre influant d'une communauté ethnique dans votre entourage, qui apprécie fortement ce que vous faites et qui désire ardemment faire affaire avec vous. Mais pour être en mesure d'offrir tout votre potentiel, vous devrez obligatoirement faire un apprentissage bien précis, du moins celui de la langue et de la culture du pays en question. L'éducation et les expériences de vos enfants sont d'une importance capitale à vos yeux de père. Vous mettrez donc en place un système permettant de financer des activités et des voyages pour eux. Votre couple a besoin de voir autre chose, de sortir et de s'amuser, et c'est avec une petite dose de romance que vous ferez quelques sorties agréables à deux.

Clin d'œil sur les baby-boomers — Que ce soit sur le plan professionnel ou personnel, vous devrez former des groupes, et la gestion de ceux-ci ne sera pas de tout repos. Vous réaliserez qu'il est très compliqué de satisfaire tout le monde, même si votre objectif est de donner du bonheur. Un membre de votre famille risque de vous inquiéter. Sa santé physique ou mentale soulèvera bon nombre de questions chez vous ; vous devrez probablement lui offrir un soutien moral afin qu'il se sente appuyé. De votre côté, il serait sage d'entreprendre une thérapie pour évacuer de vieilles peurs et angoisses.

NOVEMBRE 2007

Sous l'influence du Nœud Nord en Poissons — En cette saison automnale, c'est vous le roi et maître, entre autres parce que c'est votre anniversaire, mais aussi parce que vous sentez très bien en vous un pouvoir à la fois dominant et généreux ; vous avez un charisme qui fait de vous un être en pleine maîtrise de son destin et de celui de ses proches. Comme si votre anniversaire durait tout le mois, amis et membres de la famille seront toujours là derrière vous. D'ailleurs, vous aviez souhaité un voyage comme cadeau d'anniversaire ? Il ne serait pas étonnant que ceux-ci se soient mis ensemble pour vous l'offrir.

Vie amoureuse du célibataire — Pour vous, l'amour n'a jamais été un jeu. Vous avez besoin de sentiments profonds et vous avez essayé d'entreprendre une relation ; vous aimez ou vous n'aimez pas, un point c'est tout. Vous pourriez rencontrer une personne d'une autre culture pour qui vous ressentirez immédiatement de l'attirance, cependant vous serez si différents l'un de l'autre qu'il risque d'être impossible d'avoir un échange sans friction entre vous. C'est plutôt au cours d'un voyage entre amis ou réservé aux célibataires que vous connaîtrez les meilleurs moments romantiques.

Vie de couple–famille–budget–travail — En tant que mère et femme au travail, vous vous laissez enfin aller à la magie de Noël. Si vos enfants sont jeunes, vous aurez tendance à vouloir embarquer avec eux dans ce monde imaginaire et féerique. Mais même s'ils sont grands, vous leur ferez comprendre que le charme de cette fête est avant tout dans le cœur des gens, dans le concept de partage et que cela doit être préservé, autrement nous risquons de voir disparaître l'essence de Noël à tout jamais. Pour que l'enchantement perdure, vous n'hésiterez pas à inviter leurs amis à participer à votre bonheur. Votre cœur sera très axé sur les enfants et sur l'émerveillement que cause ce moment de l'année, ce qui vous rendra un peu moins disponible pour votre relation amoureuse, du moins psychiquement. Vous n'êtes pas tout à fait présente à votre amoureux ; il se posera même de sérieuses questions au sujet de vos sentiments à son égard. Heureusement, vous avez la parole facile et les bons mots pour le rassurer et lui signifier votre amour. C'est sur le plan professionnel que résident vos plus grandes craintes. Il y a de l'incertitude dans l'air, car c'est souvent au cours de la période des fêtes que les entreprises annoncent leurs mises à pied.

En tant que père et homme au travail, vous ressentez fortement le besoin d'élargir vos horizons. Vous tournez en rond à la maison, ne sachant trop que faire ; vous devez apprendre, découvrir des choses. Peut-être qu'un tour dans les musées ou encore une recherche pour mieux connaître Noël historiquement et culturellement seraient d'excellentes activités à faire en famille. Vous avez besoin de faire découvrir les autres peuples tant à vos enfants qu'à vous-même, alors quoi de mieux qu'un voyage pour ce faire ? À moins que vous ne leur fassiez découvrir le monde à travers la gastronomie ? Mais c'est un choix généralement moins populaire chez les enfants. Enfin, vous vous sentez investi de la mission d'éduquer le plus largement possible ceux qui sont la prunelle de vos yeux ; c'est ce que vous tenterez de faire le mieux possible ce mois-ci. Vous aimez bien la romance lorsqu'elle amorce des moments plus passionnels, mais il ne faudrait pas toujours répéter la même routine. D'accord pour quelques soupers à la chandelle, mais il faudra bien assez tôt varier la formule pour maintenir l'intérêt.

Clin d'œil sur les baby-boomers — Bien sûr qu'il y a du vécu derrière vous, des moments de joie, de bonheur, de tendresse, d'allégresse, de fierté, et j'en passe, mais il y a aussi des moments plus douloureux, où dominaient la tristesse et la colère. Il est fort possible que ces misères soient loin dans vos souvenirs, que vous cherchiez à les oublier, à faire en sorte qu'elles n'aient jamais existé. Mais tôt ou tard, l'un de ces fantômes refait surface. Ce sera possiblement une vieille difficulté qui hantait la famille qui reviendra bouleverser vos nuits de sommeil et vos journées de travail. Vous êtes cependant en mesure de bien faire la part des choses et ne pas mêler la vie professionnelle et la vie personnelle, ce qui vous permettra de profiter d'un gain substantiel en rapport avec le travail. Votre logement ou votre sous-sol risque d'exiger des rénovations d'urgence.

DÉCEMBRE 2007

Sous l'influence du Nœud Nord en Poissons puis en Verseau — Toute votre concentration est sollicitée par votre relation amoureuse. Peut-être est-ce simplement la fatigue, le surmenage ou le travail. Bref, vous sentez que l'amour est compliqué alors que ce ne devrait pas être le cas. À l'approche des fêtes, vous serez plutôt nostalgique des festivités d'antan, de ce que vous avez connu dans votre enfance. C'est pourquoi vous tâcherez de réunir le plus de monde possible, de revoir des cousins et cousines éloignés avec qui vous avez fait les quatre cents coups.

Vie amoureuse du célibataire — Le temps des fêtes, quelle période difficile lorsqu'on est célibataire! Tandis que les gens se réunissent en famille, vous sentez que vous faites bande à part par moments. Vous ressentez plus fortement le vide dans votre cœur. C'est avec l'énergie du désespoir que vous prendrez le taureau par les cornes et que vous sortirez dans les endroits où les célibataires se réunissent pour faire des rencontres et trouver quelqu'un avec qui leurs émotions concorderont. Mais l'amour ne survient pas en claquant des doigts; vous pourriez trouver quelqu'un d'intéressant, cependant il craindra l'engagement tout autant que la solitude pour l'instant.

Vie de couple–famille–budget–travail — En tant que mère et femme au travail, vous vous sentez naturellement responsable de vos proches, de votre maison et des fêtes que vous organisez. Vous avez tendance à en faire beaucoup trop, à vous mettre de la pression sans jamais déléguer les tâches aux autres membres de la famille. Il faut que tout soit parfait et que l'on ait l'impression que vous faites sans cesse des exploits. Mais que vous fassiez ou non de grandes prouesses, sachez qu'on vous aimera toujours autant. Il ne faudrait pas que vous tombiez en dépression à cause des festivités de Noël, n'est-ce pas? Au travail, les inquiétudes s'estompent et font maintenant place à des possibilités de promotion. Comme nous sommes à l'aube d'une nouvelle année, vous êtes fin prête pour connaître d'importants changements. Cette bonne nouvelle vous apportera une nouvelle joie de vivre, que vous communiquerez volontiers à votre amoureux. Vous fêterez sûrement avec l'être aimé dans la plus grande intimité, dans un endroit où la romance est présente; vous aurez aussi tendance à multiplier les sorties en amoureux.

En tant que père et homme au travail, vous considérez que les choses commencent à se bousculer un peu trop à votre goût. Vous tentez tant bien que mal d'afficher des airs de grand philosophe, de quelqu'un en parfaite maîtrise de ses moyens, pratiquement au-dessus de ses affaires. Mais cela cache un malaise, vous doutez de vous-même et de vos compétences. Cela a un impact important sur votre fierté et sur votre virilité, et vous ne voudriez surtout pas que cela paraisse! C'est peut-être de votre vie de couple que cela vient, vous vous sentez de plus en plus dépendant affectivement de votre partenaire à mesure que celle-ci s'éloigne pour diverses raisons. Vous devenez exigeant à son endroit, l'obligeant par moments à exprimer ses sentiments alors que l'instant ne s'y prête pas du tout. Vous seriez peut-être plus à l'aise à l'étranger, en vacances; même avec toute votre famille, vous oublierez tous vos soucis et profiterez pleinement des saveurs locales. Au travail, vous n'êtes pas particulièrement diplomate avec vos collègues; il faudrait y voir avant de vous faire détester. Attention aux déplacements, soyez toujours prudent! Il vaut mieux arriver en retard que de ne jamais se rendre à destination.

Clin d'œil sur les baby-boomers — Peu importe votre statut social, vous recevez famille et amis chez vous pour les fêtes. Vous le faites par amour à l'endroit de vos proches, mais aussi parce que vous vous sentez serviable, ce qui est pour vous une nécessité. C'est tellement le cas que vous aurez tendance à exagérer un brin au sujet de la décoration : il n'y aura pas un seul recoin libre d'ornements ; ou alors c'est dans le luxe que vous vous lancerez. En effet, pour impressionner la galerie, vous exposerez votre plus beau service de vaisselle. Profondément, vous ressentez la peur de vieillir, et surtout de vieillir seul. Vous avez besoin instinctivement de vous rapprocher de votre famille afin de ne pas rester isolé lorsque vous aurez besoin des autres à une certaine étape de votre vie que vous sentez inévitablement se rapprocher.

Prévisions 2007
selon votre ascendant

SCORPION ascendant BÉLIER

Les dernières années ont été assez intenses pour vous sur plusieurs aspects. Votre vie familiale s'en est certainement trouvée assez perturbée. Même si les choses semblent mieux aller depuis quelque temps, il y a bien des détails qui ne sont pas encore totalement réglés. La structure même de votre famille semble avoir été fragilisée, alors il est nécessaire de refaire les fondations, de reconstruire avec ce qui est en place. Peu importe la douleur qui fut vécue, vous trouverez la force nécessaire pour pallier toute éventualité. D'ailleurs, pour vous appuyer dans cette reconstruction, vous songerez sérieusement à entreprendre une sorte de pèlerinage, une quête spirituelle qui vous guidera vers les meilleures solutions. Il est possible également que vous trouviez vos réponses à travers des études ou des voyages ; dans le fond, le symbole est l'apprentissage supérieur. Vous hériterez possiblement de l'entreprise familiale à moins que vous ne démarriez la vôtre ; les obstacles seront plutôt mineurs cette année. Très passionné par tout ce que vous entreprenez, dans le feu de l'action, vous serez tenté d'introduire votre amoureux dans l'entreprise, mais ce dernier n'est peut-être pas toujours aussi enthousiaste que vous ; il faudrait le comprendre là-dessus.

SCORPION ascendant TAUREAU

Les choses doivent changer à la maison : il y a déjà assez longtemps que vous subissez les complications de Saturne dans votre intimité pour que vous décidiez de le mettre de votre côté. Vous aurez certainement l'occasion de démarrer votre petite affaire à la maison ou de transformer ce qui était un simple hobby en un contrat de service à temps partiel. Vos affaires se développeront si bien que vous n'aurez probablement d'autre choix que d'agrandir la maison, du moins de l'intérieur. Bref, vous serez encore dans les rénovations pour quelque temps, mais les embûches seront peu nombreuses et tout avancera plus rapidement que prévu. Côté argent, il faudra être très prudent en ce qui concerne les investissements à risque. Il serait dommage de perdre tout votre fonds de pension en suivant les conseils de votre courtier : il n'est pas infaillible, même s'il a une grande expérience dans le domaine. Là où vous seriez assez chanceux, c'est dans l'immobilier si ce milieu vous est un tant soit peu familier. La vie est une expérience en soi, mais certains événements plus pénibles à vivre provoquent ce qu'on appelle des blocages psychologiques. Principalement sur les plans de l'affectivité et de la sexualité, vous serez assez bien disposé cette année pour passer par-dessus ces blocages en suivant une thérapie, par exemple.

SCORPION ascendant GÉMEAUX

Sous votre ascendant plus sociable se cache tout de même le profond Scorpion, mais enfin, cette année, vous êtes enclin à vivre plus socialement ; vous vous laissez guider plus fortement par votre ascendant. Ce qui vous amènera, si vous êtes célibataire, à sortir plus fréquemment, à rechercher une compagnie plus affective et surtout à rencontrer l'âme sœur. Et si vous êtes déjà en couple, vous sortirez de votre coquille en rejetant le *cocooning* pour, à deux, explorer de nouveaux espaces, entreprendre de nouvelles activités et vous abandonner à davantage de plaisir. Au travail, vous aurez besoin de pratiquement toute l'année pour vous tailler une place de choix auprès de la direction. Cependant, même si vous atteignez les sommets de l'entreprise, ce n'est pas en 2007 que vous aurez les mains libres. Vous êtes soumis aux directives et aux politiques de la compagnie et ce n'est pas vous qui serez en mesure de changer cela. Vous prévoyez déménager, changer de logement ou même acheter une maison ? Soyez sûr de l'aimer parce que ce ne sera pas de sitôt que vous quitterez cet endroit. En effet, pour une raison ou pour une autre, vous ne pourrez en repartir avant bien longtemps, comme s'il y avait un karma à vivre dans cette nouvelle résidence.

SCORPION ascendant CANCER

L'argent, c'est le nerf de la guerre, diront certains. Vous aimez généralement le luxe et vous appréciez avoir le droit de vous gâter à l'occasion, mais c'est aussi en raison d'une profonde insécurité matérielle que vous ferez de nombreuses heures supplémentaires au cours de l'année. C'est avec l'idée d'en faire toujours plus que vous arriverez à vous faire un coussin financier assez solide pour commencer à prévoir votre retraite. D'ailleurs, l'argent ne vous filera pas entre les doigts si vous l'investissez sagement; le domaine de l'immobilier vous est favorable, plus particulièrement du côté commercial. En effet, c'est avec des immeubles à revenus qu'il vous sera possible de créer beaucoup de richesse autour de vous, même à court terme. Les douleurs psychologiques ont tendance à ressortir à travers notre corps un jour ou l'autre. Vous ne pourrez plus vous cacher et vous devrez affronter ces fantômes du passé qui sont revenus vous hanter physiquement. Cela risque d'avoir encore plus d'impact si ces douleurs ont un lien avec vos propres enfants. N'hésitez pas à consulter votre psychologue et votre médecin. L'évasion spirituelle pourrait commencer par un voyage et l'élargissement de votre cercle d'amis.

SCORPION ascendant LION

Alors que les projets ne cessaient de s'accumuler pendant les dernières années, vous êtes maintenant dans une position où il vous sera possible de commencer à en réaliser plusieurs. En fait, vous n'êtes plus à la remorque de ceux-ci mais bien devant. Votre vie amoureuse devrait également commencer à connaître un meilleur équilibre. Votre cœur a besoin de passion pour se nourrir. Vous la rechercherez donc chez votre partenaire mais, si elle ne s'y trouve plus, vous ferez tout en votre pouvoir pour la faire renaître; si vous n'y parvenez pas, la rupture sera définitive. Vous devez inévitablement faire de la place en vous pour accueillir l'amour et panser les plaies que vous pourriez avoir. D'ailleurs, les célibataires ne resteront pas seuls très longtemps cette année; l'âme sœur, quelqu'un avec qui vous vous sentirez à l'aise de vous engager sérieusement se présentera. L'usage de la parole va bien plus loin que la simple communication chez vous, elle sert aussi à évacuer le stress, les angoisses et même diverses peurs et phobies que vous vous êtes malheureusement appropriées. Au travail, plus vous ferez d'heures au bureau, plus les chances d'avancement se manifesteront, ce qui entraînera nécessairement des fonctions plus intéressantes avec plus de responsabilités et aussi un bien meilleur salaire.

SCORPION ascendant VIERGE

Qu'il s'agisse d'événements extérieurs ou encore de soubresauts de votre cœur ou de celui de votre amoureux, le résultat est le même : vous n'avez plus envie de vivre ensemble, et le spectre de la séparation plane. L'instabilité est très fréquente, les prises de bec sont nombreuses à la maison et parfois ce sont vos enfants qui sont au cœur du sujet, ce qui complique davantage la situation. Tout le monde semble compliqué autour de vous, mais peut-être est-ce vous-même qui avez tendance à tout embrouiller ? Enfin, ne vous laissez pas abattre. Si vous commenciez par trouver le moyen de stabiliser votre situation financière, il y aurait de fortes chances que le reste suive. Votre travail exige beaucoup de créativité ? Alors, c'est en grande partie à partir de chez vous que vous serez en mesure de démontrer tout votre génie créateur. Même si vous êtes dans l'obligation de faire des heures régulières au bureau, ce sera principalement une fois à la maison que votre inspiration produira les meilleures idées. Si vous n'avez pas encore exploité vos talents artistiques, vous pourriez commencer à en tirer profit en vous exécutant d'abord par plaisir, mais rapidement vos aptitudes créatrices seront très en demande et vous pourriez en tirer un second revenu intéressant.

SCORPION ascendant BALANCE

Règle générale, vous êtes un éternel inquiet, à moins que vous ne soyez dans les bras d'une personne très affectueuse et que votre confort matériel soit assuré jusqu'à la fin des temps. Mais comme ce n'est probablement pas le cas pour la plupart d'entre vous, ces craintes resteront dominantes toute l'année. Les déplacements seront assez nombreux, principalement pour des raisons familiales ; vous ressentirez fortement le besoin de vous rapprocher de vos proches, de la famille que vous ne voyez pas souvent, de vos vieux parents qui n'ont peut-être plus une éternité devant eux. Même avec vos voisins, vous pourriez bien développer des relations plus cordiales, sauf si c'est pour entreprendre des travaux communs tels que la construction d'une clôture ; pour cela, mieux vaut attendre l'an prochain. Vous serez très favorisé sur le plan professionnel si vous œuvrez dans le domaine de la vente ou des médias ;

votre charisme se trouve décuplé et très envoûtant en raison d'une surcharge émotionnelle. Nous faisons tous des rêves, mais ils doivent rester là d'où ils proviennent; tout au plus peut-on en parler avec nos proches. Mais attention de ne pas chercher à les vivre à tout prix, particulièrement ceux qui concernent la romance et le grand amour. Vous seriez prêt à faire le tour du monde pour le trouver même s'il se trouve en fait sur l'oreiller d'à côté.

SCORPION ascendant SCORPION

C'est l'année des grands projets, des grandes réalisations et des grands accomplissements. Les occasions seront nombreuses, que ce soit dans le cadre de votre emploi actuel ou encore à travers des propositions venant de gens qui voudraient s'associer avec vous. Peu importe le moyen, vous trouvez toujours la solution pour faire avancer les choses. Vous attirez l'argent très facilement: on viendra vous en offrir pour investir dans vos projets. Les banques ne sauront pas vous refuser de prêts, aussi bien pour des projets professionnels que personnels. L'immobilier est d'ailleurs un excellent investissement pour vous, surtout si vous avez les ressources disponibles pour affronter les obstacles courants dans ce type de placements. D'ailleurs, vous n'êtes pas à l'abri des dégâts d'eau à la maison. Qu'à cela ne tienne, vous ferez d'une pierre deux coups: non seulement vous n'aurez pas de difficulté à obtenir le remboursement des assurances, mais vous en profiterez pour commencer d'importantes rénovations. Vous aimeriez agrandir votre famille, avoir un ou des enfants. Cet objectif sera assez facile à atteindre si vous commencez maintenant à tout planifier: budget, congés, garderie, etc. Comme célibataire, vous serez assez populaire; vous dégagerez naturellement le désir de l'engagement sans vraiment le ressentir. Une fois la relation entreprise, vous aurez tendance à aller rapidement au fond des choses et, si l'autre n'est pas à la hauteur, vous passerez au suivant: aussitôt dit, aussitôt fait. Il faut dire que le coup de foudre vous atteindra sûrement à quelques reprises cette année.

SCORPION ascendant SAGITTAIRE

L'ascendant Sagittaire vous procure, règle générale, une bonne dose de chance dans bien des domaines. Particulièrement si vous êtes un créateur, la vie s'est chargée de vous offrir les plus beaux atouts pour vous permettre d'exprimer votre art. Et avec Jupiter dans votre ascendant, vous ne pouvez plus passer inaperçu, encore moins auprès de la chance en général. Alors, achetez assez régulièrement des billets de loterie! Vous êtes dans une période d'apprentissage très intéressante, comme si vous étiez à la croisée des chemins et qu'il ne vous manquait plus que quelques informations pour emprunter celui qui mène directement au sommet de votre carrière. Les occasions sont à portée de main, il ne vous manque qu'un peu de connaissances et d'expérience que vous devriez vous empresser d'acquérir tout au long de l'année. Sentimentalement, vous ressentez des doutes au sujet de votre amoureux. Vous pourriez même par moments aller jusqu'à l'accuser d'infidélité, mais ne cherchez pas les réponses dans le dialogue, fouillez plutôt dans vos intuitions, elles seront plus précises.

SCORPION ascendant CAPRICORNE

L'année est consacrée à la réflexion, principalement au point de vue professionnel. Vous avez besoin de revoir vos priorités, d'être en accord avec des valeurs plus traditionnelles, plus respectueuses des autres et de la société. Vous ne serez plus capable de faire votre devoir s'il contrevient à la protection de l'environnement, par exemple. Vous ne serez pas plus à l'aise de rejeter les demandes de prêts si vous travaillez dans une banque ou encore de refuser les indemnisations si vous êtes dans le domaine de l'assurance. L'injustice sera un fléau contre lequel vous aurez envie de lutter. Vous êtes le symbole de la connaissance infuse, celui qui sait tout intuitivement. Ce sont les derniers mois pour vous avant que celle-ci fasse surface; dès que Saturne traversera dans la Vierge, vous serez alors investi de la connaissance pour vous permettre d'accomplir votre destinée. Quelques inquiétudes se manifesteront à l'égard de gens plus âgés dans votre famille; vos parents, entre autres, pourraient avoir une santé plus fragile. Du côté des sentiments, il y a toujours un léger risque de dépression à l'horizon, beaucoup de pression se faisant sentir, mais c'est bien par instinct, pour éviter de sombrer, que vous ferez d'énormes efforts afin de stabiliser votre vie amoureuse et d'avoir un important soutien de ce côté.

SCORPION ascendant VERSEAU

Lentement mais sûrement, vous apprenez à faire la part des choses. Il y a un relâchement en ce qui concerne vos responsabilités sans pour autant que vous négligiez quoi que ce soit. Vous arrivez à déléguer, à faire davantage confiance aux autres et à laisser un peu plus au hasard certaines situations qui ne demandaient pas vraiment d'intervention de toute manière. C'est un bel équilibre dont vous savez maintenant faire preuve et vous voilà plus enclin à innover, à être plus excentrique, plus en accord avec vous-même. Votre cercle social s'agrandira avec de nouvelles connaissances qui deviendront rapidement intimes et sincères. Vous aviez besoin d'éclater un peu votre vie sentimentale, histoire de trouver un second souffle ; la flamme amoureuse reprendra vie à travers des activités sociales telles que des cours de danse. Mais si votre couple est irrécupérable, alors c'est cette année que vous y mettrez un terme définitivement. Au travail, c'est dans les grandes structures que vous trouverez les occasions les plus intéressantes. Vous obtiendrez une forme de permanence si vous êtes fonctionnaire. Vous serez par ailleurs très habile pour réconcilier les parties syndicale et patronale.

SCORPION ascendant POISSONS

Il est inutile de vous imposer un stress cette année. Vous avez le désir de vous surpasser, mais votre heure n'est pas encore arrivée. Il sera plus facile pour vous de réfléchir à vos actions, de les imaginer, de les organiser et de les planifier à long terme, mais vous vous imposeriez inutilement une pression en tentant de les réaliser. Si vous êtes un artiste, votre créativité sera débordante, mais ne pensez pas à mettre votre œuvre sur le marché avant de l'avoir terminée. Quelle excellente idée que celle de vous acheter une maison ! L'accès à la propriété sera facile ; même si cela est un choix stressant, vous ferez une bonne affaire. Il s'agira sûrement d'une maison dans laquelle il y aura d'importantes rénovations à faire. Vous obtiendrez alors un sérieux rabais et vous trouverez assez facilement la main-d'œuvre pour exécuter les travaux. Votre couple est en bonne santé et vous êtes mûr pour franchir une nouvelle étape. Voilà que l'idée du mariage fait surface. Cependant, la raison de votre choix sera surtout spirituelle. Loin de vous l'idée de suivre la tradition, il s'agit d'exprimer votre vœu de fidélité devant Dieu dans sa plus simple expression.

Sagittaire

(23 novembre au 21 décembre)

À une grande amie, Evelyn Abitbol. Elle m'a été d'un précieux secours lorsque j'ai connu des problèmes de santé au cours de l'année passée.

À ma belle-fille Nathaly, conjointe de mon fils Alexandre. Elle est la mère de Mikaël et de Victoria, mes petits-enfants adorés, ainsi que de Christopher, mon petit-fils par adoption.

Sous l'influence de Jupiter en Sagittaire

Si vous vous demandez encore quel signe sera choyé cette année, eh bien, nous y sommes. Le Sagittaire connaîtra une année hors du commun, à condition, bien entendu, de se laisser porter par la merveilleuse vague jupitérienne, une vague immense, rappelons-le, et qui peut tout emporter sur son passage. Jupiter, le grand bénéfique, ne délaissera pas son maître et lui donnera l'occasion de vivre et d'installer ses fondations pour les 12 années à venir. L'enthousiasme du Sagittaire cette année sera parfois exagérée. Alors, quoi de mieux pour ce centaure que de se laisser aller à l'écriture, à la création, à la découverte de ses nouveaux talents artistiques qui pourraient lui permettre de canaliser ce trop-plein d'exagération qui le caractérisera si bien au cours de l'année 2007.

Sous Jupiter en Sagittaire, ce mi-homme mi-cheval devra retrouver le confort presque perdu depuis quelques années pour se tourner vers les repères qui lui sont chers. Il se devra de répertorier les bons coups comme les mauvais, et de s'appuyer sur ses propres points de repère, qui se sont dispersés dans la nature et sur lesquels il n'avait plus tellement de prise. Il devra aussi se tourner vers les connaissances déjà acquises pour les approfondir et voir en elles une planche de salut pour faire de ce passage de Jupiter un tremplin et donner un nouvel élan à sa vie.

Cœur aimant

Jupiter en Sagittaire bouscule votre cœur aimant et vous poussera à la recherche du plaisir, mais pas n'importe lequel. Il vous signifiera que les amis sont importants dans votre vie, qu'ils vous apportent plus de bien-être que vous ne le pensez : ils vous permettent d'être vous-même mieux qu'avec quiconque, de vous épanouir mais aussi de retrouver ce cœur aimant. Vous connaîtrez une vie sociale qui vous comblera avant de retrouver ce pouvoir d'aimer. Les célibataires délaisseront quelque peu leur demeure qui deviendra très vite un capharnaüm et les gens en couple auront un peu de difficulté à trouver leur petit jardin intime dans l'espace de la maison. Un conseil : réservez-vous un lieu bien à vous pour ne pas tomber dans l'excès inverse et tout envoyer promener sous prétexte d'étouffement.

Épanouissement au travail

Les travailleurs autonomes, les artistes et les créateurs seront inspirés avec le passage du grand bénéfique Jupiter. Toutes les portes leur seront ouvertes et les multiples possibilités qui s'offriront à eux les combleront d'aise. Avec Saturne en Lion, leur croissance spirituelle sera plus évidente. Ils sentiront les effets de son passage et en profiteront. Certains Sagittaire entreprendront un apprentissage très sérieux ; quelques-uns retourneront aux études. Jupiter en Sagittaire, associé au passage de Saturne en Lion et appuyé par Neptune en Verseau, fera d'eux des êtres inspirés et créatifs. Certains natifs communiqueront silencieusement, par le non-verbal, et développeront leur sens de la télépathie. Ils apprendront à mieux observer leurs interlocuteurs si le domaine professionnel dans lequel ils évoluent leur demande de négocier. Ils seront plus efficaces dans les négociations; ils obtiendront plus de résultats que d'habitude grâce à leurs observations silencieuses.

Certains Sagittaire seront plus près d'eux-mêmes cette année. Cet état d'esprit se mesurera dans leurs rêves, qu'il leur faudra bien interpréter. Le passage du rêve à la réalité donnera au Sagittaire la possibilité d'entrevoir une ouverture possible vers les domaines thérapeutiques, que ce soit pour entreprendre des études dans ce domaine ou pour approfondir et solidifier des connaissances déjà acquises dans le domaine. C'est le temps d'investir en vous-même et, cette année, vous pourrez le faire avec discernement, application et réflexion. C'est le moment de vous le permettre.

Vous, un parent

Plus que jamais, vous saisissez l'importance de l'éducation, pour vous et pour vos enfants. En effet, l'éducation ne se limite pas à eux, ils vous interpellent également, car vous êtes le modèle, l'exemple qui leur ouvre les voies de la connaissance. Toute la petite famille doit s'y mettre: l'éducation est l'affaire de tout le monde. Alors, papa et maman Sagittaire, retournez sur les bancs d'école s'il le faut, vos enfants verront cela d'un bon œil et se sentiront compris enfin dans le dur labeur de l'apprentissage. Si vous êtes parent d'adolescents, ne devenez pas étouffant. Faites-leur confiance. Rien n'est pire que de devenir le parent empêcheur de tourner en rond, celui qui ne comprend pas que la vie est aussi un apprentissage et qu'il faut passer par l'étape essais et erreurs pour devenir plus solide. Souvenez-vous de votre enfance et de votre adolescence, ce n'est pas si lointain!

Le mot-clé est communication. Si vous laissez vos enfants dans la brume en vous cloîtrant dans votre silence, ils ne comprendront rien. Votre attitude leur échappera et ils se bâtiront des scénarios qui pourraient les mener vers des interprétations fausses des situations et des solutions à apporter à leurs problèmes et, disons-le, aux vôtres également. Restez vous-même avec eux. Fermeté ne veut pas nécessairement dire fermeture d'esprit. Les messages clairs sont encore les meilleurs et les plus sains pour élever les enfants qui ne demandent qu'à comprendre et à établir leurs points de repère. De là à les accepter, c'est une autre paire de manches, à vous de jouer avec subtilité.

Votre vitalité

Le centaure n'aura pas le choix cette année d'enfiler ses souliers de course et d'aller faire un grand tour dehors. L'exercice lui est bénéfique, mais aussi le grand air. Il en aura grandement besoin pour continuer à échafauder ses plans d'avenir et pour bien préparer ses 12 années de cogitation. L'air pur, les grands espaces, la campagne, la mer, tout cela lui sera bénéfique. Car s'il ne fait pas le plein, il risque de sérieux problèmes respiratoires. C'est bien beau de rêver aux grands espaces, mais il faut parfois les visiter et retrouver sa vitalité, celle qui va si bien au Sagittaire. N'oubliez pas que ce qui vous caractérise, ce sont vos cuisses jupitériennes et qu'il vous faut parfois prendre vos jambes à votre cou pour mieux vous reposer ensuite et ralentir le rythme pour mieux trotter. Qualité ne veut pas dire vitesse.

Votre chance

La chance se situe à travers les obstacles et les réalisations. L'inspiration est un guide. L'année 2007 apportera son lot de courses à obstacles et vous serez surpris de devoir vous y atteler. Il y aura bien entendu des réalisations, des vœux réalisables, mais il y aura aussi des travers de chemin qui vous indiqueront qu'il faut réajuster le tir pour mieux cibler. Le Sagittaire a besoin de bien tendre son arc, de l'étirer au maximum de ses capacités et, lorsqu'il se sent prêt, alors il tire. C'est ce qui se passera cette année. Parfois, vous sentirez que vous êtes prêt à tirer et à atteindre la cible, mais tout à coup certains obstacles se placeront sur votre chemin. Vous devrez alors ajuster vos bras, réorienter votre flèche pour mieux atteindre cet objectif. Ne perdez jamais votre inspiration. Parmi les signes du zodiaque, vous êtes le guide : devenez donc votre propre guide.

En 2007, vous vous sentirez également professeur. Le Sagittaire enseigne aux autres, cette fonction est bien définie dans le zodiaque. Il est celui par qui l'évolution passe. Cette année vous donnera de nombreuses occasions d'apprendre, et n'oublions pas que plus vous serez en situation d'apprentissage, plus vous serez enclin à transmettre les résultats de vos nouvelles découvertes. Votre passage du spirituel au rationnel sera étonnant cette année. Dans une même conversation, vous pourrez passer d'une idée poétique à une logique implacable. Si certains auront de la difficulté à vous suivre, ils constateront plus tard que vous les avez alimentés en faisant preuve de rigueur malgré les propos spirituels qui sous-tendaient votre conversation.

JANVIER 2007

Sous l'influence du Nœud Nord en Poissons — En ce début d'année, vous ne pourrez pas vous mettre à l'abri d'un sentiment de tristesse, de nostalgie à propos d'amis d'enfance que vous avez perdus de vue ou perdus réellement. Certains d'entre eux sont partis pour le long voyage, d'autres ont tout simplement réorienté leur vie et n'ont plus croisé la vôtre. Sous l'influence du Nœud Nord en Poissons, vous repenserez souvent à ces amitiés d'enfance, mais également à votre ancienne vie, à un passé qui vous paraissait plus joyeux. Sortez prendre l'air et ne laissez pas ces pensées vous envahir.

Vie amoureuse du célibataire — Le Sagittaire célibataire aura, comme à son habitude, beaucoup de magnétisme, et ses paroles sauront toucher l'autre. Toutefois, il devra ralentir et serrer la bride du centaure impatient qu'il est pour ne pas effrayer la personne qui l'intéresse. Il a tendance à aller trop vite pour développer une relation. Mais, tout en désirant plus que tout rencontrer l'âme sœur, il craint par-dessus tout la vie à deux. Il attire l'autre par sa force d'attraction et ses douces paroles romantiques, puis s'éloigne.

Vie de couple–famille–budget–travail — En tant que mère et femme au travail, vous sentirez la pression intense exercée sur vous au cours de ce premier mois de l'année. En effet, les femmes Sagittaire seront déchirées entre la vie familiale et leurs occupations professionnelles. Elles ne voudront rien négliger et, pour cette raison, subiront un très grand stress. Elles chercheront à créer un espace où l'équilibre prévaudra à l'intérieur de la maison et tenteront de ne pas se laisser submerger par la tension. Si elles avaient quelque aspiration de retour aux études ou de voyage, la réalisation de ces souhaits sera retardée. Il leur faudra faire preuve de patience, ce qui est difficile pour un centaure qui veut tout, tout de suite. Elles exerceront leur persévérance dans les négociations, aussi bien dans leur vie professionnelle qu'avec les enfants. Les mères Sagittaire pourront aussi bien communiquer un concept bien structuré qu'inventer un conte pour la joie de leurs enfants. Leur imagination est fertile et elles l'exploiteront bien ce mois-ci.

En tant que père et homme au travail, vous vivrez ce mois différemment. Plus l'homme Sagittaire sera autoritaire, plus il fera fuir les enfants. S'il a affaire à des adolescents, il devra redoubler de prudence, car ces derniers prendront la fuite. Ils fugueront et créeront un tel désordre dans la famille que l'homme Sagittaire se mordra les doigts d'avoir agi aussi durement. Un conseil : un peu de souplesse ! Laissez votre stress à la porte de la maison : vous l'obtiendrez, cette promotion ou cette augmentation de salaire que vous souhaitez tant. Ne vous en faites donc pas ! Vous allez pouvoir offrir un peu d'air frais à vos enfants, car vous entreprendrez un voyage décidé à la dernière minute. Ce sera une bonne occasion pour leur déclarer que vous leur accordez votre confiance, mais qu'ils ne doivent pas en abuser.

Clin d'œil sur les baby-boomers — Janvier s'inscrit sous le signe d'une nouvelle rencontre, d'un possible mariage à l'horizon. Et si cet événement se produisait en voyage ou qu'il vous incitait à voyager et à vous établir dans un autre pays ? Vous devrez mesurer l'importance de cette nouvelle rencontre et mettre au défi cet amour naissant pour en vérifier toute la force. Tout quitter pour suivre l'être aimé ? Pourquoi pas ! Ce serait une bonne occasion de renouveau, de refaire sa vie, de la remodeler, de la réorienter et de lui donner un sens. Vous le méritez et vous pouvez vous permettre de rêver que ça tiendra la route.

FÉVRIER 2007

Sous l'influence du Nœud Nord en Poissons — Encore sous l'influence du Nœud Nord en Poissons, février apporte son lot de petites joies. Si janvier avait rendu la vie nostalgique au Sagittaire, le deuxième mois de l'année fait en sorte que ses amis d'enfance refont surface. Et voilà le Sagittaire reparti au galop pour embellir son décor, rendre sa maison plus accueillante pour ses amis retrouvés, pour sentir qu'il fait peau neuve, aussi bien intérieurement que spirituellement, mais aussi que son être évolue dans un nouvel environnement qui reflète cet embellissement !

Vie amoureuse du célibataire — Le froid incite le Sagittaire à vouloir rester bien au chaud à l'intérieur, alors que d'ordinaire il est le premier à vouloir sortir et explorer ailleurs que dans l'enclos près de chez lui. Aussi, si vous prévoyez quelques soupers à la chandelle, ne vous faites pas d'illusion, ils seront plus ou moins réussis si vous les organisez à la maison. Rencontrez vos nouvelles flammes ailleurs que dans votre foyer ou dans votre environnement proche, dans un restaurant par exemple.

Vie de couple–famille–budget–travail — En tant que mère et femme au travail, vous êtes souvent indépendante financièrement, mais ce mois-ci vous devrez composer avec un stress financier. Certaines femmes Sagittaire se demanderont si elles pourront boucler leurs fins de mois, car leur travail est incertain. Des mises à pied sont à l'horizon et elles craignent que ce soit à leur tour d'y passer. La tension est toujours présente, comme au mois de janvier, et le déchirement entre la famille et le boulot se fait encore sentir. Celles qui gagnent leur vie à la maison devront redéfinir leurs tâches et leur manière d'aborder ce travail qui semble compromis en apparence. Une meilleure organisation permettra de mettre de l'ordre dans ce désordre apparent. Si la vie de couple semble aller pour le mieux extérieurement, il n'en est pas de même dans l'intimité. Les autres vous imaginent comme un couple parfait, une famille équilibrée, mais vous sentez les tiraillements de part et d'autre dans la maison. Une bonne discussion et tout se remettra sur les rails!

En tant que père et homme au travail, vous serez plus choyé. Une rentrée d'argent prévue ou une sécurité d'emploi attendue depuis longtemps se concrétiseront. Les activités professionnelles et sociales de l'homme centaure se passeront dans le sous-sol de sa maison ce mois-ci : un peu de *cocooning* ne fait pas de tort! Il faudra pour le Sagittaire revoir sa manière de financer les études des enfants car, même si la rentrée d'argent a donné un bon coup de pouce, les dettes se sont accumulées, surtout pour les pères qui ont des jeunes au niveau des études postsecondaires. La vie de couple va pour le mieux ce mois-ci. Le natif sentira un plus grand besoin de tendresse et de rapprochement physique avec la partenaire. Il l'approchera et lui signifiera qu'il a autant besoin d'affection et de tendresse que de mots et de gestes pour les exprimer.

Clin d'œil sur les baby-boomers — Voici venu le mois du ralentissement pour les baby-boomers et ils en ont drôlement besoin. C'est non seulement un ralentissement de rythme, mais aussi une baisse de régime. C'est le moment de faire un grand ménage dans ses angoisses, de les affronter et de tenter d'y voir enfin clair. Ce n'est pas en broyant du noir que vous parviendrez à le faire. Partez des gestes et des pensées les plus simples qui vous font voir la vie comme un cauchemar et trouvez la meilleure manière de leur donner un souffle positif. S'il vous faut faire le ménage autour de vous, n'hésitez pas. Les amis ont parfois une mauvaise influence sur nous, ce dont nous ne nous rendons pas toujours compte.

MARS 2007

Sous l'influence du Nœud Nord en Poissons — Toujours sous l'influence du Nœud Nord en Poissons, mars parviendra à amener du réconfort dans les familles. C'est le moment de la réconciliation avec le père qui s'était exprimé un peu trop fort, mais aussi le moment de créer une atmosphère familiale de détente. Ce mois-ci, la lumière sera faite sur des secrets que vous traînez depuis la petite enfance.

Vie amoureuse du célibataire — En mars, les Sagittaire vivront une passion plutôt dévorante. Une rencontre dans le milieu de travail risque de devenir sérieuse. Mais, comme à l'accoutumée, votre désir de grand amour vous placera dans une drôle de situation puisque vous mesurerez toute la portée de cette nouvelle rencontre. À nouveau, vous pèserez le pour et le contre et vous aurez de la difficulté à savoir à quoi vous en tenir. Et si vous laissiez un peu place à l'improvisation ?

Vie de couple–famille–budget–travail — En tant que mère et femme au travail, vos activités professionnelles nécessitent beaucoup de leadership. Vous en aurez à revendre. Vous serez comme jamais en position de force. Les portes s'ouvriront sans que vous ayez à forcer quoi que ce soit. Une promotion est dans l'air. On vous remarque, on reconnaît vos capacités et votre dynamisme non seulement ici mais aussi à l'étranger. Vos responsabilités familiales vous pèsent moins ou est-ce vous qui avez lâché prise et avez assoupli votre approche ? Si vous êtes amoureux, un mariage s'annonce ; un engagement solide se trace et vous vous retrouverez bientôt au sein d'une famille reconstituée qui vous comblera de bonheur. Votre désir de vous retrouver dans une structure familiale stable se concrétisera enfin. Les enfants de l'un s'accorderont avec ceux de l'autre ; tout coulera de source.

En tant que père et homme au travail, il n'en est pas de même. Beaucoup de paroles sont prononcées, mais peu d'actions concrètes en découlent. Les hommes Sagittaire devront faire face à ce déluge de mots avec sagesse et calme. Ce mois-ci ne s'inscrit pas sous le signe de l'activité intense au travail. Alors, pourquoi ne pas se mettre en mode réflexion et observation pour une fois ? Des déplacements sont à prévoir sur la route. Vos enfants ne comprennent pas le flot d'ordres que vous leur donnez ? Avez-vous tendance à trop philosopher avec eux ? À les traiter comme des adultes alors qu'ils ne sont que de jeunes enfants ? Modifiez votre manière de les approcher. Ils sont à l'âge où ils ont besoin de rêver, de jouer et non de modeler leur pensée comme celle des adultes. En couple, n'oubliez pas que les paroles les plus douces apaisent n'importe quel conflit. On attire les abeilles avec du miel, pas avec du fiel. Alors, faites le premier pas et dites-vous bien que vous n'en tirerez que de doux bénéfices.

Clin d'œil sur les baby-boomers — Allons, avez-vous oublié que vous faites partie de cette génération où tout est allé trop vite? Vous avez de la difficulté à suivre la cadence, tout ce que vous entreprenez prend des allures de galop. Ne résistez pas, vous réussirez à suivre. De grands changements surviendront ce mois-ci, qui vous forceront à aller plus vite qu'à l'accoutumée même si votre rythme naturel est hors du commun. Les derniers développements que vous avez voulu voir se matérialiser arriveront à temps et vous devrez vous adapter à une manière différente de faire.

AVRIL 2007

Sous l'influence du Nœud Nord en Poissons — Le printemps n'a pas tôt fait de montrer son bout du nez que déjà vous ouvrez votre porte aux amis, aux connaissances: vous voulez voir du monde et fraterniser. Vous aviez entrepris une thérapie et cette dernière s'avère fructueuse? Vous vous sentirez revivre ce mois-ci et vous voudrez partager votre nouvelle approche de la vie avec vos proches. Des projets verront le jour chez vous.

Vie amoureuse du célibataire — Attelez-vous, c'est peut être ce mois-ci que vous rencontrerez l'âme sœur. Toutes les planètes le disent et vous invitent à passer un printemps intense et fiévreux.

Vie de couple–famille–budget–travail — En tant que mère et femme au travail, vous aurez tendance à vous oublier et à laisser les autres prendre le dessus et exprimer leurs besoins, voire à les faire passer avant les vôtres. Ce n'est pas tout à fait une manière de faire des compromis. Une ouverture dans l'équilibre et l'harmonie est nécessaire pour parvenir à un accommodement. Vous êtes une parfaite négociatrice. Vous excellez dans le genre et surtout lorsqu'il s'agit de vos propres affaires. Alors, n'hésitez pas, tenez votre bout et vous réussirez. Vous savez parfaitement vous y prendre. Avec les enfants, vous aurez plus de répondant; vous saurez mieux discuter et vous entendre avec le cadet qu'avec l'aîné. Alors, pourquoi insister? Profitez de cette entente avec le plus petit; l'autre sera peut-être tenté d'imiter ce plus jeune membre de la famille et de se rapprocher de vous.

En tant que père et homme au travail, aviez-vous toujours rêvé de lancer votre propre entreprise? Mieux encore, vous caressiez le rêve de le faire chez vous? Ce mois-ci, il se pourrait que vous y parveniez. Votre leadership marquera intensément votre entourage et vous sentirez les appuis pour que se concrétisent certains projets. L'intensité que vous mettrez dans votre apprentissage est le gage de votre réussite. Professionnellement, vous éprouverez beaucoup de satisfaction. Vous serez comblé de ce côté. Par contre, avec les enfants, faire preuve de discipline est encore compliqué. Vous ne parviendrez que difficilement à leur imposer votre rythme, et vos doléances ne seront pas positivement saluées. Votre vie de couple ne va pas tellement bien. Une solution: avec votre partenaire, retrouvez-vous plutôt seuls qu'entre amis. Vous les avez laissés vous envahir au point où ce sont eux qui dictent leur rythme chez vous. Les visiteurs sont bienvenus à condition qu'ils repartent un jour.

Clin d'œil sur les baby-boomers — Vous voilà reparti pour voyager, pour vous retrouver sous de nouveaux cieux. C'est bien pour un Sagittaire de bouger, de voyager, de visiter les aéroports du monde entier. Mais, il y a un mais, ce ne sont pas tous ces déplacements qui vous feront oublier vos angoisses. Ces dernières ne resteront pas derrière vous. Si vous pensez que vous ne parviendrez pas à vous en libérer, entreprenez une thérapie. C'est le plus beau cadeau que vous puissiez vous faire en ce moment. Vous en ressortirez gagnant. Les temps sont difficiles pour les baby-boomers. C'est le moment des grands bilans.

MAI 2007

Sous l'influence du Nœud Nord en Poissons — Après les bouleversements de l'hiver, les incompréhensions, les problèmes de communication des uns et des autres, voici revenue un peu de clarté autour. L'ambiance est plus détendue, un certain calme est revenu. C'est le moment de se détendre et d'entrevoir l'avenir différemment, sous un autre angle. Quoi de mieux pour retrouver l'harmonie familiale que de préparer ensemble les prochaines vacances.

Vie amoureuse du célibataire — Soyez vigilant, sinon vous n'y échapperez pas. Vous ne faites pas la différence entre une attirance sexuelle et l'amour, celui qui prend un certain temps à s'installer et à mûrir. Et le piège pour vous est de tomber sur des personnes qui ne recherchent et ne voient en vous qu'un objet de désir. Ces gens ne voient pas qu'au-delà de votre sexualité se cache un être qui cherche à aimer et à être aimé. Soyez clair et ne vous laissez pas entraîner dans des aventures sans lendemain qui vous laisseront blessé.

Vie de couple–famille–budget–travail — En tant que mère et femme au travail, après de longs mois de travail acharné, voici pour vous le moment de la récolte. Ce labeur ardu donne enfin des résultats et débouchera sur un beau contrat qui vous rendra heureuse. Pour cela, bien entendu, il vous faudra envisager des changements professionnels mineurs et pouvoir vous adapter à de nouvelles situations. Vous aimez le mouvement, alors plongez! Un réajustement de tir n'est jamais mauvais en soi. Il permet de faire le bilan de ce qu'il faut poursuivre et de ce qu'il faut délaisser pour mieux s'adapter à la nouvelle situation. En couple, l'harmonie retrouvée vous permet d'être plus attentive aux désirs de l'autre. C'est un jeu de miroir: le fait que vous soyez plus présente fera en sorte que votre douce moitié sera au même diapason. Vos sentiments sont très intenses envers l'autre, qui les reçoit à bras ouverts. Le petit hic, cependant, c'est avec les enfants. N'oubliez pas qu'ils grandissent vite et que leurs besoins changent. Cette adaptation est plus complexe pour vous.

En tant que père et homme au travail, vous aviez quelque peu délaissé vos enfants depuis un certain temps pour vous tourner vers le développement et l'épanouissement de votre carrière. En mai, vous retrouvez leur amour. Ce qui domine ce mois-ci chez le père, c'est d'abord la reconnaissance de l'amour inconditionnel qu'il doit à ses enfants mais, plus que tout, leur grand besoin d'amour. Un voyage est en vue puisque, depuis plusieurs mois, vous vous trouvez dans une position de force dans l'entreprise. Vous êtes en bonne voie d'obtenir le poste que vous convoitez depuis longtemps. C'est un emploi qui demande un certain leadership, et vous en avez. Vous saurez convaincre vos patrons que vous êtes la personne idéale pour remplir cette nouvelle tâche. Avec votre partenaire, vous vivrez un amour passionnel. N'oubliez pas cependant que ce n'est pas dans la perte de contrôle que vous bâtirez solidement. Si ce que vous cherchez, c'est de vivre la passion dévorante, vous y êtes.

Si ce que vous souhaitez, c'est de construire un amour solide et durable, alors ne vous étourdissez pas.

Clin d'œil sur les baby-boomers — Aussi étonnant que cela puisse paraître, ce mois-ci les baby-boomers songent à leurs vieux jours. Cette génération qui se croyait invincible commence à s'apercevoir qu'elle vieillit, qu'elle est passée par une série d'aventures au cours de la vie, mais que le moment est venu de songer au futur et surtout de réaliser qu'il leur faudra réviser leur approche pour ne pas compromettre leur retraite dorée. Retour à la réalité donc pour les baby-boomers!

JUIN 2007

Sous l'influence du Nœud Nord en Poissons — Vous vous prenez à rêver de déménager, d'acheter une maison et de vous installer ailleurs? N'avez-vous tout simplement pas besoin de rénover ou de faire un ménage de fond en comble pour vous délester de tous les objets inutiles dont vous vous êtes entouré? Si c'est d'acheter une maison qui vous tente, allez-y, la conjoncture vous favorise. Ce mois-ci, vous parviendrez à trouver les compromis, le juste équilibre, entre votre vie amoureuse et vos activités professionnelles.

Vie amoureuse du célibataire — La vie amoureuse du célibataire est étonnante en juin. Entre le besoin criant d'amour et celui de liberté, le Sagittaire ne saura pas vraiment s'il est prêt à faire des sacrifices ou des compromis. S'il met en péril sa liberté, il en voudra sûrement à l'autre de l'en avoir privé. Mais son besoin d'amour enverra des signaux contradictoires à l'être aimé. Vous ferez la rencontre d'une personne plus âgée que vous. À vous de départager vos désirs opposés.

Vie de couple–famille–budget–travail — En tant que mère et femme au travail, plus vous vous investirez dans votre travail, plus vous trouverez des compensations à le faire. Vous aurez plus que jamais de grandes responsabilités, mais vous réussirez à accomplir vos tâches avec brio. Belle réussite! Vous pourrez vous trouver dans la situation d'entreprendre un voyage d'affaires. On vous fait confiance pour faciliter le dialogue et négocier. Vous excellerez dans ce domaine ce mois-ci. C'est le moment pour vous de prendre position à l'égard de votre partenaire et de discuter de l'éducation des enfants, de leurs études, de leur future carrière, bref, de tout ce qui touche de près ou de loin leur avenir scolaire ou professionnel. Votre esprit est obnubilé par votre travail, votre futur et le leur. Vous êtes envahie et en oubliez la présence de votre partenaire. Vous êtes si occupée à jongler avec les possibilités que vous ne pensez pas à votre partenaire de vie, vous le négligez. Prenez-en conscience et faites-lui une place dans vos réflexions.

En tant que père et homme au travail, en général, vous vous valorisez par votre travail et la réussite de votre carrière. Mais cette valorisation a ses travers, et les côtés positifs peuvent parfois être perçus par d'autres comme négatifs. Un juste milieu est-il difficile à atteindre? L'homme centaure aura tendance à être plus serviable que d'habitude pour se racheter de ses comportements pour le moins négatifs tant à l'endroit de sa conjointe qu'à l'égard de ses enfants. Attention! votre petit jeu sera mis au jour. Vous ne pourrez pas vous réhabiliter ainsi trop longtemps. Vous éprouverez le besoin de vous rapprocher de votre petite famille et de lui consacrer plus de temps. La raison en est bien simple: vous êtes conscient que votre travail occupe une place trop importante dans votre vie. Faites-lui connaître la valorisation que vous ressentez et les effets positifs qu'elle a sur vous. Vous en bénéficierez aussi en retour.

Clin d'œil sur les baby-boomers — Vous voilà en pleine réflexion sur vos histoires d'amour? Celles du passé et celles en devenir? S'agit-il de leur accorder l'importance qu'elles méritent? Juin sera le mois où vous réaliserez que les histoires de cœur et votre grand besoin de les vivre sont d'une importance capitale pour vous. Pas question de jouer au chat et à la souris avec vos sentiments. Vous aimez l'autre? Exprimez-le-lui. Vous voulez lui réitérer vos vœux de bonheur, d'engagement? N'hésitez pas. L'être aimé saura répondre à vos aveux. Et pourquoi pas un remariage? Des noces d'argent, d'or ou même de papier. Toutes les excuses sont bonnes pour reformuler une déclaration d'amour et lui signifier que vous l'avez choisi entre mille.

JUILLET 2007

Sous l'influence du Nœud Nord en Poissons — Place maintenant au Sagittaire philosophe. C'est dans ce domaine qu'il excelle et c'est dans ce rôle qu'il se sentira le mieux pendant le mois de juillet. Mais pas n'importe quelle philosophie! Les pensées orientales auront la cote et nos centaures se laisseront aller à une transformation plus zen, en passant par des exercices physiques comme le yoga, le taï chi, mais aussi par un désir de transformer leur intérieur en fonction des orientations feng shui, par exemple.

Vie amoureuse du célibataire — Cher célibataire à la recherche du grand amour, soyez à nouveau vigilant et faites attention aux belles paroles envoûtantes que prononceront des inconnus en quête de reconnaissance amoureuse! Ne vous laissez pas prendre au jeu et tentez d'y voir clair entre un jeu de séduction et de véritables sentiments exprimés. Vous ne vous sentirez que mieux. Non seulement vous gagnerez à vous protéger, mais vous retrouverez également votre confiance en vos capacités de jugement et de discernement. Vous apprécierez mieux votre solitude par le fait même et ne vous laisserez pas prendre par n'importe quel piège tendu.

Vie de couple–famille–budget–travail — En tant que mère et femme au travail, c'est un mois plutôt difficile pour vous. Non seulement vous ne trouverez pas le temps de prendre des vacances, mais les pressions exercées par votre employeur seront aussi plus intenses. Il vous semblera que le temps file à une allure folle et qu'il vous manque du temps pour vous, vos enfants, votre travail et la maison, bref, dans tous les aspects de votre vie. Un filet de clarté semble poindre à l'horizon ce mois-ci, et la femme Sagittaire aura la sensation qu'une ouverture professionnelle se dessine pour elle, une promotion qu'elle a de fortes chances d'obtenir. Si, du côté professionnel, vous vous sentez épanouie, il n'en sera pas de même dans votre vie de couple. Aussi, vous devriez redoubler d'efforts pour maintenir votre désir envers votre conjoint. N'oubliez pas que, sans amour, vous vous étiolez telle une fleur. Vous avez autant besoin de recevoir de l'affection que d'en donner, alors allez vers l'autre même s'il y a absence de désir de part et d'autre.

En tant que père et homme au travail, vous aurez un grand besoin de recevoir ce mois-ci. L'homme Sagittaire s'organisera pour faire des fêtes à la maison et accueillir le plus d'amis possible, surtout ceux qu'il aura négligés à cause du manque de temps et du travail intense. En juillet, il continuera à être serviable, mais il en prendra davantage conscience. Du côté de sa partenaire, même scénario, il se montrera d'une grande magnanimité pour obtenir ses faveurs. Elle le verra arriver avec ses gros sabots. Si vous avez bien planifié vos vacances en famille, elles seront surtout de nature culturelle, davantage axées sur l'acquisition de connaissances que sur la plage ou le soleil. Les visites de musées, de lieux où la culture a sa place auront votre faveur ce mois-ci et les enfants accepteront cet enrichissement sans trop rechigner. Alors, laissez-vous emporter dans ce tourbillon de culture et faites seulement vos heures régulières de travail. Ne restez pas au boulot jusqu'à des heures impossibles.

Clin d'œil sur les baby-boomers — Vous ressentirez les bienfaits des rayons de soleil ce mois-ci, alors profitez-en bien. Car chaleur rime avec vitalité ; ces mots sont intimement liés. Il est difficile de ne pas s'en rendre compte. Et si vos projets de voyage sont retardés, ne soyez pas trop pessimiste. Il sera toujours temps de vous rattraper plus tard. Un Sagittaire connaît à peu près tous les aéroports du monde. Sinon, il sait voyager dans sa tête. Révisez vos plans de retraite et pensez à rééquilibrer vos finances.

AOÛT 2007

Sous l'influence du Nœud Nord en Poissons — Vous sentez la fin de l'été arriver à grands pas. Cherchez donc à concrétiser certains de vos projets enclenchés depuis le début de l'année. C'est le moment de la mise en œuvre et de l'implantation de certains d'entre eux. Si vous aviez des plans personnels et lucratifs de nature artistique, c'est le moment de vous y mettre. La conjoncture vous est favorable et vous entreprendrez le tout positivement et avec vigueur.

Vie amoureuse du célibataire — C'est décidément une habitude chez la femme Sagittaire : elle a un peu de difficulté à faire le tri entre les hommes qu'elle attire. Il y a les bons et les méchants, ou plutôt les moins bons. Le départage sera encore difficile ce mois-ci. Ne vous laissez pas obnubiler par des paroles. Comme le dit la chanson, il n'y a pas d'amour, il n'y a que des preuves d'amour. Pendant que les femmes Sagittaire devront faire preuve de discernement, les hommes célibataires, eux, auront un grand besoin de retrouver leur identité d'homme ; ils seront à la recherche de leur virilité.

Vie de couple–famille–budget–travail — En tant que mère et femme au travail, vous voudriez ce mois-ci fuir devant vos responsabilités familiales. Elles deviennent de plus en plus lourdes et vous en prenez conscience. Vous n'êtes pas seule dans cette galère ; n'oubliez pas de demander de l'aide à votre conjoint ou aux autres membres de votre famille. Votre indépendance ne se mesure pas à votre besoin de soutien. On vous offrira un poste à l'étranger, l'accepterez-vous? Pesez le pour et le contre. L'étranger vous attire, vous êtes porteuse d'un signe toujours tourné vers l'ailleurs, mais ne vous jetez pas dans n'importe quelle aventure. Votre hésitation aura du bon puisqu'elle vous indiquera la bonne route à suivre. C'est le moment de la reprise en main des difficultés de toutes sortes qui vous ont accablée au cours des mois précédents. Vous sentirez que l'harmonie est possible en amour. Enfin! direz-vous.

En tant que père et homme au travail, vous pourriez, par votre maladresse, laisser échapper un contrat ou une promotion que vous attendiez depuis fort longtemps. C'est étonnant, mais les hommes Sagittaire ce mois-ci auront envie d'unir leur destinée à l'autre, de dire oui à une union solide à l'épreuve du temps. Les pères devront s'armer de patience, l'école ne commence qu'au mois de septembre et ils devront redoubler d'inspiration pour occuper les tout-petits qui débordent d'énergie et qui ne demandent qu'à se défouler. Vous voulez changer d'emploi, modifier la carrière que vous aviez entreprise il y a quelques années? Patience. Ce ne sera pas très clair dans les jours qui viennent et votre prochaine orientation ne se concrétisera pas de sitôt.

Clin d'œil sur les baby-boomers — Les baby-boomers seront étrangement envahis par la sensation que le temps leur échappe, que tout passe à une allure folle et que c'est le moment des grands bilans. Doucement, vous n'en êtes pas à quelques heures près! Même si vous avez l'impression que vos capacités sont de plus en plus limitées, ce n'est pas tout à fait terminé. Vous n'en êtes pas là. C'est tout simplement une question de voir les choses autrement et de ralentir son rythme effréné. Ne faites pas comme si vous en étiez à votre dernière heure de vie. Il vous suffit d'en prendre conscience pour voir la vie sous un autre jour, plus positivement et avec un peu moins d'anxiété.

SEPTEMBRE 2007

Sous l'influence du Nœud Nord en Poissons — Voici le retour en classe pour certains, et le retour à des activités plus régulières pour d'autres. Tout l'été, vous avez tenté d'apprivoiser votre solitude et vous y êtes enfin parvenu. Vous savez maintenant que vous pouvez guérir de vos peurs, que vous avez cette capacité de les calmer et de les transformer en quelque chose de plus positif comme une appréhension contrôlée. Vos craintes et vos angoisses face à l'avenir aussi s'estompent tranquillement.

Vie amoureuse du célibataire — L'étranger, l'ailleurs a toujours caractérisé le Sagittaire, mi-homme mi-cheval. Eh bien, en ce mois de septembre, les célibataires auront leur lot de rencontres, mais une d'entre elles sera particulièrement intéressante, digne d'intérêt. Vous aurez la chance de rencontrer l'amour à l'étranger ou sur les bancs d'école. Il pourrait s'agir d'une personne plus âgée que vous ou occupant un poste d'autorité. S'il s'agit d'une personne vivant dans un autre pays, vous aurez du mal à entrevoir un avenir avec elle. Il est difficile de vivre l'amour à distance.

Vie de couple–famille–budget–travail — En tant que mère et femme au travail, que de doutes pour enfin arriver à cette confiance en vous et en l'avenir ! Septembre sera différent puisque vous n'aurez plus la crainte d'échouer. Vos angoisses s'estomperont. Vous l'obtiendrez, ce poste de direction que vous convoitez depuis longtemps. Si vous voulez devenir votre propre patron, pourquoi pas ? Le temps est au démarrage d'une entreprise et vous en serez la fondatrice et la gestionnaire. Si cela nécessite un déménagement, alors n'hésitez pas et ayez confiance. Ne laissez pas le doute s'immiscer et s'installer dans ces projets que vous caressez depuis si longtemps. Il vous faudra redoubler de prudence si vous devez maintenir l'harmonie dans votre couple ; vos efforts soutenus donneront des résultats, à condition de vous y mettre vraiment. Les mères devront lâcher du lest et éviter à tout prix d'en demander trop aux enfants. Si vous mettez la barre trop haut, vous les découragerez. Soyez donc réaliste.

En tant que père et homme au travail, comprendre que les temps ont changé ne vous fera pas de tort. Votre partenaire occupe un poste traditionnellement réservé aux hommes, soit, mais ça ne lui enlève pas sa féminité ni ses qualités de mère. Et si parfois elle met le chapeau du leader masculin, ne lui en voulez pas. Les modèles de réussite féminine sont encore rares dans notre société, même si la tendance populaire semble dire le contraire. Ceux qui œuvrent dans la vente se trouveront comblés ce mois-ci. Une belle énergie se dégage d'eux et ils inspirent confiance à quiconque les approche grâce à leur belle personnalité. Vous sentirez renaître votre inspiration, votre sens de la création. Du côté familial, soyez patient. Vous semblez à bout de nerfs, un rien vous irrite. Si vous savez mettre de l'eau dans votre vin sur le plan professionnel, appliquez le même principe à la maison au lieu de faire sauter la soupape occasionnellement.

Clin d'œil sur les baby-boomers — Votre vie amoureuse semble s'améliorer. Vous trouverez plus facilement un terrain d'entente par la communication. Qu'elle soit verbale ou non verbale, l'autre saisira et vous comprendra. Il ne sera pas nécessaire d'expliquer longtemps ni de s'étendre sur le sujet. Un geste, une parole, un silence, et la compréhension suivra son cours. Vous avez pendant les mois précédents ressenti le besoin de contrôler vos finances et de mieux les gérer. Vous voici en meilleure posture ce mois-ci. Le tout est de continuer sur cette lancée.

OCTOBRE 2007

Sous l'influence du Nœud Nord en Poissons — En ce début d'automne et d'été indien, vous vous trouvez en meilleure condition psychologique et spirituelle. Aux grands maux les grands moyens : vous aviez entrepris une thérapie il y a quelques mois, eh bien, cette dernière commence à faire effet sur vous. Vous éprouvez un merveilleux bien-être grâce à l'expression de ce qui vous opprimait tant. Tout à coup, tout redevient très clair. Les situations nébuleuses dans lesquelles vous vous trouviez dans un passé pas trop lointain sont plus limpides et vos angoisses familiales s'estompent par le fait même.

Vie amoureuse du célibataire — Les célibataires ont eu une rentrée plutôt bousculée et leur recherche de l'âme sœur s'est retrouvée par le fait même en mode pause. Eh bien, ce ne sera pas mieux ce mois-ci. Ils manqueront de temps et seront trop envahis par leur travail. Leur carrière et leur implication professionnelle les comblent d'aise, ils en oublient leur solitude amoureuse et affective. Quant à la femme célibataire, prudence ! vous pourriez rencontrer l'homme en apparence parfait. Redoublez de précaution et grattez un peu la surface des mots et des gestes pour vous assurer que vous n'avez pas affaire à un manipulateur.

Vie de couple–famille–budget–travail — En tant que mère et femme au travail, vous avez un puissant désir de réussite professionnelle ? Et si vous canalisiez cette puissante envie et que vous mettiez tout en œuvre pour vous impliquer dans des groupes ou pour orienter votre carrière comme fonctionnaire ? Vous aimez faire partie d'organismes structurés et bien établis. Alors, pourquoi hésiter? Par ailleurs, cette grande énergie qui vous envahit ce mois-ci pourrait vous donner des ailes, mais n'y allez pas trop fort. N'envoyez pas promener votre famille et tout ce que vous avez construit pour une aventure. Pesez le pour et le contre. Soyez attentive à vos sentiments profonds et non à cette attirance superficielle. Votre rôle de mère vous pèse, ressentez-vous une charge trop lourde à porter? Votre grand besoin de changement ne devrait pas vous faire faire des bêtises que vous regretterez. Sortez, prendre l'air aide à réfléchir. Et ne rejetez pas d'un revers de la main ce qui vous est cher.

En tant que père et homme au travail, la fidélité ne sera pas ce qui vous caractérisera en ce mois d'octobre. Même si votre relation n'est pas solide, inutile de la mettre en péril par votre trahison, surtout en entrant dans une relation pour le moins douteuse qui ne vous mènera nulle part et qui entraînera plus que son lot de problèmes. Vous avez besoin de créer un espace bien à vous dans la maison. N'hésitez pas et surtout ne pensez pas à le créer en dehors du foyer. Vous en seriez troublé et votre vie deviendrait plus qu'instable. Soyez attentif aux enfants et ils vous inspireront la meilleure marche à suivre. Ils savent eux aussi faire preuve de psychologie lorsque le temps est venu. Montrez-leur que votre implication est profonde et que votre intérêt l'est tout autant. Vous rêvez de changer d'emploi? Qu'attendez-vous? On vous offre une meilleure perspective de carrière? Sautez dessus, vous en mourez d'envie! Le risque en vaut la chandelle.

Clin d'œil sur les baby-boomers — Il n'y a pas si longtemps, vous vous moquiez de ces *snowbirds* qui quittaient le Québec pour se retrouver sous des cieux plus cléments l'hiver, en Floride ou ailleurs. Eh bien, vous vous étonnez maintenant de vouloir les imiter. Vous les enviez? Planifiez donc votre retraite en ce sens. Une bonne planification et une réorganisation de ses finances ouvrent parfois les portes que l'on croyait à jamais fermées par des années de négligence et de gestion irrationnelle.

NOVEMBRE 2007

Sous l'influence du Nœud Nord en Poissons — Vous en rêvez depuis longtemps? Alors, voici le moment de vous y mettre et de la chercher, cette maison de rêve. Vous en possédez une? Pourquoi ne pas explorer le marché et la mettre en vente ou, à tout le moins, en évaluer la valeur de revente! Vous en aurez le cœur net et vous saurez si vous êtes prêt à acheter une autre propriété.

Vie amoureuse du célibataire — Vous qui êtes célibataire, vous vous décidez enfin à faire ce que d'autres ont entrepris depuis fort longtemps : explorer vos chances de rencontrer quelqu'un par Internet. Il y a eu par le passé des dénouements heureux et des rencontres qui ont mené à des unions stables. Alors, pourquoi pas pour vous? Vous hésitez depuis fort longtemps? Vous pourriez faire la connaissance de gens matures dont l'intensité émotive vous électrisera.

Vie de couple–famille–budget–travail — En tant que mère et femme au travail, au cours des mois précédents, vous avez repris votre vie en main. Vos activités sociales ont tranquillement repris leur place au sein de votre quotidien. Vous avez appliqué le lâcher-prise devant la tentation de contrôler la vie de vos enfants, et ce, pour le bénéfice de tous. Continuez sur cette lancée, mais ne négligez pas pour autant votre vie de couple. Le cercle social et les intérêts personnels ne remplaceront jamais une vie intime. Les échanges, quels qu'ils soient, sont à valoriser pour ne pas couper la communication. Lorsque cette dernière ne va plus, il est difficile de revenir en arrière. L'équilibre reste encore la meilleure alliée. Il ne faut pas considérer ses intérêts personnels comme une priorité absolue. Vous voudriez mettre en valeur vos réalisations personnelles? Vous trouverez le moyen de le faire.

En tant que père et homme au travail, on vous a offert une promotion, un changement de carrière. Vous reculerez ce mois-ci et vos désirs de changement n'auront plus autant de valeur à vos yeux. Vous songerez à vos ambitions passées et ne serez plus aussi certain des projets que vous voulez entreprendre ni pour quelle raison vous vouliez les entreprendre. Une grande paresse intellectuelle est à l'origine de ce manque d'énergie et d'entrain. Reprenez-vous! Tentez de trouver des stimulations dans la lecture, le cinéma, etc. Vous vous sentirez plutôt passif ce mois-ci, alors faites de cette inaction un tremplin pour clarifier vos désirs d'avancement. Vous aurez besoin de vous rapprocher de vos enfants et de connaître leurs intérêts et ce qui les stimule dans la vie. Ils seront peut-être vos muses et vous permettront de cerner vos propres intérêts. Vous craignez le rejet de la part de votre partenaire? Ne concluez pas si facilement. Cette crainte de l'abandon n'est peut-être que le reflet de peurs ancestrales et vous pourriez provoquer chez l'autre ce que vous craignez tant. Ressaisissez-vous! Si vous avez besoin d'une excuse pour sauter par-dessus la clôture et vous lancer dans une aventure, ne blâmez pas votre partenaire.

Clin d'œil sur les baby-boomers — C'est ce qui a préoccupé les baby-boomers tout au long de l'année et novembre n'y échappe pas. Certains d'entre eux sont arrivés à l'âge de la retraite et songent sérieusement à continuer à travailler. Jamais ils n'avaient réalisé que tout pourrait s'arrêter pour eux. Ils se sentaient éternels. Eh bien, les voilà retombés sur terre depuis le début de l'année 2007. Cet avant-dernier mois de l'année ne fera que clarifier ce qu'il leur faudra faire pour mieux gérer leurs finances.

DÉCEMBRE 2007

Sous l'influence du Nœud Nord en Poissons puis en Verseau — Voici venue la période anniversaire de nos centaures. C'est aussi le moment des grands bilans. « Qu'ai-je fait depuis mon dernier anniversaire ? Qu'ai-je accompli qui me tenait à cœur ? Comment ai-je profité du passage de Jupiter dans mon signe ? A-t-il tout nettoyé et bousculé en chemin ou m'a-t-il permis de préparer mes balises et de m'installer confortablement pour les 12 années à venir ? » Décembre, c'est la magie de Noël qui s'installe. Les rêveries passionnées envahiront les esprits. Un coup de magie et c'est parti. Puisse cette fin d'année voir se concrétiser quelques-uns de vos rêves romantiques.

Vie amoureuse du célibataire — Si vous êtes en déplacement, vous ferez une rencontre qui devrait vous apporter beaucoup de joie et de bonheur. Vous la souhaitez tant que toutes les forces doivent être mises en place pour qu'elle se produise. Vous ne voulez pas passer les fêtes de Noël tout seul. Vous rechercherez coûte que coûte l'affection des autres.

Vie de couple–famille–budget–travail — En tant que mère et femme au travail, vous craignez de perdre votre emploi, mais détrompez-vous ! On vous accordera plutôt une augmentation de salaire et vous verrez d'un bon œil le changement de poste qui vous sera offert. Tout ce qui touche la carrière est positif ce mois-ci. Vous vous retrouvez heureuse et près de l'être aimé ; les soupers aux chandelles se multiplient, à votre plus grande joie. Vous saurez combler l'autre des belles fantaisies dont vous seule avez le secret. Les mères seront très actives à la maison et mettront à contribution la petite famille pour les préparatifs des fêtes de Noël. La préparation de la nourriture, la décoration de l'arbre, tout sera prétexte à réunion familiale.

En tant que père et homme au travail, vous manquerez d'entrain au travail : votre paresse du mois dernier est toujours présente. Encore pire, vous ne voulez plus sortir de la maison et vous entrevoyez d'un bon œil d'y rester pour de bon pour démarrer votre propre entreprise. Soit, concrétisez ce rêve si c'est ce que vous désirez. Son déroulement sera positif. De plus, il vous permettra d'être plus présent à l'évolution de vos enfants. Toutefois, choisissez le lieu avec discernement. Si votre propriété actuelle ne vous plaît pas, ne vous y installez pas pour de bon. Pensez à la vendre en fonction de ce rêve que vous songez à concrétiser. Vos pulsions de désir nocturne seront plus fréquentes ce mois-ci. Vous aurez de folles envies de faire des escapades et d'entreprendre des relations sans lendemain.

Clin d'œil sur les baby-boomers — Vous rêvez d'organiser une grande fête cette année ? Vous serez comblé. Vous aurez toute l'énergie voulue pour faire un pied de nez à la maladie qui a failli vous clouer au lit pour quelques semaines. Votre force légendaire l'emportera et vous recevrez vos proches dans la joie et le bonheur de pouvoir leur signifier votre amour. Ils vous seront très reconnaissants.

Prévisions 2007
selon votre ascendant

SAGITTAIRE ascendant BÉLIER

Deux des trois signes du zodiaque qui seront comblés cette année seront le Sagittaire et le Bélier. Sous le passage de Jupiter en Sagittaire, les signes de feu connaîtront une année faste en émotions de toutes sortes. Profitez-en pour voyager. Que ce soit par affaires ou pour des raisons familiales, n'hésitez pas. Vous connaîtrez une union secrète avec un étranger au cours d'un de ces voyages. Si vous restez sur place, vous ferez la rencontre d'une personne plus âgée que vous. Désirez-vous cette union ? Vous êtes seul maître à bord, libre à vous de poursuivre cette relation ou pas. Cette année sera celle de la concrétisation de vos rêves professionnels. Vous avez enfin mis la dernière touche aux derniers documents qui feront de vous le gestionnaire principal de votre propre entreprise. Sinon, avez-vous songé à retourner aux études? Cette année, vous ferez le grand saut.

SAGITTAIRE ascendant TAUREAU

Le Sagittaire ascendant Taureau aura de la difficulté à rester en place cette année. Cet état est causé par la grande contradiction entre ces deux signes. Le Taureau a beaucoup de difficulté à provoquer ou à supporter les grands changements; le Sagittaire, quant à lui, ne s'épanouit qu'en changeant constamment et en provoquant des remous autour de lui. Vous songerez très sérieusement à déménager ou à entreprendre d'importantes rénovations au niveau des fondations de votre maison. Votre vie professionnelle connaîtra également des bouleversements. Vos relations avec vos collègues ne sont plus ce qu'elles étaient. Elles vous ont pourri la vie au point où vous voulez quitter votre emploi. N'hésitez pas à le faire, ce ne sera que pour votre plus grand bien. Si votre santé laisse à désirer, il est peut-être temps d'entreprendre une rééducation sur le plan de l'alimentation. Mais qui dit régime ne dit pas qu'il faut perdre des kilos rapidement et bouleverser son organisme au point où, lorsque vous reprendrez une alimentation plus normale, ce dernier stockera les graisses de peur de se retrouver en manque encore une fois. Mieux vaut changer son alimentation que d'entreprendre une diète.

SAGITTAIRE ascendant GÉMEAUX

Vous vivez à deux depuis un certain nombre d'années? Si rien ne va plus, pourquoi ne pas entreprendre une thérapie de couple plutôt que d'abdiquer si vite? Le mal-être dont vous souffrez n'est peut-être pas dû à l'autre. Il peut venir de votre être profond, déchiré entre la rationalité et l'émotivité. Il n'est ici nullement question de choix: les deux vont de pair et sont indissociables. Vous devez savoir naviguer entre les deux sans vous torturer. Cette année, vous signerez d'importants contrats et votre vie professionnelle connaîtra un bel essor. Vous craignez de vous engager amoureusement. Vous n'êtes pas seul. Mesurez jusqu'où vous voulez aller dans une relation. Désirez-vous vivre un amour à distance? Vous voulez limiter vos relations amoureuses au week-end et vous consacrer à votre vie professionnelle pendant la semaine? Pourquoi pas? Pour autant que vous vous mettiez d'accord avec votre douce moitié.

SAGITTAIRE ascendant CANCER

Et si vous cessiez de vous laisser envahir par vos émotions cette année! Que vous remisiez au grenier vos vieilles angoisses du passé pour respirer et laisser pénétrer un peu plus de joie dans votre vie! Le passé est ce qu'il est et vous n'avez plus de prise sur lui. Il vous faut accepter ce qui a été et en tirer une leçon pour votre avenir. Vous saurez empêcher le retour de ces anciennes peurs et surtout vous les empêcherez de se transformer en problèmes de santé. Vos responsabilités au travail seront décuplées au cours de l'année. Le temps manquera pour accomplir tout ce que vous projetiez de faire, mais l'argent continuera à rentrer abondamment. Alors, pourquoi vous plaindre? Faites le plein. Un voyage sera annulé à la dernière minute et vous serez déçu. Ce sera pour une prochaine fois! Cette année, vous remettrez votre couple en question. Vous vous poserez les bonnes questions et trouverez les bonnes réponses. Ne vous mettez pas la tête dans le sable, affrontez!

SAGITTAIRE ascendant LION

En dehors du Sagittaire et du Bélier, l'autre signe à être choyé cette année par le passage de Jupiter est le Lion. Si vous vivez une relation de dépendance où le bonheur n'existe pas et où une rupture aurait dû se produire depuis longtemps, foncez! C'est le moment de faire le grand ménage dans vos sentiments. Si c'est une erreur que vous êtes en train de commettre en vous séparant, eh bien, la réconciliation n'en sera que plus profitable. Si, au cours des dernières années, des malentendus n'ont pas été réglés avec les enfants, ils le seront cette année. Vous aurez plus de facilité à réparer vos torts. Vous avez enfin démarré votre propre entreprise. Bien! Tâchez toutefois d'être attentif à vos intuitions, car votre logique, elle, sera défaillante. Suivez donc vos intuitions et faites régulièrement de l'introspection.

SAGITTAIRE ascendant VIERGE

Votre grand besoin de solitude se fera sentir tout au long de l'année. Et si ça se manifestait par un besoin de vivre seul! Ce n'est pas si négatif de se retirer pour mieux plonger. Les temps de solitude permettent de faire le plein d'énergie. En 2007, vous pourriez déménager très rapidement. Vous saurez par ailleurs profiter de votre inspiration créatrice cette année. Elle vous ouvrira très certainement les portes d'une carrière artistique si tel est votre désir. Vous êtes très stimulé et votre imagination ne vous trahit pas, au contraire. Mettez-la à profit et faites une réflexion profonde sur le sens de votre orientation professionnelle et de vos aspirations futures. Votre sens de l'analyse que vous permet votre ascendant vous guidera vers des cieux plus positifs avec le passage de Jupiter.

SAGITTAIRE ascendant BALANCE

L'année 2007 s'inscrit pour vous sous le signe d'un grand sentiment d'insécurité sans aucun fondement. Vous sentez que vous perdez pied, mais c'est seulement une sensation. Cette peur vient de nulle part et vous devez arriver à la contrôler. Trouvez le réconfort auprès de vos proches. Ils sauront vous écouter et vous renvoyer une image de vous-même qui colle plus à la réalité que celle que vous vous forgez dans votre esprit. Les amis seront précieux cette année, et vous entreprendrez avec eux d'importants projets. Ils seront indispensables pour vos négociations, surtout si vos projets touchent les organismes paragouvernementaux ou nécessitent de négocier avec les gouvernements en place. Quels que soient vos projets, faites appel à vos amis et faites-leur confiance. Ils seront cette année vos meilleurs alliés.

SAGITTAIRE ascendant SCORPION

D'ordinaire, les Sagittaire ascendant Scorpion sont leurs propres ennemis. Cette année, ils auront une importante promotion et une augmentation de salaire substantielle qui sera la bienvenue pour éponger les dépenses du passé. Tous leurs projets connaîtront un dénouement satisfaisant, et ils auront la main heureuse pour trouver le financement. Les sujets touchent les gens et l'intérêt est là. Toutefois, l'amoureux continue à faire des siennes et se refuse à tout engagement sérieux. Les messages qu'il envoie ne sont pas clairs et tendent même à être contradictoires. Il ne sait pas lui-même où il en est. Alors, si vous êtes impatient, n'attendez pas. Votre désir d'aller voir ailleurs est si fort et la tendresse que vous en retirerez si intense, ne vous retenez donc pas.

SAGITTAIRE ascendant SAGITTAIRE

Voici un autre signe et ascendant choyé cette année. Le Sagittaire ascendant Sagittaire connaîtra une année hors du commun avec le passage du grand bénéfique Jupiter. La chance lui sourira, que ce soit dans la concrétisation de projets longtemps caressés ou même dans la réalisation d'un désir personnel longtemps chéri. Il lui faudra saisir sa chance au tournant. Depuis le dernier passage de Jupiter dans son ciel, le Sagittaire ascendant Sagittaire a connu des hauts et des bas et a travaillé fort pour arriver à solidifier les bases de sa vie professionnelle. Voilà maintenant que ses efforts seront récompensés. Et cette année, de nombreux voyages d'affaires seront nécessaires pour que s'établisse une meilleure communication dans l'entreprise. L'année 2007 renouvellera chez le Sagittaire pur le désir de retourner aux études. Son besoin de nouveauté ne cessera de croître et ses finances ne s'en porteront que mieux. Si le centaure pur a connu des déboires amoureux, cette année, il y aura une nette amélioration dans ses rapports amoureux.

SAGITTAIRE ascendant CAPRICORNE

Nous retrouvons notre Sagittaire ascendant Capricorne en pleine quête spirituelle en 2007. C'est que Jupiter se trouvera dans son Soleil cette année et sur son ascendant l'an prochain. Aussi, pendant cette période, ce signe connaîtra des bouleversements qui ne l'aideront qu'à mieux y voir clair. Mais il doit faire attention à ce que cette recherche ne le conduise pas à se départir de toutes ses richesses matérielles au profit d'une quelconque secte ou d'un gourou de passage. Inventif et imaginatif, le Sagittaire ascendant Capricorne a des sentiments difficiles à cerner. Cette année, il n'y échappera pas. Il n'arrivera pas à communiquer clairement ce qui le tracassera ou ce qui le brimera. En amour, ce sentiment s'amplifie et le natif est très réservé. Il cache ses angoisses et en vient à décider qu'il est décidément mieux de rester seul que de devoir rendre des comptes. Si votre travail nécessite des interventions possibles de la part des gouvernements ou de la loi en général, vous traverserez des obstacles dans ce domaine.

SAGITTAIRE ascendant VERSEAU

De nature sociable, le Sagittaire ascendant Verseau devra tout mettre en œuvre pour se retrouver entouré de gens qu'il aime. C'est ainsi qu'il s'épanouira au cours de l'année, entouré comme il aime l'être. Son grand besoin d'air et de nature n'échappera pas à sa condition de couple et il aura grandement besoin d'espace par rapport à son partenaire. Il souhaitera presque être muté à l'extérieur du pays pour prendre de l'air tant il a besoin de le renouveler. Il s'exilera à l'étranger non seulement pour des raisons professionnelles, mais aussi pour des motifs personnels. Il devra toutefois être très prudent avec l'argent. Il lui faudra être vigilant pour ne pas faire de mauvais placements qui nuiront assurément à sa situation financière. Au cours de ses déplacements, il fera l'apprentissage d'une autre langue. C'est ainsi qu'il se sentira revivre devant l'inconnu.

SAGITTAIRE ascendant POISSONS

En cette année 2007, le Sagittaire ascendant Poissons décidera que c'en est terminé avec la liberté. Il souhaitera s'engager dans une voie professionnelle très sérieuse, car son besoin de stabilité sera grand et s'exprimera haut et fort. Cependant, sa créativité en prendra un coup. Il lui faudra trouver des échappatoires dans la lecture, le cinéma, les arts en général pour stimuler son penchant naturel vers ces derniers. Il entreprendra une relation amoureuse dans son milieu de travail qui le forcera à tenir secrète cette dernière. Si notre Sagittaire ascendant Poissons est d'un certain âge, il pourrait connaître de sérieux problèmes de santé. Alors, soyez attentif aux signaux que vous transmet votre corps, vous pourriez vous éviter de devoir affronter ces problèmes.

Capricorne

(22 décembre au 19 janvier)

À ces vieilles âmes au grand cœur, des hommes et des femmes dignes et sages comme le présageait leur incarnation saturnienne. À mon gendre Paul Chaput. À Paul Martel, Josette Boek ainsi qu'à Anne Polisero.

Sous l'influence de Jupiter en Sagittaire

Saturne, qui est le vieux sage, rajeunit avec les ans. Donc, les baby-boomers semblent avoir tout l'avenir devant eux, sauf ceux qui ont des maladies cardiaques, ce qui est fréquent chez les Capricorne, principalement chez les hommes. Les femmes vivent généralement très bien le temps de la retraite : elles ne sont plus soumises aux pressions familiales et c'est pour elles un temps de libération et de liberté. Toutefois, hommes ou femmes, les Capricorne n'abandonnent jamais leurs enfants. De nombreux baby-boomers célibataires se remarieront ; les mal assortis se décideront enfin à divorcer ou du moins à se séparer. Il est aussi possible qu'il en soit ainsi pour des couples plus jeunes dont l'union bat de l'aile depuis longtemps. Pour le Capricorne, c'est difficile, après 10, 15, 20 ou même 30 ans d'attente et de serviabilité, de cesser de se sentir comme un paillasson et de décider de poursuivre enfin des idéaux auxquels il avait parfois renoncé.

Vous serez porté à la réflexion

L'année 2007 vous amènera à réfléchir sur certaines transformations nécessaires. Vous savez depuis longtemps que quelque chose doit changer dans votre vie. Cette année tout particulièrement, vous ne pourrez plus reculer devant l'évidence. Pressé d'agir, il se peut que vous ayez le sentiment de vous engager dans la mauvaise direction, mais la transition s'avérera des plus positives si vous suivez votre cœur et que vous vous imprégnez d'un peu de la grande sagesse jupitérienne qui vous dit: «Ayez foi en la vie.»

Cœur aimant

Le cœur du Capricorne, c'est bien connu, ne se conquiert pas facilement; c'est qu'il a tellement peur de se tromper. Et même les risques calculés sont parfois hasardeux. À la suite de la résolution de certains conflits que vous souhaitiez régler depuis un bon bout de temps, l'année 2007 promet d'être riche en transformations dans le domaine sentimental. N'ayant nullement le cœur aux compromis, vous ne vous satisferez plus de demi-mesures: assez, c'est assez. Il y a même la possibilité d'une rupture ou d'un remariage cette année. Après tout, l'amour est au-delà de la matière, et vous savez, plus que tout autre, que vous misez gros quand vous jouez votre cœur.

Épanouissement au travail

Étant né sous le signe de Saturne, vous savez mieux que quiconque qu'il faut trimer dur pour gagner ses épaulettes. Et 2007 vous mettra sûrement à l'épreuve sur le plan professionnel, vous incitant à relever des défis qui, finalement, contribueront à votre épanouissement. Les expériences seront enrichissantes, surtout si vous avez une âme d'artiste, quoique tous les Capricorne y trouveront leur compte d'une certaine manière. Votre maître, Saturne, étant en Lion pendant la majeure partie de l'année, vous ferez preuve d'une créativité assez inhabituelle. Si vous avez le moindre penchant artistique, alors là, vous vous surprendrez vous-même. Guidé par une forte inspiration, vous vous acharnerez sur un projet jusqu'à ce que vous y voyiez parfaitement clair et obteniez satisfaction.

Comme on le sait, vous ne rechignez pas devant les travaux de longue haleine et préférez concentrer vos efforts plutôt que de vous éparpiller.

L'année 2007 vous verra cogiter sur des projets secrets que vous n'aurez pas envie de dévoiler avant d'être sûr qu'ils sont réalisables. Disons que cette année s'avérera une phase de réflexion, la réalisation des projets se faisant plus tard. Quitte à faire quatre-vingt-dix pour cent du travail mentalement afin de n'avoir que quelques boutons à pousser au moment de passer à l'action, vous allez y mettre du cœur et ne ménagerez pas vos énergies. Suivez votre inspiration, cogitez tout le temps qu'il faut car, à long terme, vous verrez que le jeu en valait vraiment la chandelle.

Vous, un parent

On peut rarement vous reprocher, cher Capricorne, d'être un mauvais parent. Vous vous acquittez de vos devoirs de façon exemplaire, vous faites en sorte que vos enfants ne manquent jamais de rien et vous tâchez de leur assurer un avenir convenable. Toutefois, certaines circonstances requièrent magnanimité et souplesse, deux qualités qui ne vous viennent pas naturellement et que 2007 vous incitera à développer. Soucieux que vous êtes de la rectitude familiale, vous partez avec les meilleures intentions du monde ; aussi, il se peut que vous éprouviez une certaine angoisse à devoir relâcher la discipline cette année. Il y aura, en effet, des circonstances qui requerront flexibilité et compréhension. Le peu de terrain que vous consentirez à céder vous demandera peut-être des efforts énormes, mais sachez que vos enfants ne vous en seront que plus reconnaissants et qu'ils seront alors plus portés à se confier à vous lorsqu'ils auront besoin de conseils, puisque vous leur aurez prouvé que vous êtes capable d'écouter sans juger.

Un exemple de situation qui exigerait souplesse et compréhension de votre part est l'homosexualité d'un de vos enfants. Soyez sûr qu'un enfant qui vous apprend qu'il est homosexuel a non seulement longuement réfléchi avant de se confier, mais qu'il fait preuve d'une sacrée confiance en vous. Il appelle au secours et ce n'est pas le moment de le décevoir. Dans un autre ordre d'idées, certains d'entre vous pourriez apprendre qu'un de vos enfants est atteint d'une maladie chronique ou incurable, ce qui chambarderait sans doute une discipline familiale bien établie. Dans ce cas, tâchez de vous mettre à la place du petit : ménagez-le et relâchez la discipline quelque peu. Il se peut enfin que vous ayez affaire à un enfant tout simplement pas comme les autres et que ça vous gêne et vous agace royalement. Quel que soit le cas, des circonstances inhabituelles vous amèneront à réfléchir et à redéfinir votre propre philosophie quant à l'attitude à adopter face à l'imprévu et au non-conventionnel. Saturne en Lion, qui aime régner en roi et maître, ne lâchera certes pas les rênes sans rechigner, mais il n'en tient qu'à vous de bien jouer : ou bien vous refusez de céder du terrain, ou bien vous ajustez votre tir, ce qui aura pour effet d'établir un beau climat de confiance familiale.

Votre vitalité

Le Capricorne a la fâcheuse habitude de mettre tous ses œufs dans le même panier. C'est un spécialiste qui, de façon toute instinctive, réduit volontairement ses intérêts, son travail, ses passe-temps et même ses amis à quelques valeurs sûres. Ceci l'arrange parfaitement pendant la première moitié de sa vie mais, au-delà d'un certain âge, il apprend, parfois avec stupeur, qu'il n'est pas immortel. L'année 2007 pourrait bien vous amener, cher Capricorne, à réfléchir sur la fragilité de la vie ainsi que sur votre vieillesse imminente. Les jeunes femmes tenteront d'effacer ou d'atténuer tout signe de vieillesse, tandis que les plus âgées s'inquiéteront davantage de l'ostéoporose. Quant aux hommes, ils examineront d'un œil très critique leurs moindres grains de beauté. Quel que soit votre âge ou votre sexe, cette année vous amènera à réfléchir sur les petits malaises inhérents à la vieillesse.

Votre chance

La chance, vous n'y croyez qu'à moitié, n'est-ce pas ? « Aide-toi et le ciel t'aidera », dites-vous ? Bon, il n'en demeure pas moins que votre voisin, celui qui achète son billet de loterie toutes les semaines, a déjà plus de chances que vous de remporter un prix. Cette logique vous fait sourire, n'est-ce pas ? Sans doute parce qu'elle a du vrai ! Cela dit, l'année 2007 promet d'amener plusieurs transformations dans la vie de bien des Capricorne. Il faudra toutefois vous secouer les puces, car il y a déjà un bon bout de temps que vous tournez en rond : la vieille cruche fêlée qui dure et qui perdure, il faut hélas s'en défaire un jour... Aussi, si vous voulez que la chance vous sourie, n'ayez crainte de changer de cap cette année ; la meilleure option pour vous sera souvent de recommencer à zéro. Et pour en revenir à la loterie, sachez que le printemps semble particulièrement propice aux natif du Capricorne.

Vos relations avec les autres

Votre besoin de communiquer sera grand en 2007, mais il sera sans doute difficile à satisfaire. De peur qu'on profite de votre vulnérabilité, vous craignez souvent de mettre votre cœur à nu et, pourtant, la communication, c'est du donnant donnant: il vous faut faire la moitié du chemin si vous voulez qu'on vous rejoigne. Vous rechercherez fortement les relations profondes cette année, tout particulièrement avec les proches. Étant donné la conjoncture des planètes, ce ne sera pas toujours facile. Peut-être une épreuve sera-t-elle le catalyseur qui enclenchera le processus et ouvrira la digue? C'est souvent dans les circonstances extraordinaires que les êtres s'ouvrent les uns aux autres, qu'il s'agisse d'une simple panne de métro, qui fait que de purs inconnus vous adressent soudain la parole, ou encore d'un deuil dans la famille, qui rapproche les êtres et porte aux confidences.

JANVIER 2007

Sous l'influence du Nœud Nord en Poissons — Neptune vous bercera au son du violon ce mois-ci et vous aurez envie de vous laisser aller à la rêverie tout doucement, de faire des voyages impossibles. Vous allez également faire de nombreux déplacements inutiles. Cela n'a rien d'alarmant en soi, à condition de ne pas prendre vos rêves pour des réalités. Peut-être plus que tout autre signe, le Capricorne a besoin de rêver; aussi, est-il une proie facile pour les beaux parleurs et les promesses en l'air. Enfin, surveillez bien l'état de votre système respiratoire.

Vie amoureuse du célibataire — Les violons neptuniens joueront particulièrement fort dans votre vie sentimentale en janvier. Neptune ayant pour effet d'embrouiller la réalité, vos attentes amoureuses seront grandes et nobles, mais peu réalistes. Il se peut, par exemple, que vous développiez des sentiments très forts pour une nouvelle connaissance et que vous soyez entraîné dans une relation qui, finalement, ne mènera nulle part. Soyez vigilant.

Vie de couple–famille–budget–travail — En tant que mère et femme au travail, l'année 2006 s'étant terminée dans la joie, vous n'aurez pas du tout envie de plier bagage, de rentrer chez vous et de revenir bien sagement à la routine domestique. Vous aurez plutôt le goût de continuer à faire la fête et d'oublier vos soucis ainsi que les responsabilités familiales. Malgré votre naturel économe, vous aurez intérêt en début d'année à être prudente avec vos sous car, l'emportement du temps des fêtes aidant – ainsi que Neptune qui vous chuchote à l'oreille –, vous pourriez rapidement déséquilibrer votre budget. Au travail, vous serez inspirée et aurez de grandes idées, mais vous craindrez de les mettre en œuvre ou vous vous sentirez tout simplement trop fatiguée pour lancer des projets. Côté cœur, vous aurez tendance à exiger de votre partenaire qu'il soit l'homme idéal plutôt que de l'aimer tel qu'il est. Enfin, vous embarquerez facilement dans le monde imaginaire de vos enfants. Soyez prudente et vérifiez leurs dires avant de sauter aux conclusions.

En tant que père et homme au travail, vous serez plutôt songeur en ce début de 2007. De fait, les hommes Capricorne seront beaucoup plus portés à la réflexion qu'à l'action. Neptune, qui embrouille les cartes, les fera hésiter à propos de tout. Sur le plan sexuel, par exemple, vous aurez de profonds désirs pour votre partenaire, mais vous aurez toutes les difficultés du monde à les exprimer. Vers la fin du mois, vous serez quelque peu libérés des vapes neptuniennes et verrez beaucoup plus clair dans vos affaires. Regagnant peu à peu la terre ferme, vous serez étonné de vous être si facilement laissé bercer par les chimères des jours précédents. Une fois que vous serez redevenu vous-même, ce sera plus facile pour tout le monde de communiquer avec vous. Votre travail surtout s'en trouvera amélioré et il n'est pas impossible que des collègues poussent quelques soupirs de soulagement en retrouvant le bon vieux Capricorne d'antan : fiable, prévoyant et infatigable.

Clin d'œil sur les baby-boomers — Vous aussi, les baby-boomers, serez en proie aux effluves neptuniennes en ce début de 2007. Elles vous donneront envie de faire une rétrospective de vos réalisations. Non que vous ayez l'intention de tout chambarder du jour au lendemain, mais vous éprouverez le besoin de faire un bilan, question de voir où vous en êtes et où vous vous dirigez. Vous passerez votre vie en revue et aurez envie de planifier ce que vous n'avez pas encore entrepris. Peut-être même que le simple fait de rêver à ces projets vous suffira. Bref, janvier 2007 sera plus une période de réflexion que d'action.

FÉVRIER 2007

Sous l'influence du Nœud Nord en Poissons — Vous pensez vite et parfois trop, comme si vous vous sentiez bousculé, pressé, que vous vouliez tout régler à la fois. En devançant tout le monde, finalement, vous êtes forcé d'attendre qu'on vous rattrape ou bien de revenir carrément sur vos pas. Si vous conduisez, soyez très prudent sur la route : ne vous laissez pas distraire par les plans et les grandes ambitions que vous cogitez en ce moment.

Vie amoureuse du célibataire — Si vous êtes à la recherche de l'âme sœur, c'est surtout dans les endroits publics, transports en commun, supermarchés, salles d'attente, foules, etc., que vous serez tenté de la trouver. Votre faculté de compréhension se trouve accrue en février, et il vous est plus facile que d'habitude de comprendre les choses rationnellement. Pour les sentiments, toutefois, c'est plus compliqué : vous avez tendance à rationaliser, à essayer de comprendre vos émotions plutôt qu'à les ressentir tout simplement.

Vie de couple–famille–budget–travail — En tant que mère et femme au travail, vous ressentirez ce mois-ci un énorme besoin de vous exprimer, principalement en famille, mais aussi au travail, où vous vous insurgerez contre les injustices. Vous ne pourrez pas vous résigner au silence et aurez de la difficulté à vous contenir. En fait, le boulot vous suivra jusqu'à la maison, comme si vous pouviez vous le permettre. Même si vous ne rapportez pas un document de travail proprement dit, votre tête, elle, sera encore au bureau pendant que vous serez en train de préparer le souper. Si vous avez des enfants, vous allez organiser beaucoup d'activités de groupe pour eux et même y participer, ce qui vous aidera à oublier les tracas du bureau. En fait, ce dont vous rêvez, en février, c'est de vous éloigner du tohu-bohu, du train-train quotidien et des responsabilités. Les enfants, c'est bien beau, mais vous avez envie de contacts avec des adultes, c'est-à-dire des amis ou encore des membres de votre famille. Vous avez besoin d'air. Comme ce serait chouette de pouvoir, vous et votre mari, vous retrouver en tête à tête ne serait-ce qu'un soir par semaine...

En tant que père et homme au travail, en février, vous serez très confiant en vos moyens. Même si vous n'êtes habituellement pas très bavard, vous vous découvrirez une aisance surprenante à vous exprimer et cela facilitera grandement les négociations au travail, où il vous pèse toujours de devoir vous exprimer. Ce mois-ci, toutefois, on sera tout yeux, tout oreilles lorsque vous prendrez la parole. Côté finances, une discussion bien en règle au sujet du budget fera revenir la stabilité financière, ce qui bénéficiera à toute votre famille. Vous le sentiez venir, vous saviez qu'il fallait faire quelque chose, mais vous hésitiez à en parler avant d'avoir tous les atouts en main. Tout est rentré dans l'ordre à présent, et avouez que ça fait du bien! Décidément, cher Capricorne, février vous va bien. Une petite ombre au tableau, cependant: vous faites preuve d'une telle assurance ce mois-ci que vous marchez parfois sur les orteils des autres. Mettez-vous à leur place, tâchez de ménager la sensibilité et les sentiments d'autrui, en commençant par votre conjointe.

Clin d'œil sur les baby-boomers — Février s'avérera très favorable à la santé des baby-boomers. Vous ferez preuve d'un grand dynamisme et de beaucoup de vitalité. Peut-être est-ce grâce à ce nouveau régime que vous venez de dénicher et qui donne des résultats extraordinaires? Vous en êtes tellement convaincu que vous le suggérez à tous ceux qui veulent bien vous écouter. Et comme si la vitalité physique entraînait l'enthousiasme, vous vous sentirez de taille à conquérir le monde. Vous allez prendre les moyens qu'il faut pour accomplir de vieux rêves. C'est le moment ou jamais, vous le sentez bien. Vous savez que la vie est courte et qu'il faut absolument ne pas rater cette dernière chance.

MARS 2007

Sous l'influence du Nœud Nord en Poissons — Les Capricorne ne sont pas souvent de grands rêveurs, mais ils savent viser des buts et n'hésitent pas à faire les sacrifices qu'il faut pour les atteindre. On a vu plusieurs natifs de ce signe consacrer leur vie entière à un seul objectif, à une seule idée. Ce mois-ci, vous serez plus convaincu que jamais qu'atteindre ses idéaux est chose réalisable, à condition, bien sûr, d'être réaliste, de ne pas vous décourager et de demeurer à l'écoute des autres.

Vie amoureuse du célibataire — Ce mois-ci, vous vous féliciterez de votre statut d'homme ou de femme libre. Pour un temps à tout le moins, vous tiendrez mordicus à votre chère liberté et vous vous garderez bien de prendre tout engagement amoureux. Une telle liaison ne ferait que vous étouffer en ce moment alors que vous n'avez pas du tout envie de partager ou de faire quelque compromis que ce soit. Vous avez un grand besoin de solitude. En fait, c'est à bras grands ouverts que vous l'accueillez ce mois-ci.

Vie de couple–famille–budget–travail — En tant que mère et femme au travail, vous serez tiraillée ce mois-ci entre le désir de vous accomplir en tant que maman et celui de vous réaliser comme femme de carrière. Vous voudriez tellement ne pas avoir à choisir, car vous vous sentez capable et avez tellement envie d'être les deux à la fois. Mais est-ce physiquement possible? Est-ce pratique? C'est un choix déchirant à faire, surtout qu'il n'est pas question de revenir en arrière si vous avez opté pour la maternité. Sachez qu'au travail, de gros projets impliquant de durs sacrifices grugeront vos réserves d'énergie en mars. Ne soyez pas surprise d'avoir la larme à l'œil, car c'est sur le plan émotionnel que les tensions causées par le travail auront leurs plus fortes répercussions. Aussi, il serait sage de vous créer un petit coin personnel à la maison, un espace vital où vous pourriez vous retirer pour récupérer. Apportez-y un bon livre, de la musique, du matériel de bricolage ou de la couture. Une fois votre énergie récupérée, votre vie de couple reprendra de plus belle et retrouvera sa vigueur.

En tant que père et homme au travail, vous pourriez bien vous sentir un tantinet jaloux de voir votre conjointe réussir mieux que vous sur le plan professionnel. Bien sûr, vous n'êtes pas un de ces machos stupides qui traitent les femmes comme des êtres inférieurs. Cependant, vous ne pouvez nier ressentir un petit pincement au cœur à l'idée que l'admiration de madame à votre égard puisse baisser d'un cran depuis que le succès lui sourit, ou encore qu'elle puisse, même si l'idée vous paraît tout à fait saugrenue, avoir envie d'aller voir ailleurs. N'étant pas dans votre meilleur état émotif ce mois-ci, vous aurez tendance à faire quelques dépenses aussi folles qu'inutiles afin de combler un vide intérieur. Le fait que vous vous attendiez à une bien meilleure augmentation de salaire n'arrange certes pas les choses, et il se peut que vous ayez carrément envie de changer de carrière. Mais pensez-y bien, songez à vos priorités, c'est-à-dire votre famille, vos enfants. Vous n'êtes pas très habile à exprimer vos sentiments, et votre famille aura du mal à comprendre, voire à accepter votre comportement. Attendez à plus tard avant de faire un geste aussi décisif.

Clin d'œil sur les baby-boomers — Le mois de mars s'annonce plutôt calme pour vous. Il se peut que vous éprouviez quelques angoisses au sujet de votre conjoint, liées sans doute à votre propre insécurité. Ne vous inquiétez pas inutilement et, surtout, n'accaparez pas votre partenaire. Non seulement votre état actuel est passager, mais vous serez soulagé d'avoir gardé vos doutes pour vous quand, plus tard, le destin se chargera de les réfuter. Pour vous changer les idées et vous aider à passer l'hiver qui perdure, pourquoi ne pas vous occuper à rénover votre intérieur? Que vous soyez propriétaire ou locataire, mars est le mois idéal pour refaire votre nid, embellir votre maison, en attendant le grand renouveau.

AVRIL 2007

Sous l'influence du Nœud Nord en Poissons — Ce mois-ci, vous serez à la recherche d'un certain idéal social et voudrez agrandir votre cercle d'amis en vous liant avec des collègues de bureau et les amis de vos amis. En fait, la ligne de démarcation entre le travail et les loisirs disparaîtra presque entièrement sur le plan social. Ces nouvelles amitiés, qui occuperont la majeure partie de vos temps libres, contribueront grandement à apaiser votre agressivité.

Vie amoureuse du célibataire — Est-ce la fièvre du printemps ou bien la conjoncture astrale qui vous donne ces fourmis dans les jambes? Décidément, vous êtes bien pressé de vivre votre sexualité ce mois-ci! C'est la course effrénée à la passion qui vous consume, mais attention! qui s'y frotte s'y pique, et certains d'entre vous, trop pressés de se retrouver dans des bras brûlants, risquent d'amères déceptions. À force de lancer tous ces signaux, il n'est pas impossible que vous fassiez une rencontre dans votre milieu de travail dans la seconde moitié d'avril.

Vie de couple–famille–budget–travail — En tant que mère et femme au travail, on pourra dire que la fièvre du printemps aura été de courte durée pour vous. Avril est à peine amorcé que déjà votre cœur lentement se détourne des questions passionnelles au profit des préoccupations professionnelles. Que s'est-il passé? Peut-être réalisez-vous le caractère éphémère de la passion physique? Visiblement, vous avez eu votre juste part, vous avez satisfait vos désirs et votre curiosité; bref, vous n'êtes plus si pressée de perdre la tête. C'est évident, à vous voir traîner vos enfants partout où vous allez, comme un étendard qui dit: «Voyez, j'ai des enfants, je suis mariée, donc intouchable.» Non seulement vous les trimbalez partout, mais vous les faites participer à une foule d'activités auxquelles il ne vous serait jamais venu à l'esprit de les astreindre. Sans doute cette attitude cache-t-elle un malaise. Vous seule pouvez mettre le doigt sur le bobo... Sur un autre plan, d'importants changements au travail favoriseront l'obtention d'une promotion. Gardez l'œil ouvert.

En tant que père et homme au travail, en avril, vous vous découvrirez de nouveaux talents de négociateur. Forts de cette nouvelle trouvaille, et contrairement à leur attitude habituellement réservée, les Capricorne rechercheront les contacts directs avec le public et ne reculeront devant rien, pas même quand cela impliquera d'importants déplacements en voiture. Toutefois, ces succès pourraient bien être à l'origine de problèmes nouveaux : le travail prendra une telle place dans leur vie qu'il les suivra jusque dans leur chambre à coucher. D'accord, vous ne vous êtes jamais disputé au lit, mais avouez que vous n'êtes plus tout à fait le même depuis un certain temps, admettez que votre conjointe a peut-être besoin d'un temps d'adaptation à ce nouveau Capricorne qui a tout fait à la hâte dernièrement. Et puis, une fois l'acte consumé, quand elle tourne vers vous ce doux regard rempli d'amour, sachez qu'elle n'a pas, mais alors vraiment pas envie de vous entendre parler boulot. Quant aux pères séparés, le mois d'avril leur fera vivre un rapprochement important avec leurs enfants au cours d'activités de loisir.

Clin d'œil sur les baby-boomers — En avril, les baby-boomers auront tendance à vouloir épancher leur trop-plein d'amour et à combler leurs besoins affectifs auprès des collègues de bureau, ce qui ne fera pas l'affaire de leurs conjoints, comme vous pouvez vous l'imaginer. Il vous faudra être très prudent, cher ami, même s'il n'est pas dans vos habitudes de vous laisser aller facilement aux sentiments, car vos émotions pourraient vite vous emmener là où vous ne voulez pas aller. Le flirt est un jeu dangereux ; de grâce, cessez de jouer avec le feu ! Avril verra l'arrivée d'un petit ange dans votre entourage immédiat : une voisine ou une collègue donnera naissance à un petit bébé qui égaiera votre quotidien.

MAI 2007

Sous l'influence du Nœud Nord en Poissons — En mai, on entendra plusieurs natifs du Capricorne pousser quelques soupirs de soulagement. En effet, vous serez enfin libéré d'un poids qui vous pesait depuis un bon moment. Le gros du stress disparaîtra, mais non sans laisser une certaine confusion dans votre esprit. Vous éprouverez tout au long du mois un besoin de bouger, de faire de la route et de définir certaines passions.

Vie amoureuse du célibataire — Vous en avez de la chance, cher Capricorne, car l'amour avec un grand A promet d'être au rendez-vous en ce mois de mai 2007. Cet être rare qu'on rencontre tout au plus une ou deux fois dans sa vie et qui nous donne l'impression de l'avoir toujours connu, il vous attend au tournant ; à vous d'avoir l'œil ouvert ! Vous le reconnaîtrez dès votre première conversation. Vous aurez tellement de choses à vous raconter ! Et plus vous vous dévoilerez, plus vous constaterez à quel point vous êtes faits l'un pour l'autre. Ah, je vous envie...

Vie de couple–famille–budget–travail — En tant que mère et femme au travail, même si vous êtes du genre à toujours chercher à avoir le dernier mot, le mois de mai vous rendra magnanime au point où vous trouverez tout naturel de faire des compromis. Non seulement cette nouvelle attitude vous épargnera bien des conflits, mais elle vous grandira intérieurement et vous donnera un coup d'œil tout neuf sur la façon dont vous pourriez régler vos différends à l'avenir. La communication avec les enfants sera particulièrement bonne et vous aurez la tête pleine de projets pour eux pour la saison estivale, tels que des activités de plein air comme les pique-niques, les jeux ou les pièces de théâtre dans les parcs, etc. À l'enseigne de la septième Maison, vous conclurez également des ententes importantes avec des organismes gouvernementaux, ou encore vous signerez de gros contrats avec des entreprises ou des sociétés publiques. Cela aura sans doute des retombées sur les finances familiales, car vous serez inspirée pour refaire votre propre budget, qui portera sur plusieurs années.

En tant que père et homme au travail, vous ferez de nombreuses heures supplémentaires pour aider des collègues qui n'ont ni votre expérience ni votre vitesse d'exécution. Soyez vigilant lors de l'utilisation de votre outillage et, au volant, redoublez de prudence. Votre empressement sur les routes est inutile, personne ne vous en voudra d'arriver deux minutes plus tard. En aucun temps vous ne devrez répondre à la provocation d'un chauffeur mal éduqué. Vos enfants ont hérité de votre énergie et ils bougent du matin au soir. Quand vos petits vous posent mille et une questions, dites-vous qu'ils cherchent à attirer votre attention plus qu'ils n'ont besoin d'un grand discours sur le sujet qui les intéresse. Durant la dernière semaine du mois, vous serez susceptible et, à la moindre remarque de votre conjointe, vous aurez l'impression d'être critiqué. Soyez plus présent qu'à l'accoutumée et surprenez cette femme à qui vous n'avez pas dit depuis un bon moment à quel point vous l'aimez. Vous avez la réputation d'être un homme pratique. Par ailleurs, votre belle ne vous a pas épousé parce que vous étiez romantique, mais parce que vous êtes un homme de cœur. Vous n'êtes pas non plus très démonstratif, alors permettez à la femme qui vous aime de découvrir que vous pouvez aussi être original et faites-lui la cour comme vous le faisiez avant de ployer sous toutes ces responsabilités qui se sont accumulées avec les ans. Vous éviterez ainsi de longs silences aussi inquiétants qu'ennuyeux.

Clin d'œil sur les baby-boomers — Ce mois-ci, il faudra voir à vos affaires, plus particulièrement aux biens et à l'argent que vous possédez en commun avec d'autres, tels les placements, les actions, les assurances, les comptes bancaires conjoints, les cartes de crédit, etc. Assurez-vous que tout est en ordre et que tout a été fait en bonne et due forme. Si vous ne l'avez pas encore fait, de grâce, rédigez votre testament! Il est trop facile de reporter cette tâche à plus tard et pourtant, nul n'est jamais préparé au jour où il en aura besoin. Pour éviter d'éventuelles tensions familiales, il est impératif de régler ces choses quand on a encore toute sa tête et qu'on y voit clair. Soyez donc prévoyant, fixez-vous une date limite s'il le faut, mais voyez-y avant la fin du mois.

JUIN 2007

Sous l'influence du Nœud Nord en Poissons — Le cœur souriant, on se dévêt volontiers, on voit la nature se parer à nouveau de ses couleurs. Le parfum des fleurs renaît sous la chaleur bienfaisante du soleil et la brise tiède, telle une caresse, incite au relâchement. Bref, il y a de l'été dans l'air et vous anticipez la promesse d'une belle saison calme. Avant d'apporter des changements à la routine, toutefois, il serait sage d'en discuter et d'y réfléchir bien comme il faut.

Vie amoureuse du célibataire — Si jamais vous avez raté le bateau en mai, sachez qu'une rencontre amoureuse est encore possible ce mois-ci. Regardez bien autour de vous, plus précisément dans votre milieu de travail : le grand amour, c'est là qu'il se cache. Si vous avez eu la chance de le trouver en mai, vous allez flotter sur un nuage pendant encore tout le mois de juin. Vous ai-je dit que je vous enviais ? Vous constaterez également que la parole est à l'honneur. Les mots les plus doux auront des échos très lointains dans l'avenir.

Vie de couple–famille–budget–travail — En tant que mère et femme au travail, vous allez endosser de sérieuses responsabilités ce mois-ci. Non pas qu'on vous les impose de force, mais vous croirez qu'elles vous reviennent tout naturellement et qu'il est de votre devoir de les assumer. Par surcroît, vous vous inquiéterez du budget familial. Vous avez beau tenter de vous en tenir aux dépenses strictement nécessaires, l'argent semble vous couler entre les doigts comme du sable dans les trous d'une passoire. De plus, la fin des classes approche et les enfants, qui vont bientôt passer toutes leurs journées à la maison, monopoliseront la majeure partie de votre temps. Vous conviendrez que tout ça n'est guère propice à une saine libido. Votre partenaire vous trouvera distante et, par conséquent, il ne vous témoignera peut-être pas autant d'affection qu'à l'accoutumée. Souvenez-vous que cette période de surmenage n'est que passagère. D'ailleurs, il se peut qu'en juin, vous signiez un nouveau contrat qui vous stimulera énormément. Cet engagement ne sera pas exempt de stress, mais ce sera du « bon » stress.

En tant que père et homme au travail, comme bricoleur, vous serez choyé ce mois-ci. C'est à nouveau la saison des joyeux barbecues dans le jardin ou sur le balcon, du bricolage autour de la maison ou dans l'appartement, du lavage de la voiture ou du jardinage au grand soleil. Bref, vous vivrez le mois de juin dans le calme et la sérénité. Il se peut même que vous vous découvriez une passion pour un jeu avec vos enfants ou pour une activité à laquelle vous vous adonnerez passionnément à la maison. Cette période ludique vous fera le plus grand bien, surtout après le long hiver que vous avez traversé. Côté cœur, vous serez d'une galanterie exemplaire et vous vous comporterez en véritable chevalier servant envers votre partenaire. Comme peu de femmes savent résister à un tel traitement, attendez-vous à quelques belles surprises de sa part... Enfin, il se peut également que vous démarriez une petite entreprise à domicile. Il y a longtemps que vous y songez, mais on dirait que les circonstances ne s'y prêtaient jamais. Allez-y et foncez : en ce mois d'été, c'est le temps ou jamais de passer à l'action.

Clin d'œil sur les baby-boomers — Ce mois-ci, vous allez passer en revue votre vie à deux. Il y a déjà quelque temps que vous vivez en couple ; vous êtes à présent capable, avec le recul, de voir les choses de façon objective. Vous allez peser le pour et le contre de la relation et arriver à certaines conclusions. S'il y a place à l'amélioration, vous allez apporter les changements nécessaires car, jusqu'ici, vous avez vécu un beau roman à l'eau de rose sans vous soucier du lendemain. Mais puisque vous avez décidé de vivre ensemble pour la vie, vous allez préparer votre avenir de façon plus sensée en établissant des bases solides, y compris la planification d'une retraite à deux.

JUILLET 2007

Sous l'influence du Nœud Nord en Poissons — Pour plusieurs, juillet se déroulera sous le signe de la désillusion. En effet, c'est avec tant de ferveur que vous aviez planifié vos vacances, et voilà que les choses ne se passent pas du tout comme prévu. Et comme pour achever ce vilain portrait, les amours ont également mal tourné. Concernant ces derniers, vous auriez vraiment intérêt à faire quelques efforts pour rendre la relation plus stimulante. La vie, hélas, n'est pas un roman.

Vie amoureuse du célibataire — Bon, admettons que vous n'avez toujours pas déniché l'âme sœur : il est temps de prendre les grands moyens ! Faites un petit voyage d'affaires à l'étranger et invoquez Cupidon. Vous n'avez pas le sou pour partir ? Alors, restez ici, mais mêlez-vous à des gens d'origine étrangère : leur petit côté exotique ne manquera pas de vous séduire. Si vous avez déjà un partenaire, la relation entreprise il y a quelques mois se poursuivra et vous tisserez ensemble des liens solides.

Vie de couple–famille–budget–travail — En tant que mère et femme au travail, vous ressentirez, sur le plan sentimental, un besoin de renouveau. Non pas que vous ne vouliez plus de votre partenaire, mais il vous semble que la relation a un peu perdu de son piquant. Alors, pourquoi ne pas faire un petit voyage ensemble ? Sortez, allez dans des endroits nouveaux ! Si vous avez l'habitude de courir les musées ou les galeries d'art, planifiez un week-end à la campagne, faites de l'équitation ou de la voile ! Bref, changez d'air ! Si vous avez des enfants, confiez-les à belle-maman qui ne demande pas mieux que de chouchouter ses tout-petits. Vous aurez tout le temps, au retour, de vous occuper d'eux. En fait, vos responsabilités à leur endroit pourraient s'avérer une source de soucis ou même de désillusion. Raison de plus pour faire provision d'énergie. Il y a également de fortes chances ce mois-ci que vous signiez un contrat soit à l'étranger, soit avec des gens d'une autre origine que la vôtre ou encore dans le domaine de l'éducation.

En tant que père et homme au travail, pour vous, les sentiments amoureux sont à leur comble en ce chaud mois de juillet : au lieu de vous amortir, la canicule semble vous rendre fringant. Comprenez toutefois que votre partenaire ne vit pas nécessairement au même rythme et qu'elle ne suit pas forcément le même cheminement. Aussi, tâchez de communiquer vos intentions le plus clairement possible afin d'éviter tout conflit ou malentendu. Les papas Capricorne aideront leurs enfants à faire un choix de carrière ce mois-ci. Guidez-les, mais ne leur imposez pas votre propre vision des choses. Pensez d'abord à eux, aidez-les en tenant compte de leurs talents et de leurs intérêts ; surtout, soyez à l'écoute de leurs besoins. Du point de vue professionnel, un poste d'autorité pourrait fort bien vous être octroyé ; sinon, un surcroît de responsabilités vous amènera de nouveaux contrats de travail très intéressants. D'ici là, toutefois, vous devrez composer avec de minces économies pour passer les vacances d'été. Vous serez forcé de faire des calculs scrupuleux pour boucler le budget. Pensez camping plutôt que croisière !

Clin d'œil sur les baby-boomers — Un problème de santé vous accable depuis un bon bout de temps mais, ce mois-ci, vous allez enfin vous en débarrasser. Ceci, bien sûr, à condition de ne pas vous décourager. Certains problèmes ne sont pas évidents à diagnostiquer et les professionnels de la santé ne sont pas des êtres infaillibles. Ne capitulez pas avant l'heure, consultez plusieurs médecins s'il le faut : l'un d'eux trouvera ce qui ne va pas et vous procurera la solution. Dans un autre ordre d'idées, on vous placera dans une situation de pouvoir ; tâchez de ne pas en abuser. Il est parfois bien tentant d'être despotique, surtout quand on n'est pas habitué à le manipuler. Soyez donc vigilant si vous ne voulez pas perdre vos amis.

AOÛT 2007

Sous l'influence du Nœud Nord en Poissons — Le travail et la famille retiendront tout particulièrement votre attention ce mois-ci. Aimez-vous votre emploi ou gruge-t-il toutes vos énergies ? Peut-être avez-vous envie de vous recycler? Sinon, espérez-vous de meilleures conditions, une promotion? Sur le plan familial, vous aurez tendance à prendre du recul face à certaines prises de position, surtout celles concernant vos frères et sœurs.

Vie amoureuse du célibataire — L'été bat son plein, c'est le temps des vacances. Vous êtes beau, déjà tout bronzé et vous êtes fringant comme ce n'est pas permis. Bref, vous éprouvez un profond désir de trouver l'amour ou de vivre des sensations fortes. Au travail, au supermarché ou dans la rue, vous êtes aux aguets. Si vous ne trouvez pas, il y a toujours les petites annonces. Prenez garde toutefois de ne pas tomber bêtement dans les pattes de manipulateurs ou d'aventuriers.

Vie de couple–famille–budget–travail — En tant que mère et femme au travail, pour vous, il y a des vacances dans l'air. Vous avez goûté à la liberté et vous vous promettez qu'avant la fin de la belle saison, vous allez faire tout ce dont vous avez rêvé pendant l'année. Aussi, la seule perspective de reprendre le collier vous donne la nausée. Plusieurs pourraient changer d'emploi cet été; sinon, il y aura un nouvel éclairage sur leur carrière, c'est-à-dire qu'elle se transformera radicalement et pour le mieux. Toutefois, avant de quitter votre emploi sur un coup de tête, pensez sérieusement aux conséquences d'un tel geste sur votre budget. Faites le bilan: dépenses de vacances, rentrée, donc frais de garderie ou achat de livres et de matériel (ordinateur, logiciels) pour les enfants d'âge scolaire, vêtements, coupes de cheveux, etc. Vous vous sentirez peut-être submergée par toutes ces responsabilités et aurez besoin d'en discuter avec votre conjoint. Et de fil en aiguille, la conversation glissera vers les valeurs familiales, sentimentales et autres.

En tant que père et homme au travail, vos vacances sont déjà terminées, ou encore il vous est impossible de les prendre à ce temps-ci de l'année. Vous trouverez cela très frustrant, car non seulement vous en avez grandement besoin, mais vous aviez aussi tout planifié, au détail près. Dites-vous que ce n'est que partie remise et tâchez de vous concentrer sur le moment présent. En fait, il y a de fortes chances que vous vous trouviez un nouvel emploi en août, sans doute la cause du report des vacances. À défaut d'un nouveau travail, attendez-vous à vous voir confier de toutes nouvelles responsabilités qui s'avéreront fort intéressantes du point de vue professionnel. Pour certains, il y a une forte possibilité que vous démarriez une petite entreprise avec votre conjointe. Tout occupé que vous serez à la mettre sur pied, vous n'aurez guère le temps de penser aux vacances perdues ou reportées. Les papas se feront du souci pour leurs enfants, plus précisément au sujet de leur comportement et de leur avenir. Pourquoi ne pas en discuter avec votre conjointe ?

Clin d'œil sur les baby-boomers — Pour plusieurs, la retraite est imminente (si elle n'est pas déjà entamée). Tandis que certains l'anticipent avec joie, d'autres paniquent à l'idée de ne savoir qu'en faire. Alors que les premiers se font une joie de songer à l'embarras du choix d'activités possibles, les autres planifient minutieusement leur futur emploi du temps afin de ne pas se sentir inutiles ou de ne pas tomber dans l'ennui. Ceux-là seront vraisemblablement portés à s'adonner à des activités qui ressemblent à leur ancien travail. Mais peu importe de quel groupe vous faites partie, beaucoup d'entre vous, ce mois-ci, s'adonneront à des travaux manuels ou créatifs, même si ce n'est pas leur dada habituel.

SEPTEMBRE 2007

Sous l'influence du Nœud Nord en Poissons — Septembre promet de vous faire faire un voyage assez marquant, soit réel, soit spirituel. Quoi qu'il en soit, un événement réveillera en vous de grands idéaux et vous incitera à modifier, voire à transformer de manière tangible votre façon de voir et de faire. À cause de l'opposition de Saturne, il vous faudra faire de sérieux compromis. Tâchez de ne pas perdre le fil de cette nouvelle attitude et suivez votre intuition : vous ne vous tromperez pas.

Vie amoureuse du célibataire — L'amour que vous cherchiez si fébrilement il n'y a pas si longtemps encore s'est enfin matérialisé. Les feux d'artifice se sont apaisés, mais la flamme, comme un feu de braise, continue de brûler sous les cendres. Ce mois-ci, vous éprouverez un besoin de stabilité dans votre relation. Et si vous n'avez pas encore trouvé l'âme sœur, vous aurez tendance à la chercher auprès de personnes plus âgées, que vous soyez un homme ou une femme. Quant à l'amour au travail, la chose n'est pas impossible, mais sachez que ça peut être compliqué.

Vie de couple–famille–budget–travail — En tant que mère et femme au travail, vous avez fait de sérieux efforts pendant longtemps et commenciez à douter de leur pertinence. Alors, réjouissez-vous : ils seront enfin récompensés ce mois-ci! Vous fonctionnez à plein régime présentement et votre carrière est en plein développement. On vous fait tellement confiance qu'on vous confie la gestion de projets spéciaux, chose qui vous était rarement arrivée. Il est fort possible que l'un de ces projets implique un voyage à l'étranger ou à tout le moins dans une autre ville. Si vous n'êtes pas habituée de voyager, n'oubliez pas de vous occuper des passeports, des vaccins et des autres détails. Si vous avez peur d'oublier certaines formalités, demandez l'avis de personnes qui ont l'habitude de partir. Ce mois-ci, vous serez également embêtée par quelques histoires compliquées concernant l'école ou l'éducation; le tout rentrera dans l'ordre assez vite. Côté sentimental, la confusion régnera toujours dans votre esprit et votre cœur. Plus vous vous acharnez à saisir le sens des choses, plus il vous échappe, tel un rêve qui fuit dès qu'on tente de le retenir.

En tant que père et homme au travail, vous manquez de temps et ne savez plus à quel saint vous vouer. On dirait que vous n'arrivez pas à concilier travail et loisirs, comme si l'un devait exclure l'autre. Par exemple, pour terminer votre besogne, il vous faut rogner sur vos heures de loisirs, lesquelles vous sont pourtant salutaires. Ou bien vous ne pouvez vous adonner à votre passe-temps préféré sans culpabilité, sachant que vous empiétez sur le temps que vous devriez consacrer à vos occupations professionnelles. Au moins, ça va très bien du côté des amours. Attendez donc la fin du mois, vous aurez une de ces surprises! Vous vous sentez vraiment bien dans la relation que vous vivez et vous chercherez à y maintenir l'entente et l'harmonie. Quant aux papas Capricorne, la rentrée aidant, ils seront motivés et voudront participer activement à l'éducation de leurs enfants, par exemple en les aidant à faire leurs devoirs, en allant à des rencontres parents-professeurs, en assistant à des spectacles ou à des séances à l'école, etc. Une petite ombre au tableau toutefois: vous craignez les foules. Mais votre besoin d'explorer et de sortir de votre coquille vous aidera à surmonter ce handicap.

Clin d'œil sur les baby-boomers — Si vous avez fait des placements dans d'autres pays, attendez-vous à un très bon rendement. Pour tous, c'est le moment ou jamais d'investir à l'étranger. Oh, vous n'êtes pas des plus téméraires quand il s'agit de vos sous mais, pour une fois, prenez des risques et foncez: vous y gagnerez. Il y a également une forte possibilité d'un voyage d'affaires ce mois-ci. On vous offrira un contrat lucratif, une offre que vous ne pourrez tout simplement pas refuser. Encore là, ne ratez pas l'occasion: c'est une aubaine! Côté cœur, ça va brasser, cher Capricorne ! Votre vie sentimentale sera bousculée. Certains vivront une séparation ; les autres connaîtront des émotions intenses et pas toujours drôles.

OCTOBRE 2007

Sous l'influence du Nœud Nord en Poissons — Vous avez la bougeotte ce mois-ci et vous seriez capable de planifier une expédition dans le Grand Nord. Mais vous pouvez aussi voyager à travers les livres, parcourir le monde et découvrir de nouveaux horizons par l'apprentissage et la lecture en général. Avec votre conjoint ou dans le cadre de votre travail, pourquoi ne pas vous inscrire à un cours qui vous permettra d'acquérir de nouvelles connaissances ?

Vie amoureuse du célibataire — Vous rencontrerez en octobre une personne plus âgée que vous qui vous inspirera un profond sentiment d'attachement. Vous allez longuement peser le pour et le contre d'une telle relation, mesurant les difficultés auxquelles elle vous exposerait du point de vue social et familial. Vous craindrez de vous engager, mais l'amour, finalement, aura le dernier mot. Très lentement, les sentiments naîtront et vous lieront fortement.

Vie de couple–famille–budget–travail — En tant que mère et femme au travail, vous aurez encore la preuve ce mois-ci qu'on n'a jamais fini de s'instruire. Les études que vous aurez entreprises seront beaucoup plus intenses que prévu, et le temps que vous y consacrerez risque de gruger vos moments de loisirs, voire vos heures de sommeil. Ne vous découragez pas, procédez par étapes : fixez-vous plusieurs petits buts à court terme et la tâche vous paraîtra moins gigantesque. Certaines d'entre vous se verront offrir une promotion à l'étranger ; d'autres seront promues en raison de leurs capacités linguistiques. Attendez-vous donc à d'heureuses surprises sur le plan professionnel. Cela n'allégera toutefois pas les tâches domestiques ; l'heure des devoirs des enfants, en particulier, vous paraîtra interminable. Si vous avez un conjoint, n'hésitez pas à lui demander de l'aide. Côté sentimental, le surmenage a sans doute contribué à diminuer quelque peu votre libido ces derniers temps. Sachez que la flamme rejaillira tout naturellement dès la seconde moitié du mois.

En tant que père et homme au travail, octobre s'annonce positif à plusieurs points de vue pour vous. En effet, il y a à l'horizon la promesse d'importants contrats de travail. Cela signifie une rentrée d'argent appréciable qui vous permettra de mettre de côté un petit magot en prévision de la période des fêtes. Les finances seront encore meilleures si vous œuvrez dans le domaine de la vente. Que vous y soyez impliqué directement ou non, les affaires seront excellentes en octobre. Du point de vue sentimental, si vous sentez votre vie à deux se détériorer, n'hésitez pas à consulter. Une thérapie de couple entamée ce mois-ci a toutes les chances de réussir. Même si c'est plutôt la femme qui suggère habituellement une telle assistance, rien ne vous empêche de prendre l'initiative. Vous démontrerez par ce geste que la relation vous tient à cœur, chose à laquelle aucune femme ne reste insensible. S'il y a des adolescents à la maison, attendez-vous à quelques étincelles ou à des discussions enflammées concernant leurs amis. Essayez de raisonner calmement avec eux, sans les critiquer ni dénigrer leurs copains.

Clin d'œil sur les baby-boomers — L'hiver n'est même pas commencé que les *snowbirds* ont mentalement déjà fait leurs valises : ils sont prêts à partir pour le sud. Vous avez envie de voir du pays, de circuler, de faire de la route ou de vous envoler, bref, de vous évader. Vous vous sentez à l'étroit dans ce carcan du boulot-métro-dodo et vous trouvez que ça sent le renfermé depuis qu'on a tiré les volets et mis en marche le chauffage. Octobre pourrait également s'avérer une période favorable à la recherche spirituelle. Somme toute, vous avez besoin d'évasion, surtout que des difficultés avec les amis vous tracassent depuis peu. Fuir, ne serait-ce qu'une semaine ou deux, vous ferait le plus grand bien, vous semble-t-il.

NOVEMBRE 2007

Sous l'influence du Nœud Nord en Poissons — Novembre est diamétralement opposé au doux mois de mai, rempli de promesses et d'espoir. Le mois des morts vous inspire tout le contraire : le repli sur soi, le désespoir, la grisaille. Et il vous reste encore tant de choses à réaliser. Vous angoissez, imaginant votre vie à l'image de la saison. La vieillesse vous fait peur, vous vous inquiétez de votre santé et voudriez tellement croire en cette fameuse fontaine de Jouvence.

Vie amoureuse du célibataire — Votre vie amoureuse provoquera quelques ambiguïtés ce mois-ci. Vos pulsions sexuelles sont fortes, mais votre désir d'autonomie l'est plus encore. Vous vous demandez comment concilier satisfaction des appétits charnels et respect de vos partenaires. Cet état d'esprit vous amènera à vous questionner sérieusement sur la relation actuelle. Êtes-vous prêt à aller plus loin? L'éventualité d'une cohabitation vous plaît-elle ou vous donne-t-elle la trouille?

Vie de couple–famille–budget–travail — En tant que mère et femme au travail, pour vous, novembre sera marqué, entre autres, par des préoccupations d'ordre financier. Il y a longtemps qu'il vous faut mettre de l'ordre dans votre budget et, ce mois-ci, plus question de repousser l'échéance. Vous allez éliminer toutes les dépenses inutiles, retourner les chiffres dans tous les sens et vous astreindre au strict nécessaire, mais vous finirez par équilibrer vos finances, en vous imposant plusieurs restrictions, bien entendu. Cela contribuera à la stabilité familiale : quand madame ou maman Capricorne a réglé le budget, tout le reste va. Votre vie sociale vous procurera des émotions fortes en novembre. Vous vous ferez du souci pour des collègues ou amis qui se confieront à vous. Il ne s'agit pas pour vous de jouer la psychanalyste ni de régler leurs problèmes pour eux, mais de simplement leur prêter une oreille attentive; ça leur fera le plus grand bien. Du point de vue professionnel, il est fort possible qu'on vous accorde une promotion ou une augmentation de salaire. Toutefois, cela devra demeurer confidentiel pendant un certain temps et vous aurez du mal à vous contenir.

En tant que père et homme au travail, si vous avez fait le plongeon et entamé une thérapie de couple le mois dernier, vous allez à présent vous questionner sur sa pertinence. «Ai-je bien fait de m'embarquer là-dedans?» songerez-vous. Vous aurez de la difficulté à saisir le sens profond, voire la nécessité de cette démarche. Si cela vous arrive, rappelez-vous les motifs qui vous ont amené à demander de l'aide : vous avouerez que ça ne pouvait pas continuer comme avant. Une thérapie, ça prend parfois du temps, mais ça ne peut réussir sans bonne volonté de votre part. Que vous soyez pigiste, travailleur autonome ou employé, il est fort possible que vous receviez des contrats d'organismes gouvernementaux ce mois-ci, les activités ou ententes avec des groupes étant des plus favorables. Les hommes qui œuvrent dans le domaine des communications ou du transport seront particulièrement favorisés. Enfin, les papas Capricorne auront à cœur la planification des études de leurs enfants, même si ceux-ci sont encore en bas âge.

Clin d'œil sur les baby-boomers — Votre vie sociale connaîtra quelques petits accrocs en novembre. Par exemple, il se pourrait que des activités sociales que vous aurez organisées avec soin se compliquent pour des raisons aussi banales qu'imprévues, fichant en l'air vos plans soigneusement élaborés. Si vous planifiez de faire un voyage, ne soyez pas surpris de devoir l'annuler à cause de problèmes politiques dans le pays que vous aviez l'intention de visiter. Ne forcez surtout pas la note : vouloir y aller envers et contre tous vous mettrait en danger. Il se peut également que votre voyage soit compromis en raison de sérieux problèmes de santé qu'éprouvera un membre de votre famille.

DÉCEMBRE 2007

Sous l'influence du Nœud Nord en Poissons puis en Verseau — Le Nœud Nord, qui fait ses derniers soubresauts en Poissons, avait jusqu'ici favorisé la communication. Il s'apprête maintenant à influer sur vos finances ainsi que sur votre vie affective. Malgré le temps des fêtes, le destin vous donnera un coup de pouce pour consolider vos finances. Côté affectif, vos sentiments seront constants et vous rechercherez les relations stables, qu'elles soient de nature amicale ou amoureuse.

Vie amoureuse du célibataire — On le cherche parfois bien loin, ce grand amour, alors que, bien souvent, il nous pendait là, juste sous le nez. Il y a quelqu'un dans votre cercle d'amis dont vous ne soupçonnez pas les sentiments à votre égard. Quand cette personne se déclarera, vous serez abasourdi, mais vous commencerez dès lors à la regarder d'un autre œil. Une telle relation, basée sur l'amitié, aura toutes les chances de vous combler. De toutes façons, vous avez assouvi votre soif de solitude ; il y a à présent de la place pour deux dans votre cœur.

Vie de couple–famille–budget–travail — En tant que mère et femme au travail, vous n'aurez pas un moment de libre ce mois-ci : les préparatifs de Noël, la popote, les fêtes de bureau, les réunions familiales ou entre amis, l'achat de cadeaux, vous ne raterez rien. Comme vous êtes perfectionniste, vous allez vous épuiser à courir ainsi, mais vous n'aurez la paix que quand tout sera réglé dans les moindres détails. À vous voir aller, on se demande s'il vous restera de l'énergie pour prendre plaisir aux petites fêtes. En famille comme au travail, vous verrez beaucoup de gens dont certains qui vous questionneront sur votre vie amoureuse. Oh, ils ne sont pas méchants, tout simplement un peu trop curieux. Et s'il y a une chose qui vous déplaît royalement, c'est bien de voir votre vie privée exposée devant la galerie. Alors, vous tenterez par tous les moyens de détourner la conversation. En décembre, il sera également question d'une signature de contrat qui sera retardée ; mais ne soyez pas triste, car vous verrez que l'attente en vaudra le coup.

En tant que père et homme au travail, en général, vous aimez les traditions et plus encore en ce dernier mois de 2007. Vous n'êtes pas sans pressentir les changements à venir. Vous ressentez la fin du passage de Pluton en Sagittaire qui, le 27 janvier 2008, entrera dans votre signe pour y rester jusqu'au début des années 2020. L'action de Pluton n'est pas instantanée, les grandes transformations personnelles et sociales s'accomplissent par petits bonds, et il faut parfois plusieurs années avant de se rendre compte que plus rien n'est comme avant ; vous serez au premier rang pour le constater. Mais, d'ici là, vous serez dans la famille celui qui proposera la réunion de tous les parents, même ceux que vous ne voyez que rarement. Lorsque vous vous imposez en tant qu'organisateur, vous êtes excellent. Saturne, la planète qui régit votre signe, est maintenant en Vierge et fait une bonne réception au Capricorne. Vous renouvellerez les promesses que vous vous êtes faites et que vous n'avez pu respecter vu les événements hors de votre contrôle. Vous vous jurerez de les tenir ; elles seront toutes accomplies. Pour vous rapprocher davantage de vos enfants ainsi que de votre conjointe, vous demanderez un congé spécial ; après vos années de bons et loyaux services, le patron vous dira oui sans hésiter.

Clin d'œil sur les baby-boomers — Malgré votre profond attachement à votre partenaire, vous aurez besoin de prendre un peu d'air ce mois-ci. Pour éviter qu'il n'interprète votre attitude comme un signe de froideur, tâchez de lui expliquer la chose clairement mais calmement. Par exemple, si vous avez envie de chahuter avec les copains, d'aller faire du *shopping* avec des amies, dites-le-lui franchement et tout naturellement. Quant à vous, vous aurez besoin de garanties affectives ; un geste anodin, un petit mot tendre de votre partenaire vous feront monter au septième ciel. Sur le plan financier, décembre sera favorable aux placements et aux biens mutuels en général (assurances, trusts, etc.). Vos revenus s'en trouveront accrus.

Prévisions 2007
selon votre ascendant

CAPRICORNE ascendant BÉLIER

Cette année, vous aurez la bougeotte. S'il y a longtemps que vous rêvez de visiter un certain coin de pays, il se peut fort bien qu'en 2007 vous vous décidiez enfin à partir. À défaut de cela, vous élargirez vos horizons par les études ou la lecture, ou encore en fréquentant des personnes provenant de ces lieux exotiques qui vous fascinent tant. En fait, toute l'année se déroulera sous le signe de l'expansion, au sens figuré comme au sens propre (attention à l'embonpoint!). En ce qui concerne le travail, vous vous sentirez fin prêt à devenir votre propre patron: vous allez soit développer votre entreprise ou bien vous lancer dans une activité professionnelle, sans passer par l'apprentissage habituel dans un établissement d'enseignement. Enfin, tout n'a pas toujours marché comme sur des roulettes sur le plan sentimental. Vos allures de Bélier ne reflètent pas toujours votre réel besoin de stabilité. Sachez toutefois que la période de montagnes russes tire à sa fin et que tout se stabilisera enfin cette année côté cœur.

CAPRICORNE ascendant TAUREAU

Bien que le Capricorne ascendant Taureau ne soit pas des plus souples, vous vous adapterez en 2007 à une toute nouvelle situation familiale. La cause pourrait être l'arrivée d'un nouveau-né ou la cohabitation avec des parents. Si vous êtes jeune, il se peut que vous retourniez vivre chez vos parents et, en tant que parent, ne vous étonnez pas de voir revenir votre fille ou votre fils pour se réinstaller chez vous. Quelle que soit la situation, il y aura cohabitation d'au moins deux générations sous le même toit. Au travail, le temps sera au beau fixe malgré des apparences d'incertitude. Vous pouvez donc dormir sur vos deux oreilles et consacrer toute votre énergie à vos loisirs qui, en passant, promettent de vous apporter beaucoup de satisfaction. Vous éprouverez également un grand besoin de liberté sentimentale et serez très actif sexuellement. Ne croyez toutefois pas qu'il s'agisse ici d'infidélité: sous le regard de Jupiter en Sagittaire, tout se passe au grand jour et sans retenue. Vous débordez tout simplement d'une saine énergie.

CAPRICORNE ascendant GÉMEAUX

En 2007, Jupiter en Sagittaire est dans le septième signe de votre ascendant. Votre attention sera donc tournée vers les questions en rapport avec la septième Maison, en commençant par le mariage et la vie à deux. S'il y a un être cher dans votre vie, ce sera le moment de lui passer l'anneau au doigt ; si vous n'avez personne à aimer, vous serez plus déterminé que jamais à trouver la perle rare afin d'entamer une relation sérieuse. Votre désir d'engagement sentimental sera peut-être difficile à exprimer, mais vous atteindrez votre objectif si vous persistez dans votre quête et allez au bout de vous-même. La septième Maison, c'est aussi celle des ententes et des litiges. Il se peut donc qu'on vous fasse signer d'importants contrats qui vous obligeront à assumer de nouvelles responsabilités parfois lourdes, voire angoissantes. De grâce, lisez les clauses rédigées en petits caractères avant de signer quoi que ce soit, ou vous pourriez vous en mordre les doigts.

CAPRICORNE ascendant CANCER

L'année 2007 s'annonce très favorable du point de vue du travail. En effet, Jupiter dans la sixième Maison de votre ascendant promet une certaine abondance dans ce domaine, à tout le moins un milieu professionnel enrichissant et stimulant qui favorisera l'accroissement de votre compte bancaire et vous vaudra peut-être même une promotion en cours de route. Vous appréciez la sécurité que procure un emploi stable et vous parez toujours instinctivement à toute éventualité en cas de disette. En 2007, il se pourrait que vous craigniez de perdre des acquis à la suite d'une séparation. Vous ferez vraiment tout pour éviter cette situation peu sécurisante pour un Capricorne ascendant Cancer : vous y perdriez gros. Enfin, ceci peut paraître surprenant, mais il y en a encore parmi vous qui ne savent pas faire un budget. De grâce, apprenez à planifier vos finances afin de ne pas vous retrouver dans la dèche si jamais votre vie de couple devait s'effondrer. Un Capricorne averti en vaut deux...

CAPRICORNE ascendant LION

Le mot clé pour vous en 2007, Capricorne ascendant Lion, est « passion ». Qu'il s'agisse d'un amour, d'un travail ou d'un simple passe-temps, vous vous y adonnerez passionnément, certains diront exagérément. Vous ne faites décidément pas les choses à moitié et, cette année surtout, vous avez le feu sacré, l'envie plus que jamais d'être votre propre centre de gravité et la détermination d'aboutir à quelque chose. Jupiter en Sagittaire étant de connivence avec votre ascendant, c'est le moment ou jamais de démarrer votre propre entreprise. Mettez-y du panache et de l'audace et vous partirez gagnant. Côté sentimental, vous établirez une vie à deux où les enfants deviendront vite le centre d'intérêt. Ils seront en effet une source de joie et de fierté à qui vous vous consacrerez corps et âme. Bref, 2007 sera une belle période d'expansion à bien des points de vue. Profitez de l'excellente conjoncture jupitérienne pour faire le grand saut : vous ne le regretterez point.

CAPRICORNE ascendant VIERGE

Ah, le travail, ce bienfait des dieux ! Et pourtant, même les Capricorne ascendant Vierge doivent se reposer de temps à autre. Au cours de 2007, vous verrez que vos efforts finiront par porter leurs fruits et vous pourrez enfin cesser de vous épuiser pour les autres qui, même si vous ne vous en plaignez pas, ne sont pas toujours reconnaissants. Les longs moments que vous passerez seul à la maison seront propices à la réflexion et auront des effets très positifs. C'est dans le silence, loin des tracas, que vous récupérerez le mieux et apprendrez à faire le point avec vous-même. Si vous ne vivez pas seul, pourquoi ne pas vous aménager un petit coin personnel tranquille, un espace vital où vous pourrez réfléchir en paix pendant quelques heures chaque jour ? Si vous êtes célibataire, ne soyez pas trop pressé de trouver un colocataire : ce n'est qu'après avoir appris à vivre heureux tout seul qu'on est le mieux en mesure de partager son chez-soi.

CAPRICORNE ascendant BALANCE

Cette année est idéale pour entreprendre une thérapie, vos émotions s'exprimant plus facilement qu'à l'ordinaire ces temps-ci. Si les mois passés ne vous ont pas toujours choyé, vous jouirez d'une vie sociale décidément plus active et plus enrichissante en 2007. Voyez du monde, sortez de votre coquille : vous ferez des rencontres intéressantes qui vous ouvriront de nouveaux horizons. Si vous travaillez dans le domaine public, il y a fort à parier que vous obtiendrez la permanence et qu'on vous accordera une augmentation de salaire. Côté sentimental toutefois, ce sera un peu moins reluisant : les célibataires rechercheront l'amour sans grande conviction, tandis que les autres seront victimes d'une sérieuse baisse de passion dans leur vie de couple. N'allez cependant pas croire que ce soit là un motif de séparation. Il s'agira, pour votre partenaire, d'être patient, de respecter votre humeur et de vous attendre de l'autre côté du rivage sans poser trop de questions.

CAPRICORNE ascendant SCORPION

Dieu sait quels remous triturent le cœur du Capricorne ascendant Scorpion : autant le Capricorne s'accroche à la sécurité matérielle, autant le Scorpion a besoin de garanties affectives. Et l'année 2007 ne fera qu'exacerber ces tendances. Vous pouvez vous passer de confort, mais certainement pas de sécurité matérielle. Vous verrez donc d'abord à assurer vos besoins matériels essentiels. Alors, vous vous sentirez plus libre de partir à la recherche du grand amour. Mais encore là, il vous faut du solide, pas des aventures d'un soir. Votre vulnérabilité affective est loin d'être évidente, mais vous savez mieux que quiconque que vous jouez le tout pour le tout quand vous mettez votre petit cœur à vendre. Dans un autre ordre d'idées, vous hésiterez longuement entre rénover votre logis ou carrément déménager. Ce sera un véritable duel : la raison vous dictera de partir, tandis que votre cœur aura du mal à quitter cette demeure foisonnant de souvenirs encore tout chauds.

CAPRICORNE ascendant SAGITTAIRE

Vous êtes béni, cher ami, car 2007 s'avérera pour vous une année chanceuse à tous les points de vue. Quelles découvertes merveilleuses vous vous apprêtez à faire ! Et dire que vous ne vous doutiez vraiment de rien jusqu'à aujourd'hui. Si certains Capricorne ont la trouille à la seule vue d'une malle, vous, Capricorne ascendant Sagittaire, voyageriez volontiers en permanence. Cette année, donc, préparez-vous à faire un très grand voyage. Que ce soit pour affaires ou pour aller retrouver de la famille à l'étranger, le périple en vaudra le coup. En fait, le déplacement lui-même vous fera le plus grand bien, car il y a beaucoup trop de monde chez vous, à la maison. Vous apprécierez donc les longues heures de vol, seul en compagnie de votre iPod ou d'un bon livre. Un petit conseil toutefois : vous flottez sur un nuage ces temps-ci et vous ne mesurez pas toujours vos paroles. Prenez garde de ne pas blesser les gens en faisant des déclarations trop hâtives ou des promesses que vous n'avez pas vraiment l'intention de tenir.

CAPRICORNE ascendant CAPRICORNE

L'année 2007 vous obligera à prendre un certain recul par rapport à bien des choses. Jupiter dans la douzième Maison de votre ascendant vous fera réfléchir sur votre avenir et en particulier sur votre retraite, et ce, même si vous êtes encore très jeune. La douzième Maison relevant de Neptune, vous vous sentirez confus face aux choix à faire dans votre vie sociale. En ce qui concerne un emploi, attendez l'an prochain pour prendre une décision définitive, car vous nagez présentement dans le flou ; vous n'y voyez pas très clair en ce moment et vous n'êtes pas du tout en mesure de faire des choix éclairés. Une décision hâtive pourrait vous faire subir une perte financière importante. Du côté sentimental, la vie de couple ne vous paraît pas très drôle, mais ayez la sagesse d'écarter toute idée de séparation, même si votre besoin d'être seul est grand en ce moment. Les célibataires seront particulièrement vulnérables cette année. Soyez donc très vigilant et méfiez-vous : vous êtes une proie facile pour les manipulateurs peu scrupuleux.

CAPRICORNE ascendant VERSEAU

Votre cœur de Capricorne a beau se tapir sous une solide carapace et votre ascendant Verseau vous nantir d'un apparent détachement par rapport au romantisme, il n'en demeure pas moins que Cendrillon pourrait bien trouver chaussure à son pied cette année. En effet, les natifs des deux sexes ont de fortes chances de rencontrer l'amour avec un grand A, qui libérera enfin tout leur potentiel. De plus, vous développerez en 2007 un important réseau social qui servira de tremplin à vos grandes ambitions humanitaires. Votre capacité de dévouement vous surprendra vous-même tant vous abattrez de besogne, encouragé par tous ces gens qui s'impliqueront dans la cause avec le même enthousiasme. Et si vous vous donnez la peine de chercher, vous finirez par dénicher l'emploi idéal au sein d'un organisme public ou écologiste, où vous mettrez enfin votre énergie au service de vos idéaux.

CAPRICORNE ascendant POISSONS

En 2007, Jupiter sera dans la dixième Maison de votre ascendant : préparez-vous à ce que ça brasse au travail. Et même si vous n'avez pas une activité strictement professionnelle, votre réputation ne sera plus à faire cette année. Vous mettrez en œuvre de gros projets professionnels ou personnels (la construction d'une maison, par exemple). Toutefois, tout affairé que vous serez, vous négligerez vos amis et aurez par conséquent de plus en plus de difficulté à établir des relations harmonieuses avec eux. Il se pourrait également que vous deviez prendre en charge un parent en perte d'autonomie, ce qui vous imposera des responsabilités aussi lourdes et encombrantes qu'imprévues. Enfin, côté sentimental, votre vie amoureuse risque de manquer de sensibilité et de romantisme. Où sont donc passés vos rêves? N'oubliez pas que l'amour, comme un feu de bois, s'entretient. Allez-vous sacrifier votre cœur à vos ambitions professionnelles? Pensez-y bien...

Verseau

(20 janvier au 18 février)

Aux Uraniens, que j'aime pour leur indépendance, leur clarté d'esprit, leurs problèmes que généralement ils vivent comme un tournant essentiel, les libertés et les risques qu'ils prennent, leur ténacité, leur génie et leur originalité, leur vive intelligence qui les fait passer du rationnel à l'intuition, de la science au paranormal sans ressentir le moindre dépaysement. Ils ne sont pas parfaits parce qu'ils sont encore humains, et il est fort heureux qu'il en soit ainsi.

À mes amis hors du commun, pour leur présence et leur essence. À Patricia Lussier-Vaillant, Marlise McCormick, Guy Lachance, Suzanne Beauchamp, Mario Pépin, Marie-Hélène Gauthier, Véronique Béliveau, André St-Amant, Marie-Jeanne Chaput, Lise Clément et Lyne Daudelin.

Sous l'influence du Nœud Nord en Poissons

Durant certaines périodes de l'année, le Nœud Nord fera la vie dure à Jupiter et, pendant ce temps, vous serez déchiré entre le fait de tirer profit de tout ce qui passe, même si ce n'est pas très honnête, et le désir de respecter les droits humains, les règles sociales et les lois. La fonction du Nœud Nord est l'élévation morale de l'être ; il est la boussole qui vous indique ce qu'il y a de mieux à faire pour vous sentir bien avec vous-même ainsi qu'avec votre prochain. Sous votre signe, il est impossible de ne pas être conscient des gestes que vous faites et des pensées que vous avez. Vous appartenez à la sphère zodiacale des guides et des professeurs.

Sous le Nœud Nord en Poissons, vous devez apprendre à vous détacher des biens terrestres. Il ne s'agit pas de vous défaire de tout ce que vous possédez ni d'aller vivre dans la rue, mais de cesser de constamment négocier ce que vous appelez vous-même des services. La majorité des Verseau calculent ce qu'ils ont pourtant donné prétendument de bon cœur. Étrangement, ils oublient parfois ce qu'ils doivent, particulièrement quand il s'agit d'une petite somme due à une personne qui a besoin de ce peu d'argent qui lui revient de droit. L'esprit du Verseau ne ressemble qu'à celui d'un autre Verseau, avec toutefois quelques différences. Vous êtes le dixième signe du Taureau, symbole d'argent, et vous en avez retenu qu'il suffit de se montrer sous l'aspect d'un grand patron ou d'en avoir la vibration pour faire peur à qui vous voulez. En 2007, il est impératif que vous révisiez cette attitude et que vous vous en débarrassiez. Si vous ne le faites pas, 2008 vous donnera d'inoubliables leçons sur le monde des finances. Bien que vous soyez un excellent guide, un maître dans la transmission de vos connaissances, vous aimez beaucoup l'argent même quand vous dites le contraire. Vous croyez dur comme fer l'expression anglaise : « *Money is power.* »

L'humanitaire

Il y a parmi vous, en petit nombre, de véritables humanistes. Si vous êtes de ces derniers, en 2007, vous apporterez à votre communauté et au monde une aide financière, la paix et la foi en un futur meilleur pour tous les habitants. Vu la pureté de votre être, vous ne tenez pas du tout à la célébrité. Généralement, vous persuadez quelqu'un d'autre de parler de votre œuvre ou de votre cause.

Sous l'influence de Jupiter en Sagittaire

Vous ressentirez un grand bien-être intérieur et vous aurez une sensation de liberté ainsi qu'une audace qui vous donneront une extraordinaire créativité. Vos goûts et vos désirs ne ressembleront pas à ceux que vous aviez avant. Vous prendrez votre élan afin de vivre de nouvelles expériences; l'âme et l'esprit ne feront qu'un, empreint de paix et d'harmonie. Si un brin de peur subsistait, sous Jupiter en Sagittaire il disparaîtra. C'est la promesse du paradis sur terre; c'est comme si la vie devenait soudainement parfaite pour vous. Mais vous savez qu'il y a toujours un revers à tout ce qui est beau, bon et bien. Sous Jupiter, vous avez le choix d'améliorer votre vie ou d'en faire non pas un enfer – Jupiter est magnanime – mais un moment difficile à passer.

Tel qu'il est positionné, Jupiter en Sagittaire est bonté, beauté, croissance personnelle, succès professionnel, santé et amour. Jupiter vous suggère de faire cette expérience : ouvrez vos mains, paumes vers le haut, comme si elles regardaient le ciel, puis prenez quelques secondes en ne pensant qu'aux bonnes personnes que vous connaissez ou que vous avez croisées, ou encore aux merveilles contenues dans notre Univers. Il ne faudra que quelques secondes pour que vous ayez la sensation d'avoir un poids dans chaque main. À cet instant, sachez que vous tenez entre vos mains le maximum de bénédictions que vous pouvez recevoir ce jour-là. Si vous êtes à la recherche d'une vie plus satisfaisante, il n'est pas interdit de refaire cet exercice autant de fois que vous le désirerez. Si vos demandes ne sont que matérielles, attention, ce poids pourrait n'être qu'un lot de pierres ou un tas de faux billets de banque ! Si vous souhaitez un travail très bien rémunéré, mais sans le désir d'être utile et meilleur envers autrui, il est possible que vous ayez l'emploi, mais qu'il soit si lourd de responsabilités que vous plierez jusqu'au moment où il vous rendra carrément malade. Des millions de gens espèrent gagner à la loterie ; ils achètent beaucoup de billets et jouent parfois leur salaire au casino. Si ceux-ci ouvrent leurs mains pour demander au ciel un gain substantiel, peut-être n'obtiendront-ils qu'une montagne de jetons ou de billets sans valeur.

Quand on s'adresse directement au ciel, il faut s'attendre à recevoir les bontés et les bienfaits dont on a réellement besoin pour s'accomplir. Personnellement, étant née avec la Lune en Verseau, lorsque je fais l'exercice décrit précédemment, je me sens connectée à vous ; durant ces secondes, mes convictions à propos de l'existence et de la puissance de Dieu se renforcent. Quel que soit le nom qu'on lui donne, il s'agit là d'une force qui peut être bonne ou mauvaise, mais une chose est certaine, elle nous dépasse tous et nous devons faire ami-ami avec la générosité divine représentée, en astrologie, par les divers passages de Jupiter. Cette planète n'offre pas les mêmes cadeaux chaque année et varie ses dons selon les signes et les ascendants.

En 2007, Jupiter est dans le onzième signe du vôtre et, en tant que Verseau, vous êtes le onzième signe du zodiaque. Jupiter a donc pour mission de renforcer tout ce qui est bon en vous. Il élève votre magnétisme, vos talents, dons, connaissances, perceptions et intuitions. Bref, au fil des mois qui passeront, vous serez devant tout ce que vous êtes de mieux depuis votre naissance. Si Jupiter est un donneur, il faut que vous soyez un receveur. Il symbolise les bienfaits, mais signifie aussi la justice. Si les motifs qui vous animent ne dépassent pas le «juste pour moi», si vous êtes coincé avec un ego qui ne veut que le pouvoir, si votre égoïsme est tel que vous faites obstacle à toute personne qui pourrait faire mieux que vous et si vous parlez au nom de tous soi-disant dans le but de les aider, mais qu'au fond vous n'agissez que pour la gloire, Jupiter refusera de vous donner tout ce que vous demandez. Ici et là, il vous imposera des restrictions de toutes sortes et plus surprenantes les unes que les autres. Pour conclure sur l'influence de Jupiter en Sagittaire, on pourrait le comparer à la meilleure personne qu'on puisse connaître et qui ne supporte pas le plus petit mensonge.

Sous l'influence de Saturne en Lion

Saturne fait face à votre signe; c'est le plus grand enquiquineur qui soit pour vous cette année. Quelle que soit la Maison astrologique où il se trouve, il provoque un ralentissement, parfois un arrêt de travail temporaire ou la fermeture d'une entreprise et l'obligation de repenser son métier ou sa profession. Il est possible également que rien ne change dans l'entreprise qui fait appel à vos services, par contre vous n'aurez plus la même attitude. Certains parmi vous seront si ambitieux qu'ils tenteront de contourner des étapes nécessaires pour décrocher une promotion. Si les moyens pour l'obtenir sont malhonnêtes, cela ne fonctionnera pas. Ne perdez pas de vue que Jupiter en Sagittaire ne supporte pas le moindre mensonge: si vous trichiez, symboliquement, Jupiter le dirait à Saturne, qui vous barrerait la route conduisant au sommet en vous disant: «Chaque chose en son temps.»

Saturne peut aussi provoquer de grosses peurs, tels des maux pour lesquels il faut passer des examens médicaux sérieux et entreprendre une série de soins spécifiques afin qu'ils disparaissaient de votre organisme. Si déjà vous souffrez d'arthrite ou de rhumatismes, si vous avez fréquemment des irritations cutanées, de l'eczéma ou d'autres maladies de la peau et que, jusqu'à présent, la médication n'a donné que de piètres résultats, informez-vous sur l'alimentation naturelle ou consultez un naturopathe. On dit que «Ton remède est ton aliment», et il n'y a rien de plus vrai. Étant sous l'influence de Saturne en Lion face à votre signe, vous ne devez consulter qu'un spécialiste de la médecine naturelle ayant la réputation de bien soigner et de guérir ses patients. Prenez des informations, ne vous fiez pas aux apparences.

La position de Saturne provoquera des craintes quant à votre avenir et à celui de vos enfants; vous aurez également de nombreuses interrogations et des soucis au sujet de votre vie amoureuse. Plusieurs iront consulter des clairvoyants dans l'espoir de s'entendre dire que tout ira très bien dans une semaine ou un mois et qu'ils gagneront à la loterie. Mais ils se rendront compte que les prédictions ne se réalisent pas et ils partiront immédiatement à la recherche d'un autre médium. Sous Saturne face à votre signe, les craintes sont en quelque sorte normales, elles vous signalent qu'il est temps pour vous de voir la vie sous un angle différent. Si vous avez la vingtaine ou la trentaine, vous voulez aller trop vite. Saturne cherche un moyen de vous faire comprendre le mot sagesse. Dans la quarantaine et plus, vous avez des regrets, lesquels sont non seulement une perte de temps, mais aussi une très mauvaise manière d'envisager le futur. Vous devez vous questionner et non pas demander à des étrangers de trouver des réponses à votre place. En ce début de 21e siècle, avec les derniers jours de Pluton en Sagittaire, les faux prophètes seront si nombreux qu'ils feront de l'ombre aux vrais mais, Jupiter étant en Sagittaire, l'évidence de leur manque de clairvoyance et leurs manipulations vous sauteront aux yeux et les vilains ne réussiront pas à vous exploiter bien longtemps.

Si vous êtes un adolescent et que vos parents n'ont pas de gros moyens financiers, Saturne vous rappelle à l'ordre et vous signifie que vous devez prendre vos responsabilités, par exemple en trouvant un petit travail pour assumer vos dépenses de la semaine ou, comme étudiant, en prenant un emploi à temps partiel afin de payer vos livres ou même vos vêtements. Saturne n'est pas un rigolo sur le zodiaque et il ne sera pas drôle du tout jusqu'au 3 septembre. Par la suite, il passera en Vierge dans le huitième signe du vôtre, et vous devrez compiler ce que vous n'avez pas encore fait.

Heureusement que Jupiter se balade dans le Sagittaire et qu'il allège le poids que Saturne met sur vos épaules. Saturne représente, entre autres symboles, l'hérédité paternelle. Comment se porte la vôtre? Que vous soyez fier ou non de votre père, il est possible que vous vous comportiez comme lui tout en essayant d'avoir des attitudes et des comportements différents des siens. Saturne ainsi positionné apporte son lot de difficultés quant à la référence à vos modèles parentaux et plus spécifiquement à votre père. Soyez heureux d'apprendre qu'à compter du

3 septembre, vos oppositions et difficultés dues à Saturne, lesquelles sont davantage spécifiées dans votre thème natal, ne reviendront dans la même position que dans 29 ans ; d'ici là, vous aurez mûri, vous ne penserez plus de la même manière.

Saturne en Lion peut aussi solidifier une union amoureuse si celle-ci a des bases solides mais, si la charpente sentimentale n'a pas été entretenue ni réparée au fil des ans, il sera extrêmement difficile d'en arriver à une entente. Malheureusement, le spectre de la séparation se profile à l'horizon pour ceux qui ne savent plus être tendres l'un envers l'autre. Mais rien n'est jamais perdu pour toujours quand on a de la volonté. Pour préserver l'amour, si vous y croyez encore, vous ferez tout ce qui est en votre pouvoir afin de soigner votre couple malade parce que dévitalisé. L'astrologie ne condamne pas, son but est de vous prévenir pour éviter le pire ou pour minimiser ce que vous ne pourrez totalement éliminer. Si, malgré tous vos efforts, votre union se rompt, sachez que la vie ne s'arrête pas là et que, si un amour se défait, un autre se prépare ; vous serez prêt à le recevoir quand, à nouveau, les planètes seront en position de réceptivité.

Chacune des planètes est une partie de vous et, pour être totalement vous-même, vous devez vivre selon les informations qu'elles vous donnent. Votre thème astrologique personnel est semblable à une carte routière. Les routes sont nombreuses, les choix de destinations aussi ; vous pouvez prendre un chemin pour aller quelque part et un autre pour en revenir ; vous pouvez également décider de faire un arrêt ici, une rapide visite là ou un long séjour dans un lieu qui vous fascine et dont les habitants vous semblent plus invitants qu'ailleurs. Lorsque Saturne vous fera des misères, n'oubliez pas d'ouvrir vos mains, les paumes vers le ciel, afin de recevoir la force dont vous avez besoin pour traverser le plus paisiblement possible une étape non souhaitée.

JANVIER 2007

Sous l'influence du Nœud Nord en Poissons — Uranus et le Nœud Nord sont en Poissons ; ils sont côte à côte dans le deuxième signe du vôtre. Ils représentent votre obsession pour l'argent, votre peur d'en manquer et votre sens extrême de l'économie ou, au contraire, ils symbolisent le détachement, en ce sens que vous ne tenez pas à vous faire payer pour tous les services que vous rendez; vous êtes aussi reconnaissant pour ce qu'on fait pour vous. Vous seul pouvez choisir parmi ces deux possibilités. À quel clan appartenez-vous? Vous avez le droit de faire beaucoup d'argent et de l'économiser, mais faire continuellement semblant d'être pauvre pour attirer la générosité d'autrui, ce n'est pas une attitude gagnante. Si vous êtes le Verseau généreux, capable de vivre honorablement, sans posséder nécessairement une fortune, vous avez alors beaucoup d'amis, et chacun sera là pour vous aider si jamais vous avez un problème. Le passage du Nœud Nord en Poissons vous invite à vous rallier à des causes justes et humanitaires. Nul besoin de partir à l'autre bout du monde pour faire des sauvetages, regardez autour de vous: de nombreuses personnes ne s'en sortent pas seules et souffrent. Vous n'avez qu'à naviguer sur le Net pour connaître les œuvres qui ont grandement besoin de bénévoles.

Vie amoureuse du célibataire — Entre le 5 et le 28, Vénus est en Verseau: vous n'êtes pas invisible. Vous remarquerez à quel point on vous observe quand vous êtes en public; dès que vous êtes dans un groupe, en peu de temps, vous devenez le centre d'attraction. Vénus en Verseau n'est pas sentimentale, elle aime la jasette, l'échange d'informations; elle ne tombe pas amoureuse très rapidement, elle a besoin de cultiver l'amitié puis, lentement, elle s'attache et devient éprise de son ami. Plusieurs planètes dans ce ciel de janvier s'accordent pour que ceux qui vous observent croient que vous êtes une bombe sexuelle. Si vous explosez dès la première rencontre, il est possible que votre partenaire se méprenne, car il ne saura pas que c'est son côté amicalement sensuel qui vous attire. Quand on vous demandera de vous expliquer sur vos sentiments, vous ne trouverez aucun mot pour les expliquer. Que diriez-vous de prendre votre temps si c'est une relation durable que vous désirez?

Vie de couple–famille–budget–travail — En tant que mère et femme au travail, vous êtes née sous le signe qui présente le moins de différences entre les hommes et les femmes. Je vous suggère de lire ce que feront ces messieurs au cours des mois de 2007, il est possible que vous vous y reconnaissiez par certains côtés et que vous soyez touchée par des événements identiques à ceux qu'ils vivront. Vous êtes davantage une femme au travail qu'une femme au foyer mais, à notre époque, comme la majorité de vos consœurs, vous vivez l'un et l'autre et vous courez toute la journée afin de faire le maximum pour faire face à vos responsabilités et à vos fonctions. La pire chose qui puisse vous arriver, c'est de vous retrouver dans la routine à devoir faire sans cesse les mêmes gestes, à adopter les mêmes attitudes, à faire un boulot qui ne fait pas appel à votre intelligence ni à votre créativité. La routine, c'est pour vous un ticket pour la déprime. Certaines femmes le réalisent maintenant et veulent chambarder leur vie. Mais il ne faut pas agir sur un coup de tête, ça ne serait pas avantageux. Vous vous dites que vous avez eu suffisamment de patience et qu'il faut passer à l'étape où vous serez en contrôle de votre vie. De grâce, procédez dans l'ordre et non dans le chaos. Si vous avez l'impression que votre amoureux ne tient pas tellement à vous, peut-être est-ce parce que vous n'avez pas eu une vraie conversation avec lui depuis longtemps. Dès l'instant où vous cessez de discuter du budget, du travail et de l'éducation des enfants, parlez de vous deux. Vous ne seriez pas ce que vous êtes si vous n'aviez pas ce vécu avec votre conjoint ; alors, si vous voulez effectuer des changements, comme faire un retour aux études ou prendre du temps pour chercher un meilleur emploi, ça se discute. Après la nouvelle Lune du 19, ce sera parfait pour lui faire part de vos plans d'avenir.

En tant que père et homme au travail, si vous êtes à votre compte dans le domaine de la construction, sans doute connaîtrez-vous un ralentissement durant la première moitié du mois. Les offres seront moins nombreuses, mais ne comptez pas vous reposer jusqu'au 31 : un gros contrat vous attend, et vous aurez alors l'obligation de vous exécuter à toute vitesse. Si vous êtes à l'emploi d'une grande entreprise, vous serez inquiet des promesses non tenues de vos supérieurs. Il y aura aussi un certain relâchement dans le domaine de la sécurité. Par exemple, on ne réparera pas un appareil ou un véhicule comme il faut ; vous devrez alors le signaler : un accident, même mineur, n'aurait rien d'agréable. Si vous appartenez au domaine médical, ce sera la course continue ; il est fort possible que vous fassiez de nombreuses heures supplémentaires. Vous serez tellement pris par votre métier que vous en oublierez votre vie familiale. Si vous vous fâchez contre votre adolescent parce qu'il n'obéit pas, il faudra vous demander pourquoi il écouterait vos conseils alors qu'il vous considère comme un père absent. Avec la logique de son âge, il se dit que lui aussi peut être absent de ses cours de temps à autre. Allez-y tout doux et intelligemment avec vos enfants qui ne sont pas encore des adultes. Pour décompresser, n'auriez-vous pas besoin de faire du sport, et pourquoi pas avec vos grands ? Vos petits enfants, si vous ne comprenez pas leur langage, comprennent le vôtre, mais une relation ne peut se développer que si vous êtes là pour eux.

Clin d'œil sur les baby-boomers — Vous avez tendance à vous mettre en retrait et à ne plus tellement savoir ce que vous devriez faire de nouveau, de différent. Si vous êtes parfaitement libre, vous suivrez des cours parce que vous avez besoin d'apprendre, mais aussi parce que vous aimez vous faire des amis. Au-dedans, vous savez que vous n'établissez aucune relation profonde, vous vous contentez de vivre quelques heures avec les uns et les autres comme si vous ne vouliez pas qu'on vous connaisse. Si vous êtes heureux en couple, c'est parce que vous allez constamment d'une activité à une autre et que les projets d'avenir sont aussi joyeux que nombreux. Si vous avez un partenaire avec lequel vous vivez depuis plusieurs décennies et que vous ne vous parlez plus ou presque, l'ennui vous pousse inévitablement à l'extérieur de la maison. Il faudra bien vous décider à engager un dialogue et à ne pas vous sauver lorsque votre partenaire fera une tentative de rapprochement, surtout si vous n'entrevoyez aucune séparation.

FÉVRIER 2007

Sous l'influence du Nœud Nord en Poissons — Uranus est encore bien proche du Nœud Nord. Ce qui a été décrit au mois de janvier prend encore plus de puissance étant donné que vous êtes dans votre période anniversaire. Du 3 au 28, Mercure est aussi en Poissons ; à compter du 14, il sera rétrograde, ce qui vous invite à ne prendre aucune décision hâtive à partir de ce moment, surtout si elle risque de changer votre vie ou celle de quelqu'un d'autre. Entre le 8 et le 12, Vénus et le Nœud Nord sont en Poissons, bien serrés l'un contre l'autre. Certains d'entre vous vivront une période amoureuse si complexe qu'ils auront l'impression que leur union est terminée. C'est le signe qu'il faut arrêter de prêter des intentions à votre partenaire et vous ouvrir à lui. Ce n'est pas facile parce que vous avez la manie de rationaliser vos émotions. Quand on naît Verseau, on veut croire que, pour atteindre la perfection, il faut exclure la souffrance de soi ; vous y arrivez pendant un certain temps, jusqu'au jour où celle-ci vous rattrapera et vous obligera à constater qu'émotions et raison peuvent faire bon ménage.

Vie amoureuse du célibataire — Vous êtes un peu étrange : d'un côté, vous n'aimez pas être seul et, de l'autre, vous avez beaucoup de difficulté à vivre en couple. Dès qu'il faut vous soumettre à quelques règles qui ne sont pas les vôtres, vous coupez le courant qui, pourtant, passait si bien entre vous et votre partenaire. Vous serez porté à interroger vos flirts sur leur manière de gagner leur vie et l'endroit où ils habitent afin de faire une évaluation de leurs conditions matérielles ; votre curiosité vous rendra très indiscret. Un tel comportement ne passera pas inaperçu ; on vous qualifiera de comptable. À une autre époque, les grandes familles mariaient leur fille et leur fils dans le but d'allier deux puissances économiques et politiques afin de renforcer la position de chacun. Cette façon de faire est dépassée chez nous, à moins que vous ne vouliez épouser une profession payante plutôt qu'une personne. Êtes-vous vraiment prêt pour le grand amour ?

Vie de couple–famille–budget–travail — En tant que mère et femme au travail, jusqu'au 26, sous la pression de Mars en Capricorne, vous prenez tout au sérieux et vous n'êtes jamais satisfaite des résultats que vous obtenez tellement vous êtes perfectionniste. À la moindre remarque, vous vous sentez coupable comme si vous aviez commis une terrible faute. Cette attitude que vous avez au travail, vous la transposez dans vos relations avec vos enfants ; à plusieurs reprises, vous vous surprendrez à penser que vous n'en faites pas assez pour eux. Ce n'est pas en leur achetant jouets, gadgets et ordinateur que vous ferez disparaître tout le mal que vous pensez de vous-même. De nombreuses femmes vivent également cet état intérieur parce que, tout à coup, elles ne se sentent plus à leur place au travail, elles voudraient être auprès de leurs enfants ; c'est votre tour, ce mois-ci, de faire face à cette culpabilité. D'ailleurs, si vous parlez à une bonne amie, elle vous dira que ça lui arrive aussi de se sentir coupable. Si vous travaillez dans le milieu des communications, la pression sera énorme ; tout devra constamment être produit à toute vitesse et les commandes vous seront transmises à la dernière minute. À quelques reprises, il vous arrivera de devoir travailler chez vous le soir. Tout est si chaotique au travail que vous en faites plus qu'il ne faut, le but étant de protéger votre emploi. Vous remarquerez qu'il y a plus de femmes que d'hommes qui se dévouent ainsi, et ce, sans demander de salaire pour les heures supplémentaires. Serez-vous nerveuse jusqu'au 22 ou vous accorderez-vous au moins les fins de semaine pour vraiment décompresser ? Si vous avez la bougeotte, alors faites quelque chose de différent et, de grâce, éloignez-vous de votre ordinateur !

En tant que père et homme au travail, vous aurez des sautes d'humeur : personne ne va jamais assez vite pour vous. Si vous avez un poste de chef, vous serez impatient et parfois déplaisant avec ceux qui sont sous vos ordres. Demandez-vous si vous ne transposez pas vos problèmes personnels sur vos collègues. Si vous êtes du dernier décan, vous prendrez les choses en main rapidement, vous ne laisserez aucun problème vous barrer la route et vous trouverez les bonnes solutions chaque fois que ce sera nécessaire.

Clin d'œil sur les baby-boomers — Si vous faites une promesse à un de vos enfants, même si c'est un adulte, il a besoin que vous la teniez, particulièrement si, dans le passé, vous en avez oublié plusieurs parce que vous manquiez de temps. Si des problèmes persistent entre eux et vous depuis très longtemps, ne pensez-vous pas qu'il serait temps d'y mettre fin? Une vieillesse pleine de regrets et dans la solitude n'est pas une très belle perspective d'avenir. Si vous avez le bonheur d'avoir une vie de couple heureuse et harmonieuse après des décennies, vous faites partie des exceptions; vous avez probablement su rallier votre famille autour de vous. Appréciez ce que vous vivez et ne ratez pas une occasion de faire la fête avec vos proches bien-aimés. Si vous êtes sur le point de prendre votre retraite, vous avez déjà des plans bien précis et c'est très bien, c'est seulement ainsi que vous préserverez votre dynamisme et votre jeunesse de cœur.

MARS 2007

Sous l'influence du Nœud Nord en Poissons — Le Nœud Nord et Uranus se tiennent côte à côte tout au long du mois. Cet aspect provoque chez vous de la précipitation. Vous aurez constamment l'impression que rien ne va assez vite, que vous êtes en retard, que vous devriez faire plus et mieux. Votre esprit ira d'une idée à une autre; souvent, il partira dans une direction et, au beau milieu de la lancée, vous bifurquerez vers un concept totalement différent du précédent. De plus, la conjonction formée dans le Poissons fait un carré à Jupiter en Sagittaire, ce qui n'a rien non plus pour vous calmer. Apparemment, les observateurs et les témoins de votre vie croiront que tout est sous contrôle pour vous alors que ce ne sera pas du tout ce que vous ressentez. Vous avez un don pour tromper les autres; ce n'est pas eux qui doivent supporter cette tension intérieure, c'est vous. Il est donc important que vous vous relaxiez de temps à autre; remettez les compteurs à zéro.

Vie amoureuse du célibataire — Vous avez du charme à revendre et c'est à peine si vous le voyez tant vous consacrez d'énergie à votre réussite professionnelle. Principalement durant la première moitié du mois, vous regarderez vos flirts comme s'ils ne devaient que passer dans votre vie. Vous ne chercherez pas vraiment à les connaître ni à percevoir leur émotivité et encore moins leur sensibilité. Vous jouez les durs quand vous vous souvenez d'une rupture cuisante dont vous prenez toute la responsabilité et dont vous parlez parfois mais avec une grande désinvolture, comme se doivent de le faire les gens modernes et rationnels du 21e siècle. À la fin du mois, une personne extrêmement perceptive découvrira votre jeu. Ne prenez pas la fuite, vous perdriez l'occasion d'aimer et d'être aimé une fois encore.

Vie de couple–famille–budget–travail — En tant que mère et femme au travail, vous êtes sous la pression de Mars dans votre signe. Si vous faites partie des ambitieuses qui débutent dans une profession, vous pourriez vous glisser dans un groupe de gens qui sont davantage des comploteurs que des gagnants. Il est important de bien choisir ses alliés. Ceux qui réussissent vraiment ne sont peut-être pas aussi bavards ; certains connaissent la réussite, mais plafonnent à cause de leur attitude et de leur ingratitude envers leurs employeurs et tous ceux qui pour eux ne veulent rien dire. Ce genre de situation se produit fréquemment, tant dans le monde des finances que dans une petite entreprise qui n'est pas cotée à la Bourse. La terreur se manifeste de plusieurs façons. Pour une majorité des travailleurs de votre entreprise, la crainte de perdre leur emploi ou un travail à temps partiel plane et crée un climat de tension ; faire sa journée génère un énorme stress. Vous aurez à vous affirmer et à défendre votre position ; vous le pouvez, agissez sans peur ! Entre le 18 et le 24, vous ressentirez une énorme fatigue. Il y a le travail, mais aussi une famille qui a besoin de vous, dont vous prenez soin. Ce mois-ci, sous Saturne en Lion, votre conjoint est souvent absent ; il fait de longues heures et, peut-être bien comme vous, avec la peur au ventre.

En tant que père et homme au travail, vous ne vous donnez pas le droit de manifester votre peur. Par ailleurs, sous l'influence de Mars en Verseau, vous êtes dynamique et presque explosif. Si vous avez deux emplois, vous accomplissez vos tâches avec la même énergie ; ceux qui vous observent vous trouvent surprenant. Vous êtes né d'Uranus, planète signifiant très haut voltage. Il est possible toutefois que vous disjonctiez vers le milieu du mois. Bizarrement, la cause sera tout à fait banale, par exemple le désordre à la maison que vous ne supportez pas, alors que vous n'êtes même pas là pour aider au rangement : il vous fallait bien une raison pour relâcher la tension... Malheureusement, ce sont vos proches qui auront subi votre colère, la manifestation de vos frustrations et l'épuisement de votre système nerveux. Vous oubliez vite vos éclats, mais les membres de votre famille ne sont pas tous Verseau ; peut-être aimeraient-ils vous entendre leur expliquer pourquoi vous rendez ceux que vous aimez responsables de votre mauvaise humeur. Vous n'écoutez pas les signaux que vous lance votre corps alors que vous auriez intérêt à le faire ; un cœur qui palpite trop vite et la pression qui monte, ce n'est pas très normal.

Clin d'œil sur les baby-boomers — Quand on est très près de l'âge de la sagesse, il y a des choses du passé dont on se souvient et dont on n'est pas très fier. C'est le lot de tous et vous ne faites pas exception ; comme chacun, vous avez votre jardin secret. Vers la fin du mois, vous sentirez le besoin de vous raconter pour montrer aux jeunes qu'ils n'ont pas le monopole de l'originalité ni de la marginalité. Vous avez eu vos périodes folles et des audaces étonnantes dans des situations étranges ou même dangereuses. Si vous avez un talent pour peindre ou pour écrire, vous pourriez illustrer en mots ou en images votre génération et peut-être bien donner ainsi un second souffle à votre vie. Rien de mieux que la création pour se sentir vivant. Si vous avez des problèmes de santé, vérifiez bien votre agenda et ne ratez pas vos rendez-vous chez le médecin. Certains d'entre vous s'envoleront vers un pays de soleil au mois de mars et se rechargeront d'énergie solaire. Si vous espérez l'amour, il faut d'abord cesser de le craindre.

AVRIL 2007

Sous l'influence du Nœud Nord en Poissons — Le Nœud Nord est toujours près d'Uranus ; à compter du 7, Mars rejoint le Poissons. Ces énergies d'eau sont très différentes de la vôtre. En aucun temps, vous ne nuirez à votre prochain. Les remous sont puissants ; dès l'instant où vous tenterez de vous approprier ce qui n'est pas à vous, la puissance des océans que représente le Poissons deviendra semblable à des vagues déferlantes qui se jetteront sur vous pour stopper vos manipulations. Si jamais vous tentez, même sous une forme parfaitement légale, de voler le bien d'autrui, vous aurez à répondre de vos gestes devant la loi divine. Ces aspects en Poissons provoquent de la panique sur le plan financier. Peu importe votre situation financière, vous dramatiserez, au point où l'envie de tricher vous passera par l'esprit. C'est le temps des impôts, ce qui n'a rien de drôle pour personne. Le Nœud Nord étant en querelle avec Jupiter, symbole de la justice du peuple, remplissez vos formulaires correctement et payez vos dus. Vous y soustraire ou produire de fausses déclarations ne vous portera pas chance. Le Nœud Nord en Poissons vous suggère donc d'être juste et honnête en tout temps et en tous lieux.

Vie amoureuse du célibataire — Vous n'avez pas le temps de sortir et vous êtes las de ces endroits publics qui offrent des 5 à 7 où vous croisez toujours les mêmes gens, où jamais personne ne retient votre attention. N'avez-vous pas pensé à vous rendre à un centre d'entraînement pour faire des rencontres ? Ou encore à des cours de danse ? En 2007, vous devez entrevoir une relation intelligente avant d'y introduire le plaisir. Ce n'est pas en vous rendant dans des lieux où vous n'avez pas à réfléchir que vous rencontrerez votre idéal. Il faut absolument joindre à vos sorties l'aspect études ; quel que soit le sujet, dès l'instant où cela vous permettra d'acquérir de nouvelles connaissances, vous serez au bon endroit.

Vie de couple–famille–budget–travail — En tant que mère et femme au travail, en principe vous êtes plus à l'aise ce mois-ci. Il y a dans le ciel des éléments féminins, ce qui naturellement correspond bien à votre nature. Si vous êtes dans le domaine des négociations, vous connaîtrez un énorme succès. La chance au jeu sera également présente ; si jamais vous avez des fils, achetez votre billet en compagnie de l'aîné. Si vous avez des filles, c'est à compter du 13 que vous serez chanceuse. Tentez le coup, on ne sait jamais ! Si votre travail vous oblige à faire des déplacements, vos clients de longue date vous recommanderont à plusieurs nouveaux bons acheteurs. Il y a dans l'air des changements d'horaire pour plusieurs d'entre vous, ce qui signifie une réorganisation familiale, des ajustements concernant la garderie, etc. Si l'horaire de votre conjoint est souple, vous n'avez pas à vous en faire. Dans le cas contraire, c'est à vous de trouver la solution. Si vous êtes jeune, amoureuse et sans enfant, il en sera question ; votre amoureux ne se fera pas prier, au contraire il sera heureux que vous fassiez de lui un père. Mais attention, un bébé non planifié est toujours possible, en particulier pour celles qui prennent des risques et qui croient que leur horloge biologique n'est plus à l'heure de la maternité.

En tant que père et homme au travail, il est plutôt rare que vous ne ressentiez pas un désir de dépassement. Vous êtes un visionnaire. Mais il y a des visionnaires qui dorment sur leurs talents, leurs dons et leurs inventions alors qu'autour d'eux des signaux indiquent l'urgence d'agir. Vous êtes un ambitieux doublé d'un audacieux et vous exercez un métier où vous avez fait vos preuves, mais vous avez aussi développé des projets plus personnels sur lesquels vous avez recueilli des montagnes d'informations. Vous ne vous lancerez pas dans une nouvelle entreprise à l'aveuglette, vous vous préparez sérieusement. Vous prenez conscience que vous vous rapprochez de plus en plus du moment où vous passerez à l'action ; de temps à autre, vous avez des nœuds dans l'estomac. Les grandes transformations sont toujours stressantes, mais vous êtes bien armé pour vivre la pression. Vous ne reculerez pas alors que vous êtes aussi avancé. Vous donnerez plus de temps à vos enfants ; vous assisterez plus souvent aux entraînements sportifs ce mois-ci. Lorsque vous voulez donner du temps, vous en trouvez.

Clin d'œil sur les baby-boomers — Il n'y a rien de répréhensible au fait de préférer le vaste monde à la vie de famille mais, quand vous avez des enfants, vous en êtes responsable. Certains sont maintenant des adultes qui se débrouillent sans vous. Peut-être vous reprochent-ils de n'avoir pas été présent quand ils avaient besoin de vous. C'est une dynamique qu'on retrouve chez la majorité des Verseau. Les baby-boomers sont représentés par Saturne mais également par les Maisons astrologiques 10, 11 et 12, les trois dernières du zodiaque mais non les moindres puisqu'elles vous projettent hors du foyer alors que vous y êtes encore attaché. Que fait-on dans une maison où il n'y a plus d'enfants à élever ? On prend la Maison 11 et on sort hors du cocon pour vivre de nouvelles expériences. Vous vivrez encore longtemps les Maisons 10 et 11. Beaucoup plus tard, ce sera le tour de la douzième, qui est celle de l'abandon de soi, du dernier héritage que vous laisserez à vos descendants : toutes les impressions psychiques que vous aurez créées et projetées sur eux. Ce que vous faites de votre vie présentement exerce une influence plus grande que vous ne l'imaginez sur vos enfants et vos petits-enfants. Quel exemple leur donnez-vous ?

MAI 2007

Sous l'influence du Nœud Nord en Poissons — Vous serez moins harcelé par le Nœud Nord ce mois-ci : il se tient plus tranquille. Disons qu'il agace davantage d'autres signes que le vôtre. Le Nœud Nord vous incite à mettre de l'ordre autour de vous, à vous débarrasser de ce qui ne vous est plus utile et à rénover. Mais cela se passe aussi à l'intérieur de vous ; vous vous défaites plus aisément de vos tensions et de vos peurs de l'avenir. Vous êtes capable de prendre une distance par rapport à ce qu'il est impossible d'obtenir maintenant, de vous concentrer sur ce qui est accessible et ensuite d'agir pour atteindre l'objet convoité. Vous modérerez vos excès et resterez dans les limites du raisonnable.

Vie amoureuse du célibataire — Si vous avez des enfants, il y a toutes les chances du monde que vous rencontriez un autre célibataire dans la même situation. Vos petits étant une partie importante de vos vies, vous aurez beaucoup à vous raconter sur eux. Vous pourriez croiser cette personne plaisante et brillante au travail ou par l'intermédiaire d'un collègue. Si vous n'avez pas d'enfants, il faut tout de même vous attendre à rencontrer un célibataire parent. Lorsqu'ils feront leur cour, certains seront tentés d'exagérer à propos de leurs qualités ou de leurs défauts, ou encore de mentir sur le genre de travail qu'ils font ou sur leurs loisirs. Si vous faites cela, vous courez droit à la catastrophe. Soyez entièrement vous-même : ce sera beaucoup plus simple.

Vie de couple–famille–budget–travail — En tant que mère et femme au travail, sous l'influence du Soleil en Taureau puis en Gémeaux, vous serez plus près de vos enfants. Vous aurez parfois l'impression que vous devriez les protéger davantage, en faire plus pour eux, mais sans trop savoir comment vu que vous faites déjà le maximum : votre agenda est rempli. Il vaudrait mieux ne pas vous en faire à propos des hypothétiques dangers qui guettent vos enfants. Vous les avez mis en garde au fur et à mesure qu'ils ont grandi, ils savent qu'ils ne doivent pas s'approcher des étrangers, monter en voiture avec un inconnu, etc. Vous ne pouvez les enfermer dans un placard, ils ont des expériences à vivre et des tas de choses à apprendre. Et puis, quand ils se blessent en jouant, vous êtes toujours là pour donner le bisou qui cicatrise la blessure instantanément. Si vous avez un travail très prenant, il est à souhaiter que votre conjoint vous aide dans les diverses tâches domestiques parce que, s'il ne le fait pas, vous pourriez éclater et lui faire une scène mémorable quand vous aurez atteint votre limite, ce qui pourrait se produire au cours des deux dernières semaines du mois.

En tant que père et homme au travail, vous avez la chance d'être né dans un signe masculin. Vous êtes donc bien avec vous-même, au point où il vous arrive d'oublier ceux qui vous entourent ; vous ne ménagez ni leur susceptibilité ni leur sensibilité. En principe, au travail, plus le mois avancera et mieux vos affaires se porteront. Si vous êtes à la recherche d'un emploi, à compter du 16, il deviendra plus facile d'en trouver un. Si vous faites partie de ceux qui font mille petits boulots parce qu'ils ne savent pas vers quoi s'orienter pour se réaliser, vous serez bien inspiré ; vous saurez, grâce à une intuition, ce qu'il y a de mieux à faire pour vous.

Clin d'œil sur les baby-boomers — Vous aurez envie d'un brin de folie, de vous laisser aller, d'en faire moins pour prendre du bon temps. Si vous le pouvez, accordez-vous des journées où la détente sera votre principale occupation. Mais en tant que Verseau, il est rare que vous puissiez rester à ne rien faire bien longtemps, vous n'êtes pas du type méditatif. Pour vous, l'action est une forme de méditation ; quand un travail consiste en une répétition de gestes, votre esprit s'envole vers des mondes magiques, mystérieux, paisibles. Dès le 17, vous aurez une idée claire et nette de ce que vous ferez pendant vos vacances. Si vous avez un ami qui habite à l'étranger, il est possible que vous décidiez d'aller le voir parce que vous réalisez soudainement qu'il vous manque. Si vous êtes seul, sans amoureux, vous sortirez davantage à la fin du mois ; soyez certain que vous ferez une rencontre surprenante et fort agréable.

JUIN 2007

Sous l'influence du Nœud Nord en Poissons — À dire vrai, le Nœud Nord est en état de choc avec le Soleil en Gémeaux et vous êtes soudainement très inquiet à propos de l'argent nécessaire pour les vacances des enfants et les réparations sur la maison qui n'étaient pas prévues au budget. Et peut-être êtes-vous soucieux parce que certains placements n'ont pas donné le rendement escompté. Bref, vous vous mettez dans tous vos états pour des événements que vous avez vécus à de nombreuses reprises ; ils ne se sont pas toujours produits de la même manière mais, si vous y regardez de plus près, c'est du pareil au même. Si vous êtes jeune, vous aurez envie de vous offrir les derniers gadgets ou une nouvelle garde-robe à la mode. Si vous succombez, c'est après avoir reçu vos comptes à la fin du mois que vous manifesterez votre inquiétude.

Vie amoureuse du célibataire — La merveille des merveilles sera devant vous, elle vous parlera, essaiera de vous séduire. En tant que Verseau, vous résistez, vous avez tendance à croire que vous voyez un mirage, que c'est une illusion, qu'il est impossible qu'une telle personne s'intéresse à vous. Arrêtez de refuser d'emblée ce qui vous arrive et de vous persuader que vous devez vous contenter d'une aventure à court terme. La joie d'autrui vous effraie-t-elle? C'est peut-être ce qui se passe en vous en ce moment. Vous soupçonnez l'enthousiasme de l'autre, vous croyez qu'il joue la comédie. Soyez donc plus clair et plus honnête avec vous-même. Ne trafiquez pas vos perceptions pour vous éloigner le plus vite possible. L'amour vous fait de grands signaux, ils sont inévitables.

Vie de couple–famille–budget–travail — En tant que mère et femme au travail, sous la poussée de Mars en Bélier, si vous êtes contrariée, vous exploserez, et ce sera probablement la faute de tout le monde si vous êtes dans une situation désagréable. Heureusement, sous votre signe, ce type d'aveuglement ne dure pas longtemps. Vous ne voulez pas gâcher votre vie en la vivant en colère. Si vous faites un métier où vous êtes au milieu d'hommes qui ne vous ménagent pas et qui constamment vous mettent au défi de faire mieux qu'eux, ce n'est évidemment pas drôle. Si, au début du mois, vous avez du mal à les dépasser, ne vous en faites pas: à compter du 6, un événement fera qu'ils vous considéreront enfin comme leur égal. On a beau dire que c'est l'égalité entre les hommes et les femmes, ce n'est pas encore vrai, et vous le savez très bien. En passant, la femme Bélier et vous êtes les signes les plus aptes à amener les hommes à considérer la femme comme leur égal. Jusqu'au 24, Mars est en Bélier; c'est comme si vous aviez la force d'action de ce signe tout en étant vous-même. Quoi que vous vouliez sur le plan professionnel, il y a toutes les chances du monde pour que vous l'obteniez grâce à votre volonté et à votre insistance. Si vous êtes au cœur d'un déménagement, si vous vous installez dans une nouvelle maison et que vous avez l'intention d'y rester pour de nombreuses années, pourquoi vous précipiter sur tous les travaux en même temps? Prenez le temps de souffler. Il y a aussi un bel éveil passionnel entre votre conjoint et vous. Cela ressemble à l'histoire de deux personnes qui ne s'étaient pas vues depuis longtemps, qui se retrouvent et qui ne peuvent plus se quitter. Quant à vos enfants, c'est vrai qu'ils ne sont pas encore très sages. Vos ados prennent leur envol et, ce mois-ci, ils volent vite! Les petits sont en pleine découverte et naturellement ils chahutent. Conclusion, vous avez des enfants en très bonne santé mentale et physique.

En tant que père et homme au travail, vous êtes un mâle ce mois-ci. Vous donnez l'impression qu'il n'y a rien que vous ne puissiez réussir et c'est presque vrai. Si vous travaillez à forfait, il est possible que l'autre partie souhaite modifier une entente qui était pourtant ferme. Vous n'irez pas par quatre chemins, vous prendrez un avocat pour vous défendre, particulièrement si une grosse somme est en jeu. Vous accepterez bien une augmentation, mais en aucun cas une diminution. Vous avez une famille, mais vous avez aussi très envie de prendre l'air et de vous éloigner de votre petit monde. Si vous le faites sans votre conjointe, si vous allez vous amuser sans elle, elle ne sera pas d'accord. Certains seront tentés par une aventure extraconjugale. Croyez-vous que ce soit une bonne idée? Et puis, est-ce logique d'être à la merci de vos désirs charnels? Si vous avez déjà fait ce genre d'escapade, sous le ciel du juin, votre conjointe aura l'excuse moins facile.

Clin d'œil sur les baby-boomers — Vos idées toutes faites et coulées dans le ciment sur les générations précédentes vous rendent hargneux et déplaisant. En agissant ainsi, vous vous excluez de cet énorme casse-tête qu'est le monde. Si vous avez des voisins avec lesquels vous avez de fréquentes disputes, il vaut mieux calmer votre colère avant de subir les pires offenses. En ce mois de juin, vos manies, vos habitudes, vos exigences, vos ordres et votre entêtement à vouloir que tout soit comme vous le voulez sont contestés par le voisinage et peut-être par certains membres de votre famille. Il vous arrive de vous immiscer dans la vie de vos enfants. Si vous n'êtes pas au parfum de l'esprit moderne de votre progéniture, il serait dans votre intérêt de mieux la connaître pour préserver la relation. Le ciel est en pleine activité. Il vous invite à vous renouveler, à prendre des décisions concernant les années qu'il vous reste à passer parmi nous. Un Verseau ne peut rester à ne rien faire. L'inaction est un enfer pour vous et peut être à l'origine de plusieurs malaises. Si votre santé est hypothéquée, vous devriez vous porter beaucoup mieux ce mois-ci. Par exemple, après une opération, la cicatrisation sera plus rapide. Si vous prenez des médicaments, l'effet sera total et bénéfique, ce qui vous permettra de mener votre vie comme vous l'entendez.

JUILLET 2007

Sous l'influence du Nœud Nord en Poissons — Dans le ciel, il y a le Nœud Nord, encore en Poissons, mais également plusieurs planètes en signe d'eau et en signe de feu ainsi que Mars en Taureau. C'est le temps des vacances, mais il est possible que vous soyez obligé de rentrer au travail de toute urgence; les hommes seront davantage appelés que les femmes. Sous votre signe, il vous fait généralement plaisir de retourner au boulot; rares sont les Verseau capables de prendre de véritables congés. Selon vous, ne penser qu'à des futilités et se contenter de facilité ne fait pas vraiment appel à l'intelligence. Les femmes seront plus portées à prendre des vacances. Elles en profiteront pour transformer leur maison en faisant appel à leur esprit créateur. Homme ou femme, le Nœud Nord vous invite à repenser la famille, surtout si elle est reconstituée et que les relations ne sont pas harmonieuses. Le Nœud Nord en Poissons insiste pour que vous preniez une décision à ce sujet. Si rien ne vous vient à l'esprit, demandez l'aide d'un expert en relations familiales pour éviter une malheureuse rupture et des regrets; mettez votre fierté de côté. Vous êtes en fait le signe du zodiaque ayant le plus besoin d'être guidé en amour parce que les beaux sentiments sont bien loin de l'intellectualisme.

Vie amoureuse du célibataire — Si vous avez des enfants, vous rencontrerez un autre parent, mais il n'est pas certain qu'il ait la même vision que vous concernant la famille. Cette personne sera attirante et d'une extrême douceur. Dès les premiers rendez-vous, vous vous apercevrez qu'elle est du type anti-conflits, ce que vous n'avez encore jamais connu. Ne vous faites pas trop d'illusions, vous n'en connaissez pas encore tous les recoins. En fait, ce mois n'est guère favorable à l'amour épanouissant, particulièrement dans le cas où des enfants sont en cause ainsi que des ex avec lesquels vous avez des liens conflictuels. Si vos enfants sont des adultes, il en sera tout autrement, surtout si votre âge vous a permis d'acquérir une nature capable de tout simplifier. Si vous faites partie des célibataires qui sont au milieu de la trentaine ou dans la première moitié de la cinquantaine, vous avez de grands espoirs tout en étant extrêmement sceptique. Vous êtes cynique face à l'amour; quelque part, vous n'y croyez pas tellement même si des recoins de votre âme prient pour qu'enfin vous rencontriez votre idéal. Si jamais vous trouvez l'être parfait, vous ferez partie d'une très petite minorité. Vous avez trop de critères de sélection, un plan fixe ainsi qu'une foule de règles qui se transforment en dictature dans une vie de couple. Le ciel vous dit : patience, autocritique et examen de conscience.

Vie de couple–famille–budget–travail — En tant que mère et femme au travail, si vous avez un second conjoint et que vous prenez soin de ses enfants, méfiez-vous de vos répliques. Quant à monsieur, s'il n'est pas heureux de la situation familiale, ne jetez surtout pas d'huile sur le feu. Le ciel annonce des interventions de votre ex au sujet des vacances des enfants. Il est important que vous soyez apaisante même quand vous avez envie d'exploser. La retenue sera une nécessité, elle vous permettra de garder votre clarté d'esprit. Si, en plus de votre famille qui vous tient très occupée, vous avez un emploi régulier, je vous décerne la médaille du courage car, ce mois-ci, rien ne sera facile. Vous vivez une première union, vous êtes amoureuse, vous désirez un enfant parce que vous considérez que votre couple est solide et prêt à fonder un foyer ? La cigogne sera au rendez-vous.

En tant que père et homme au travail, vous n'êtes vraiment pas aussi tolérant que dame Verseau dans la même situation. Si votre ex vous demande plus qu'elle ne doit recevoir, par exemple la garde complète des enfants, la moutarde vous montera vite au nez. Sans réfléchir, vous retiendrez les services d'un avocat afin de faire valoir vos droits, et ce, quelle que soit votre situation financière. Certains hommes Verseau devront malheureusement prendre soin d'un parent tellement malade qu'il ne peut s'occuper de lui ni de ses affaires personnelles. Vous avez bon cœur, vous êtes sensible à la souffrance d'une personne qui vous a beaucoup donné. Alors, même si vous devez interrompre vos vacances ou demander un arrêt de travail, vous verrez à ce que ce parent soit bien traité. À compter du 15, des changements s'amorcent sur le plan professionnel, mais il semble que vous soyez trop préoccupé pour accorder beaucoup d'importance à votre boulot qui, éventuellement, connaîtra d'importantes transformations.

Clin d'œil sur les baby-boomers — Jusqu'au 14, des problèmes familiaux, principalement avec un de vos enfants traversant une période infernale dans sa vie de couple, vous prendront aux tripes. Un de vos proches pourrait être gravement malade ; il aura immanquablement besoin de votre aide. Si vous aviez fait des plans pour le mois de juillet, vous devrez les modifier. Si vous êtes un Verseau tellement détaché qu'il choisit ses vacances plutôt que de répondre à l'appel au secours des siens, des gens, bien sûr, vous remplaceront. Mais, une fois l'épreuve passée, ne vous étonnez pas si on décide que vous n'êtes plus le bienvenu. Il vous faudra beaucoup de temps pour vous faire pardonner. Sous votre signe, il y a le parent affectueux, aimant, présent à ses enfants, mais il y a aussi l'autre, qui n'aime que lui-même. Durant la seconde moitié du mois, vous devrez faire attention à ce que vous mangez et en tout temps vous abstenir d'aliments qui ne vous sembleront pas très frais. Pour certains Verseau, ordre du médecin, changez de régime alimentaire pour ménager votre corps.

AOÛT 2007

Sous l'influence du Nœud Nord en Poissons — Depuis le 23 juillet, le Soleil est en Lion face à votre énergie solaire et cette dernière affronte Saturne en Lion. Le Nœud Nord en Poissons est dans le deuxième signe du vôtre et les planètes en Lion, face à vous, sont dans votre septième signe. Trêve de charabias astrologiques, le Nœud Nord ainsi qu'Uranus en Poissons vous suggèrent de ne pas prêter le moindre sou à celui que vous connaissez si bien et qui jamais ne vous rembourse ce qu'il vous doit. Il y a des gens qui méritent votre appui, mais d'autres, pour leur propre bien, doivent essuyer un refus de votre part pour qu'ils puissent se débrouiller seuls et prendre leurs responsabilités. À compter du 8, ne soyez pas la victime d'un joueur, d'un buveur, d'un fêtard, d'un acheteur compulsif, d'un gaspilleur ou d'un consommateur de drogues. Le Nœud Nord en Poissons vous montre la différence entre celui qui a besoin de recevoir une leçon de droiture et celui qui demande votre aide matérielle dans le but de sortir d'une très mauvaise situation et qui, par la suite, vous rendra ce qui vous appartient. Sous votre signe, il vous arrive de vous tromper, d'être aveuglé par celui qui sait vous convaincre, tel un acteur, de la nécessité de votre secours et qui vous fait oublier celui qui, grâce à un simple prêt, aurait échappé à une chute financière dramatique. L'acteur de misère qu'il recrée sans cesse doit retourner dans les coulisses. Le vrai nécessiteux, lui, vous rendra vos bontés dès qu'il le pourra. Les planètes d'août 2007 sont une invitation à voir juste, ce qui vous demande plus d'attention qu'à l'accoutumée, moins de raison et plus de cœur.

Vie amoureuse du célibataire — Il n'y a rien de plus étrange que l'amour. Il vous donne l'impression de perdre le contrôle, de ne plus être maître de vous-même. C'est comme si vous donniez tout à coup tout le pouvoir à l'autre. Mais quand c'est ainsi, quand vous êtes remué jusqu'à la moelle des os, vous redevenez méfiant et vous vous éloignez. En août, vous pourrez écrire un autre chapitre sur l'art d'aimer et d'être aimé. Puis, vers la fin du mois, vous vous sentirez piégé et vous provoquerez la rupture. N'est-ce pas un comportement répétitif de votre part et qui mérite une vraie réflexion?

Vie de couple–famille–budget–travail — En tant que mère et femme au travail, vous avez changé un peu votre routine en raison des vacances de vos enfants. Peut-être est-ce à votre tour de vous reposer? Vous ressentirez la pression de vos responsabilités, surtout à compter du milieu du mois. Il faudra faire le tri et en jeter quelques-unes qui ne servent ni vos plans ni vos intérêts, mais qui font la joie de personnes qui aiment compter sur vous. N'y a-t-il pas des gens autour de vous qui ont l'air de vous faire faire leurs devoirs? Il vous faut réaliser que vous n'avez plus besoin d'eux pour vous prouver que vous êtes une femme forte et pleine de générosité. Plusieurs parmi vous sont entrées dans une période de grand ménage, vous allez désinfecter votre maison des parasites. Dès l'instant où vous serez plus libre, vous vous ferez d'autres amis, qui seront conformes à vos aspirations, qui vous encourageront à vous réaliser selon vos désirs et non selon les leurs. Si tout est déjà stable au travail, ce n'est pas le mois pour tout changer. Étrange, votre vie de couple: pourquoi faut-il que votre conjoint passe son temps à vous courir après? Pour un rien, vous lui faites la tête. Pourtant, vous aimez cet homme. Ne faites donc pas passer vos peurs et votre mauvaise humeur sur lui.

En tant que père et homme au travail, le ciel est couvert de signes masculins qui vous donnent beaucoup d'énergie, mais vous avez tendance à vous éparpiller. Vous faites mille et une choses; certaines sont des projets que vous commencez, mais que vous mettez de côté parce que vous en avez un autre. Vous avez aussi un travail où vous vous rendez chaque jour et, depuis au moins deux ans, vous vous demandez ce que vous faites là. Vous y êtes pour la simple et bonne raison qu'il faut gagner sa vie, payer les comptes, nourrir les enfants, les habiller. En somme, la régularité de votre travail vous amène un salaire régulier, qui vous permet de prévoir ce que vous pouvez dépenser et combien il est nécessaire d'économiser. Si vous songez sérieusement à exercer un autre métier, il faut aussi véritablement penser à un moyen de suivre des cours. Informez-vous des horaires, des coûts, vous serez au moins fixé là-dessus. Si vous êtes continuellement en déplacement en raison de votre travail, vous ne serez pas souvent à la maison parce qu'à compter du 8, vous sillonnerez les routes. Vous prenez l'avion pour aller à la rencontre de vos clients ? Ne vous en faites pas, vous êtes un excellent négociateur et vous reviendrez les bras chargés de nouveaux contrats, ce qui fera le bonheur de l'entreprise. Si vous êtes fréquemment séparé de votre conjointe, ayez la délicatesse de l'appeler et parlez aussi à vos enfants. Vous êtes le premier homme dans la vie de vos filles et l'idéal qu'un jour elles rechercheront. Pour vos fils, vous êtes *le* modèle à atteindre et ils aspirent à vous ressembler un jour. Ne négligez pas vos petits. Peut-être aussi qu'un échange avec vos grands vous rapprocherait d'eux.

Clin d'œil sur les baby-boomers — À compter du 10, alors que vous pensiez passer un été bien calme, vous aurez la surprise d'apprendre qu'un de vos enfants dont la situation maritale n'est pas brillante a besoin de vous. Certains devront choisir entre le plaisir ou venir en aide à leur fils ou à leur fille qui se retrouve avec la garde des enfants et qui n'a pas le temps de se retourner pour trouver rapidement une gardienne. Que ferez-vous ? Apporterez-vous votre aide ou la lui refuserez-vous ? La demande sera plus probablement adressée aux grands-mères, mais il y a aussi des grands-papas qui peuvent prendre soin de leurs petits-enfants et même y prendre plus de plaisir qu'une femme qui a déjà donné pour les enfants.

SEPTEMBRE 2007

Sous l'influence du Nœud Nord en Poissons — À compter du 3, Saturne entre en Vierge dans le huitième signe du vôtre. Juste en face, il y a Neptune, encore dans votre deuxième signe. Si vous avez un ascendant qui vous rend très économe et peut-être même un peu radin, la vie jusqu'au 18 décembre concernant vos finances vous paraîtra effrayante. Certains se mettront à craindre que leurs placements ne s'effondrent. Bref, pour celui qui ne pense qu'à l'argent, ce sera la panique, même s'il est financièrement blindé contre la pauvreté. Si, au contraire, vous avez un ascendant qui vous rend imprudent, vous devenez une proie facile pour les profiteurs. Il faut donc être plus attentif à ceux qui promettent de vous faire gagner une fortune avec le peu que vous possédez. Il est aussi possible que vous viviez une épreuve à cause d'un parent âgé et très malade. Vous avez toujours su qu'il mourrait avant vous mais, une fois en face de cette réalité, votre belle logique ne tient plus la route. La vie est un cadeau, que faut-il donc que vous pensiez de la mort ?

Sous le ciel de septembre, c'est une grande remise en question qui s'impose.

Vie amoureuse du célibataire — L'amour vous suit, vous approche. On flirte avec vous, on vous trouve plaisant. Vous êtes aussi très attiré par quelqu'un mais, si vous entendez le mot engagement, la peur vous prend une fois de plus. Sous votre signe, il n'y a pas d'âge pour le craindre. Souvent, vous avez à peine 20 ans et vous vous rendez compte que vous préférez rester entièrement libre plutôt que d'avoir quelqu'un avec qui vous avez des rendez-vous réguliers et un train-train sans surprise. À 40 ans, après avoir vécu une première union, vous optez pour l'amour à distance, et ce n'est pas tellement différent à 50 ou à 60 ans. Par nature, vous êtes célibataire sauf que vous n'aimez pas la solitude. Accepter et donner de l'amour correspond à un lien mais, si vous rencontrez la bonne personne, elle aimera votre indépendance. Il est impossible d'emprisonner un Verseau, cependant celui-ci est capable de fidélité quand il ne se sent pas menacé, quand la personne qui l'attire et qu'il attire ne veut pas le changer.

Vie de couple–famille–budget–travail — En tant que mère et femme au travail, vous devez voir aux dépenses pour les fournitures scolaires de vos enfants et pour les habiller. Vous courez pour les inscrire à des activités parascolaires ; l'adaptation du plus petit à sa nouvelle garderie n'est pas aussi facile que vous le souhaitiez ; un autre, qui commence sa première année, manifeste de l'inquiétude ; les plus grands, qui ne sont toutefois pas encore des adultes, ont besoin de vos attentions. Vous avez aussi un emploi à temps plein que vous avez choisi pour la fixité de ses horaires plus que par intérêt. Si vous êtes à l'emploi d'une grande entreprise qui procède à des congédiements, il est normal que vous ayez peur qu'un changement de poste ne vienne bouleverser le quotidien que vous avez réussi à organiser. Vous avez un conjoint, mais il est rare que vous lui fassiez confiance quand il s'agit de s'occuper des enfants. En tant que Verseau, vous prenez tout en charge ou presque. Fort heureusement, il vous arrive de temps à autre de demander à celui avec qui vous partagez votre vie de vous aider à faire le ménage et peut-être même l'épicerie. Et s'il est meilleur cuisinier que vous, alors là il sera responsable des plats à préparer et des lunchs pour la semaine à venir. C'est à peine si vous voyez tout ce que vous faites pour la famille alors que vous trouvez du temps pour aider un parent malade en faisant ses courses à sa place, par exemple. Vous êtes née du signe du Verseau et vous êtes tel un courant électrique ; votre source est mystérieuse, presque magique. Pour tous ceux que vous aimez, vous avez toujours du temps. Si vous vous engagez dans un nouveau métier après quelques années d'études, ne soyez pas stressée, tout se passera très bien.

En tant que père et homme au travail, ce que vous avez cru coulé dans le béton est beaucoup moins solide que vous ne le croyez : votre entreprise annonce une restructuration ainsi qu'une réduction des dépenses. Si vous avez signé un contrat à long terme, vous n'avez pas à vous inquiéter pour le moment. Mais si vous faites partie du personnel «interchangeable», vous subirez d'abord une réduction du temps de travail. Pour continuer de gagner votre croûte, vous devrez accepter un poste où vous serez moins rémunéré. Peut-être profiterez-vous de cette période de votre vie pour pratiquer un autre métier. Mais d'abord, il faudra vous informer des possibilités de retour aux études et de l'aide que vous pourriez recevoir pour ce faire. Si telle est votre situation, voyez les projets gouvernementaux. Si vous êtes dans un milieu de travail où vous êtes chargé de créer, vous êtes certainement au bon endroit. À partir de maintenant jusqu'au 18 décembre, vous vous dépasserez. Si vous êtes dans le domaine de la vente, il est à souhaiter que vous vendiez des produits de luxe. En effet, vous avez le chic pour présenter ce qu'il y a de plus beau et de plus coûteux à un acheteur. Vous avez un don particulier pour attirer les originaux riches et dépensiers. Si jamais vous êtes à la recherche d'un travail de vendeur, n'offrez vos services qu'aux entreprises qui desservent les grands fortunés de ce monde : vous vous assurerez une commission royale !

Clin d'œil sur les baby-boomers — Le clin d'œil ce mois-ci est mouillé de larmes de Verseau en mauvaise santé. Il est possible qu'un mal dont vous souffrez depuis longtemps soit plus difficile à soulager, c'est la faute de Saturne en Vierge. Cette épreuve est aussi une prise de conscience sur la valeur de la vie et sur l'amour que vous portent vos proches. Ils sont tous là pour vous aider, pour vous encourager à relever le défi. Dans le cas d'une maladie grave, le ciel vous accorde toute la force dont vous avez besoin pour la surmonter. Malheureusement, certains doivent se préparer à affronter la mort de quelqu'un qu'ils aiment. D'autres deuils douloureux sont aussi à prévoir, comme le fait de devoir quitter la maison familiale parce qu'on n'a plus l'âge de s'occuper d'un aussi grand espace. J'ai vu ma mère, qui a présentement 91 ans, se séparer d'un tas d'objets, mais ce qu'elle quittait, c'était une vie entière passée dans une maison avec son mari et ses enfants. Elle a donné «un coup de Bélier », tel est son signe, et est allée vivre dans un petit appartement bon chic bon genre. Il n'est resté que quelques photos de famille ici et là. Elle a même décidé de changer de mobilier : elle voulait du moderne. En tant que Verseau, la nouveauté vous convient très bien pour entreprendre une étape nouvelle. Certains baby-boomers toujours au travail sont plus proches que jamais de leur retraite ; ils sont prêts à s'engager dans une voie complètement différente de celle qu'ils ont suivie pendant 20 ans et plus.

OCTOBRE 2007

Sous l'influence du Nœud Nord en Poissons — Le Nœud Nord, qui fait un voyage de 18 mois dans le Poissons, est dans le deuxième signe du vôtre. Si vous n'avez pas consulté votre compte de banque depuis un moment, vous serez peut-être surpris. Si vous avez fait des économies, c'est très bien. Mais avez-vous amélioré la vie d'autrui ou vous êtes-vous replié sur vous-même en signifiant à ceux qui vous entourent qu'ils ne doivent pas vous demander quoi que ce soit ? Votre disponibilité s'est-elle limitée à votre petite personne ? Avez-vous participé à des réformes pour assurer une meilleure répartition des biens sur la terre ? Nul besoin de partir à l'autre bout du monde pour être un altruiste. Il suffit de regarder autour de soi. Il y a toujours quelqu'un qui a besoin d'un mot, d'un encouragement, d'un coup de main. Ce mois-ci, Uranus en Poissons secoue Jupiter en Sagittaire et vous signifie de ne rien décider à la hâte en affaires ou en amour. Si vous avez beaucoup d'amis, une épreuve vous fera voir clairement qui sont les vrais. Ces derniers seront là pour vous aider à régler un problème qui vous placera dans une situation difficile. Les autres sembleront s'être soudainement évaporés.

Vie amoureuse du célibataire — Le mois d'octobre unit les hommes et les femmes ayant des enfants. La rencontre pourrait avoir lieu lors d'un cours du soir, plus particulièrement un cours de cuisine ou de menuiserie. Il n'est pas exclu que cela se passe également dans un restaurant ou dans une exposition d'objets et de meubles antiques.

Vie de couple–famille–budget–travail — En tant que mère et femme au travail, à compter du 9, sous l'influence de Vénus et de Saturne en Vierge, vous vous lancerez dans le travail sans pouvoir vous arrêter. Si ce n'est pas par ambition, alors c'est une fuite en avant. Il y a trop de frustrations dans votre vie personnelle; plutôt que d'en discuter avec votre conjoint, vous utilisez tous les prétextes imaginables pour arriver au boulot plus tôt que vos collègues et souvent partir plus tard que tout le monde. Aucun doute, l'entreprise est bien servie! Mais reconnaît-on le travail que vous faites? Si vous vous rendez au travail sans le moindre enthousiasme, vous avez là un signal d'alarme. Il est essentiel d'en parler à quelqu'un qui ne vous jugera pas et qui, surtout, vous écoutera; pourquoi pas un psy de votre choix? Il n'est pas normal de vous interdire la joie, les plaisirs et les bonheurs de la vie. Si vous avez de jeunes enfants, sans vous en rendre compte, vous prenez une distance par rapport à eux. Si vous êtes triste, vos petits feront comme vous, ils cesseront de sourire. Ce n'est pas ce que vous voulez pour eux. Par contre, sous Vénus et Saturne en Vierge, certaines femmes se décident à prendre leur vie en main et à ne plus laisser quiconque leur dire quoi faire. Celles-ci commencent par s'habiller différemment, porter des vêtements plus audacieux, une coiffure dernier cri. Si leur union bat de l'aile, elles exigent des explications et des réponses. La femme Verseau décidée est prête pour la reconquête de son moi. Quant à votre travail, si on ne vous paie pas correctement, vous ne ferez pas d'heures supplémentaires. Même si vous êtes une femme déterminée, il faudra presque tout le mois avant que votre conjoint se décide à parler de ses émotions. Vous l'avez pris par surprise, alors donnez-lui du temps.

En tant que père et homme au travail, vous êtes né dans un signe masculin. Vous êtes donc en harmonie avec le zodiaque et, de ce fait, vous manifestez une grande assurance et une indépendance farouche. La femme qui a capturé le survoltage que votre signe symbolise doit détester l'ennui: vous êtes l'homme des surprises, des changements soudains et des décisions prises sans consultation, une bonne raison de se fâcher contre vous. Ce qui la choque, c'est le manque de considération à son égard; en ne lui demandant pas son opinion, vous lui donnez l'impression que vous n'avez pas confiance en elle et que ce que vous pensez et faites ne la regarde pas. Vous êtes d'une telle dureté que votre femme désire parfois vous fuir. En tant qu'homme, il est fréquent que vous ayez besoin de presque deux ans avant de vous attacher profondément à votre partenaire. C'est une période d'exploration, d'observation puis de prise de conscience de son importance dans votre vie. Mais il arrive qu'avant la fin de ce délai l'union soit déjà minée. Au travail, vous continuerez à prendre les bouchées doubles, à faire des heures supplémentaire. Si vous êtes dans un milieu où on joue du coude, réfléchissez en génie et dépassez vos compétiteurs. Si vous êtes à votre compte à la maison, il faudra fermer votre porte à la parenté envahissante. Dans un bureau courant, ces personnes n'oseraient pas venir vous déranger; ce n'est pas parce que vous êtes chez vous que vous devez écouter patiemment des gens qui en réalité n'ont rien à dire. Ils veulent seulement votre compagnie et se nourrir de votre énergie qui vient d'Uranus, un supercarburant capable de créer une terrible explosion. Ne vous fâchez pas contre eux, ils sont de la famille. Ne vous brouillez pas avec eux; dites-leur honnêtement et calmement qu'ils doivent vous téléphoner avant de sonner à votre porte.

Clin d'œil sur les baby-boomers — Le mois dernier, il fut beaucoup question du déclin vital de certains d'entre vous ainsi que d'une lutte à mener contre la maladie. Si vous n'êtes pas encore tout à fait bien, sachez que le mal dont vous souffrez ne se guérit peut-être pas en un mois, vous devez être patient et optimiste. Mais bon nombre d'entre vous sont en parfaite santé. Si c'est votre cas, bien que vous soyez un retraité, vous continuez à travailler dans un domaine nouveau. Certains, ayant atteint la maturité, celle qui les rapproche de l'âge d'or, ont des projets qu'ils comptent mettre à exécution dans les prochaines années. Vous êtes né pour l'action, vous avez besoin d'être entouré de gens pour vous sentir vibrant et vivant. L'isolement vous conduit tout droit à la mélancolie, qui se transforme avec le temps en déprime qu'il faut parfois soigner. Entre le 9 et le 17, un membre de votre famille aura besoin de vos bons soins.

NOVEMBRE 2007

Sous l'influence du Nœud Nord en Poissons — Sous le Nœud Nord en Poissons, ce mois-ci, vous devrez régler une foule de petits problèmes que vous avez entassés dans un recoin de votre bureau et que vous avez fait semblant d'oublier. Maintenant, il est urgent d'y mettre de l'ordre. Vous aurez aussi une sérieuse explication avec une personne que vous côtoyez tous les jours; sans que vous sachiez pourquoi, elle hérisse tous vos poils dès que vous la voyez. Vous voulez en avoir le cœur net et vous l'inviterez à manger un midi. Vous profiterez de l'occasion pour mieux la connaître et reconnaître en elle un défaut ou une attitude déplaisante que vous avez aussi. Il vaut mieux régler ce problème avant le 12, après vous serez plus direct, jusqu'à en perdre toute diplomatie.

Vie amoureuse du célibataire — Vous essayez encore de trouver la perle rare. Pour cette raison, vous ne serez pas vous-même dans les rencontres. Vous serez tel un caméléon capable de faire preuve d'émotions face à quelqu'un de très sensible ou de régler les problèmes du monde grâce aux mathématiques, à la physique et à la biologie en présence d'une personne logique. L'être très rationnel ne s'implique que de loin. Il n'agit pas sous le coup de la passion, mais selon des règles et des calculs. Vous serez aussi capable de devenir un homme ou une femme de gros bon sens s'il y a devant vous quelqu'un qui allie émotions, intuitions, logique, calculs, paranormal, mystère et sagesse des anciens. Vous plairez beaucoup à une personne inimitable. La magie qui émane de son être sera comme la musique d'un ange. La rencontre pourrait avoir lieu dans un endroit où la circulation est dense : lors d'un accident de voiture qui paralyse la route, dans un aéroport où vous attendez un ami, etc. Sachez aussi que vous rencontrerez une personne prête à fonder un foyer.

Vie de couple–famille–budget–travail — En tant que mère et femme au travail, si vous désirez un autre enfant, votre conjoint ne s'y opposera pas. Si, en raison de votre âge, votre horloge hormonale perd quelques secondes ici et là, consultez un bon naturopathe qui vous prescrira les produits vitaminés essentiels pour favoriser une grossesse facile et un accouchement sans complications. Comme jeune femme, vous n'avez pas à vous inquiéter quant au fait de tomber enceinte. Il faut simplement que votre homme et vous soyez d'accord pour que la cigogne soit au rendez-vous amoureux que vous lui donnerez. Sur le plan professionnel, gardez vos secrets personnels pour vous. Ne vous confiez pas à des collègues bavards qui se serviraient de vos confidences pour les retourner contre vous dans un ultime effort de vous éliminer de la course vers le sommet. Si vous avez abandonné un métier depuis quelques années, il est possible que, par un étrange hasard de la vie, il revienne vers vous. L'offre ne sera pas banale ; vos compétences sont indiscutables et on a besoin d'une personne telle que vous pour relever un secteur d'une entreprise où tout fonctionnait à la perfection sous votre sage commandement. Certaines courent dans tous les sens afin de voir au bien-être de leur progéniture. Ce mois-ci, elles doivent bien se nourrir pour préserver leur énergie physique. Il n'est pas normal d'oublier de manger, de sauter un repas ou, juste avant d'aller au lit, de se gaver à l'excès. Il est dans votre intérêt d'éviter les ulcères. La douleur serait intense et elle affaiblirait votre système immunitaire. En prévision de l'hiver, il est important de remplacer l'énergie solaire par des aliments gorgés de soleil et d'autres encore nécessaires à votre équilibre physique.

En tant que père et homme au travail, il est capital pour vous de rester sincère et honnête en tout temps. Jusqu'au 8, vous serez tenté de jouer avec les mots et avec votre charme pour faire valoir votre point de vue ainsi que vos droits. Vous traversez d'importants changements professionnels. Comme bien d'autres, vous craignez un congédiement, une réduction du nombre d'heures de travail, ce qui correspondrait à une importante baisse du revenu familial avec ce qui s'ensuivrait: la difficulté de payer vos comptes. Sous le ciel de novembre, si vous trichez ou mentez, vous serez pris à votre propre jeu. Certains hommes sains de corps, qui continuent d'encaisser le fruit de leur travail et qui reçoivent les bénédictions du ciel, deviendront mélancoliques à compter du 12 sans comprendre la raison de leur état parce que, dans les faits, tout va bien. Pendant quelques jours, leur folle jeunesse leur manquera, ils seront perdus dans leurs souvenirs, qui les empêcheront de voir leur futur positivement. Sachez que vous devez aller vers l'avant. Il vous reste le pouvoir de choisir entre le mal-être et le bien-être. Pluton, joint à Jupiter en Sagittaire et à Saturne en Vierge, recommande la simplicité plutôt que de se voir comme les victimes d'un système social, économique et politique qui ne pense qu'à l'instant présent et qui oublie l'importance des autres générations. Ne nous mettons pas la tête dans le sable; si vous observez les dirigeants politiques, vous remarquerez que la plupart sont des hommes qui ont passé plus de temps dans une salle de réunion qu'à la maison. Alors, que savent-ils d'un quotidien où les employés sont devenus les marionnettes d'un patron possédant tous les pouvoirs? Gouvernements et grandes entreprises ne vont-ils pas main dans la main? Que savent les chefs de la vie familiale et des horaires fous des parents d'aujourd'hui? En cet avant-dernier mois de l'année, vous prendrez position et défendrez une cause sociale. Pour plusieurs Verseau, tout devient possible.

Clin d'œil sur les baby-boomers — Il me faut revenir encore sur la maladie chronique ou la déprime qui s'approfondit parce que vous être trop fier pour demander l'aide d'un professionnel. Vous n'aurez probablement pas besoin d'une longue thérapie pour comprendre ce qui vous arrive. Généralement, sous votre signe, il vous faut peu de temps pour analyser les manques de la vie, qui vous rattrapent aujourd'hui. Dans l'histoire de l'astrologie, on raconte que, lorsqu'un Verseau fait de profondes fouilles émotionnelles, il perd le nord. Votre radar est la logique, depuis toujours et à jamais. Si tout va pour le mieux dans votre vie de couple, sinon de petites disputes, votre vie n'est pas une catastrophe. Quant aux querelles, il serait temps de les cesser. Vous n'avez qu'une vie à vivre avant la prochaine. Profitez de celle-ci au maximum. Si vous avez un talent artistique et que vous participez à une exposition et à une vente de vos œuvres, vous aurez plus de succès que vous ne l'espériez.

DÉCEMBRE 2007

Sous l'influence du Nœud Nord en Poissons puis en Verseau — Le 20, le Nœud Nord va quitter le Poissons pour entrer dans votre signe. Chaque fois qu'il se retrouve dans le signe du natif, il est beaucoup demandé à ce dernier. C'est comme si la vie vous sommait de vous réaliser dans la totalité de ce que vous êtes et d'offrir au monde vos talents et vos dons. Si vous avez l'idée de rester passif, de ne pas vous mêler aux autres, des événements hors du commun vous projetteront vers l'avant, vers votre prochain, avec l'obligation de lui venir en aide. Si vous ne savez trop quelle direction prendre pour réaliser vos potentiels et que vous êtes attiré par plusieurs chemins de vie, là encore, grâce à des circonstances extraordinaires, vous vous retrouverez sur la bonne piste. Si vous êtes un filou, vous serez pris la main dans le sac et, à partir de là, vous aurez encore la possibilité de vous transformer en un être bon, sain de corps et d'esprit, ou vous enliser dans le pire. Si vous êtes de ceux qui n'ont pas toujours été honnêtes lors de leur ascension professionnelle, il y aura une grosse facture à payer. Si, au contraire, vous n'avez cherché ni gloire ni pouvoir au détriment de votre prochain, vous vous engagerez dans une allée qui vous conduira à davantage de succès et d'argent.

Vie amoureuse du célibataire — Si vous avez l'esprit de famille et que vous ne craignez pas d'avoir un partenaire qui a des enfants dont il est presque entièrement responsable, alors vous êtes prêt pour une rencontre. La recomposition d'une famille n'est jamais facile. Au début, c'est tout beau, tout rose, puis, peu à peu, les différences apparaissent ainsi que la compétition entre les enfants, dont il ne faut pas faire les frais. L'amour est fait de mille caprices et d'autant de subtilités. Il ne faut pas chercher à tout vivre à la fois dès le début ; on doit laisser les choses couler d'elles-mêmes quand elles sont agréables. Il ne faut pas non plus essayer de prévoir les moments difficiles, ils seront là en temps et lieu, et vous trouverez une solution au fur et à mesure qu'ils se présenteront.

Vie de couple–famille–budget–travail — En tant que mère et femme au travail, vous avez beaucoup à faire en ce dernier mois de l'année. Il y a la chasse aux cadeaux, l'organisation d'une soirée pour les fêtes et les réceptions auxquelles vous assisterez. Vous n'aurez le temps de penser réellement à vous que vers le milieu du mois. Vous vous permettrez alors de faire une ou deux haltes dans les magasins afin de vous acheter des vêtements festifs ; vous avez le goût du changement et d'un brin d'originalité. Certaines recevront leur cadeau de Noël de la part de leur conjoint quelques semaines avant le 25 : journée dans un spa, massage, manucure, traitement facial, repas santé sont quelques possibilités. Les plus chanceuses auront droit à deux ou trois jours de repos bien mérité qu'elles passeront en compagnie de gens qui n'ont qu'une intention : faire en sorte qu'elles se sentent bien. Vous l'apprécierez beaucoup, particulièrement cette année, car les mois ont été chargés. Si vos relations familiales ne sont pas au mieux, fêtez avec ceux qui vous entourent et vous aiment ; ne regrettez pas l'absence d'une partie de la parenté, vous saboteriez votre période des fêtes. À compter du 19, le Nœud Nord entre en Verseau, Neptune également. Certaines d'entre vous ont prévu, il y a plusieurs mois, passer les vacances de Noël en famille dans un pays où le soleil brille. Il y aura la préparation des valises et les vêtements d'été à sélectionner pour chacun des enfants. Mais la simple pensée de vous envoler loin de notre pays nordique vous donne de l'énergie. Si vous avez tendance à être jalouse, ce qui est rare sous votre signe, entre le 17 et le 23, lors d'une soirée avec des amis, vous trouverez que votre conjoint est un peu trop attentionné envers une nouvelle venue dans votre cercle amical et familial. Certaines d'entre vous, à compter du 6, pourraient devenir très critiques envers leur partenaire : monsieur ne s'implique pas suffisamment dans les préparatifs des fêtes. Mais vous ne lui laissez pas le temps de prendre la moindre initiative. Et puis, si vous le lui demandiez gentiment, il se ferait un plaisir de vous donner un coup de main.

En tant que père et homme au travail, votre attitude envers la période de Noël est celle de plusieurs autres natifs de votre signe. En effet, il n'est pas rare d'entendre un homme Verseau dire qu'il n'aime pas le temps des fêtes, que ça lui donne les bleus. Il ne se gêne pas pour dire que ce n'est qu'une tradition capitaliste. Les fêtes de Noël et du jour de l'An se déroulent dans le signe du Capricorne, qui précède le Verseau et qui est le douzième signe du vôtre. Ces aspects donnent la sensation d'être piégé, emprisonné. Effectivement, le Capricorne est le symbole des traditions alors que votre signe est celui du bris des coutumes. La période des fêtes peut aussi devenir difficile à supporter parce que vous devez vous plier à des règles inventées de toutes pièces. Généralement, les hommes qui ont de jeunes enfants, émerveillés par les décorations, les couleurs et les vitrines des magasins, passent mieux ce moment que ceux qui n'en ont pas. Si vos enfants sont grands, il est possible qu'ils soient retenus par la famille de leur partenaire et que vous ayez alors l'impression d'être abandonné. Par ailleurs, si votre couple n'est plus que routine et devoir, l'explosion n'est pas loin ; elle risque de se produire entre le 6 et le 30. Il est si facile d'accuser l'autre, mais c'est souvent de vos propres torts que vous la rendez coupable. Attendrez-vous la veille du 1er janvier pour être de bonne humeur ? Ce n'est pas impossible. Il y a parmi vous des Verseau qui auront choisi de travailler durant la période des fêtes. Ils auront eux-mêmes offert leurs services ; ce sera une manière d'éviter les rencontres de famille. Mais il ne faudrait pas trop vous exiler. Ne faites pas le vide autour de vous : vous le regretteriez en 2008.

Clin d'œil sur les baby-boomers — Vous serez nombreux à passer vos vacances de Noël du côté du soleil, surtout si les membres de votre famille sont dispersés. Vous n'avez pas non plus assez d'énergie pour préparer le repas de Noël, sauf si vous vous faites aider. Vous êtes à l'âge de la maturité et de la sagesse. Votre rôle auprès de vos enfants et petits-enfants devient parfois un peu déroutant ; vous pouvez être un bon soutien moral si on se confie à vous, mais vous n'avez plus à intervenir dans leur vie d'adultes, ce travail est terminé. Par contre, vous devenez un modèle à suivre ; ce n'est pas tant ce que vous enseignez qui est important que l'exemple que vous donnez. Ce que vous faites de votre vie présente est important ; ça l'est pour vous, mais aussi pour vos petits-enfants qui vous observent de très près. En principe, vous devriez passer un beau mois de décembre, calme malgré l'excitation des festivités où vous semblez être plus un témoin qu'un participant.

Prévisions 2007
selon votre ascendant

VERSEAU ascendant BÉLIER

Il sera difficile de résister à votre envie de voyager ; l'inconnu exerce sur vous un grand attrait. Pour certains, ce sera un premier grand voyage à l'étranger. Mais les grands voyageurs seront aussi excités que si c'était leur premier départ. Certains Verseau ascendant Bélier sont du type oiseau migrateur. Dans ce groupe, il y a les vacanciers, mais aussi ceux qui partent vivre dans un autre pays pendant plusieurs années. Certains feront un retour aux études après les avoir abandonnées pendant deux ou trois ans. Ils savent maintenant comment ils désirent s'accomplir. En tant que parent, il peut arriver que vous ayez de si grandes exigences envers vos enfants que jamais ils n'atteignent l'objectif que vous leur avez fixé. N'écrasez pas leurs idéaux. Ceux qui réussissent ont généralement été éduqués par des parents qui les ont encouragés et félicités pour leurs petites et grandes réussites. Ne soyez pas critique envers votre progéniture, elle ne peut pas tout savoir. Et puis, comme ma mère le disait : « Il faut que jeunesse se passe. » Sur le plan professionnel, à certains moments, vous aurez l'impression de piétiner : Saturne fait obstacle à votre avancement. Vous devrez patienter jusqu'en septembre avant qu'un réel changement se produise. Par contre, vous ne perdrez rien grâce à Jupiter en Sagittaire. Si vous êtes dans le domaine des communications ou des relations publiques, l'action ne manquera pas.

VERSEAU ascendant TAUREAU

Vous êtes un double signe fixe, ce qui signifie parfois l'immobilité et la peur du changement. Il est possible que l'un de vos parents soit hospitalisé à plusieurs reprises. Un deuil est également à prévoir, la perte d'un être cher ou d'une personne que vous avez bien connue. Vous aurez envie de déménager mais, si vous pouvez remettre ce projet en septembre, ce serait préférable. Ce n'est pas non plus l'année idéale pour acheter une première propriété. Si vous songez à vendre la maison familiale devenue trop grande et que vous tenez absolument à avoir votre prix, il vous faudra être patient. Vous aurez plusieurs petites chances au jeux, cependant rien n'indique que vous devriez miser votre salaire au casino ou dans les billets de loterie. Vous vous êtes éloigné de votre famille et il en sera de même en 2007. Vous avez choisi de réfléchir sans subir l'influence de qui que ce soit et vous prenez vos décisions sans consulter personne. Cela s'appelle de l'affirmation de soi et il n'y a pas d'âge pour entamer ce processus d'individuation. Vous devenez de plus en plus sélectif dans vos fréquentations. Cette année, vous préférerez ne pas sortir plutôt que d'accepter des invitations chez des gens que vous trouvez ennuyeux.

VERSEAU ascendant GÉMEAUX

Vous êtes un double signe d'air. Il vous faut tout voir, tout savoir, tout faire, tout essayer. En somme, la vie pour vous est un vaste terrain de jeu. Vous avez pris des engagements et vous avez des responsabilités à l'égard des vôtres. Si votre travail vous oblige à beaucoup voyager, vous serez constamment en déplacement en 2007. Comme célibataire, il est possible que vous rencontriez votre moitié idéale au cours d'un voyage. Si vous partez seul en vacances, vous ne le resterez pas longtemps. C'est dans ce genre de situation que vous êtes le plus susceptible de faire une rencontre. Si vous avez une vie de couple heureuse mais sans enfant, vous devancerez vos projets de fonder une famille. Si vous êtes en affaires avec des associés, il est à souhaiter que tout soit bien clair entre vous car, pendant les mois de novembre et de décembre, des problèmes d'ordre juridique pourraient surgir : quelqu'un voudra une plus grosse part du gâteau. Vous songez à vous associer ? Peut-être serait-il plus avantageux d'avoir des employés que des partenaires. Essayez de rester maître de votre territoire. Il faudra prendre soin de votre santé et manger sainement, sinon des problèmes digestifs vous obligeront à voir votre médecin. Il suffira d'un grand stress pour qu'aussitôt un ulcère apparaisse. Dans l'ensemble, vous serez plutôt chanceux en 2007. Pour éviter les pertes, il vous suffit d'être juste un peu plus sur vos gardes quand on vous promet la lune.

VERSEAU ascendant CANCER

Vous avez la manie de vous croire responsable de tous les maux, malaises et malheurs qui accablent vos proches. Votre ascendant vous rend extrêmement sensible et très attaché à la famille ; c'est elle qui donne un sens à votre vie. Il est possible que vous soyez né d'un père et d'une mère qui ne vous ont guère compris. Mais le jour où vous devenez parent, vous ne reproduisez pas le schéma parental connu, vous avez le vôtre. En

2007, vous allez vous départir de certains bagages, comme la culpabilité et un vieux sentiment d'échec que vous traînez comme un boulet au pied. Vous allez aussi vous séparer de gens avec lesquels vous ne vous plaisez plus. Vous avancez, vous élargissez vos connaissances, mais ces personnes n'ont pas bougé depuis 20 ans et vous ne vous sentez plus à votre aise en leur présence. Il est possible que vous ayez deux emplois cette année, par nécessité mais également parce que la diversité des milieux vous plaît et vous satisfait pleinement. Certains iront parfaire une formation ; ils ont beaucoup hésité, mais maintenant ils se sentent prêts. Si vous travaillez dans le domaine médical, vous serez débordé, mais fort heureux de l'être. Vous allez enfin pouvoir payer vos comptes sans devoir comprimer votre budget.

VERSEAU ascendant LION

Vous êtes né avec l'opposé de votre signe et Saturne est en Lion jusqu'en septembre. Il est possible que vous ayez l'impression que tout va plus lentement et que, chaque fois que vous êtes sur le point de prendre un élan vers la réussite, un obstacle survient, suivi d'un ralentissement de vos affaires. Saturne surveille vos moindres faits et gestes ; il symbolise le fait que tout ce que vous avez fait d'incorrect dans le passé vous retombe sur le nez. C'est une manière qu'a le ciel de vous faire payer vos dettes. En vous obligeant à ralentir, il vous force à réfléchir à votre devoir envers votre prochain. Vous ne serez jamais complètement en arrêt en 2007 ; si une partie de votre travail semble s'être figé, un autre projet fonctionnera à plein. Étrangement, ce sur quoi vous aurez mis le moins d'énergie vous rapportera plus que le reste. La chance est au rendez-vous malgré quelques lenteurs. Certains d'entre vous pourraient s'éloigner de la ville pour demeurer et travailler à la campagne, plus proche de la nature : vous avez besoin de plus de calme. Souvent, pendant des années, vous vous usez à essayer d'atteindre le meilleur jusqu'au jour où vous réalisez qu'avec moins vous êtes encore vous-même. Certains le découvrent au début de la trentaine, d'autres à la fin de la cinquantaine. Le stress pourrait vous causer d'énormes maux de dos. De temps à autre, prenez le temps de vous relaxer totalement. Consultez tout de même un médecin afin de savoir si votre taux de calcium est suffisant.

VERSEAU ascendant VIERGE

Vous êtes né d'Uranus et de Mercure. Vous avez l'esprit vif et vous avez horreur de l'ennui. Quand on vous rencontre, on croirait quelqu'un de tout à fait traditionnel, mais il n'en est rien. Vous êtes un original, parfois même un marginal. Vous êtes généralement en avance sur votre époque, vous connaissez les besoins d'une population avant que ceux-ci naissent. Vous êtes un fin observateur, vous possédez un sens de la déduction extraordinaire. De plus, vous avez une logique à toute épreuve. Vous excellez en publicité et dans tous les domaines où il vous est possible de créer le futur. Lorsque tous vous ont imité, vous avez une autre idée à promouvoir. Vous pouvez être ce que vous voulez dans la vie, il vous suffit d'acquérir le savoir dont vous avez besoin pour vous réaliser professionnellement. Si toutefois vous n'avez pas poursuivi d'études, vous risquez de faire mille et un métiers sans jamais être vraiment satisfait. Sous votre signe et ascendant, il est important que vous sachiez comment ceci ou cela fonctionne et, pour acquérir du savoir, il faut étudier. Si vous avez l'idée de faire un retour aux études afin de parfaire une formation, d'apprendre un métier, peu importe votre intérêt, n'attendez plus, foncez. Il est possible que vous déménagiez en 2007. Si vous ne le faites pas, vous allez décorer votre maison et lui donner un air de 21e siècle, du grand modernisme. Si vous avez une vie de couple heureuse, mais sans enfant, il sera question d'avoir un bébé. Au milieu de la quarantaine, vous vous posez immanquablement de grandes questions sur vous, sur la vie et ce que vous voulez en faire dans les années à venir. Vous avez besoin de plusieurs mois de réflexion avant de trouver la bonne réponse.

VERSEAU ascendant BALANCE

C'est une année beaucoup plus agréable que la précédente. En 2007, vous retrouverez la liberté et vous aurez à nouveau une sensation agréable de légèreté. L'année 2006 en était une de grand ménage : il est fait. Séparation, déménagement, garde des enfants, lutte contre la maladie, décès, vous avez vécu des situations plutôt tristes. Cette année, avec Jupiter dans le troisième signe du vôtre, c'est excellent pour le travail. Si vous avez une clientèle, elle s'agrandira largement et, du même coup, vous ferez plus d'argent. Certains auront deux emplois et s'y plairont parce qu'ils aiment rencontrer des gens différents et les écouter raconter leurs expériences, dont ils apprennent beaucoup. Si vous êtes célibataire, les prétendants ne vont pas manquer. Ils seront nombreux à vouloir mieux vous connaître. Si vous êtes seul depuis longtemps, il est possible que vous fassiez un choix mais, si vous vous êtes séparé l'an dernier, vous ne ferez de promesse à personne. Il est également temps de revenir vers les amis que vous avez eus jadis et dont la porte est toujours ouverte pour vous recevoir. En septembre, Saturne sera en Vierge ; il représente le douzième signe de votre ascendant et symbolise ici que, si vous avez des parents âgés en mauvaise santé, vous les visiterez plus souvent afin de prendre soin d'eux. Il est également possible qu'un parent pour lequel vous avez de l'attachement et du respect soit hospitalisé pendant plusieurs mois. Vous vous ferez un devoir d'aller le visiter régulièrement. Saturne en Vierge vous avise également de ne pas aller jusqu'à l'épuisement. Vous serez fragilisé par les événements. C'est comme si, après avoir vécu une foule d'émotions jamais exprimées, vous aviez besoin, sous Saturne en Vierge, de vous retirer de toutes les batailles que vous avez menées ; le guerrier en vous a besoin de repos. Si vous prenez soin des autres, il ne faudra pas non plus vous oublier.

VERSEAU ascendant SCORPION

Les années passent et vous devenez plus sage. Après avoir vécu la phase de l'ego, vous prenez conscience qu'il y a vous et les autres. Si vous avez l'âme d'un sauveur, vous aurez énormément de travail à faire en 2007. Dans le domaine social, dans celui de la santé et celui de l'enseignement, vous vous impliquerez bien au-delà de votre fonction. Vous développerez des projets afin d'aider des gens qui n'ont pas été choyés par la vie. Vous ferez don de votre temps, mais possiblement de votre argent également. Il ne faut tout de même pas vous mettre sur la paille. Un tel dénuement n'est pas nécessaire pour être meilleur. L'argent ne fait pas tourner la tête des gens intelligents et sensibles. Il est possible que vous décidiez d'adopter un enfant étranger afin de lui permettre d'échapper à la misère qui le guette. Certains Verseau ascendant Scorpion quitteront la ville pour s'installer à la campagne. Ils ont besoin de faire un retour à la terre, de se sentir plus proches de la nature. Si votre travail vous oblige à faire de nombreux déplacements, vous serez régulièrement sur les routes. Si vous voyagez par avion, vous partirez souvent et plusieurs semaines chaque fois. Dans le domaine de l'immobilier, soyez extrêmement prudent en 2007. Plusieurs repensent leur carrière depuis quelques années. Si tel est votre cas, en septembre, vous saurez exactement vers quoi vous orienter pour vous réaliser pleinement.

VERSEAU ascendant SAGITTAIRE

Votre Soleil est dans le troisième signe de votre ascendant. Vous avez la bougeotte. Vous ressentirez un profond besoin de vous affirmer dans votre profession. Vous aspirerez à une promotion quitte à suivre des cours. Vous êtes décidé plus que jamais à aller jusqu'au bout de vos désirs. De toute manière, il y a en vous un éternel étudiant ; vous êtes un curieux, vous aimez explorer, découvrir, vivre des expériences peu communes. Généralement, vous faites un métier qui vous permet de voyager, que vous pouvez exercer n'importe où. Si vous avez une bonne fourchette, il faudra vous modérer, vous risquez de prendre des kilos sous l'influence de Jupiter en Sagittaire, qui ouvre l'appétit. Saturne, encore en Lion face à votre Soleil, vous entraîne parfois dans de profondes angoisses : tout à coup, vous ne vous sentez plus en sécurité nulle part. Vous serez de moins en moins souvent en état de panique au cours de 2007. Il est possible que maux de dos et peurs inexplicables soient liés. Faites examiner votre colonne vertébrale ainsi que votre taux de calcium.

VERSEAU ascendant CAPRICORNE

La série des transformations se poursuit. Il y a entre autres celles que vous n'avez pas souhaitées et auxquelles vous faites face, par exemple une rupture à laquelle vous ne vous attendiez pas et qui cause un terrible choc dont vous ne vous relèverez pas rapidement, surtout si vous avez vécu de nombreuses années avec l'autre. Il est possible que vous soyez préoccupé par un de vos enfants ; vous ferez le maximum pour lui venir en aide. Si vous avez des parents très âgés et malades, il se peut que l'un deux meure. En fait, c'est une année où plusieurs devront faire toutes sortes de deuils, petits et grands. Peut-être déciderez-vous de vendre votre maison familiale, soit parce que vos moyens financiers ne vous permettent plus de l'entretenir ou parce qu'elle est devenue trop grande depuis que les enfants ont quitté le nid. Ce n'est pas une année où il faut agir rapidement avec votre argent, vous êtes vulnérable et plus sensible que vous ne l'imaginez. Il est alors facile de faire des bêtises. Ne confiez pas vos biens au premier venu. Vous êtes généralement très prudent et économe, mais actuellement vous l'êtes un peu moins et vous vous retrouvez en face de personnes rusées et astucieuses. Au cours de 2007, vous aurez envie de vous évader, de faire un voyage à l'étranger pour peut-être revoir une connaissance qui habite sur un autre continent. Si vos moyens financiers vous le permettent, partez, cela vous fera le plus grand bien et vous reviendrez avec plus d'énergie. Si vous avez eu des problèmes de santé en 2006, peut-être n'êtes-vous pas complètement remis. En plus, il vous arrive trop souvent de dépasser vos limites. Si votre médecin vous a suggéré beaucoup de repos, c'est dans votre intérêt d'écouter ce conseil. Si vous êtes dans la trentaine et que vous montez une entreprise avec un associé, soyez extrêmement sélectif. Votre couple bat de l'aile? Soyez plus à l'écoute des besoins de votre partenaire. Sous votre signe et ascendant, il vous arrive de vous comporter comme un chef plutôt que comme un partenaire et un parent. Prenez le temps de causer avec l'autre et ne parlez pas que d'argent.

VERSEAU ascendant VERSEAU

Une belle année en perspective, mais rien n'est encore parfait. Mais il y a des instants parfaits et il faut vous en souvenir, car ils vous aideront à passer à travers les moments difficiles. Jupiter sera en Sagittaire dans le onzième signe du Verseau ascendant Verseau, ce qui signifie de nombreuses rencontres, un nouveau cercle d'amis avec lesquels vous vivrez des expériences différentes. Jupiter en Sagittaire est une invitation à vous engager plus avant dans des mouvements sociaux. Vous adorez abattre les frontières, démolir ce que des gens adorent mais qui au fond n'a aucune valeur. Vous avez un saint respect pour l'environnement et, si vous participez à des mouvements en vue de protéger notre planète, vous prendrez beaucoup de place au sein de votre groupe. Quelle que soit la cause que vous défendrez, vous ferez parler de vous. Étant donné la présence de Saturne face à votre signe jusqu'en septembre, vous vous buterez à beaucoup d'opposition. Il est aussi possible que vous soyez si radical que vous effraierez quelques personnes. Quant à votre travail, vous avancez pas à pas. Il y a des échelons à gravir et cela se fait petit à petit. Modérez votre empressement, vous ne pourrez aller plus vite que le temps. Saturne est semblable à un très long feu rouge; patientez jusqu'à l'automne prochain pour qu'enfin les choses bougent comme vous le souhaitez. Il n'y a pas que vous qui êtes impatient, tout un monde a l'impression de rater le train. Si vous êtes célibataire, l'amour vous fera des signaux intéressants. Ne soyez pas aveugle et ne fermez pas les yeux, cela vaut le coup de lui prêter attention. Et puis ce n'est pas le mariage qu'on vous propose; ce sera d'abord une sortie et puis une autre... Rien ne vous oblige à vous sentir engagé. Sous votre signe et ascendant, il faut de l'amitié avant que l'amour puisse se manifester.

VERSEAU ascendant POISSONS

Vous êtes probablement le plus énigmatique des Verseau. Vous régnez à la fois sur les airs et dans l'eau. Votre Soleil est dans le douzième signe de votre ascendant, ce qui signifie que vous possédez une énorme capacité de donner de vous-même pour aider autrui. Vous participez de très près à la transformation de la vie des autres. Dans le domaine médical, vous êtes parfaitement à l'aise. Quelle que soit votre fonction, vous remplissez vos tâches à la perfection. Il y a aussi chez vous un grand besoin d'évasion, la planète est trop étroite pour vous. Le pire qui puisse vous arriver serait que vous vous mettiez à boire, à vous droguer, à faire une consommation abusive de médicaments. Dans ce cas, le cadeau de vie que vous avez reçu à la naissance, vous le gâcheriez. Plutôt que d'aider votre prochain, vous deviendriez un poids pour lui. Il est à souhaiter que vous ne soyez qu'un infime nombre de Verseau ascendant Poissons avec ce genre de problème à régler. Si vous avez été éduqué dans un milieu qui a favorisé les études, sans doute êtes-vous allé jusqu'au bout et exercez-vous une profession stable. Si toutefois vous n'avez pas été encouragé à apprendre quand vous étiez petit, vous faites un peu de tout et vous vous débrouillez avec beaucoup d'ingéniosité pour subvenir à vos besoins. Il y a en vous le Verseau qui voudrait tout prendre de la vie, mais il y a aussi le Poissons qui refuse le meilleur. C'est un peu comme si, sans vous en rendre compte, vous vous punissiez du péché originel que vous n'avez pas commis. Si des gens dans votre vie abusent de vos bontés, en 2007, vous vous en éloignerez enfin. Vous vous rendrez ensuite compte qu'en vous débarrassant de ceux qui vous parasitaient, vous vous êtes fait de nouveaux amis intéressants et sur la même longueur d'onde que vous. Il faut prévoir un progrès, une promotion sur le plan professionnel. Vous aurez l'occasion de faire une démonstration de vos talents et de vos compétences. Si jamais vous vous sentez perdu dans ce monde où beaucoup de gens ne se préoccupent de rien ni de personne, pourquoi ne pas faire une thérapie, le temps de comprendre où sont vos forces et comment les préserver?

Poissons

(19 février au 20 mars)

À ma fille MariSoleil Aubry. Son intelligence, sa rationalité, ses émotions, qu'il faut ressentir ou deviner, ses perceptions extrasensorielles, sa capacité à respecter la confidentialité dans son métier de comptable sont des composantes de son héritage génétique. Le père de MariSoleil était Poissons ascendant Poissons; il est décédé alors qu'elle n'avait que cinq ans. Elle lui ressemble tout en étant différente; elle est authentique. Souvent, il me semble que ma fille est une usine, un endroit sur terre où tout est possible. Comme tout le monde, elle a des moments de tristesse, mais elle ne manque ni d'audace ni de ténacité. Je ne sais pas si je lui ai dit que je l'admirais... Voilà, c'est fait, et je l'aime pour son authenticité. À un autre Poissons, sa très bonne amie Brigitte Tougas, une autre femme entière, vraie, sans détour, protectrice et généreuse comme se doit de l'être un natif de ce signe. Je souhaite longue vie à cette femme dont la santé est hypothéquée par une maladie chronique. Finalement, à Louis-Philippe Longtin, que je n'ai plus vu depuis deux décennies. Malgré la distance, un lien entre un Scorpion et un Poissons ne peut se défaire quand ils ont tellement philosophé, poétisé et ri ensemble. Entre ces deux signes, il y a un lien karmique, qui consiste à se rendre heureux l'un l'autre.

Sous l'influence de Jupiter en Sagittaire

Ce n'est pas rien lorsque Jupiter vient s'installer dans son dixième signe. Cela symbolise le milieu du ciel, l'élévation vers le firmament mais tout en restant les deux pieds sur terre! De plus, durant la seconde partie de 2007, ce sera au tour de Saturne de venir s'établir dans une position cardinale par rapport à votre signe, soit à l'opposé, dans la Vierge. Donc, pour commencer 2007, c'est d'abord et avant tout l'aspect professionnel, les projets d'avenir ainsi que tout ce qui concerne l'immobilier qui sont vos priorités. Par la suite, vous aurez droit de reprendre toute votre sensibilité là où vous l'aviez laissée en vous intéressant davantage à votre vie amoureuse et aux relations humaines.

Cœur aimant

Sentimentalement, vous êtes assez loin de votre idéal, même si vous cherchez ardemment l'harmonie à laquelle vous songez depuis toujours. C'est même une quête utopique par moments: vous désirez que tout soit parfait autour de vous sans jamais vous arrêter sur le fait que la perfection n'est pas de ce monde. Qu'à cela ne tienne! Vous n'êtes pas de ce monde, vous êtes ailleurs et bien en avance sur les autres, vous êtes né juste à côté de la perfection divine. Lorsque vous en prendrez parfaitement conscience, vous réaliserez les efforts à faire pour atteindre cette perfection. L'harmonie dans une vie de couple va dans les deux sens. Harmonie est synonyme d'équilibre, et ce n'est peut-être pas ce que vous pratiquez à la maison avec votre amoureux qui ne cesse de se casser les méninges pour vous comprendre et tenter tant bien que mal de vous satisfaire à bien des points de vue.

Épanouissement au travail

Le Poissons est le signe qui représente le passage de l'humanité vers le divin, le symbole même de la rédemption et du sacrifice de soi pour la collectivité. Votre créativité, votre imagination, vos intuitions ne sont plus à définir, vous possédez en vous le pouvoir créateur de l'Univers. Certains sont en mesure de l'exploiter, alors que d'autres tentent toujours de s'y retrouver parmi les constellations et les nébuleuses. C'est peut-être en tassant un de ces fameux nuages cosmiques que vous apercevrez au loin Jupiter, qui saura vous guider vers la maison, vous guider là où les grands esprits se rencontrent afin d'élaborer un plan pour l'avenir du monde, de votre monde. Vous n'avez plus le droit de rêver depuis que Saturne est entré dans le Lion en 2005 ; vous devez sans cesse faire des efforts soutenus, surtout au travail. Nombreux sont les Poissons qui ont dû redéfinir leur carrière depuis ce moment-là ; certains n'y sont pas encore parvenus. Cette année, Jupiter viendra vous éclairer à ce sujet, vous indiquer la voie à suivre pour entreprendre une carrière qui aura un sens pour vous, qui sera conforme à vos objectifs profonds, ceux que le ciel vous a destinés, que vous êtes libre d'accepter ou non. Même si vous refusez votre vocation, elle finira par vous rattraper puisque ce n'est que dans cette direction que vous ressentirez le bonheur. L'artiste, le créateur en vous s'est senti étouffé par la pression depuis au moins deux bonnes années. À compter de maintenant, vous devrez faire des choix, vous devrez choisir entre prendre vos responsabilités, quitte à y perdre un peu d'inspiration, et tout abandonner pour recommencer une nouvelle vie, loin des soucis et des difficultés quotidiennes. Bien évidemment, si vous êtes seul et que personne ne compte sur vous, il vous sera plutôt facile de choisir cette dernière option qui est véritablement plus inspirante que la première. Mais si vous avez une jeune famille ou des proches dont vous êtes responsable, vous ne pouvez pas les abandonner. Le ciel n'oubliera pas ce sacrifice ; vous aurez le sentiment du devoir accompli, vous sentirez une satisfaction personnelle et vous ressentirez la gloire de l'accomplissement ainsi que le bonheur de la réussite.

Vous, un parent

Avec un Jupiter qui se pointe dans son dixième signe, il faut nécessairement s'attendre à prendre d'importantes responsabilités familiales. Saturne dans votre sixième signe vous oblige à faire des efforts considérables, tant sur le plan professionnel, pour assurer un bel avenir à vos proches, que du côté de l'éducation et du chapeautage familial. En effet, on compte sur vous pour tout, et encore plus. Vous êtes la personne-ressource pour les enfants qui entrent en classe, pour planifier leurs activités, tout en vous assurant qu'ils ne manquent de rien : nourriture, vêtements, un toit sur la tête, etc. Ne songez même pas à déléguer une partie de ces tâches : ce sera le bordel et vous perdrez un temps fou à comprendre ce que vos remplaçants auront fait avant de vous y retrouver. Comme bien du monde, vous avez eu votre lot de misère et de difficultés, ce qui aura généré des peurs et des angoisses. C'est justement en remplissant bien comme il faut votre carnet de tâches que vous ne penserez plus à vos idées noires ; vous les chasserez au plus profond de votre âme en prenant soin plus intensément de votre famille ; en vous occupant de vos proches et de leurs soucis, vous échappez aux vôtres. Mais cela ne se fait pas sans le sacrifice d'un peu de liberté, sans le ralentissement de vos activités sociales ou même en vous fermant à certaines amitiés. Tout se concentre autour de votre famille, proche et élargie. Vos responsabilités parentales sont considérables et complexes, mais cela ne signifie pas que vous passerez à côté de celles-ci ou que vous échouerez dans votre rôle, au contraire, c'est un grand succès qui vous attend cette année. Une naissance viendrait sérieusement vous placer dans une position de responsabilité à l'endroit de ce nouvel être qui aurait besoin de tout mais surtout de sa mère. Vous vous rendriez rapidement compte qu'il ne faut pas seulement jouer à la poupée, mais aussi passer des nuits blanches et être à son service en permanence. Bien que cela semble ardu, c'est dans l'amour et la sérénité que vous vous dévouerez à vos tâches et, même si les petits sont rendus à l'âge adulte, votre comportement sera toujours le même à leur endroit, celui du parent protecteur.

Votre vitalité

Les anciens vous diront que le travail, c'est la santé. Rien n'est plus faux dans votre cas, du moins vu d'un certain angle. Depuis que Saturne se promène lentement dans le Lion, votre sixième signe, il vous cause bon nombre de problèmes de santé. Saturne est la planète qui représente le temps entre autres choses : vous vous sentirez plus vieux, vous ressentirez clairement les effets du vieillissement sur votre corps, mais les dommages seront davantage psychologiques que physiques. Cette planète lourde de conséquences affecte principalement la peau et les os, et curieusement ces parties du corps sont naturellement affaiblies avec l'âge. Alors, lorsque Saturne décidera de s'en prendre à votre santé, il aura tendance à rendre votre mobilité moins grande, vos os et vos articulations plus fragiles et à provoquer l'apparition de nouvelles rides sur votre visage afin que vous sentiez véritablement le phénomène du temps. Mais avec Jupiter qui se présentera en bon aspect avec Saturne une grande partie de l'année, vous serez protégé des répercussions du vieillissement. Vous prendrez cette situation du bon côté en affirmant qu'il s'agit de traits de maturité qui se sont installés sur vous.

Votre chance

Votre chance se situera sur le plan professionnel, particulièrement à travers l'accomplissement de projets spéciaux, là où vous devrez faire les efforts nécessaires pour que puissent s'élever au-dessus de la mêlée vos entreprises et vos affaires. C'est à travers tous les petits détails que se manifestera la chance ; elle vous guidera dans la bonne direction, elle vous facilitera certaines démarches généralement plus complexes. Cependant, si vous baissez les bras, elle n'y sera plus. « Aide-toi et le ciel t'aidera », cette expression ne peut pas être plus vraie pour vous cette année. La chance ne vous appuiera pas si vous restez à ne rien faire, à attendre que les vents vous soient favorables ; vous devez créer les conditions favorables et alors elle sera là pour vous lorsque vous en aurez vraiment besoin.

Votre demeure

Un déménagement, c'est souvent un événement assez important, particulièrement lorsque ça fait longtemps que l'on vit au même endroit. Cela peut prendre un bon moment avant de se sentir à l'aise dans son nouveau chez-soi, alors vous prendrez le temps de placer les choses à votre goût, de décorer à votre image ou même de faire faire d'importantes rénovations afin d'aménager cette maison selon votre inspiration. Même si le déménagement ne se fera pas tout seul, ça ne sera pas si difficile après tout ; il sera surtout nécessaire d'investir du temps. Il est d'autant plus important de s'arrêter sur tous les détails et de bien planifier les choses à faire s'il s'agit de l'achat d'une maison. Vous serez sûrement bien occupé toute l'année avec les travaux sur celle-ci ; malgré les désagréments, vous serez entièrement satisfait du résultat final et vous garderez cette demeure très longtemps.

JANVIER 2007

Sous l'influence du Nœud Nord en Poissons — Vos idéaux revêtent quelque chose de très personnel du fait de la position du Nœud Nord dans votre signe. Évidemment, la présence d'Uranus vient mettre un peu de pression sur vous, rendant assez compliquée toute perspective d'accomplissement de ces absolus qui sont vôtres. C'est par le monde du travail que vous pourrez franchir quelques étapes ; aussi insignifiantes soient-elles à vos yeux, elles sont nécessaires pour éventuellement rejoindre ce guide spirituel.

Vie amoureuse du célibataire — Sensible et réservé comme la plupart des natifs de ce signe, vous avez l'esprit qui n'est absolument pas en position de recevoir l'amour ; vous êtes bien trop occupé par vos activités sociales ou professionnelles pour songer seulement à mettre l'énergie nécessaire pour rencontrer quelqu'un et développer une relation amoureuse. Il faudra qu'elle se développe toute seule, que l'autre fasse toutes les démarches et attendent patiemment votre disponibilité pour vous laisser aller dans l'amour. La notion de partage vous est généralement familière, c'est aussi vrai pour le développement d'une communion affectueuse.

Vie de couple–famille–budget–travail — En tant que mère et femme au travail, vous vous remémorez certains souvenirs d'événements peu plaisants, peut-être en raison des fêtes qui viennent tout juste de se terminer ; un parent lointain en visite aura ramené de vieilles histoires que vous auriez préféré oublier. C'est toujours assez déstabilisant, une situation de la sorte, mais peut-être aussi qu'il ne fallait pas refouler l'épreuve vécue et entreprendre une thérapie. Aujourd'hui, vous trouverez plus facilement les moyens de cesser définitivement de souffrir par rapport à cela. Professionnellement, c'est assez tranquille, tellement que vous craignez pour votre poste. Ne vous faites pas trop de sang de punaise : avant la fin de janvier, vous connaîtrez bien assez de stress pour vous rendre compte qu'il y a suffisamment de travail pour vous occuper encore bien longtemps. Une grande fatigue est à l'origine d'un certain relâchement au sujet des responsabilités familiales. Heureusement que votre partenaire de vie ne sera pas loin pour vous faciliter la tâche et vous laisser dormir tranquille quelques matins où vous en aurez vraiment besoin.

En tant que père et homme au travail, vous amorcez l'année avec l'intention de tenir vos grandes résolutions. Vous vous inscrirez dans un quelconque gymnase pour y perdre vos kilos en trop. Cependant, après vos séances d'entraînement, vous irez prendre un verre et une bonne bouffe avec des amis, histoire de socialiser, et l'entraînement finira par avoir l'effet contraire en raison des abus qui suivront. Dès votre retour au travail ce mois-ci, les nouvelles seront excellentes : une promotion vous attend, quelque chose qui vous demandera de prendre beaucoup de responsabilités sur vos épaules, mais vous êtes amplement prêt à relever le défi. C'est le changement que vous trouverez plus difficile à gérer, sinon, vous vous adapterez très rapidement à vos nouvelles fonctions. Sentimentalement, vous avez besoin de liberté. Vous êtes de nature réservée et ce n'est pas facile de deviner vos intentions profondes, alors votre partenaire se posera bien des questions au sujet de votre soudaine attitude, de ce désir de fréquenter vos amis plus souvent ou simplement de vous échapper en solitaire dans vos quartiers secrets.

Clin d'œil sur les baby-boomers — L'âge de la retraire arrive à grands pas et les multiples conversations que vous aurez eues pendant le temps des fêtes vous porteront à réfléchir sur le sujet, à savoir si vous la prendrez et quand. Ce seront des questions qui demeureront sans réponse ce mois-ci; vous explorerez tout de même des avenues dont certaines vous inspireront de très intéressantes possibilités et d'autres certaines angoisses. Il n'est jamais trop tard pour bien faire; si vous avez tendance à dire des choses comme: «J'aurais donc dû faire cela...», c'est à ce moment-là que vos inquiétudes vous assailliront. Je vous suggère fortement de planifier votre retraite comme vous la souhaitez en prenant les moyens pour y arriver.

FÉVRIER 2007

Sous l'influence du Nœud Nord en Poissons — Les mots d'amour doivent pleuvoir de partout, vous devez vous sentir apprécié par vos amis et vos proches. Vous avez besoin de sortir et de faire des activités très amusantes. Dans la mesure du possible, vous devriez prendre une pause au travail, histoire de revoir vos véritables objectifs de carrière. Février est souvent lié à une dépression que l'on appelle le *blues* de l'hiver; c'est précisément pour cette raison qu'il vaut mieux ne pas trop vous investir professionnellement et penser davantage au véritable bonheur.

Vie amoureuse du célibataire — C'est en sortant de chez vous, en participant aux nombreuses activités proposées aux célibataires que vous ferez beaucoup de rencontres intéressantes. Vous semblerez plus ouvert, plus réceptif aux autres et ainsi on aura tendance à vous approcher plus facilement. Vous pourriez même avoir l'embarras du choix tellement les candidats se bousculeront autour de vous. Vous réfléchirez fortement aux avantages et aux désavantages de vivre à deux;

probablement qu'après quelques douceurs et tendresses votre choix sera plus clair.

Vie de couple–famille–budget–travail — En tant que mère et femme au travail, vous êtes franche et déterminée ; vous êtes la femme de tête, prête à affronter toutes les situations sans broncher. Votre cœur sera très solide, vous ne flancherez pas devant des événements qui risquent de solliciter fortement vos émotions. Cela vous fera voir vos capacités et votre potentiel. Ensuite, vous serez plus à l'aise face à l'avenir, surtout matériellement, puisque vous vous sentirez prête pour de nouveaux défis autrement plus stimulants. Votre créativité légendaire sera en mesure de s'affirmer, de se démarquer parmi les grands de ce monde et de vous assurer une meilleure sécurité financière. Qu'y a-t-il de plus inspirant que nos propres enfants pour nous stimuler dans le travail afin de pouvoir leur offrir ce qu'il y a de mieux pour eux ? C'est d'abord votre cœur de mère qui n'a aucunement l'intention de s'apitoyer sur son sort et encore moins de l'imposer à ses enfants. Il faudra que votre amoureux soit très innovateur pour avoir droit à une belle dose de sentimentalité de votre part, autrement vous serez de glace à son endroit. Toutefois, s'il arrive à toucher votre corde sensible, vous serez extrêmement réceptive, et des sentiments intenses traverseront vos deux corps telle la foudre.

En tant que père et homme au travail, la froideur de l'hiver ne semble pas tellement vous affecter. C'est même avec une certaine sérénité que vous avancez dans la neige ; on croirait pratiquement que vous retrouvez des plaisirs d'enfance en pelletant. D'ailleurs, si vous êtes le père de jeunes enfants, plutôt que de râler en déneigeant, vous inventerez des jeux très intéressants pour eux et vous passerez finalement beaucoup de temps à l'extérieur, ce qui est excellent pour la santé ! Le travail pourrait prendre une importance capitale ce mois-ci avec l'obtention d'un contrat ou d'une entente avec une grande société ou même le gouvernement. Il s'agit probablement d'un boulot en parfait accord avec vos valeurs et principes fondamentaux, comme une mission à caractère écologique ou humanitaire. Les sentiments semblent être plutôt absents. Cependant, ce n'est pas nécessairement un problème pour vous actuellement. Vous avez besoin de bien ressentir ce détachement pour mieux revenir dans les bras de votre partenaire.

Clin d'œil sur les baby-boomers — L'indécision au sujet de plusieurs histoires pourrait avoir tendance à vous tourmenter, comme si tout arrivait en même temps et que vous deviez faire un choix rapidement. Par crainte de manquer le bateau, vous prendrez quelques décisions qui s'imposeront, mais vous reviendrez en arrière pour explorer les autres possibilités également. Il ne serait pas étonnant de vous voir faire l'ermite pour faire semblant de réfléchir à vos décisions, décisions que vous n'arrivez pas à prendre puisque toutes les options sont potentiellement intéressantes. Par exemple, au travail, on vous offrira de nouvelles responsabilités avec un salaire intéressant, mais vous craignez trop de changer vos habitudes. Sentimentalement, votre cœur pourrait se troubler à la vue d'anciennes flammes.

MARS 2007

Sous l'influence du Nœud Nord en Poissons — Votre anniversaire, qui fut célébré récemment ou qui le sera bientôt, sera pour vous un moment d'illumination bien précis. Beaucoup de détails qui vous tracassaient trouveront leurs solutions, aussi bien au travail que dans votre vie personnelle ou familiale. C'est une certaine lumière que vous apercevez au bout du tunnel, un horizon plus magique, ressemblant fortement aux idéaux que vous vous étiez toujours inconsciemment fixés.

Vie amoureuse du célibataire — Émotions fortes et sexualité ne sont pas toujours les meilleures approches lorsque son objectif est de trouver l'âme sœur, la sécurité affective ou une union à la vie à la mort. Vous ressentez si fortement le besoin de plaire et d'être aimé que vous avez tendance à sauter sur toutes les occasions qui se présentent de peur de louper la bonne. Et comme vous avez un *sex-appeal* puissant, vous ne paraissez pas tout à fait enclin à vivre une relation au sens traditionnel, c'est-à-dire que vous faites un peu peur à l'autre, qui vous croyait au départ principalement porté vers la liberté.

Vie de couple–famille–budget–travail — En tant que mère et femme au travail, vous vous sentez prisonnière de vos émotions en ce début de mars. Le facteur stress est si élevé que vous ne parvenez pas à exprimer clairement cet état d'âme, vous devez sans cesse tenir compte de vos nombreuses responsabilités qui ne semblent pas vouloir lâcher prise. Heureusement, avec le printemps, les doux rayons du soleil viendront faire la lumière ; vous aurez de bien meilleures tribunes pour exprimer vos craintes et vos frustrations. Bien sûr qu'un meilleur salaire, c'est toujours alléchant, mais êtes-vous prête à faire la transition ? Êtes-vous bien sûre de vouloir sacrifier votre ancienne vie pour quelques dollars ? Vous n'êtes pas obligée de voir le travail d'une façon aussi altruiste, vous avez amplement le droit d'être un peu égoïste et de penser d'abord et avant tout à votre confort personnel. Alors, si vous avez envie de gagner plus d'argent, ne demandez pas la permission aux autres ! L'affection parentale n'est pas toujours bien définie ; pour vous, votre conjoint ou vos enfants, il existe des limites psychologiques à ne pas franchir, qui sont propres à chacun, et vous serez quelque peu embêtée à ce sujet.

En tant que père et homme au travail, vous risquez d'être pas mal confus ce mois-ci, principalement sur tout ce qui touche les responsabilités. Au travail, les occasions ne cessent de se multiplier ; vous avez de plus en plus de tâches qui exigent votre vigilance et surtout beaucoup de performance de votre part. Mais intérieurement, vous avez l'esprit à la passivité, vous préférez pour ainsi dire regarder le train passer plutôt que de monter à bord lorsqu'il passe. Et Dieu seul sait combien de fois les trains de la chance vous offriront une place à leur bord ! Est-ce la crainte du succès, la peur des responsabilités ? Une petite thérapie contre ces phobies vous ferait beaucoup de bien et vous permettrait d'accomplir votre destin. L'éducation des enfants passe avant tout par une compréhension plus philosophique de la société, vous leur enseignerez les cotes boursières et la physique une autre fois. Sentimentalement, comme vous êtes déjà un grand rêveur, vous ne serez absolument pas à court de fantaisies pour votre partenaire, quitte à oublier ou à annuler des rendez-vous importants qui n'ont rien à voir avec votre vie de couple.

Clin d'œil sur les baby-boomers — Les *snowbirds* peuvent commencer à penser à remonter plus au nord, ce nord qui devient de plus en plus l'étranger pour eux. Si vous êtes de ceux qui ont pu profiter d'un beau voyage ces dernières semaines, vous commencerez à réfléchir très sérieusement à la possibilité de vous évader ainsi chaque hiver, histoire de quitter votre bocal avant qu'il prenne en glace durant la saison froide. C'est aussi l'occasion pour vous de vous ouvrir à de nouveaux horizons, d'explorer l'inconnu, de vous donner des objectifs plus passionnants, histoire de mieux vous convaincre qu'il vous reste encore de très belles années à vivre. Un Poissons qui n'a plus de fantaisie dans son cœur n'existe plus ! Et cette possibilité vous en fera vivre amplement.

AVRIL 2007

Sous l'influence du Nœud Nord en Poissons — Après avoir été traversé par Mercure, le Nœud Nord se fera littéralement bombarder par Mars. Cela signifie qu'il ne faudrait surtout pas laisser en suspens des différends et des contentieux afin de pouvoir passer à autre chose. Ajoutez à cela une bonne dose de stress et toutes les tensions encore fraîches seront remises à l'ordre du jour avec un brin d'agressivité en arrière-plan.

Vie amoureuse du célibataire — À mesure que les fréquentations se multiplient, vous commencez sérieusement à ressentir des sentiments pour une personne en particulier. D'ailleurs, quelques soupers à la chandelle dans le confort de votre foyer sauront vous rapprocher au point de sérieusement envisager une vie commune. Le moment n'est peut-être pas parfaitement choisi pour insister ou mettre de la pression sur l'autre afin d'aller plus loin dans cette relation toute récente, mais celle-ci est vouée à un beau succès si vous continuez à vous voir régulièrement.

Vie de couple–famille–budget–travail — En tant que mère et femme au travail, vous constatez que les belles journées du printemps sont à nos portes. Votre féminité vous appelle à mettre en valeur votre intérieur avant de briller à l'extérieur. Vous ressentez fortement le besoin d'être belle, de vous ressourcer et de faire les efforts nécessaires pour vous sentir bien dans votre peau. La mère que vous êtes prend son rôle très au sérieux, ne laissant au hasard aucun élément de la vie quotidienne. Vos enfants auront des tâches périodiques clairement établies, votre conjoint de même et vous serez bien vigilante pour coordonner et superviser le tout. L'avenir de vos enfants est aussi une préoccupation concrète. Vous aurez donc tendance à vous asseoir avec eux pour évaluer leur potentiel, leurs passions et leurs objectifs. Professionnellement, vous aurez certainement l'occasion de vous démarquer à partir de chez vous ; un projet quelconque pourrait très bien voir le jour depuis votre résidence ou alors c'est que vous ferez du zèle pour le patron en apportant du travail à la maison les soirs et fins de semaine. Du côté de vos sentiments, vous vous dites que parfois vous seriez mieux seule : attention de ne pas précipiter vos pensées vers des actes concrets !

En tant que père et homme au travail, même si vous ne représentez pas toujours le modèle masculin par excellence, vous êtes tout de même un homme qui doit, à l'occasion, exprimer sa virilité de mâle accompli. Mais vous n'êtes pas trop du genre machiste. C'est donc d'une manière totalement surprenante et innovatrice que vous toucherez le cœur de votre douce moitié. L'idée de flirter entre amis, comme dans votre jeunesse, vous passera bien par l'esprit ce mois-ci, mais il ne faudrait pas trop songer à retrouver toute votre liberté. Une séparation vous coûterait cher, aussi bien financièrement qu'émotionnellement, en particulier en ce qui concerne l'accès à vos enfants. Le père que vous êtes serait très déchiré de ne pouvoir les fréquenter que périodiquement. Ils sont la prunelle de vos yeux et votre raison de vivre, alors n'allez pas gâcher tout ça pour un sentiment de liberté passager. Au travail, c'est trop souvent lorsque l'on se retrouve au pied du mur que l'on décide d'avancer ; vous ne ferez pas exception à cette règle. Comme vous êtes prévenu, prenez donc un peu d'avance !

Clin d'œil sur les baby-boomers — On dépense, on dépense, puis on finit par s'apercevoir que la source financière peut se tarir. Vous avez besoin de vivre et d'avoir de nombreuses activités à votre agenda ; cela vous évite de songer au fait qu'il est possible que vous ayez besoin de ralentir à un moment ou à un autre. Mais ce n'est pas votre santé qui vous freine, c'est plutôt vos moyens financiers. Cependant, vous n'hésiterez pas à chercher de nouvelles sources de plaisir en innovant considérablement. Vous trouverez le moyen de recevoir vos amis à la maison sans que cela affecte votre portefeuille.

MAI 2007

Sous l'influence du Nœud Nord en Poissons — Les tensions commencent à s'apaiser. L'air du printemps rend tout le monde plus joyeux, plus souriant, ce qui facilite grandement les contacts avec les gens. Vos responsabilités sont tout de même toujours assez lourdes à porter en règle générale, puisque Jupiter ne cesse de rétrograder en maintenant continuellement un carré parfait au Nœud Nord dans votre dixième signe. Cela signifie aussi que vous avez d'importants efforts à faire pour atteindre vos objectifs personnels ce mois-ci.

Vie amoureuse du célibataire — Un grand ménage dans vos sentiments s'impose. Si une relation est mal partie ou encore qu'elle semble s'enliser, il est temps pour vous de prendre du recul, de mettre un terme à cette torture sentimentale. Vous devez être prêt à vivre la saison estivale avec un cœur sans blessures pour pouvoir ouvrir toute grande la porte de l'amour lorsqu'il se présentera. Les charmeurs sont tout autour de vous, n'ayant à vous proposer qu'une idylle très romantique qui ne représente en rien l'avenir qu'ils peuvent vous offrir.

Vie de couple–famille–budget–travail — En tant que mère et femme au travail, vous devez trop souvent vous déchirer entre la famille et le boulot. Peut-être que la solution se présentera d'elle-même lorsque l'idée de démarrer votre propre petite affaire vous viendra à l'esprit. En effet, après avoir bien fait la part des choses avec tous les membres de votre famille, vous arriverez à la conclusion que la meilleure solution est de devenir votre propre patron. Plus de comptes à rendre à qui que ce soit ni d'horaire fixe et rigide! Vous avez besoin de faire des activités avec vos enfants, de leur faire découvrir les joies de la vie en société. C'est aussi probablement le temps de magasiner les camps d'été pour eux, de planifier vos vacances familiales et autres activités estivales en famille. Et bien entendu, vous ne répéterez pas les erreurs de l'an passé ; il y a bien des choses qui doivent changer. Sentimentalement, vous appréciez grandement les attentions de votre partenaire. Parfois, c'est un simple bouquet de fleurs mais, à d'autres moments, il fait de grands exploits culinaires avec des mets exotiques et raffinés.

En tant que père et homme au travail, votre grande nervosité se calmera peu à peu en raison d'une situation financière plus sûre. En effet, si vous vivez dans une certaine précarité, vous connaîtrez un répit : on vous confiera des tâches et des responsabilités qui vous permettront d'augmenter considérablement votre revenu. L'achat d'une maison est un investissement important qui nécessite une bonne réflexion sur la façon de trouver les fonds. C'est tout aussi vrai lorsqu'il s'agit d'entreprendre des rénovations. Ce mois-ci, le suspense devrait se terminer favorablement : vous aurez l'argent nécessaire pour mener à bien vos différents projets. Papa Poissons montre les dents par moments. Vous êtes généralement réputé pour votre patience, mais celle-ci risque de faire défaut à l'endroit de vos enfants. Vos sentiments deviennent très clairs pour une fois ; tout ce qu'il vous faut, c'est une preuve d'engagement, une tendresse enveloppante et un réconfort affectif.

Clin d'œil sur les baby-boomers — Vous êtes à l'aube d'un nouveau cycle, à moins qu'il ne soit déjà amorcé avec le retour de Saturne autour de vos 58 ans. Vous voyez la vie changer de façon vertigineuse, et il en reste tant à voir encore! Alors, ce sont de projets d'avenir que vous avez besoin d'entendre parler, vous voulez que l'on vous aide à prendre une direction pour réaliser vos plus grands rêves, mais il n'y a que vous qui puissiez y parvenir. Professionnellement, vous pourriez très bien amorcer la création de votre propre entreprise ou développer votre emploi pour connaître plus de liberté et moins de contraintes financières. Bref, vous avez besoin de pouvoir vous offrir la vie que vous avez toujours souhaitée, de vous accorder le droit de pouvoir changer vos plans en tout temps.

JUIN 2007

Sous l'influence du Nœud Nord en Poissons — Le carré à Jupiter ne semble pas vouloir décrocher, vous imposant de nombreuses responsabilités avant de pouvoir atteindre vos objectifs, vos grands idéaux, votre destinée. Principalement du côté de la famille, vous serez fort occupé ; il n'est pas impossible qu'un déménagement en soit la cause. Alors, évidemment, vous êtes aux prises avec la peinture, les travaux et toute la logistique du déménagement, ce qui ne vous laisse plus beaucoup de temps pour quoi que ce soit d'autre.

Vie amoureuse du célibataire — Au diable les amourettes, vous voulez du sérieux ! Vous désirez quelqu'un qui a un avenir à vous offrir et qui souhaite un engagement profond, autrement vous n'entrez pas dans le jeu ! En insistant de la sorte dès les premiers instants d'une rencontre, au lieu de faire fuir les prétendants, vous attirerez ceux qui sont effectivement prêts à vivre une relation sérieuse, vous sachant également prêt à cela. Le monde du travail sera un endroit très fertile aux rencontres et aux échanges qui mèneront à une relation plus personnelle.

Vie de couple–famille–budget–travail — En tant que mère et femme au travail, on voit bien que vous avez des objectifs de carrière bien précis. Il faudra vous y mettre pour y arriver ; ce n'est pas seulement en y rêvant tous les soirs que vous réaliserez vos ambitions. Vous devez revenir les deux pieds sur terre pour réaliser vos rêves et non dormir dessus. La période des vacances approche dans l'entreprise, et l'on vous confiera des postes très importants en remplacement. Vous serez à la bonne place pour faire valoir vos compétences ; vous apporterez même du travail à la maison pour montrer votre enthousiasme et votre sérieux. Votre candidature ne passera pas inaperçue lorsque l'on affichera les prochaines promotions. Les parents sont en général au service de leurs enfants : vous ne faites pas exception à la règle. Qu'ils soient tout petits ou qu'il s'agisse de grands adultes, vous devrez leur préparer des repas ou recoudre une chemise. Enfin, ils resteront toujours vos enfants. Sentimentalement, le temps est un sérieux obstacle à la vie de couple ce mois-ci ; prenez au moins un moment pour bien planifier vos vacances ensemble.

En tant que père et homme au travail, la grande confiance en vos moyens vous donne une belle assurance dans vos démarches, aussi bien sur le plan professionnel que sur le plan personnel. Quelques éléments viennent vous déstabiliser, mais vous ne détestez pas cela, au contraire, cela amène de l'action dans votre quotidien, de nouvelles histoires à raconter et surtout l'occasion de développer certaines idées plus idéalistes. En effet, au travail, vous aurez besoin de pousser un peu plus l'audace, d'avoir une longueur d'avance sur les autres, d'être plus innovateur que la majorité. Vous n'hésiterez pas à prendre le volant pour aller frapper aux bonnes portes afin que vos projets, vos idées et vos ambitions connaissent un développement certain. Cet été, vous serez sûrement l'un des premiers à vous offrir pour recevoir la famille chez vous pour de multiples occasions. En fait, pendant cette saison, c'est toujours le bon moment pour se réunir en famille ; que ce soit vos parents, vos enfants ou vos frères et sœurs, vous êtes d'une grande générosité à leur égard. Sentimentalement, vous êtes davantage porté sur l'amitié que sur l'amour. Vous avez besoin de parler, parfois les émotions bloquent un peu la parole et vous voulez éviter à tout prix cette situation.

Clin d'œil sur les baby-boomers — Votre sécurité matérielle est au cœur de toutes vos préoccupations à l'heure actuelle. La banque ou la Bourse ne vous offrent pas le rendement escompté et vous craignez sérieusement de compromettre vos projets de retraite. Peut-être est-ce vos rêves qui manquent un peu de réalisme ? Vos ambitions ne sont-elles pas démesurées par rapport à l'état actuel de vos affaires ? Quelques questions resteront encore sans réponse, seul le temps viendra tout clarifier. Sentimentalement, vous craignez que l'amour ne soit plus comme avant. Vous vous poserez tellement la question qu'il ne serait pas étonnant que vous soyez finalement le grand responsable du changement de comportement de votre partenaire.

JUILLET 2007

Sous l'influence du Nœud Nord en Poissons — Tandis que le Nœud Nord transite dans le Poissons, il ne faut pas oublier que son opposé, le Nœud Sud, se situe en Vierge. Il vient vous signaler l'importance d'une vie à deux pour atteindre vos objectifs personnels immédiats. De plus, Vénus viendra se coller à ce deuxième symbole astrologique qui est là pour nous signifier la direction à emprunter pour atteindre notre destinée. Le mois de juillet vous invite clairement à revoir votre comportement au sein de votre couple : êtes-vous bien sûr de faire suffisamment votre part pour vivre en harmonie ?

Vie amoureuse du célibataire — La douceur des vacances dans l'air apportera une brise romantique au moment où vous franchirez les portes de votre bureau pour aller vous détendre dans le paradis estival. En termes plus concrets, lorsque vous serez en mesure de lâcher prise, ne serait-ce que quelques instants, votre charme prendra toute la place et vous attirerez l'amour à des kilomètres à la ronde. Loin du stress et de la vie active se trouvera le prince charmant ou encore la sirène à secourir.

Vie de couple–famille–budget–travail — En tant que mère et femme au travail, vous croyez que la femme active qui a une vision très précise de son avenir n'a pas le droit de passer à côté d'une seule occasion de se faire valoir, de s'asseoir quelques minutes pour souffler ou de consacrer du temps à des activités autres que professionnelles. L'été constitue souvent une période plus tranquille pour les affaires. Vous serez alors en mesure d'établir de nouvelles règles pour alléger vos tâches, de vous entendre avec des collègues et la direction avant de vous enfoncer dans le fameux *burnout*. Personne n'a intérêt à vous perdre à l'heure actuelle : vous êtes efficace et déterminée. Si vous n'écoutez pas cet avertissement, votre famille vous y obligera, particulièrement si vous manifestez la possibilité de ne plus partir en vacances à cause de votre carrière. La mère que vous êtes sera littéralement crucifiée avant même qu'elle ait pu tenter de se justifier. Sentimentalement, ce sera aussi extrêmement bénéfique de prendre un léger recul par rapport à votre carrière. Le rapprochement avec votre amoureux sera sincère et vous permettra de mieux percevoir votre volonté mutuelle de prolonger votre union pendant encore quelques décennies.

En tant que père et homme au travail, la communication et le désir de fraterniser avec tout le monde deviennent très importants pour vous. Même les voisins avec qui vous avez pu avoir des différends deviendront de bons amis auxquels vous ferez quelques confidences, histoire de créer de bons liens de confiance. Le goût du travail n'y est vraiment plus en cette saison de douce chaleur; vous préférez le confort de votre piscine, de votre salon climatisé, des centres commerciaux ou des salles de cinéma, bref, il faudra vous fouetter chaque matin pour rentrer au boulot. Alors, pourquoi ne pas prendre congé avant de franchir le point de non-retour? D'ailleurs, vos enfants auraient bien besoin de votre présence en ce moment; cela les rassurerait, leur montrerait la valeur qu'ils ont à vos yeux, particulièrement si vous n'êtes pas du genre démonstratif, comme bien des hommes Poissons. De plus, les sentiments à l'endroit de votre partenaire se renforceront tandis que vous vous promènerez, en couple ou en famille, sur les routes de la province pour visiter des endroits enchanteurs.

Clin d'œil sur les baby-boomers — Importante pression sur le plan sentimental; c'est la recherche de la romance ou même de la relation parfaite. Peut-être que des proches vous ont fait part de leurs projets d'avenir ainsi que de la solidité de leur union, et vous vous sentez quelque peu à l'écart de cette perfection au sein de votre propre couple, sauf qu'il faut bien réaliser que ce que les autres disent n'est pas toujours aussi beau qu'on peut l'imaginer et qu'il faut nécessairement faire la part des choses. Financièrement, vos placements rapportent. La signature d'un important contrat aura possiblement d'intéressantes retombées durant des années.

AOÛT 2007

Sous l'influence du Nœud Nord en Poissons — Enfin, Jupiter relâchera son emprise en carré sur le Nœud Nord, venant ainsi alléger vos épaules de plusieurs responsabilités, principalement au travail. Il n'est pas impossible que ce soit la fin des travaux à la suite d'un déménagement; vos affaires sont presque toutes placées ou du moins suffisamment pour vous permettre de ne plus angoisser au sujet de ce qui a une importance significative: ce n'est pas toujours drôle de fouiller dans les boîtes chaque matin pour s'habiller!

Vie amoureuse du célibataire — Lorsqu'une relation est toute récente, c'est l'euphorie, pour ne pas dire l'extase en permanence ; on voit l'autre dans notre soupe. Mais bien assez tôt, ces moments magiques s'estompent. Vient alors une période de questionnements sur nos propres sentiments, ou sinon c'est l'autre qui commence à se défiler ; on fait tout pour le retenir, mais cela ne fait qu'empirer la situation. Il faudra nécessairement penser à reprendre le chemin de la réalité mais, si l'amour s'était vraiment manifesté, vous retrouverez cette même personne pour reprendre les choses là où vous les aviez laissées.

Vie de couple–famille–budget–travail — En tant que mère et femme au travail, c'est pour vous le retour à la réalité et aux rudes responsabilités du bureau. Votre pouvoir décisionnel est extrêmement sollicité et vous n'avez pas droit à la moindre erreur. Comme si une montagne de boulot s'était accumulée lorsque vous étiez partie en vacances, vous devez maintenant rattraper le retard en mettant les bouchées doubles, en mangeant à votre bureau, en faisant de nombreuses heures supplémentaires, en rapportant du travail à la maison ou même en couchant au bureau ! Bref, pas de répit ! C'est sans compter les multiples responsabilités associées à la rentrée scolaire qui est loin d'être de tout repos en ce qui vous concerne. Votre signe vous accorde habituellement le droit de rêver et de vous laisser aller dans vos fantasmes et vos illusions, mais ce mois-ci la dure réalité ne vous permet pas ce luxe. Pour votre couple, on n'y pense même pas ! Heureusement que votre homme aura tendance à être patient avec vous, s'occupant des enfants, des repas et des tâches quotidiennes de la maison pour vous permettre de vous accomplir professionnellement. Mais il vous attendra dans le détour lorsque les choses se seront un peu calmées : il faudra vous accorder du temps pour vous deux.

En tant que père et homme au travail, vous vous donnez le droit de paresser encore un peu : l'été n'est pas encore terminé. Vous aimez bien flâner une partie de la journée ; au diable les responsabilités ! Pour ne pas trop vous ennuyer, vous pourriez amorcer d'importants travaux sur votre maison, des trucs auxquels vous songiez depuis un certain temps mais qui ne pouvaient se réaliser ; vous vous dites que c'est maintenant ou jamais. Mais attention tout de même à votre emploi, ce ne sont pas tous les patrons qui peuvent tolérer l'absence de leurs employés. Vous ne pourrez pas faire semblant que vous êtes malade *ad vitam æternam* et vous risquez alors un congédiement en bonne et due forme. Vous êtes très papa gâteau avec vos enfants. Vous essayez d'être le plus présent possible avec eux, de faire de belles activités qui n'étaient pas au programme pour l'été, histoire de changer la routine. Vous avez le cœur assez romantique à l'endroit de votre amoureuse. Vous aurez tendance à lui préparer de bons petits repas à la chandelle, de tout faire pour qu'elle se détende de sa dure journée de travail afin de préparer de belles soirées d'amour toutes en douceur aussi souvent que possible.

Clin d'œil sur les baby-boomers — Vous revenez encore sur vos histoires d'argent. Ah, l'insécurité financière, c'est donc fatigant, tant pour vous que pour votre entourage finalement ! Certains d'entre vous sont orphelins depuis longtemps ; les autres commencent sérieusement à voir que leurs parents ne sont pas immortels. C'est également une prise de conscience personnelle sur votre propre vie ; vous avez encore tant de projets à réaliser, et le temps vous semble limité en voyant la génération précédente qui ne peut plus être aussi active. Notre génération s'est donné le droit de vaincre la mort, de survivre à toutes les catastrophes incluant le vieillissement, et nous serons là encore bien longtemps pour montrer aux générations suivantes là où nous avons réussi et là où nous avons échoué.

SEPTEMBRE 2007

Sous l'influence du Nœud Nord en Poissons — À peine la pression s'est-elle relâchée avec la fin du carré de Jupiter, voilà que Saturne s'approche tranquillement du Nœud Sud, à l'opposé du Nœud Nord, aussi appelé Tête du Dragon. La présence de ce symbole dans votre signe tout au long de 2007 signifie que vous avez un important rendez-vous avec le destin, mais que cela ne se fera pas sans efforts. Si vous avez eu tendance à ne pas écouter cet appel de la destinée, l'automne sera encore plus exigeant à votre endroit pour vous conduire dans la bonne voie.

Vie amoureuse du célibataire — Avant la mi-septembre, les occasions de rencontrer quelqu'un seront plutôt rares, vous serez ou bien confiné à la maison ou alors c'est votre emploi qui prendra toute la place. Mais plus le temps se rafraîchira, plus vous sentirez le besoin d'avoir de la chaleur humaine en permanence près de votre cœur. Vous chercherez alors plus sérieusement et surtout plus activement avec l'aide d'agences de rencontre, par exemple.

Vie de couple–famille–budget–travail — En tant que mère et femme au travail, le stress pourrait vous causer quelques problèmes de santé. On parle surtout de troubles du sommeil et parfois de moments où vous vous sentez dépressive. La conciliation travail-famille n'est pas de tout repos. Vous ne voulez décevoir personne en ce moment, du moins jusqu'à ce que le Soleil entre dans la Balance, le 23 septembre, parce qu'ensuite on risque de ne plus vous reconnaître : vous serez moins souple et plus déterminée à ce que les choses bougent comme vous le souhaitez. En tant que mère, vous vous devez de reprendre le contrôle ; ce ne sont pas les enfants qui doivent mener la maison mais bien les parents, rôle que vous reprenez fermement avant la fin du mois. Bien que les sentiments ne passent pas parfaitement dans votre couple, votre complicité à la maison est en bonne santé ; vous vous entendez assez bien sur les tâches à faire et sur qui fait quoi. Ce n'est que vers la fin du mois que votre partenaire fera les premiers pas vers un échange plus affectif.

En tant que père et homme au travail, votre énergie n'est pas à son meilleur pendant une grande partie du mois. Le stress du travail, de la maison, de la famille vous angoisse au point où, par moments, vous avez le goût de tout laisser tomber. Vous aurez même tendance à fuir vos responsabilités. Heureusement, vous retrouverez assez rapidement vos sens s'il y a des personnes qui comptent sur vous. Si votre métier vous permet de travailler un peu à la maison, cela vous assurera de ne pas manquer d'argent si vous n'êtes pas trop assidu à l'ouvrage : vous travaillerez au moins aux heures qui vous conviendront. Tout comme votre homologue féminin, le père que vous êtes a bien de la difficulté à imposer une discipline à ses enfants ; vous risquez même de laisser aller la situation jusqu'au point de non-retour avec l'un d'eux. C'est donc avec une certaine fermeté que vous devrez reprendre en main la situation familiale. D'ailleurs, si vos enfants sont d'âge scolaire, ils vous remercieront plus tard de les avoir bien guidés en ce début d'année. Vous retrouverez le goût d'aimer votre partenaire avant la fin du mois. Laissez la chance au Soleil de se rendre jusqu'à la Balance et vous pourrez alors ressentir que la flamme amoureuse au sein de votre couple reprend son souffle.

Clin d'œil sur les baby-boomers — Enfin, vous voyez plus clairement votre avenir financier, qui vous inquiétait assez fortement depuis au moins le début de l'été. L'insécurité matérielle tire à sa fin, vous vous sentez bien plus confiant de pouvoir vous accorder une retraite intéressante. Pour en être certain, il ne serait pas mauvais de consulter votre planificateur financier ; si vous n'en avez pas, peut-être que ce serait une bonne idée d'en trouver un. Il aura bien quelques tours dans son sac pour vous permettre d'oublier tous vos soucis financiers présents et futurs, de vous laisser transporter par vos rêves et de faire seulement ce qui vous plaît. N'est-ce pas là le rêve de tous les Poissons ?

OCTOBRE 2007

Sous l'influence du Nœud Nord en Poissons — Sentiments mitigés, désir de liberté, voilà ce que vous ressentez ces temps-ci. En effet, vous n'êtes plus tout à fait certain de ressentir de l'amour pour votre partenaire. L'inverse est aussi possible : l'autre pourrait ne plus être aussi amoureux de vous. C'est donc une baisse de régime sur le plan sentimental. De là l'importance du Nœud Nord, qui vient vous signaler que votre union est un bienfait et que vous devez faire les efforts nécessaires pour ressouder votre couple du mieux que vous pouvez.

Vie amoureuse du célibataire — La quête de l'amour arrive à son but ultime. Que vous cherchiez ou non l'âme sœur, elle se présentera à vous. Il y a de fortes chances pour qu'elle soit plus âgée, mais rien pour empêcher la chimie de la passion de traverser vos deux corps. Votre cœur a besoin d'une présence plus stable dans votre vie pour mieux se sentir ; vous n'aurez pas besoin de forcer la porte, vous verrez, elle s'ouvrira d'elle-même. Aussi endurci que soit votre cœur, vous ne saurez dire non à l'amour, votre âme de Poissons vous guidera vers les bons sentiments à adopter.

Vie de couple–famille–budget–travail — En tant que mère et femme au travail, votre vie de couple vous semble devenir de plus en plus compliquée ; vous vous sentez de moins en moins amoureuse ou alors de plus en plus délaissée. Cependant, la séparation n'est pas une option convenable pour vous. Vous avez bâti cette relation de longue haleine, aussi bien vos enfants que votre conjoint ont besoin que vous restiez ensemble et il serait très malheureux de voir votre patrimoine commun disparaître pour des sentiments mal compris. Évidemment, vous n'êtes pas la femme la plus simple à suivre à ce point de vue mais, si vous croyez fermement que votre couple doit être sauvé, vous irez jusqu'au bout, et ce n'est qu'ainsi que vous pourrez espérer un bel avenir en famille et en amour. Du côté du travail, particulièrement dans le domaine de la vente, vous ferez des affaires qui vous rapporteront à long terme. En effet, ce ne sont que des premières approches, mais les gouvernements, les services publics ou certains organismes sociaux auront l'oreille attentive à vos offres sans pour autant acheter tout de suite.

En tant que père et homme au travail, ce mois-ci vous sortez enfin de votre coquille ; finis la paresse et le sentiment de lassitude exagérée ! Vous êtes envahi par un beau sentiment de fierté. Vous êtes maintenant motivé par la passion ; que ce soit au travail, dans votre couple ou avec vos enfants, vous ne faites plus les choses à moitié, vous vous investissez à cent pour cent dans tout ce que vous entreprenez. Le père que vous êtes saura très bien faire les compromis nécessaires pour arriver à une entente entre tous ses enfants ; vous les écouterez attentivement et vos règlements seront respectés. Au travail également, vous reprenez votre sens du leadership, ce qui risque d'en choquer quelques-uns, mais vous êtes l'homme de la situation pour que les choses changent et soient mieux adaptées à la réalité. Il ne faudrait pas vous arrêter devant certains éternels insatisfaits ; prenez la voix de la majorité, même si vous recevez quelques critiques désagréables. Vos sentiments sont maintenant tout ce qu'il y a de plus clair pour votre partenaire, mais il faudra savoir être raisonnable par moments.

Clin d'œil sur les baby-boomers — *Snowbirds,* préparez-vous ! Ah, la douceur du climat floridien, quel bonheur ! Cependant, vous êtes là avant tout pour explorer de nouveaux horizons, vous n'avez pas vraiment le goût d'être identifié à tous ces retraités qui ont fait une religion de ce départ vers les températures clémentes. En effet, vous préparerez ce voyage telle une grande aventure, vous explorerez la route dans son ensemble ; vous voulez approfondir vos connaissances sur les différents endroits que vous traverserez et il n'est pas dit que vous ne vous installerez qu'à une seule place. Enfin, même si vous ne pouvez encore vous permettre de passer l'hiver dans le sud, vous opterez pour l'organisation d'un voyage pour une partie de la saison froide, selon vos moyens.

NOVEMBRE 2007

Sous l'influence du Nœud Nord en Poissons — Tandis que le Soleil transite dans le Scorpion et que Saturne se défait de sa parfaite opposition au Nœud Nord, vous pouvez être sérieusement inspiré par vos voix intérieures qui vous suggèrent fortement la direction à prendre pour trouver la croisée des chemins de votre destinée. Votre cercle d'amis en est probablement l'un des premiers indices ; quelques changements dans ce sens vous conduiront dans la bonne voie.

Vie amoureuse du célibataire — En cette saison froide, il n'est pas toujours agréable d'être célibataire : on veut de l'amour à l'approche des fêtes. Vous avez beau croire encore au père Noël, avez-vous été assez sage cette année ? C'est peu probable. Devant votre urgence d'aimer, il est possible qu'il change son fusil d'épaule et qu'il vous accorde cette faveur. Cependant, il n'aura pas pu trouver l'âme sœur pour vous, simplement une relation riche en émotions, mais qui ne sera pas tout à fait ce dont vous avez besoin. Soyez prudent avec votre petit cœur sensible.

Vie de couple–famille–budget–travail — En tant que mère et femme au travail, vous êtes intense, intègre et déterminée ce mois-ci. Vous êtes tantôt dure, tantôt pleine de compassion : voilà bien des sentiments qui reflètent toute la dualité de votre signe. Double est le signe du Poissons, mais le côté féminin de celui-ci vit très bien avec ce phénomène. Ce mois-ci, vous sentez que vous avez déjà perdu assez de temps avec toutes sortes d'histoires survenues ces dernières semaines et qu'avec l'approche des fêtes, il n'y a plus une minute à perdre. Les achats de cadeaux, la surcharge de travail au bureau, les horaires compliqués à la maison, tout ça fait qu'il y a une urgence de vous organiser parfaitement pour arriver à Noël en même temps que tout le monde. En réalité, vous avez envie de vous amuser et de vivre cette période de l'année comme il se doit, mais cela semble impossible et c'est ce qui vous donne cette attitude tranchante pour être en mesure d'avoir du plaisir comme semblent en avoir les autres. Sentimentalement, vous êtes déterminée ; vous savez ce que vous voulez, et vos émotions vous guident fortement vers des moments de passion intense bien ponctuels.

En tant que père et homme au travail, plus aucun obstacle ne semble vous déranger ; vous êtes sur une belle lancée qui est pratiquement inépuisable, du moins c'est ce que vous pensez. Il faudra revenir sur terre bien assez vite et être plus raisonnable dans vos actions, notamment au travail où votre leadership aura tendance à devenir de la dictature ; vous n'êtes pas tendre avec les gens. Mais il y a bien quelqu'un qui vous fera prendre conscience de la douleur que vous provoquez, sans le savoir dans le fond, et vous vous empresserez de corriger cette injustice. Le père aura aussi ses moments d'impatience avec ses enfants. Plus le mois avance, plus l'excitation des fêtes se fait sentir dans la société et vos petits ne sont pas insensibles à cette tension. Il ne faudra pas leur en vouloir, ils n'en sont pas totalement responsables : n'est-ce pas les adultes qui organisent toute la magie dans le fond ? En couple, vous êtes particulièrement animé de pulsions charnelles assez intenses, mais attention de ne pas trop manquer de délicatesse, vous n'obtiendrez pas de faveur ainsi.

Clin d'œil sur les baby-boomers — En ce qui concerne les commerçants, c'est la saison qui fait votre année, diront les spécialistes et les autres commerçants comme vous. Mais en 2007, les efforts à faire sont considérables et la compétition est particulièrement féroce sur le terrain. Tous les jours, vous devez innover dans les différentes promotions pour conforter votre position sur le marché, et cela ne garantit absolument pas les ventes du lendemain. Cependant, vous finirez par être satisfait des résultats ; c'est surtout l'expérience que vous en tirerez qui sera des plus enrichissantes. Sentimentalement, vous avez besoin d'explorer de nouvelles avenues pour le bien de votre relation, histoire de sonder vos sentiments mutuels.

DÉCEMBRE 2007

Sous l'influence du Nœud Nord en Poissons puis en Verseau — Dernier mois du Nœud Nord dans le Poissons ; la quête de l'accomplissement du destin est enfin pratiquement terminée. Vous n'êtes pas un guerrier en règle générale. Même si votre destinée est dans le fond un objectif louable, ce ne fut pas de tout repos et vous êtes très heureux de pouvoir maintenant passer à autre chose. Vous voilà en route vers des objectifs plus spirituels, plus près du silence que vous affectionnez tant, celui des profondeurs de l'océan.

Vie amoureuse du célibataire — Il y aura bien quelqu'un qui vous fera de l'œil dans l'un de ces bars ou autres endroits que vous fréquenterez pour trouver un peu d'amour. C'est de l'envoûtement que vous ressentirez pour cette personne. Son charisme est si puissant que vous ne pourrez y résister ; vous succomberez à ses charmes. Mais lorsque viendra le temps de rencontrer vos familles respectives en raison des fêtes, vous jugerez peut-être qu'il est encore trop tôt pour le faire, et la crainte de l'engagement se fera sentir. Ça ne serait pas une mauvaise chose finalement de reprendre votre relation après toutes les festivités familiales.

Vie de couple–famille–budget–travail — En tant que mère et femme au travail, vous êtes animée d'une belle inspiration artistique. Vous décorerez la maison de façon presque démesurée, mais avec bon goût tout de même. Vous profiterez de cette situation pour vous rapprocher de vos enfants, saisir leurs sentiments, leurs peurs et leurs angoisses face à l'avenir. Et si vous êtes amatrice de ski ou d'autres activités familiales, le rapprochement sera encore plus significatif. Aujourd'hui, beaucoup trop de familles sont éclatées en raison d'une vie professionnelle démesurée par rapport à leurs besoins réels ; il faut donc profiter amplement des périodes de vacances pour renouer les liens. Du côté du travail, vous n'obtiendrez pas de congé si vous ne le demandez pas. En effet, on considérera que vous voulez travailler au cours des semaines de Noël si vous ne manifestez pas le désir de vous reposer un peu. D'ailleurs, votre vie de couple a bien besoin de ce fameux répit pour vous offrir quelques instants plus intimes où rien n'interférera avec votre élan passionnel.

En tant que père et homme au travail, c'est tout de même avec une certaine facilité que vous naviguez, que vous nagez entre les récifs ce mois-ci. Tandis que les gens courent partout et vivent d'intenses stress, vous les regardez s'autodétruire avec un regard presque mesquin. C'est la fable du lièvre et de la tortue qui est votre inspiration : « Rien ne sert de courir, il faut partir à point. » Cependant, êtes-vous bien certain qu'il n'y a pas matière à agir rapidement ? Vérifiez bien comme il faut votre agenda et votre liste d'emplettes parce que vous vous retrouverez à faire la même chose que toutes ces poules sans tête qui doivent arriver à Noël à temps. Pour votre vie amoureuse, rien de mieux qu'un superbe voyage dans les Antilles ou sur un paquebot en croisière dans des régions paradisiaques ! Si vous en avez les moyens, alors qu'attendez-vous ? Laissez-vous aller dans la folie, pour le plaisir et pour l'expérience ; la vie n'est pas faite seulement pour prendre des responsabilités, surtout pour un Poissons.

Clin d'œil sur les baby-boomers — Jupiter, qui entre dans le Capricorne, nous indique, en quelque sorte, que votre génération a encore beaucoup à donner à la société sur le plan professionnel. Les retrouvailles que vous ferez au cours des festivités et des réunions familiales vous rapprocheront des conséquences de vos gestes du passé et vous feront prendre conscience de l'importance de participer à donner un nouveau souffle aux prochaines générations. Par exemple, l'âge de la retraite pour une grande partie d'entre vous devra être repoussé de quelques années, à cause d'obligations financières bien sûr mais aussi pour partager votre expérience avec les plus jeunes. D'ailleurs, on a souvent répété que le travail, c'est la santé, et ce sera très vrai pour votre génération qui aura toujours besoin de briller.

Prévisions 2007
selon votre ascendant

POISSONS ascendant BÉLIER

Vous n'échappez pas aux complications amoureuses cette année. Dans votre enthousiasme général, vous vous laissez transporter par des moments de douce folie passagère et trop souvent elle exige une plus grande liberté de votre part. Ce n'est pas nécessairement une attirance incontrôlable vers de nouveaux horizons sentimentaux, il y a aussi la possibilité que le temps soit venu de mettre un terme à une relation amoureuse qui battait de l'aile ou qui vous détruisait à petit feu. Vous devez faire un certain ménage dans votre cœur en 2007, histoire d'être fin prêt à recevoir l'amour lorsqu'il se présentera. C'est une année très importante du côté professionnel; les efforts seront considérables, mais le succès et l'expansion feront partie de vos accomplissements. En tant qu'employé, vous grimperez d'importants échelons qui vous conduiront vers un poste de direction. Vous avez aussi tout le potentiel nécessaire pour démarrer votre propre entreprise; en fait, vous devez devenir votre propre patron. Votre affaire croîtra à une vitesse vertigineuse dès ses tout débuts, et il ne serait pas étonnant que celle-ci comporte même un volet international.

POISSONS ascendant TAUREAU

L'être sociable que vous êtes exige des changements en profondeur de sa situation familiale avant que celle-ci l'étouffe définitivement. Tiraillé entre vos amis et les différentes responsabilités de votre existence, vous trancherez sérieusement dans votre cercle social. En effet, il n'est pas toujours possible de soutenir une vie active lorsque l'on a de jeunes enfants à la maison ou encore des parents d'un certain âge qui demandent des soins réguliers. Vos principaux symboles astrologiques vous indiquent un sérieux besoin de sécurité pour affirmer votre liberté, alors votre emploi est très précieux à vos yeux, et la moindre complication à ce sujet vous angoisse assez fortement. Cependant, même si de gros changements s'imposent au travail, il faudra les voir comme une amélioration qui devrait s'échelonner à long terme et non comme une atteinte à votre stabilité. Pour une entreprise, la stagnation signe son arrêt de mort, alors les gestionnaires n'ont d'autre choix que d'innover constamment. Bien que vous vous sentiez bousculé, dites-vous que c'est pour être en mesure de conserver votre emploi et vos avantages pour les prochaines années. Sentimentalement, votre partenaire a besoin de vous apporter des preuves d'amour et de vous proposer des projets d'avenir pour votre couple s'il veut débloquer vos sentiments.

POISSONS ascendant GÉMEAUX

Vous êtes souvent l'un de ces Poissons qui combattent vigoureusement leur nature profonde plutôt que de se laisser entraîner par celle-ci, ce qui serait en accord avec le monde du Poissons. En effet, votre sens de la logique a trop souvent tendance à remettre en cause vos intuitions, affirmant que ce n'est pas sérieux et que seul ce qui est vérifiable doit être pris en considération. Mais quand il s'agit de sentiments, il devient très ardu de les vérifier, de les analyser et de mesurer leur ampleur. La parole est cependant votre meilleur outil pour tout harmoniser et parfois imposer un équilibre à la maison, mais il faudra toujours peser vos faits et gestes sans jamais précipiter de décisions que vous regretteriez par la suite. Curieusement, les tensions au sein de votre couple seront une conséquence directe de travaux à effectuer sur votre maison. Au travail, vous mettrez beaucoup de temps et d'énergie pour obtenir un contrat avec les gouvernements, les services publics ou des organismes sociaux. Cependant, vous risquez de ne pas obtenir de résultats vraiment significatifs cette année avec eux, seulement le contact sera établi et il vous permettra de relancer de nouvelles négociations dans un proche avenir.

POISSONS ascendant CANCER

De la sensibilité à l'état brut, de l'émotion à revendre et un sens de l'exagération démesuré: avec vous, on ne s'ennuie jamais! Grand voyageur dans l'âme, vous ne manquerez pas d'idées pour de nouvelles aventures, de nouveaux lieux à visiter et de nouvelles civilisations à explorer. Ce sont les moyens qui risquent de faire défaut pour réaliser ces beaux projets. Financièrement, ce ne sont pas tant l'insécurité ou le manque d'argent que les restrictions budgétaires qui font en sorte de limiter vos projets. En effet, vous vous êtes peut-être acheté une maison ou une voiture, ce qui vous empêche d'ouvrir votre portefeuille à tout vent. Le travail semble être très accaparant cette année, ce qui limitera beaucoup vos temps libres; même les vacances devront peut-être bien être écourtées considérablement. D'ailleurs, vous devriez connaître une belle progression qui confortera votre place dans la société; vous obtiendrez une forme de permanence qui viendra vous rassurer sérieusement sur le plan matériel.

POISSONS ascendant LION

L'intensité et la détermination se lisent dans votre regard. Vous bouillonnez de passion à l'intérieur, vous avez besoin de vous exprimer, de défouler votre colère, de chanter votre joie, de crier vos peines et de parler de vos émotions. Bref, si vous êtes un artiste, vous réaliserez certainement vos plus grands chefs-d'œuvre cette année. Depuis deux bonnes années, vous viviez avec une certaine retenue, craignant la critique et l'incompréhension. Mais voilà votre chance pour dire tout haut ce que vous aviez dû penser tout bas! Évidemment, on ne connaît jamais la gloire et la notoriété du jour au lendemain, mais ce que vous faites aujourd'hui sera clairement entendu dans les médias dans un proche avenir, peu importe la forme d'art que vous exercez. Même si vous faites un travail moins créatif, vous saurez très bien faire valoir vos activités et votre potentiel à travers des moyens de communication qui jouent sur les cordes sensibles, mais les véritables résultats, c'est-à-dire un succès retentissant, ne se feront voir que plus tard, voire l'an prochain. Sentimentalement, on peut comprendre que vous avez besoin de parler avec votre partenaire, d'éclaircir votre relation, de discuter de ce que vous aimez chez celui-ci mais aussi de ce que vous appréciez moins; votre cœur a grandement besoin de se ressourcer après ces dernières années où la pression y était intense.

POISSONS ascendant VIERGE

Depuis 2003, Uranus se situe dans votre septième Maison, celle de l'union et des associations. Cette planète a sérieusement dérangé votre vie affective du fait qu'elle symbolise grandement la liberté et le besoin d'avoir un cercle social assez large. Parallèlement, et particulièrement cette année, ce sont les amis de votre conjoint qui semblent dérangeants pour votre couple, d'autant plus qu'ils auront tendance à envahir votre maison, à s'incruster dans votre intimité alors que vous ne souhaitez que vous retrouver seul dans votre bulle. Évidemment, il y a un risque de séparation pour cette raison ou encore parce que les sentiments n'arrivent plus à passer entre vous deux. Il devient alors inévitable de déménager dans une nouvelle demeure où vous serez en mesure de retrouver un certain bien-être malgré la solitude. Mais si vous êtes célibataire et que vous rencontrez quelqu'un, il ne faudrait pas songer trop vite à cohabiter : ce dernier s'imposerait de façon trop cavalière dans votre intimité et risquerait ainsi d'interrompre une relation qui avait un beau potentiel. Professionnellement, il ne vous sera pas interdit de démarrer votre petite affaire à la maison, même si cela ne vous occupe qu'occasionnellement ; vous voyez un bel avenir pour votre projet à long terme.

POISSONS ascendant BALANCE

Sur le plan professionnel, il y a inévitablement beaucoup de stress dans l'air. Au quotidien, vous devez sans cesse vous surpasser et démontrer votre efficacité, particulièrement si la parole est votre principal outil de travail. L'ambiance tendue ne favorise en rien les relations avec vos collègues. Peut-être y a-t-il jalousie au bureau ; votre succès auprès de la direction provoque un froid avec ceux qui avaient les mêmes ambitions que vous. Sur le plan familial, vous avez l'esprit au combat, non pas au sein même de votre famille, mais bien pour défendre sa place dans la société. Vous serez un excellent représentant auprès des gouvernements pour demander des ajustements au profit des familles et des enfants ; vous exigerez l'équité entre les différents groupes sociaux. Bien que cela prenne du temps avant que vos requêtes soient entendues, vous n'avez pas l'intention d'abandonner une fois le processus enclenché. Du côté sentimental, vous n'avez pas tendance à mettre vos intuitions, votre fantaisie et votre imagination au service de l'amour ; il faudra attendre l'automne avant de vous sentir plus détendu dans votre vie amoureuse et plus ouvert à l'affection et à la tendresse.

POISSONS ascendant SCORPION

Le plus passionné des Poissons du zodiaque a bien envie de réaliser de grandes choses, des choses pour lesquelles on se souviendra de lui durant de nombreuses années. Financièrement, vous n'aurez pas trop de difficulté à trouver les moyens pour entreprendre vos projets. Par exemple, si c'est une maison qu'il vous faut, vous n'aurez aucun problème pour obtenir un prêt de la banque ou pour amasser la mise de fonds. Ce sera la même chose pour un projet d'entreprise : les investisseurs viendront pratiquement frapper à votre porte pour participer à votre projet. Le seul bémol se trouve sur le plan du contrôle de vos affaires. En effet, si quelqu'un vous avance plusieurs milliers de dollars, vous devrez rendre des comptes régulièrement ou même lui laisser le siège du président. Votre cœur amoureux est certainement sous pression, coincé entre le désir de liberté et celui d'être aimé. Mais vous n'êtes pas du genre à lâcher prise si votre union dure depuis déjà plusieurs années. Vous travaillerez fort pour y insuffler un peu d'émotion et pour rallumer la flamme afin de faire vivre votre couple longtemps encore. Le célibataire aura plus de difficulté à faire des compromis. Même si vous rencontrez quelqu'un d'intéressant, vous ne lui laisserez pas de place pour quelques vêtements de rechange dans vos tiroirs ; autrement dit, ce n'est pas cette année que vous changerez vos habitudes.

POISSONS ascendant SAGITTAIRE

Vous êtes la générosité en personne ; vous invitez tout le monde chez vous, toutes les occasions sont bonnes pour recevoir votre famille ou vos amis à souper. Cependant, vous êtes en train de créer des habitudes chez ces gens, et il n'est pas dit qu'ils arriveront toujours avec des plats préparés ou qu'ils ne partiront qu'après avoir fait la vaisselle. Vous devrez inévitablement vous taper le travail plus souvent qu'autrement ; et ne comptez pas trop sur votre conjoint pour vous donner un coup de main, il sera bien trop occupé avec la visite ! Double signe double, vous voulez vous reposer, mais en même temps vous voulez toujours être en compagnie de beaucoup de monde à la maison. Enfin, ce n'est pas encore cette année que quelqu'un arrivera à bien saisir votre manière de penser ; vous-même d'ailleurs, vous pourriez vous y perdre. Règle générale, c'est une année très chanceuse pour vous, vous devriez même prendre l'habitude de faire valider vos numéros chanceux régulièrement. Si vous êtes retourné aux études récemment, il ne serait pas étonnant que vous mettiez déjà en pratique ce que vous avez appris. Si cette activité cause un important stress à la maison, il ne faudrait pas abandonner pour autant.

POISSONS ascendant CAPRICORNE

Une importante période de grandes transformations tire à sa fin. Depuis plus de deux ans, les choses n'arrêtent pas de changer autour de vous, votre quotidien n'est plus le même. Si ces changements sont le résultat d'une séparation, vous aurez encore besoin de temps pour bien panser vos plaies et faire le deuil de cette relation. Avant la fin de 2007, vous pourrez à nouveau respirer librement et vous ouvrir à l'amour, à un renouveau professionnel ou même à de nouveaux objectifs personnels. C'est une année où il faudra apprendre à accepter ces transformations, faire beaucoup de place à la réflexion, à la solitude et revoir plus clairement la bonne direction à prendre. Du côté professionnel, vous réaliserez de plus en plus l'importance de retourner aux études, de refaire certains apprentissages pour vous permettre de relancer votre carrière. Cependant, ce n'est pas demain matin que vous franchirez toutes les étapes : une chose à la fois ! Songez d'abord et avant tout à votre cheminement ; ensuite viendront les études et l'amorce d'une brillante carrière, et ce, peu importe votre âge. Prudence sur la route, vous avez nettement tendance à accélérer dans les mauvais moments et à être trop souvent pressé inutilement.

POISSONS ascendant VERSEAU

L'ambiguïté des sentiments fait partie de votre quotidien : vous aimeriez pouvoir parcourir le monde, explorer la vie et les multiples civilisations tout en étant en mesure de rentrer coucher dans votre château fort chaque soir. C'est principalement du côté de votre couple que l'attention sera tournée cette année. Depuis maintenant deux bonnes années, il n'est pas facile pour vous de vivre à deux. Mais si vous n'avez toujours pas lâché prise, alors ce n'est pas le moment d'abandonner : vos difficultés sont pratiquement terminées. Il vous faudra réapprendre à vous aimer, à vous trouver désirables mutuellement, à laisser aller un peu la fantaisie à l'occasion, peu importe les tensions que vos responsabilités peuvent causer. Alors vous pourrez dire que vous avez sauvé du désastre une union qui valait nettement la peine de l'être. Professionnellement, vous aurez peut-être à vous débattre avec la justice si votre entreprise ne paie pas correctement ses impôts ou alors traficote certains chiffres pour augmenter sa valeur. C'est une importante année pour signer de gros contrats avec les instances gouvernementales et publiques. Votre entreprise se devra toutefois d'avoir les reins solides, car vos clients ne débourseront pas un sou avant la fin des travaux, même si cela vous prend plus d'une année pour les terminer.

POISSONS ascendant POISSONS

Il est habituellement assez difficile de s'orienter lorsque l'on porte deux signes doubles mais, lorsque ces signes sont les Poissons, c'est encore plus compliqué! Du point de vue des autres, pas du vôtre, naturellement! Mais cette année, il n'est pas impossible pour vous de vous fixer d'importants objectifs et de les atteindre avec un immense succès. En effet, professionnellement, vous avez certainement connu passablement d'obstacles au cours des dernières années, mais ceux-ci sont maintenant devenus de solides expériences pour lesquelles les patrons sont prêts à payer le gros prix et à vous accorder une promotion. C'est une excellente année pour connaître et comprendre le leadership, chose qui vous a possiblement échappé au cours de votre carrière, mais qui devient maintenant un incontournable. Du côté des sentiments, c'est sur le plan de la sexualité qu'un certain ménage doit être fait. Si vous avez connu des souffrances psychologiques de ce côté, c'est le temps d'entreprendre une thérapie; les choses rentreront alors dans l'ordre, du moins en grande partie.

Positions lunaires en 2007

Janvier

Lundi	01/01/2007	Lune en Gémeaux	
Mardi	02/01/2007	Lune en Cancer	à partir de 10 h 10
Mercredi	03/01/2007	Lune en Cancer	
Jeudi	04/01/2007	Lune en Lion	à partir de 16 h 10
Vendredi	05/01/2007	Lune en Lion	
Samedi	06/01/2007	Lune en Lion	
Dimanche	07/01/2007	Lune en Vierge	à partir de 1 h 20
Lundi	08/01/2007	Lune en Vierge	
Mardi	09/01/2007	Lune en Balance	à partir de 13 h 10
Mercredi	10/01/2007	Lune en Balance	
Jeudi	11/01/2007	Lune en Balance	
Vendredi	12/01/2007	Lune en Scorpion	à partir de 2 h
Samedi	13/01/2007	Lune en Scorpion	
Dimanche	14/01/2007	Lune en Sagittaire	à partir de 13 h 10
Lundi	15/01/2007	Lune en Sagittaire	
Mardi	16/01/2007	Lune en Capricorne	à partir de 20 h 50
Mercredi	17/01/2007	Lune en Capricorne	
Jeudi	18/01/2007	Lune en Capricorne	
Vendredi	19/01/2007	Lune en Verseau	à partir de 1 h 20
Samedi	20/01/2007	Lune en Verseau	
Dimanche	21/01/2007	Lune en Poissons	à partir de 3 h 50
Lundi	22/01/2007	Lune en Poissons	
Mardi	23/01/2007	Lune en Bélier	à partir de 5 h 50
Mercredi	24/01/2007	Lune en Bélier	
Jeudi	25/01/2007	Lune en Taureau	à partir de 8 h 30
Vendredi	26/01/2007	Lune en Taureau	
Samedi	27/01/2007	Lune en Gémeaux	à partir de 12 h 10
Dimanche	28/01/2007	Lune en Gémeaux	
Lundi	29/01/2007	Lune en Cancer	à partir de 17 h 20
Mardi	30/01/2007	Lune en Cancer	
Mercredi	31/01/2007	Lune en Cancer	

Février

Jeudi	01/02/2007	Lune en Lion	à partir de 0 h 10
Vendredi	02/02/2007	Lune en Lion	
Samedi	03/02/2007	Lune en Vierge	à partir de 9 h 30
Dimanche	04/02/2007	Lune en Vierge	
Lundi	05/02/2007	Lune en Balance	à partir de 21 h 10
Mardi	06/02/2007	Lune en Balance	
Mercredi	07/02/2007	Lune en Balance	
Jeudi	08/02/2007	Lune en Scorpion	à partir de 10 h 10
Vendredi	09/02/2007	Lune en Scorpion	
Samedi	10/02/2007	Lune en Sagittaire	à partir de 22 h
Dimanche	11/02/2007	Lune en Sagittaire	
Lundi	12/02/2007	Lune en Sagittaire	
Mardi	13/02/2007	Lune en Capricorne	à partir de 6 h 40
Mercredi	14/02/2007	Lune en Capricorne	
Jeudi	15/02/2007	Lune en Verseau	à partir de 11 h 30
Vendredi	16/02/2007	Lune en Verseau	
Samedi	17/02/2007	Lune en Poissons	à partir de 13 h 30
Dimanche	18/02/2007	Lune en Poissons	
Lundi	19/02/2007	Lune en Bélier	à partir de 14 h
Mardi	20/02/2007	Lune en Bélier	
Mercredi	21/02/2007	Lune en Taureau	à partir de 15 h
Jeudi	22/02/2007	Lune en Taureau	
Vendredi	23/02/2007	Lune en Gémeaux	à partir de 17 h 40
Samedi	24/02/2007	Lune en Gémeaux	
Dimanche	25/02/2007	Lune en Cancer	à partir de 22 h 50
Lundi	26/02/2007	Lune en Cancer	
Mardi	27/02/2007	Lune en Cancer	
Mercredi	28/02/2007	Lune en Lion	à partir de 6 h 30

Mars

Jeudi	01/03/2007	Lune en Lion	
Vendredi	02/03/2007	Lune en Vierge	à partir de 16 h 30
Samedi	03/03/2007	Lune en Vierge	
Dimanche	04/03/2007	Lune en Vierge	
Lundi	05/03/2007	Lune en Balance	à partir de 4 h 20
Mardi	06/03/2007	Lune en Balance	
Mercredi	07/03/2007	Lune en Scorpion	à partir de 17 h 10
Jeudi	08/03/2007	Lune en Scorpion	
Vendredi	09/03/2007	Lune en Scorpion	
Samedi	10/03/2007	Lune en Sagittaire	à partir de 5 h 40
Dimanche	11/03/2007	Lune en Sagittaire	
Lundi	12/03/2007	Lune en Capricorne	à partir de 15 h 40
Mardi	13/03/2007	Lune en Capricorne	
Mercredi	14/03/2007	Lune en Verseau	à partir de 21 h 50
Jeudi	15/03/2007	Lune en Verseau	
Vendredi	16/03/2007	Lune en Verseau	
Samedi	17/03/2007	Lune en Poissons	à partir de 0 h 30
Dimanche	18/03/2007	Lune en Poissons	
Lundi	19/03/2007	Lune en Bélier	à partir de 0 h 40
Mardi	20/03/2007	Lune en Bélier	
Mercredi	21/03/2007	Lune en Taureau	à partir de 0 h 20
Jeudi	22/03/2007	Lune en Taureau	
Vendredi	23/03/2007	Lune en Gémeaux	à partir de 1 h 10
Samedi	24/03/2007	Lune en Gémeaux	
Dimanche	25/03/2007	Lune en Cancer	à partir de 4 h 50
Lundi	26/03/2007	Lune en Cancer	
Mardi	27/03/2007	Lune en Lion	à partir de 12 h
Mercredi	28/03/2007	Lune en Lion	
Jeudi	29/03/2007	Lune en Vierge	à partir de 22 h 30
Vendredi	30/03/2007	Lune en Vierge	
Samedi	31/03/2007	Lune en Vierge	

Avril

Dimanche	01/04/2007	Lune en Balance	à partir de 10 h 40
Lundi	02/04/2007	Lune en Balance	
Mardi	03/04/2007	Lune en Scorpion	à partir de 23 h 30
Mercredi	04/04/2007	Lune en Scorpion	
Jeudi	05/04/2007	Lune en Scorpion	
Vendredi	06/04/2007	Lune en Sagittaire	à partir de 11 h 50
Samedi	07/04/2007	Lune en Sagittaire	
Dimanche	08/04/2007	Lune en Capricorne	à partir de 22 h 40
Lundi	09/04/2007	Lune en Capricorne	
Mardi	10/04/2007	Lune en Capricorne	
Mercredi	11/04/2007	Lune en Verseau	à partir de 6 h 30
Jeudi	12/04/2007	Lune en Verseau	
Vendredi	13/04/2007	Lune en Poissons	à partir de 10 h 40
Samedi	14/04/2007	Lune en Poissons	
Dimanche	15/04/2007	Lune en Bélier	à partir de 11 h 40
Lundi	16/04/2007	Lune en Bélier	
Mardi	17/04/2007	Lune en Taureau	à partir de 11 h 10
Mercredi	18/04/2007	Lune en Taureau	
Jeudi	19/04/2007	Lune en Gémeaux	à partir de 10 h 50
Vendredi	20/04/2007	Lune en Gémeaux	
Samedi	21/04/2007	Lune en Cancer	à partir de 12 h 50
Dimanche	22/04/2007	Lune en Cancer	
Lundi	23/04/2007	Lune en Lion	à partir de 18 h 40
Mardi	24/04/2007	Lune en Lion	
Mercredi	25/04/2007	Lune en Lion	
Jeudi	26/04/2007	Lune en Vierge	à partir de 4 h 20
Vendredi	27/04/2007	Lune en Vierge	
Samedi	28/04/2007	Lune en Balance	à partir de 16 h 40
Dimanche	29/04/2007	Lune en Balance	
Lundi	30/04/2007	Lune en Balance	

Mai

Mardi	01/05/2007	Lune en Scorpion	à partir de 5 h 40
Mercredi	02/05/2007	Lune en Scorpion	
Jeudi	03/05/2007	Lune en Sagittaire	à partir de 17 h 50
Vendredi	04/05/2007	Lune en Sagittaire	
Samedi	05/05/2007	Lune en Sagittaire	
Dimanche	06/05/2007	Lune en Capricorne	à partir de 4 h 20
Lundi	07/05/2007	Lune en Capricorne	
Mardi	08/05/2007	Lune en Verseau	à partir de 12 h 50
Mercredi	09/05/2007	Lune en Verseau	
Jeudi	10/05/2007	Lune en Poissons	à partir de 18 h 30
Vendredi	11/05/2007	Lune en Poissons	
Samedi	12/05/2007	Lune en Bélier	à partir de 21 h 20
Dimanche	13/05/2007	Lune en Bélier	
Lundi	14/05/2007	Lune en Taureau	à partir de 21 h 50
Mardi	15/05/2007	Lune en Taureau	
Mercredi	16/05/2007	Lune en Gémeaux	à partir de 21 h 30
Jeudi	17/05/2007	Lune en Gémeaux	
Vendredi	18/05/2007	Lune en Cancer	à partir de 22 h 40
Samedi	19/05/2007	Lune en Cancer	
Dimanche	20/05/2007	Lune en Cancer	
Lundi	21/05/2007	Lune en Lion	à partir de 3 h
Mardi	22/05/2007	Lune en Lion	
Mercredi	23/05/2007	Lune en Vierge	à partir de 11 h 30
Jeudi	24/05/2007	Lune en Vierge	
Vendredi	25/05/2007	Lune en Balance	à partir de 23 h 20
Samedi	26/05/2007	Lune en Balance	
Dimanche	27/05/2007	Lune en Balance	
Lundi	28/05/2007	Lune en Scorpion	à partir de 12 h 10
Mardi	29/05/2007	Lune en Scorpion	
Mercredi	30/05/2007	Lune en Scorpion	
Jeudi	31/05/2007	Lune en Sagittaire	à partir de 0 h 10

Juin

Vendredi	01/06/2007	Lune en Sagittaire	
Samedi	02/06/2007	Lune en Capricorne	à partir de 10 h 10
Dimanche	03/06/2007	Lune en Capricorne	
Lundi	04/06/2007	Lune en Verseau	à partir de 18 h 20
Mardi	05/06/2007	Lune en Verseau	
Mercredi	06/06/2007	Lune en Verseau	
Jeudi	07/06/2007	Lune en Poissons	à partir de 0 h 30
Vendredi	08/06/2007	Lune en Poissons	
Samedi	09/06/2007	Lune en Bélier	à partir de 4 h 30
Dimanche	10/06/2007	Lune en Bélier	
Lundi	11/06/2007	Lune en Taureau	à partir de 6 h 30
Mardi	12/06/2007	Lune en Taureau	
Mercredi	13/06/2007	Lune en Gémeaux	à partir de 7 h 20
Jeudi	14/06/2007	Lune en Gémeaux	
Vendredi	15/06/2007	Lune en Cancer	à partir de 8 h 40
Samedi	16/06/2007	Lune en Cancer	
Dimanche	17/06/2007	Lune en Lion	à partir de 12 h 20
Lundi	18/06/2007	Lune en Lion	
Mardi	19/06/2007	Lune en Vierge	à partir de 19 h 50
Mercredi	20/06/2007	Lune en Vierge	
Jeudi	21/06/2007	Lune en Vierge	
Vendredi	22/06/2007	Lune en Balance	à partir de 6 h 50
Samedi	23/06/2007	Lune en Balance	
Dimanche	24/06/2007	Lune en Scorpion	à partir de 19 h 30
Lundi	25/06/2007	Lune en Scorpion	
Mardi	26/06/2007	Lune en Scorpion	
Mercredi	27/06/2007	Lune en Sagittaire	à partir de 7 h 20
Jeudi	28/06/2007	Lune en Sagittaire	
Vendredi	29/06/2007	Lune en Capricorne	à partir de 17 h 10
Samedi	30/06/2007	Lune en Capricorne	

Juillet

Dimanche	01/07/2007	Lune en Capricorne	
Lundi	02/07/2007	Lune en Verseau	à partir de 0 h 30
Mardi	03/07/2007	Lune en Verseau	
Mercredi	04/07/2007	Lune en Poissons	à partir de 5 h 50
Jeudi	05/07/2007	Lune en Poissons	
Vendredi	06/07/2007	Lune en Bélier	à partir de 10 h
Samedi	07/07/2007	Lune en Bélier	
Dimanche	08/07/2007	Lune en Taureau	à partir de 13 h
Lundi	09/07/2007	Lune en Taureau	
Mardi	10/07/2007	Lune en Gémeaux	à partir de 15 h 10
Mercredi	11/07/2007	Lune en Gémeaux	
Jeudi	12/07/2007	Lune en Cancer	à partir de 17 h 40
Vendredi	13/07/2007	Lune en Cancer	
Samedi	14/07/2007	Lune en Lion	à partir de 21 h 40
Dimanche	15/07/2007	Lune en Lion	
Lundi	16/07/2007	Lune en Lion	
Mardi	17/07/2007	Lune en Vierge	à partir de 4 h 40
Mercredi	18/07/2007	Lune en Vierge	
Jeudi	19/07/2007	Lune en Balance	à partir de 15 h
Vendredi	20/07/2007	Lune en Balance	
Samedi	21/07/2007	Lune en Balance	
Dimanche	22/07/2007	Lune en Scorpion	à partir de 3 h 20
Lundi	23/07/2007	Lune en Scorpion	
Mardi	24/07/2007	Lune en Sagittaire	à partir de 15 h 30
Mercredi	25/07/2007	Lune en Sagittaire	
Jeudi	26/07/2007	Lune en Sagittaire	
Vendredi	27/07/2007	Lune en Capricorne	à partir de 1 h 20
Samedi	28/07/2007	Lune en Capricorne	
Dimanche	29/07/2007	Lune en Verseau	à partir de 8 h 20
Lundi	30/07/2007	Lune en Verseau	
Mardi	31/07/2007	Lune en Poissons	à partir de 12 h 40

Août

Mercredi	01/08/2007	Lune en Poissons	
Jeudi	02/08/2007	Lune en Bélier	à partir de 15 h 40
Vendredi	03/08/2007	Lune en Bélier	
Samedi	04/08/2007	Lune en Taureau	à partir de 18 h 20
Dimanche	05/08/2007	Lune en Taureau	
Lundi	06/08/2007	Lune en Gémeaux	à partir de 21 h
Mardi	07/08/2007	Lune en Gémeaux	
Mercredi	08/08/2007	Lune en Gémeaux	
Jeudi	09/08/2007	Lune en Cancer	à partir de 0 h 40
Vendredi	10/08/2007	Lune en Cancer	
Samedi	11/08/2007	Lune en Lion	à partir de 5 h 40
Dimanche	12/08/2007	Lune en Lion	
Lundi	13/08/2007	Lune en Vierge	à partir de 13 h
Mardi	14/08/2007	Lune en Vierge	
Mercredi	15/08/2007	Lune en Balance	à partir de 23 h
Jeudi	16/08/2007	Lune en Balance	
Vendredi	17/08/2007	Lune en Balance	
Samedi	18/08/2007	Lune en Scorpion	à partir de 11 h 10
Dimanche	19/08/2007	Lune en Scorpion	
Lundi	20/08/2007	Lune en Sagittaire	à partir de 23 h 40
Mardi	21/08/2007	Lune en Sagittaire	
Mercredi	22/08/2007	Lune en Sagittaire	
Jeudi	23/08/2007	Lune en Capricorne	à partir de 10 h 20
Vendredi	24/08/2007	Lune en Capricorne	
Samedi	25/08/2007	Lune en Verseau	à partir de 17 h 40
Dimanche	26/08/2007	Lune en Verseau	
Lundi	27/08/2007	Lune en Poissons	à partir de 21 h 40
Mardi	28/08/2007	Lune en Poissons	
Mercredi	29/08/2007	Lune en Bélier	à partir de 23 h 30
Jeudi	30/08/2007	Lune en Bélier	
Vendredi	31/08/2007	Lune en Bélier	

Septembre

Samedi	01/09/2007	Lune en Taureau	à partir de 0 h 40
Dimanche	02/09/2007	Lune en Taureau	
Lundi	03/09/2007	Lune en Gémeaux	à partir de 2 h 30
Mardi	04/09/2007	Lune en Gémeaux	
Mercredi	05/09/2007	Lune en Cancer	à partir de 6 h 10
Jeudi	06/09/2007	Lune en Cancer	
Vendredi	07/09/2007	Lune en Lion	à partir de 12 h
Samedi	08/09/2007	Lune en Lion	
Dimanche	09/09/2007	Lune en Vierge	à partir de 20 h 10
Lundi	10/09/2007	Lune en Vierge	
Mardi	11/09/2007	Lune en Vierge	
Mercredi	12/09/2007	Lune en Balance	à partir de 6 h 30
Jeudi	13/09/2007	Lune en Balance	
Vendredi	14/09/2007	Lune en Scorpion	à partir de 18 h 40
Samedi	15/09/2007	Lune en Scorpion	
Dimanche	16/09/2007	Lune en Scorpion	
Lundi	17/09/2007	Lune en Sagittaire	à partir de 7 h 20
Mardi	18/09/2007	Lune en Sagittaire	
Mercredi	19/09/2007	Lune en Capricorne	à partir de 18 h 50
Jeudi	20/09/2007	Lune en Capricorne	
Vendredi	21/09/2007	Lune en Capricorne	
Samedi	22/09/2007	Lune en Verseau	à partir de 3 h 20
Dimanche	23/09/2007	Lune en Verseau	
Lundi	24/09/2007	Lune en Poissons	à partir de 8 h
Mardi	25/09/2007	Lune en Poissons	
Mercredi	26/09/2007	Lune en Bélier	à partir de 9 h 20
Jeudi	27/09/2007	Lune en Bélier	
Vendredi	28/09/2007	Lune en Taureau	à partir de 9 h 20
Samedi	29/09/2007	Lune en Taureau	
Dimanche	30/09/2007	Lune en Gémeaux	à partir de 9 h 40

Octobre

Lundi	01/10/2007	Lune en Gémeaux	
Mardi	02/10/2007	Lune en Cancer	à partir de 11 h 50
Mercredi	03/10/2007	Lune en Cancer	
Jeudi	04/10/2007	Lune en Lion	à partir de 17 h 20
Vendredi	05/10/2007	Lune en Lion	
Samedi	06/10/2007	Lune en Lion	
Dimanche	07/10/2007	Lune en Vierge	à partir de 2 h
Lundi	08/10/2007	Lune en Vierge	
Mardi	09/10/2007	Lune en Balance	à partir de 13 h
Mercredi	10/10/2007	Lune en Balance	
Jeudi	11/10/2007	Lune en Balance	
Vendredi	12/10/2007	Lune en Scorpion	à partir de 1 h 10
Samedi	13/10/2007	Lune en Scorpion	
Dimanche	14/10/2007	Lune en Sagittaire	à partir de 14 h
Lundi	15/10/2007	Lune en Sagittaire	
Mardi	16/10/2007	Lune en Sagittaire	
Mercredi	17/10/2007	Lune en Capricorne	à partir de 2 h
Jeudi	18/10/2007	Lune en Capricorne	
Vendredi	19/10/2007	Lune en Verseau	à partir de 11 h 50
Samedi	20/10/2007	Lune en Verseau	
Dimanche	21/10/2007	Lune en Poissons	à partir de 18 h
Lundi	22/10/2007	Lune en Poissons	
Mardi	23/10/2007	Lune en Bélier	à partir de 20 h 20
Mercredi	24/10/2007	Lune en Bélier	
Jeudi	25/10/2007	Lune en Taureau	à partir de 20 h 10
Vendredi	26/10/2007	Lune en Taureau	
Samedi	27/10/2007	Lune en Gémeaux	à partir de 19 h 20
Dimanche	28/10/2007	Lune en Gémeaux	
Lundi	29/10/2007	Lune en Cancer	à partir de 19 h 50
Mardi	30/10/2007	Lune en Cancer	
Mercredi	31/10/2007	Lune en Lion	à partir de 23 h 40

Novembre

Jeudi	01/11/2007	Lune en Lion	
Vendredi	02/11/2007	Lune en Lion	
Samedi	03/11/2007	Lune en Vierge	à partir de 7 h 40
Dimanche	04/11/2007	Lune en Vierge	
Lundi	05/11/2007	Lune en Balance	à partir de 18 h 50
Mardi	06/11/2007	Lune en Balance	
Mercredi	07/11/2007	Lune en Balance	
Jeudi	08/11/2007	Lune en Scorpion	à partir de 7 h 20
Vendredi	09/11/2007	Lune en Scorpion	
Samedi	10/11/2007	Lune en Sagittaire	à partir de 20 h
Dimanche	11/11/2007	Lune en Sagittaire	
Lundi	12/11/2007	Lune en Sagittaire	
Mardi	13/11/2007	Lune en Capricorne	à partir de 8 h
Mercredi	14/11/2007	Lune en Capricorne	
Jeudi	15/11/2007	Lune en Verseau	à partir de 18 h 30
Vendredi	16/11/2007	Lune en Verseau	
Samedi	17/11/2007	Lune en Verseau	
Dimanche	18/11/2007	Lune en Poissons	à partir de 2 h 20
Lundi	19/11/2007	Lune en Poissons	
Mardi	20/11/2007	Lune en Bélier	à partir de 6 h 20
Mercredi	21/11/2007	Lune en Bélier	
Jeudi	22/11/2007	Lune en Taureau	à partir de 7 h 20
Vendredi	23/11/2007	Lune en Taureau	
Samedi	24/11/2007	Lune en Gémeaux	à partir de 6 h 30
Dimanche	25/11/2007	Lune en Gémeaux	
Lundi	26/11/2007	Lune en Cancer	à partir de 6 h 10
Mardi	27/11/2007	Lune en Cancer	
Mercredi	28/11/2007	Lune en Lion	à partir de 8 h 20
Jeudi	29/11/2007	Lune en Lion	
Vendredi	30/11/2007	Lune en Vierge	à partir de 14 h 40

Décembre

Samedi	01/12/2007	Lune en Vierge	
Dimanche	02/12/2007	Lune en Vierge	
Lundi	03/12/2007	Lune en Balance	à partir de 1 h
Mardi	04/12/2007	Lune en Balance	
Mercredi	05/12/2007	Lune en Scorpion	à partir de 13 h 30
Jeudi	06/12/2007	Lune en Scorpion	
Vendredi	07/12/2007	Lune en Scorpion	
Samedi	08/12/2007	Lune en Sagittaire	à partir de 2 h 10
Dimanche	09/12/2007	Lune en Sagittaire	
Lundi	10/12/2007	Lune en Capricorne	à partir de 13 h 50
Mardi	11/12/2007	Lune en Capricorne	
Jeudi	13/12/2007	Lune en Verseau	à partir de 0 h
Vendredi	14/12/2007	Lune en Verseau	
Samedi	15/12/2007	Lune en Poissons	à partir de 8 h 20
Dimanche	16/12/2007	Lune en Poissons	
Lundi	17/12/2007	Lune en Bélier	à partir de 13 h 50
Mardi	18/12/2007	Lune en Bélier	
Mercredi	19/12/2007	Lune en Taureau	à partir de 16 h 40
Jeudi	20/12/2007	Lune en Taureau	
Vendredi	21/12/2007	Lune en Gémeaux	à partir de 17 h 10
Samedi	22/12/2007	Lune en Gémeaux	
Dimanche	23/12/2007	Lune en Cancer	à partir de 17 h 20
Lundi	24/12/2007	Lune en Cancer	
Mardi	25/12/2007	Lune en Lion	à partir de 18 h 50
Mercredi	26/12/2007	Lune en Lion	
Jeudi	27/12/2007	Lune en Vierge	à partir de 23 h 40
Vendredi	28/12/2007	Lune en Vierge	
Samedi	29/12/2007	Lune en Vierge	
Dimanche	30/12/2007	Lune en Balance	à partir de 8 h 40
Lundi	31/12/2007	Lune en Balance	